U0555318

本书是河南省哲学社会科学规划项目
"中古时期法典编纂的法理逻辑与历史经验研究"阶段性成果
（批准号：2021BFX032）
本书受到
洛阳师范学院校级重点学科民商法学（项目编号：DC 2100007083）资助

两晋法典体系研究

邓长春 著

中国政法大学出版社

2022·北京

声　明　1. 版权所有，侵权必究。
　　　　2. 如有缺页、倒装问题，由出版社负责退换。

图书在版编目（CIP）数据

西晋法典体系研究/邓长春著. —北京：中国政法大学出版社，2022.4
ISBN 978-7-5764-0412-8

Ⅰ.①西… Ⅱ.①邓… Ⅲ.①法典－法律体系－研究－中国－西晋时代 Ⅳ.①D929.371

中国版本图书馆 CIP 数据核字（2022）第 051457 号

出 版 者	中国政法大学出版社
地　　址	北京市海淀区西土城路 25 号
邮寄地址	北京 100088 信箱 8034 分箱　邮编 100088
网　　址	http://www.cuplpress.com（网络实名：中国政法大学出版社）
电　　话	010-58908285（总编室）58908433（编辑部）58908334（邮购部）
承　　印	固安华明印业有限公司
开　　本	720mm×960mm　1/16
印　　张	28
字　　数	450 千字
版　　次	2022 年 4 月第 1 版
印　　次	2022 年 4 月第 1 次印刷
定　　价	128.00 元

序

  清人常说天下学问可分为三：考据、义理、文章。此说虽然囿于传统学术语境而有其局限，但若转换学术背景引申发挥，即便在今天也不失其意义。

  清代学者发扬汉儒遗风，治学平实严谨，议论不尚空谈，考订周赡，审核精赅，辑佚访古，言必有据，有一分证据说一分话。今人治学多有空疏之病，考据之学正是治病的良方。当然，谨守考据也不免有断裂琐碎的缺陷。清人自戴震以下多有反思，于是揭举义理之学以求匡谬正俗。古人谈义理，大抵是指儒家经义。今天文化渐趋多元，早已不是儒家独尊的年代，所以义理的外延自应有所扩展，宽泛解为"理论旨趣"或亦可行。西哲有言："理论是灰色的，生命之树常青。"这话固然不错。但朴素经验总要提升为理论才能更好指导实践。"小心求证"仍需以"大胆假设"作为引领，"实事"之后还要"求是"以觅其宗旨。古人说："言之无文，行而不远。"这话放在今天仍可适用。如若行文粗陋，语法割裂，不堪卒读，纵令考据详实、义理充盈，恐亦湮没无闻。布局构思、语法修辞、字句推敲皆非小事，不可不察。概言之，考据之学求其真，义理之学求其善，文章之学求其美。三者相须而成，皆为治学所不可或缺。

  中国法律史蜿蜒起伏，以汉、唐法制为两座高峰。然而中国法律如何由汉入唐，低谷之中如何蕴含新机，由于史料零散不整，史事杂陈驳乱，目前学界研究尚显薄弱，有待深耕。窃以为，学术研究植根于此，应可大有作为。十数年来，门人弟子多数据此设题。然则，如欲学术有成，仍须多从考据、义理、文章三方面苦下功夫，自非泛泛庸碌而可得。

  长春于2005年入吾门下，着手研究魏晋南北朝法律史。其硕士论文以南朝律学为主题，自会稽孔氏切入，完成初步的学术训练。博士阶段又专攻西晋法制，其博士论文"西晋律令法制体系研究"虽略有可观，但仍有更上层楼的空间。故其人并未裹足不前，而是砥砺不息，持续思考，经过数年沉潜深思后又推出升级版书稿《西晋法典体系研究》，近三十万言。前后比照可知，其史实考证、理论阐发、文笔章法的功夫，数年以来又大有精进。书稿所考所论，大体皆能自圆其说，足可呈献于学界，就教于方家。

如今书稿即将出版，长春请序。鄙人才疏学浅，幸而忝为其师，自觉无可推却，于是欣然命笔，聊作数语，发挥清人治学之说，以与长春共勉。虽不敢称直追古人，然仍可谓心向往之。望其学术之路越走越宽，人生之路越走越顺。

是为序。

龙大轩

2021年11月5日于重庆

目 录

引 言 / 001
    一、近现代的主要法典理论 / 003
    二、学界对中国法典的认知 / 009
    三、中国法典的观念与机理 / 014
    四、关于本书的几点说明 / 024

第一章 西晋法典体系的历史前提 / 026
  第一节 正反两方面的法律遗产 / 026
    一、新式法律的出现与发展 / 026
    二、新式法律的系统性缺陷 / 045

  第二节 形塑法典的理论储备 / 070
    一、理论先行的法制蓝图 / 070
    二、经验沉淀的思路成果 / 083

  第三节 正式编纂法典的尝试 / 099
    一、曹魏编纂法典的成果 / 099
    二、曹魏法典颁行的疑问 / 107

第二章 西晋法典体系的构建活动 / 118
  第一节 构建法典体系的思路 / 118
    一、礼法之治的顶层设计 / 118
    二、综取前朝的编纂原则 / 128

  第二节 构建法典体系的人事安排 / 133

一、律令法典编纂团队 / 134
　　二、礼制法典编纂团队 / 141
第三节　法典体系构建过程略考 / 148
　　一、制定律令法典的过程细节 / 148
　　二、参定律令人员的官职变迁 / 153
　　三、从汉到晋的三个"新礼" / 160

第三章　西晋法典体系的构建成就 / 169

第一节　《泰始律》的法典编纂成就 / 169
　　一、化繁为简的篇条风格 / 170
　　二、另起炉灶的篇目安排 / 177
　　三、独出心裁的体例创新 / 183
第二节　《泰始令》的法典编纂成就 / 188
　　一、合众为一的形式整体性 / 188
　　二、结构严密的十大单元布局 / 192
　　三、凝练有序的条文微观系统 / 196
　　四、经权有辨的战时令篇处置 / 203
第三节　《晋故事》的独特法典属性 / 211
　　一、聚沙成塔的法典化之路 / 212
　　二、技术理性视角下的法典形式 / 225
　　三、《晋故事·户调式》解析 / 233
第四节　法典体系的构造机理 / 244
　　一、作为纯粹刑事法典的《泰始律》 / 245
　　二、《泰始令》对《泰始律》的辅助 / 254
　　三、泰始律令法典与其他法律的关系 / 266

第四章　西晋法典体系的支撑要素 / 273

第一节　名理律学的逻辑思维贡献 / 274
　　一、名理律学的发展历程 / 274

二、名理律学对法典体系的构建与解读 / 289

　　三、作为名理律学结晶的张杜律 / 302

　第二节　礼法新义的价值制度贡献 / 318

　　一、汉晋间礼学议题的变迁 / 319

　　二、《周礼》在法典中的反映 / 323

　　三、丧服礼制在法典中的反映 / 336

第五章　西晋法典体系的历史地位 / 341

　第一节　在两晋时期的命运 / 341

　　一、在西晋的破坏与废止 / 341

　　二、在东晋的继受与改造 / 347

　　三、十六国的继受与效法 / 357

　第二节　对南北朝隋唐法典的影响 / 362

　　一、对南北朝法典的影响 / 362

　　二、对隋唐法典的影响 / 381

　第三节　在古今中西坐标系中的定位 / 394

　　一、中国中古法制文明的蓄水池 / 394

　　二、中国法典周期性演进的开端 / 398

　　三、领先古代世界的法典体系 / 404

总结说明 / 409

参考文献 / 420

书尾赘语 / 442

引　言

　　法典是法律制度和法律学说发展到较高阶段的产物。在古代世界诸法律文明中，尤以欧洲和东亚成就最高，[1]分别形成了以"codex"[2]和"典"为原创理念的法典传统。

　　拉丁文"codex"（或 caudex）原意是指"树干"，后来经由"用于书写的小木板"而引申为"多页装订的羊皮纸手抄本"。"codex"因为具有耐用、珍贵等特点而成为基督教圣书的绝佳载体。[3]公元三世纪末，罗马帝国的法学家把历代皇帝谕令的汇编文本命名为"codex"，成为后世立法学意义上"法典"概念的滥觞。[4]其后，从公元五世纪到十九世纪，经过从狄奥多西二世到优士丁尼再到拿破仑的漫长岁月，"codex"演变为"code"，综合法典裂变为法典体系，古典主义蜕变为理性主义，在欧洲大陆确立了牢固的法典传统。在十九世纪的欧洲，紧随思想启蒙运动和政治革命运动而兴起的法典编纂运动开展得轰轰烈烈。拿破仑时代陆续推出的五大法典为大陆法系的立

---

　　[1]　长期以来，法律史学教科书中盛称的《汉穆拉比法典》《摩奴法典》等古代法典，实际上都称不上是规范意义上的"法典"。关于《汉穆拉比法典》问题，可以参见魏琼：《民法的起源——对古代西亚地区民事规范的解读》，商务印书馆2008年版，第11~12、65页；黄悦波："试析《汉穆拉比法典》的文本性质"，载《北京警察学院学报》2013年第5期；祝晓香、李海峰："《汉穆拉比法典》是真正的法典吗？"，载《大众考古》2014年第9期。关于《摩奴法典》问题，可以参见金克木：《印度文化论集》，中国社会科学版社1983年版，第62页；《摩奴法论》，蒋忠新译，中国社会科学版社1986年版，第5页；高鸿钧："古代印度法的主要内容与特征——以《摩奴法论》为视角"，载《法律科学（西北政法大学学报）》2013年第5期。

　　[2]　拉丁文"codex"是当今欧洲各国语言中"法典"一词的词源，后来衍生出英文和法文"code"、德文"kodex"、意大利文"codice"、西班牙文"código"等词。

　　[3]　参见黄美玲："《狄奥多西法典》：技术要素与政治意义"，载《华东政法大学学报》2017年第6期。

　　[4]　其代表作是《格雷哥里安法典》（Codex Gregorianus，291年或292年）、《赫尔莫杰尼安法典》（Codex Hermogenianus，295年）。参见［意］朱塞佩·格罗索：《罗马法史》，黄风译，中国政法大学出版社1994年版，第402页。

法活动树立了典范，赢得了荣誉，引起众多国家追随模仿。随后出现的德国六大法典，更将法典体系的严密性、逻辑性、抽象性发展到空前的高度，从更大程度上扩大了大陆法系的世界影响。在此过程中，以古典自然法思想为主的西方法典理论更是一度独领风骚，成为早期法律全球化浪潮的重要精神内核。

明治初期，日本立法专以法国法典为范本。受命翻译法国法典的箕作麟祥（1846~1897），第一次把法语"code"译为汉语固有词汇"法典"。从此以后，"code"就像嫁接在古树上的新枝，成为东亚法律世界的宠儿。作为东亚国家法制近代化的佼佼者，日本先学法国，后学德国，逐步形成以宪法、民法、商法、民事诉讼法、刑法、刑事诉讼法六部法典为代表的现代法典体系。近代中国虽然落后于日本，但也在清末民国时期展开持续的法典编纂运动，逐步形成与法、德、日等国类似的六法体系。新中国成立后，法制建设虽曾一度受挫，但法典编纂活动并未真正偃旗息鼓，而且近四十年来又掀起新的高潮。[1]近期制定颁行的《中华人民共和国民法典》更成为中国历史上第一部正式以"法典"命名的法律文件。

对于中国近代以来的法典编纂运动，有的学者倾向于在西方（主要是欧陆）的法典（codex/code）传统中去追根溯源，而较少提及中国自身的法典传统。他们或者以为古今悬隔断裂，难于彼此沟通，或者以为中西高下立判，不足相提并论。在他们看来，从古罗马到法国、德国，再到日本、中国，从《狄奥多西法典》《优士丁尼国法大全》到法、德、日的六大法典，再到清末修律、中华民国六法全书，一系而下，脉络连贯，现代中国法典体系的渊源来历清晰明了，其西来血统纯正无疑。在他们眼里，现代化就是西方化，近代中国的法典编纂就是西方法典传统结出的东方果实，西方的法典体系就是中国法典编纂努力的方向。这种看法从表面上看似乎有理有据，但在两个方面存在结构性的认知误区：一方面，西方法典传统虽然悠久，但在古代比起中国法典仍稍显逊色。在漫长的历史长河中，西方法典全面超越中国法典也只是近四百年来的事情；另一方面，中国法典固有的文化理念、思想内涵、制度框架乃至技术经验都不应被随意漠视，其价值应该得到充分的重视、发掘和传承。唯有如此，中华民族才能缔造超出往古、领先世界的新时代法典体系。

---

[1] 参见易清：《新中国民法法典化历程考论》，知识产权出版社2010年版，第130~228页。

引 言

一、 近现代的主要法典理论

时代是思想之母，实践是理论之源。人类上千年的法典编纂活动，孕育出丰富的法典理论。早在古罗马的共和国时期，朴素的法典理论就已经出现。西塞罗《论演说家》提出要以"属""种"等逻辑工具建立市民法的概念体系，奥鲁斯·奥菲流斯《分部的法》提出要以"分部"的方式制定一部总法典。[1] 随后的《格雷哥里安法典》《赫尔莫杰尼安法典》也都是在学者理论指导下的私人法典编撰试验品。在东方世界，从黄老刑名之学"推天道以明人事"的法典形式构思，到儒家礼法之学基于人事伦理的法典内容设计，再到秦汉魏晋时期法律实践经验沉淀的律学成果，也都蕴含着兼具哲理性与实用性的法典理论精华。不过，数百年来具有世界影响的法典理论主要源自近代西方，却是不争的事实。

从中世纪晚期开始，具有近代意义的法典化主张和实践逐渐兴起。无论是地处大陆的法国和德意志诸邦国，还是远在僻岛的英国，主张编纂法典的声音可谓连绵不绝。十六世纪，英国的亨利八世、法国的杜摩林，已经在讨论编纂统一法典的可能性问题。十七世纪，英国的爱德华六世、尼古拉·培根、詹姆斯一世、弗朗西斯·培根、布莱克斯通和法国的路易十四、柯柏尔，在法典编纂的问题上，或提出明确的理论主张，或设计出具体的工作计划，或开展正式的立法活动并取得阶段性的成果。这些早期的法典主张和实践，为近代西方法典理论做了准备工作，提出多样的思考进路，为近代西方的各种法典理论奠定了基础。其后，人文主义思潮广泛蔓延，理性主义精神得以高扬，民族国家逐步塑造成型，罗马法复兴运动也发掘出珍贵的法学理论成果和法律文本资源，这一切使得人们对于制定精密完备的法典汲汲期盼，充满信心。

作为启蒙运动的中心，法国成为近代西方法典编纂的第一重镇。长达二百年法典编纂的经验积累、大革命前广泛深入的思想动员和理论探索、大革命过程中摧枯拉朽的人民伟力、革命成功后及时的立法制度总结，这些因素共同促成近代西方法典在法国取得质变突破。法国从大革命时代开始正式推出近代西方第一个法典体系。古典自然法学家的学说理论被这些法典深度吸收。站在革命潮头的古典自然法学派学者，在法典中寄托了许多理想主义的

---

[1] 参见徐国栋："优士丁尼之前的法典编纂研究"，载《金陵法律评论》2010年第1期。

价值追求：天赋人权、三权分立、人民主权、私权神圣、契约自由、罪刑法定……《人权宣言》的起草者穆尼埃，《法国民法典》的起草者特隆歇、波塔利斯、普雷亚梅纽、马勒维、康巴塞雷斯……这些著名的立法者基本上都深受自然法思想影响，同时又精通罗马法精神。对于当时的立法者来说，作为自然法思想的法律文本结晶，以《法国民法典》为代表的法典体系简直就是缔造完美秩序的绝对真理。法典代表着真理，所以象征着文明，体现着智慧；所以要详尽周瞻，简练精准；所以要统一适用，无远弗届；所以要永续适用，不可修改；所以不能由法官擅自裁量，随意解读。这些观念在波塔利斯等人有关民法典草案的讲稿中有清晰、简洁而又强烈的表达。[1]对法典神圣性、永恒性的执念如此之深，以至于流放皇帝拿破仑听说民法典正在被讨论修改时显得无比绝望。这种对理想秩序的美好憧憬和信念追求，在大革命及其后的相当长时间内鼓舞、启发着世界上追求解放和锐意思索的人们，掀起了法典编纂全球化的巨大浪潮。

启蒙运动和法国大革命如火如荼的时候，德意志诸邦还处在沉闷、迷茫和附庸的状态中。但这并不妨碍德国的思想家们冷眼旁观，对革命性的法典编纂运动形成深刻洞见。

以黑格尔（1770~1831）为代表的德国哲理法学家，不满足于自然法思想浅尝辄止的论证方式，尝试用更抽象、严谨、凝练和冷峻的表达方式对法典的本质进行深刻剖析。在《法哲学原理》一书中，黑格尔明确指出，无论是作为法律的法还是作为其终极表现形态的法典，都具有普遍性的形式要件和规定性的实质要件。法典区别于习惯法汇编之处在于，它是从思维上把握并表达法的各种原则的普遍性和规定性。编纂法典的本质不在于从内容上建立崭新的法律体系，而是能够思维地理解现行法律内在的规定性。建立在此基础上的法律体系化和法典化，是时代的迫切需要。[2]他对"法典的内在规定性"和"思维地理解规定性"的着力强调，反映出超越法典外在形式特征的本质化考察。这种基于哲学视角的法典认知还表现在对法典能否修改的问题上。他认为，对法典完备性过于苛刻的要求是源于一种误解。因为私法只

---

[1] 参见［法］特隆歇等："法国民法典开篇：法典起草委员会在国会就民法典草案的演讲"，殷喆、袁菁译，载何勤华主编：《20世纪外国民商法的变革》，法律出版社2004年版，第3~40页。

[2] 参见［德］黑格尔：《法哲学原理》，范扬、张企泰译，商务印书馆2017年版，第218~221页。

能无限趋近完整性，理智普遍物适用于有限的素材会导致素材的无止境进程，所以法典的不断修正也就在所难免。[1]这是对"因为法典不够完备就不制定法典"主张的直接批判，其剑锋所指正是历史法学派。

萨维尼（1779~1861）是黑格尔在柏林大学的同事，也是德国历史法学派的领袖。他关于法律起源于民族生活、根植于民族精神的主张可谓众所周知。而其对法律起源历史的伟大考察，则是以一场法典编纂的论争为起点的。拿破仑帝国崩溃后，德意志诸邦国掀起制定民法典的热潮。施密特主张立即继受《奥地利民法典》，蒂博主张仿效《法国民法典》制定一部全新的《德意志民法典》。对这两种主张，萨维尼都坚决反对。在他看来，德国的民族精神还处在觉醒的过程之中，法学家阶层对法律精神的理解和技术的运用也还不成熟，所以制定民法典还时机未到。在《论立法与法学的当代使命》一书中，萨维尼描述了"真正优秀的法典"的基本标准：内容上符合基本公理前提下的全面、完美，形式上保证达意晓畅前提下的简洁。对法律公理的掌握和阐释艺术的运用都需要经过长期的科学探索和风格养成。法律一经法典化宣示之后就具备排它性效力，展示出确定性和统一性，形成现实社会生活中唯一的权威。如果制定的法典达不到这个标准，反而会破坏法典的实质权威，削弱法典的现实功能。所以人们对法典编纂不能不慎之又慎。[2]萨维尼认为，《法国民法典》的政治因素超越了技术因素，罗马法因素超过了法国法因素，引起法制内容的剧烈变革，造成法律纵向演进和横向移植的双重断裂，在许多规则细节中形成重大缺陷，所以只能被视为一个仓促的急就章，而非一部足以效法的经典。[3]可见，萨维尼极力反对当时德国的法典编纂热潮，是由于他对法典抱有极高的标准要求和价值期待。因为他的反对而掀起的大论战也确实阻止了不成熟法典在德意志地区的仓促出炉，给百年后真正成熟的德国民法典问世留足了继续发育的空间和时间。在这一百年的时间里，德国完成了民族国家的统一，孕育出颇具个性的民族精神，从而得以编纂出立法成就极高的法典。德国法典成为近代西方继法国法典之后的又一座高峰。

---

[1] 参见［德］黑格尔：《法哲学原理》，范扬、张企泰译，商务印书馆2017年版，第225~226页。

[2] 参见［德］弗里德里希·卡尔·冯·萨维尼：《论立法与法学的当代使命》，许章润译，中国法制出版社2001年版，第14~20页。

[3] 参见［德］弗里德里希·卡尔·冯·萨维尼：《论立法与法学的当代使命》，许章润译，中国法制出版社2001年版，第42~61页。

到了马克斯·韦伯（1864~1920）生活的时代，急切制定法典的思想冲动已经退去，德意志的国家统一、精神塑造、法典编纂等历史运动都已经进入稳步有序的节奏之中。因此，韦伯得以从容地深入到广泛的社会层面探究法典的生成机制和驱动力问题。他认为法律的系统编纂是法律生活普遍自觉、重新洗牌的产物。其原因既包括法律外部的政治革命，也包括法律内部的统一需求。剧烈变革之后的政治实体需要法典的确认，行政机器功能的运作需要法典的规制，法律制度的统一需要法典的协调，社会对经济、宗教和家庭文化的关切需要法典来反映和强调，克服特别法对一般法的凌驾同样有赖于法典的权威。这些现实的需求合在一起就构成了法典编纂的综合驱动力。从社会阶层角度来看，这些需求往往承载着君主、官员、中产阶层以及其他阶层的利益关切与诉求。不过，在实质意义上真正推动法典编纂的途径只有两个：一是君主及其官僚发起的法典编纂活动，二是法学家的教学和研究活动。而且贯穿其中的线索都是一致的，即法律系统整理的内在理性化。[1]韦伯运用法社会学方法进行的理论剖析，从更纵深的维度充实了近现代的法典理论，对于深入探讨法典的生成机制极富启发意义。

当革命性的法典编纂浪潮席卷欧洲大陆时，英国也在经验主义、保守主义的思维中摸索法典化的进路。其实在此之前，英国早就有一众国王、大法官和法学家提倡用法典化的努力破除普通法的弊端。在十八、十九世纪之交，杰里米·边沁（1748~1832）为这种法典编纂理论主张制造了空前的声势，不仅创造了若干重要的与法典有关的英语新词汇，还通过《完整法典概论》（由《立法原理》《民法典原理》《刑法原理》三部分组成）系统阐发其法典编纂理论。在该书中，他明确提出法典必须符合内容完整性、语词普遍性、逻辑体系性、术语精准性这四大标准。[2]与当时先验、理想、革命、激情的欧陆法典化运动不同，边沁发起的英伦法典编纂运动更加符合经验、实证、保守、谨慎的科学精神。他们反对自然法的理性神话和逻辑预设，更加关注现有法律的体系化改造和完整法典的形式化特征，从更贴近现实的角度审视法典的价值。以上这些法典编纂主张尽管没有真正改变英国的普通法制度，

---

[1] 参见［德］马克斯·韦伯：《经济与社会》（第二卷）（上册），阎克文译，上海人民出版社2020年版，第217~222页。

[2] 参见徐国栋："边沁的法典编纂思想与实践——以其《民法典原理》为中心"，载《浙江社会科学》2009年第1期。

却启发了后世的法学思潮和法典编纂运动。

英国历史法学派的代表人物亨利·梅因（1822~1888），尽管承认自然法理论在指引人类社会发展方向上的重要价值，但更倾向于从历史的视角入手去考察法律发展的真实情形，并最终得出"判决-习惯-法典"的考察结论。在《古代法》一书中，梅因主要侧重于对以《十二铜表法》为代表的所谓"古代法典"的讨论，对现代法典的基本特征没有详加讨论。相比于结构的匀称和用词的简洁，他更看重法典的公开性。因为公开性使法律摆脱了寡头统治阶级单凭惯例记忆而把持的垄断特权。在他看来，罗马法典在内容上不一定有新的创建，却足以保护良好的习惯免于退化和腐蚀。同时，法典的编纂和修改，与自然产生和变动的习惯不同，是在特定目的指导下的有意行为。[1]很显然，《古代法》对古代法典的考察重点在于其制度价值而不甚关注其编纂技术。[2]

美国的法典编纂成就以《美国宪法》、《菲尔德法典》和《统一商法典》为代表。综合来看，这些法典的编纂是多重因素影响下的产物。其中既有古典自然法思想、法国法典理念的影响，也有英国边沁法典化改革主张的影响，还有独立战争前后反英的本土化情绪以及对普通法进行实用主义反思的影响。[3]尽管美国编纂法典的思路来源呈现出多元化特征，法典理论的个性并不十分鲜明，但整体来看还是更倾向于以经验主义为主线的英国思维模式。

对于近代西方的法典理论，远在东亚的穗积陈重（1855~1926）进行了系统的理论总结。尽管今天能看到的《法律进化论》只是其庞大著作计划中的一小部分，但是其中的《原形论》和《原质论》已经初步涉及法律的两个基本元素——实质与形体。[4]在这两个元素中，穗积陈重认为法典编纂更多涉及形体论，即法典编纂的目的、方法、顺序、体裁、问题、用语等方面问题。在立法学专著《法典论》一书中，他从形体论入手系统地讨论了法典编

---

〔1〕 参见［英］梅因：《古代法》，沈景一译，商务印书馆1996年版，第9~13页。

〔2〕 值得一提的是，尽管梅因对英国普通法的法典化改造不抱希望，但是却在英属印度开展了富有成效的法典编纂活动。可见，梅因并非单纯从理论角度讨论古代法典，同时还很关心现实中的法典化运动并以极大的实践热情投身于其中。参见何俊毅："梅因论法典编纂"，载《中国社会科学报》2018年3月28日，第5版。

〔3〕 参见陈融："美国十九世纪前半期法典编纂运动述评"，载《历史教学问题》2012年第5期。

〔4〕 参见［日］穗积陈重：《法律进化论》，黄尊三等译，中国政法大学出版社1997年版，第3页。

纂的诸多问题，一方面驳斥了各种非法典编纂论的具体理由，另一方面从法典编纂的目的、法典的体裁、法典编纂委员会以及法典编纂的程序等方面论证了法典的形体问题。他指出，各国法典编纂的目的主要有维护社会秩序、确定政治革新成果、统一国家法律制度、归类整理现有法律、更新法律制度内容；编纂出来的法典通常会采取沿革体、编年体、韵府体、论理体等不同的体例；法典编纂委员会里有准备委员、起草委员、审查委员、修改文员、编纂委员长、外国人委员等复杂的人员组合；法典编纂过程要遵循特定的规程，合理确定法典的内容范围、基本立场、纲领、文本和材料，着力解决法典起草、公布与改进时应该注意的问题。[1] 在该书中，穗积陈重对近现代主要法典进行逐一列举，根据丰富的材料对法典编纂的各种做法进行全面的介绍和就事论事的评析，尽管没有形成系统明确的理论立场，但实事求是、具体分析的论述风格却展示出其法典理论成熟严谨的一面。

　　近代以来的法典理论，有的侧重于法典的精神内容，有的侧重于法典的形式体例，有的侧重于法典的内在逻辑，有的侧重于法典的生成机理，有的侧重于法典的历史沿革，有的侧重于法典的现实功用。就精神内容而言，有的侧重于古典自然法的预设演绎，有的侧重于民族精神的自然成熟，有的侧重于现有法律的归纳总结；就形式体例而言，有的采取严格标准强调系统编纂的法典特征，有的采取宽松标准把法律汇编也视为法典；就内在逻辑而言，有的侧重于自然正义观念的表达，有的侧重于抽象理性的发掘；就生成机理而言，有的侧重于对现行法律制度的技术性整理，有的侧重于社会阶层力量的妥协性权衡；就历史沿革而言，有的侧重于革命时代的更新创造，有的侧重于自然规律的渐进总结；就现实功用而言，有的侧重于通俗易懂的民众教化，有的侧重于逻辑严谨的理论表达，真可谓"横看成岭侧成峰，远近高低各不同"。这些法典理论主要是对近代法典编纂活动的系统总结、综合评价和多重期许。其中既有一般性的法典规律，对今人理解法典富有启发意义；同时也包含着近代特有的法律文化因素影响，随着时代的发展和法典实践的展开，有进一步调整的必要。

　　二十世纪，世界上许多国家出现法典的解构和重构现象，引发学界对法典编纂的新思考。纳塔利诺·伊尔蒂《解法典的时代》（1978）、埃迪斯·毕加索《法典的编纂》（1992）、约翰·梅里曼等《大陆法系：欧洲、拉丁美洲

---

[1] 参见［日］穗积陈重：《法典论》，李求轶译，商务印书馆2014年版。

和东亚》(1994)等论著分析认为,因为社会变迁而大量出现的特别立法、为弥补法典缺漏而开展的法官造法、以合宪性审查为中心主义的发展、以欧盟法律为代表的超国家立法的发展,对传统的法典体系形成巨大的挑战。[1]但这种挑战并非是对原有立法模式的彻底颠覆,解法典化也不等同于反法典化,而是在旧法典老化情况下发生的正常的新陈代谢现象。正因如此,经过解法典化的短暂调整之后,各国法典又会走上重构之路。就目前的实践来说,法典重构之路有成功的经验也有失败的教训。但总体来说,法典重构给大陆法系带来了新的生机。[2]

二、学界对中国法典的认知

对中国法典的讨论古已有之。早在唐代,贞观君臣就通过官修正史、官方法律注释初步塑造出一套律典谱系。其后的学者如薛允升、沈家本等将此研究推向传统学术语境下的最高水准。然而有关中国法典的现代学术研究则是近代以来受到西方理论影响的结果。1902年,梁启超撰写长文《论中国成文法编制之沿革得失》,用近代西方的法律进化观念解读中国古代成文法的发展沿革历史。[3]1904年,日本学者浅井虎夫出版专著《中国法典编纂沿革史》[4],沿用穗积陈重的宽松标准,把战国《法经》以下的历代成文法统统称为"法典"。此后日本学界也多有类似的表述习惯。中田薰"论中国律令法系的发达——兼论汉唐间的律学"[5]、大庭脩《秦汉法制史研究》[6]等名作皆为其例。受其影响,近现代中国学者也普遍用"法典"一词描述中国古代的成文法。张金鉴《中国法制史概要》[7]、陈顾远《中国法

---

[1] 参见[秘鲁]玛丽亚·路易莎·穆里约:"大陆法系法典编纂的演变:迈向解法典化与法典的重构",许中缘、周林刚译,孙雅婷校,载《清华法学》(第8辑),清华大学出版社2006年版。

[2] 参见瞿灵敏:"从解法典化到再法典化:范式转换及其中国启示",载《社会科学动态》2017年第12期。

[3] 梁启超:"成文法之初起,不过随时随事,制定为多数之单行法。及单行法发布既多,不得不撮而录之,于是所谓法典者见焉。"参见梁启超:《饮冰室合集》(第6册),中华书局1989年版,第4页。

[4] 参见[日]浅井虎夫:《中国法典编纂沿革史》,陈重民译,李孝猛点校,中国政法大学出版社2007年版。

[5] 参见[日]中田薰:"论中国律令法系的发达——兼论汉唐间的律学"(备注:因出版需要,论文题目有所变动),何勤华译,载何勤华编:《律学考》,商务印书馆2004年版。

[6] 参见[日]大庭脩:《秦汉法制史研究》,林剑鸣等译,上海人民出版社1991年版。

[7] 参见张金鉴:《中国法制史概要》,正中书局1974年版。

制史概要》[1]、张晋藩《中国法制通史》[2]、曾宪义《中国法制史》[3]等著作几乎无一例外地把"法典"一词用在各种成文法身上，李悝《法经》也常被认为是最早的"封建法典"。总之，关于"中国法典"，中日学者大都将范围限定为律、令等强制性法律规范，即在法典的内容上采取狭义、严格的标准；同时又将"法典"的帽子随意戴在这些编纂程度参差不齐的法律头上，在法典的形式上采取广义、宽松的标准。这种对于"法典"概念的运用既不符合中国传统法的基本事实，也不合于现代法学理论，从而严重影响到今人对中国法典内涵的充分理解和完整认知。

近年来，俞荣根先生以古稀荣退之年，不辞劳作之苦多次撰文，极力驳正来自东瀛的"律令体制说"，提出并倡导"礼法体制说"。他认为中国传统法律体系就其实质而言是礼法体系，礼法体系是中华法系与其他法系并立的精神特质与价值内核所在。[4]在此前提下，国家一切政制、法律，皆以礼法为纲，围绕礼法这个大经大法而延伸铺展、充实推衍。在礼法体制中，礼法是根本法、统摄法、价值法、理想法，制度化表现为礼仪、律令以及民俗习惯三个子系统。[5]其中，礼仪和律令这两项制度都曾在国家层面开展过法典编纂活动，最后形成的礼典、律典、令典都是中国法典的具体体现。这一理论创见的价值在于，从结构上突破了传统法史学界研究中国法与中国法典的视域藩篱，改变了以往重律令轻礼制、忽视礼法价值的研究格局，对于全方位认识中国传统法和中国传统法典极富启发意义。

在现行的一般法学理论中，法典是成文法的高级形态，是经过系统、复杂的编纂活动而制成的内容完备、体系严谨、篇条有序、术语精确的立法成果。它以长期的法律实践和一定规模的法律规范文本为前提。法典编纂是将

---

[1] 参见陈顾远：《中国法制史概要》，商务印书馆2011年版。
[2] 参见张晋藩总主编：《中国法制通史》，法律出版社1999年版。
[3] 参见曾宪义主编：《中国法制史》，北京大学出版社、高等教育出版社2000年版。
[4] 俞荣根师指出："'礼法'不是'礼'和'法''礼'加'法'，或礼中有法、纳于礼法。'礼法'是一个双音节词汇，一个名词，一个法律学上的法概念，一个法哲学上的范畴，是古代'礼乐政刑'治国方式的统称。"参见俞荣根：《礼法传统与中华法系》，中国民主法制出版社2016年版，第296页。
[5] 参见俞荣根、秦涛："律令体制抑或礼法体制？——重新认识中国古代法"，载《法律科学（西北政法大学学报）》2018年第2期；"中国古代法：律令体制抑或礼法体制？"，载《社会科学文摘》2018年第4期。此外又可参见俞荣根："走出'律令体制'——重新认识中华法系"，载《兰州大学学报（社会科学版）》2020年第4期。

现存同类或同一部门法律经过辨别审查，根据统一的原则标准，通过存废、修改、补充而编成内容和谐一致、体例完善合理的系统化的法律文本。[1]法典编纂不同于法律汇编，简单汇编之后的法律文本不能称为法典。这里的"法典"应采取狭义的严格标准。而前文提到运用法典概念较为随意的做法，则很显然是采用"法典"的广义宽泛标准。但从现代法学理论的角度来讲，这种做法并不严谨。[2]近年来，已有一些学者对此问题进行反思。例如，冨谷至曾敏锐地发现并犀利地指出：《隋书·经籍志》只列举西晋以后的律与令，《汉书·艺文志》也没有列出秦汉的律与令，正是因为晋以前并不存在具有完成形态的律典与令典。[3]广濑薰雄也指出：日本学界长期讨论的所谓"秦汉令典"，只不过是以唐令来反观秦汉令而得出的论断，秦令从其行政功能出发原本就不存在典籍化的倾向。[4]此外，石冈浩等人所著《史料所见中国法史》一书也以西晋的律令作为律令基本法典形成的标志。[5]国内学者如徐世虹、李俊强等也在表述上注意到此中要义。[6]

其实，年代更早的日本学者滋贺秀三（1921~2008）在研究中国古代法时对"法典"一词的使用就已经十分严格。他曾提出过判断"法典"的两条

---

[1] 参见周旺生编著：《法理学》，人民法院出版社2002年版，第144~145页；孙笑侠、夏立安主编：《法理学导论》，高等教育出版社2005年版，第260页。

[2] 同样的问题也出现在外法史中。例如国内教材和论著中常见的《汉穆拉比法典》《摩奴法典》《十二铜表法》《萨利克法典》，严格来讲都不能称为"法典"。欧洲古代最早的正式法典，当自《狄奥多西法典》开始，而以《优士丁尼国法大全》成就最高。近代西方法典则以《美国宪法》《法国民法典》《奥地利民法典》《德国民法典》成就最高。此外，还有大量的法律汇编被称为法典的习惯称呼，严格来说都不准确。

[3] 参见[日]冨谷至："通往晋泰始律令之路（Ⅱ）：魏晋的律与令"，朱腾译，徐世虹校译，载中国政法大学法律史学研究院编：《日本学者中国法论著选译》（上册），中国政法大学出版社2012年版，第189页。

[4] 参见[日]广濑薰雄："秦令考"，朱腾译，载杨一凡、朱腾主编：《历代令考》，社会科学文献出版社2017年版，第148~181页。广濑薰雄的类似主张又可见氏著："秦汉时代律令辨"（载徐世虹主编：《中国古代法律文献研究》（第七辑），社会科学文献出版社2013年版，第111~126页）以及[日]宫宅洁："广濑薰雄著《秦汉律令研究》"，顾其莎译，载徐世虹主编：《中国古代法律文献研究》（第七辑），社会科学文献出版社2013年版，第467~471页。

[5] 参见赵晶："中国法制史教科书编写臆说——评石冈浩等著《史料所见中国法史》"，载徐世虹主编：《中国古代法律文献研究》（第七辑），社会科学文献出版社2013年版，第483~498页。

[6] 参见徐世虹："说'正律'与'旁章'"，载孙家洲、刘后滨主编：《汉唐盛世的历史解读——汉唐盛世学术研讨会论文集》，中国人民大学出版社2009年版，第287页；李俊强："晋令制订考"，载杨一凡、朱腾主编：《历代令考》，社会科学文献出版社2017年版，第285页。

标准：一是高度整合性，即法外无法；二是高度整体性，即整体存灭。[1]这两个标准从外部形式的角度对法典进行了简洁而又形象的描述。然而若仅停留在这个外部形式的表面勾勒，那就只能始终在法典标准问题的外围打转而无法接近问题的实质。因为仅以法外无法、整体存灭的标准来看，大量法律的简单堆砌与归类整理也可以拼凑成法典。但这与现代法学的一般理解存在明显差距。一方面，法典与一般的法律汇编尽管外观类似，但在篇章条文的协调性、系统性和逻辑性等方面存在重大区别。另一方面，一部法律所规定的内容、调整的关系、形成的制度是否具有全局性、重大性、根本性、权威性、恒久性以及深远影响性，也是其能否称为法典的关键因素。近代西方涌现出来的法德的民法典、美国的宪法典，无不具有这些独特的品性。而在我国的汉语言文化中，"典"字本身也蕴含着以上义项，带有某种独特的非凡属性。（详见后文）因此，今人在使用"法典"二字时，自然要多注意体会其内在属性方面的深刻含义，而不能仅仅停留在外在的形式表层。

以本书所论《泰始律》《泰始令》为例，按照形式与内容相统一的标准加以综合判断，二者显然可以称得上是中国古代法典"编纂"最早的正式成果。在外在形式方面，它们是中国自有律令制度以来，第一次实现律令篇目的系统整合，真正做到了法律篇目都在法典中、法典之外再无同类法律。而且，这两部高度浓缩的法典在经过三年半精心编纂之后于泰始四年（公元268年）正月一次性颁行天下。这些大体上也都符合滋贺秀三所提出的标准。而在内部构造方面，《泰始律》《泰始令》诸篇章的排列顺序和逻辑思路也展示出较为清晰的思维线索，给人以谋篇布局的文章创作之感；篇章内部的条文表述规整有序，措辞用语凝练考究，在微观系统层面显示出构思精巧、匠心独运的特点。同时，以儒家礼法精神灌注法典，以纲举目张的形式统摄重要的社会制度，也体现出其独尊的历史地位。

当然，由于时代格局的变革，原本应该具有较强稳定性的律令法典也会随着政策的调整而进行内容的修订增补，既有新内容加入法典，也有旧内容移出法典。因此，滋贺秀三关于律令法典"整体存灭"的说法在泰始律令中并非事实。但是，这与其说意味着《泰始律》《泰始令》法典成色的不足，不

---

[1] 参见[日]滋贺秀三："关于曹魏新律十八篇篇目"，程维荣等译，载杨一凡总主编：《中国法制史考证》（丙编第二卷），中国社会科学出版社2003年版，第252~266页。

如说反映出滋贺氏"法典要件说"的缺陷。法典编成后因何不能修改？为何一定要整体存灭？局部修订对法典而言是否一定不被允许？这些疑问无论是在古代还是在今天都无法给出自圆其说的解释。[1]可见，滋贺秀三所提出的判断法典的两项条件，只不过大体反映出法典的外在形式特征，还不足以在更深的层面上体现法典的内在结构和内容逻辑等属性。综合来看，《泰始律》《泰始令》毫无疑问都完全符合法典的基本特征。我们不必在学界前辈的经典命题内亦步亦趋。这应当成为探讨西晋法典体系历史成就的理论自觉。

又如，德国历史法学派提出民族精神的成熟是民法典编纂的前提条件。这种观点常被我国学者引用，来作为自我标榜的理论依据。实际上，德国民法典以民族精神自矜是其注重精神力的观念产物，表现出的是一种文化自信心的自觉高涨或过度膨胀。归根结底，德意志民族历史并不悠久，近代以前从未经历法典化阶段。在没有充足的法典实践经验积累之前，在其民族国家尚未塑造成型之前，在其民族文化尚未形成统一性格之前，自然要对法典编纂这种形态高级、影响广泛的立法活动保持谨慎态度。然而中国的法典语境则大不然。纵览中国历史，法典的编纂成就源远流长，绝不能简单地用"民族精神的成熟"一言了事。

法典是特定社会因素积累运化的结果。当这些社会因素基本定型时，法律便开始朝着一定样式的法典方向发展。当社会要素日臻成熟时，其法典体系也就会达到既定模式下的极致。与此同时，历史新因素仍在不断涌现，冲击既有的秩序框架。当其还只是点滴出现时或许会被委屈容纳在现有法典框架之下，或许会被暂时悬置于现有法典体系之外。一旦这些新社会因素达到一定规模，就不能不加以重视。直到有一天，与现有法典体系有所抵触的法律内容大量出现，旧瓶不仅无法装下新酒而且显得笨拙多余，于是就有了挣破的趋势，这就是解法典化、去法典化。新的社会因素一旦定型就会要求新的法典体系，于是就进入到新的一轮法典化过程。这种循环，中国历史上曾经多次上演。如果硬套萨维尼所谓法典编纂系于民族精神的说法，难不成中国历史上民族精神曾经有过成熟之后再成熟的过程？如果是这样的话，那么究竟哪次更为成熟呢？成熟与更成熟之间的区分标准又在哪里呢？

---

[1] 参见前引黑格尔《法哲学原理》。黑格尔这句话尽管只是在批评德国历史法学派否认德国具备制定民法典能力的主张，但是很显然其道理具有普遍的适用性。

近代以来，法律全球化进程不断推进，不同法律文化区域之间的深度交流日益频繁。对于任何一个法律文化区域来说，充分吸收异域法典传统精华是其自身不断发展的重要途径。当前，我国业已宣布建成由七大法律部门构成的法律体系，其主体框架正是由几部重要的法典组成。从法律移植的角度而言，中国近代以来直至今日逐步形成的具有高度组织化、精密性的法典体系，从部门划分到篇章体例再到条文表述，自然都有来自大陆法系法典模式的深刻影响。但同样不可否认的是，中华法系成文典章制度的固有传统是仍在发挥重要影响的本土渊源。

由于理论自觉的缺失，目前学界尚未注意深入挖掘中国法典的独特内涵和历史逻辑。长期以来也不乏以西方理论解读中国法典、以中国法典比附西方法典的现象。[1]这种比附既有可能出现误判和偏见，[2]也会失察中国法典的话语内涵和文化语境。因此，在吸收借鉴外来法典传统的同时，我们仍需考虑对其加以本土化的改造，以期在本土落地生根。对于中国来说，西方法典传统的中国化，就是要在对其进行吸收时，基于中国国情，依托中国资源，解决中国问题。当我们今天讨论法典体系构建的时候，不能忽视中国法典传统的深层意义，尤其是其内在精神。在此方面，近代以来的中国学者前辈已经做出过重要的学术贡献，对此同样应该加以重视。例如，程树德于1927年出版的《九朝律考》，堪称近代中古法典考据研究的典范。其后，陈寅恪（1940）、瞿同祖（1948）先后提出"法律儒家化"学说，也是有关中国法典内在精神的重要命题。这些本土理论资源，同样是解读中国法典的中国语境和中国内涵的重要参考，不能不加以重视。

三、中国法典的观念与机理

近代日本积极学习西方，在东方世界率先接受并传播西方法典文化。似乎中国的法典传统已成明日黄花。浅井虎夫撰写《中国法典编纂沿革史》，系统整理日本自公元六世纪以来的文化母国的法典传统遗产。在日本法律整体

---

[1] 例如，传统观点以郑国"铸刑鼎"比附古罗马颁布《十二铜表法》，称之为中国公布成文法的标志性事件；以《唐律疏议》比附《优士丁尼国法大全》，称之为诸法合体的代表性法典。

[2] 例如，马克斯·韦伯说："官方的中国律例汇纂，尽管具有一定的'系统'分类成分，但与法典汇编毫无干系，不过是些机械性的整理分类。"参见 [德] 马克斯·韦伯：《经济与社会》（第二卷）（上册），阎克文译，上海人民出版社2020年版，第220页。

转向欧陆法典道路的历史当口，此举显得意味深长。[1]不过在东西方力量格局对比鲜明的大背景下，他的这种努力并未改变中国法典传统的真实价值逐渐失语的客观境遇。

"法典"本为中国固有词汇。[2]它是一个组合词，可以进一步分解为"法"（法度）和"典"（典章）两个义项。就"法"而言，中国传统法以礼法为统率、为纲领、为制度依据、为教化准绳，并进而分化衍生出礼仪法制、律令法制等具体范畴。所以不能只从西方实证法学视角出发就简单认为"律令是法律，礼法不是法律"。然而近代以来的中外学者描述中国古代法律往往只热衷于讨论律令体制，并在此基础上随意套用"法典"（code）一词。这是源自欧陆法学理论的偏见，并不符合中国语境下"法典"的本义。

进一步而言，"法"还只是"法典"这个组合词的一个侧面，甚至不是其内涵的侧重。要深刻理解"法典"概念的中国性，还要聚焦于"典"这个元符号。在中国古代的传世文献中，"典"字往往代表着神圣性、权威性。因其神圣而有权威，因其权威而愈加神圣。这种神圣性与权威性的叠加既来自于政治，也来自于道德，是政治与道德相交融的产物和标签。古人解"五典"一词，或认为是记录五帝治道的文本精华，[3]或认为是维系人伦道德的中心枢纽。[4]总之，"典"被视为可以百代常行的准则。[5]这种观念性的解读为后世的法典文化注入了灵魂，树立了标杆，设定了范本。

当然，道德政治还不是"典"字的最初语境。许慎从构字角度将"典"字分解为册、丌两部分，认为"典"是出于尊贵之意而放在架子上的简册

---

[1] 浅井虎夫在该书开篇言道："夫汇集各种法律，组织为一法典者，凤盛行于欧洲诸国。迄现世，犹炳炳麟麟，风流未尝稍衰矣。还观中国法典编纂之沿革，古来留心此业，正自有人。溯战国初李悝造《法经》六篇以来，历朝编纂法典之总目，高文典册，盖不下数百计，何其盛也！"参见［日］浅井虎夫：《中国法典编纂沿革史》，陈重民译，李孝猛点校，中国政法大学出版社2007年版，第1页。

[2]《孔子家语·五刑解》："礼度既陈，五教毕修，而民犹或未化，尚必明其法典以申固之。"《逸周书·谥法解》虽有"善合法典曰敬"之说，但其所谓"法典"是一个动宾结构，意思是"效法典章"，与《孔子家语·五刑解》中所用的"法典"词义不同。

[3] 许慎认为："典，五帝之书也。"（《说文·丌部》）郑玄、贾逵、延笃等汉代经师大都持此说，认为"五典"记载着五帝治理天下的常道。（参见《春秋左传正义·昭公十二年》《周礼注疏·春官宗伯·外史》）

[4]《尚书正义·舜典》伪孔传释"五典"为五常之教，即父义、母慈、兄友、弟恭、子孝。

[5]《尔雅·释言》："典，经也。"《周礼·天官冢宰》："大宰之职，掌建邦之六典"，郑玄注云："典，常也，经也，法也。王谓之礼经，常所秉以治天下也。邦国官府谓之礼法，常所守以为法式也。常者其上下通名。"《尚书正义》的《尧典》《舜典》，孔疏同作此解。

书籍。[1]虽然"丌"字是否能解释为"架子"还有争议,但这个解释却最早反映出"典"与"册"的内在联系。后世学者根据甲骨文进一步研究发现,"典"反映的是手举简册祭告神灵的场景。[2]换句话说,"典"是殷商时代用于书写祝告之辞的简册,祭祀时贡献于祖先神灵,反映的是当时祭祀活动中的一个重要环节,即殷人周祭卜辞中所谓的"工典"(贡典),[3]也就是后世所谓的"文献"[4]。按照当时的宗教观念,用来献祭祖先的简册,其内容自然是不刊的金句、精粹的良言,此即所谓"典训"。这些"典"要供奉于宗庙之中,由专门的祭司掌管,而且颇成规模。[5]这可以说是"典"的神圣性、权威性、规范性的最初来源和终极依据。

殷周革命之后,"典"被周人继承、改造。其属性从单纯出于宗教祭祀的神圣性转而引申为基于道德政治的正当性。从周人开始,"典"的宗教性色彩逐渐减退,进而演变为关乎国家政治、人伦道德乃至日常生活的言行法则,而且是具有稳定权威的常法、常则。到了周代,大量的"典"体文献频繁出现在《左传》《国语》《尚书》《诗经》《逸周书》等传世文献中。[6]这些"典"享受着藏于盟府、专职保管的高规格待遇,[7]保持着神圣权威、最高准则的地位。在这些"典"之外,东周时期大量涌现的刑书、律令等新式法律,也在为法典时代的到来储备充实的内容素材。

与此同时,战国时期兴起的以逻辑化、系统化、哲理化为特征的黄老学说,也从学理思辨角度为法典编纂进行着早期的准备。黄老学说认为宇宙万物的运行规律是统一适用的,依据天地秩序建立的人间法律也应该是浑然一体的。在这一整套"推天道以明人事"的规则解释系统中,"道"是其本,

---

[1]《说文·丌部》:"典,五帝之书也。从册在丌上,尊阁之也。"

[2] 参见叶修成:"论《尚书·尧典》之生成及其文体功能",载《华南农业大学学报(社会科学版)》2009年第2期。

[3] 参见于省吾:"释工典",载于省吾:《双剑誃殷契骈枝 双剑誃殷契骈枝续编 双剑誃殷契骈枝三编》,中华书局2009年版,第162~166页。

[4] 所谓"文献",实际上就是"献"之以"文"。参见靳青万:"论殷周的文祭——兼再释'文献'",载《文史哲》2001年第2期。这个被"献"的"文"与殷人卜辞中被"贡"的"典"意义较为接近。

[5] 传世文献中也多有殷人之典的记载。例如,《尚书·多士》:"惟殷先人,有册有典,殷革夏命。"《逸周书·小开武》载武王云:"余闻在昔,训典中规。"此外,《逸周书·商誓》提到"成汤之典",《逸周书·世俘》说文王曾"修商人典"。

[6] 对此例证的详细列举,可以参见罗家湘:"'典故'探研",载《中州学刊》2005年第5期。

[7]《逸周书·尝麦》:"太史乃藏之于盟府,以为岁典。"《国语·周语下》:"若启先王之遗训,省其典图刑法,而观其废兴者,皆可知也。"

"法"是其名。"法"又表现为万物规律、人间规则、法律规则三个层次。这套规则系统是从一种核心的原理衍生而来,因而也是同源、一元、排它、集权和终极的。[1]在黄老学派的法理论中,人类摸索把握这套规则系统的方法称为"名学",亦即刑(形)名之学。刑名学家将具有一元特征的道论引入法律规则体系,推敲体例,整合条文,最终创制结构严密的法典。这种系统思维为后世的法典编纂实践提供了重要的方向指引。[2]

周秦交替之际,各家学说逐渐出现理论融合的趋势,涌现出《荀子》《韩非子》《吕氏春秋》等综合百家的大著作。相对晚出的《周礼》将这些著作中的理论学说转化为系统的制度设计,依托整齐的六官系统表达极高的政治理想和成熟的政治思想。支撑六官系统的,是作为治理天下根本大法的六典体系,即治典、教典、礼典、政典、刑典、事典。六官与六典一一匹配,各有分工:天官冢宰职掌治典,地官司徒职掌教典,春官宗伯职掌礼典,夏官司马职掌政典,秋官司寇职掌刑典,冬官司空职掌事典。《周礼》六典应该是对周代以来各种"典"体文献进行综合提炼、系统整理的产物,从史源素材来说确实在某种程度上反映出周代制度的重要风貌,但从体系来说则是在全新理论思路下的制度创新。[3]

在从秦汉到魏晋再到隋唐的立法实践中,以《荀子》和《周礼》为代表的礼法制度理论内容,以黄老和法家刑名之学为代表的规范一体化哲学思维,再与各时代的社会风貌、思想观念和技术理性相互糅合,指导不同时代的立法者构建出各具特色的法典体系。这是中国法典的第一个成长周期。其影响一直延续到宋、元、明、清,成为中华法系重要的形式特点之一。

中国法典的原初观念、理论、学说,植根于悠久的文化传统和长期的立法实践,表现出多层内涵:源于宗教祭祀的神圣性、基于道德政治的正当性、作为恒常规则的稳定性、汇聚同类规范的包容性、符合形式逻辑的严整性和注意分工协调的体系性。这些多层内涵在晋唐、明清的法典中有最为典型的

---

[1] 参见王沛:《黄老"法"理论源流考》,上海人民出版社2009年版,第58~120页。

[2] 参见王沛:"刑名学与中国古代法典的形成——以清华简、《黄帝书》资料为线索",载《历史研究》2013年第4期,收于氏著:《刑书与道术:大变局下的早期中国法》,法律出版社2018年版,第184~208页。

[3] 钱穆认为,《周礼》可谓一部理想的宪法,实现了政治理想的制度化,却没有丝毫理论的痕迹,不落于空谈玄想。他还认为《周礼》不是一部反映先秦制度的历史书,而是一部反映先秦政治思想的理论著作。参见钱穆:《中国历代政治得失》,生活·读书·新知三联书店2012年版,第47页。

表现。在近百年来的转型摸索期，中国法典虽然往往以西方法典为标杆榜样，但并未完全迷失自我，失掉自信。即使是在法典西化倾向十分显著的民国时期，国人仍旧以彼时法典对标传统的典章法制。[1]更遑论最近几十年来中国国力蒸蒸日上，文化自信日益高涨，法制逐渐完备，法学日益精进。时至今日，我们要想在更高的历史起点上缔造中国法典新的辉煌，就必须重温中国法典的传统语境和原初理念，总结传统中国法典的生成机制与法源构造。

夏、商、西周的法律带有宗教性、宗法性，既有神人之约，也有宗族之约。约束的范围根据参加者的不同而不同，展现出较强的独立性和多元性。其效力更多体现在宗法单元内部，还不能理解为后世观念中公诸于众、四海皆准的"法律"。[2]春秋战国时期，中国迎来新式法律的大爆发。在这些新式法律中，律令法制[3]以君权（政统）为法律创设的最大源头，礼法制度则更多借助深厚的历史文化传统和丰富的社会道德观念（道统）。经过长期的磨合，律令法制与礼法制度不仅各自实现了法典化，而且共同构筑起具备多重法源结构的礼法体制（法统）。礼法体制可以说是中华法系良法善治模式的基本制度依托。[4]

---

[1] 在1936年辑印的《中华民国法规大全》（商务印书馆1936年版）的正文前，有当时政界名流手术影印的题额"灿然大备"（朱履龢题）、"典章灿备"（李圣五题）。又可参见张生：《中国近代民法法典化研究：一九〇一至一九四九》，中国政法大学出版社2004年版；"从'有典有则'到民法典：中华法系的传承与发展"，载《光明日报》2020年7月31日，第11版。

[2] 参见王沛："刑鼎、宗族法令与成文法公布——以两周铭文为基础的研究"，载《中国社会科学》2019年第3期。

[3] 中国古代的法律传统是以礼和律为核心的制度文明体系，所以有礼法与律法之分。而律法又绝不仅限于律这种单一的法律形式，而是以律、令为主体，以科、格、品、式、章程等各种法律形式为辅。各种法律形式既有功能和范围的差异，又相互配合，彼此协调而构成一个以明确性和强制性为特点的系统化的制度规范体系。日本学者把这个体系命名为"律令法"，受到中外学者的普遍重视。然而学者表述却各有不同，如"律令制""律令体制""律令法""律令法系"等。这些表述各有侧重又各有疏漏，很容易造成学术交流上的障碍，所以有必要重新加以斟酌和检讨。笔者认为，"律令制""律令体制"不足以体现律令制度的法律属性，"律令法"则容易产生仅指律和令的误解，"律令法系"中的"法系"则容易与穗积陈重所提出的"法律家族"和"中华法系"概念相混淆。所以，本书采用"律令法制"的表述。这种表述的优势在于：一，可明确律令制度的法律属性，与现代话语习惯相衔接；二，可明确律令体系只是古代法律制度体系的一个组成部分，并非全体；三，可作为律、令、科、格、式、条、品等的概称，起到涵摄各种强制性、明确性法律形式的作用，并且表明律、令仅为其代表；四，可强调各种法律形式汇于一炉的体系性和制度性，而且凸显律、令在这个整体化、明确性的规范系统内的主干作用。下文提及律令法制的法典化形态，也可简称律令法典。

[4] 参见俞荣根："中道：传统良法善治之道"，载《人民日报》2017年7月17日，第16版；"古代中国追求'良法善治'的六个面相"，载《检察日报》2018年7月17日，第03版。

引 言

对于律令法制来说，法典编纂活动的最大推动力量来自君权。[1]中国古代律令法典的发展史就是在法自君出机理作用下的不断推陈出新。

所谓法自君出，既是说法律主旨源于君权意志，也指法律的效力、形式源出于君权。最初的正式法律大都来自君主诏令，内容提炼于诏令，程序启动于诏令，效力依托于诏令。君主诏令原有自己的文辞章法，在适用过程中会在便利施行的动机下被剪裁加工，逐渐生成条文化、条理化、专门化的正式法律。正式法律由于具有恒常、稳定、简洁等属性而更有利于贯彻君主意志，实现君权制度化。然而另一方面，法律因为具备以上属性而不能随时、随意修改，因而又制约了君权的灵活变化。换句话说，法律毕竟不能等同于君主本人或统治集团，即便反映君权意志也要经过特定的程序，根据特定的形式，借助特定的表达，因而也就产生对技术官僚和社会规则观念的依赖。一旦从君权中脱离出来之后，法律也就有了相对独立的逻辑和规律，作为国家公器而为君、臣、民所共同遵守。法律的公开性、稳定性、程序性、技术性乃至社会伦理性，都成为对君权任性的无形制约。刘邦与关中父老约法三章、唐太宗宣称法乃天下之法，都是典型例证。伴随着法律内容的日渐丰富，体系化几乎成为必然的发展方向。法典作为成熟立法的高级成果，在公开性、稳定性、程序性、技术性、权威性等方面都可以说达到了极致，因而也就在限制君权方面达到了新的高度。法典的出现让法律自身的逻辑规律和修订程序变得更加独立稳固，使君权对它的侵夺变得更加不便。从这个意义上讲，中国法典自始就有约束强势政治力量即君权的客观效果。

不过在中国古代不平衡的政治架构中，始终没有产生能够控制君权的决定性力量，基于法自君出机理生成的法典本身自然也不具有这样的力量。君权完全可以在必要的时候修改规则，突破法典的束缚。起初的做法会是小修小补，按照既有的法定程序修改或废除旧法典，制定新法典。但是这种程序繁琐的立法活动本身仍是对君权实效的一种阻滞和制约，君权的行使仍然不够痛快。所以，君权又会在固化的法典之外另辟蹊径，通过发布诏令的灵活

---

[1] 这里的君权是一种广义君权，是指基于以君主为代表的核心统治集团的共同意志而行使的权力，并非仅仅局限于君主本人的意志和权力。当然，君主个性因素的作用有时会显得比较突出，例如秦始皇、明太祖、清圣祖等，但这并不能改变其终究从属于某一统治集团的一般事实。毕竟，在中国这样的广土巨族面前，绝对的一人专制根本不可想象，必得依托于一个组织集团，而君主只是这个集团的代表而已。

方式不断冲击现有法典体系的堤坝。然而，新释放出来的诏令在局部领域和极限效力方面的出众表现并不能维持多久。因为施行日久、数量日增的情况，同样会带来法律化加工乃至法典化编纂的新要求，并在这种新要求的逐渐增长中最终实现新的法典化，开始对君权的新一轮制约周期。

法自君出的法典生成机理，就如同火山的形成。君权就如地壳下面饱含巨大能量的熔岩，诏令就像在地热的推动下时不时喷出地面的岩浆。这些岩浆喷出地面时固然可以在短时间内达到震撼的效果，但是一旦冷却固化之后就会变成岩石，堆积起火山的形状。这正如诏令经过固化之后变成法律和法典，不能灵活表达君权的意志。火山凝固之后可能会在一定时期内堵住地下能量挤压岩浆的出口，这就好比法典对君权的勉强限制。但是地下能量终究是无法绝对控制的，随时都有可能突破这薄薄的岩层，喷发出新的高温岩浆，开启新的循环。这正是中国历史上多次上演的旧法典解构和新法典重构的历史循环。

战国时，君主诏令的最初固化形态是律。当律被固化之后，君权又通过诏令的方式推出令。尤其是秦始皇创立皇帝制度之后，制、诏作为皇帝意志的转化工具，更加速了令的内容的充实。[1]经过秦汉的积累之后，律、令在魏晋初步实现了法典化。于是在律典、令典成型的情况下，君主诏令与行政文书又先后汇聚成为《晋故事》《梁科》《陈科》等基本法典和《麟趾格》《大统式》《权令》等单行法律。唐继承前代法典编纂成果形成律、令、式三大事类法典。此外，又在旧时单行法和君主诏令的基础上实现了格的法典化。唐代的格与律、令、式不同，是不分事类、只论权属的综合性法典。而且唐格为了不断接纳新的诏令还呈现出显著的开放性，陆续转化出散颁格、留司格等新的表现形态。这样的安排无非是为了尽力保持法典的活力，保证君权意志的顺畅表达，延长岩浆喷出后冷却凝固的时间。然而这种做法仍旧不能阻挡格在经年累积之后逐渐僵化不便的必然进程。当旧瓶装新酒的模式难以为继之时，法自君出又会开始新一轮的故技重施。唐代中期在格典逐渐固化的情况下又设计出新的君权意志表达工具——格后敕。与新鲜出炉时的格一样，格后敕同样是不分事类、效力最高的综合性法律，为以后的以敕破律（包括令、格、式）埋下了伏笔。此后，宋代的编敕、编例，明清的大诰、条

---

[1] 参见［日］冨谷至：《秦汉刑罚制度研究》，柴生芳、朱恒晔译，广西师范大学出版社2006年版，第248页。

例、则例,也大体上仍是这种运行机理的翻新花样而已。

这个多次循环发挥作用的法典更新机理,是律令法典与君权反复博弈的结果,是律令法典既依附于君权又制约君权这一内在逻辑矛盾的外化表现。在中国古代,对以君权为代表的政统的制约主要有两个方向:一是道统,来自观念,礼法是其最集中的外在表现方式;一是法统,来自制度,法典是其最高表现形态。而法典(法统)同时又是君权(政统)和礼法(道统)博弈的舞台。由于有礼法因素的加入,法典对君权的制约就从专业技术领域又延伸到文化价值领域。

蕴含丰富道德和伦理内涵的礼法观念在法典诞生之前就已经成为一种不容忽视的历史洪流。西周时,具有法律渊源性质的习俗和盟誓都蕴含着后世礼法的重要元素,为各种礼制规范的实体化埋下了种子。东周是礼法观念转化为新式礼法制度的关键时期。西周礼乐规则在现实中失效的局面,极大促进了人们对礼法内涵和意义的深入思考。以孔子、孟子、荀子为代表的儒家学者是对礼法进行理论总结和制度构建贡献最大的思想家群体。以至于礼法传统与儒家法思想已经难分彼此。[1]而在社会上层的政治活动中,礼法也仍延续着西周以来的新式法律变革方向。春秋时的霸主号令诸侯既有武力的因素,同时也很在乎寻求礼法道义的正当性支持,重视会盟仪式和盟辞的合法性宣示。[2]战国时合纵连横中常见的诸侯"盟约"固然是军国博弈的手段,[3]但其礼法古义仍存。秦末汉初出现的形式多样的"约",都是有重大约束效力的

---

〔1〕 相关研究成果,请参见俞荣根师的系列著作:《儒家法思想通论》,商务印书馆2018年版;《礼法传统与中华法系》,中国民主法制出版社2016年版;《礼法传统与现代法治》,孔学堂书局2014年版;《从儒家之法出发:俞荣根讲演录》,群众出版社2009年版;《道统与法统》,法律出版社1999年版。

〔2〕 以春秋首霸齐桓公为例。《论语·宪问》记载孔子的话说齐桓公"九合诸侯,不以兵车"。《史记·齐太公世家》引用桓公的自我评价说:"寡人兵车之会三,乘车之会六。九合诸侯,一匡天下。"《穀梁传·庄公二十七年》盛赞"齐侯救众",称其"衣裳之会十有一,未尝有歃血之盟也,信厚也。兵车之会四,未尝有大战也,爱民也"。《孟子·告子下》也记载:"五霸,桓公为盛。葵丘之会,诸侯束牲载书而不歃血。初命曰:'诛不孝,无易树子,无以妾为妻。'再命曰:'尊贤育才,以彰有德。'三命曰:'敬老慈幼,无忘宾旅。'四命曰:'士无世官,官事无摄,取士必得,无专杀大夫。'五命曰:'无曲防,无遏籴,无有封而不告。'曰:'凡我同盟之人,既盟之后,言归于好。'"可见桓公称霸虽然是以国家硬实力为后盾,但仍然遵循一些诸侯普遍共识的礼仪观念和道义准则,此即礼法的一种体现。

〔3〕《史记·六国年表》:"矫称蜂出,誓盟不信,虽置质剖符,犹不能约束也。"

基本国策、宪制大法，没有正当理由不得违反。[1]"约"虽具有抽象、粗疏的特点，但是在朝政大局稳定之后，就成为众多具体有形法律的生发之源。[2]其后，"故事"又因为具备典范意义而得到实际有效的长期遵循，形成所谓汉家故事、汉魏故事、魏晋故事，同样具有重要的现实指导性和约束力。[3]古代礼法的内涵和形式在战国以后处于不断充实、持续发育的状态之中，最终成长为极具包容性和自我更新能力的国家治理模式。

在礼法的宏观指导之下，既有主要出自君权的律令法典，也有兼具多重法源结构的礼制法典。尽管礼制内容在战国以后经过理论整理而逐渐充实，但是秦汉时期的国家礼制仍然是以朝堂礼仪为主。东汉、西晋先后尝试制定以"五礼"为基础的全面性礼制法典，可惜由于争议过多而未能成功。直到唐代才正式颁行真正成熟的礼典，全面构建起以神圣、德性、礼仪、器物为主要内容的合法性自证体系。[4]自此以后，宋、明、清代有礼典。议定礼典

---

[1] 例如，怀王与诸将之约、高祖与关中父老之约、楚汉鸿沟之约、高帝与众臣的白马之约、汉匈昆弟之约、皇位父子相传之约、唐蒙西南夷置吏之约等。《史记·惠景间侯者年表》："长沙王者，著令甲，称其忠焉。"裴骃《史记集解》引邓展曰："汉约，非刘氏不王。如芮王，故著令使特王。或曰以芮至忠，故著令也。"瓒曰："汉以芮忠，故特王之；以非制，故特著令。"亦即是说，根据汉初高祖与大臣的"白马盟约"，非刘氏不得封王，开国功臣吴芮却因为特别忠诚而得以破例封为长沙王。但这种破例要有充足的理由和合法的程序。因此，吴芮封王之事要以专门的立法程序著在《令甲》之中。如果无故背约必定背负舆论、政治和军事的压力。秦末项羽背弃怀王之约就"恐诸侯叛之"（《史记·项羽本纪》），"天下负之以不义之名，以其背约而杀义帝也"（《史记·黥布列传》），"有背义帝之约，而以亲爱王，诸侯不平"（《史记·淮阴侯列传》）。吕后大封诸吕时，左丞相陈平、绛侯周勃没有即时反对，也曾引起坚守白马盟约的右丞相王陵的责问。（《史记·吕太后本纪》）"异姓不得封王"之约可谓深入人心。此外又如《后汉书·刘玄传》："李松与棘阳人赵萌说更始，宜悉王诸功臣。朱鲔争之，以为高祖约，非刘氏不王。"

[2] 例如，楚汉战争时萧何坐镇后方，"为法令约束"（《史记·萧相国世家》），曹参接任后"一遵萧何约束"（《史记·曹相国世家》），也就成为后来汉代律令的雏形。又如，武帝时张汤更定律令被汲黯责问"何乃取高皇帝约束纷更为之"（《史记·汲郑列传》）需要说明的是，本书此处对秦汉之际"约"的重视是受到冨谷至有关"约和律"论述的启发（参见［日］冨谷至：《秦汉刑罚制度研究》，柴生芳、朱恒晔译，广西师范大学出版社2006年版，第239~248页），但选取的视角、采用的理论和基本结论却与冨谷氏有别，读者察之。

[3] 参见闫晓君："两汉'故事'论考"，载《中国史研究》2000年第1期；吕丽："汉魏晋'故事'辨析"，载《法学研究》2002年第6期；吕丽："故事与汉魏晋的法律——兼谈对于《唐六典》注和《晋书·刑法志》中相关内容的理解"，载《当代法学》2004年第3期；李秀芳："魏晋南北朝'故事'考述"，郑州大学2006年硕士学位论文；邢义田："从'如故事'和'便宜从事'看汉代行政中的经常与权变"，载邢义田：《治国安邦：法制、行政与军事》，中华书局2011年版，第380~449页；姚周霞："晋'故事'考"，厦门大学2014年硕士学位论文；［日］渡边信一郎："东汉古典国制的建立——汉家故事和汉礼"，张娜译，载周东平、朱腾主编：《法律史译评》（第五辑），中西书局2017年版。

[4] 参见徐燕斌：《礼与王权的合法性建构——以唐以前的史料为中心》，中国社会科学出版社2011年版。

的活动一直延续到民国时期。[1]新式礼典的精神渊源于以儒家思想为主导的社会道德观念和历史文化传统（礼法要素），内容上增加了尊君集权的时代政治主张（君权要素），形式上参照了律令法典的编纂方法（技术要素）。这种复杂的法源构造，使礼典成为融合多重意志诉求的法典、最具有中国文化特色的法典。可以说，中华法系与并世其他法系相比而言最主要的不同，往大了说在于宏观的礼法体制，往小了说就在于具体反映礼法精神的礼典和律令法典。[2]而与律令法典相比，礼典对君权的依赖更少，对社会观念传统的表彰更为显著，因而对君权的制约效能也相对而言更强。

中国法典酝酿于战国秦汉，初步成型于魏晋，到隋唐时日臻成熟完备。在此期间，除了法典编纂技术经验的持续积累、礼法精神内涵和形式的持续充实，还有礼法精神对法典制度内容和价值取向的点滴渗透。经过这个内容丰富的历史过程后正式出炉的中国法典，都可以说是礼法体制下的法典。在整个中古时代，以《周礼》和"丧服礼"为中心的礼学新义既给礼典充实了新的内容，也成为当时律令法典内在精神一致性的重要依据。而在宋代和明清，礼法则表现为祖宗之法[3]、国朝会典或天理观念等形式，成为治国理政的根本大法。[4]其基本精神同样深度渗透到律令法典和礼制法典之中。

---

[1] 参见国立礼乐馆：《北泉议礼录》，北碚私立北泉图书印行部1944年版；阚玉香："北泉议礼及其成果——《中华民国礼制》"，载《南华大学学报（社会科学版）》2010年第1期；汤斯惟："国立礼乐馆述略"，载《中央音乐学院学报》2017年第1期；孙致文："议礼、制礼与践礼的当代意义——以1943年'北泉议礼'为中心的讨论"，载 https://www.sohu.com/a/221116189_523132，最后访问日期：2018年2月5日。

[2] 谈及中华法系，学者每以东亚诸国对晋、唐、明、清律令法典的转相模仿津津乐道。实际上，朝鲜、日本、越南等国都在汲取"以礼为本""以儒治国"等中华礼法传统的精髓。尤其是高丽朝第六代王成宗以周孔自期，效法中国构建系统化的儒礼祀典，建立社稷、宗庙、五服等一系列重要的礼法制度，编撰礼制法典《国朝五礼仪》，史称"成宗制礼"。又可参见彭卫民："文公礼法家同教：《家礼》的朝鲜化与朝鲜朝的中华观"，载《东疆学刊》2022年第2期。

[3] "祖宗之法"又称"祖宗家法""祖宗法""祖宗之制""祖宗法度""祖宗典制""祖宗故事"等，是以祖宗的名义而为后世遵行的一些立国精神和原则，内容包括开国君臣具有正面典范意义的言行、做法等。

[4] 有关明清的会典问题，前已提及。有关宋代以后的"祖宗之法"，可参见邓小南：《祖宗之法：北宋前期政治述略》，生活·读书·新知三联书店2014年版；田志光："宋初'异论相搅'祖宗法考论——以宰相赵普权力变迁为中心"，载《宋史研究论丛》2017年第1期；周文臻："论明代的祖宗之法"，厦门大学2017年硕士学位论文；常沁飞："宋代'祖宗之法'形成原由探析——以士大夫阶层为中心"，载《西安航空学院学报》2018年第4期；雷颐："慈禧手中的'祖宗之法'"，载《文史天地》2018年第4期；他维宏："法祖宗、神治体：宋代圣政编纂与经筵讲读"，载《历史教学问题》2019年第6期。有关礼法与天理的关系，可参见彭卫民：《礼法与天理：朱熹〈家礼〉思想研

在中国法典的发展历程中，礼法作为统摄性的制度渊源，表现出抽象的道义性、宏观的指导性、典范的示例性、集体的创造性、持续的更新性等一系列重要特征，成就了中国法典精神的重要底色。法典之上的礼法精神与法典之内的礼法元素合并一处，成为对君权的另一重制约。

自秦至清，"皇帝-官僚"政治体制在中国绵延长达二千余年，辗转嬗变的过程中，也产生了大量积弊，清末以来甚至背负"大盗窃国"的恶评。连带受到批评的还有包括法典在内的历代法制。[1]实际上，这些尖锐批评并非全都来自客观持中、实事求是的理性判断，毋宁说更多夹杂着激于时弊、痛彻急切的救国热忱。钱穆曾经极力主张，中国古代政治不可用"专制黑暗"四字一笔抹杀。[2]在中国历代政治的沿革发展中，法律制度确实曾经发挥过或强或弱的限制君权、规范君权的作用，法典也曾通过形式（技术）和内容（文化）两个途径担当重要角色。对此同样不可一笔抹杀。

四、 关于本书的几点说明

1. 法律有形式和内容两种基本元素，本书侧重考察其形式，不着意于其内容。书中有时论及法律内容，主要是为了辅助理解其形式特征。法律内容的系统性、严整性、通贯性是其形式上法典化成就的内在支撑和外观表现。

2. 汉语"法典"一词内涵有古今之别，本书力图以现代法学理论为基础，深入到传统语境中去解读古人的思维认知。"法典"又有狭义、广义之分，本书在使用这一概念时采取狭义的严格标准，并且认为西晋之前无法典，中国之有法典自西晋始。

3. 西晋法典体系的体系性可以从五个方面加以理解：术语内涵的精确严谨性、条文表述的逻辑抽象性、法典内部篇章布局和条文排列的条理性、法典内容完整周备的包容性、各法典合理分工的协调性。五个方面合在一起综合

（接上页）究》，巴蜀书社2018年版；"中国传统礼法关系的一个新解释——以朱熹'天理民彝'思想为中心的考察"，载《福建师范大学学报（哲学社会科学版）》2019年第1期。

[1] 例如，谭嗣同说："常以为二千年来之政，秦政也，皆大盗；二千年来之学，荀学也，皆乡愿也。惟大盗利用乡愿，惟乡愿工媚大盗。二者交相资，而罔不托之于孔。"又说："独夫民贼，固甚乐三纲之名，一切刑律制度皆以此为率，取便己故也。"（谭嗣同：《谭嗣同全集》，生活·读书·新知三联书店1954年版，第54、66页）严复说："苟求自强，则六经且有不可用者，况夫秦以来之法制……秦以来之为君，正所谓大盗窃国者耳。"（严复：《论世变之亟——严复集》，胡伟希选注，辽宁人民出版社1994年版，第48页）

[2] 参见钱穆：《中国历代政治得失》，生活·读书·新知三联书店2012年版，"序"第1页。

表现出西晋法典体系全方位的层次性。

4. 西晋法典体系是周秦汉魏法律规范、法学理论、礼法精神持续发酵而产出的美酒，是长期量变积累基础上的质变飞跃，在从战国到唐代的法典编纂运动中具有划时代的意义。其前的酝酿周期长达七百余年，其后的流风余韵长达五百余年。

5. 在第一轮法典化运动之后，从唐代中期到元代，从明初到清末，从沈家本到今天，中国法典又经历了各具风格的三个发展阶段。在二千余年的历史实践中，中国法典有其一脉相承的要义，等待今人去发掘和总结。

6. 本书稿完成之时，恰值新时代中国民法典的颁行盛事。这是中国历史上第一部正式以"法典"命名的法律。作为一个法律人，谨以此稿向《中华人民共和国民法典》表达敬意。

第一章
西晋法典体系的历史前提

法典体系是法制成熟的重要标志。中华法系有悠久的法典传统，既有系统深邃的法典理念，也积累了丰富的法典编纂经验，形成了细致精巧的法典编纂技术。然而中国法典并非自古就有，而是构思积淀于东周秦汉，初步构建体系于魏晋，修订完备于隋唐，调整转换于宋元，到明清后又有新的成就。在中国法典的整个发展过程中，西晋具有划时代的意义。在西晋之前中国无法典，中国之有法典自西晋始。

西晋法典的酝酿成型经历了长达数百年的历史进程。吕思勉对此描述道："盖自战国以前，为法律逐渐滋长之时，至秦、汉，则为急待整齐之世，然皆徒托空言，直至曹魏而后行，至典午而后成也，亦可谓难矣。"[1]从东周开始出现有关法典的理论构想和方案设计，以律、令为代表的成文法律也逐渐兴起，蓬勃之势一直延续到秦汉时代。然而由于多重因素的局限，法律的外观形式原始粗糙，篇章体系庞杂混乱，逐渐出现严重的法制积弊。为了破除这个积弊，汉魏时代的法律家频繁开展汇编整理和法典编纂的立法活动。这些立法活动虽然没有产生标准的法典，却为后来的法典化积累了经验，奠定了基础。此即西晋法典体系的历史前提。

第一节 正反两方面的法律遗产

一、新式法律的出现与发展

历史演进不是匀速的，而是有缓急不一的节奏。中国法律早在远古时代

---

[1] 吕思勉：《秦汉史》，上海古籍出版社2005年版，第623页。

就已产生，[1]夏、商、西周时代也都在缓慢发展。[2]但在从春秋后期到战国末期的三百年间，中国法律的发展突然加速，一下子涌现出名称各异、数量众多的各种新式法律。这大爆发的三百年，堪称中国法律史上的"寒武纪"[3]。

西周时期，法律渊源大体可以分为三类：君主的命令、因袭的习俗、盟誓的约束。[4]由此而产生的法律，在确定性、严格性、强制性、系统性等方面都存在明显不足。在《尚书》《周礼》《礼记》等古文献的追述中，西周时期的礼治模式、官僚系统、礼法制度和刑罚体系堪称规模宏大、体系严整。[5]然而这些追述夹杂着太多后人的理想或想象，远非真实的历史记录。[6]即便传世

---

[1] 参见田成有："酋邦战争与中国早期国家法律的起源"，载《广东民族学院学报（社会科学版）》1996年第1期。

[2] 参见胡留元、冯卓慧：《夏商西周法制史》，商务印书馆2006年版；赵佩馨："甲骨文中所见的商代五刑——并释（刐）、剢二字"，载《考古》1961年第2期；胡厚宣："殷代的刑罚"，载《考古》1973年第2期；李力："夏商周法制研究评析"，载《中国法学》1994年第6期；李力："夏商法律研究中的若干问题"，载韩延龙主编：《法律史论集》（第一卷），法律出版社1998年版，第14~40页；[日]竹内康浩："商周时期法制史研究的若干问题"，张爱萍译，载[日]佐竹靖彦主编：《殷周秦汉史学的基本问题》，中华书局2008年版，第94页。

[3] "寒武纪生命大爆发"是地质学和古生物学中的重大现象。相比于地球46亿年的漫长历史而言，在寒武纪2000多万年时间内，地球上突然出现此前极为罕见的门类众多的无脊椎动物化石，几乎涵盖了现生动物所有的门类。经过研究可以发现，与春秋战国时期中国法律的大发展相类似，这现象背后也有一个从量变积累到质变飞跃的规律在发挥作用。

[4] 参见王沛：《黄老"法"理论源流考》，上海人民出版社2009年版，第21页。

[5] 例如，《尚书·吕刑》："墨罚之属千，劓罚之属千，剕罚之属五百，宫罚之属三百，大辟之罚其属二百。五刑之属三千。"《尚书·周官》："立太师、太傅、太保，兹惟三公。论道经邦，燮理阴阳。官不必备，惟其人。少师、少傅、少保，曰三孤。贰公弘化，寅亮天地，弼予一人。冢宰掌邦治，统百官，均四海。司徒掌邦教，敷五典，扰兆民。宗伯掌邦礼，治神人，和上下。司马掌邦政，统六师，平邦国。司寇掌邦禁，诘奸慝，刑暴乱。司空掌邦土，居四民，时地利。六卿分职，各率其属，以倡九牧，阜成兆民。"《周礼》主要以天官冢宰、地官司徒、春官宗伯、夏官司马、秋官司寇、冬官司空等六官体系为总体框架描述西周官制。《礼记·中庸》："礼仪三百，威仪三千。"《礼记·礼器》："经礼三百，曲礼三千。"

[6] 在传统文献的追述中，认可并宣扬周代礼法宏大完备的学说大体上以"周公制礼"故事和《周礼》文本作为立论依据。首先受到质疑的是《周礼》。目前研究者普遍认为，该书成于战国秦汉，并非对周代法制全面、如实、客观的反映。其次，传世文献《尚书》《史记》对周公"制礼作乐"的描述，近几百年来也遭到学者质疑。清代崔述认为"周公制礼"即便存在，也一定较为粗疏。他说："周公之礼固不在繁文缛节而在大纲大纪也。由是言之，周公所制作特其大略，至于润泽则亦各随其国之俗。"[（清）崔述撰：《崔东壁遗书》（卷五：考信录·丰镐考信录）]近代学者顾颉刚也认为"周公制礼"的内容与意义不宜过分夸大。[顾颉刚："'周公制礼'的传说和《周官》一书的出现"，载裘锡圭主编：《文史》（第六辑），中华书局1979年版]美国学者罗泰在对现有商周考古出土文物的大量研究后得出结论认为，周的礼法变革主要是发生在西周晚期而非初期，传世文献所谓的"周公制礼"很可能并不存在。（参见[美]罗泰：《宗子维城：从考古材料的角度看公元前1000至前250年的

文献记载的宪、刑、则、誓、诰、命、禁等非常规法律形式都确实存在，也只能代表周王室的法制设计，其效力很难超出王畿范围。即便是在王畿之内，由于王权和族权并行，[1]法律仍处在王法与家法交织的状态。[2]而在王畿之外的广大区域，诸侯邦国也没有全面移植周制。周王无力强推其法律制度，只得采取类似于英王威廉一世那样的司法先行策略，通过充当裁判者的方式树立法律权威，同时还得充分尊重和吸收各地土著部族的习俗制度。[3]作为法律关系设立依据的"礼"，更多表现为一种取信于神、随事成约的盟誓程序，其实体内容可以说既不成文也无体系。[4]所以遇到纠纷时自然不会有现成的条文规范可资凭依，只能靠当事人在神意的指导和监督下凭借临时的审慎思量而随机处断。这恐怕就是春秋时人所描述的"议事以制，不为刑辟"[5]。

(接上页)中国社会》，吴长青等译，上海古籍出版社 2017 年版，"引论"与第一章）总而言之，目前尚无严格的证据说明周代礼法的制度性、规范性、强制性、明确性与体系性达到较高水准。此外，根据出土文献可知，周代官制主要有卿事寮、太史寮两大系统，并不存在《尚书·周官》和《周礼》中所描述的三公、三孤或六官体系。[参见李学勤："论卿事寮、太史寮"，载《松辽学刊（社会科学版）》1989 年第 3 期]

〔1〕 钱穆："宗法封建时代，君权未能超出于宗族集团之上。"[钱穆：《国史大纲》（上册），商务印书馆 1996 年版，第 83 页]萧公权也说："盖在宗法之中君主与贵戚分权而不独尊，士民有族属之谊而非真贱。"（萧公权：《中国政治思想史》，辽宁教育出版社 1998 年版，第 179 页）

〔2〕 参见王沛："琱生诸器与西周宗族内部诉讼"，载《上海师范大学学报（哲学社会科学版）》2017 年第 1 期，收于氏著：《刑书与道术：大变局下的早期中国法》，法律出版社 2018 年版，第 46~57 页。

〔3〕 参见王沛："西周邦国的法秩序构建：以新出金文为中心"，载《法学研究》2016 年第 6 期，收于氏著：《刑书与道术：大变局下的早期中国法》，法律出版社 2018 年版，第 1~32 页。

〔4〕 参见王沛："裘卫器铭中的公社与礼制——西周时期法律关系设立的再思考"，载《上海师范大学学报（哲学社会科学版）》2011 年第 5 期；"西周的'井'与'誓'——以兮甲盘和鸟形盉铭文为主的研究"，载《当代法学》2012 年第 5 期，收于氏著：《刑书与道术：大变局下的早期中国法》，法律出版社 2018 年版，第 34~45、58~69 页。

〔5〕 《左传·昭公六年》："昔先王议事以制，不为刑辟，惧民之有争心也。"杜预注曰："临事制刑，不豫设法也。"沈玉成把这句话译为："从前先王衡量事情的轻重来判罪，不制定刑法。"（沈玉成译：《左传译文》，中华书局 1981 年版，第 409 页）唐人孔颖达《尚书正义·吕刑》说："《左传》云'昔先王议事以制，不为刑辟'者，彼铸刑书以宣示百姓，故云临事制宜，不预明刑辟。人有犯罪，原其情之善恶，断定其轻重，乃于刑书比附而罪之。"清人王引之《经义述闻》认为："议读为仪；仪，度也。制，断也。谓度量事之轻重以断其罪，不豫设为定法也。"杨伯峻采王说。（杨伯峻编著：《春秋左传注》，中华书局 1990 年版，第 1274 页）俞荣根师综合前说后提出："议事以制"是一种依照犯罪的具体情节度量其轻重而适用法律的罪刑原则和制度，"不为刑辟"是指不预先规定罚罪之法。（俞荣根师：《儒家法思想通论》，商务印书馆 2018 年版，第 98 页）以上诸说有一个共同的逻辑前提就是，当时有明确的行为法律规范，只是对违法行为法律后果的"轻重"缺乏确定的对应性规定，需要司法裁判临时定夺。实则，"议事以制，不为刑辟"八字所反映的，从表面上看是"议"的司法程序性，从本质上却是法律实体规范缺乏普遍统一性背景下借助程序性规范框架谋求在具体争端中形成各方共同接受的妥协性共识。这描述的应该是不同法律规则及其背后政治力量的博弈过程。简而言之，因为没有统一的"刑辟"，所以只得临时"议事"，根源还是在于复杂形势所导致的法律不统一。

"议"的过程就是王室、宗族、诸侯、士族等各种政治力量经过博弈达成妥协形成一致意见的过程。换句话说,"周天子没有为周天下建立统一的法律体系,各诸侯国也没有在自己的地域内建立统一的法律体系"[1],当时也不存在后人想象中的"出礼入刑"[2]的法律运行机制。这种简易、宽松的法律制度反映了当时周天下的力量格局和周宗室的控御策略,与宗法制度和分封制度相配合,就可以维持较为稳定的治理秩序。由于社会经济发展的不平衡性,社会组织、个体行为和社会关系的日益复杂化,以及西周宗室力量优势的消减,传统的法律治理模式逐渐走向失效。春秋战国时代,政治格局与社会秩序发生缓慢而深刻的变化。时代演进的趋势要求法律制度必须随之进行改革,以更明确、更有力的方式对社会行为进行规制。这就是新式法律出现的时代背景。

(一)新式法律及其特征

西周的国家政治权力及其范围的构成以宗族为基本单元。[3]这种政治局势决定了,代表周王意志的法律,既不能直接在王畿之外的邦国得到全面贯彻,也不能直接管辖王畿之内的宗族内部事务,更不能取代邦畿内外分散布局的蛮夷方国或部落的土著习俗。这三点事实分别反映出王命法律效力在空间范围、事务范围和对象范围的局限。因而才会出现以盟誓礼仪为外表包装的司法先行策略,作为变相贯彻王命意志的法律手段。此类情形不仅存在于周王与诸侯之间,还不断分级复制再现于各诸侯国内部。但这种情况在春秋战国时期发生了深刻的变化,各种新式法律也如雨后春笋般勃然而起。当时出现的新式法律有许多,例如齐国的轨里连乡之法[4]、晋国的被庐之法[5]、

---

[1] 徐祥民:"春秋时期法律形式的特点及其成文化趋势",载《中国法学》2000年第1期。
[2] 《后汉书·陈宠传》载陈宠奏疏曰:"臣闻礼经三百,威仪三千,故《甫刑》大辟二百,五刑之属三千。礼之所去,刑之所取,去礼之人,刑以加之,故曰取也。失礼则入刑,相为表里者也。"
[3] 参见[美]李峰:《西周的政体:中国早期的官僚制度和国家》,吴敏娜等译,生活·读书·新知三联书店2010年版,第300页。后来,李峰进一步指出,西周国家是"权力代理的亲族邑制国家",当时的基本社会组织方式是宗族而非家庭或自由民。([美]李峰:"中国古代国家形态的变迁和成文法律形成的社会基础",载《华东政法大学学报》2016年第4期)
[4] 《国语·齐语》:"管子于是制国,五家为轨,轨为之长;十轨为里,里有司;四里为连,连为之长;十连为乡,乡有良人焉。以为军令:五家为轨,故五人为伍,轨长帅之;十轨为里,故五十人为小戎,里有司帅之;四里为连,故二百人为卒,连长帅之;十连为乡,故二千人为旅,乡良人帅之;五乡一帅,故万人为一军。"
[5] 《左传·昭公二十九年》:"夫晋国将守唐叔之所受法度,以经纬其民,卿大夫以序守之。民是以能尊其贵,贵是以能守其业。贵贱不愆,所谓度也。文公是以作执秩之官,为被庐之法,以为盟主。"《汉书·刑法志》颜师古注引应劭曰:"(文公)蒐于被庐之地,作执秩以为六官之法。"

楚国的仆区之法[1]、茅门之法[2]、魏国的大府之宪[3]、韩国的三符[4]、赵国的国律[5]。此外还有郑国子产铸刑书、晋国赵盾制"常法"[6]、赵鞅铸"刑鼎"、楚国屈原造"宪令"[7]等重要的立法活动。[8]尽管这些法律条文简略，内容粗陋，[9]尽管当时的立法者还没有掌握编纂法典、构建法典体系的能力，[10]这些陆续出现的新式法律却为后来的法典编纂提供了基础材料、立法经验和方向指引。

较之以往的法律，新式法律从四个方面表现出显著的新意：一是法律的调整范围得到充分扩展；二是法律的时间效力得到有效提升；三是法律的表现形态更注重技术理性；四是法律的执行保障得到极大强化。这四个特征的共同落脚点在于强化集权、独尊君权，通过法律的手段把所有政治资源都集中到以国君为代表的国家政权手中。[11]

---

[1]《左传·昭公七年》载芋尹无宇的话说："吾先君文王作仆区之法曰：'盗所隐器，与盗同罪。'"

[2]《韩非子·外储说右上》载楚庄王的《茅门之法》："群臣大夫诸公子入朝，马蹄践霤者，廷斩其辀，戮其御。"当太子对此法提出质疑时，庄王说："法者所以敬宗庙，尊社稷。故能立法从令尊敬社稷者，社稷之臣也，焉可诛也？夫犯法废令不尊敬社稷者，是臣乘君而下尚校也。臣乘君则主失威，下尚校则上位危。威失位危，社稷不守，吾将何以遗子孙？"后面的说辞可能掺杂着法家的思想，但是楚庄王《茅门之法》强化君主权威的宗旨却可能是基本事实。

[3]《战国策·魏策四》载安陵君曰："吾先君成侯受诏襄王以守此地也，手受大府之宪。宪之上篇曰：'子弑父，臣弑君，有常不赦。国虽大赦，降城亡子不得与焉。'"

[4]《论衡·效力篇》："韩用申不害，行其三符，兵不侵境，盖十五年。"

[5]《韩非子·饰邪》："当赵之方明国律，从大军之时，人众兵强，辟地齐、燕；及国律慢，用者弱，而国日削矣。"这里的"国律"究竟是泛指"国家的法律"，还是特指一部称为"国律"的法律，又或者是韩非子追述某部法律时临时加的名字，目前还不能确定。

[6]晋国赵盾主政时"制事典，正法罪，辟刑狱……使行诸晋国以为常法"（《左传·文公六年》），更被唐人认为是与隋唐时"造律令"相类似的系统立法活动。《春秋左传正义·文公六年》孔颖达疏曰："'正法罪'谓准状制罪，为将来之法，若今之造律令也。'辟狱刑'谓有狱未决断当时之罪，若昭十四年'韩宣子命断旧狱'之类是也。"

[7]《史记·屈原列传》："怀王使屈原造为宪令，屈平属草未定。上官大夫见而欲夺之，屈平不与，因谗之曰：'王使屈平为令，众莫不知，每一令出，平伐其功，以为非我莫能为也。'王怒而疏屈平。"

[8]严格来说，这里的"某某之法""某某之宪""国律""宪令"有可能都不是当时法律的正式名称，而是后人追述时采用的转述之辞。（参见王捷：《包山楚司法简考论》，上海人民出版社2015年版，第80~83页）不过，这并不妨碍其法律宗旨、内容和形式具备新式法律的属性。

[9]参见杨师群："春秋时期法制进程考论"，载《华东政法学院学报》2002年第5期。

[10]参见徐祥民："春秋时期法律形式的特点及其成文化趋势"，载《中国法学》2000年第1期。

[11]《管子·重令》："凡君国之重器，莫重于令。令重则君尊，君尊则国安；令轻则君卑，君卑则国危。故安国在乎尊君，尊君在乎行令，行令在乎严罚。罚严令行，则百吏皆恐；罚不严，令不行，则百吏皆喜。"《战国策·秦三》载范雎的话说："夫擅国之谓王，能专利害之谓王，制杀生之威之谓王。"（《史记·范雎蔡泽列传》同）

周王室权威的衰落和战乱纷争时代的降临，给诸侯国以增强国力为中心目标的集权运动提供了机会和动力。各诸侯国围绕集权展开多种形式的变法活动，统合一切社会资源构筑组织严密的战斗体，最终蜕变为具有较强集权属性的君主国。[1]总体来看，各国变法往往首先聚焦于军事制度改革，继而着重于经济制度改革，最后落脚于政治制度改革，而法律内容和形式的改革则贯穿于军事、经济和政治体制改革全程，并不断在改革实践中自我调适，提高治理效能。[2]这是一个由表及里、逐渐深化、追溯本质的认识过程，也是一个反复摸索、形式多样、手段不同、效果各异的实践过程。

春秋之初，郑庄公小霸中原还主要依赖政治军事方面的个人谋略。到齐桓公称霸时，制度建设开始发挥重要作用。管仲的法制改革采取顺民心、从民俗的策略，保证法令"论卑而易行"[3]。法令易行的直接后果就是君主统筹国家资源效能的显著增强，让齐国一举奠定"常强于诸侯"[4]的国力基础。其后，晋国也发生了法律统一事件。赵盾执政时，"制事典，正法罪，辟刑狱，董逋逃，由质要，治旧洿，本秩礼，续常职，出滞淹"[5]。这是一次大规模的系统立法活动，内容涉及行政、刑事、民事、官制、礼制等一整套国家法律制度。这些法律制成之后，在整个晋国作为常法加以施行。所谓"常法"既指其恒常不变的稳定性，法律内容长期有效，也暗示其通行晋国的普遍性效力，也就是说晋国境内无论何人何事都必须一体遵行。尽管赵盾制法因为立法权的合法性来源存在争议而受到质疑，[6]然而这种立法思路却代表着新式法律的发展方向。

春秋晚期，发生了著名的铸刑书、铸刑鼎事件。王沛的研究显示，子产铸刑书就其形式而言只是西周以来公布天子册命法律文书的众多事件中的个

---

[1] 参见许倬云：《万古江河：中国历史文化的转折与开展》，湖南人民出版社2017年版，第91~97页。

[2] 李峰认为：基于战争的压力，西周时期的"邑制国家"逐渐过渡到春秋战国时期的"领土国家"，"县"的出现是其中一个重要的过渡环节。随之而来的就是社会关系的重组和变化，逐渐表现在政治、经济制度的方方面面。在此背景下产生的成文法着重于国家对臣民的统治和官僚体制的运行。参见［美］李峰："中国古代国家形态的变迁和成文法律形成的社会基础"，载《华东政法大学学报》2016年第4期。

[3] 《史记·管晏列传》。

[4] 《史记·管晏列传》。

[5] 《左传·文公六年》。

[6] 《左传·昭公二十九年》载孔子的话说："且夫宣子之刑，夷之蒐也，晋国之乱制也。"

例，根本谈不上是"公布法"的开端。[1]就其内容来讲，子产所铸的刑书是在采撷三代旧法基础上颁行的"刑"和"令"，尽管仍保留一定的旧时色彩，却是具有终结此前法律多元形态倾向的新兴立法，因此遭到叔向的激烈反对。[2]二十多年后，赵鞅、荀寅又把范宣子所作的刑书铸于鼎上，借助鼎作为特殊礼器的性质获取更多政治权力。晋国的立法、司法职权原本由范氏家族世代专掌。范宣子所作的刑书可能被采用为晋国的法律，但它本质上却是范氏家族的法律。荀寅等人把它铸于鼎上实际上是为了借用范氏法律专职之名扩张自己家族的权力。这反映出，原本以宗族分割管辖为特征的多元法律关系出现了新的趋势，大小宗族内部的法律行将被一国之内普遍适用的国家法律所取代。各方斗争的区别只在于最终哪一家掌控这个取代各家法律的国之常法。这正是法律突破宗族界限，直接规范国家内部普通成员这一历史趋势的必然结果。[3]可见，对于子产铸刑书、晋国铸刑鼎事件，传统学界观点基于比附西方法学理论而强调的公布成文法意义并不真实存在。[4]如果一定要说这里有法律公布的问题的话，那么其意义也主要在于"公"而不在于"布"。即以超越宗族的公家法律打破维护宗族的私家壁垒，成为一国疆域之内共同遵行的普遍规范。

为更有利于实施，法律自身的技术合理性因素也在迅速增强，其基本方向在于简化、便捷。西周法律，无论是王命还是习俗和盟誓，都不具有一般

---

[1] 参见王沛："刑鼎、宗族法令与成文法公布——以两周铭文为基础的研究"，载《中国社会科学》2019年第3期。

[2] 参见王沛："子产铸刑书新考：以清华简《子产》为中心的研究"，载《政法论坛》2018年第2期，收于氏著：《刑书与道术：大变局下的早期中国法》，法律出版社2018年版，第114~130页。

[3] 参见王沛："刑鼎、宗族法令与成文法公布——以两周铭文为基础的研究"，载《中国社会科学》2019年第3期。

[4] 英国法学家亨利·梅因曾提出法律的发展有一个从秘密法到公开法的过程，并据此而认为《十二铜表法》的公布是法典时代开始的标志。（[英]梅因：《古代法》，沈景一译，商务印书馆1996年版，第9~10页）日本法学家穗积陈重也认为法律有从"潜势法"到"规范法"的转变过程。并且他还特意提及郑国子产铸刑书一事以为证明。（[日]穗积陈重：《法律进化论》，黄尊三等译，中国政法大学出版社1997年版，第48页）此后学界持这种比附观点的论著更不胜枚举。从杨鸿烈、陈顾远开始，多数中国学者都将春秋时郑国子产铸刑鼎事件作为我国公布成文法的开端，目前的多数教科书所采取的也都是这种观点。但也有学者指出，实际上公布成文法之事古已有之，周代的"悬法象魏"就是公布成文法的重要方式。浅井虎夫《中国法典编纂沿革史》、俞荣根《儒家法思想通论》、胡留元与冯卓慧《夏商西周法制史》都曾对此问题加以考证。

"成文法"〔1〕的基本特征。在春秋战国时代的法律变革中,王命(君令)经过加工逐渐剔除不必要的格式文词,以更直接简练的条文方式传达法律要义;〔2〕习俗也逐渐从口头和观念中的法律转变为行诸文字的法律,并表现为逐条罗列的方式;〔3〕盟誓的礼仪程式也逐渐附加具有实体意义的规范准则,并在与道德习俗融合的基础上进一步充实为具备理论内涵的礼义。〔4〕经过嬗变之后的新式法律,首先是行诸文字的;其次,这种文字的书写方法不仅为社会上层或者局部区域、局部族群所知晓,而是举国境内官民能普遍使用、大体知晓,这就要求文字笔画简洁、构字合理、表意准确;再次,这些文字的书写材料也从具有宗教意味的青铜礼器逐渐转变为便于书写和传递

---

〔1〕 "成文法"概念的要义在于"文"字。本书理解,"文"首先是文字之意,其次是条文之意。所谓成文法,并非仅指行诸文字那么简单。真正意义上的成文法,应该表现为条文的形式,条文内容应该相对抽象、简练、直接,即摆脱王命诏书之类的文书结构和无用虚词,尽量避免出现具体的时间、地点、人物、事例等信息。唯有如此,它才能针对不特定的人和事作出普遍适用的规范要求,才能具有尽可能广泛的适用范围,才能成为一般社会成员的言行标准。当然,成文法的发展不可能一步到位,只能是一个缓慢演进的过程。

〔2〕 例如,目前所见年代最早的以"律"命名的法律文件是四川青山县郝家坪50号秦墓出土的秦国《为田律》,时间被确定为秦武王二年(公元前309年)。根据木牍正面文字信息可知,这个《为田律》直接来源于王命:"二年十一月己酉朔朔日,王命丞相戊、内史匽,民臂更修《为田律》:……"(李均明、何双全编:《散见简牍合辑》,文物出版社1990年版,第51页)此外,"睡虎地秦简"中还有《魏户律》《魏奔命律》的内容,被确定为魏安釐王二十五年(公元前252年)。(睡虎地秦墓竹简整理小组编:《睡虎地秦墓竹简》,文物出版社1990年版,第292~294页)这两个律文同样带有明显的王命君令痕迹。日本学者大庭脩甚至认为《魏户律》是"王命原封不动地成为律文",和《魏奔命律》一样还有教令的性质。([日]大庭脩:《秦汉法制史研究》,林剑鸣等译,上海人民出版社1991年版,第10页)祝总斌认为,这是一种"律"的原始形态,或最早的单行律文。(祝总斌:《材不材斋文集——祝总斌学术研究论文集》(上编:中国古代史研究),三秦出版社2006年版,第333页)与之相比,睡虎地所见战国末期的秦律用词更明确,行文更简洁,已经基本实现法律形式的抽象化和条文化。正如张忠炜所说:"睡虎地《秦律十八种》及单篇《效律》简,不论是形式上,还是语言上,抑或是内容上,与'魏户律'等早期的'律'相比,可以说已经有了质的不同。"(张忠炜:"秦汉律令关系试探",载《文史哲》2011年第6期)

〔3〕 例如,《孟子·告子下》记载齐桓公葵丘会盟的五条盟辞是:"初命曰:'诛不孝,无易树子,无以妾为妻。'再命曰:'尊贤育才,以彰有德。'三命曰:'敬老慈幼,无忘宾旅。'四命曰:'士无世官,官事无摄,取士必得,无专杀大夫。'五命曰:'无曲防,无遏籴,无有封而不告。'曰:'凡我同盟之人,既盟之后,言归于好。'"

〔4〕 具有抽象条文、实体规范特征的礼法在西周既不多见也不系统。礼法实体内容的充实、理论的丰富、规范的细化,主要发生在春秋战国到秦汉时期。以孔子、孟子、荀子为代表的儒家及其各自的后学师承,通过观念阐发、学理论证和制度构建等活动,对礼法的全方位成熟做出了巨大贡献。礼法表现形式和理论内容的成熟,还可以在以《左传》《仪礼》《礼记》《周礼》为代表的文本载体中体会到。

的简牍；[1]最后，这些文字又以一种较为统一的语法标准和简练而有条理的书写方式呈现在规制统一的简牍材料上。以笔者愚见，具有这四个基本特征的"新式法律"方能称为通常所说的"成文法"，才能在国境范围内传达出明白、准确、清晰的规范意义。此外，新式法律颁行之后，还会通过严格的传抄制度保证法律内容的准确传达。[2]而诸如《法律答问》一类解释性法律实务教本的出现，也是为了避免法律在实践中被曲解。新式法律在以上这些方面的技术改进，在当时的条件下最大限度地为法律信息的简约、迅捷传递减少了障碍。

西周法律之所以具有多元主义色彩，是由于周王室没有足够的力量统合域内。当时的周天下，地广人稀，诸侯众多，宗族林立。这些诸侯和宗族就像太阳系里的众多行星一样，既在引力作用下围绕周王室这个恒星公转，又由于离心力作用而与其保持相当的距离，同时又在自己的势力范围内复制构建起类似的微型系统。但春秋战国的形势巨变，迫使诸侯国必须加强权力统合，对外摆脱周王室的约束，对内消解宗族力量的阻滞。因为法律集权关乎国家存亡，同时法律变革又会遇到极大阻力，所以各国法律的现实强制性得到极度凸显。此时的法律强制性不仅依赖于天神盟誓，更建立在国君权威和暴力机器的现实基础上，为法律实施提供了强有力的保障。李悝在魏国改革，侧重于"尽地力为强君"[3]。吴起在楚国的军政改革由于遇到守旧贵族的极

---

[1]《左传·定公九年》："郑驷歂杀邓析，而用其《竹刑》。"杜预注曰："邓析，郑大夫。欲改郑所铸旧制，不受君命，而私造刑法，书之于竹简，故云'竹刑'。"邓析在没有君命立法权的情况下私撰法律，这固然有违新式法律宗旨。但把法律写在竹简上却是在技术上的有益尝试，代表着新式法律的发展方向。

[2] 例如，据"里耶秦简"6-4、8-173 中对"雠律令"的记载，地方法官要按照规定到上级部门摘抄法令条文并仔细核对法令内容。"里耶秦简"6-4："□年四月□□朔己卯，迁陵守丞敦狐告船官□：令史憼雠律令沅陵，其假船二艘，勿留。"8-173："廷书曰令史操律令诣廷雠，署书到，吏起时，有追。"校释曰："雠律令，校勘律令。《慧琳音义》卷七十七'雠校'注引《风俗通》云：'二人对校为雠。'《正字通·言部》：'雠，校勘书籍曰雠，比言两本相对覆如仇雠。'"（陈伟主编：《里耶秦简牍校释》第一卷，武汉大学出版社 2012 年版，第 19、104 页）

[3]《史记·平准书》。以充分开发土地资源为着力点的重农政策，是战国竞争背景下各国变法的普遍共识，是增强国家和国君实力的重要手段。例如，《汉书·食货志上》："李悝为魏文侯作尽地力之教……行之魏国，国以富强。"《管子·霸言》："地大而不耕非其地也。"《商君书·算地》："夫地大而不垦者，与无地同……故为国之数，务在垦草。"这同时也是新式法律出现和发展的重要背景和主题。此外，国君还通过法律尽力掌控一国境内的其他资源。例如，《周礼·地官司徒》规定：山虞"掌山林之政令"，林衡"掌巡林麓之禁令"，川衡"掌巡川泽之禁令"，泽虞"掌国泽之政令"，卝人"掌金玉锡石之地"……这些官职设计虽然不免理想虚构的成分，却可以反映战国以来国家重视掌控各种有形资源的历史趋势。

力反对而开展了以身殉法的殊死博弈。[1]商鞅在秦国变法,也采取厚赏重罚的手段强力推行,并通过聚乡为县、强制分户、禁民私斗、开阡陌等具体措施瓦解地域性宗族势力,尽力发掘国内资源,巩固集权成果,保障法律简单有效、长期运行。[2]他的成就还在于,及时总结变法经验,提出缘法而治、重刑主义、以刑去刑、刑无等级等主张,丰富了法家理论。

春秋战国时,法律的这些新属性持续成长,在形式上与西周法律彻底区别开来。这种基于技术因素和政治考量的法律形式革新和法律效力全方位升级运动,有一个明确的目标:通过强化法律的稳定性、明确性、严格性、抽象性、强制性和普遍适用性来增强法律的现实效力,集中国家权力,整合国家资源,在残酷的列国竞争中求生存,求壮大。

(二)作为新式法律的法、律、令、礼

在当时出现的各种新式法律中,商鞅变法后形成的秦国"法-律-令"体系最为成功。这套法律的极端功利主义和专制主义倾向,极大增强了秦国对社会资源的组织动员能力。

商鞅变法推出的新式法律是"法"和"令"。商鞅颠覆传统的道德政治原则,排斥礼法观念,制定具备强烈功利主义色彩、纯以强化集权为宗旨的"法"[3],用"法"来设计和推行改革。[4]这里的"法",既是商鞅变法的

---

[1]《史记·吴起列传》:"楚悼王素闻起贤,至则相楚。明法审令,捐不急之官,废公族疏远者,以抚养战斗之士……故楚之贵戚尽欲害吴起。及悼王死,宗室大臣作乱而攻吴起,吴起走之王尸而伏之。击起之徒因射刺吴起,并中悼王。悼王既葬,太子立,乃使令尹尽诛射吴起而并中王尸者。坐射起而夷宗死者七十余家。"

[2]《史记·商君列传》记载商鞅徙木重赏以立信、违法严刑以立威的具体事迹。正如《汉书·武帝纪》颜师古注引李奇所说:"商鞅为法,赏不失parsi,刑不讳尊,然深刻无恩德。"此外,《史记·李斯列传》:"商君之法,刑弃灰于道者。"《汉书·刑法志》:"韩任申子,秦用商鞅,连相坐之法,造参夷之诛。"《汉书·五行志中》颜师古注引孟康曰:"商鞅为政,以弃灰于道必坋人,坋人必斗,故设黥刑以绝其原也。"这些记载也都反映出商鞅采取重刑手段推行法令的情况。

[3]《史记集解·老子韩非列传》引《新序》曰:"商鞅所为书号曰'法'。皆曰'刑名',故号曰'刑名法术之书'。"

[4]战国秦汉间人皆称"商鞅(君)之法",而无称"商鞅(君)之律"者。例如:《史记·鲁仲连邹阳列传》:"至夫秦用商鞅之法,东弱韩、魏,兵强天下,而卒车裂之。"《史记·李斯列传》:"孝公用商鞅之法,移风易俗,民以殷盛,国以富强,百姓乐用,诸侯亲服,获楚、魏之师,举地千里,至今治强。"《史记·货殖列传》:"吾治生产,犹伊尹、吕尚之谋,孙吴用兵,商鞅行法是也。"《史记·陈涉世家》载贾谊《过秦论》:"当是时也,商君佐之,内立法度,务耕织,修守战之具。"《史记·商君列传》:"商君亡至关下,欲舍客舍。客人不知其是商君也,曰:'商君之法,舍人无验者坐之。'"

总纲,也是商鞅变法所有具体内容的统称。虽然从技术角度而言"法"的"成文"色彩尚不显著,但是其作为具体法律规范的指导原则的广泛效力性和高度权威性的特征,却可以说是标准的新式法律。[1]为把"法"的精神落实为具体的制度规范,他颁布一系列"令"[2],对当时秦国的各项制度进行全方位改革。[3]然后用刑、赏两种手段强力推行贯彻,极力强化"令"的强制性和权威性。[4]这些令可能在表现形态方面还不很成熟,没有摆脱王命君令的形式,但是其效力范围和效力强度却是以往法律所不及的。尤其值得一提的是,商鞅还设计出一套传达贯彻、保存校雠法令的文书制度,极大提高了法令的操作效能。按照他的设计,法令颁布后要另外制作两个副本分别保存在天子之殿和禁室,以免出现法律内容的增损篡改,并对擅自打开封禁、删改法令的行为给予严惩;[5]从中央到地方设置各级专职法官,负责接受中央法令的下发与讲解;[6]法官、法吏要把所藏法律分为左右券两个版本,在向百姓解答法律问题时,如果拿出左券就要严加保管右券作

---

[1] 徐世虹认为:"尚不能确定作为法源形式的'法'的存在。"(徐世虹:"文献解读与秦汉律本体认识",载《"中研院"史语所集刊》第86本第2分,2015年,第30~33页)徐世虹说从法律的形式技术层面来说固然不错,然而如果从时代背景和立意宗旨角度来说,商鞅所定之"法"的新意仍是显而易见的。

[2] 商鞅颁行的"令"包括以《垦草令》为代表的"初令"和后来的第二批"令"。《史记·商君列传》:"令行于民期年,秦民之国都言初令之不便者以千数。"《索隐》:"谓鞅新变之法令为'初令'。"关于初令的颁行时间,《商君书·更法》认为是在商鞅提出变法之议后,《史记·商君列传》认为是他任左庶长之后。蒋礼鸿认为,根据《史记·秦本纪》的记载证明《商君列传》不准确,应以《商君书》为准。(蒋礼鸿撰:《商君书锥指》,中华书局1986年版,第5~6页)

[3] 涉及经济制度的有:"除井田,民得卖买,富者田连阡陌,贫者亡立锥之地。"(《汉书·食货志上》)涉及政治制度的有"集小乡邑聚为县,置令、丞,凡三十一县。"(《史记·商君列传》)涉及军事制度的有"战斩一首赐爵一级,欲为官者五十石。"(《史记集解·秦本纪》引《汉书》佚文,《春秋左传正义·成公十三年》孔颖达疏以及《后汉书·百官志五》李贤注引刘邵《爵制》同)

[4] 《史记索隐·商君列传》注"教之化民也深于命"云:"教谓商鞅之令也,命谓秦君之命也。言人畏鞅甚于秦君。"

[5] 《商君书·定分》:"法令皆副,置一副天子之殿中。为法令为禁室,有铤钥,为禁而以封之,内藏法令一副禁室中,封以禁印。有擅发禁室印,及入禁室视禁法令,及剟禁一字以上,罪皆死不赦。一岁受法令以禁令。"

[6] 《商君书·定分》:"天子置三法官,殿中置一法官,御史置一法官及吏,丞相置一法官。诸侯、郡、县皆为置一法官及吏,皆此秦一法官。郡县诸侯一受宝来之法令,学问并所谓。吏民知法令者,皆问法官,故天下之吏民,无不知法者。"这里的"法官"与今日的"法官"含义不同。前者是执掌法律之官,后者是专事审判之官。

为备份。[1]这套文书制度的设计,从技术手段角度保证了新式法律的稳定性、明确性、严格性、强制性和普遍适用性的要求。其宗旨也为后世法律所继承。[2]

对于商鞅在秦国的变法事业,战国末年的蔡泽曾赞扬道:"夫商君为秦孝公明法令,禁奸本,尊爵必赏,有罪必罚,平权衡,正度量,调轻重,决裂阡陌,以静生民之业而一其俗,劝民耕农利土,一室无二事,力田稸积,习战阵之事,是以兵动而地广,兵休而国富,故秦无敌于天下,立威诸侯,成秦国之业。"[3]若就法律发展的角度而言,商鞅变法的最大意义还在于推出有别于以往的新式法律,为随后到来的律令时代奠定坚实的基础。

在商鞅颁布的"法""令"之后,秦国新式法律最重要的成果"律"也开始登上历史舞台。"律"起初也是脱胎于王命君令。目前所知年代最早的律——秦国《为田律》——可以为证。四川省青川县郝家坪五十号秦墓木牍正面载秦王颁布的"命书"曰:

二年十一月己酉朔朔日,王命丞相戊(茂)、内史匽,□□更修为田律:田广一步,袤八则为畛。亩二畛,一百(陌)道。百亩为顷,一千(阡)道,道广三步,封,高四尺,大称其高;埒(埒),高尺,下厚二尺。以秋八月,修封埒(埒),正彊(疆)畔,及發千(阡)百(陌)之大草。九月,大除道及除隥(澮)。十月为桥,修陂隄,利津□。鲜草,雖(虽)非除道之时,而有陷败不可行,辄为之。□□[4]

《为田律》在新式法律的发展过程中具有重要意义,可以反映出几点重要

---

[1]《商君书·定分》:"诸官吏及民有问法令之所谓于主法令之吏,皆各以其故所欲问之法令明告之。各为尺六寸之符,书明年月日时所问法令之名,以告吏民。主法令之吏,不告吏民之所问法令之所谓,皆以吏民之所问法令之罪,各罪主法令之吏。即以左券予吏民之问法令者,主法令之吏,谨藏其右券木柙,以室藏之,封以法令之长印。即后有物故,以券书从事。"

[2]"睡虎地秦简"所见的《行书》《内史杂》《尉杂》等律文,对法律文书的管理制度有详尽的规定。参见睡虎地秦墓竹简整理小组编:《睡虎地秦墓竹简》,文物出版社1990年版,第61~65页。

[3]《史记·范雎蔡泽列传》。

[4]四川省博物馆、青川县文化馆:《青川县出土秦更修田律木牍——四川青川县战国墓发掘简报》,载《文物》1982年第1期。木牍中的字形模糊处有多种不同解读。参见肖辉:"青川木牍辑考",安徽大学2007年硕士学位论文。必须说明的是:引文中的"□"含义不同。文中的"□"是指文字辨认不清,文字末尾的"□□"这两个符号是简牍上原本就有的方形符号,可能含有别的文书意义,但不是具体文字的替代表示方式。

信息：

首先，这里的"更修"[1]二字说明之前就有此律存在。鉴于其在内容上与商鞅变法"为田开阡陌"[2]的密切关联性以及时间上的临近性，[3]可以推断该律很有可能就是从商鞅依据王命君令发布的"令"转变而来。这也可以说明最早的律是由王命君令转化而来。

其次，这篇《为田律》的律文是用具有早期隶书特点的秦隶书写而成。尽管其个别字还保留着"大篆"的遗韵，体现出篆隶之间的转化轨迹，但从总体上来看文字笔法流畅、字形方扁，笔画较为减省，结构错落有致，已经基本摆脱了传统大篆笔画圆润、繁复，结构严整、对称，字态凝重、端庄的特点。（参见下页图）这种简化的字体更易于认读书写，更有利于法律信息的传播，是新式法律的重要特点之一。[4]

最后，《为田律》的律文可能还具有韵文的特征。如其中"二年十一月己酉朔朔日"的"朔日"二字，看似多余累赘，实则是为了补足音节。整篇律文以入声韵为主，灵活押对，抑扬顿挫，长短错落，有古诗之风。这种类似于"顺口溜"的律文，更容易被人们传诵和记忆，从而扩大法律信息的传播范围。[5]这里的声韵如果可以和"律"字的"音律"义项联系起来的话，更可以引发我们对相关问题的深度联想。[6]

---

[1] 这两个字的意思，有人解释为"修订"，有人解释为"重申"，无论如何都说明原本已有此律。参见黄盛璋："青川新出秦田律木牍及其相关问题"，载《文物》1982 年第 9 期。

[2] 《史记·秦本纪》。

[3] 《为田律》被确定为秦武王二年（公元前 309 年），上距商鞅秦孝公十二年（公元前 350 年）"为田开阡陌"（《史记·商君列传》）只有 41 年时间。

[4] 史书也认为汉字的隶变和法律文书的大量出现有关。《汉书·艺文志》："篆体复颇异，所谓秦篆者也。是时始造隶书矣，起于官狱多事，苟趋省易，施之于徒隶也。"

[5] 刘奉光："秦墓《为田律》文学译解"，载《新疆大学学报（社会科学版）》2002 年第 2 期。刘氏将此律文进行了新的断句：二年十一月/己酉朔朔日/王命丞相戊/内史匽民辟/更修《为田律》/田广一尺/袤八则为畛/亩二畛一陌/道百亩为顷/顷一阡道/道广三尺/封高四尺/大称其高/埒高一尺/下厚二尺/以秋八月/修封埒/正疆畔/及癹阡陌之大草/九月大除/道及陂险/十月为桥/修陂堤/利津梁/鲜草篱/非除道之时/时而有陷败/不可行/辄为之。

[6] 祝总斌、武树臣、陈寒非都曾指出，在"律"的含义中，音律与法律两个义项之间存在密切联系。参见祝总斌："'律'字新探""关于我国古代的'改法为律'问题"，载祝总斌：《材不材斋文集——祝总斌学术研究论文集》（上编：中国古代史研究），三秦出版社 2006 年版，第 405~412、334~344 页；武树臣："甲骨文所见法律形式及其起源"，载杨一凡主编：《中国古代法律形式研究》，社会科学文献出版社 2011 年版，第 18~19 页；陈寒非："'律'义探源"，载《现代法学》2013 年第 3 期。《为田律》的韵文属性为直观展示两者的联系提供了另一个角度的佐证。

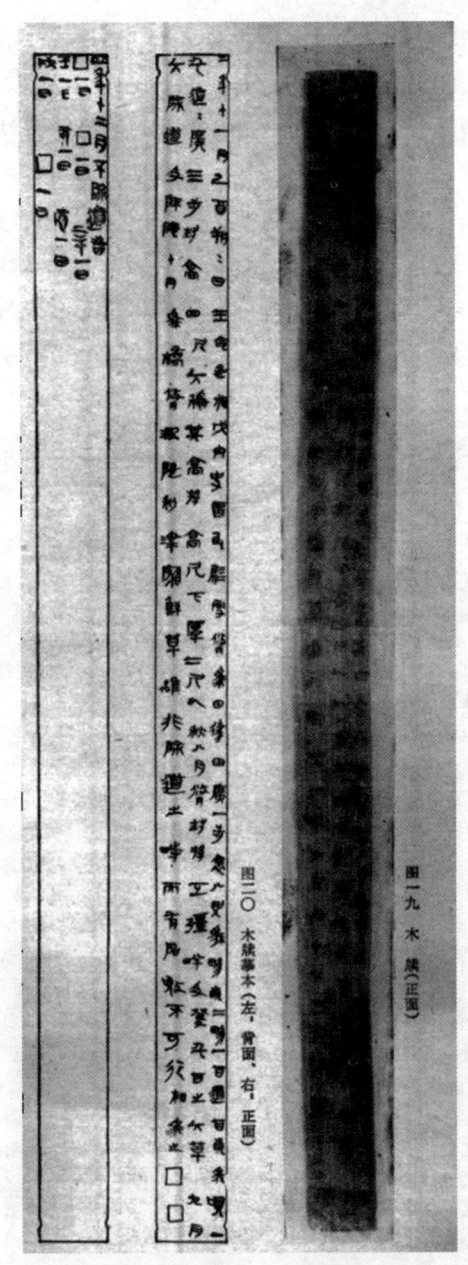

上图：青川木牍《为田律》[1]

---

[1] 四川省博物馆、青川县文化馆："青川县出土秦更修田律木牍——四川青川县战国墓发掘简报"，载《文物》1982年第1期。

"律"的确切起源时间目前还无定论,[1]以往观点常把它和商鞅联系在一起。自曹魏以降人们就认为商鞅变法是以魏国李悝《法经》作为底本。[2]到唐朝时又出现商鞅改法为律之说。很显然,这两种说法差别重大。前者是说商鞅制定秦国法律依据《法经》而来,其意义仅局限于特定的时空对象;后者则说商鞅把"法"这种法律形式改为"律",这就把其意义上升到法律变革的历史层面上来。关于《法经》历来多有争议,在此姑且不做深究。本书的看法是,如果把以上这两种说法联系起来进行分析就可以发现,二者其实可以理解为叙事者基于特定意图而采取的一种史家笔法。[3]至少根据目前的历史材料及其研究结论来看,商鞅改法为律并不合于历史事实,"律"还不能确切说始于商鞅。[4]即便是"律"相比于含义宽泛的"法"更精确、具体,[5]也

---

[1] 关于"律"的产生年代学界曾有许多不同的说法。明代学者邱濬说:"成周之世未有律令之书。"[(明)邱濬:《大学衍义补》,京华出版社1999年版,第876页]清末法学家沈家本却说:"谓三代无律之名恐未必然。"[(清)沈家本:《历代刑法考》,中华书局1985年版,第826页]考诸古人文献,《管子·法言》有"周郑之礼移,则周律废矣"之文,汉人有"皋陶造律"之说。《后汉书·张敏传》载张敏上疏曰:"皋陶造法律。"《急就章》也有"皋陶造狱法律存"字句。《太平御览·刑法部四·律令下》载汉末律家应劭所著《风俗通》佚文曰:"《皋陶谟》:'虞始造律。'萧何加以九章,此关诸百王不易之道也。"然而《管子》其书成于战国齐法家众学者之手,其所谓"周律"并不可靠。而"皋陶造律"说为汉人所造,更无确凿根据。如浅井虎夫所云:"此等名目,究皆出于后世所假托,非正确之史实也。"([日]浅井虎夫:《中国法典编纂沿革史》,陈重民译,李孝猛点校,中国政法大学出版社2007年版,第6页)实则,律是东周以降新式法律大爆发的产物。即便目前所见年代最早的秦国《为田律》,也未必就是最早的律。

[2] 目前所能见到的史料显示,《法经》的记载最早出现在曹魏时期。魏明帝时,刘邵撰写的《魏律序》提到:"旧律因秦《法经》,就增三篇,而《具律》不移,因在第六。"(《晋书·刑法志》)其后,北朝的魏收在《魏书·刑罚志》中记载:"商君以《法经》六篇入说于秦。"唐人撰写的《晋书·刑法志》又说:"是时承用秦汉旧律,其文起自魏文侯师李悝。悝撰次诸国法,著《法经》……商君受之以相秦。"

[3] 中华书局本《唐律疏议·名例律》《唐六典·尚书刑部》注都记载"商鞅改法为律"。而《古今图书集成·祥刑典》引《唐律疏议》则称"商鞅改《法经》为律"。所以极有可能,编撰在前的《唐律疏议》顺承《晋志》说法,以商鞅改造《法经》为叙事重点,而后出的《唐六典》又觉得此说不足以突出商鞅改造之功,并为唐律渊源确立更充分的历史依据,因而改成具有一般意义的改法为律。可能这种表述方式又反过来影响了今本《唐律疏议》的传抄。

[4] 早在二十世纪初,浅井虎夫就已经对此事表示质疑。他说:"此事信否难徵。"([日]浅井虎夫:《中国法典编纂沿革史》,陈重民译,李孝猛点校,中国政法大学出版社2007年版,第11页)。此外又可参见江必新:"商鞅'改法为律'质疑",载《法学杂志》1985年第5期;宁全红:"'商鞅改法为律说'献疑",载《南京大学法律评论》2011年秋季卷。曹旅宁更进一步指出:"说商鞅变法是从魏国照搬《法经》六篇,显然是有悖于历史实际的。"(曹旅宁:《秦律新探》,中国社会科学出版社2002年版,第60页)《商君书》的《算地》《徕民》二篇中曾出现"律",但据钱穆考证,二篇中所阐释的徕民政策绝不可能是商鞅变法时期的产物,而要迟至战国中晚期,长平之战以后。(钱穆:《先秦诸子系

没有迅即取代"法"作为国家根本大法、制度总纲的作用。在相当长时间内，"法""律""令"三种法律形式长期并存，彼此作用不同。〔1〕因此较为合理的说法应该是，在新式法律发展演进的历史过程中，改"法"为"律"作为一种缓慢推进的法律演化进程，并不一定以商鞅为中心人物，空间上也不仅限于秦国，时间上限在战国晚期，下限甚至可以延续到汉代。

商鞅变法时的"令"，应该是以秦孝公君命的形式发布，并非后世作为法律形式独立存在的"令"。因此日本学者大庭脩曾提出"秦令是否存在"的疑问。〔2〕不过近年出土的"岳麓秦简"和"里耶秦简"却表明，在秦统一前后，具有抽象形式特征的"令"不仅存在，而且正在不断走向成熟。其中有些令文已经经过抽象加工，找不到原始诏书的痕迹。例如"岳麓秦简"中就有许多以"令曰"字样起头的令文简。从这些简中已经看不出其制定的程序和颁行的时间等信息，而是用语简练、表意清晰、直接规范的纯粹条文。当然也还有一些令文显然没有加工彻底，令文中会见到"制诏丞相御史""丞相

（接上页）年》，商务印书馆 2001 年版，第 266~267 页）蔡枢衡认为，商鞅为秦国立法是借鉴赵《国律》的结果。（蔡枢衡：《中国刑法史》，广西人民出版社 1983 年版，第 104 页）但蔡氏并没有提供明确的依据。

〔5〕 参见祝总斌："关于我国古代的'改法为律'问题"，祝总斌：《材不材斋文集——祝总斌学术研究论文集》（上编：中国古代史研究），三秦出版社 2006 年版，第 334~344 页；刘权坤："对商鞅'改法为律'的历史文化分析"，载《江苏警官学院学报》2011 年第 3 期；李平："'法'义新论"，载《现代法学》2013 年第 2 期；陈寒非："'律'义探源"，载《现代法学》2013 年第 3 期。其实从战国到汉初，法的使用既有抽象宏观的意思，也有具体规范的事例。例如，《史记·范雎列传》载："秦之法，任人而所任不善者，各以其罪罪之。"《史记·高祖本纪》记载汉高祖的话说："吾与诸侯约，先入关者王之，吾当王关中。与父老约，法三章耳：杀人者死，伤人及盗抵罪。余悉除去秦法。"《汉书·刑法志》载汉武帝时曾制定"作见知故纵监临部主之法""沈命法"。《汉书·京房传》载京房曾受汉元帝之命制定"考功课吏法"。这些应该是"法"作为具体法律规范存在的例证。总之当时"法"的用途太多，既可作动词，也可作名词；作动词时，可以是废的意思，也可以是效法的意思；作名词时，既可代指典章制度，也可泛指各种法律，还可特指某项具体命令。在日益追求精准明确的新式法律的历史潮流中，这就成为"法"的劣势。

〔1〕 例如，《睡虎地秦墓竹简·语书》多次出现"法""律""令"并提现象："凡法律令者，以教导民，去其淫僻，除其恶俗，而使之于为善也。今法律令已具矣，而吏民莫用，乡俗淫失之民不止，是即废主之明法也……故腾为是而修法律令……今法律令已布……凡良吏明法律令，事无不能也。"《管子·七臣七主》："夫法者，所以兴功惧暴也。律者，所以定分止争也。令者；所以令人知事也。法律政令者，吏民规矩绳墨也。"《荀子·成相》："君法明，论有常，表仪既设，民知方。进退有律，莫得贵贱，孰私王。"《史记·李斯列传》："明法度，定律令，皆以始皇起。"可见，在战国秦汉之际的一般法律观念里，"法""律""令"都是国家重要的法律规范，各自发挥着不同的职能作用。只有三者相互配合，才能为社会成员提供全方位的行为规范。

〔2〕 参见［日］大庭脩：《秦汉法制史研究》，林剑鸣等译，上海人民出版社 1991 年版，第 10 页。

议""昭襄王命曰"〔1〕等字样。可见，当时秦国的"令"还处于一种从具体诏令到抽象令文的过渡阶段。从逻辑上讲，"令"和"律"虽然同出于王命君令，但"令"的独立颁行当晚于"律"。当然，在经过一定时间积累和特定程序之后，可能会有一部分"令"因其权威性、恒常性得到普遍认可和最终确认，因而也就升格为"律"。

秦国时成型的"法-律-令"格局，涉及经济管理、行政管理、劳役、军务、诉讼等各方面内容，这套新式法律体系在秦统一六国的过程中发挥着特别重要的作用，同时又凭借政治统一而推行到更广大的区域。秦初并天下，"海内为郡县，法令由一统"〔2〕，代表君权意志的新式法律体系第一次成为当时中国全境统一、明确、稳定、严格的言行标准。这是"自上古以来未尝有"〔3〕的空前伟业。其中尤以"律"的历史影响最为持久绵长。〔4〕如陈顾远所说："中国法制之在昔，除礼之外，以律为主，几与现代国家必有其宪章同然。律虽不必皆在每代中占优胜之地位，然其蜿蜒起伏之路线，自秦以后未尝断也。"〔5〕

汉代以后，作为新式法律的"律""令"得到继承，并随着国家治理模式的成型而得到空前发展。同时，"法"却没有得到有效传承，其与"律""令"的界分也渐趋模糊，甚至常与二者彼此混用。〔6〕当以"律""令"为主的国家规范被最终确立起来以后，"法"在具体规范层面的含义逐渐被消解和

---

〔1〕 三例分别见于陈松长主编：《岳麓书院藏秦简》（四），上海辞书出版社 2015 年版，第 197、202、209 页。

〔2〕《史记·秦始皇本纪》。

〔3〕《史记·秦始皇本纪》。

〔4〕 从秦律开始，律在中国有二千年的系统传承，程树德称为"律系"（程树德：《九朝律考》，中华书局 2006 年版，第 4 页），陈顾远称为"律统"（陈顾远：《中国法制史概要》，商务印书馆 2011 年版，第 25 页）。

〔5〕 陈顾远：《中国法制史概要》，商务印书馆 2011 年版，第 31 页。

〔6〕 例如，《史记·萧相国世家》记载："沛公至咸阳，诸将皆争走金帛财物之府分之，何独先入收秦丞相御史律令图书藏之。"对此事，《汉书·刑法志》的记载却是："于是相国萧何攟摭秦法，取其宜于时者，作律九章。"东汉人班固所说的"秦法"应该就是汉初司马迁所说的"秦律令"。这种表述方式变异的背后，隐藏着法律制度与时代观念的变迁，治法史者不得不察。在西汉桓宽根据昭帝时盐铁会议撰述的《盐铁论》中，论及"法""令"区别时，"法"实际上就是代指刑律。例如，《盐铁论·刑德》载大夫言曰："令者所以教民也，法者所以督奸也。令严而民慎，法设而奸禁。罔疏则兽失，法疏则罪漏。罪漏则民放佚而轻犯禁。故禁不必，怯夫徼幸；诛诫，跖、蹻不犯。是以古者作五刑，刻肌肤而民不逾矩。"又载文学言曰："春夏生长，圣人象而为令。秋冬杀藏，圣人则而为法。故令者教也，所以导民人；法者刑罚也，所以禁强暴也。二者，治乱之具，存亡之效也，在上所任。"

取代，而其在根本大法层面的含义又被恢复活力的"礼法"所收复。最终，"法"的外延日益泛化，内涵日益空化，成为一个完全抽象的概念，不再有具体而又特定的内容。此后，人们对其使用也就变得随意起来。[1]

春秋战国时期，旧有社会秩序的崩坏不仅催生出法、律、令等纯粹的新式法律，还激发人们对传统法律资源的发掘与充实。有些经过"旧瓶装新酒"式改造之后的旧法律也就因此一变而为新式法律，此即礼制。在西周时，礼的法律意义主要表现为以盟誓为中心的程序化仪式活动以及仪式活动中的礼器制度。法律关系及其约束力建立在盟誓基础上，而其约束的范围则限定于参与者各方。[2]春秋以后社会秩序的剧烈变动，使得原来以程序仪式为主要表现形式的礼逐渐被抛弃，纯粹程式化的礼仪甚至被视为"礼之末"而遭到质疑。[3]对于礼，人们逐渐更关注其在国家治理过程中的实际功能，以及基于此而产生的实体性原则和规则，从而塑造出具有新式法律风貌的礼制。春秋战国新出的礼制，一方面结合各国的政制习俗对程序化的仪式规范进行实

---

[1] 此山贯冶子《唐律释文》卷一对律疏中"律者，训铨，训法也"条注释曰："律之与法，文虽有殊，其义一也……法、律皆所以铨量轻重也。"程树德说："盖自秦汉以来，法之与律，遂为通用之文字矣。"（程树德编：《中国法制史》，上海华通书局1931年版，第2~3页）此外在秦汉简牍中，"灋"主要用来表示法律、法令、法度、法式、法则、依法之"法"和废弃之"废"这两种义项。"法"则主要用来表示数学专业术语"除数"之"法"。（翁明鹏："秦简牍和张家山汉简中'灋''法'分流现象试说"，载《励耘语言学刊》2019年第2辑）到了东汉许慎撰《说文解字》时，"灋"字就已成为古体而需要单独加以解释说明，而且众多义项都由"法"这一种写法承担。这同样可以说明"法"字含义泛化，退出具体法律规范领域的情况。

[2] 参见王沛：《金文法律资料考释》，上海人民出版社2012年版，第228~238页。

[3] 《左传·昭公五年》载："公如晋，自郊劳至于赠贿，无失礼。晋侯谓女叔齐曰：'鲁侯不亦善于礼乎？'对曰：'鲁侯焉知礼？'公曰：'何为？自郊劳至于赠贿，礼无违者，何故不知？'对曰：'是仪也，不可谓礼。礼，所以守其国，行其政令，无失其民者也……'君子谓叔侯于是乎知礼。"《左传·昭公二十五年》载："子大叔见赵简子，简子问揖让、周旋之礼焉。对曰：'是仪也，非礼也。'简子曰：'敢问，何谓礼？'对曰：'吉也闻诸先大夫子产曰："夫礼，天之经也，地之义也，民之行也。天地之经，而民实则之。则天之明，因地之性，生其六气，用其五行。气为五味，发为五色，章为五声。淫则昏乱，民失其性，是故为礼以奉之：为六畜、五牲、三牺，以奉五味；为九文、六采、五章，以奉五色；为九歌、八风、七音、六律，以奉五声。为君臣上下，以则地义；为夫妇外内，以经二物；为父子、兄弟、姑姊、甥舅、昏媾、姻亚，以象天明；为政事、庸力、行务，以从四时；为刑罚威狱，使民畏忌，以类其震曜杀戮；为温慈惠和，以效天之生殖长育。民有好恶喜怒哀乐，生于六气，是故审则宜类，以制六志。哀有哭泣，乐有歌舞，喜有施舍，怒有战斗；喜生于好，怒生于恶。是故审行信令，祸福赏罚，以制死生。生，好物也；死，恶物也。好物，乐也；恶物，哀也。哀乐不失，乃能协于天地之性，是以长久。"'简子曰：'甚哉，礼之大也！'对曰：'礼，上下之纪，天地之经纬也，民之所以生也，是以先王尚之。故人之能自曲直以赴礼者，谓之成人。大，不亦宜乎！'简子曰：'鞅也，请终身守此言也。'"

体化改造,另一方面又把这些实体内容进行成文化的梳理并推向普遍社会生活,逐步形成较为系统的礼义原则和礼制规范。这种礼制规范在战国时已经在理论上逐渐成熟,经过秦汉魏晋的漫长演变而逐渐转化为成文的表现形态并进入法典编纂阶段。

尽管秦汉时的礼制仍是礼仪,但是其尊君抑臣、注重威仪、举国遵行的特点却符合新式法律在政治上的宗旨。秦并天下之后,兼采六国礼仪,其意仍在于尊君抑臣,[1]与西周礼制重在盟誓、约束盟者的特征早已大异其趣。汉初对礼仪作为新式法律的作用认知,有一个变化的过程。起初,汉高祖认为秦代的礼仪法度苛碎繁杂,嫌其不易施行而弃之不用。但是,随后发生的群臣饮酒争功失礼的事情却让他甚为烦恼。叔孙通不失时机地提出制定朝会礼仪,规制群臣言行,通过实践让汉高祖重新认识到新式礼仪对于"正君臣之位"的重要价值。[2]随后,叔孙通定《傍章》大体上仍是朝堂礼仪制度。[3]其后出现的《朝律》《朝会正见律》[4]应该也是类似的礼仪性法律,只不过被冠以律名而已。

然而,对于礼制以礼仪为主的情况,后来的汉代儒生并不满意,自贾谊

---

[1] 参见《史记·礼书》。

[2]《史记·刘敬叔孙通列传》。又《论衡·效力》:"故叔孙通定仪而高祖以尊,萧何造律而汉室以宁。案仪、律之功,重于野战;斩首之力,不及尊主。"又如司马谈《论六家要旨》在指出儒家"博而寡要,劳而少功"缺点的同时,又强调其"序君臣父子之礼,列夫妇长幼之别"是不可易的至理要义。可见,儒家重礼仪,礼仪可以正君臣。

[3]《晋书·刑法志》:"汉承秦制,萧何定律,除参夷连坐之罪,增部主见知之条,益事律兴、厩、户三篇,合为九篇。叔孙通益律所不及,傍章十八篇,张汤越宫律二十七篇,赵禹朝律六篇,合六十篇。"对于这段文字所载史实的显著谬误,张建国早已指出。[张建国:"叔孙通定《傍章》质疑——兼析张家山汉简所载律篇名",载《北京大学学报(哲学社会科学版)》1997年第6期] 然而张氏认为"傍章"即刘卲《魏律序》中提到的"旁章"(见《晋书·刑法志》)并认为其是汉律体系性结构名称的说法,却似乎不能成立。实则,此处叔孙通所定《傍章》应该就是"益律所不及"的礼仪制度。《汉书·礼乐志》:"今叔孙通所撰礼仪,与律令同录,臧于理官,法家又复不传。"这里礼仪与律令同录的说法与《论衡·效力》仪(孙通定仪)、律(萧何造律)并举的说法所指当同为一事。以此推断,《晋书·刑法志》"萧何定律"与"叔孙通益律所不及而为傍章"并举也没有什么问题。据《后汉书·曹褒传》《论衡·谢短》,《傍章》又称《汉仪》《仪品》。而"旁章"则很有可能是汉律内部的分类,与"云梦睡虎地汉简"和"胡家草场汉简"中出现的"旁律"有很大关联。(参见陈伟:"秦汉简牍所见的律典体系",载《中国社会科学》2021年第1期)

[4]《晋书·刑法志》载"赵禹朝律六篇"。然而《朝律》的律名并不始于赵禹,早在汉初就经出现。(曹旅宁:"张家山336号汉墓《朝律》的几个问题",载《华东政法大学学报》2008年第4期,收于氏著:《秦汉魏晋法制探微》,人民出版社2013年版,第151~159页)《太平御览·刑法部四·律令下》引张斐《律序》:"赵禹作朝会正见律。"据此可知,《朝律》在汉初就有,而赵禹所作为《朝会正见律》。二者内容或许存在重要关联,名称也会因简称而相混同。

以下屡次提出依照礼义精神制定维护君臣纲纪、改良社会风俗、明王道、兴太平的全面规范系统。[1]不过由于缺乏系统的总体设计,这些儒生主张仍旧停留在理论阶段。东汉时曹褒曾立志为汉室制定一部通用于君臣士民、具有普遍规范意义的礼典《汉礼》,然而由于各方阻力太大而未能成功。(详见后文)终汉之世,这部全方位规范社会言行的礼制法典都未能面世。这种孜孜以求却又久不成功的局面也就成为西晋制定礼典的重要动力之一。

二、新式法律的系统性缺陷

(一) 法律规模的极度扩张

春秋战国时期出现的新式法律满足了国家集权和君权独尊的时代需求,表现出对域内事务巨细无遗的总揽规制作用,在秦汉大一统王朝同样得到高度重视和极大发展。这种发展主要体现在法律数量的增加、法律规模的扩张。

前引《睡虎地秦墓竹简·语书》说:"凡良吏明法律令,事无不能也。"这反映出秦代新式法律对社会各方面内容广泛而又细密的规制。秦并天下之后,始皇帝和李斯等立法者,定尊号,崇水德,设郡县,焚诗书,一法度,开创了空前的法制基业。在空前广大的疆域内,秦代律令对社会生活进行全方位管控,[2]法律条文的表达技术也有一定进步,[3]还出现了一些新的辅助性法律形式。[4]同时秦代又通过严格的文书传抄校对制度和强制执行手段推

---

[1] 参见《汉书·礼乐志》。
[2] 《史记·秦始皇本纪》载《泰山刻石》曰:"治道运行,诸产得宜,皆有法式。"《琅邪台石刻》曰:"器械一量,同书文字。日月所照,舟舆所载。皆终其命,莫不得意……除疑定法,咸知所辟。方伯分职,诸治经易。举错必当,莫不如画……六亲相保,终无寇贼。驩欣奉教,尽知法式。六合之内,皇帝之土。西涉流沙,南尽北户。东有东海,北过大夏。人迹所至,无不臣者。"《之罘刻石》曰:"普施明法,经纬天下,永为仪则。"这些石刻之辞,既是战国以来新式法律的追求,也是秦代法制客观情形的总体概括,同时还是始皇帝对天下的法律权威宣示。近年来出土的秦代法制资料极其丰富,"里耶秦简""岳麓秦简"等法律文书把秦代法制纤细无遗、繁密周备的特点展示得淋漓尽致。
[3] 陈松长根据简文中"百姓""黔首"的差别判断岳麓秦简的摘抄时代在"睡虎地秦简"之后,并且律文表述也有后出转精的细化迹象。(陈松长:"岳麓书院所藏秦简综述",载《文物》2009年第3期)
[4] "睡虎地秦简"中有式、方等法律形式。《封诊式》是其一例,《语书》中有"为间私方"的记载。王沛认为:方在春秋以后的文献中具有礼、礼法或术法的意思。而秦简《语书》中的"为间私方"则是惩办奸私的法规。(王沛:"《尔雅·释诂》与上古法律形式——结合金文资料的研究",载杨一凡主编:《中国古代法律形式研究》,社会科学文献出版社2011年版,第43页)王沛还提出,作为西汉重要法律的"旁章",也当写作"方章"。(王沛:"古文献与古代法律二题",载《华东政法大学学报》2009年第6期)

行这些繁密的法律，[1]因而引发天下苦怨。汉人批评秦法"繁于秋荼，密于凝脂"[2]，实际上暗示着新式法律大发展所带来的体系性混乱问题。只不过由于秦代时间太短，人们大都从政治层面强调其法律的繁密和苛酷，导致其法律的体系性困局没有充分凸显出来。

汉初君臣对治国没有充分的理论准备，只得在继承秦制的基础上摸索构建汉家制度。[3]高祖时约法三章、省俭礼仪反映出朴素、简易的法制追求，但不免矫枉过正。萧何在秦律令图籍的基础上编次律令，叔孙通在古礼和秦仪的基础上制定礼仪，韩信申军法，张苍为章程，使汉初法制初具规模。汉室根基稳定之后，在以秦为鉴、崇信黄老、休养生息的总体思路下，惠帝、高后、文帝、景帝持续开展删减繁苛律令的活动。[4]新式法律的体系性问题得到较好的控制。

汉武帝时，西汉法制迎来全新局面，由删约秦法、轻罪省刑一转而为大增律令、广设科条，汉代法制困局开始初步凸显。《汉书·刑法志》载：

> 及至孝武即位，外事四夷之功，内盛耳目之好，征发烦数，百姓贫耗，穷民犯法，酷吏击断，奸轨不胜。于是招进张汤、赵禹之属，条定法令，作见知故纵、监临部主之法，缓深故之罪，急纵出之诛。其后奸猾巧法，转相比况，禁罔浸密。律令凡三百五十九章，大辟四百九条，千八百八十二事，死罪决事比万三千四百七十二事。文书盈于几阁，典者不能遍睹。是以郡国承用者驳，或罪

---

[1] 例如，"岳麓秦简"中"尉郡卒令第乙七十六"的令文末尾处有"令七牒"三字。整理小组认为，这是指此令文共七枚简。这三个字不是令文，是令文颁下时的格式记录。[陈松长主编：《岳麓书院藏秦简》（五），上海辞书出版社2017年版，第124—129页]又如，《岳麓书院藏秦简》（五）中的第一组令文，虽无令的篇名，也没有注明属于何令，但都有数字编号。整理小组认为，这个编号有两种可能：令文的编号或者抄写令文的顺序号。[陈松长主编：《岳麓秦简》（五），上海辞书出版社2017年版，第73页]"里耶秦简"中还有律令传抄过程中的校雠记录。例如，6-4简："□年四月□□朔己卯，迁陵守丞敦狐告船官□：令史廪雠律令沅陵，其假船二艘，勿留。"8-173简："卅一年六月壬午朔庚戌，库武敢言之：廷书曰令史操律令诣廷雠，署吏到、吏起时。有追。·今以庚戌遣佐处雠。敢言之。"[陈伟主编：《里耶秦简牍校释》（第一卷），武汉大学出版社2012年版，第19、104页]

[2] 《盐铁论·刑德》载"文学"之言。

[3] 钱穆："史称汉初禁网疏阔，盖当时君臣务于与民休息，实际得大宁静。而文字法令章程却草草不遑修饰也。"（钱穆：《秦汉史》，生活·读书·新知三联书店2005年版，第50页）

[4] 例如，惠帝时减省刑罚，并废除挟书律，事见《汉书·惠帝纪》。高后时废除三族罪、妖言令，松弛商贾之律，事见《汉书·高后纪》。文帝时废除收孥相坐律令、诽谤妖言之罪、钱律、秘祝法、田租税律、戍卒令，除肉刑，事见《汉书》的《文帝纪》《郊祀志》《刑法志》以及《史记·将相名臣表》。景帝时允许对汉承秦之律令提出质疑。他曾下诏，对于"文致于法，而于人心不厌"之疑狱，皆允许奏谳。此外，文、景两朝还曾接续进行刑罚改革。在此期间，贾谊、晁错都曾受命开展大规模更定律令的法律修订活动，事见《史记·屈原贾生列传》《汉书·晁错传》。

同而论异。奸吏因缘为市，所欲活则傅生议，所欲陷则予死比，议者咸冤伤之。

汉武帝之政号称"阳儒阴法"，以新式法律为手段强力推进内外大政，因而激发汉代法制规模迅速膨胀。[1]张汤、赵禹是当时扩张律令规模的主将。[2]法律规模过于庞大，既不利于百姓知禁守法，也不利于有司奉法行政，依法断狱，不同法律之间彼此矛盾的情况还给奸吏舞文弄法提供了空间，从而极大损害了法律的公正性和权威性。但是这种法制困局一经形成就很难改变。昭宣之时号称"中兴"，对武帝酷政多有改弦，但也没有及时删定律令，纾解法制困局。时人评价道：

> 方今律令百有余篇，文章繁，罪名重，郡国用之疑惑，或浅或深，自吏明习者，不知所处，而况愚民！律令尘蠹于栈阁，吏不能遍睹，而况于愚民乎！此断狱所以滋众，而民犯禁滋多也。[3]

其后汉帝屡屡下诏指称律令烦多。（详见后文）到东汉和帝时，廷尉陈宠更是慨叹道："汉兴以来，三百二年，宪令稍增，科条无限。"他还提供了当时刑律罪名的统计数据："今律令，犯罪应死刑者六百一十，耐罪千六百九十八，赎罪以下二千六百八十一。"[4]法律的庞大规模终两汉曹魏之世都没有改变。到魏末晋初，甲令已下，多达九百余卷，盈溢架藏。[5]总之，经过战国、秦汉的长期发展，以律令为主体的新式法律规模极度扩张，带来了严重的法制困局。现仅据已知史料罗列秦汉律令篇目如下：

---

[1]《魏书·刑罚志》称汉武帝时"增律五十篇"，未知所从何据。而据程树德稽考，武帝时所创新法史有所载者就有见知故纵监临部主之法、越宫律、朝会正见律、左官之律、沈命法、功令、出牡马令、官民共出马令、缗钱令、赎死罪令等，还有因人设法的骠骑将军秩令与大将军令、腹诽之法比等。（程树德：《九朝律考》，中华书局 2006 年版，第 149~150 页）

[2]《晋书·刑法志》称张汤制定《越宫律》二十七篇，赵禹制定《朝律》六篇。但这个记录颇有些不合情理。正如张建国所指出的那样，《晋书·刑法志》称萧何作律九篇、叔孙通作傍章十八篇都是指称某一类律篇的总说之辞，而《越宫律》《朝律》是具体篇名，为何又可各自再分出二十七篇和六篇来呢？[张建国："叔孙通定《傍章》质疑——兼析张家山汉简所载律篇名"，载《北京大学学报（哲学社会科学版）》1997 年第 6 期] 张氏质疑颇为有力，对重新审视《晋书·刑法志》的史料价值很有启发。

[3]《盐铁论·刑德》。

[4]《后汉书·陈宠传》。

[5]《隋书·经籍志二》。

表1　已知的秦汉律篇名

序号	律篇名	睡虎地秦简	岳麓秦简	里耶秦简	张家山汉简	睡虎地汉简	胡家草场汉简	兔子山汉牍	敦煌悬泉汉简	《史记》《汉书》《晋书》
1	田律	△	▽		○	◎	☆	※		□
2	厩苑律	△								
3	仓律	△	▽			◎	☆	※		
4	金布律	△	▽	◇	○	◎	☆	※		□
5	关市律	△	▽		○	◎	☆	※		
6	工律	△		◇						
7	工人程律	△								
8	均工律	△								
9	徭（繇）律	△	▽			◎	☆	※		
10	司空律	△	▽			◎	☆	※		
11	军爵律	△								
12	置吏律	△			○	◎	☆	※		
13	效律	△			○	◎	☆	※		
14	传食律	△			○	◎	☆	※		
15	行书律	△	▽		○	◎	☆	※		
16	内史杂（襟）律	△	▽							
17	尉杂律	△								
18	属邦律	△								
19	除吏律	△								
20	游士律	△								
21	除弟子律	△								
22	中劳律	△								
23	臧（藏）律	△								
24	公车司马猎律	△								
25	牛羊课	△								

第一章　西晋法典体系的历史前提

续表

序号	律篇名	睡虎地秦简	岳麓秦简	里耶秦简	张家山汉简	睡虎地汉简	胡家草场汉简	兔子山汉牍	敦煌悬泉汉简	《史记》《汉书》《晋书》
26	傅律	△	▽		○	◎	☆	※		
27	敦（屯）表律	△								
28	捕盗律	△								
29	戍律	△	▽							
30	厩律	△				◎	☆	※		□
31	赍（齎）律	△				◎		※		
32	亡律		▽		○	◎	☆	※		
33	尉卒律		▽			◎	☆	※		
34	奔敬（警）律		▽							
35	贼律		▽		○	◎	☆	※	⊙	□
36	具律		▽		○	◎	☆	※		
37	狱校律		▽							
38	兴律		▽		○	◎	☆	※		□
39	襍（杂）律		▽		○	◎	☆	※		□
40	索律		▽							
41	廷律		▽							
42	内史律		▽							
43	祠律			◇		◎	☆	※		
44	盗律				○	◎	☆	※		□
45	告律				○	◎	☆	※		
46	捕律				○	◎	☆	※		□
47	收律				○					
48	钱律				○	◎	☆	※		□
49	均输律				○	◎	☆	※		
50	复律				○	◎	☆	※		
51	赐律				○	◎	☆	※		

续表

序号	律篇名	睡虎地秦简	岳麓秦简	里耶秦简	张家山汉简	睡虎地汉简	胡家草场汉简	兔子山汉牍	敦煌悬泉汉简	《史记》《汉书》《晋书》
52	户律				○	◎	☆	※		□
53	置后律				○	◎	☆	※		
54	爵律				○	◎	☆	※		
55	攀律				○					
56	史律				○	◎		※		
57	秩律				○		☆	※		
58	朝律				○		☆	※		□
59	葬律					◎	☆	※		
60	迁律					◎		※		
61	市贩律					◎	☆	※		
62	奔命律					◎	☆	※		
63	治水律					◎	☆	※		
64	工作课律					◎	☆	※		
65	腊律					◎	☆	※		
66	囚律					◎	☆	※	⊙	□
67	外乐律						☆			
68	蛮夷复除律						☆			
69	蛮夷士律						☆			
70	蛮夷律						☆			
71	蛮夷杂律						☆			
72	上郡蛮夷间律						☆			
73	收律							※		
74	诸侯秩律							※		
75	傍章									□
76	越宫律									□
77	尉律									□

第一章　西晋法典体系的历史前提

续表

序号	律篇名	睡虎地秦简	岳麓秦简	里耶秦简	张家山汉简	睡虎地汉简	胡家草场汉简	兔子山汉牍	敦煌悬泉汉简	《史记》《汉书》《晋书》
78	田租税律									□
79	上计律									□
80	尚方律									□
81	挟书律									□
82	酎金律									□
83	左官律									□

表2　已知的秦汉令篇名、条次

序号	令篇名、条次	岳麓秦简	里耶秦简	张家山汉简	敦煌汉简	《史记》《汉书》
1	攻（功）令	▽		○		□
2	内史户曹令 （第甲）	▽				
3	内史郡二千石官共令 （第甲、第戊、第己、第庚、第乙、第丁、第丙）	▽				
4	廷内史郡二千石官共令 （第己 今辛、第庚 今壬）	▽				
5	卒令 （乙五、乙八、乙十一、乙廿三、乙廿七、乙卅二、丙二、丙三、丙四、丙九、丙卅四、丙五十、丙五十一）	▽				
6	郡卒令 （己十二、己十三）	▽				
7	尉郡卒令 （第乙七十六、乙）	▽				
8	廷卒令 （甲囗、甲八囗、甲二、甲十一、甲十六、甲廿二、甲廿七、乙十七、乙廿、乙廿一、乙）	▽				

· 051 ·

续表

序号	令篇名、条次	岳麓秦简	里耶秦简	张家山汉简	敦煌汉简	《史记》《汉书》
9	廷令 （甲、甲四、甲十、甲十一、甲十三、十四、十九、廿、廿一、丁廿一、戊十七、戊廿七、己八、己廿七、己卅七）	▽				
10	内史仓曹令 （甲卅、第乙六、第丙卌六）	▽				
11	内史旁金布令 （乙四、第乙九、第乙十八）	▽				
12	内史官共令 （第戊卌一）	▽				
13	迁吏令 （甲廿八、甲卅、卅三、甲）	▽				
14	迁吏归吏群除令 （丁廿八、辛）	▽				
15	备（捕）盗贼令 （廿三）	▽				
16	遣新地吏令		◇			
17	津关令			○		
18	厩令				⊙	
19	兵令十三				⊙	
20	田令					□
21	箠令					□
22	水令					□
23	公令					□
24	养老令					□
25	马复令					□
26	秩禄令					□
27	宫卫令					□
28	任子令					□

续表

序号	令篇名、条次	岳麓秦简	里耶秦简	张家山汉简	敦煌汉简	《史记》《汉书》
29	胎养令					□
30	祀令					□
31	祠令					□
32	斋令					□
33	品令					□
34	戍卒令					□
35	予告令					□
36	捕斩单于令					□
37	五时令					□
38	金布令					□
39	狱令					□

说明：

1. 表1、表2的史料依据：睡虎地秦墓竹简整理小组编：《睡虎地秦墓竹简》，文物出版社1990年版；刘信芳、梁柱编著：《云梦龙岗秦简》，科学出版社1997年版；张家山二四七号汉墓竹简整理小组编著：《张家山汉墓竹简（二四七号墓）》（释文修订本），文物出版社2006年版；曹旅宁：《秦汉魏晋法制探微》，人民出版社2013年版；陈松长主编：《岳麓书院藏秦简》（四），上海辞书出版社2015年版；陈松长主编：《岳麓书院藏秦简》（五），上海辞书出版社2017年版；陈伟主编：《里耶秦简牍校释》（第一卷），武汉大学出版社2012年版；（清）沈家本：《历代刑法考》，中华书局1985年版；程树德：《九朝律考》，中华书局2006年版；胡平生、张德芳编撰：《敦煌悬泉汉简释粹》，上海古籍出版社2001年版；张忠炜、张春龙："汉律体系新论——以益阳兔子山遗址所出汉律律名木牍为中心"，载《历史研究》2020年第6期；陈伟："秦汉简牍所见的律典体系"，载《中国社会科学》2021年第1期。

2. 表1第16项，《内史杂律》，"岳麓秦简"写为《内史𥜽律》。类似情况还见于第39项"岳麓秦简"和"张家山汉简"中的《𥜽律》。故合之。

3. 表1第33项，《尉卒律》中的"尉卒"或即"尉杂"。[陈松长主编：《岳麓书院藏秦简》（四），上海辞书出版社2015年版，第164页] 因此，此处的《尉卒律》有可能就是"睡虎地秦简"中的《尉杂律》（第17项）。

4. 冨谷至认为，依据传世文献认定法律篇名的时候要注意其固有名称与抽象表述之间的区别，史书中存在的"某某之令"并不能作为认定其为"某某令"的依据。[［日］冨谷至:"通往晋泰始律令之路(Ⅰ):秦汉的律与令",朱腾译,徐世虹校译,载中国政法大学法律史学研究院编:《日本学者中国法论著选译》(上册),中国政法大学出版社2012年版,第154~158页]此说有理,可以作为对前述表格内容的补充意见。

5. 里耶秦简所见律名中,《金布律》(6-29)和《工律》(8-463)分别见于陈伟主编:《里耶秦简牍校释》(第一卷),武汉大学出版社2012年版,第26、160页;《祠律》则是根据残简推测定出,参见曹旅宁:"里耶秦简《祠律》考述",载《史学月刊》2008年第8期,收于氏著:《秦汉魏晋法制探微》,人民出版社2013年版。

(二) 法律系统的混乱无序

秦汉法律规模的极度扩张伴随着混乱无序。由于这些规模浩大的法律是渐次颁行,累积而成,所以缺乏体系性的统一设计,后期整理难度也让人望而生畏。当时法律系统的无序性表现在三个方面:法律形式分类的初级低端、法律篇目的杂乱无序、法律内容的多源并存。

首先来看第一个方面的表现:法律形式分类的不合理。

新式法律在春秋战国时期大量萌生,在秦汉时期得到长足发展。此间出现了丰富多样的法律形式。例如,刑、法、律、令、礼、品、式、科、格、章程等。然而此时的新式法律还只处于自发的放任生长阶段,没有进行系统的体系规划和宏观设计。就后世的思维视角而言,当时各种法律形式之间还处于混淆交织的复杂状态之中。

在西周时,"刑"是一种具有宽泛内容属性的法律规范,不特指刑法或刑罚。[1]到春秋时,还有子产"刑书"、范宣子"刑书"、邓析"竹刑"等一般性法律规范。进入战国以后,"刑"的法律含义开始狭义化,逐渐成为刑法乃至刑罚的代名词。[2]战国诸子或主张重刑,或极言刑赏,[3]可以说都跟

---

[1] 参见王沛:"'刑'字古义辨正",载《上海师范大学学报(哲学社会科学版)》2013年第4期,收于氏著:《刑书与道术:大变局下的早期中国法》,法律出版社2018年版,第133~152页。

[2] "刑"字含义的缩限在春秋战国之交出现的《论语》中已经有所体现。例如,《论语·里仁》:"君子怀德,小人怀土;君子怀刑,小人怀惠。"这一句中的"刑"应该是指广义的法律规范。《论语·为政》:"道之以政,齐之以刑,民免而无耻。道之以德,齐之以礼,有耻且格。"《论语·公冶长》:"邦有道,不废;邦无道,免於刑戮。"《论语·子路》:"礼乐不兴,则刑罚不中;刑罚不中,则民无所措手足。"这三句中的"刑"应该是指狭义的刑罚。另可参见王沛:"《论语》中的'德''礼''刑'与早期儒家法观念",载王沛:《刑书与道术:大变局下的早期中国法》,法律出版社2018年版,第165~184页。

[3] 例如,《商君书·赏刑》:"禁奸止过,莫若重刑。"《韩非子·二柄》:"何谓刑德?曰:杀戮之谓刑,庆赏之谓德。"《周礼·天官·大宰》:"七曰刑赏,以驭其威。"《周礼·地官·司市》:"以刑罚禁虣而去盗。"

"刑"字法律义项的转变有关。到秦汉以后,作为法律形式的"刑"已经消失。"法"在春秋时期曾经一度作为法律形式存在,但在战国秦汉时期又经历了与"刑"方向相反的义项变化。即从具体的法律规范逐渐抽象化、空泛化,成为对法律制度的总称。这个过程也在秦汉时期逐步完成。

同样作为新式法律,律、令、礼则呈现出蓬勃生机,在秦汉及以后成为法律的主体。在起初的发展中,三者是交织在一起的,后来才逐渐出现彼此独立和界分的趋势。

在秦国,商鞅变法时发布的王命君令很快就转变为律。律作为一种正式的法律形式,不仅内容来自王命君令,而且程序上也同样依赖于王命君令。秦武王二年(公元前309年)的《为田律》就是其例。不过,秦律已经表现出鲜明的成文法特征,从适用对象、时间效力等方面实现对王命君令的全面升级。根据"睡虎地秦简",这些根据王命君令分批颁行的律大都以事项为根据进行初步整理,并被标注具有归类意义的明确篇名。根据"里耶秦简""岳麓秦简",秦统一前后的令也已经表现出较为独立的形式特征。不过也有秦令仍未彻底清除王命君令的痕迹,呈现出一种过渡性的发展状态。[1]尽管秦时律令之间也有交互援引、彼此配合的现象,[2]但是二者在调整对象和调整方式方面的差异都不显著。

---

[1] 例如,"岳麓秦简"中的"尉郡卒令乙"文末有"制曰可,布以为恒令"等字样。[陈松长主编:《岳麓书院藏秦简》(五),上海辞书出版社2017年版,第118页]从其形式来说仍然没有摆脱诏令的格式,能展示出令文出炉的程序。但是,"布以为恒令"五个字却充分显示其法律效力的恒常性,已经与一般诏书有所不同。

[2] 例如,"云梦龙岗秦简"117:"田不从令者,论之如律。"(中国文物研究所、湖北省文物考古研究所编:《龙岗秦简》,中华书局2001年版,第110页)又如,"岳麓秦简"1105、1124、0967:"●诸取有睪辠(迁)轮〈输〉及处蜀巴及取不当出关为葆庸,及私载出扜关、汉阳官及送道之出蜀巴盼(界)者,其葆庸及所私载、送道者亡及虽不亡,皆以送道亡故缴外律论之。同船食、敦长、将吏见其为之而弗告劾,论与同罪。弗见,赀各二甲而除其故令。・廿四"[陈松长主编:《岳麓书院藏秦简》(五),上海辞书出版社2017年版,第53~54页]这里的"送道亡故缴外律"应指的是罪名。"岳麓秦简"1099、1087:"●十三年三月辛丑以来,取(娶)妇嫁女必参半券」。不券而讼,乃勿听,如廷律」。前此令不券讼者,治之如内史律。谨布令,令黔首明智(知)。・廷卒□"[陈松长主编:《岳麓书院藏秦简》(五),上海辞书出版社2017年版,第130~131页]"岳麓秦简"0630、0609:"●十三年六月辛丑以来,明告黔首:相贷资缯者,必券书吏」,其不券书而讼者,乃勿听,如廷律。前此令不券讼者,为治其缯,毋治其息,如内史律。"[陈松长主编:《岳麓秦简》(四),上海辞书出版社2015年版,第194~195页]这里的"廷律""内史律"应该是指律的篇名。对于秦汉时代律文中常见的"不从令""犯令"等语,广濑薰雄认为实际上是指律本身。[参见[日]广濑薰雄:"秦汉时代律令辨",载徐世虹主编:《中国古代法律文献研究》(第七辑),社会科学文献出版社2013年版]

律令混淆的情况在汉代没有显著改观。[1]在当时，律、令都可以对各类制度进行规范，也没有调整对象和调整方式的明显差别。[2]这或许就是当时人经常律、令并提的原因所在。从法律形式角度而言，律、令之间与其说是并列的关系，不如说是程序前后关系。也就是说，汉代法律的出炉过程中存在从诏令到令再到律的转化现象。[3]这或许就可以解释汉代杜周所说的"前主所是著为律，后主所是疏为令"[4]。因为前代帝王所发诏令中的一部分经过时间沉淀、甄选取舍、程序选编后已经上升为律，而后主之令尚处于升格为律之前的状态。[5]

　　由令到律的转化似乎不能涵盖所有情形。因为也有的律直接通过诏令启动的立法程序而生成。例如，《汉书·刑法志》记载汉文帝诏书称"具为令"，又载丞相张仓、御史大夫冯敬上奏改革方案称"臣谨议请定律"。可见当时所定"笞律"就是一步到位完成的，不存在所谓律令转化问题。汉景帝进一步改革刑罚，先下诏书称"其定律"，后又下诏称"其定箠令"。可见当时人认为律、令之间的差异不仅是程序性的，还是实质性的，即法律内容在本末主次方面有别："笞律"只规定笞刑的罚数，《箠令》[6]则详细规定笞刑的刑具款式、

---

[1] [日] 小川茂树："律与令二者所含有的法规性质的区别、二者功能的分化，汉律令都还不明朗。"转引自[日] 仁井田陞：《唐令拾遗》，栗劲等译译，长春出版社1989年版，第802~803页。

[2] 从目前所知，汉令规范属性包括三大类：国家制度规范、刑制规范、讯系程序规范。这与汉律内容范围也大体重合。即是说，汉代律令之间不存在调整范围之分工。因此南玉泉认为："当时就同一项制度往往律令并用，律与令在调整人们的行为时共同发挥作用。"（南玉泉："论秦汉的律与令"，载《内蒙古大学学报（人文社会科学版）》2004年第3期）。例如，汉代《金布律》与《金布令》同名而异属。就目前材料尚无法清晰判断二者区别何在，又有何关联。沈家本曾经慨叹："诸书所引律、令往往相淆，盖由各律中本各有令，引之者遂不尽别白。如《金布律》见于《晋志》，而诸书所引则《金布令》为多。今于律、令二者亦不能详为区别。"[（清）沈家本：《历代刑法考》，中华书局1985年版，第1366页]。

[3] 参见于洪涛："论敦煌悬泉汉简中的'厩令'——兼谈汉代'诏'、'令'、'律'的转化"，载《华东政法大学学报》2015年第4期。冨谷至认为汉代的令就是诏令，因而只存在从诏令到律两个阶段。（[日]冨谷至："通往晋泰始律令之路（Ⅰ）：秦汉的律与令"，朱腾译，徐世虹校译，载中国政法大学法律史学研究院编：《日本学者中国法论著选译》（上册），中国政法大学出版社2012年版，第159~163页；[日]冨谷至：《文书行政的汉帝国》，刘恒武、孔李波译，江苏人民出版社2013年版，第32~35页）但实际上，汉代还是存在从诏令到令的转化过程，也就是说令和诏令无论是从内容、格式还是从程序都不能说完全是一回事。否则就无法解释汉代的事项令和天干令等令集的性质。

[4] 《史记·酷吏列传·杜周传》。汉末应劭也说："时主所制曰令。"参见（汉）应劭撰，王利器校注：《风俗通义校注》，中华书局2010年版，第584页。

[5] 相关例证还有很多，参见[日]冨谷至：《文书行政的汉帝国》，刘恒武、孔李波译，江苏人民出版社2013年版，第35~37页。

[6] 《汉书·景帝纪》："诏有司减笞法，定箠令。语在《刑法志》。"按，"箠""棰"相通。

施刑部位以及施刑方式。这就存在律文总括、令文具体、令文辅助律文的关系。

此外，当时有关律、令有别的比较性说法也在陆续出现。例如，《盐铁论·诏圣》载"文学"言曰："令者教也，所以导民人；法者刑罚也，所以禁强暴也。""令"以教为宗旨，而"法"（律）以刑罚为侧重，二者存在功能上的区别。这也与前引汉景帝中元六年（公元前144年）诏书中所称的"笞者，所以教之也，其定箠令"之言有所契合。尽管这种说法在当时未必已经成为现实，但是"以令为教、以律为罚"的观念确实在随后的相当长时间中流播久远，对后世律令的真正分野发挥重要作用。西晋制定律令法典时，以令设教、施行制度、违令入律的法典体系分工设计，[1]应该说就与此观念存在重要关联。

作为新式法律，汉代礼律之间也有内容的混淆。汉初大儒叔孙通制定礼仪的同时还曾制定《傍章》。以其所学所为推测，二者之间必然存在密切关联。《傍章》与律令共同存录，可见其与律类似而又与之并列。当时还有专门规范朝堂礼仪的《朝律》《朝会正见律》。东汉末年应劭还曾删定律令为《汉仪》。可见，汉代的礼仪规范通常是以律的形式存在。再结合汉代律令转化的情况就可以发现，汉代律、令、礼之间的混淆实际上是由律的特殊重要性带来的。从概念语意来说，律具有"常"的义项，使其具备接近于"经"的尊贵和权威地位；从外观形态来看，律被抄写在三尺简牍之上，也使其获得与"经"相当的特殊待遇。[2]或许正是这种独特的权威，使其成为各种法律形式中最稳固、成型、经典的部分最终沉淀的成果。汉代的律最大的特点在于其权威性、经典性，而非内容事类的专有性。这与后世律专指刑律的情况大不相同。换句话说，在汉代律与令和礼之间的差别主要表现为效力和权威等级，而在晋唐以后清末以前，律与令和礼之间的区别主要表现在规定事项内容的分工。[3]古代法律形式分类方面的这种深刻历史转变，反映出法律治理模式基于技术因素考量而进行合理化转型的大趋势。这个历史课题同时也是在此后的法典化过程中逐渐完成的。

---

[1] 参见《晋书·刑法志》。

[2] 具体可以参考冨谷至有关"三尺之律"的论述。参见［日］冨谷至：《文书行政的汉帝国》，刘恒武、孔李波译，江苏人民出版社2013年版，第32~42页。

[3] 章太炎指出："汉世乃一切著之于律……汉律之所包络，国典官令无所不具，非独刑法而已矣。"［章太炎：《章太炎全集》（三），上海人民出版社1984年版，第438页］张忠炜也认为："秦汉律所涵盖的范围是后代无法想像的。随着律令学的兴起，以刑律为主的'九章律'出现，律的含义缩小，被锁定为刑律。"（张忠炜："秦汉律令关系试探"，载《文史哲》2011年第6期）这显然是以后世法律形式划分的思维为基准对汉代法律进行考察而得出的结论。

除律、令、礼之外，汉代还有科、比、品（品约）、式、故事、章程、军法、诸儒章句等各种辅助性法律规范。它们与律、令、礼同样有复杂混乱的关系。"科"的产生与西汉以来的律令膨胀有关，是法律专职人员对律令中有关定罪正刑的条文进行筛选整理、分类编定而形成的法律形式。[1]它一方面渊源于律令，另一方面又是对律令进行具体诠释或细化的产物。[2]"比"本是司法类推行为，后来代指已判案例，成为法律依据，也被称为"决事比"。[3]相对于律令而言，"比"较为灵活便捷，由于贴近司法实践而经常受到汇编整理。[4]"品"本意为众多，而后衍伸为类别和等级。[5]当"品"被用来区分某种法定事项的等级差别时就具备法律形式的义项。[6]"式"为文书格式规范或爰书程式、勘验程式等。[7]以上这些法律形式在整个法制系统中，往往居于下游末端，用以补充细化律令内容，以保证律令的实践操作性。

总体来看，法、刑、律、令等法律形式的内涵在战国秦汉时发生显著变化。"刑"由具有普遍含义的法律形式逐渐缩窄为单纯的刑事处罚手段，"法"在短暂取代刑之后又从具体的法律形式转变为抽象空泛的法律代称，"律"由普遍的法律规范缩窄为单纯指代刑事法律规范，"令"由"律"的前身转变为与"律"并行的行政法律规范。这个含义缩窄、分化的变化过程表达出新式法律对精确、明晰、专攻、细分的技术追求，也成为新式法律法典化的基本前提，为西晋及以后的法典体系奠定了重要基础。千年之后，在清

---

[1] 参见刘笃才："汉科考略"，载《法学研究》2003年第4期。

[2] 参见张忠炜："'购赏科条'识小"，载《历史研究》2006年第2期。

[3] 徐世虹："它的实体主要由判例构成，判例来源于重案、要案、疑案。"（徐世虹："汉代法律载体考述"，载杨一凡总主编：《中国法制史考证》（甲编第三卷），中国社会科学出版社2003年版，第180页）

[4] 例如，司徒鲍公撰嫁娶辞讼决为《法比都目》九百零六卷。又如，陈忠上奏《决事比》三十三条，以省请谳之弊。（《晋书·刑法志》）又可参见林丛："两汉经律融合视域下'比'的法律意义"，载《湖南大学学报（社会科学版）》2019年第4期。

[5] 《汉书·匈奴传上》"给缯絮食物有品"颜师古注曰："品，谓等差也。"

[6] 例如，出土汉简《罪人入钱赎品》（甘肃省文物考古研究所等编：《居延新简》，文物出版社1990年版，第308~309页）就是"按罪次以不同数量的钱赎罪的规定"（李均明：《秦汉简牍文书分类辑解》，文物出版社2009年版，第224页），而《守御器品》（李均明、何双全编：《散见简牍合辑》，文物出版社1990年版，第22页）则是"关于守御器具数量、品种的规定"。（李均明：《秦汉简牍文书分类辑解》，文物出版社2009年版，第228页）

[7] 例如，"索债文书格式""直符文书格式""病卒名籍文书格式""伐阅簿格式""领受俸禄文书格式""仓库封存文书格式""画天田文书格式"等。参见高恒：《秦汉简牍中法制文书辑考》，社会科学文献出版社2008年版，第217~238页。

末以来的法律变革中,"律"又先从刑事法律规范升级为全面法律规范,随后这一义项又被"法"所取代,标识着中国法律观念新的转换与整合。在当今中国,"法"既是各种法律的通称,也可用作基本法律的具体名称。各种不同的"法"之间按照法律部门的标准存在较为明晰的分类与分工。其下又有规章、规范、条例等,与"法"共同构成庞大而有层次和条理的法律体系。从这个角度来看,战国秦汉算是走出了中国法律古今嬗变的第一步。

其次来看第二个方面的表现:法律篇目的问题。

秦汉时期大都采取单行法律的立法模式,针对某一类事务制定相应的法律篇目。篇目内部的法律条文通常都有一定的关联性。从目前所见的秦律内容来看,同一律篇内的律文曾经有过统一的编号排序甚至补充改写。例如,"岳麓秦简"第 0994 号律文结尾处标明了序号"第乙",并以"·"号隔开律文。这种带有序号的秦律目前尚属首见,传达出的信号就是秦代对律文曾经进行过后期整理。[1] 当然,更多的情况是,由于这些律篇是根据具体需要随机制定出来的,所以不存在通盘的设计、严密的体系、清晰的层次、整齐的形式,在法律内容上也会出现矛盾、重复、交叉乃至归类不准、措辞各异等状况。尤其是汉律的篇章内部,条文的归类、次序不合理的情况更为后世史家所明言批评:

> 世有增损,率皆集类为篇,结事为章。一章之中或事过数十,事类虽同,轻重乖异。而通条连句,上下相蒙,虽大体异篇,实相采入。《盗律》有贼伤之例,《贼律》有盗章之文,《兴律》有上狱之法,《厩律》有逮捕之事,若此之比,错糅无常。[2]

探讨秦汉法律系统,必得考论"九章律"。在传世文献中有汉初萧何在《法经》六篇基础上增加三篇制定"九章律"的说法。于是有学者认为这"九章律"就是汉代基本法典。然而实际上,作为法典的"九章律"并不真实存在,终汉之世都不曾有真正的法典。"九章律"之说的挑战来自两个方向:一是传世文献,二是出土文献。

就传世文献而言,史料的时代问题首先就成了大麻烦。因为距离萧何时代

---

[1] 参见周海峰:"秦律令研究——以《岳麓书院藏秦简》(四)为重点",湖南大学 2016 年博士学位论文,第 56 页。

[2] 《晋书·刑法志》。

较近的史料皆无关于"九章律"的明确记载,时代越远对"九章律"的记载反而越清晰具体。〔1〕这种信息渐次披露的现象颇有些类似于近代学者所谓"层累形成"的特点,不能不令人生疑。同时,传世文献对汉初萧何立法和"九章律"篇目的表述也存在较大分歧。〔2〕作为"萧何作'九章律'"说的最早提出者,《晋书·刑法志》有关萧何立法活动的其他记载也不准确,从侧面消减了其关于"九章律"记载的可靠性。〔3〕有鉴于此,滋贺秀三早在 1955 年就已推断,"九章律"是"一个渐成的产物",而非产生于某一个特定的事件和时期点上。〔4〕

―――――――

〔1〕 司马迁距离汉初不过几十年,但在其皇皇巨著《史记》中却没有给"九章律"留下任何记录。对于萧何的立法事迹,也只有"收秦丞相御史律令图书藏之"(《史记·萧相国世家》)和"次律令"(《史记·太史公自序》)两种说法。不仅如此,"终西汉之世未有'九章律'之说"(胡银康:"萧何作律九章的质疑",载《学术月刊》1984 年第 7 期)。对"九章律"的明确记载始于东汉。晚于司马迁一百七十余年的班固首先在《汉书》提到萧何"作律九章"(《汉书·刑法志》)。此外,《汉书·艺文志》记载:"汉兴,萧何草律。"《汉书·叙传下》记载:"汉章九法,太宗改作。"这两则史料信息都不完整。前者提萧何而未提九章,后者提汉章九法而未提萧何。与班固同时代的王充则对这种说法提出质疑。(《论衡·谢短》)可见此说在当时流传甚广,班固不过是叙录其说。到汉末,这种说法更为流行,且内容细节日益丰富。《后汉书·崔寔传》载崔寔《政论》曰:"昔高祖令萧何作九章之律,有夷三族之令,黥、劓、斩趾、断舌、枭首,故谓之具五刑。"再到后来,就有了曹魏刘劭《魏律序》所谓汉律"因秦《法经》,就增三篇"而成"正律九篇"的说法。(《晋书·刑法志》)唐人在此基础上进一步明确汉对秦律改造的人物和改造的内容,即萧何定律,在秦律六篇基础上增加"事律"兴、厩、户三篇,合为"九篇"。(《晋书·刑法志》)对这新增三篇的顺序,《唐律疏议》和《唐六典》的记载却是"户、兴、厩"。此后,萧何定"九章律"之说相沿不改,成为定说。

〔2〕《史记·太史公自序》载"萧何次律令",《汉书·刑法志》载"作律九章",《汉书·艺文志》载"萧何草律",杨雄《解嘲》载"萧何造律"。《北堂书钞·风俗通》曰:"皋陶谟虞始造律,萧何成九章。"《太平御览·刑法部四·律令下》引《风俗通》曰:"《皋陶谟》,虞始造律。萧何成以九章。"引《傅子》曰:"律是皋繇遗训,汉命萧何广之。"《晋书·刑法志》载"萧何定律"。关于"九章律"的篇目,《晋书·刑法志》本文记载为盗、贼、囚、捕、杂、具、兴、厩、户九篇,而《晋书·刑法志》引录刘劭《魏律序》称汉律九篇则无《户律》而有《金布律》。而在《史记》《汉书》中又记载汉初已经存在《上计律》《钱律》《挟书律》等律篇,与《晋书·刑法志》的记载又不同。

〔3〕《晋书·刑法志》载:"汉承秦制,萧何定律,除参夷连坐之罪,增部主见知之条,益事律兴、厩、户三篇,合为九篇。"而据《汉书》记载,参夷之刑是在吕后时废除的(《汉书·高后纪》),连坐之罪则最后见于汉文帝时(《汉书·文帝纪》)。此外,东汉崔寔虽然承认萧何定律九章,但也说当时仍有夷三族之令。(《后汉书·崔骃传附崔寔传》)而部主见知之条则最早见于汉武帝时。(《汉书·刑法志》)正如张伯元所说:"这些汉律内容上的变化,都不是发生在汉初萧何次律令的草创时期。"(张伯元:"汉'九章'质疑补",载杨一凡主编:《中国古代法律形式研究》,社会科学文献出版社 2011 年版,第 87 页)

〔4〕[日]滋贺秀三:"关于曹魏新律十八篇篇目",程维荣等译,载杨一凡总主编:《中国法制史考证》(丙编第二卷),中国社会科学出版社 2003 年版,第 266 页脚注②。《曹魏新律十八篇の篇目について》原刊于日本《国家学会雑志》1955 年第 69 卷 7·8 合号。

近年来，德国学者陶安也持此说。[1]尤其是其以刑为主的特点更与当时"律"包罗万象的特征不相符合。

近几十年来秦汉简牍大量出土，传统"九章律"之说更遇到颠覆性的挑战。出土简牍中包含许多律文篇目，远远超出了所谓"九章律"九篇的规模。（详见前文表1、表2）为了弥合此间的巨大鸿沟，学界曾先后提出"单行律说"[2]、"旁章说"[3]、"秦汉律二级分类说"[4]。前两种说法的思路一致，即把整个汉律体系分为两大部分：一部分是封闭式的法典，称为正律，即"九章律"；另一部分是开放式、非法典的法律，包括单行律和追加律。但二者并没有说明两大部分的区分依据和相互关系。[5]至于"秦汉律二级分类说"，则存在多处难以自圆其说的地方。对此，张伯元、曹旅宁、王伟已做出有力反驳。[6]宏观来看，该说要能成立必须以秦汉法律确实已经达到相当高的体系化程度为前提。然而从出土秦汉律令简牍驳杂琐碎、篇条无序、体例

---

[1] [德]陶安：《法典编纂史再考：汉篇·再び文献史料を中心に据えて》，载《東京大学東洋文化研究所紀要》第140册，東京2000；《漢魏律目考》，载《法律史研究》第52期，東京2002。

[2] 程树德："若夫九章之外以律称者，如尉律、大乐、上计、酎金诸律，其为属旁章以下，拟系别出，书缺有间。然《说文》引尉律，《艺文志》则引作萧何草律，是尉律亦萧何所造。《晋志》称魏有乏留律，在魏律十八篇之外。盖正律以外，尚有单行之律，固汉魏间通制也。"（程树德：《九朝律考》，中华书局2006年版，第11~12页）

[3] 日本学者堀敏一首先提出："旁章（傍章）具有正律即九章律的副法的意思。"[日]堀敏一："晋泰始律令的制定"，程维荣译，载杨一凡总主编：《中国法制史考证》（丙编第二卷），中国社会科学出版社出版2003年，第286~287页）张建国进一步指出，凡不属于正律即"九章律"篇名的，就应是旁章中的篇名。[张建国："叔孙通定《傍章》质疑——兼析张家山汉简所载律篇名"，载《北京大学学报（哲学社会科学版）》1997年第6期]冨谷至进一步提出，汉律应该包括正律（汉律九篇）、单行律（傍章）和追加律（越宫律、朝律）。[[日]冨谷至："通往晋泰始律令之路（I）：秦汉的律与令"，朱腾译，徐世虹校译，载中国政法大学法律史学研究院编：《日本学者中国法论著选译》（上册），中国政法大学出版社2012年版，第132~135页）

[4] 参见杨振红："秦汉律篇二级分类说——论《二年律令》二十七种律均属九章"，载《历史研究》2005年第6期；"从《二年律令》的性质看汉代法典的编纂修订与律令关系"，载《中国史研究》2005年第4期；"汉代法律体系及其研究方法"，载《史学月刊》2008年第10期。三文收于氏著：《出土简牍与秦汉社会》，广西师范大学出版社2009年版，第1~125页。

[5] 滋贺秀三曾指出，当时将"九章律"称为"正律""律经"等说法未必就是官方说法，极有可能是当时法律学说上的一种非正式称呼，就好比近代以来的"六法"一样。[日]滋贺秀三："关于曹魏新律十八篇的篇目"，程维荣等译，载杨一凡总主编：《中国法制史考证》（丙编第二卷），中国社会科学出版社2003年版，第266页。

[6] 参见张伯元："汉'九章'质疑补"，载杨一凡主编：《中国古代法律形式研究》，社会科学文献出版社2011年版，第100~103页；曹旅宁："秦汉律篇二级分类说辨正"，载曹旅宁：《秦汉魏晋法制探微》，人民出版社2013年版，第1~26页；王伟："论汉律"，载《历史研究》2007年第3期；王伟："辩汉律"，载《史学月刊》2013年第6期。

不一的情况来看，这个前提并不成立。在此背景下异峰突起般出现一个系统完整、分级清晰的律典体系，并不存在多大可能性。实际上，"九章律"只不过是东汉时期法律家史学叙事的产物，是名理律学探索法律体系化和法典化过程中人为塑造出来的理论概念。（详见后文）

汉初的《二年律令》反映，当时的律令虽然颇成规模但是体系化程度还比较低。

其一，在编排顺序上未见体系化编纂痕迹。例如，以爵位继承为主要内容的《置后律》排在以爵位册封为主要内容的《爵律》之前。而与二者存在一定关联的《秩律》又隔三篇之后，位于《金布律》与《史律》之间。《金布律》以市场交易规范为主，而《史律》则以史、卜、祝学童的培养、考核、任用及其特殊权利等为内容。这个篇目顺序说明，《二年律令》只有简单的收集编订，不见系统的分类排序。

其二，就内容而言，各律篇内部也有名实不符的问题。例如，《盗律》中有"受赇以枉法"[1]，刑徒逃亡的罪名应该放在《亡律》却放在《户律》中。[2]当然，《二年律令》较之秦代也有所改进。例如，《置吏律》与《除吏律》分别见于"睡虎地秦简"《秦律十八种》和《为吏之道》，内容接近却各自独立成篇。而《二年律令》则将"除吏"归并到《置吏律》中。[3]这应是萧何等汉初律令整理者的工作成果。又如，《二年律令》的竹简，律、令的篇名均与其正文分开另简抄写，这也反映出法律编纂方法方面的进步。

其三，就表现形式而言，汉令仍然较为原始粗糙，尚不具备典型法律条文的特征。例如《津关令》，把带有明显诏令痕迹的令原封不动地抄录在一起，按照涉及事项内容进行简单的分类编排。其内容往往是由御史、内史、相国等就渡口、关隘管理的具体规范内容上呈朝廷，请求批准或者给与答复。朝廷通常以"制曰可"的方式对其建议或请求给出批准或认可。此类令文以往复问答形式出现，尚不具有抽象法律条文的外在形式，根本无法与后世的

---

[1] 张家山二四七号汉墓竹简整理小组编著：《张家山汉墓竹简（二四七号墓）》（释文修订本），文物出版社2006年版，第16页。

[2] 张家山汉墓第307简："隶臣妾、城旦舂、鬼薪白粲，家室居民里中者，以亡论之。"张家山二四七号汉墓竹简整理小组编著：《张家山汉墓竹简（二四七号墓）》（释文修订本），文物出版社2006年版，第51页。

[3] 张家山汉墓第218简："都官除吏，官在所及旁县道。都官在长安、栎阳、雒阳者，得除吏官在所郡及旁郡。"张家山二四七号汉墓竹简整理小组编著：《张家山汉墓竹简（二四七号墓）》（释文修订本），文物出版社2006年版，第38页。

令典令文相提并论。[1]这就如同刚被砍倒的整棵树木,连带着枝杈和树叶,没有经过加工程序剔除多余枝蔓,所以还不能被称为严格意义上的木材,更无法搭建匠心精妙的建筑结构。

当然,不存在以"九章律"命名的法典,并不意味着当时就没有对各种律令篇章的归类整理。近年出土的"兔子山汉律木牍""云梦睡虎地汉简""胡家草场汉简"都显示,汉惠帝到汉文帝时已经出现把各种律篇分类命名的现象。多达三四十篇的律文被分别归为以刑事内容为主的"狱律"(或"囗律")和以非刑事内容为主的"旁律"(或"旁律甲""旁律乙")。[2]在年代更早的"睡虎地秦简"、"岳麓秦简"和"张家山汉简"尚未见到类似情况。但这种律篇分类还不能作为"律典"的证明。这是因为:一方面,其浓缩提炼的程度仍然比较低,各篇次序和条文归类的逻辑自洽程度仍有待于加强;另一方面,由于在分类标准合理性和书籍编订技术等方面的局限,这些律篇还很难被视为一个浑然一体、律外无律的稳定法典结构。事实上,"兔子山汉律木牍""云梦睡虎地汉简""胡家草场汉简"的律篇名本身就不一致。[3]当时出现的这种律篇分类现象,或许就是《史记》中"萧何次律令"的产物,也是后世文献中"萧何定'九章律'"之说的原型。

相比于律篇的简单归类,秦汉的令有更为显著的分类汇编意识。在"岳麓秦简"中我们可以看到大量标注次序的令名。这些令名次序主要有"令名+天干""令名+数字""令名+天干+数字"三种表现模式。[4]例如,内史户曹令第甲、备盗贼令廿三、卒令乙五等。[5]甚至还可以发现令文重新编排的痕

---

[1] 例如,张家山汉简《二年律令》中的《关津令》大体上都是这种模式。参见张家山二四七号汉墓竹简整理小组编著:《张家山汉墓竹简(二四七号墓)》(释文修订本),文物出版社 2006 年版,第 83~88 页;[日]大庭脩:《秦汉法制史研究》,林剑鸣等译,上海人民出版社 1991 年版,第二编第一章"汉代制诏的形态"。

[2] 参见张忠炜、张春龙:"汉律体系新论——以益阳兔子山遗址所出汉律律名木牍为中心",载《历史研究》2020 年第 6 期;陈伟:"秦汉简牍所见的律典体系",载《中国社会科学》2021 年第 1 期。

[3] 对此,李勤通推测认为,与后世的法典律名体系不同,秦汉的律篇名属于档案律名体系,其主要源于地方整理而非中央立法。参见李勤通:"论秦汉律'律名否定论'",载王捷主编:《出土文献与法律史研究》(第九辑),法律出版社 2020 年版,第 451~473 页。

[4] 参见陈松长:"岳麓秦简中的令文格式初论",载《上海师范大学学报(哲学社会科学版)》2017 年第 6 期。

[5] 三例分别见于陈松长主编:《岳麓书院藏秦简》(四),上海辞书出版社 2015 年版,第 194 页;陈松长主编:《岳麓书院藏秦简》(五),上海辞书出版社 2017 年版,第 194、101 页。

迹。例如，廷内史郡二千石官共令的令名后有"第己 今辛"字样。[1]不过，这些次序标号的意义仅限于单篇令内部，在令篇层面仍然是零散独立的。日本学者池田雄一据此指出：秦代"能说明令典存在的确凿证据无从得见。其原因一方面来自于史料上的制约；另一方面则在于法典编纂的历史尚浅，形式化原则尚未确立"[2]。

到汉代，令的篇目整合取得重要进展。一方面延续秦令以事项为标准收编整合令文的做法，编出许多事项令。例如《二年律令·津关令》，尽管诏令痕迹仍然十分明显，但其中某些令简开头有"一""二""九""十二"等序号数字。这说明《津关令》在收集各令时曾进行排序。又如，"居延汉简"中曾出现"功令第卅五"[3]字样，表明《功令》条文众多而且排列有序。此外还有"公令第十九""尉令第五十五"等，不一而足。[4]另一方面，汉令延续秦令的"共令"传统，编订各种名目的"挈（絜）令"。例如《太尉挈令》《廷尉挈令》《大鸿胪挈令》《光禄挈令》《乐浪挈令》《北边挈令》《租絜》等。"挈令"有些以官署为名，有些以地域为名，有些以事项为名。有些挈令内竹简上也标有数字顺序。例如，"居延汉简""北边挈令第四"[5]。此外，出土汉简还有《兰台令》《御史令》等令。例如，《王杖十简》中有"兰台令第卅二""御史令第卅三"字样。[6]汉代御史中丞掌管兰台，《兰台令》与《御史令》究为何种关系？又如，"甘肃武威旱滩坡东汉墓竹简"中有"御史挈令第廿三""兰台挈令第百"字样，[7]其与《兰台令》《御史令》关系又是如何？这些疑问目前还都无法给出合理的解释。

汉令汇编取得成就最高的是天干令[8]。如令甲、令乙、令丙等。[9]然

---

[1] 参见陈松长主编：《岳麓书院藏秦简》（四），上海辞书出版社2015年版，第212页。
[2] [日]池田雄一：《秦代の律令について》，载《中央大学文学部纪要·史学科》42，1997年版，第70页。转引自[日]冨谷至："通往晋泰始律令之路（I）：秦汉的律与令"，朱腾译，徐世虹校译，载中国政法大学法律史学研究院编：《日本学者中国法论著选译》（上册），中国政法大学出版社2012年版，第161页。
[3] 参见谢桂华、李均明、朱国炤：《居延汉简释文合校》，文物出版社1987年版，第79、481页。
[4] 参见李均明：《秦汉简牍文书分类辑解》，文物出版社2009年版，第212页。
[5] 参见谢桂华、李均明、朱国炤：《居延汉简释文合校》，文物出版社1987年版，第16页。
[6] 参见李均明、何双全编：《散见简牍合辑》，文物出版社1990年版，第15~18页。
[7] 参见武威地区博物馆："甘肃武威旱滩坡东汉墓"，载《文物》1993年第10期。
[8] 汉代的令甲、令乙、令丙，有人称为"干支令"，笔者认为应称为"天干令"。因为"干支"是"天干地支"的简称，是以十天干和十二地支依次相配组成六十个基本单位的记数方法，表述为甲子、乙丑、丙寅之类。汉令命名令篇，只有天干顺序，没有地支顺序，更不见天干地支相配的说

而，天干令的分类依据何在？其与事项令、挈令之间是什么关系？类似的疑团至今都不能完全解开，于是出现各种解说和争论。然而这些争论大都是以汉代确实存在系统完备、体系化程度较高的令篇体系为前提。但这个前提是否果真存在呢？换言之，有关汉令体系的争论究竟只是今人的疑惑还是当时就已如此呢？如南玉泉所说："汉令分界的歧义从另一个角度也说明汉令的划分并不是很科学，这与当时的编辑技术水平有关。"[1]尽管，事项令、挈令、天干令这三种令集内部，某些令简开头出现了表明简单排序的数字，展示出初步编纂的痕迹，却仍远称不上是法典。冨谷至甚至认为，汉代的挈令根本就是天干令的节抄本，而以"某某令"事项令命名的立法根本就不存在。[2]总之，汉令系统的组织化、体系化程度仍然较低。如果一定要从本就不具有体系性的汉令中寻求其体系性，岂非缘木求鱼、水中捞月？再把视野扩大来说，汉代法律整体上都没有完备的体系，更遑论法典了。[3]

最后来看第三个方面的表现，即具体法律制度内容上的多源性和逻辑上的复杂性。

秦汉法律的上述问题反映出其体系性的局限。这种局限也同时影响到法律制度内容的体系性。兹以刑罚制度为例加以说明。

战国中期以后，秦国已经建立起内容丰富的刑罚系统，后来又借助统一战争把它推广到秦朝全境。刑罚是加之于犯人身心之上给其带来某种痛苦的强制性规范手段。但是秦代这套刑罚系统是自然积累而成，所以出现多种刑罚规则交错杂糅、缺乏统一逻辑的问题。不同刑罚（类型与属种）是按照不同的思路设计出来的，每个小的刑罚系统都有其独特的形式来源和惩罚属性，

（接上页）法。楼劲提出，汉令只见天干，不见地支，所以不应叫"干支令"。（楼劲："魏晋时期的干支诏书及其编纂问题"，载中国魏晋南北朝史学会、山西大学历史文化学院编：《中国魏晋南北朝史学会第十届年会暨国际学术研讨会论文集》，北岳文艺出版社2011年版，第3页脚注①；楼劲：《魏晋南北朝隋唐立法与法律体系：敕例、法典与唐法系源流》，中国社会科学出版社2014年版，第19页脚注②）本书虽与楼说主张相同，理由却略有差异。读者审之。

[9]《新书·等齐》："天子之言曰令，令甲令乙是也。"

[1] 南玉泉："论秦汉的律与令"，载《内蒙古大学学报（人文社会科学版）》2004年第3期。

[2] 参见[日]冨谷至："通往晋泰始律令之路（I）：秦汉的律与令"，朱腾译，徐世虹校译，载中国政法大学法律史学研究院编：《日本学者中国法论著选译》（上册），中国政法大学出版社2012年版，第148~158页。

[3] 徐世虹："汉代立法并无统一的法典，而是由单篇律与令共同构成律令体系。"（徐世虹："说'正律'与'旁章'"，载孙家洲、刘后滨主编：《汉唐盛世的历史解读——汉唐盛世学术研讨会论文集》，中国人民大学出版社2009年版，第287页）

没有通用的规律和规则，所以也就没有统一的衡量标准。

例如，秦代的死刑包括戮、磔、弃市、枭首、腰斩等。[1]这些刑名中，只有腰斩明确了斩断犯人腰部的执行方式。其余的戮、磔、弃市、枭首等刑名则存在明显的相似性，没有明确的区分度和次序性而言。（详见表3）

表3　秦代的死刑分类

刑名	行刑的方式	行刑前后的活动
戮	暂无考证	刑前生戮，刑后戮尸。（《法律答问》421 简）
磔	暂无考证	刑后"张其尸"。（《汉书·景帝纪》颜师古注）
弃市	暂无考证	刑前示众，刑后曝尸于市，限期不得收尸。
枭首	斩断颈项	行刑后把头颅悬挂在高处示众，限期不得收尸。
腰斩	斩断腰部	刑前示众于市。（《史记·李斯列传》）

又如，秦代的身体刑也可以分为三个小的自成系统的刑种类别：一是刖（斩趾）、劓、黥等肉刑，二是剪割毛发的髡、耐等羞辱刑，三是佩戴器械的钳刑。这些刑罚主要针对犯人的身体进行伤害或禁锢，犯人因此而沦为残疾，蒙受羞辱，行动受限。（详见表4）

表4　秦代的身体刑分类

肉刑		毛发刑	器械刑
刖	右趾	髡 耐	钳
	左趾		
劓			
黥			
完			

秦代的劳役刑内部构成更加复杂。包括城旦（舂）、鬼薪（白粲）、司寇

---

[1] 栗劲认为，秦代死刑至少有戮、磔、定杀、生埋、赐死、枭首、腰斩七种。（栗劲：《秦律通论》，山东大学出版社1985年版，第236~237页）但冨谷至认为定杀、生埋、赐死这三个都不能称为法定死刑，并且认为秦代死刑还应包括弃市。（[日]冨谷至：《秦汉刑罚制度研究》，柴生芳、朱恒晔译，广西师范大学出版社2006年版，第43~45页）下文对秦代刑名概念的理解都以《秦汉刑罚制度研究》为据，不再一一赘引。

（作如司寇）、隶臣（隶妾）、戍罚作（复作）等刑种。其惩罚性主要体现在通过强制劳动而使犯人身心劳累并且被迫接受劳务剥削。这些劳役刑可以细分为特定的劳役内容、特定的劳役身份、特定的时间限断、特定的性别等不同种类：城旦（舂）、鬼薪（白粲）、司寇（作如司寇）有明确、特定的劳役内容，但劳役时间和劳役身份不明确；隶臣（隶妾）则是通过设定犯人的法定劳役身份来安排劳役，劳役内容和劳役时间并不明确；[1]戍罚作（复作）则更单纯依据时间长短分为三等（一年、半年、三个月），劳役内容和劳役身份都不明确。分类标准的各异性显示，这些劳役刑是从不同来源，按照不同思路设计出来，然后拼凑在一起的。由于来源和思路不同，它们的彼此关系也就很难捋顺，惩罚等级也没有清晰的标准和统一的次序。此外，由于当时的赀刑、赎刑等财产类刑罚还可以通过替代刑的方式转化为劳役刑。这就更增加了劳役刑的复杂性。（详见表5）

表 5　秦代的劳役刑分类

劳役内容		劳役身份		劳役时间		替代性的劳役刑	
男	女	男	女	男	女	替代赀刑	替代赎刑
城旦	舂	隶臣	隶妾	戍罚作一年	复作一年	居赀	居赎
鬼薪	白粲			戍罚作半年	复作半年		
司寇	作如司寇			戍罚作三个月	复作三个月		

综上可知，秦代刑罚系统尤其是劳役刑内部，存在依据不同分类标准形成的子系统和彼此独立并列的等级次序。这些刑罚在实践中通过各子系统中具体刑名之间的排列组合来实现。例如，还有肉刑与死刑之间的组合，肉刑

---

[1] 高恒曾经提出，秦刑徒可以分为终身服役的刑徒和有服劳役期限的刑徒两种，城旦舂、鬼薪白粲、隶臣妾、司寇、候都是终身服役的刑徒。（高恒："秦律中的'隶臣妾'问题的探讨——兼批四人帮的法家'爱人民'的谬论"，载《文物》1977年第7期）。在目前没有发现明确规定"有期服役"律文的情况下，"无期服役"自然可以作为一种合理的推测。后来发现的里耶秦简中有关"徒隶"买卖的令文也从侧面印证了这种说法。当然，在实际的刑罚执行过程中，此类"徒隶"又会由于各种情况获得刑罚的减免，从而成为事实上的不定期刑。例如，因皇帝发布大赦令而得以免刑（参见[日] 冨谷至：《秦汉刑罚制度研究》，柴生芳、朱恒晔译，广西师范大学出版社2006年版，第103~107页），或者因为刑徒身份转换而得到的减刑［参见何有祖："从里耶秦简徒作簿'（牢）司寇守囚'看秦刑徒刑期问题"，载简帛网 http://www.bsm.org.cn/?qinjian/6467.html，最后访问日期：2015年9月7日］

和劳役刑的组合，情形也极为错杂淆乱。对于秦代刑罚的总体格局，冨谷至列过一个简表。（详见表6）

表6 秦代的刑罚及种类关系（冨谷至制）[1]

赎罪	赀罪	耐罪	刑罪	死罪
赎死 赎刑 赎耐	赀二甲 赀一甲 赀二盾 赀一盾	完	黥+斩趾 黥+劓 黥	夷三族 腰斩 弃市 磔
劳役刑				（身份刑）
城旦舂 鬼薪白粲 司寇作如司寇				隶臣、隶妾

说明：原书表格里的具体刑名采取的是繁体竖排、从右向左的书写方式，现根据现代中文书写习惯调整为简体横排、从左向右的书写方式。

在这个简表中，冨谷至只是对各种刑名做了笼统的分类。这恐怕也是由于秦代刑罚系统本身体系化程度较低、无法进行精确化描述的缘故。

刑罚系统的杂乱状况到西汉中期发生变化。汉文帝时的刑罚改革，不仅废除肉刑，而且确立较为明确的刑罚等级序列，建立起以确定刑期为基础的岁刑制度。但是改革后逐渐形成的新刑罚系统，却仍然存在着名实不副、刑罚过重、刑等不合理等问题：首先，在劳役刑方面，原来按照多元思路、多重标准形成的刑罚系统最终转化为单一序列的确定期刑，但是仍旧沿用原来多源的旧刑名。这就出现旧刑名不能表达新刑罚内容的问题。（详见表7）其次，汉代刑罚改革存在改轻为重的现象，代替肉刑出现的笞刑也被认为刑罚过重。最后，徒刑与肉刑之间存在较为明显的刑罚空当，从而造成畸轻畸重的刑等不合理现象。这些情况都足以说明，刑罚系统的体系化之路在汉代并没有完成，仍有很长的路要走。

---

[1] 参见［日］冨谷至：《秦汉刑罚制度研究》，柴生芳、朱恒晔译，广西师范大学出版社2006年版，第49页。

第一章　西晋法典体系的历史前提

表7　秦汉刑罚变革对照（冨谷至制）[1]

	秦	文帝十三年（公元前167年）刑法改革	景帝—后汉	
死刑	三族刑	族刑	死刑	死刑
	腰斩	腰斩		
	弃市	弃市		
	磔			
肉刑	黥城旦+斩右趾	弃市	髡钳城旦钛左右趾	髡刑
	黥城旦+斩左趾	髡钳城旦（+笞五百）	髡钳城旦钛右趾	
	黥城旦+劓	髡钳城旦（+笞三百）	髡钳城旦钛左趾	
	黥城旦 黥鬼薪 黥隶臣	髡钳城旦（五年刑）	髡钳城旦（五年刑）	
耐刑	完城旦	完城旦（四年刑）	完城旦（四年刑）	完刑
	鬼薪 隶臣	鬼薪（三年刑） 隶臣（三年刑）	鬼薪（三年刑）	
	司寇	司寇（二年刑）	司寇（二年刑）	
财产刑	赀刑	戍罚作 （一年至三个月）	戍罚作 （一年刑） （半年刑） （三月刑）	作刑
			罚金刑	
	赎刑	刑罚体系外		

说明：原表格中最后一列的刑罚分类是根据曹魏"新律"的表述而来，并不能够代表汉代的情况。

综合以上三个问题可以发现，当时立法者对律令法制的构建原则、逻辑层次、结构体例、语言表述、立法技巧等规律性、理论性问题还缺乏思考，

---

[1] 参见［日］冨谷至：《秦汉刑罚制度研究》，柴生芳、朱恒晔译，广西师范大学出版社2006年版，第134页。

导致汉代法律体系化程度较低。秦汉时期开始大一统王朝国家治理模式的初步实践。作为其中的一环，法制建设受到空前重视，涌现出大量成文法。但这些成文法律并不具有后世法典的基本特征。即便是后来出现的法律汇编，其逻辑化程度也比较低，而且也不能涵盖所有单行法律或避免产生新的单行法律。这种非法典的存在状态一方面造成法律文件数目的膨胀，极大削弱政权的国家治理效能，影响到政权合法性；另一方面也侵害司法的公正和法律的权威，给法律的实施带来严重困扰。在秦汉四百年间的历史中，这种法制困局有时严重有时缓和，但始终没得到较为彻底的解决。究其根源在于当时的立法者比较缺乏体系性的思维方式和法典化的编纂能力。

第二节　形塑法典的理论储备

东周秦汉时，新式法律呈现放任自发的态势，既积累了丰富的法律规范，也留下了体系杂乱的弊病。与此同时，人们对法律的理论认知也在潜滋暗长，为后世的法典编纂做着理论储备。在从春秋末年到东汉末年的八百年时间里，先秦诸子立足于纷纷乱世展望未来世界的法律图景，发掘各自的理论要义指导现实的法制构建；汉代的法律家着眼于法律实践的现实问题，借助前人的理论遗产，从技术的角度出发破解法制积弊、摸索法律体系化模式的改革出路。八百年间的集体思考，为后来的法典编纂与体系化建构储备了最早的理论资源。

一、理论先行的法制蓝图

先秦诸子有关于法的理论貌似各有进路，实则可以大体划分为两大系统。一个系统以儒、墨、农为代表，其理论主张从人事出发，渐次推衍汇及天道；另一个系统以道（黄老）、名、阴阳为代表，其理论主张从天道出发，一贯而下统摄人事。[1]兵、法二家虽是实用主义者，对两种思维方式都有吸收借用，但在学理构建方面更近于后者，也可算是推天道及人事的终端落实之学。总之，这是两种法哲学观念的对立，基础互异，方向相反，却从各自的理论角

---

[1]　有学者指出，先秦儒家维系的是"德礼体系"，道家和法家则提出"道法体系"与之抗衡。这种对先秦法哲学体系的整体结构性认识，很有启发意义。参见郑开：《德礼之间：前诸子时期的思想史》，生活·读书·新知三联书店2009年版，第392页。

度充分延展了对法律体系的认知,开辟出后世法典编纂的两大基本理论路径。这两条路径彼此互补,殊途同归,最终融汇于后世的中国法典之中。

(一)基于人事的礼法构想

周平王东迁后,天下的政治法律秩序进入新的调整周期,政治纷乱层出不穷。孔子因此提出恢复周礼秩序的政治法律主张。在他看来,周初的文武之道、礼乐制度是挽救乱局、再造盛世的唯一行动指南。当然,这套行动指南也非全都基于历史事实,而是注入新的价值观念,对周礼进行创造性转化和创新性发展。其新意主要表现在对礼法精神的深层构建和对礼法原则的细化充实两个层面上。即所谓内仁外礼,先仁后礼。

内在精神层面,孔子打出"仁"的旗号,以之作为人格修养的最高境界和人性回归的最终目标。[1]在孔子及其后学那里,"仁"既是人性的本质表达,也是礼制发挥作用的先决条件。人之所以为人,绝不仅在于某些生理特征,还要以社会属性的某些特质作为标准加以衡量。界定人的本质标准就是"仁","仁"是人的本质规定。[2]这种标准被后世学者高度评价,认为是"人的发现"[3]。因此可以说,先秦儒家所谓仁道之学,是对人性本质最有力的探讨,也是后世中华法系礼法传统的人性理论基础。其所提倡的礼法制度具备深厚的社会根基,贴合人们的生活方式和观念,带有浓厚的世俗务实、以人为本的特征。[4]

儒家重礼的传统也起自孔子。孔子年少时就以好礼著称,成年后更以礼仪制度作为参与政事、授徒讲学、整理文献的重要内容。相比于西周礼制的礼仪程序性,孔子和弟子们致力于把礼的内容实体化,提出一系列实体性的

---

[1] 值得注意的是,孔子与弟子的对话经常提及"仁",然而每次的含义解释和理论诠释都不尽相同。他们没有对"仁"进行系统论证,只是凭直觉理解对其进行个别面相的描述。例如,"人而不仁,如礼何?人而不仁,如乐何?"(《论语·八佾》)这是在说明仁在礼乐秩序中的基础性地位。"克己复礼为仁。"(《论语·颜渊》)"夫仁者,己欲立而立人,己欲达而达人。能近取譬,可谓仁之方也已。"(《论语·雍也》)这是说要达到仁的境界所需的自我约束和方法进路。"孝弟也者,其为仁之本与!"(《论语·学而》)这是强调仁的人性情感基础。

[2] 《礼记·中庸》载孔子之言曰:"仁者,人也。"《孟子·告子上》曰:"仁,人心也。"

[3] 郭沫若:《十批判书》,东方出版社1996年版,第91页。

[4] 这些特征在原本出于儒家的墨子身上也有所体现。尽管后来墨子极力攻击儒家主张,但其攻击点却正是孔子后学脱离实际需求和人性规律而过度讲究礼制的弊端,是对儒家偏邪路线的校正。墨子提倡节用、反对厚礼的主张仍然是以人的基本需求为基础而展开的。儒家一方起而反击墨子的孟子,其立说之本仍旧是人的心理感受和心性规律。

礼法原则和礼制规范。[1]孔子本人的一些基于礼法精神的言行，也成为后世礼制的重要渊源。[2]孔子还通过编订《春秋》对过往人事进行历史审判的方式申述自己的礼法标准和法制理想。[3]战国时，孟子继续从理论层面深化对礼法实体内容的正当性论证，指导礼法继续朝着实体规范方向前进。他说："君子所以异于人者，以其存心也。君子以仁存心，以礼存心。仁者爱人，有礼者敬人。"[4]他把仁和礼相提并论，作为保有君子之心的基本依托。这里的礼显然已经超出礼乐仪式的程序化、形式化范畴，成为规范言行乃至心灵的实体化、伦理化规则。

同孔子、孟子一样，荀子设计的礼法秩序同样是建立在人伦道德的根基之上，[5]同样致力于礼法规范的制度化、实体化。同时，他还吸收其他学派法学理论中的合理元素，把儒家礼法改造为具备更强规范效力和政治效用的新礼法。他提出"隆礼至法"的宗旨，保证礼法秩序的施行效果和强制效力，注重其与政令、刑罚等制度的密切配合，即便对失礼的官人、公侯也要采取非死则幽的严厉惩罚。（《荀子·王霸》）基于这种"视礼为法"的理解，荀子常把"礼""法"混同合用，第一次明确提出"礼法"概念并进行充分阐释。[6]他认为，礼法可以通过合理分配资源、确定名分避免纷争动乱，在人的欲求和物的供给之间实现平衡；（《荀子·礼论》）礼法制度是对王道政治的落实

---

[1] 例如："礼之用，和为贵。"（《论语·学而》）"礼，与其奢也宁俭；丧，与其易也宁戚。"（《论语·八佾》）这些有关礼法的原则精神，成为后世礼法制度建设的重要依据。"生，事之以礼；死，葬之以礼，祭之以礼。"（《论语·为政》）"夏礼吾能言之，杞不足征也；殷礼吾能言之，宋不足征也。文献不足故也，足则吾能征之矣。"（《论语·八佾》）可见，当时有关礼法实体规范的知识已经较为丰富，孔子已经对其进行较为系统的研究和整理。

[2] 例如，"子食于有丧者之侧，未尝饱也。""子于是日哭，则不歌。""子钓而不纲，弋不射宿。"三例皆见于《论语·述而》。此外还有更多类似记载集中见于《论语·乡党》，兹不赘引。

[3] 《左传·成公十四年》引用君子之言曰："《春秋》之称，微而显，志而晦，婉而成章，尽而不污，惩恶而劝善，非圣人，谁能修之？"杜预在《春秋左传集解》"序"中说："仲尼因鲁史策书成文，考其真伪，而志其典礼，上以遵周公之遗制，下以明将来之法。"

[4] 《孟子·离娄下》。

[5] 《荀子·儒效》："道者，非天之道，非地之道，人之所以道也，君子之所道也。"

[6] 例如，《荀子·修身》先说"好法而行士也""有法而无志其义则渠渠然，依乎法而又深其类然后温温然"，又说"礼者所以正身也""学也者，礼法也"。在这里法、礼、礼法实为同义。又如，《荀子·王制》说："出若入若，天下莫不平均，莫不治辨，是百王之所同也，而礼法之大分也。"又说："君臣上下，贵贱长幼，至于庶人，莫不以是为隆正，然后皆内自省以谨于分，是百王之所以同也，而礼法之枢要也。"这里的"礼法"就是一个双音节词汇，一个名词，一个法律学概念，一个法哲学范畴，是古代"礼乐政刑"治国方式的统称。参见俞荣根：《礼法传统与中华法系》，中国民主法制出版社2016年版，第296页。

和巩固，既承载深刻的政治理念，也肩负着具体的王道使命。(《荀子·王制》《荀子·强国》) 因此荀子说，礼法是"法之大分，类之纲纪"[1]。

礼法的发展有一个从粗疏简略到逐渐完备的过程，其终极完美的理想状态就是"本末相顺，终始相应，至文以有别，至察以有说。"[2]这里的"本"和"始"是指礼法原则，"末"和"终"是指礼法规范，"相顺"既指内容不相抵触，也指体例次序分明；"至文以有别，至察以有说"是指礼法制度在内容上十分完备而有贵贱的等级区别，形式上十分细密而有严格的是非标准。[3]在荀子那里，这是一个渗透到社会生活各方面、既宏大又系统的礼法秩序。[4]而这个礼法秩序的运行，则有赖于具备超凡能力的大儒（君师）的掌管操作。因为大儒能够"法先王，统礼义，一制度，以浅持博，以古持今，以一持万"，具备超越具体问题的宏阔通识和类推能力，遇到新问题也能"举统类而应之"，"张法而度之"，充分发挥礼法规范的系统韧性与逻辑张力，化解一系列制度性难题。(《荀子·儒效》) 正是因为有这样的贤人大儒，礼法的精神才能不断自我更新，保持生机和活力。[5]

充分发挥"统类"思想，屡言"大分""类举""礼义"，是荀子阐述礼法理论、设计礼法制度时的重要思维特征。他认为，天下万事不必一一了解，可以从逻辑上进行层层递进的分类，根据类属的逻辑关系把握万事之理，达

---

[1] 《荀子·劝学》。

[2] 《荀子·礼论》。

[3] 参见楼宇烈主撰：《荀子新注》，中华书局2018年版，第383页。

[4] 在学习方面，要"隆礼"，做"法士"，不要做"陋儒""散儒"；(《荀子·劝学》) 在修身方面，无论是血气、志意、知虑还是食饮、衣服、居处、动静、容貌、态度、进退、趋行等各方面都要谨遵礼法；(《荀子·修身》) 在治理标准方面，礼法是明辨治乱的准绳、分清是非的界限、总揽天下的要领、丈量天下的标尺；(《荀子·不苟》) 在社会人伦方面，强弱、智愚、贵贱、长幼、老壮、贫富等社会关系，男女夫妇之分的婚姻、娉内、送逆等社会活动都要依循礼法，士以上要以礼乐节之，众庶百姓要以法数制之；(《荀子·富国》) 在政治体制方面，君臣都要依照礼法各司其职，各守其道，招揽人才也要依循礼法的节度；(《荀子·君道》《荀子·臣道》《荀子·致士》) 在军事战争方面，通过礼法凝聚士心民心，使士人归服、民众安定，可以为军事斗争提供坚强保障。(《荀子·议兵》) 总之，整个礼法秩序是一个"斩而齐，枉而顺，不同而一"(《荀子·荣辱》) "少事长，贱事贵，不肖事贤"(《荀子·仲尼》) 的等级差别秩序，天子、诸侯、士大夫、官人百吏、庶人、商贾、百工、农夫都各守其分，即使奸人也因不法行为而受到相应惩处。(《荀子·荣辱》《荀子·王霸》《荀子·君道》)

[5] 荀子受邀考察秦国法制建设成就后曾经夸赞道："佚而治，约而详，不烦而功，治之至也，秦类之矣。"但是在荀子看来，当时秦国法制形式上的成就固然很高，却由于缺少大儒贤人而失色不少，无法达到纯正的王道，只能成就驳杂的霸道。(《荀子·强国》)

到"以一知万""以近知远"的效果。[1]荀子充满热情地展望这种礼法秩序的理想状态,并用"成相"的形式进行勾勒和赞颂:"臣谨修,君制变,公察善思论不乱。以治天下,后世法之成律贯。"[2]章诗同释"贯"为"积累而成系统"[3]。荀子想要建立的正是这样一个体系完备、层级分明、精神贯通、物尽其用、人尽其能的礼法体制。

他根据这种体系化思维做出的诸多判断,在当时新式法律实践还未完全展开的情况下可谓超前的预言,对后世以体系化为基本方向的法典编纂更可谓历史的先声。他曾经预言的"不知法之义,而正法之数,虽博,临事必乱"[4],不幸在秦汉的法律实践中变成现实。他所批评的"循法则、度量、刑辟、图籍,不知其义,谨守其数,慎不敢损益"[5],也成为西汉中后期法制困局的注脚。[6]荀子特别重视"义""数"之别。他认为,法律条文并非越多越好,如果没有通贯明确的精神原则和礼义准绳,法律规定越多反而越乱。法律应当紧密围绕"义"这个基本的礼法价值标准而展开,犹如用红绳把不同区块、不同领域的法条规范串联起来一样,形成一个整体。[7]荀子虽然没有法律实践的经验,也没有亲历秦汉新式法律的大规模发展过程,但对其趋势的把握却有着惊人的理论洞察力。他已隐约觉察到大一统时代到来后法制建

---

[1] 他提出:"有法者以法行,无法者以类举。以其本知其末,以其左知其右,凡百事异理而相守也。"(《荀子·大略》)又说:"以类行杂,以一行万。始则终,终则始,若环之无端也,舍是而天下以衰矣。"(《荀子·王制》)

[2] 《荀子·成相》。

[3] 章诗同注:《荀子简注》,上海人民出版社1974年版,第285页。

[4] 《荀子·君道》。

[5] 《荀子·荣辱》。

[6] 西汉自宣帝以后,历经元帝、成帝,都有删订律令、整理法律的活动,然而成效不佳。正如班固所批评的那样:"有司无仲山父将明之材,不能因时广宣主恩,建立明制,为一代之法,而徒钩摭微细,毛举数事,以塞诏而已。是以大议不立,遂以至今。议者或曰,法难数变,此庸人不达,疑塞治道,圣智之所常患者也。"(《汉书·刑法志》)

[7] 后世儒家学者在总结秦汉历史教训的时候,曾对此加以发挥。桓宽记载文学言曰:"昔秦法繁于秋荼,而网密于凝脂。然而上下相遁,奸伪萌生,有司治之,若救烂扑焦,而不能禁;非网疏而罪漏,礼义废而刑罚任也……今废仁义之术,而任刑名之徒,则复吴、秦之事也。"(《盐铁论·刑德》)班固也说:"至于秦始皇,兼吞战国,遂毁先王之法,灭礼谊之官,专任刑罚,躬操文墨,昼断狱,夜理书,自程决事日县石之一。而奸邪并生,赭衣塞路,囹圄成市,天下愁怨,溃而叛之……及至孝武即位,外事四夷之功,内盛耳目之好,征发烦数,百姓贫耗,穷民犯法,酷吏击断,奸轨不胜。"(《汉书·刑法志》)他们把秦汉法制繁密的弊病归因于仁义不施、纯任刑法。这个见解与技术问题密切相关,却比纯粹的技术视角更深一层,属于更为根本的价值理念问题。所以法典的编纂,不能只考虑形式逻辑,还必须考虑价值内涵,前者是表,后者是里,表里兼修才能形成一部上佳的法典。

设中可能出现的问题,并预先开展了一定的理论探索工作,可谓有先知先觉之神。

先秦儒家的礼法言说,在战国秦汉之间得到系统整理,最终汇编为《仪礼》和《礼记》这两部儒家礼学经典。[1]《仪礼》以士大夫的礼仪为主,内容涉及昏冠、丧葬、朝聘、饮食等各种礼仪活动中的言行规范,是对春秋战国以来日渐充实的礼仪规范的汇编整理。西汉的戴德、戴圣根据先秦儒家讨论礼义的文献资料先后编出的《大戴礼记》《小戴礼记》,是对礼仪规范的义理阐释,一方面依附于礼仪规范,另一方面又补充礼仪规范的思想内涵,使学者既知其然也知其所以然。然而,《仪礼》《礼记》以士人为主体的内容体例,远未上升到国家治理模式和制度框架的高度,因而可以说在适用性方面还存在较为明显的结构性局限。

汉武帝时出现的《周官》起初并不受重视,甚至颇受诋毁排挤。但是就其内容而言,《周官》确实在很大程度上弥补了《仪礼》《礼记》的不足。它表面上只是简要的官制大全,实则是一部凝结着深厚政治理想和制度理论的官政大法,与儒家的礼法秩序和礼法精神正相符合。或许正是由于这个原因,它后来又被称为《周礼》。只不过,这里的"周"未必反映其与周制、周公的必然联系,更有可能只是描述这套官政大法包罗天地四时、囊括六合宇内的宏大格局。故所谓"周官"极有可能是指"周天之官"。[2]

从制度体系的形式特点来说,《周礼》表现出极强的体系思维和理论构想的特点。《周礼》的官制设计尽管也有一定现实依据,但无论是其宏观上的六官体例结构、三百六十官数目,还是微观上具体官员职位和职责的设置,都渗透着许多理想意味浓厚、远超现实的体系化构想。[3]当然,在追求体系化的过程中,《周礼》的官职设置、职责安排,也无可否认存在强求形式整齐、

---

[1] 在秦汉时代的经学传承中,礼法精神还通过春秋经传的师门家法透过政治渗透到法制层面,推动礼法内容的实质化。参见朱腾:"原则化与规则化——《春秋公羊传》与《春秋谷梁传》所见周礼之实质化的两种路径",载《法制与社会发展》2013年第6期。

[2] 参见彭林:《〈周礼〉史话》,国家图书馆出版社2019年版,第39~43页。

[3] 参见郭沫若:《金文丛考·周官质疑》,东京文求堂书店1932年版;杨向奎:"周礼内容的分析及其制作时代",载《山东大学学报》1954年第4期;徐宗元:"金文中所见官名考",载《福建师范学院学报》1957年第2期;张亚初、刘雨撰:《西周金文官制研究》,中华书局1986年版;陈汉平:《西周册命制度研究》,学林出版社1986年版;唐启翠:"神话历史与玉的叙事——《周礼》成书新证",上海交通大学2012年博士后出站报告。

内容表述牵强拘泥、制度设计不切实际的问题。[1]作者当时绞尽脑汁琢磨措辞的形象可谓跃然纸面。可见，《周礼》作者始终寻求的是用凝练化、抽象化、理想化的表达方式对纷繁复杂的官政法制进行高度的提炼浓缩和概括总结。这种体系化思维代表了春秋战国政治法律思想持续演进的基本方向，是大一统王朝包举宇内、总揽万机的制度建设指南。尤其是其中六官各掌一典的设想，更对后世晋、唐的法典体系构建形成深远影响。

尽管存在诸多经不起推敲的细节问题，但是《周礼》为大一统国家描绘的政治蓝图及其承载的政治理想，在当时却极具吸引力。这主要源于其对先秦诸子治国理论的充分吸收和协调运用。

《周礼》内容以官职体系为纲，以治理万民为核心话题，而其治理万民的基调则以儒家"道之以德，齐之以礼""庶之，富之，教之"的教化思想为根本原则。例如，《周礼·天官冢宰》载太宰之职时，规定八统、九两之法，宗旨就在于富民、教民。[2]尤其引人注目的是，六官系统中以专门掌管教化的地官司徒的官员教化职责叙述最为详尽，属官员数设置最多。《周礼·地官司徒》规定大司徒之职是掌管土地和人民，基本宗旨是以土养民、教民，并系统列举一系列富民、教民的手段、方式和内容。[3]要落实如此繁重的职能，

---

[1] 例如，《周礼·天官·大宰》用治典、教典、礼典、政典、刑典、事典的六典体系概括六官的职责分工。为表明各典的侧重点有所不同，分别用"经邦国，治官府，纪万民""安邦国，教官府，扰万民""和邦国，统百官，谐万民""平邦国，正百官，均万民""诘邦国，刑百官，纠万民""富邦国，任百官，生万民"等表述加以区分。对于同样的施政对象（邦国、官府或百官、万民），不同的单字含蕴着具体职责的不同内容。又如，从具体府、史、胥、徒的设置来看，天官冢宰的职责包括王宫戒令、饮食、医疗、帷幕、衣物、财货、府藏等诸多细目，《周礼》以"经、治、纪"三字加以概括。又如，有关国都选址的土圭之法、有关天下区划的国野九畿，基本没有考虑文化传统、政治局势、经济成本、地理条件等现实因素，仿佛是在一张白纸上设计规整方正的国家模型，完全卸下所有的历史包袱。

[2]《周礼·天官·大宰》："以八统诏王驭万民：一曰亲亲，二曰敬故，三曰进贤，四曰使能，五曰保庸，六曰尊贵，七曰达吏，八曰礼宾……以九两系邦国之民：一曰牧，以地得民。二曰长，以贵得民。三曰师，以贤得民。四曰儒，以道得民。五曰宗，以族得民。六曰主，以利得民。七曰吏，以治得民。八曰友，以任得民。九曰薮，以富得民。"

[3]《周礼·地官·大司徒》："因此五物者民之常，而施十有二教焉：一曰，以祀礼教敬，则民不苟。二曰，以阳礼教让，则民不争。三曰，以阴礼教亲，则民不怨。四曰，以乐礼教和，则民不乖。五曰，以仪辨等，则民不越。六曰，以俗教安，则民不愉。七曰，以刑教中，则民不虣。八曰，以誓教恤，则民不怠。九曰，以度教节，则民知足。十曰，以世事教能，则民不失职。十有一曰，以贤制爵，则民慎德。十有二曰，以庸制禄，则民兴功……以荒政十有二聚万民：一曰散利，二曰薄征，三曰缓刑，四曰弛力，五曰舍禁，六曰去几，七曰眚礼，八曰杀哀，九曰蕃乐，十曰多昏，十有一曰索鬼神，十有二曰除盗贼……以保息六养万民：一曰慈幼，二曰养老，三曰振穷，四曰恤贫，五曰宽疾，六曰安富。以本俗六安万民：一曰媺宫室，二曰族坟墓，三曰联兄弟，四曰联师儒，五曰联朋友，

就需要官府设置大量官员，投入大量行政资源。因此可以看到，除冬官以外的五官所领属官职位都是六十，但是各属官职位的员额设置却极不均衡。地官大司徒所领属官员额为四万一千六百九十五人，远远超出其余四官所领属官员额的总和（一万五千三百八十四人）。这种数量的极端对比，似乎只能有一种解释，那就是该书作者对儒家的礼法教化理念极为看重乃至拳拳服膺。

在儒家之外，《周礼》还兼收法家、阴阳家乃至黄老道家思想，来弥补儒家思想在职官行政和形上依据方面的不足。例如，《周礼·天官冢宰》中的"以八柄诏王驭群臣"[1]，很有可能是受《韩非子·二柄》启发而来。有关官员考核的日计、月计、岁会、官成、官计、八听等制度，以及由此而生的各种技术性规定乃至惩处方式，可以说都与法家循名责实、深督严责、治吏不治民的政治主张和具体制度设计基本一致。即以微观角度而言，《周礼》中的许多法制规范都可以看到战国以来律令法的影子，同时也可以说是对现实律令法的理论完善化和形式合理化表达。[2]阴阳家和黄老道家思想在《周礼》中主要体现在职官的属性分类。例如，以天地、四时为名称的六官系统；又如通篇常见的季节、性别、方位等方面内容的阴阳分类。这种理论融合经过秦汉时代新式法律的实践检验之后进一步调整改造，为随后的法典化运动进行了必要的理论储备。

（二）出于天道的刑名之学

如果说以儒家礼法系统为代表的伦理主义法哲学路线是沿着内容上从程序化到实体化的方向前进的话，那么在当时还有另一条探索思路，主要朝着形

（接上页）六曰同衣服……以乡三物教万民而宾兴之：一曰六德，知、仁、圣、义、忠、和；二曰六行，孝、友、睦、婣、任、恤；三曰六艺，礼、乐、射、御、书、数……以五礼防万民之伪而教之中。以六乐防万民之情而教之和。凡万民之不服教而有狱讼者，与有地治者听而断之；其附于刑者，归于士。"

[1]《周礼·天官·大宰》："以八柄诏王驭群臣：一曰爵，以驭其贵。二曰禄，以驭其富。三曰予，以驭其幸。四曰置，以驭其行。五曰生，以驭其福。六曰夺，以驭其贫。七曰废，以驭其罪。八曰诛，以驭其过。"

[2] 参见朱红林题为"竹简秦汉律与《周礼》比较研究"的系列文章："战国时期国家法律的传播——竹简秦汉律与《周礼》比较研究"，载《法制与社会发展》2009年第3期；"《周礼》官计文书与战国时期的行政考核——竹简秦汉律与《周礼》比较研究（十七）"，载《吉林师范大学学报（人文社会科学版）》2010年第4期；"战国时期官营畜牧业立法研究——竹简秦汉律与《周礼》比较研究（六）"，载《古代文明》2010年第4期；"里耶秦简8-455号木方研究——竹简秦汉律与《周礼》比较研究（七）"，载《井冈山大学学报（社会科学版）》2011年第1期；"战国时期有关婚姻关系法律的研究——竹简秦汉律与《周礼》比较研究（四）"，载《吉林师范大学学报（人文社会科学版）》2011年第2期。

式上从杂乱化到体系化的方向前进,这就是以黄老刑德系统为代表的自然主义法哲学路线。

前述伦理主义法哲学注重人的主观感受、心灵体验、意志向往,根据人类性情构思理想法制世界的思路。与之迥然有异的是,自然主义法哲学意在强调一种超越的眼光,力图以至高点的视角俯瞰世间,以天道自然的客观规律作为人类社会秩序的内在逻辑和根本依据。它是超出人类情感认知和人间伦理秩序之外的一套客观存在、无可名状、不具感情色彩、玄妙不可测度的元规则。出于表述的需要,道家学者勉强称其为"道""大""一",并视其为世界的本体,认为天地万物包括人类社会都由"道"生发、衍化而来,万物运行的规则都来自而且要服从于这个元规则。"道生一,一生二,二生三,三生万物。"[1]这个宇宙生成的机理和过程,既包含从无名无形到有名有形的属性质变,也包括从一到万、从简到繁的物种量变。因此,在面对天地万物、人间百态乃至动荡战乱时,人们必须追根溯源,从最初和最根本的地方着眼,才能觅得救世良方。这种依据纯粹哲学思辨、进而又落到实处给出具体行动指导的新思路,给当时人们认识和破解社会问题打开了一扇新窗,激发出一套新的法学理论,为后来法律的体系化与法典化发展方向埋下形式思维的种子。

道家中的黄老之学,把道的玄虚思辨转化为天道的具象载体,并据此一路而下擘画出从天地秩序到人间法度再到细则规范的法律规则系统。[2]在黄老法理论的成熟表达中,道、法、名、刑、德的逻辑关系和法义的内部层次日渐明晰。按照其说,"法"字按照从宏观到微观、从抽象到具体的顺序,依次代指自然规律法则、人类社会规则和实证法律。[3]而在更高的层次上,"法"又生于"道",是不可名状的"道"具象化的产物。如果站在终极的角

---

[1]《老子》第四十二章。

[2] "黄老"一词首见于《史记》。郭沫若《稷下黄老批判》说:"黄老学派,汉时学者称为道家。"(郭沫若:《十批判书》,东方出版社1996年版,第156页)其思想主旨可以用《论六家要旨》对"道家"的描述概括:"其为术也,因阴阳之大顺,采儒墨之善,撮名法之要""其术以虚无为本,以因循为用"。学者研究认为,先秦道家可以分为三大理路:一是从宇宙根源论道的《老子》,二是追求道在人心性中落实的《庄子》,三是探索道在国家治理中运用的黄老之学。(李笑岩:《先秦黄老之学渊源与发展研究》,上海古籍出版社2018年版,第151页)之所以以"黄老"为名,与战国时黄帝之书的大量涌现以及黄帝之学向道家理论的纵深发展有关。参见白奚:"先秦黄老之学源流述要",载《中州学刊》2003年第1期;李零:"说'黄老'",载陈鼓应主编:《道家文化研究》(第五辑),上海古籍出版社1994年版。

[3] 参见王沛:《黄老"法"理论源流考》,上海人民出版社2009年版,第67~69页。

度而言，"道"在上，"法"在下；如果按照人的观察认知顺序，"法"在表，"道"在里。"法"是可以名状的"道"，是"道"经过"名"的内涵固化的结果；"刑德"是"法"的具化和"名"化；"刑赏""赏罚"又是"刑德"的进一步具化和"名"化。"道"的一元性决定了"法"及其构成要素"刑德"乃至"刑赏""赏罚"等的同源性。"名"是串联起这个系统的思维线索，因此而有刑名（形名）之学。这就为实在法内部秩序实现一体化、体系化提供了原理依据和技术可能。黄老学派正是沿着这样的总体思路，为这个可以体系化的法律规则秩序规划出宏大的框架和细密的方案。

黄老学派根据道生万物的哲学判断推衍和寻觅人间法律秩序的理想模板。在早期黄老道家代表作《伊尹·九主》中，这个法律秩序以"天地之则"为法制设计的起点，"法君法臣"效法天、地、四时、万物等"天启"，在人类社会设范立制，规定名分职守。但是《伊尹·九主》的理论还很粗疏模糊，对效法天地的具体做法也语焉不详，有待于进一步的学理建构。

在《国语·越语下》记载的范蠡之语中，天、地、人的逻辑构造和推天道衍人事的思维特征表现得更为清晰、具体。在范蠡看来，人效法天道，一方面要领会其"盈而不溢，盛而不骄"的精神；另一方面要准确把握天时，随时以行。他以此为理论依据，反对越王勾践轻率对吴用兵。在勾践战败后，他又提出以"卑辞尊礼"谦卑自保，转危为安。勾践返国后，志在复仇。他又用大地包容万物、养生有时的道理，告诫勾践耐心等待时机，不可强为。在勾践兴兵复仇时，他又结合用兵之术进一步总结以人法天的哲学观念，细致描述以人事行天道的基本原则和具体操作。在整个过程中，范蠡以"恒""常"描述天地法则，主张以"因""守"为基本宗旨。

长沙马王堆出土帛书《黄帝书》（也被称为《黄帝四经》）中，黄老思想的理论表达较之《越语下》更加完备系统。[1]其对天道的讨论也从军事政

---

[1]《黄帝书》的许多概念表述，与《越语下》遥相呼应，反映出黄老学说从战国初期到中期发展过程中基本哲学理念一脉相承的清晰线索。例如，《越语下》说"天道皇皇，日月以为常，明者以为法，微者则是行"，《黄帝书·十大经·观》则先说"□□□□□□□□□□因以为常，其明者以为法，而微道是行"，又说"刑德皇皇，日月相望，以明其当""天德皇皇，非刑不行"；又如，《越语下》说"上帝不考，时反是守"，《黄帝书·十大经·观》说"圣人不巧，时反是守"；又如，《越语下》的"阴阳之恒，天地之常"，被《黄帝书·经法·道法》简称为"天地之恒常"；又如，《越语下》的"节事者与地"被《黄帝书·经法·君正》扩充为"人之本在地，地之本在宜，宜之生在时，时之用在民，民之用在力，力之用在节"。可见，《黄帝书》的作者不仅熟悉《越语下》的思维和原理，而且还能结合政治法律的具体论题进行概念推衍和理论阐发。

治斗争的具体语境扩展到一般化的国家治理、制度构建乃至法制操作、保障手段等更广泛的领域，展现出更强的法哲学趋向。

《黄帝书》开篇就将天道问题引向"法"，以"法"作为连接天人之际的逻辑纽带。[1]这里的"法"既是天道运行的自然法则，也是人类社会的秩序规范，进而也就可以推衍出实在法律制度。由天道落到实在法的关键概念是"形名"。所谓"形名"，原本只有一般哲学意义，主要涉及名实关系。进入政治法律领域后，形名和名实原理就成为指导现实立法、完善规范体系、建构规则秩序的哲学依据和思维工具。《黄帝书·经法·道法》说："秋毫成之，必有形名；形名立，则黑白之分已。"又说："是故天下有事，无不自为形声号矣。形名已立，声号已建，则无所逃迹匿正矣。"这里的"声号"也被表述为"号令"，指的应该就是实在法。这些法律规范的制定和体系化，一方面要顺从天道，因循自然，等待时机，另一方面又要靠圣人体察天道，具体效法，建立制度，维护权威，通过一套自在自为、独立运转的法律规则体系维持有序的社会政治生活。[2]这套规则体系的建立，主要来源于对天道的体察，是天道秩序的人间版本。《黄帝书》用"七法"来描述这种上可合于天道自然法则、下可贯通人间法律规范、具有周延法律效力的严密法网。[3]经过一番"循名究理"[4]的逻辑推衍，作为一般哲学概念的"形名"变成具备法律含义的"刑名"[5]，抽象的哲学命题转变为具体的法学命题。这就是法家"刑名之学"的学理渊源。[6]

---

[1]《黄帝书·经法·道法》："道生法。法者，引得失以绳而明曲直者也。"

[2]《黄帝书·经法·君正》："一年从其俗，二年用其德，三年而民有得，四年而发号令，五年而以刑正，六年而民畏敬，七年而可以正（征）。"

[3]《黄帝书·经法·论》："天执一，明三，定二，建八正，行七法。然后施于四极。而四极之中无不听命矣。"

[4]《黄帝书·经法·名理》："天下有事，必审其名。名理者，循名究理之所之，是必为福，非必为灾。是非有分，以法断之；虚静谨听，以法为符。审察名理断终始，是谓究理。唯公无私，见知不惑，乃知奋起。故执道者之观于天下也，见正道循理，能举曲直，能举终始，故能循名究理。"

[5]古人对"刑名"二字有三种理解：一是"形名"的通假，代指事物概念与属性之间的名实关系；二是法律名理，代指实在法律规范背后的一般法理；三是刑罚的名称。先秦道家、名家所称"刑名"多是第一种情况。战国秦汉时黄老道家中的一部分和法家的大部分都是第二种用法，这里的"刑"并非今天所理解的"刑法"或"刑罚"，而是一般意义上的法律。至于，以"刑名"特指"刑罚名称"则是最狭义的理解。

[6]参见王沛："刑名学与中国古代法典的形成——以清华简、《黄帝书》资料为线索"，载《历史研究》2013年第4期，收于氏著：《刑书与道术：大变局下的早期中国法》，法律出版社2018年版，第184~208页。

第一章　西晋法典体系的历史前提

战国时期，列国竞争愈演愈烈，变法运动日益高涨，新式法律不断涌现。法家刑名之学服务于富国强兵的功利目的，基于对法律构建原理的深度把握，提出一套系统的法律设计方案，在变法实践中成效极其显著。其主要理论资源来自黄老道家法哲学。公孙鞅喜好刑名之学，见秦孝公时先后提出帝道、王道、霸道三套方案，应该是受到黄老理论启发而来。[1] 他在与秦国群臣辩论时提出的变法理论，更是对黄老理论的灵活运用。[2] 当然，他在秦国的变法措施较之黄老理论更近实际，更有功效，更为具体可行，因而也就更远离"道"而沦为一种"术"。尽管如此，其哲学根基仍是黄老天道学说。申不害学"术"以辅佐韩昭侯，其政法理论也是"本于黄老而主刑名"[3]。稷下学宫中有许多游走于黄老与法家之间的学者。[4] 在齐法家代表作《管子》中，也有一些篇章是黄老之作。[5] 直到战国晚期，韩非集法家理论之大成，其刑名法术之学的哲学根基仍是黄老理论。[6] 因此可以说，战国时期的法家与黄老道家从根本上难以明确分开，刑名之学是两派思想共同参与建构的结果。

刑名之学着眼于法律构建运行的原理，对法律的体系化问题也有所涉及。慎到、田骈就很重视成文法的汇编整理，但是由于其理论依存天道而立意过

---

[1] 在帛书《黄帝书》中，体察天道的"人主"被称为"圣人""执道者""帝王""王霸"等，因而有多处帝王之道、王霸之道的表述，也有个别词句对帝、王、霸三者进行并列比较的简单界分。《黄帝书·称》："帝者臣，名臣，其实师也；王者臣，名臣，其实友也；霸者臣，名臣，其实□□，□□臣，名臣也，其实庸（佣）也；亡者臣，名臣也，其实虏也。"公孙鞅说秦，虽然先后提出帝道、王道、霸道三个概念，但他实际上是将帝道、王道合称为帝王之道，指三代"五帝三王之事"，而以霸道代指"强国之术"。（《史记·商君列传》）

[2] 公孙鞅在辩论时提出，要想强国利民就要适时变革。这体现了黄老的"守时"思想。而作为反对者的甘龙、杜挚，其所主张的"因民而教，不劳而成功；缘法而治者，吏习而民安之""法古无过，循礼无邪"则是黄老"因循"思想的常见表述。公孙鞅的主张是对黄老理论活的运用，而非拘泥僵化的固守。汉初司马谈《论六家要旨》认为道家"与时迁移，应物变化，无成执，无常形"，实际上描述的就是黄老道家。以公孙鞅为代表的法家变革主张正是得到黄老理论精华的真传。

[3] 《史记·老子韩非列传》。

[4] 齐国稷下学宫学术思想兼容并包，有阴阳、道、法诸家。各家学说之间彼此联系的中介就是黄老学说。《史记·孟子荀卿列传》载："自驺衍与齐之稷下先生，如淳于髡、慎到、环渊、接子、田骈、驺奭之徒，各著书言治乱之事，以干世主，岂可胜道哉！"裴骃《正义》指出：慎子属于法家，接、田二人属于道家，驺奭属于阴阳家。《孟荀列传》又载："慎到，赵人。田骈、接子，齐人。环渊，楚人。皆学黄老道德之术，因发明序其指意。"

[5] 郭沫若早就指出，《管子》书中的《心术》《内业》《白心》都应该属于黄老作品。（郭沫若：《十批判书》，东方出版社1996年版，第159页）此外，《形势》《枢言》《宙合》《法法》《任法》《明法》《九守》等篇，也有明显的黄老思想色彩。参见李笑岩：《先秦黄老之学渊源与发展研究》，上海古籍出版社2018年版，第198~200页。

[6] 《史记·老子韩非列传》载："韩非'喜刑名法术之学，而其归本于黄老'。"

高，使得其法律迂阔而远离实际。[1]申不害虽注重从君主循名责实的角度理解弥纶天地的法律体系，[2]但他重术多于重法，对法律体系的统一协调问题并不在意。[3]鹖冠子从哲学角度分析法、令在功能上的区别，[4]而且设计出一套拟于天道、逻辑严整的法律规则运行机制——"天曲日术"。其中，"天用四时，地用五行，天子执一以居中央，调以五音，正以六律，纪以度数，宰以刑德，从本至末，第以甲乙"[5]，正是对未来理想法律体系的一种逻辑建构和理论设想。商鞅从实施效果角度提出法律语言必须明白易知等文书技术要求。[6]《管子·七法》从法律的理据、表象和效果角度谈及法律的内容要素。[7]韩非子从法、术之别的角度谈到法律的形式要素。[8]

战国时期的刑名之学，主要服务于富国强兵的变法运动，使命在于树立符合时代需求的新式法律，着重论证新式法律的形上基础、根本宗旨和现实策略。至于新式法律的体系化乃至法典化问题，当时还只处在实践摸索的初

---

[1]《荀子·非十二子》："尚法而无法，下脩而好作，上则取听于上，下则取从于俗，终日言成文典，反纠察之，则倜然无所归宿，不可以经国定分。然而其持之有故，其言之成理，足以欺惑愚众。是慎到、田骈也。"

[2]《群书治要·申子·大体》："为人君者操契以责其名，名者天地之纲，圣人之符；张天地之纲，用圣人之符，则万物之情无所逃之矣。"

[3]《韩非子·定法》："申不害，韩昭侯之佐也。韩者，晋之别国也。晋之故法未息，而韩之新法又生；先君之令未收，而后君之令又下。申不害不擅其法，不一其宪令则奸多故。利在故法前令则道之，利在新法后令则道之，利在故新相反，前后相勃，则申不害虽十使昭侯用术，而奸臣犹有所谲其辞矣。故托万乘之劲韩，七十年而不至于霸王者，虽用术于上，法不勤饰于官之患也。"

[4]《鹖冠子·度万》："夫长者之为官也，在内则正义，在外则固守，用法则平法。人本无害，以端天地，令出一原。散无方化万物者令也，守一道制万物者法也。法也者，守内者也，令也者，出制者也。夫法不败是，令不伤理，故君子得而尊，小人得而谨，胥靡得以全。神备于心，道备于形，人以成则，士以为绳，列时第气，以授当名，故法错而阴阳调。"

[5]《鹖冠子·王鈇》。

[6]详见前引《商君书·定分》对新式法律文书制度等问题的设计。

[7]《管子·七法》："正天下有分：则、象、法、化、决塞、心术、计数。根天地之气，寒暑之和，水土之性，人民鸟兽草木之生物，虽不甚多，皆均有焉，而未尝变也，谓之则。义也、名也、时也、似也、类也、比也、状也、谓之象。尺寸也、绳墨也、规矩也、衡石也、斗斛也、角量也、谓之法……不明于则，而欲出号令，犹立朝夕于运均之上，檐竿而欲定其末。不明于象，而欲论材审用，犹绝长以为短，续短以为长。不明于法，而欲治民一众，犹左书而右息之。"

[8]《韩非子·定法》："今申不害言术而公孙鞅为法。术者，因任而授官，循名而责实，操杀生之柄，课群臣之能者也。此人主之所执也。法者，宪令著于官府，刑罚必于民心，赏存乎慎法，而罚加乎奸令者也。此臣之所师也。君无术则弊于上，臣无法则乱于下，此不可一无，皆帝王之具也。"《韩非子·难三》："人主之大物，非法则术也。法者，编著之图籍，设之于官府，而布之于百姓者也。术者，藏之于胸中，以偶众端而潜御群臣也。故法莫如显，而术不欲见。"

期阶段，尚不具备上升到理论层面的条件，所以当时的刑名之学在此方面没有展开充分的讨论。[1]然而，刑名之学对法律内在名理逻辑的初步讨论，却为后世新式法律的体系化、法典化问题的理论解决指明了方向，提供了知识储备和思维工具。伴随着新式法律的持续积累，其体系化、法典化需求日益增长，刑名之学也就在后世法律家的经验总结和理论提炼基础上获得新的突破性发展。

法家刑名之学在秦国得到充分施展，辅助秦国制定出内容全面、效力较强、数量繁多的新式法律。这些新式法律极大激发了秦国国力，从而奠定统一的基础。可是秦代统一后短命而亡，法家学说连同秦代法律一起背负恶名。然而在新兴的汉代，与法家学说关系密切的黄老之学却得到青睐，成为国家主流意识形态。只不过，汉代黄老侧重因循、无为的思路，早已与战国黄老盛谈刑名、顺天有为的风貌大异其趣。

二、经验沉淀的思路成果

（一）法律删减整理运动

为改变法律极度扩张、混乱无序的局面，西汉官方曾掀起持续的法律删减整理运动。

汉昭帝始元六年（公元前81年），持儒家学说的贤良文学在盐铁会议中，借批判秦法讽刺当时的法律混乱状况，把问题从司法环节引到立法环节。《盐铁论·刑德》载其言曰：

> 昔秦法繁于秋荼，而网密于凝脂。然而上下相遁，奸伪萌生，有司治之，若救烂扑焦，而不能禁；非网疏而罪漏，礼义废而刑罚任也。方今律令百有

---

[1] 参见王沛：《刑书与道术：大变局下的早期中国法》，法律出版社2018年版，第201页。值得补充的是，《淮南子·要略》有一段类似于前引《韩非子·定法》的文字："申子者，韩昭厘之佐，韩、晋别国也。地墽民险，而介于大国之间，晋国之故礼未灭，韩国之新法重出，先君之令未收，后君之令又下，新故相反，前后相缪，百官背乱，不知所用。故刑名之书生焉。"该段文字显然是对《韩非子·定法》内容的节录改写，但是失掉了韩非子批判申不害忽视统一法律的本义，转而用以描述刑名之书的出现背景。如果一定要说法律体系淆乱抵牾的局面是刑名之书产生的背景，那这"刑名之书"指的应该是关注法律体系问题并对申不害持批评立场的《韩非子·定法》等篇章。但遗憾的是，此类篇章在战国时并不多见，而且法律体系构建也不是那个时代的核心话题。也就是说，在解释法家刑名之学产生的时代背景时，汉代人把自己所处时代法律烦杂混乱的局面投射到战国时期，并把这种局面视为当时刑名之学的主要成因。这是汉代人囿于自身所处的时代因素而得出的时代意见，并非符合战国实情的历史意见。

余篇，文章繁，罪名重，郡国用之疑惑，或浅或深，自吏明习者，不知所处，而况愚民！律令尘蠹于栈阁，吏不能遍睹，而况于愚民乎！此断狱所以滋众，而民犯禁滋多也。"宜犴宜狱，握粟出卜，自何能谷？"刺刑法繁也。亲服之属甚众，上杀下杀，而服不过五。五刑之属三千，上附下附，而罪不过五。故治民之道，务笃其教而已。

他们指出，导致"奸伪萌生"的根本原因在于法律规范过于繁密。由于汉武帝留下文繁罪重的法制困局，法律规定轻重不一，给官员司法和百姓守法带来困扰。贤良文学大体都是儒生。他们先引《诗经·小雅·小宛》批判烦文重刑，又以《尚书·吕刑》的"五刑之属三千"作为整理法律的模板。这种舆论导向和理论宗旨对后来的法律删减运动有深远影响。

汉宣帝在本始四年（公元前70年）曾下诏称："律令有可蠲除以安百姓，条奏。"[1]但那只是多地发生地震灾异时自我检讨为政过失的罪己之诏，并不是基于现实法律问题而有意识发起的法律改革。后来路温舒上书建议纠正狱吏之弊，其关注点仍然停留在司法层面。宣帝接受其建议，设置廷尉平，又反复下诏申诫有司宽平慎刑，还时常亲自参与断狱。这虽然在一定程度上缓解了司法乱象，终究只是扬汤止沸，不能起到釜底抽薪的效果。所以郑昌批评这种做法，并提出要想根本解决司法弊病必须从立法层面删定律令。但是，宣帝时并没有删减法律的立法活动。[2]而且宣帝虽然对武帝时的苛政有所缓和，但是他重用文法吏、以刑名绳下并主张汉家制度杂以霸王的为政风格也

---

〔1〕《汉书·宣帝纪》。
〔2〕 史籍中有于定国受宣帝之命删定律令的记载，但颇有可疑之处。作为年代最近的史料，《汉书·刑法志》只记载汉武帝时"律、令凡三百五十九章，大辟四百九条，千八百八十二事，死罪决事比万三千四百七十二事"，对于定国删定法律及其成果不仅没有记载，而且说"宣帝未及修正"，也就是说宣帝时并没有进行律令删定工作。但后来的《魏书·刑罚志》却记载，于定国整理出法律"凡九百六十卷，大辟四百九条，千八百八十二事，死罪决比凡三千四百七十二条，诸断罪当用者，合二万六千二百七十二条"。《唐六典·尚书刑部》注的记载是："至武帝时，张汤、赵禹增律令科条，大辟四百九条。宣帝时，于定国又删定律令科条。成帝时，律令烦多，百有余万言，大辟之罪千有余条。"综合比较来看，如果《魏书·刑罚志》记载无误的话，于定国删定之后的法律书目与此前几乎没有区别。况且这两项数字变化粗看起来更像是转抄讹误，即"四百九"讹为"四百九十"，"万"讹为"凡"。也就是说，《魏书·刑罚志》所载极有可能是对汉武帝时法律数目的误引误用。而《唐六典·尚书刑部》注的相关记载则是对《魏书·刑罚志》的简单援引，也不足为据。此外，《汉书·刑法志》中的大辟究竟是"四百九条"还是"四百九十条"也有不同说法，笔者以为应以"大辟四百九条"为准。详见拙作另稿《〈汉书·刑法志〉考释》（待版）。

第一章　西晋法典体系的历史前提

决定了,"文书盈于几阁,典者不能遍睹"的状况不大可能有什么改观。[1]

当时的丞相黄霸要把自己做颍川太守时通过发布"条教"劝善化民的做法推广到各地郡国,却激起京兆尹张敞的批评。他反对郡国长吏在律令已经繁密的情况下再擅为条教,更增烦乱。[2]他的主张也隐约表达出对汉代法律体系及其施行效果的一些担忧。

后来,删定法律问题终于正式成为朝廷议题。柔仁好儒的汉元帝甫一即位(可能在公元前48年)就下诏称:

> 夫法令者,所以抑暴扶弱,欲其难犯而易避也。今律、令烦多而不约,自典文者不能分明,而欲罗元元之不逮,斯岂刑中之意哉!其议律、令可蠲除轻减者,条奏,唯在便安万姓而已。[3]

这份诏书第一次以官方名义提出删减法律的政策。只不过,这项政策落实下来也只是减省刑罚七十余事的小打小闹,不足以扭转大局。所以,汉成帝河平年间(公元前28年~公元前25年),又下诏曰:

> 《甫刑》云:"五刑之属三千,大辟之罚其属二百。"今大辟之刑千有余条,律、令烦多,百有余万言,奇请它比,日以益滋,自明习者不知所由,欲以晓喻众庶,不亦难乎!于以罗元元之民,天绝亡辜,岂不哀哉!其与中二千石、二千石、博士及明习律、令者议减死刑及可蠲除约省者,令较然易知,条奏。《书》不云乎?"惟刑之恤哉!"其审核之,务准古法,朕将尽心览焉。[4]

这份诏书透露出三个重要信息:

首先,当时大辟之刑千余条、律令百余万言的数目规模较之汉武帝时更加庞杂难制。在贤良文学"自吏明习者不知所处""律令尘蠹于栈阁,吏不能遍睹"、宣帝诏书"自典文者不能分明"之后,这份诏书再次使用"自明习者不知

---

[1]《汉书·元帝纪》载:"(元帝)壮大,柔仁好儒。见宣帝所用多文法吏,以刑名绳下,大臣杨恽、盖宽饶等坐刺讥辞语为罪而诛,尝侍燕从容言:'陛下持刑太深,宜用儒生。'宣帝作色曰:'汉家自有制度,本以霸王道杂之,奈何纯任德教,用周政乎!且俗儒不达时宜,好是古非今,使人眩于名实,不知所守,何足委任?'乃叹曰:'乱我家者,太子也!'"

[2]《汉书·循吏传》载其言曰:"汉家承敝通变,造起律令,所以劝善禁奸,条贯详备,不可复加。"

[3]《汉书·刑法志》。

[4]《汉书·刑法志》。

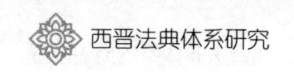

所由"这样的话描述法律庞杂烦乱的程度。反复重申的背后隐含着深刻的问题。

其次,朝廷为有效推进法律删减工作,特地细致规定组织朝议的参与人员、具体话题、工作侧重等问题,较之宣帝诏书更具有针对性和可操作性。

最后,诏书明确提出删减法律工作的义理根据和最终目标,即以儒学经义为旨归。诏书开头引用《尚书·吕刑》"五刑之属三千,大辟之罚其属二百"的说法作为批判现有法制弊端的标尺和构建理想法律体系的模板,最后又用《尚书·舜典》"惟刑之恤"的说法作为对删减法律基本宗旨的宏观期许,并明确指出要以儒家经典中的所谓"古法"为改革目标。这是汉代经学作为一种意识形态渗透到立法活动的体现。

总体来说,这份诏书的宗旨和思路与贤良文学大体一致,而面对的困境却较前者更甚。

然而尽管频发诏书,元、成二帝删减法律的主观意愿却并未得到有效贯彻,删定律令的活动基本上都是雷声大雨点小,最后不了了之。东汉史家班固对此评价道:

有司无仲山父将明之材,不能因时广宣主恩,建立明制,为一代之法,而徒钩摭微细,毛举数事,以塞诏而已。是以大议不立,遂以至今。[1]

西汉中后期,删减法律的呼声固然很高,但当时面对长期积累的庞杂法律,无论是在思维方法还是在实践经验上似乎都没有具体可行的办法。况且,当时国家治理各方面都在面临巨大挑战,删减法律只是其中一项工作,通过加强对司法的约束也可以暂时减缓压力。加之,从哀帝、平帝到王莽篡政,政治形势急转直下,改革法律问题更加受到忽视。[2]可见,删减法律工作的客观条件尚不成熟,责任也并不能简单归结于有司的无能或敷衍。

东汉法制大体因循西汉,法律体系方面的问题和解决问题的尝试都在延续,采行旧典与法律整理两条线索彼此交织,为法律体系化和法典化高潮的到来做最后的酝酿和准备。[3]

---

[1]《汉书·刑法志》。

[2]《汉书·王莽传》载王莽曰:"百官改更,职事分移,律令仪法,未及悉定,且因汉律令仪法以从事。"

[3] 参见秦涛:"后汉'旧典'考释——兼论前汉法制在后汉的适用问题",载徐世虹主编:《中国古代法律文献研究》(第七辑),社会科学文献出版社2013年版。

在当时，有些改革法律的建议或举措，貌似涉及法律的体系化和法典化，但事实并非如此。例如，光武帝建武十二年（公元36年），梁统在上疏中建议"定不易之典，施无穷之法"[1]。但其侧重点可能只在确定严厉的刑罚制度，还未涉及法律整理或法典编纂问题。[2]建武十四年（公元38年），"群臣请增科禁"[3]也与此类似。汉章帝元和三年（公元86年），郭躬"条诸重文可从轻者四十一事"[4]，则是在此问题上的反向努力。

但同时，基于法律逻辑体系角度提出整理法律的主张也确实在陆续出现。

建武二年（公元26年），桓谭上疏指陈法律规定轻重不一、刑开二门的弊病乱象，进而建议"今可令通义理明习法律者，校定科比，一其法度，班下郡国，蠲除故条"[5]。他的这个建议已经触及法律的统一协调问题，但仍有两方面因素尚不成熟：一是着眼点在于科、比等位阶层次较低的法律形式，而不是直接针对律令等法律主干；二是只作为一种动议而无具体可行的技术方案，需要等待法律专业人才进行细化斟酌。

汉和帝永元六年（公元94年），陈宠出任廷尉着手钩校律文，在历史上第一次提出理论完备的法律整理方案。他的这套改革方案最大的特色不在于简单地主张删减法律，而在于从儒家经义中发掘指导现实法律改革的理论依据，并通过完整的逻辑建构提出具体可行的操作办法。他在讨论现实法律状况和理想法律体系的关系前，树立起儒家的礼刑关系原理作为论证的预设前提。这个作为大前提的原理就是"礼之所去，刑之所取"，即礼与刑一一对应。这个认识当然并非历史的真实，而主要来自儒家的传统理念和汉代学者的理论提炼。[6]论证过程的小前提有两个：一是儒家经典中理想的礼、刑数

---

[1]《后汉书·梁统传》。
[2] 参见［德］陶安：《秦漢刑罰體系の研究》，創文社2009年版，第361~363页。
[3]《后汉书·杜林传》。
[4]《后汉书·郭躬传》。
[5]《后汉书·桓谭传》。
[6] 在陈宠之前，儒家把礼和刑对应起来的说法由来已久。例如，《论语·为政》："道之以政，齐之以刑，民免而无耻。道之以德，齐之以礼，有耻且格。"《荀子·成相》："治之经，礼与刑，君子以修百姓宁。"贾谊《治安策》："夫礼者禁于将然之前，而法者禁于已然之后……庆赏以劝善，刑罚以惩恶……"生于东汉前期的王充曾说："古礼三百，威仪三千，刑亦正刑三百，科条三千。出于礼，入于刑，礼之所去，刑之所取，故其多少同一数也。"（《论衡·谢短》）这个说法与陈宠大体相同，可见这应该是当时比较流行的表达方式。陈宠的贡献在于把这些说法进行了简洁明了的概括和提炼。

目,即"礼经三百,威仪三千"[1],"大辟二百,五刑之属三千",其中最关键的就是"三千"这个数字;二是现实法律条文中罪刑数目的统计,即"死刑六百一十,耐罪千六百九十八,赎罪以下二千六百八十一",合计四千九百八十九。两相比较之后得出的结论就是:现行法律中罪刑数目比《尚书·吕刑》的说法多出一千九百八十九条,其中死刑多出四百一十条,耐刑多出一千五百条,赎刑多出七十九条。从儒家经典出发,到现实法律改革方案,虽不免牵强附会之处,却可以说构成一个完整的法理论证过程。在经过这个论证之后,以删减整理律令为主题的法律改革方案实际上已经呼之欲出,即以"应经合义"为基本原则,把罪刑条文删减为三千条,其中死刑条文删减为二百条。

当然,这个方案如果要被采纳,仅仅凭借儒家经义和技术理性还不足以说服当政者,因为法律改革要克服的心理障碍同样不容忽视。两汉王朝虽然中有间断,但是刘氏天下的政权底色未变,因此要全盘改革历代积累下来的法律,其观念阻力极为强大。有鉴于此,陈宠选择借用当时流行的谶纬学说来补强论证,佐证法律改革的正当性和可行性。东汉时谶纬观念十分盛行,涉及国家大事的活动往往都要借其寻求舆论支持。当时流行一种谶纬学说,认为王朝政治存在以三百年为一周期的历史循环规律。陈宠引用纬书《春秋保乾图》说:"王者三百年一蠲法。"[2]他结合纬书的这一说法推论道:汉王朝至今已经三百余年,三百年间积累下来的法律条文数目繁巨,而且增长势头不减,各种法律解释学说彼此不同更是火上浇油,因此极有必要顺应王道运行的规律,施行一次彻底的法律改革。经此推论之后,陈宠主张的说服力得到显著增强。不过遗憾的是,陈宠没多久就因诏狱吏与囚交通罪而获刑免官,此后虽然得以免刑转任其他官职,但是法律改革一事也就再无下文。后来其子陈忠出任"主知断狱"的三公尚书,又把陈宠的法律改革方案改版为二十三条的《决事比》上奏朝廷。但这仍不能达到彻底整理法律的目的。

然而"三百年一蠲法"的谶纬学说非常盛行,数十年后仍有法律界外的

---

[1]《孔子家语·弟子行》:"礼经三百,可勉能也;威仪三千,则难也。"《大戴礼记·卫将军文子》略同。《汉书》的《艺文志》《礼乐志》简称为:"礼经三百,威仪三千。"《礼记·礼器》:"经礼三百,曲礼三千。"《礼记·中庸》:"礼经三百,曲礼三千。"

[2]《后汉书·陈宠传》。

人物以此为据提出系统整理法律。例如，汉顺帝永建二年（公元127年），家传图谶数术之学的杨厚就用汉有"三百五十年之厄"来解释当时的灾异频发现象，并提出应该"蠲法改宪"[1]。这里"三百五十年之厄"的说法就是以纬书《春秋命历序》所提及的"五七"之数作为依据。[2] 阳嘉二年（公元133年），郎𫖮又上书顺帝，根据《诗氾历枢》《易雄雌秘历》等纬书和《易经》的义理指出，自汉文帝改法除肉刑以来正合三百年，应该"大蠲法令""除烦为简""改元更始"。当尚书台进一步追问其依据时，他不仅抬出纬书虚构的孔子之言"汉三百载，斗历改宪"来为自己背书，还借用《易经》"易则易知，简则易从，易简而天下之理得矣"的话来佐证"王者之法，当使易避而难犯"的道理。[3] 郎氏应答可谓亦虚亦实，亦幻亦理，然而其说却只是载于史书而未变成现实。推原其故，可能是由于其只有虚空的主张而无具体的方案。

（二）富有新意的做法和说法

从西汉中期到东汉后期的法律删减整理活动虽然动议频繁，却都没有真正落到实处，取得实效。这正如后世史家所说："虽时有蠲革，而旧律繁芜，未经纂集。"[4] 尽管如此，法律家们在此数百年间的不懈努力和探索，仍为后世构建法典体系提供了一些具有启发意义的做法和说法。

首先值得一提的就是，作为自发整理法律活动产物的汉"科"。

"科"的本始含义是等级和品类，最早用于衡量和区分谷物，后来成为对人、事、物进行广泛分类的常见用语。[5] 这些分类有纵、横两种关系模式。纵向上的分类，可以分出上下、高低、优劣、好坏的等级；横向上的分类，则只做并列类型的区分，没有等级好坏的差别。汉代太常博士弟子试射策的

---

[1]《后汉书·杨厚传》。

[2]《后汉书·杨厚传》李贤注曰："《春秋命历序》曰：'四百年之间，闭四门，听外难，群异并贼，官有孽臣，州有兵乱，五七弱，暴渐之效也。'宋均注云：'五七三百五十岁，当顺帝渐微，四方多逆贼也。'"

[3]《后汉书·郎𫖮传》。

[4]《晋书·刑法志》。

[5]《说文·禾部》曰："科，程也。从禾从斗。斗者，量也。"又说："程，品也。"《论语·八佾》"为力不同科"皇侃解释道："科，品也。"秦汉时常见的"七科谪"，是把科的这层含义应用到政策治理层面的典型例证。所谓"七科"即按照七条标准选出的七类人。《史记·大宛列传》《集解》引张晏云："吏有罪一，亡命二，赘婿三，贾人四，故有市籍五，父母有市籍六，大父母有籍七：凡七科。武帝天汉四年，发天下七科谪出朔方也。"

甲科、乙科、丙科即为前例。[1] 汉代选任人才的"辟士四科"则属后例。[2] "科"的这些用法自然也会被引入法律领域。例如，《汉书·景武昭宣元成功臣表》记载，汉景帝时初开"封赏之科"。这里的"科"，可能是景帝时的说法也可能是班固转述时的说法。如果说具有法律规范的含义，也仍是对其"类别"含义的转用。[3] 在汉代，以区分类别为基本功能的"科"主要产生了两种法律效果：

一是创设具有一定独立性的新法律形式。这时，"科"可以理解为"……方面的规定"，就其形式来说可以摆脱律令而独立施行，而且其内容通常也有一些独有的新规定。[4] 只不过相对于律令来说，作为独立法律形式的"科"，主要表现出效力层级较低、事务具体琐碎、条列方式较为细密、立法程序较为随意等特点。

汉代有些地方官可以制定针对特定具体事务的临时性"科例""科令"。[5] 王莽时正式在诏书中使用"科条"一词。[6] 当时在偏远的西北边防地域也在执行以奖赏为主题的"科条""科别"等法律。[7] 汉桓帝时诏书称："民有不

---

[1]《史记·张丞相列传》："(匡衡)才下，数射策不中，至九，乃中丙科。"《史记·袁盎晁错列传》《索隐》引《汉旧仪》云："太常博士弟子试射策，中甲科补郎，中乙科补掌故。"《史记·儒林列传》《索隐》引如淳云："《汉仪》弟子射策，甲科百人补郎中，乙科二百人补太子舍人，皆秩比二百石。次郡国文学，秩百石也。"《汉书·孔光传》："是时，博士选三科，高为尚书，次为刺史，其不通政事，以久次补诸侯太傅。"

[2]《后汉书·和帝纪》李贤注引《汉官仪》曰："建初八年十二月己未，诏书辟士四科：一曰德行高妙，志节清白。二曰经明行修，能任博士。三曰明晓法律，足以决疑，能案章覆问，文任御史。四曰刚毅多略，遭事不惑，明足照奸，勇足决断，才任三辅令。皆存孝悌清公之行。自今已后，审四科辟召，及刺史、二千石察举茂才尤异孝廉吏，务实校试以职。有非其人，不习曹事，正举者故不以实法。"

[3] 其例子除前述"封赏之科"外，还有汉成帝时平当在参议淳于长封赏之事时提到的"封爵之科"。事见《汉书·平当传》。

[4]《汉书·景武昭宣元成功臣表》。

[5]《汉书·何武传》《后汉书·循吏传·仇览传》。

[6]《汉书·食货志》载王莽诏书曰："每一斡为设科条防禁，犯者辠至死。"

[7] 王莽时曾在"诏书下行文"中发布"购赏科条"。(魏坚主编：《额济纳汉简》，广西师范大学出版社2005年版，第232~233页) 东汉初年作为地方半独立势力的窦融集团也曾颁行同样以奖赏为内容的"捕斩匈奴虏反羌购偿科别"。(甘肃省文物考古研究所等编：《居延新简》，中华书局1994年版，第217~235页) 这些以"科"命名的法律，都具有内容具体详细、形式相对独立的特点。(参见张忠炜："'购赏科条'识小"，载《历史研究》2006年第2期；"《居延新简》所见'购偿科别'册书复原及相关问题之研究——以《额济纳汉简·购赏科条》为切入点"，载《文史哲》2007年第6期) 此外，东汉元和二年 (公元85年) 时还有专门针对南匈奴人计功受赏的"常科"(《后汉书·南匈奴传》)，也应属于此类。

第一章　西晋法典体系的历史前提

能自振及流移者，禀谷如科。"[1]"举吏先试后覆之科"[2]。这些"科"应该也是特指某个确有具体内容的法律规范。由于"科"成为一种法律形式而独立存在，所以其含义又常会被泛化使用，出现作为宽泛意义上"法律规范"总称的含义的用法。例如，汉明帝时针对奢侈厚葬现象下诏"申明科禁"[3]，汉章帝时针对贵戚奢纵下诏完备"科条"之禁，[4]陈宠上奏称汉代"宪令稍增，科条无限"[5]，陈忠上疏称汉高祖时有"宁告之科"[6]，左雄上疏所言"有不承科令者，正其罪法"[7]，诸如此类表述中的"科"，在不能保证是原文件正式命名的前提下，就应该认定为泛指的法律。[8]（这种情况在原来的律、令身上也曾发生）。这种具有独立属性的底层法律形式的出现，为汉末魏初临时性取代"律"的"魏科"（包括魏国之科和魏朝之科）的诞生埋下了伏笔。

二是作为对现有法律的细化分类工具。这时的"科"不能被视为独立的法律形式，只是对原有正式法律进行二级分类时的方便性称谓，是一种自发采用的概念工具。例如，杜钦在为冯野王开罪辩护时说"一律两科，失省刑之意"。[9]这里的"科"是科刑的意思，即在律文基础上定罪量刑的处理方式。当时出现同样的律文被解读为两种罪名刑罚，由于不合法理而受到杜钦的批评。这是反面的例子。正面的例子也有。王莽曾下书称："惟贫困饥寒，犯法为非，大者群盗，小者偷穴，不过二科，今乃结谋连党以千百数，是逆乱之大者，岂饥寒之谓邪？"[10]这里的"科"是对正式法律规范里的一些逻辑相近内容（包括罪名及其对应的刑罚）的归纳总结，为表述方便而给它取

---

[1]《后汉书·桓帝纪》。
[2]《后汉书·黄琼传》。
[3]《后汉书·明帝纪》。
[4]《后汉书·章帝纪》。
[5]《后汉书·陈宠传》。
[6]《后汉书·陈宠传附子忠传》。
[7]《后汉书·左雄传》。
[8] 尤其是陈忠所说的"宁告之科"，就与其此前上言中提到汉宣帝时的令文内容相合。他说："孝宣皇帝旧令，人从军屯及给事县官者，大父母死未满三月，皆勿徭，令得葬送。"随后尚书令祝讽又称之为"告宁之典"。有可能"宁告之科""告宁之典"指的就是当时令文所规定的具体内容。如果是这样的话，那么此时的"科"就没有具体的法律形式的含义，只是作为一般泛指法律的意义在使用。
[9]《汉书·冯奉世传附子野王传》。
[10]《汉书·王莽传》。

一个名字称为"某某之科"。此后，陈宠上书"除惨酷之科五十余条"[1]，陈忠所称为"宪令所急"的"亡逃之科"[2]，应劭所说"杀人者死，伤人者刑，此百王之定制，有法之成科"[3]，鲁恭议奏中提到"大辟之科"[4]，都属于这种情况。

这些"某某之科"单纯以现有法律内容为依据，通常不会再做新的规定，只能在依赖法律正文的前提下发挥便捷的效用，因而不能视为独立的法律形式。从内容和功能来看，它们很可能就是东汉时期开始出现的"律目"。张家界古人堤出土的东汉木牍律目就是其出土例证。[5]此类律目在后世法典中较为常见，[6]但其在汉代的出现却是了不起的法律进步。

东汉初桓谭提议选拔通义理明习法律者"校定科比"。这里的"科"就是依据事类而做出的条文排列，"比"就是分别事类的规则凡例。[7]后来陈宠为司徒鲍昱整理多年积累、事类溷错的辞讼文件而撰成《辞讼比》七卷。这些"科条"最大的特色就在于"以事类相从"[8]。这些"科"虽然不能视为正式法律，但在某种程度上实现了对法律内容的提炼、归类和整理，为后世的构建法典体系做了基础性和技术性的工作。

值得一提的是，这些依附性的"科"主要出现在刑法领域，表现出浓厚的刑事意味，以至于到汉末其定罪量刑的含义越发凸显和明确。[9]这同时也反映出"律"的刑事化转向的大问题。

西汉法律形式的划分标准比较复杂。在多数情况下，是按照法律的权威等级划分。等级最高的律，内容重要性、形式稳定性和效力强制性最强，令居其次，科、比、品、式、故事、章程、军法、诸儒章句等各种辅助性法律规范等级最低。同时也存在按照内容性质进行划分的情况。礼的内容有时会

---

[1] 《后汉书·陈宠传》。
[2] 《后汉书·陈宠传附陈忠传》。
[3] 《后汉书·应奉传附应劭传》。
[4] 《后汉书·鲁恭传》。
[5] 参见陈伟："秦汉简牍所见的律典体系"，载《中国社会科学》2021年第1期；张春龙、李均明、胡平生："湖南张家界古人堤简牍释文与简注"，载《中国历史文物》2003年第2期。
[6] 目前所能看到的唐、宋、明、清律典，通常都有概括律条含义的条目或类目。这些条目和类目与律典篇目合称为律目。律目是法典编纂技巧和立法者法学理论的体现。律目概括是否得宜，对司法实践影响很大。相关研究可以参见张田田：《〈大清律例〉律目研究》，法律出版社2017年版。
[7] 参见《后汉书·桓谭传》及李贤注。
[8] 《后汉书·陈宠传》。
[9] 汉末刘熙《释名》："科，课也。课其不如法者罪责之也。"

被吸收到律令中，以律令的名目出现，有时则会作为礼仪等方式独立存在，表现为一种与律令相区分的法律形式。这样纵横交错的复杂状态，既不合乎逻辑也不利于遵守施行。

这种情况到东汉时逐渐有所改变，各种法律形式的名称与内涵开始经历大幅调适。其基本思路是按照单一标准即法律事项性质进行重新分类，其最突出的表现就是律的刑事化转型。东汉时，"律"与定罪量刑的联系日益紧密。东汉法律家在此背景下展开的法律史塑造活动，最核心的话题就是以刑为主的所谓"九章律"。

前文已经论及，作为法典的"九章律"在汉初并不存在。实际上，"九章律"是一个基于特定法律观念而层累渐成的史学叙事的产物。这个渐成的过程主要就发生在东汉。[1]

西汉中期的司马迁在《史记》中并无一处提及"九章律"或"律九章"，谈到萧何整理法律时也只是用了"次律令"三个字。但是到了东汉前期，"汉律九章"一说已经逐渐流行起来。班固在其《汉书》中先后提到萧何"作律九章"（《刑法志》）、"汉兴萧何草律"（《艺文志》）、"汉章九法，太宗改作"（《叙传下》）三种说法。但这三处表述并不一致。这说明有关"九章律"的说法在当时还处在塑造过程中，没有形成最终定本。所以才会有王充通过自设问答的方式对此问题提出的一系列质疑：

> 法律之家，亦为儒生。问曰："《九章》，谁所作也？"彼闻皋陶作狱，必将曰："皋陶也。"诘曰："皋陶，唐、虞时。唐、虞之刑五刑，案今律无五刑之文。"[2]或曰："萧何也。"诘曰："萧何，高祖时也。孝文之时，齐太仓令淳于德（意）有罪，征诣长安，其女缇萦为父上书，言肉刑一施，不得改悔。文帝痛其言，乃改肉刑。案今《九章》象刑，非肉刑也。文帝在萧何后，知时肉刑也，萧何所造，反具肉（象）刑也？而云《九章》萧何所造乎？"古礼三百，威仪三千，刑亦正刑三百，科条三千，出于礼，入于刑，礼之所去，

---

[1] 张忠炜、张春龙认为："九章律之所以能从繁多律篇中凸显出来，既与汉律体系开放性有关，也与对诸律篇价值的估定相关，极可能是律令学发展的产物，即为便于传习律令知识，主观选择并固定'律本'的结果。"但他们支持滋贺秀三的看法，认为这个现象主要出现在武帝晚期或昭宣时期。（张忠炜、张春龙："汉律体系新论——以益阳兔子山遗址所出汉律律名木牍为中心"，载《历史研究》2020 年第 6 期）

[2] 汉成帝时，刘向就曾经说过："今之刑非皋陶之法。"（《汉书·礼乐志》）王充此处正是发挥其说。

刑之所取，故其多少同一数也。今《礼经》十六，萧何律有九章，不相应，又何？五经题篇，皆以事义别之，至礼与律，独（犹）经也，题之，礼言昏（经）礼，律言盗律何？[1]

这段文字传达出的信息表明，"九章律"的概念在东汉前期还没有定型，其作者、内容与篇数都还存在争议。但也可以从中发现当时人对"九章律"概念塑造的几条线索：

首先，"九章律"的规定与当时现行有效的律相一致，很可能就是从现行律中提炼出来的。只不过要给这被提炼出来的"九章"追授更古老的渊源，设计早期的创始者。当时有人提出皋陶，[2]有人提出萧何，王充借儒生的追问指出这两种说法都存在矛盾之处。然而在后文中，他又直接提到"萧何律有九章"。可见在当时把"九章律"挂靠到萧何身上的说法更为流行。这恐怕和汉人对萧何形象的历史定位有关。[3]

其次，"九章律"是由于显著的刑法属性而在汉代内容广泛的律中被凸显出来的。象刑（指当时的髡钳城旦舂等刑罚）、出礼入刑、盗律等刑事法律概念，都显示出"九章律"区别于其他汉律的内容特征。经此塑造之后，整个汉代法律就被划分为刑与非刑两大板块。[4]其中，刑的部分集中体现在"九章律"中，非刑的部分散布在其他法律中。一如前文所述，这种对律篇的分

---

[1]《论衡·谢短篇》。该段资料有几处文字疑义，如：德（意）、肉（象）、昏（经）等，一如前人所述。参见黄晖撰：《论衡校释（附刘盼遂集解）》，中华书局1990年版，第565~567页。

[2] 在传世文献中，皋陶原是"上古四圣"之一，到汉代却变成立法断狱的狱神。其法官角色的突出与当时崇经重律的文化氛围有关。参见邓长春："狱神皋陶崇拜考论"，载朱勇主编：《中华法系》（第十二卷），法律出版社2019年版。

[3] 在两汉人眼里，萧何是汉代法制的奠基人。司马迁说萧何"次律令"（《史记·太史公自序》），扬雄说"萧何造律"，班固、陈宠说"萧何草律"（《汉书·艺文志》《后汉书·陈宠传》），陈忠说"萧何创制"（《后汉书·陈宠传附陈忠传》），曹操说"萧何定律"（《三国志·魏书·高柔传》）。然而这些追述也有不严谨的地方。例如，陈宠说："萧何草律，季秋论囚，俱避立春之月。"（《后汉书·陈宠传》）然而汉代法律确定季秋论囚制度实际上不始于萧何，而是东汉章帝。《后汉书·章帝纪》载，东汉章帝元和二年（公元85年）下诏："王者生杀，宜顺时气。其定律：无以十一月、十二月报囚。"这更说明，萧何是汉代法律史上箭垛式的人物，对其身上的法律标签更应谨慎对待。

[4] 徐世虹认为，"法经""九章"可能是当时法律人"在以刑法为核心地位的意识下的表述"，"其主要指代的应是秦汉的刑事法律而非全部的秦汉律，秦《法经》、汉'九章'同宗六篇，凸显的是刑法意识下的法制变迁"，当时各种法律"所呈现的是由性质较为明确的刑律之篇与涉及国家各项事务的职事之律构成的一个体系"。参见前揭徐世虹："文献解读与秦汉律本体认识"。

第一章 西晋法典体系的历史前提

类早在西汉文帝时期就已经出现。但是"九章律"概念的新意在于,"律"不再被分为刑事与非刑事两类,而是经由"律本""正律"等名号的过渡之后,正式成为刑事法律规范的专有称谓,原来具有非刑事内容的"律"被归为"傍章"或"旁章"。[1]如此一来,律与非律的法律形式之辨就从权威效力等级的差别转变为内容属性的差别。换言之,"律"的概念大幅缩窄。

目前所知"律本"一词首见于汉末应劭《律本章句》的书名,是东汉中后期本末之辨思潮在法律界的表现。[2]"正律""旁章"等概念则集中出现在曹魏刘卲[3]的《魏律序》文中,表现出当时人对汉代法律的结构性认知。这些律学概念尽管首见于汉魏之际,但可以肯定的是,其必然是东汉律学长期积累的产物,是对汉代法律体系进行梳理建构活动的真实反映。它们既是基于法律实践进行理论概括、提炼的成果,同时也深刻塑造了人们对汉代法律的认知。

再回到东汉人的"九章律"说法上来。生于东汉中后期的崔寔提到:

> 昔高祖令萧何作九章之律,有夷三族之令,黥、劓、斩趾、断舌、枭首,故谓之具五刑。文帝虽除肉刑,当劓者笞三百,当斩左趾者笞五百,当斩右趾者弃市。右趾者既殒其命,笞挞者往往至死,虽有轻刑之名,其实杀也。当此之时,民皆思复肉刑。至景帝元年乃下诏曰:"加笞与重罪无异,幸而不死,不可为人。"乃定律,减笞轻捶。自是之后,笞者得全。[4]

可见在当时,"九章律"出于萧何的说法已经确定,其侧重刑法的属性特征也再次得到体现。不过,当时的说法较之此前又有新的变化。即,"九章律"不再被等同为现行律,而被认为是一个历史上的法律,其内容随时代变

---

[1] 参见徐世虹:"说'正律'与'旁章'",载孙家洲、刘后滨主编:《汉唐盛世的历史解读——汉唐盛世学术研讨会论文集》,中国人民大学出版社 2009 年版。

[2] 本是主体,末是枝蔓。东汉中期以后最大的社会弊病就在于舍本趋末,当时思想界已经注意到这个问题,普遍提倡务本。例如,王符《潜夫论》、徐幹《中论》、刘廙《政论》、桓范《世要论》、杜恕《体论》、刘卲《人物志》都具有浓厚的本末之辨的思维特质。

[3] 刘卲之名,《三国志》本传载为"劭",《荀彧传》载为"邵",《晋书·刑法志》载为"邵",其余文献转述各有遵循,斟酌甚详,不胜其扰。今据宋庠《〈人物志〉后记》考证当为"卲",所辨精核。主要理由是:刘卲字孔才,按照古人的称呼习惯,名与字之间通常都有含义关联。根据许慎《说文》、李舟《切韵》,"卲"有高、美之义,与其字"孔才"的义项相合。而"邵""劭"都没有这方面的意思。同时传世文献中也有将"卲"讹抄为"邵"的例子作为佐证。《四库全书总目·杂家类》、李慈铭《桃花圣解盦日记·甲集》六七、卢弼《三国志集解》卷二一皆持其说。笔者从之。

[4] 《后汉书·崔骃传附崔寔传》。

迁而有一个沿革的过程。这就有效解释了王充所提出的"九章律"内容上矛盾的疑问。但是，对于"九"的理解仍然没有落实。所谓"九章"究竟是具体的九个篇章还是抽象的泛指周延完备，目前仍难确知。[1]

"九章律"篇目的具名化至迟要到曹魏。刘邵在其《魏律序》中提到"正律九篇"，并且明确指出这九篇正律是在《法经》六篇基础上新增三篇而来。但其随后在说明曹魏对汉律篇目调整的行文过程中提到的九篇汉代旧律却是：《盗律》《贼律》《金布律》《囚律》《兴律》《杂律》《具律》《厩律》《告劾律》。[2]这与后来唐人描述的"九章律"篇目颇有不同。[3]出现这种情况，或者是由于后人说法有误，或者是由于刘邵提到的这九篇并非意指"正律九篇"。然而刘邵又说，"新律"十八篇"于正律九篇为增，于旁章科令为省"[4]。这似乎又是在暗示汉代旧律在"正律九篇"之外就是"旁章科令"。也就是说，只有九篇得称为律，其他则只是旁章科令，也就是其文中所提及的《令丙》《令乙》《丁酉诏书》之类法律。若果真如此，则九篇的名目似乎又要坠入疑云迷雾之中。

刘邵《魏律序》提到的另一个重要律学概念是"法经"[5]。"法经"据

---

[1] 在古代数术之学中，"九"常常泛指众多、极多。如清代汪中所说，"九"是"数之终"，先王制礼"三之所不能尽者，则以九为之节，'九章''九命'之属是也，此制度之实数也"。[（清）汪中撰：《述学·释三九·上》] 所以"汉章九法""律九章"等表述，起初可能就是泛指许多重要的律篇。后来才逐渐被后人附会和实指化，成为九个具体的律篇。这种情况在汉代还有一个类似的例子。"九卿"在汉初也是泛指同一秩级的若干官职，后来逐渐特指九个具体官职。这背后同样也有一个思想传统、经典观念和理性行政等多重因素综合作用的结果。参见孙正军："汉代九卿制度的形成"，载《历史研究》2019年第5期。

[2] 根据《晋书·刑法志》所载，刘邵《魏律序》行文提到的律篇名中，凡是篇名后紧接"有"字的应该就是汉代旧律篇，篇名前用"以为""别为之"的应该就是曹魏新创律篇。唯一特殊的"别入《告劾律》"，笔者以为应该是指原有律篇。

[3] 对"九章律"篇目名称最为主流的说法广泛见于唐人记载。唐初辛玄驭主要执笔的《晋书·刑法志》认为九篇分别是：盗、贼、网（囚）、捕、杂、具、兴、厩、户。后来的《唐律疏议》和《唐六典》则记为盗、贼、囚、捕、杂、具、户、兴、厩。虽然篇目顺序略有差异，但是这九个篇名却因此而成定论，相沿不改。

[4] 《晋书·刑法志》。

[5] 依据《晋书·刑法志》《唐律疏议》和《唐六典》注以及《通典》的记述，魏文侯师李悝"撰次诸国法"而成《法经》六篇，成为唐人追述唐律渊源时所尊崇的法典始祖。浅井虎夫说："徵之历史，则战国时，魏李悝《法经》六篇，当为中国编纂法典之始。"（［日］浅井虎夫：《中国法典编纂沿革史》，陈重民译，李孝猛点校，中国政法大学出版社2007年版，第6页）程树德在《九朝律考·汉律考序》中也称李悝《法经》"其源最古"［程树德：《九朝律考》，中华书局2006年版，第1页］，并将其列为"律系表"的首位。但其究竟属于国家法律还是私人著述？其辑佚引文是真是假？甚至于该书是否曾经存在？目前仍是聚讼纷纭的疑难问题。有学者对《法经》真伪问题进行探讨。例

说是战国时李悝所做,共有六篇,但在刘邵之前的所有传世文献中却未留下任何蛛丝马迹。刘邵《魏律序》把"法经"六篇作为"九章律"的渊源。[1]这也是此前文献完全没有提及的历史情节。可见,"法经"是汉代律家在根据新观念而对汉律历史进行追述、塑造的延伸性衍生品。而后,北朝的魏收在《魏书·刑罚志》也提出"商君以法经六篇入说于秦"的说法。到了唐代初年,《晋书·刑法志》采纳了刘邵、魏收的建议,正式把从李悝和商鞅的"法经"到汉代的"九章律"这条法典传承的线索描述得确凿无疑、情理顺畅:

是时承用秦汉旧律,其文起自魏文侯师李悝。悝撰次诸国法,著法经。以为王者之政,莫急于盗贼,故其律始于《盗》《贼》。盗贼须劾捕,故著《网》《捕》二篇。其轻狡、越城、博戏、借假不廉、淫侈、逾制以为《杂律》一篇,又以《具律》具其加减。是故所著六篇而已,然皆罪名之制也。商君受之以相秦。汉承秦制,萧何定律,除参夷连坐之罪,增部主见知之条,益事律《兴》《厩》《户》三篇,合为九篇。[2]

然而这段常为后世据引的经典文献,实际上出自刘邵《魏律序》(参见下文)。而且其文句之间,存在不少纰缪难解之处。甚至有学者指出,"法经"篇数为"六"和命名为"经"等细节信息,都有秦汉时代五德运数和经学独尊观念的影子。[3]

(接上页)如,[日]小川茂树:"李悝法经考",载《东方学报(京都版)》1933年第4册;李力:"从几条未引起人们注意的史料辨析《法经》",载《中国法学》1990年第2期;殷啸虎:"《法经》考辨",载《法学》1993年第12期;何勤华:"《法经》新考",载《法学》1998年第2期;廖宗麟:"李悝撰《法经》质疑补证",载《河池学院学报(哲学社会科学版)》2006年第1期;陈梦竹、薛嵩:"《法经》论考",载《法制与社会》2009年第22期。有学者对《法经》性质进行探讨。例如,陈炯:"《法经》是著作不是法典",载《现代法学》1985年第4期;张传汉:"《法经》非法典辨",载《法学研究》1987年第3期;何勤华:"《法经》:中国成文法典的滥觞",载《检察风云》2014年第8期。有学者对《法经》辑佚引文真伪进行探讨。例如,张警:"《七国考》《法经》引文真伪析疑",载《法学研究》1983年第6期;蒲坚:"《法经》辨伪",载《法学研究》1984年第4期;阮啸:"《法经》再辨伪",载《法制与社会》2007年第7期。日本学者仁井田陞也曾对此《法经》的真实性提出质疑。([日]仁井田陞:《唐令拾遗》,粟劲等编译,长春出版社1989年版,第802页)关于《法经》存在的各种主要观点及推论,又可参见曹旅宁:《秦律新探》,中国社会科学出版社2002年版,第60~63页。

[1]《晋书·刑法志》载刘邵《魏律序》曰:"旧律因秦法经,就增三篇,而具律不移,因在第六。"
[2]《晋书·刑法志》。
[3] 参见袁也:"《法经》伪史始末考",载华东师范大学法律史研究中心编:《法律史研究》(第六辑),法律出版社2019年版。

汉末律家文颖在注释汉律时"喜辨其沿革流变"[1]，也是通过梳理法史塑造汉律映像的重要体现。他称萧何所定律令为"律经"[2]，意即"律之经"，犹如后世所谓"万世不变之常法"[3]。其命名模式与"法经"正相符合。[4]刘邵《魏律序》又称："悝撰次诸国法，著法经。以为王者之政，莫急于盗贼，故其律始于盗贼。"可见，"法经"的内容究竟是"律"是"法"，在刘邵那里其实也还没有确定。这就更可暗示"法经"与"律经"这对概念的密切关联。

此外，东汉律学还流传着各种"律说"，形成"律有三家，其说各异"[5]的争鸣局面。这种法律学术繁荣发展的局面，既有经学风气的熏染之功，也源于律学各家对汉代法律的不同理解，与当时律学对法律体系持续深入的探讨息息相关。

总之，汉"科"在法律整理活动中的自发成长，"九章律""律本""正律""旁章""律经""法经""律说"等后起法律概念的陆续提出，无不寄托着从东汉到曹魏法律家的法律体系化理想，闪耀着数百年间法律家的智慧光芒。这些基于法律实践而产生的做法和说法，在给后世正确认知秦汉法律的本来面貌设置迷局、平添障碍的同时，也为即将到来的法典体系变革储备了丰富厚重的实践经验和理论成果。这种理论储备的历史价值，在魏晋法典编纂活动中得到充分展现。诚如日本学者中田薰所说："庞大驳杂的汉律不便适用的技术困难，固然为原因之一，但是，更必须强调的是汉朝四百年间得到空前发展的法学的多方面影响。"[6]概括来说，这是一个需要法典理论并且

---

[1] 参见龙大轩：《汉代律家与律章句考》，社会科学文献出版社2009年版，第68页。
[2] 《汉书·宣帝纪》文颖注曰："萧何承秦法所作为律令，律经是也。"日本学者堀敏一认为，"令"应该是"今"，这句话应该读为："萧何承秦法所作为律，今律经是也。"[[日]堀敏一："晋泰始律令的制定"，程维荣等译，载杨一凡总主编：《中国法制史考证》（丙编第二卷），中国社会科学出版社2003年版，第285页]
[3] 参见龙大轩：《汉代律家与律章句考》，社会科学文献出版社2009年版，第68页。
[4] 参见李力："从几条未引起人们注意的史料辨析《法经》"，载《中国法学》1990年第2期。
[5] 《后汉书·陈宠传》。关于"律有三家"到底是指哪三家，有许多不同说法。参见俞荣根、龙大轩："东汉'律三家'考析"，载《法学研究》2007年第2期。但李俊强认为，这里的"三"是概指，未必就可以落实到哪三人。（李俊强：《魏晋令初探》，科学出版社2020年版，第49页）笔者认为，如果从经学和律学同构的角度理解，或许会有新的解释。详见后文。
[6] [日]中田薰："关于中国律令法系发达的补考——兼论汉唐间的律学"（备注：因出版需要，论文题目有所变动），载[日]中田薰：《法制史论集》（第四卷），岩波书店1964年版，第215页。转引自[日]堀敏一："晋泰始律令的制定"，程维荣等译，载杨一凡总主编：《中国法制史考证》（丙编第二卷），中国社会科学出版社2003年版，第288页。

产生了法典理论的时代。这个时代的精华正是东汉。

第三节　正式编纂法典的尝试

律令法制的整理活动自西汉中期开始就连续不断，然而法典编纂的呼声和实践却率先出现在礼制方面。从汉明帝到汉和帝时，先后有曹充、曹褒和张奋等人提出制定礼典。而且，曹褒还曾在汉章帝支持下制定出全新体例的"汉礼"一百五十卷，但由于反对意见太多而没有真正颁行。在此之后，法典编纂的重心转移到律令方面，在汉魏禅代之后正式开启，这就是魏明帝时编纂律令法典的立法活动。

一、曹魏编纂法典的成果

东汉王朝最后的二十多年，曹操掌控中央朝政，却没有开展大规模的法律整理汇编活动。原因有二：一是"奉天子以令不臣"[1]的政策让他"难以藩国改汉朝之制"[2]；二是紧张的军政斗争使整理法律既不可能也没有必要。曹操用"定科"的灵活方式在原有法律规范系统之外搞出一套简便易行的战时法律。这种"科"继承的是作为独立法律形式的汉"科"，没有作为辅助汉律进行分类的"科"所具有的法律整理的意味。汉代庞杂的法律文本被暂时搁置一旁，没有得到有效整理，更没有法典体系化的可能。然而，曹操颁布的"新科"[3]与"甲子科"[4]，终究只是一种权宜之法。[5]曹操还曾经大量发布"令"，被后人编为《魏武令》。但无论是从合编的体例次序还是条文的抽象程度看，它都不能称为法典。当时也有许多令以干

---

[1]　《三国志·魏书·毛玠传》。
[2]　《晋书·刑法志》。
[3]　《三国志·何夔传》载："是时太祖始制新科下州郡，又收租税绵绢。夔以郡初立，近以师旅之后，不可卒绳以法，乃上言曰：'自丧乱已来，民人失所，今虽小安，然服教日浅。所下新科，皆以明罚敕法，齐一大化也。所领六县，疆域初定，加以饥馑，若一切以科禁，恐或有不从教者。有不从教者不得不诛，则非观民设教随时之意也。先王辨九服之赋以殊远近，制三典之刑以平治乱，愚以为此郡宜依远域新邦之典，其民间小事，使长吏临时随宜，上不背正法，下以顺百姓之心。比及三年，民安其业，然后齐之以法，则无所不至矣。'太祖从其言。"
[4]　参加《晋书·刑法志》。
[5]　吕思勉："新科盖权造以适时。"（吕思勉：《秦汉史》，上海古籍出版社2005年版，第624页）

支命名，但与汉代汇编整理而成的令甲、令乙、令丙等天干令不同，这些干支表示的是该令颁布的日期，仅具有标识时间的作用，并没有汇编整理的意义。[1]

秦汉法制困局在曹魏明帝时终于迎来根本性变革的契机。魏明帝留意法理，喜好刑名，开启整合律令法制的立法运动。司空陈群、散骑常侍刘邵、给事黄门侍郎韩逊、议郎庾嶷、中郎黄休、荀诜等人受命参与其事。最终制成"新律"和《州郡令》《尚书官令》《军中令》等法律文本，共计一百八十余篇。这次法典编纂活动主要取得两项大成果：一是实现律令内容的合理划分，以刑与非刑为标准建立起彼此独立的两大法律部门；二是在律令内容的组织形式上实现初步的法典化。

（一）法典内容的合理分工

法律体系化的要求之一是按照合理标准把法律分为相对固定的类别，形成彼此独立、互为补充的不同法律部门。汉代法律的问题之一就在于没有部门的划分，只有效力等级的区别。效力等级标准最大的问题在于无法保证类别划分的相对确定性。也就是说，以不同类别名称命名的法律时常会发生彼此转化，让人难以对其进行准确把握。相对而言，按照内容性质划分法律类别进而形成法律部门的方法似乎更有利于执法和司法的实际运用，因而也就更符合法律体系化的技术合理性要求。当然，这种苗头在汉代就已经产生，其核心表现就是律的刑事化转型。但这种转型起初只停留在律学观念层面和自发实践阶段，还没有通过系统的立法活动加以正式认定。

建安元年（公元196年），汉献帝东迁许都以后，应劭有感于董卓之乱后"典宪焚燎，靡有孑遗"[2]的残破局面，开始着手对汉代法律文本进行整理。他首先删订律令，从中抽拣出大量礼仪性规范，合为一个法律文件，命名为《汉仪》。这说明，汉代法律中律、令、礼彼此混淆的状况，已经被汉末法律家视为不合理的现象而必须加以纠正，法律合理分类的思维观念已经形成。其次，他把分类思维推进到行政和司法文书的整理活动中，按照官署职能和

[1] 例如，《三国志·魏书·武帝纪》注引魏武庚申令、乙亥令、己亥令、甲午令，《文帝纪》注引有庚戌令、丙戌令、丁亥令等。但与汉代对令进行汇编整理而成的令甲、令乙、令丙有所不同，它们都是按照颁布日期的干支命名，只有标识时间、辨别同类的作用，而无汇编整理的意义。

[2] 《后汉书·应奉传附劭传》。《晋书·刑法志》同。又，《隋书·经籍志一》："董卓之乱，献帝西迁，图书缣帛，军人皆取为帷囊。所收而西，犹七十余载。两京大乱，扫地皆尽。"

文档收藏的标准分别整理出《律本章句》《尚书旧事》《廷尉板令》《决事比例》《司徒都目》《五曹诏书》《春秋断狱》等不同性质的法律文件，共计二百五十篇。其中，《律本章句》可能是以东汉后期逐步刑事化的"正律"为基本素材而创作的理论著作，《司徒都目》可能是司徒鲍公撰嫁娶辞讼决而成的《法比都目》[1]，《尚书旧事》可能是汉代尚书令所发、所藏的行政文书，《五曹诏书》可能是尚书下辖五曹尚书（常侍曹、二千石曹、户曹、主客曹、三公曹）依据职守内容所藏的相关诏书，《廷尉板令》可能是廷尉职守范围内常用的令，《决事比例》可能是结合司法特征而对律令内容加以细化的具体性、操作性规则，《春秋断狱》可能是效法董仲舒而进行的经义决狱案例的整理汇编。[2]

应劭对汉代法律文本的整理，遵从两个基本理念：一是"蠲去复重，为之节文"，二是"以类相从，使当其实"。[3]这两条思路联系十分密切，甚至可以说是一体两面。即，删繁就简、简略文字是其外在形式追求，合理分类、名实相副是其内在逻辑依托。在进行合理分类、实现名副其实之后，自然可以减少不必要的重复，实现文字的简约。这里面蕴含着法律体系思维的重要进步，需要结合魏晋时期名理律学的内在发展理路加以理解。（详见后文）

由于律令制度自秦汉以来始终处于篇章条文杂乱无常的状态，于是引发各种学理解说，出现多达十余家、每家数十万言的诸儒律章句。这些律章句主要关注的就是定罪量刑问题，其中能够被用来指导断罪的达到二万六千二百七十二条、七百七十三万二千二百余言，由于"言数益繁、览者益难"[4]而给刑狱司法带来严重困扰。于是魏明帝下诏司法断案只以"郑氏律章句"为准。这种法律解释学说的统一，是律令法制系统化整理的预备，与后来的大规模法典编纂活动是一个逻辑思路在不同阶段的各自展开。

汉魏之际法律改革的重大话题，除了法律形式的体系化外，还有以肉刑

---

[1] 参见《晋书·刑法志》。
[2] 应劭整理法律的事迹，主要见于《后汉书·应奉传附应劭传》，《晋书·刑法志》略同。两处记载的主要区别只在于，前者称为"汉仪""春秋断狱"，后者称为"汉议""春秋折狱"。本书以前者为准。
[3] 《后汉书·应奉传附应劭传》。
[4] 《晋书·刑法志》。

复废为核心的刑罚体系问题。[1]当时有关刑罚改革的讨论主要都是在律和科的范畴内展开的。曹操直接废除汉律的条件尚不成熟,于是颁行"甲子科"作为过渡性法律,比照汉律的刑罚减半执行。由于当时缺铁,汉律规定的刑罚"釱趾"改用木制刑具,影响到后来的晋律。[2]进入曹魏政权后,肉刑之议成为系统编纂律典的推动因素之一。尤其是太傅钟繇和司徒王朗的争议,参议者达百余人,反映出朝廷上下对刑罚体制改革方向的高度关注。这为通过编纂律典抑制肉刑争议的屡兴制造了舆论需求。

至魏明帝时,卫觊提出设置律博士,理由之一就是:"九章之律,自古所传,断定刑罪,其意微妙。百里长吏,皆宜知律。刑法者,国家之所贵重,而私议之所轻贱;狱吏者,百姓之所县命,而选用者之所卑下。"[3]也就是说,在当时社会的一般观念中,"九章之律"已经彻底沦为定罪量刑的代名词,与社会崇仰的儒经学术渐行渐远。或许正是由于这个原因,社会上开始出现以刑狱之学(即律学)为轻贱的流行看法。所以卫觊才提出由国家出面设置律博士,提高其社会地位。

然而由于曹魏沿用汉代法律,"律文烦广,事比众多,离本依末"[4]的现象并未改变,"奸吏因缘为市,所欲活则傅生议,所欲陷则予死比"[5]的司法黑暗在曹魏时也仍然存在。当时就有狱吏范洪、狱吏刘象因接受贿赂或他人请托而给犯人比附轻法或重法论罪的例子。可见,有关罪名刑制及其操作系统的困境依然困扰着曹魏朝廷。

在以上这些因素的综合推动下,魏明帝命陈群、刘邵等人编纂新的律典,一方面改定刑制,另一方面协调罪制,同步推进刑罚与罪名的体系化。至此,律被视为刑事法律规范的观念得到官方正式认可。刘邵在魏文帝时就曾把五经群书按照"以类相从"[6]的原则编订《皇览》。这与他受诏制定律令的思

---

[1] 据《晋书·刑法志》记载,汉末,辽东太守崔实、大司农郑玄、大鸿胪陈纪、尚书令荀彧、相国钟繇、御史中丞陈群等人都曾建议恢复肉刑,以少府孔融、奉常王朗、大司农郎中令王脩等人为代表的多数朝臣则持反对态度。值得一提的是,《晋书·刑法志》称"奉常王脩"并不准确,根据《三国志》王朗、陈群、王脩传等相关记载,应该是"奉常王朗、大司农郎中令王脩"。

[2] 参见[日]冨谷至:《秦汉刑罚制度研究》,柴生芳、朱恒晔译,广西师范大学出版社2006年版,第68~69页。

[3] 《三国志·魏书·卫觊传》。《晋书·刑法志》所载简略。

[4] 《晋书·刑法志》。

[5] 《汉书·刑法志》。

[6] 《三国志·魏书·刘邵传》。

路保持一致，也与应劭以来的法律思维模式相符合。刘邵《魏律序》清楚记录着曹魏"新律"如何将汉代不同法律形式中的刑事条款吸收、整合、编排进入律典，又是如何首次对刑罚做出集中、系统的规定，构建出刑名严格、等级明确、层次清晰的刑罚体系。经此努力之后，"律成为专门以定罪正刑为务的法典之专称"[1]。

与此同时，令作为一种非刑法性质的制度规范，其内容也自然得到纯化。尽管《州郡令》《尚书官令》《军中令》三大令集的篇目内容今已不得而知，其中是否有刑事罚则也不能确定。但就其名称来说，三大令集应该是对民政、官政、军政等基本制度的集中规定。从总体上讲，曹魏时期律令之间的分野已经较为明晰，彼此关系也更加协调。冨谷至曾指出，秦汉魏晋时期律令关系有两种模式："其一，律等同于基本法（正法），令等同于单行、追加法；其二，律等同于刑罚法规，令等同于非刑罚、行政法规。"[2]方向性的转折发生在魏明帝的律令法制编纂活动中。自此以后，律令之间不再是内容混同、形式上有主从的分级递进关系，而是内容区分、形式并列的分工协同关系。

（二）法典形式的有效整合

陈群、刘邵领衔编纂的曹魏"新律"，在诸多方面都展示出空前的整体性与系统性。其首要的表现就是，制定律典前有一个通盘的指导原则和设计思路。刘邵在《魏律序》中的说法是"都总事类，多其篇条"[3]。"都总事类"的意思是，追求律典内容的全面和周延，按照事类标准对篇章条文进行总体设计和编排组合。"多其篇条"则是针对东汉法律家提炼塑造出来的"九章律"而言，通过增设篇目的方式实现律典扩容，达到十八篇的规模。

十八篇的律文内容要呈现出浑然的整体性，就需要设置总则对各篇内容进行涵摄统领。在传世文献中，秦汉律中的《具律》主要是"具其加减"[4]，即掌控刑罚调节的标准。但"张家山汉简"的《具律》条文却显示，《具律》

---

[1] 刘笃才："汉科考略"，载《法学研究》2003年第4期。

[2] ［日］冨谷至："通往晋泰始律令之路（I）：秦汉的律与令"，朱腾译，徐世虹校译，载中国政法大学法律史学研究院编：《日本学者中国法论著选译》（上册），中国政法大学出版社2012年版，第127页。

[3] 《晋书·刑法志》。

[4] 《晋书·刑法志》。

兼具调控刑罚、确定罪名两项职能。[1]曹魏立法者充分发掘《具律》的逻辑结构价值，改为《刑名律》并冠于篇首，以突出其总揽"罪条例"的总则职能。

"刑名"原本是先秦法学的重要概念，包含对法律名实关系、逻辑结构的一般探讨。曹魏立法者借用这一概念创设《刑名律》，从逻辑结构层面构建系统化的刑罚制度和配套的刑罚适用规则，作为律典的统领。刘邵《魏律序》曰："旧律因秦《法经》，就增三篇，而《具律》不移，因在第六。罪条例既不在始，又不在终，非篇章之义。故集罪例以为《刑名》，冠于律首。"[2]"秦《法经》""九章律""《具律》第六"等说法虽不可信，但很显然曹魏的法律家对律典总则的内容特点、功能作用乃至序列位置都已形成更高层次的认知。《具律》篇中原有"出卖呈"这样涉及具体罪名的律文，因为不符合总则一般通例、抽象原则的功能定位，所以要移到分则中相应内容的篇章，即《兴擅律》中。可见，《刑名律》"集罪例"且"冠于律首"的总则性定位，显然已经超越《具律》"具其加减"的层次。"篇章之义"一词更展示出要把"新律"做成一篇构思精巧、首尾呼应的文章"作品"的旨趣。[3]

《刑名律》作为总则置于篇首。这种做法，不是曹魏法律家的一时兴起或者独到心得，而是时代文化潮流的产物。秦汉人编撰著述篇章次序较为随意，不是很在意"总—分"的逻辑结构和层次概念。《淮南子》《史记》《汉书》《论衡》中分别有《要略》《太史公自序》《叙传》《自纪篇》以阐发全书的意旨体例。但这些总论性篇目却都置于卷尾。可见当时人并不十分重视总则置前便于读者先明其意的效果。《孝经》虽有"开宗明义章第一"的写法，但这个"开宗明义"更像是一篇文章的主题句，而不具有篇章的规模。这种情形到汉魏之际开始发生显著变化。汤用彤说："魏晋人注书，其大意在《序》及'篇目注'（品目义）中表现得最清楚，《序》为全书之大意，如欲

---

[1] 例如，"张家山汉简"第84简："□杀伤其夫，不得以夫爵论。"[张家山二四七号汉墓竹简整理小组编著：《张家山汉墓竹简（二四七号墓）》（释文修订本），文物出版社2006年版，第20页]这是对犯人身份的确定。第122~124简："有罪当完城旦舂、鬼薪白粲以上而亡，以其罪命之；耐隶臣妾罪以下，论令出会之。其以亡为罪，当完城旦舂、鬼薪白粲以上不得者，亦以其罪论命之。"[张家山二四七号汉墓竹简整理小组编著：《张家山汉墓竹简（二四七号墓）》（释文修订本），文物出版社2006年版，第25页]这是犯人同时犯有多项罪名时的罪名选定问题，与今天的"罪名竞合"略有相似。当然，确定罪名归根结底也仍是为了适用律文，确定刑罚。

[2] 《晋书·刑法志》。

[3] 参见梁健：《曹魏法制综考》，知识产权出版社2019年版，第47~49页。

了解其思想，必先知其《序》。"[1]所以，这些总论性文字构成的篇章通常都被置于著作的篇首。刘邵所著《人物志》即将《自序》置于篇首。身为立法者的刘邵在制定"新律"时，把这种著书新体例运用到律典的篇章设计中，即把《刑名律》置于律首，自是理所应然的事。

律典被定位为刑法典，总则《刑名律》更着重突出"刑"的特色，在历史上第一次将系统的刑罚体系呈现于世人面前。新刑罚体系号称仿效作为"古义"[2]的五刑，实际上包括死刑、髡刑、完刑、作刑、赎刑等五种主要刑罚以及罚金、杂抵等其他处罚方式，共计有三十七个等级。这是一个等级层次较为清晰严整的刑罚体系，是名副其实的"刑罚名理"。这套刑罚体系适用于律典全部篇章，属于通则性规范。刑罚书于《刑名律》而位于律首。秦汉时没有对刑罚制度加以系统规定，或者说至少没有将之集中规定在某项律篇中。[3]曹魏"新律"则打破这种局面，率先在律典中始创《刑名律》，系统设计刑罚体系。这既是法典编纂的重要成果，也是其总则地位的重要体现。

然而"新律"的总则设计还有一些明显的缺憾，有些与定罪处罚相关且带有明显总则性质的规则条例却没被列入到《刑名律》中。刘邵《魏律序》曰：

律之初制，无免坐之文，张汤、赵禹始作监临部主、见知故纵之例。其见知而故不举劾，各与同罪，失不举劾，各以赎论，其不见不知，不坐也，是以文约而例通。科之为制，每条有违科，不觉不知，从坐之免，不复分别，而免坐繁多，宜总为免例，以省科文，故更制定其由例，以为《免坐律》。诸律令中有其教制，本条无从坐之文者，皆从此取法也。[4]

---

[1] 汤用彤：《魏晋玄学论稿》，生活·读书·新知三联书店2009年版，第230页。
[2] 张建国认为，这里的"古义"应该是指古文经学的学理。（张建国："魏晋五刑制度略论"，载《中外法学》1994年第4期）但实际上，原文所要表达的意思应该是指仿效《尚书》等古籍中所记载的商周"五刑"之说，调整出一套同样命名为"五刑"的刑罚体系。这里应该不涉及今古文经学的问题。事实上，从后文对"新律"五刑内容的描述，也找不出可以比附的古文经学义理。类似的例子还有，曹魏高贵乡公甘露二年（公元257年）下诏称："主者宜敕自今以后，群臣皆当玩习古义，修明经典，称朕意焉。"（《三国志·魏书·三少帝纪》）这里的"古义"与"经典"应为互文，指儒家经典要义。
[3] 《论衡·谢短篇》："今律无五刑之文。"蔡枢衡据此认为："秦汉律中无规定刑罚体系的明文。"（蔡枢衡：《中国刑法史》，中国法制出版社2005年版，第100页）笔者以为不确。更准确来说，秦汉只是把具体处罚方式分散规定于律、令、科中，并没有对刑罚进行集中和明确规定而已。也正是由此之故，才给后人研究当时刑罚制度带来无尽烦恼。
[4] 《晋书·刑法志》。

在旧律和旧科中，连坐与免坐条款分散规定在各篇之中，没有系统整合和集中规定，因而导致相关条文杂乱繁多。"新律"本着简省科文、统一适用的目的，追求"文约而例通"的效果，按照"总为免例"的设想而创置《免坐律》，成为免坐规范的"总则"。然而"新律"并没有将此明显具有"总则"属性的内容归于《刑名律》，而是设置《免坐律》且又置于律典末篇，其重要性并未得以体现。这不能不说是律典编纂在总体结构方面的一个遗憾。

　　当然，在具体篇目和条文逻辑安排上，律典还是取得了非凡的成就。刘邵《魏律序》对"新律"篇章内容调整有集中描述，体现出以追求条理通贯、名实相符为基本精神的编纂特征，足以令后人领略其精细构思和良苦用心。总体来看，曹魏"新律"真正具有法典所独有的整体性和系统性，具有划时代意义。如刘笃才所说："秦汉法律体系转换为魏晋法律体系，魏律的制定是一个转折点。它增加了律的整体性，解决了律外有律的问题，通过律令分工的方法，增加了律的专业性。这影响于后世，意义非常深远。"[1]

　　陈群、刘邵等人对令的整理也取得了重要成果，形成《州郡令》《尚书官令》《军中令》三大令集。梁健认为，三者应是以令的内容性质加以分类，有关民政制度的规定归于《州郡令》，有关官政制度的规定归于《尚书官令》，有关军政制度的规定归于《军中令》。[2]这说明当时令典编纂和事项分类的抽象水准与体系化程度较之前代都有质的升华。刘邵《魏律序》对"新律"的全新体系设计有详细介绍。从中可以管窥当时立法者的立法技巧、思辨整合能力以及宏观体系化思维。同出于其手的这三个令集，显然也应足以综合体现这些特点。也就是说，这三个令集理应具有统一而又抽象的分类标准。若果真如此，则民政、官政、军政三分的推测应最为合理。

　　这同时也反映出曹魏令典编纂的另一个重大成就，即所有与国家基本制度相关的内容都汇于一炉，统筹安排。由此可以推断，三令之外不应再有单行令。刘邵《魏律序》曾提及《邮驿令》《变事令》，但笔者赞同滋贺秀三的判断，即认为其应为归属于三令的内部令，而非单行令。理由很明白，就国家制度构成而言，民政、官政、军政三分法显然已经足够周延完备，从逻辑

---

〔1〕 刘笃才："汉科考略"，载《法学研究》2003 年第 4 期。

〔2〕 参见梁健：《曹魏法制综考》，知识产权出版社 2019 年版，第 89 页。胡三省认为，这三种令分别适用于地方、中央和军队。《资治通鉴·魏纪三》胡注曰："州郡令，用之刺史、太守；尚书官令，用之于目；军中令，用之于军。"梁健此说较之前贤更为有力。

层面完全涵盖所有令的内容类别。依照陈群、刘邵等人的逻辑能力与思维模式，显然应以构建无所不包的令典作为其追求目标，必定不会允许单行令的存在。刘邵《魏律序》"于正律九篇为增，于旁章科令为省"[1]这一评价放在令典编纂上理应同样适用。

但问题在于，既然当时立法者以令的体系化、法典化为追求，却又为何不将三令合而为一，编成一部令典呢？笔者认为，最主要的原因应是令篇过多。对于曹魏律令的规模，《晋书·刑法志》记载："《新律》十八篇，《州郡令》四十五篇，《尚书官令》《军中令》，合百八十余篇。"学者对该段文字的理解略有分歧。[2]然而无论怎样，曹魏三令篇目过多都是不争事实。以至于，如果将之统统编入一部令典之中，则显得篇章浩繁，览者益难。所以立法者将之一分为三，既便于阅览传抄，也便于分部执行。尤其是在书籍编订技术水平较低的情况下，职责所涉侧重各有不同的部门更可选择与其工作密切相关的内容加以挑选保存，传抄施行，三令的分类法反而更有便利的实效。当然，这也同时说明，曹魏立法者归纳整合能力尚嫌不足，不能以更简练的条文和篇目、用更抽象的方式对各项制度进行概括提炼。三令具体篇目次序今不得知，所以无法进行具体分析。但仍可以想见，其具体篇目概括能力当较低，各篇之间交叉关联的内容规定当不在少数。正如冨谷至所说："尽管魏令从汉令阶段往前迈出了一步，接近了晋令与唐令，但它尚未形成法典的样态，与汉令一样仍然是对皇帝之诏予以文件汇编的命令。"[3]曹魏令典整合未竟的事业，只能留待后人去完成。

二、 曹魏法典颁行的疑问

大庭脩曾说："作为诸种变化的一种，如从这个角度来观察魏晋时代的律典、令典编纂的现象，不得不认为这意味着一个时代的结束和另一个时代的

---

[1]《晋书·刑法志》。

[2] 较为主流的理解是：《新律》十八篇，《州郡令》四十五篇，《尚书官令》与《军中令》合计一百八十余篇。意即，三令合计二百二十五篇以上。而据梁健分析当是：《新律》《州郡令》《尚书官令》《军中令》合计一百八十余篇，其中《新律》十八篇，三令合计一百六十余篇，《州郡令》四十五篇，《尚书官令》《军中令》合计一百二十篇左右。参见梁健：《曹魏法制综考》，知识产权出版社2019年版，第88页。

[3] [日] 冨谷至："通往晋泰始律令之路（Ⅱ）：魏晋的律与令"，朱腾译，徐世虹校译，载中国政法大学法律史学研究院编：《日本学者中国法论著选译》（上册），中国政法大学出版社2012年版，第172页。

开始。"[1]这种笼统的说法,并未界定出魏晋之间律令法制的区别,更未明确给出律令法制实现法典化和体系化的准确节点。也许这种模糊说法不易犯非此即彼、过于绝对的错误,但此中却隐含着一个重要的知识盲点,即曹魏的律令法典体系是否真正颁行?

魏明帝命陈群、刘邵等人制定律令法典之事,有多种史料明确记载,貌似没有疑问。然而仔细审读史料可以发现,关于此次立法活动,记载模糊,颇有歧说。

首先,对于这次重要的立法活动,有些本该有所记载的史料却没有提及。尽管《三国志》中的《刘邵传》和《卢毓传》以及《晋书》、《唐六典》、《资治通鉴》《册府元龟》都有记载,但是最该有记载的《三国志》的《明帝纪》和《陈群传》却无只字提及。制定律令这样的国家大事理应被记录在皇帝本纪和领衔参与人物的本传之中。而作为参与者的韩逊、庾嶷、黄休、荀诜等人只在《晋书·刑法志》中一晃而过,在《三国志》正文及裴注和《晋书》其他地方都不见影踪。同时,距离此次立法活动时间最近的法律类专志《魏书·刑罚志》,在叙述汉魏晋重大法律事件时对此事也是只字未提。这些情况不能不让人心生疑惑。

其次,关于这次立法活动的起止时间,有限的几处材料也是众说纷纭。唐代以前的史料即使记录此事,对其时间也没有明确记载。宋代人编订的史料却又突然出现两种说法。对其启动时间,《册府元龟》系于青龙二年(公元234年),《资治通鉴》系于太和三年(公元229年)。而对其完成时间,二者也都没有提及。此外唯一涉及时间点的史料就只有《三国志》的《卢毓传》。但也只能说明刘邵等人制定律令至少在青龙二年(公元234年)以前已经开始,而对其结果却只有一个含糊其辞的"未就"。(详见表8)

表8 魏明帝时立法活动的史料记载情况

序号	出处	记载	要点
1	《三国志·魏书·明帝纪》	无	无

---

[1] [日]大庭脩:《秦汉法制史研究》,林剑鸣等译,上海人民出版社1991年版,第7页。

续表

序号	出处	记载	要点
2	《三国志·魏书·刘劭传》	明帝即位，出为陈留太守，敦崇教化，百姓称之。征拜骑都尉，与议郎庾嶷、荀诜等定科令，作"新律"十八篇，著《律略论》。	1. 时间：明帝时；2. 人物：骑都尉刘劭、议郎庾嶷、荀诜等；3. 成果："新律"十八篇。
3	《三国志·魏书·陈群传》	无	无
4	《三国志·魏书·卢毓传》	青龙二年，入为侍中。先是，散骑常侍刘劭受诏定律，未就。毓上论古今科律之意，以为法宜一正，不宜有两端，使奸吏得容情。	1. 人物：散骑常侍刘劭；2. 结果：未就。
5	《魏书·刑罚志》	无	无
6	《晋书·刑法志》	是时承用秦汉旧律……世有增损，率皆集类为篇，结事为章。一章之中或事过数十，事类虽同，轻重乖异。而通条连句，上下相蒙，虽大体异篇，实相采入。盗律有贼伤之例，贼律有盗章之文，兴律有上狱之法，厩律有逮捕之事，若此之比，错糅无常。后人生意，各为章句……天子于是下诏，但用郑氏章句，不得杂用余家。卫觊又奏曰……请置律博士……事遂施行。然而律文烦广，事比众多，离本依末……是时太傅钟繇又上疏求复肉刑……又寝。其后，天子又下诏改定刑制，命司空陈群、散骑常侍刘劭、给事黄门侍郎韩逊、议郎庾嶷、中郎黄休、荀诜等删约旧科，傍采汉律，定为魏法，制"新律"十八篇，《州郡令》四十五篇，《尚书官令》《军中令》，合百八十余篇。	1. 时间：魏明帝时，钟繇王朗肉刑之议后；2. 人物：司空陈群、散骑常侍刘劭、给事黄门侍郎韩逊、议郎庾嶷、中郎黄休、荀诜等；3. 成果："新律"十八篇，《州郡令》四十五篇，《尚书官令》《军中令》，合百八十余篇。
7	《册府元龟·刑法部·定律令》	与《晋书·刑法志》同。	时间：魏明帝青龙二年（公元234年）十二月。
8	《资治通鉴·魏纪三》	（太和三年）冬，十月，改平望观曰听讼观……尚书卫觊奏曰："刑法者，国家之所贵重而私议之所轻贱；狱吏者，百姓之所县命	1. 时间：魏明帝太和三年（公元229年）十月；2. 人物：司空陈群、散骑常侍刘劭等；

续表

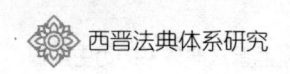

序号	出处	记载	要点
8	《资治通鉴·魏纪三》	而选用者之所卑下。王政之敝，未必不由此也。请置律博士。"帝从之。又诏司空陈群、散骑常侍刘邵等删约汉法，制"新律"十八篇，《州郡令》四十五篇，《尚书官令》《军中令》合百八十余篇，于正律九篇为增，于旁章科令为省矣。	3. 成果："新律"十八篇，《州郡令》四十五篇，《尚书官令》《军中令》，合百八十余篇。

由于前人史料记载不清，后来学者只能产生种种推测性的说法。[1]其中，吕思勉的推测最为大胆，也最具启发性，即认为陈群、刘邵等人制定的律令文本"未及颁行而亡"[2]。但他没有给出具体的理由。随后，潘武肃从基本史料出发，排列史实，揣摩史意，提出更进一步的推测意见。他从陈群本传省略定律一事而推测史家笔法，认为是由于定律未成而导致此事徒劳无功，与陈群定九品官人法等已成之事相比简直不值一提，所以史家在这里做了删削处理。而在刘邵本传中，编纂法典对传主来说是值得一书的大事，所以简略提及。综合两处史料的处理，还可以得出史家以"有无互见"的笔法讽刺魏明帝在此事上的有始无终。从魏明帝方面来看，他起初对整顿法律抱有热情，所以先后开启统一律章句、编订律令法典等重要法律活动，但是后期他由于热衷营造宫殿而分散精力，以致此事久拖无果。同时又由于系统整理汉代以来的法律文本工程浩大，必定旷日持久，很有可能终魏明帝之世都未完成相关工作。而后，司马氏主政，新律令虽然草成，但是最终并未颁行，而成为西晋泰始律令的稿本素材。[3]潘氏的推测可以说很能启发后学。其要害之处在于两点：一是综合同一史书的不同记载方式，分析其内在逻辑的一致性，揣摩史家的落笔用意；二是捋顺时间线索，以时间点为中心，在法律事件之外寻觅其与相关人物活动的互动关系。也就是说，把法律事件放在当时的具体政治环境中去做整体的观察。笔者受其思路启发，又注意到一些具体的史料线索，在此申述该说如下：

---

[1] 沈家本、程树德、吕思勉、林咏荣、郭成伟、张晋藩、乔伟、曾宪义、陆心国、胡守为、杨廷福、董念清、高潮、马建石、王宏治、何勤华、陶世鲲等学者都曾就此发表各自高见。详细考证梳理，参见梁健：《曹魏法制综考》，知识产权出版社2019年版，第9~18页。

[2] 参见吕思勉：《吕著中国通史》，华东师范大学出版社1992年版，第164~165页。

[3] 参见潘武肃："西晋泰始颁律的历史意义"，载《香港中文大学中国文化研究所学报》（第二十二期），中文大学出版社1990年版，第1~19页。此处所述是这篇文章第七部分的最后三段，在该刊第11页。

(一) 核心史料的史源问题检讨

在《三国志》中，刘邵本传对此事有简略记载，明帝本纪和陈群本传都没有记载。原因极有可能如潘武肃所说。不过，潘说值得补充的是，制定律令之事也是由于并未颁行而没有出现在明帝本纪中。魏明帝本人非常留意法律问题，在其本纪中也按照时间线索简要记载了若干重要的法律事件。例如：太和三年（公元229年）十月，改平望观曰听讼观；太和四年（公元230年）二月下诏罢退浮华；太和四年（公元230年）十月发布赎罪之令；太和五年（公元231年）八月变通文帝诸王出京之令；太和六年（公元232年）二月改封诸侯王以郡为国；青龙二年（公元234年）二月发布减鞭杖制度之令；青龙二年（公元234年）十二月下诏有司删定死罪；青龙四年（公元236年）六月下诏天下狱官死罪文书奏上等。这些事件的记载虽然内容疏略，但时间线清晰，应是根据官藏档案整理而得。但从影响重大程度而言，这些事件大都不如制定律令。如果律令制定成功且正式颁行，绝无理由在当朝皇帝本纪中只字不提。

《晋书·刑法志》连续记载魏明帝时改士庶罚金之令、钦定郑氏律章句、设置律博士、搁置肉刑之议以及命人制定律令等五件重大法律事件。但是这些事件全无时间标记，只能根据行文常理推测大概的前后顺序。而其中最为引人注意的是，在记载钦定郑氏律章句之前不无突兀地插入了一大段背景资料，历述战国李悝《法经》以来的法律发展简史和汉代律学状况，作为钦定郑氏律章句之事的缘由。这种写法之所以显得突兀，是因为在此前文都没有采用。在前文中，作者都是按照时间顺序简略记述重要的法律变革，或者抄录重要的法律奏疏意见。唯独这里出现了大段插叙。这可能是由于，《晋书·刑法志》作者辛骥（字玄驭）[1]谙熟汉晋典章故事，在撰述史志时根据手头资料，进行剪裁编次、拆分拼凑。换句话说，出自其手的史志原文并非都是他逐字逐句亲自拟就，而是借用他人成果修饰删改而成。[2]例如，卫觊奏设律博士一段是对《三国志·魏书·卫觊传》相关内容的截取，搁置肉刑之议一段是对《三国志·魏书·钟繇传》相关内容的节略。而在此上下文中两度出现的"天子"一词则提供了更重要的史源线索。

---

〔1〕参见龙大轩、秦涛："《晋书·刑法志》作者考——以唐代辛骥墓志为新证"，载《河北法学》2014年第6期。

〔2〕这当然不能简单等同于今日的"抄袭"，而是古代史家撰述的惯常做法。参见吕思勉：《史学与史籍七种》，上海古籍出版社2009年版，第280~290、330页。

《晋书·刑法志》在记载五件法律大事件时，四度提到曹叡，却先后出现"魏明帝""天子""帝""天子"等不同说法。这种现象在全篇史志中也是仅此一见的。[1]这说明其中提及"天子"的两处文字，即从追述李悝《法经》到"天子下诏但用郑氏律章句"、从"天子又下诏改定刑制"到"合百八十余篇"，有特殊的史料来源。据笔者推测，这两处文字当源于刘邵《魏律序》。理由是：这两段文字都以"天子"敬称魏明帝，必是当时人口吻；第一段文字以"是时承用秦汉旧律"起首，正与后文所引刘邵《魏律序》中以"旧律""新律"对称的说法一致；第二段文字中"删约旧科，傍采汉律，定为魏法"正是化用刘邵《律略》相关文字而来，[2]而此《律略》即《三国志》本传中的《律略论》和《晋书·刑法志》中的"序略"，[3]亦即本书所谓《魏律序》；两段文字的话题焦点、叙事思路与后文所引刘邵《魏律序》在逻辑上连贯一体，内容上彼此衔接。[4]只不过，辛骥把刘邵《魏律序》的相关文字拆分三用，分别用作钦定郑氏律章句的背景、制定律令活动的概括和法典体例与内容创新的总结。但他只在最后一处明确说明是引用刘邵说法，前两处文字则给人以史家直书、客观记录的印象。

当然，辛骥在这两处借用刘邵成说的文字中，也做了一些改写。例如，《魏律序》中只说"旧律"，辛骥在转述时改成"秦汉旧律"。由于刘邵所说"旧律"是指汉代法律，所以辛骥转写之后意思又发生了变化。他这样做，恐怕是为了在后文叙事时涵盖李悝、《法经》、商鞅等内容。又如，《魏律序》中提到

---

[1] 在《晋书》前三卷记载晋宣帝（司马懿）、晋景帝（司马师）、晋文帝（司马昭）、晋武帝（司马炎）等人事迹的时候，文中也有"帝""天子"对称的现象。但那主要是由于叙述方便，以"帝"代指尚未称帝的司马氏四人，以"天子"代指曹魏皇帝。当时间线到达司马炎称帝之后时，"天子"一词也就不再出现了。这与《晋书·刑法志》一篇之内以三种称呼指代一人的情况有所不同。

[2]《太平御览·刑法部四·科》引"刘邵《律略》"曰："删旧科，彩汉律为魏律，悬之象魏。"辛骥对这段文字的化用，正反映出其崇尚骈俪的个人和时代文风。俞荣根师曾指出，《晋书·刑法志》"用典甚多，文尚骈丽，句含玄意"，是"难得的骈丽文赏析"。（俞荣根师："《晋书·刑法志》所见法制考析"按语，载俞荣根师主编：《法鉴》，法律出版社2012年版，第290页）

[3] 吕思勉曾指出，《晋书·刑法志》中的"序略"即《三国志·刘邵传》中的"律略论"。参见吕思勉：《吕思勉读史札记》（中），上海古籍出版社2005年版，第974页。

[4] 例如，《晋书·刑法志》明确引用《魏律序》时的第一句话就是"旧律所难知者，由于六篇篇少故也。篇少则文荒，文荒则事寡，事寡则罪漏。是以后人稍增，更与本体相离。今制新律，宜都总事类，多其篇条。"这里的"旧律"应该是指与曹魏"新律"相对应的汉代法律。但他却说："旧律所难知者，由于六篇篇少故也。"如果没有前文交代"六篇"所指，则这句话就显得很突兀。《魏律序》随后又说："旧律因秦《法经》，就增三篇。"如果没有前文对"《法经》"的情况有所交代，同样也不符合行文逻辑。

"秦法经",辛骥在追述时却一直追溯到战国李悝、秦国商鞅,然后一路而下,梳理萧何、叔孙通、张汤、赵禹、司徒鲍公等一系列立法活动。这应该是参考了《汉书·刑法志》《魏书·刑罚志》的某些说法。只不过,其关注焦点仍然集中在法律文本的体系问题上。在总结汉律体系性问题时,他用"盗律有贼伤之例,贼律有盗章之文,兴律有上狱之法,厩律有逮捕之事"这样简洁的骈俪文字,高度概括地化用了刘邵《魏律序》中的琐言碎语。这些都体现出其作为史志撰者既有所本又博采众说、不囿于人言的律学专长、史学体例和文笔风采。

在此以后,宋人编撰的《册府元龟·刑法部·定律令》和《资治通鉴·魏纪三》先后承袭了《晋书·刑法志》的说法。只不过在涉及系年问题的时候,二者发生了明显的分歧。魏明帝下诏制定律令的年份,前者系在魏明帝青龙二年(公元234年)十二月,后者系在魏明帝太和三年(公元229年)十月。但实际上,二者都是附会的说法,不足为信。因为它们只是根据《三国志·魏书·明帝纪》提供的法律大事系年而定的时间。只不过,前者把它附会在青龙二年(公元234年)十二月下诏有司删减死罪之后,后者把它附会在太和三年(公元229年)十月,改平望观曰听讼观之后。但二者其实都没有提供明确可查的有力证据,很有可能只是"想当然耳"。后世学者如果再据此而论,不求甚解,就有可能会误入迷途,不知所从。[1]

(二) 其他史料的几点旁证

以上是对核心史料史源问题的检讨,接下来看几种史料显示律令未曾颁行的具体例证。

例证一:刘邵《魏律序》介绍"新律"内容时说:"至于谋反大逆,临时捕之,或汙潴,或枭菹,夷其三族,不在律令,所以严绝恶迹也。"在司马师主政时,"魏法"规定:"犯大逆者诛及已出之女。"[2]这两点看似没有矛盾。但在毌丘俭谋反案中,毌丘俭的儿媳荀氏和荀氏已出嫁的女儿毌丘芝都应连坐死刑。荀氏族兄荀顗等人上书求情,司隶校尉何曾也指示主簿程咸奏议说"大魏承秦汉之弊,未及革制",又说"宜改旧科,以为永制",于是皇帝下诏"改定律令"。[3]在《晋书·刑法志》这段文字中,"魏法""旧科"

---

[1] 梁健对曹魏制定律令活动的系年旧说有精当的辨析驳议。参见梁健:《曹魏法制综考》,知识产权出版社2019年版,第18~26页。
[2] 《晋书·刑法志》。
[3] 《晋书·刑法志》。

"律令"三词混用，令人生疑。根据行文语境，"大魏"承秦汉之弊而未及革制的"旧科"应该是当时人的原话，而"魏法""律令"则很有可能是史志撰者的旁白。前者属于历史意见，后者属于时代意见。[1]而《晋书·何曾传》记载此事时，所用的说法却是"遂改法"，这又和"魏法""旧科"的说法一致，和"律令"的说法不一致。更值得注意的是，程咸奏议中的"旧科"应该和刘邵《魏律序》中的"旧科"所指相同，代指自东汉到曹魏初时的独立法律形式"科"。根据刘邵《魏律序》的描述，他们编撰的"新律"文本如果正式颁行，则"旧科"自然应该废除。而直到曹魏末年，程咸仍然在使用"旧科"一词。对此最合理的解释应该就是，当时有科而无律，"新律"等法律文本并没有获得正式法律效力，所以也就不存在所谓"律令"一说。况且《晋书·刑法志》后文中介绍《泰始律》内容时有一句话说："除谋反適养母出女嫁皆不复还坐父母弃市。"可见所谓的曹魏皇帝"改定律令"之诏并不真实或者并无实效，真正改革这项规定的是西晋《泰始律》。

紧随程咸奏议这段文字之后，《晋书·刑法志》又载："文帝为晋王，患前代律令本注烦杂，陈群、刘邵虽经改革，而科网本密……于是令贾充定法律。"在这里，"前代律令本注"指的应该是汉代律令及其法律注释。"陈群、刘邵改革"指的应该是魏明帝下诏命陈、刘制定律令法典活动。从其措辞不难发现，"虽经改革"固然肯定了那次立法活动的存在，但同时也暗示此次改革并没有取得现实效果。从刘邵《魏律序》可知，律令法典的文本编撰工作应该已经完成。那就只有其并未正式颁行这一种可能。随后的"科网本密"四字也说明陈、刘等人新制定的律令并未正式取代"旧科"。而贾充等人为西晋制定律令法典的活动也被当时人称为"共定科令，蠲除密网"[2]。不但没有提及曹魏的律令，而且"科令""密网"又与《晋书·刑法志》的"科网本密"遥相呼应，这些都再次说明西晋法典编纂所面对的改革对象仍是汉魏"旧科"而非陈、刘等人所定的曹魏律令。

---

[1] 钱穆："历史意见，指的是在那制度实施时代的人们所切身感受而发出的意见。这些意见，比较真实而客观。待时代隔得久了，该项制度早已消失不存在，而后代人单凭后代人自己所处的环境和需要来批评历史上已往的各项制度，那只能说是一种时代意见。时代意见并非是全不合真理，但我们不该单凭时代意见来抹杀已往的历史意见。"（钱穆：《中国历代政治得失》，生活·读书·新知三联书店2012年版，"前言"第3页）

[2]《世说新语·政事》注引《晋诸公赞》："充有才识，明达治体，加善刑法，由此与散骑常侍裴楷共定科令，蠲除密网，以为晋律。"

直到曹魏末年，作为现行有效法律的"科"或"旧科"仍常被提及。例如，《三国志·魏书·三少帝纪》曾载齐王芳、高贵乡公的诏书中有"如部曲将死事科""皆如旧科"等措辞。《三国志·魏书·三少帝纪》同样记载，高贵乡公遇害之后，司马昭上奏中曾提及"科律大逆无道，父母妻子同产皆斩"。这里的"科律"极有可能是以"科"为"律"的一种表述方式。也就是说，当时真正发挥"律"的法律效力的仍是"旧科"。

例证二：据《晋书·礼志中》载挚虞议礼时所说："昔魏武帝建安中已曾表上，汉朝依古为制，事与古异皆不施行，施行者著在魏科。大晋采以著令，宜定新礼皆如旧。"西晋制定令典越过曹魏律令而直采"魏科"，应该有两种可能：一是曹魏律令没有收入这方面内容，所以要到"魏科"中去寻找立法资源；二是陈、刘等人编撰的律令文本原有此类内容规定，但那个律令文本因为没有颁行而被后世忽略不计。联系各种蛛丝马迹，后一种情形的可能性更大。因为按照陈、刘等人"删约旧科，傍采汉律，定为魏法"的基本原则，旧科（即魏科）在新律令法典出台之后应为其所吸收而归于消失才对。据此也就可以推断，陈、刘主持的立法活动并未能改变曹魏原有以科为主的法律格局。西晋泰始律令跳过曹魏"新律"和三大令集而直接以汉代"旧律""旧科"作为改造对象和材料来源，是否可以作为陈、刘所定律令由于不曾颁行而失去现实比较价值的又一个佐证呢？

例证三：在当时及后世律家著述中，不见有人以"魏律"为研究对象。《隋书·经籍志二》记载当时可见的律学作品有晋张斐《汉晋律序注》以及南朝梁蔡法度《晋宋齐梁律》。可见，汉、晋、宋、齐、梁皆有律，且成为比照研究的范本，其中唯独不见"魏律"。除却自我标榜"魏律"的刘邵《魏律序》（见前文脚注），在唐朝的《唐律疏议》和《唐六典》之前都不曾见有人称其为"魏律"或"曹魏律"。或许正是由于"新律"不曾正式颁布施行，因而不曾传世，以至于史无所载。也或许正是由于没有正式颁行，其也只能以"新律"这一临时性名字命名。[1]

例证四：《三国志·魏书·卢毓传》的记载最具证明力："青龙二年，入

---

〔1〕事实上，"新律"之名绝非曹魏律所独享。新、旧本为对称，没有明确的标识作用。刘邵等人所定的律典稿本较之汉代"旧律"自可称为"新律"，而其后贾充等人所定的律典在刚制定出来时也被称为"新律"。这在《晋书·刑法志》和《晋书·贾充传》中皆有明证。而在继承西晋律令法制的南朝，晋律又被称为"旧律"。所以"新律""旧律"之称只是标识时代前后的临时名称，而非正式名称。李俊强也持有类似看法。（李俊强：《魏晋令初探》，科学出版社2020年版，第53页）

为侍中。先是，散骑常侍刘劭受诏定律，未就。毓上论古今科律之意，以为法宜一正，不宜有两端，使奸吏得容情。及侍中高堂隆数以宫室事切谏，帝不悦，毓进曰……"这段文字的时间线应该是：青龙二年（公元234年），卢毓入为侍中→侍中高堂隆数以宫室事切谏，帝不悦→卢毓进言云云。而夹在其间的"先是，散骑常侍刘劭受诏定律，未就。毓上论古今科律之意，以为法宜一正，不宜有两端，使奸吏得容情"应该是插叙文字。这段文字所载的事情应该发生在青龙二年（公元234年）之前。所以综合起来看，这段话的文意应该是：由于刘劭受诏制定律令没能成功，因此才有卢毓上书论科律应该统一。刘劭等人受诏制定律令法典正是要统一汉魏以来旧律、旧科驳杂混乱的弊病。卢毓上书正是针对刘劭定律久拖无果有感而发，意在暗讽魏明帝下诏定律却又有始无终。〔1〕

史料中的"未就"一词尤为扎眼。有人认为，可以有两种含义：一是修律未成，二是因故遭到搁置。〔2〕事实上，古代制定法律这样的重大事件久拖之后极有可能就会因时移世易而不了了之。例如，南齐永明年间齐武帝命廷尉孔稚珪等人参议定律，最后修成律文二十卷，综述立法意图的《录叙》一卷。孔稚珪上表请求将新定律文"付外施用，宣下四海"，结果却是"诏报从纳，事竟不施行"〔3〕。而在北朝，律令同修，律成而令未成的情况，也可以找到例证。〔4〕可见，律令编纂成功后未颁布这种情况在古代并不罕见。

联系到曹魏明帝的个人性格与其时的政局形势可以推测，制定律令缘起于明帝初即位时的锐意进取，又由于明帝的性情反复和注意力转移而有始无终，有因无果。魏明帝即位之前经历过重大的政治波折和亲伦悲剧，所以有复杂多变的性格。例如，他在即位之前极少与朝臣结交，即位之后数日内也只接见了侍中刘晔。〔5〕而且当时，他还喜欢揭发举报，常有人因为轻微过错而被处死。秦朗由于曲从上意、不推荐贤人，反而得到明帝的亲近。〔6〕但明帝又常说"狱者，天下之性命也"，常亲自参与刑狱审讯，又曾下诏有司"议

---

〔1〕按照刘劭本传的说法，他受诏定律时为骑都尉，制成"新律"十八篇后才升迁为散骑常侍，似与此处说法有冲突。但这也可以理解为以其后来官职追述先前事迹，这种情况在史书中并不少见。参见吕思勉：《吕思勉读史札记》（中），上海古籍出版社2005年版，第974页。

〔2〕参见梁健：《曹魏法制综考》，知识产权出版社2019年版，第20页。

〔3〕《南齐书·孔稚珪传》。

〔4〕《魏书·孙绍传》。

〔5〕《三国志·魏书·明帝纪》注引《世语》。

〔6〕《三国志·魏书·明帝纪》注引《魏略》。

狱缓死，务从宽简""删定大辟，减死罪"。〔1〕总体来看，这是一个自相矛盾、时有反复的人物。对于这样的人，要求其在较长时间内对某一件事保持专注的看法似乎有些困难。而制定律令、编纂法典恰是需要相当长时间的工作，尤其是作为有史以来第一次大规模的法典编纂活动，尤其是面对秦汉以来数百年遗留下来的巨量法律文件，更需要持之以恒的高度关注和持续不断的耐心推动。但很显然，这种条件魏明帝并不具备。加之其在位数年之后，意图通过制定律令界定君臣关系、强化集权的锐意进取之心退却，〔2〕一意孤行营造宫室、沉迷酒色的奢侈享乐情绪上扬，继而又有皇子连夭、继嗣未育的人伦悲情肆扰，淫刑滥狱之事时有发生，编撰法典之事更有可能已被抛到九霄云外。〔3〕

然而，尽管不曾颁行，曹魏"新律"和三大令集整合律令法典之功却不因此而有丝毫折损。因为仅仅三十余年之后，贾充等人即在司马昭授意之下再次对汉魏以来的法律文件开展整合编纂工作。时代间隔如此之短，两批定律之人必定存在密切关联。又由于陈、刘等人对于整合前代法律确实成就非凡，"新律"与三大令集的草本必为晋人制定律令法典时所重视和参考，给其启迪，助其成功。这是曹魏初步尝试编纂律令法典最大的历史意义。

---

〔1〕《三国志·魏书·明帝纪》。
〔2〕参见柳春新："魏明帝的'权法之治'及失误"，载《许昌师专学报》1998年第3期；许歆歆："魏明帝时期（226～239）的政治改革：以律令和君臣关系为主"，"台湾大学"2010年硕士学位论文。
〔3〕正史中提到魏明帝大兴奢华至少有九处。《三国志·魏书·明帝纪》："（青龙三年，公元235年）是时，大治洛阳宫，起昭阳、太极殿，筑总章观。百姓失农时，直臣杨阜、高堂隆等各数切谏，虽不能听，常优容之。"《王朗传附王肃传》："景初间，宫室盛兴，民失农业，期信不敦，刑杀仓卒。肃上疏曰：……"《陈群传》："青龙中，营治宫室，百姓失农时。群上疏曰：'……'帝答曰：'王者宫室，亦宜并立。灭贼之后，但当罢守耳，岂可复兴役邪？是故君之职，萧何之大略也。'"《卢毓传》："及侍中高堂隆数以宫室事切谏，帝不悦，毓进曰：……"《高柔传》："后大兴殿舍，百姓劳役；广采众女，充盈后宫；后宫皇子连夭，继嗣未育。"《孙礼传》："明帝方修宫室，而节气不和，天下少谷。礼固争，罢役。"《辛毗传》："帝方修殿舍，百姓劳役，毗上疏曰……"《晋书·文帝纪》："正始初，为洛阳典农中郎将。值魏明奢侈之后，帝蠲除苛碎，不夺农时，百姓大悦。"《晋书·刑法志》："魏明帝时，宫室盛兴，而期会迫急，有稽限者，帝亲召问，言犹在口，身首已分。王肃抗疏曰……"

第二章
西晋法典体系的构建活动

西晋的统一是"低层次的统一"[1]。诸多分裂因素在西晋均未得到有效化解，导致西晋王朝短命而亡。尽管如此，西晋却在法典体系构建方面取得远超前人的成就，在中国历史上首次推出体系完备、逻辑严密、层次分明的法典体系，成为"中古时代法典大备的开始"[2]。

第一节 构建法典体系的思路

一、礼法之治的顶层设计

（一）西晋礼法之治的时代背景

礼法传统源远流长，是中华法系区别于并世其他法系的本质特征。[3]所谓"礼法之治"，非指礼法合流、礼法合治，而是以礼为法、以礼为治的基本治国方略或纲领。[4]意即，国家一切政令方针、法律制度，皆以礼为纲，围绕礼这个大经大法而展开、充实、推衍。总体而言，礼法的形式特点是内涵较为

---

[1] 田余庆语。转引自阎步克："西晋之'清议'呼吁简析及推论"，载《中国文化》1996年第2期。由于阎文也未标注出处，笔者推测大概是出自口传面授。

[2] 杨鸿烈：《中国法律发达史》（上册），商务印书馆1930年版，第217页。

[3] 参见俞荣根：《礼法传统与中华法系》，中国民主法制出版社2016年版；俞荣根、秦涛："律令体制抑或礼法体制？——重新认识中国古代法"，载《法律科学（西北政法大学学报）》2018年第2期。

[4] 俞荣根师指出："'礼法'不是'礼'和'法'、'礼'加'法'，或礼中有法、纳法于礼。'礼法'是一个双音节词汇，一个名词，一个法律学上的法概念，一个法哲学上的范畴，是古代'礼乐政刑'治国方式的统称。"（俞荣根师："法治中国视阈下中华礼法传统之价值"，载《孔学堂》2015年第2期）江山也说："从某种意义上讲，礼制是中国法律形态或中国法律文化的主体……研究'礼法'，不仅于理解中国传统法律制度、中国文化有直接的意义，而且对中国法律的现代化转型，或创化地利用'本土资源'支持中国进入'法治'社会，亦是不可或缺的。"（江山：《历史文化中的法学》，法律出版社2003年版，第57页）此外又可参见梁治平："'礼法'探原"，载《清华法学》2015年第1期；陈景良："礼法传统与中国现代法治"，载《孔学堂》2015年第4期。

明确，外延较为模糊。即礼义原则较为清晰稳定，而礼制规范则较多样灵活，具有高度的涵摄性、包容性与变通性。所以，礼法之治的表现方式也较为多样。

战国秦汉时期，律、令等新式法律登上历史舞台野蛮疯长。新式法律原本是功利竞争的需要，以突显君权为核心，通过各种手段全面强化法律的实施效力与效果。然而，经过汉代新儒家的思想浸润和观念渗透之后，新式法律最终服膺于儒家礼法精神的主流意识形态之下，容纳于礼法治国的宏阔政治范畴之内。从东汉以孝为纲的礼教之治到汉末三国综名核实的名法之治，再到魏晋之际礼法之治的复兴，多种治国方略在这二百年间可谓各领风骚。

西汉中期以后形成的所谓汉家制度，其总体特色是阳儒阴法、霸王相杂。从学术上讲，儒家经学是显流，刑名法术之学是潜流。从法律上讲，礼只不过是与律、令属于同一行列的新式法律。而且礼和律、令在形式上经常混通，在内容上却又彼此疏隔。这就意味着礼法精神对法律的渗透还十分有限。尽管作为当时礼律合流产物和法律儒家化学术路径的律章句之学十分兴盛，影响巨大，但是这门学问自身存在的拘泥、琐碎、繁杂等问题又在律令繁杂的局面中乱上加乱。

东汉在继承西汉治国模式的同时，也在缓慢积累原有的弊端，酝酿深刻的变化。首先，儒家礼法治国的实践走向偏差，逐渐沦为以名节、孝义为中心的治国模式。其实践结果便是，伪士横行，伪孝当道，整个社会陷入虚伪矫饰、交游标榜的浮华风气之中。其次，被官方奉为学术正统的今文经学被捆绑在谶纬迷信和章句训诂之上，拘泥于经师家法、烦琐破碎，逐渐丧失了原有的理性批判和经世致用精神，日益走向封闭僵化，难于从内部实现自我更新。再次，豪强的经济兼并与政治垄断愈演愈烈，农民大量破产，士人的仕进之路也逐渐遭遇阻滞，国家法制松弛，政府无力约束，引发强烈民怨。最后，作为前三种变化的结果，从中央到地方各级政治彻底腐化，宗室被夹裹在外戚、宦官中间逐渐失去活力，州郡吏治则依附豪强，日益离心。东汉政治社会情势的极度衰落表明，自西汉中期以来以儒家礼法传统为官方意识形态支柱和以今文经学为官方学术理论基石的政治模式已经走到尽头。于是，在社会危机日益沉重、政治格局即将土崩瓦解的前夜，出现了一股系统批判社会弊病、试图提供补救良方的思想浪潮。[1]这就是东汉中晚期的批判思

---

[1] 参见王健：“略论东汉'潜夫议政'传统及其历史影响”，载《青岛大学师范学院学报》2008年第3期。

潮。[1]

东汉中晚期的批判思潮，其意义不仅在于批判社会时弊，更在于恢复先秦的政论传统，摒弃离章析句的僵化学风，揭举先秦儒家内圣外王的义理，结合数百年间治乱兴替的历史实践，从国家、社会、学术等不同角度探究治国理政的宏大宗旨。在批判思潮的引领和启发下，应对时弊而起的名法思潮在汉末走上历史前台，从原来的潜流跃起而为新时代的显流。汉末群雄大都能够顺应这股时代潮流，积极奉行名法之治的治理策略。[2] 其中尤以曹操、诸葛亮最具代表性。曹操"揽申、商之法术"[3]，"术兼名法"[4]，提出"拨乱之政，以刑为先"[5]的口号，坚持"唯才是举"原则突破礼教名节的人才选任标准。诸葛亮明于法家治术[6]，厉行法治，循名责实，赏罚分明，获得史家高度评价。[7] 名法之治是对东汉礼教治国的反动，也是乱世动荡时局下的救急应对之策。[8] 然而权宜之计终难长久，名法潮流在完成历史使

---

[1] 以往学界常将王符的《潜夫论》、崔寔的《政论》、仲长统的《昌言》、荀悦的《申鉴》、徐幹的《中论》统归为"汉末批判思潮"。实则就时间而论，王符（约公元85~163年）、崔寔（约公元103~170年）都处在东汉中期偏晚，而荀悦（公元148~209年）、徐幹（公元170~217年）、仲长统（约公元180~220年）才是名副其实的"汉末"。为求表述严谨，本书改称为"东汉中晚期批判思潮"。

[2] 先秦名法学以"名"为纽带，以"法"为主旨，串联起儒、道、墨诸家政治法律主张。到两汉时仍能潜滋暗长，从者甚众。贾谊、晁错以及当时酷吏，莫不精通此学，用以辅佐霸、王兼宗的汉家制度。关于名法之治的源头，秦涛指出，"名学"本为先秦名家所创，后为诸子学术争鸣、理论论证通用之学。其中一派将名家理论运用于政治法律领域，于是有刑名法术之学，亦即名法之学。"名"强调名分、职守，"法"强调整齐、平等、贯彻执行。"名"与"法"相辅相成，彼此互补，成为循名责实、整齐秩序的强有力治国手段。参见秦涛："汉末三国名法之治源流考论"，西南政法大学2011年硕士学位论文。

[3] 《三国志·魏书·武帝纪》。

[4] 《文心雕龙·论说》。

[5] 《三国志·魏书·高柔传》。

[6] 陈寅恪提出诸葛亮是"世家相传的法家"。（陈寅恪：《陈寅恪魏晋南北朝史讲演录》，万绳楠整理，黄山书社1987年版，第26页）此说虽未必完全准确，然而诸葛亮部分认同法家却是基本合乎事实的。

[7] 《三国志·蜀书·诸葛亮传》："科教严明，赏罚必信，无恶不惩，无善不显，至于吏不容奸，人怀自厉，道不拾遗，强不侵弱，风化肃然也。"

[8] 史称："魏武好法术而天下贵刑名。"（《晋书·傅玄传》）实则，热衷讨论刑名问题的风潮起于汉末乱世，是精英阶层的普遍共识。如孔融《肉刑论》、刘廙《答丁仪刑礼书》、傅幹《肉刑议》、刘卲《法论》等不一而足。依据《晋书·刑法志》，汉魏之际参与讨论肉刑的还有崔实、郑玄、陈纪、陈群、钟繇，且大都持赞同恢复的主张。而据《三国志·吴书·陆逊传》记载，仕于东吴的谢景也对刘廙"刑先礼后之论"颇为赞同。吕思勉说："三国承季汉纵恣之后，督责之术，乃时势所需，非魏武、孔明等一二人故为严峻也。"[吕思勉：《吕思勉读史札记》（中），上海古籍出版社2005年版，第956页]

第二章 西晋法典体系的构建活动

命之后很快就开始退潮,在儒家世族势力与礼法精神的强力反弹下转为沉寂。

在名法之治盛行时,以儒学世家为主力拥趸的礼法传统就已经在缓慢复兴。例如,汉魏禅代之际,作为百官政治审查手段的"九品官人法"很快就展现出士族化倾向,为代表儒家礼法精神的地方乡品所掌控。[1]司马氏当政之后设置的州大中正,又成为儒家世族把持选举、联络地方的得力工具。即使是政治上归属于曹爽一党的何晏,其内心也是归附礼法而反对名法。[2]在此背景下,"人们对礼与国家政治关系的认识开始强化"[3],礼法日益受到重视。[4]表现在治国策略上,名法之治开始转向礼法之治。其主要节点发生在魏明帝在位时期。

魏明帝是一个性格复杂、志趣多变的人。他即位之前留意法理,喜好刑名。[5]即位之初也希望通过制定律令界定君臣关系、强化集权。但是在朝臣官僚及其背后世家大族的反感压力下,[6]魏明帝又不得不同时强调儒家礼治的重要作用。他在太和二年(公元228年)下诏提出"尊儒贵学,王教之本"的口号,并做出"申敕郡国,贡士以经学为先"[7]的具体政策安排。太和四年(公元230年),他又下诏奖掖经学、罢退浮华。其调整治国策略的想法已经十分明显。[8]当时的侍中高堂隆极力宣扬"礼乐为治之大本"[9]的思想,

---

[1] [日]宫崎市定:"曹操采用法家统治术后培植起来的魏国官僚军阀集团,遭遇到汉以来中国社会贵族化的巨大潜流,马上被卷走,被巨浪所吞没,其中最具代表性的就是九品官人法。"([日]宫崎市定:《九品官人法研究:科举前史》,韩昇、刘建英译,中华书局2008年版,第330页)

[2] 吕思勉:"正始八年(公元247年)何晏治身小人之奏,卓然儒家礼法之谈。"[吕思勉:《吕思勉读史札记》(中),上海古籍出版社2005年版,第877页] 唐长孺:"何晏身前在政治上占有重要地位,主选举时号称得人,他还有关于礼制的论著,可见并非'祖尚虚浮',不关心世务,更没有企图破坏名教。他所提出的无名、无为发于名理而又批判了曹魏的名法之治。"(唐长孺:《魏晋南北朝隋唐史三论》,中华书局2011年版,第69页)此例同时也足以证明当时士人的文化观念与政治利益并不总是保持一致,个人主张也会随形势而有所变通。

[3] 梁满仓:《魏晋南北朝五礼制度考论》,社会科学文献出版社2009年版,第131页。

[4] 例如,丁仪《刑礼论》主张礼先刑后,遭到刘廙非难。南阳谢景对刘廙主张表示赞同,却又遭到陆逊批驳。陆氏说:"礼之长于刑久矣,廙以细辩而诡先圣之教,皆非也。君今侍东宫,宜遵仁义以彰德音。"(《三国志·吴书·陆逊传》)

[5] 《三国志·魏书·明帝纪》注引《魏书》:"(魏明帝)好学多识,特留意于法理。"

[6] 参见柳春新:"魏明帝的'权法之治'及失误",载《许昌师专学报》1998年第3期。

[7] 《三国志·魏书·明帝纪》。

[8] 黄少英:"这种以'经学'选才的标准,也就是重德尚教倾向的明显标志。"(黄少英:"魏晋礼法之士的'德行'观",载《东方论坛》2005年第3期)另参见王晓毅:"论曹魏太和'浮华案'",载《史学月刊》1996年第2期。

[9] 《三国志·魏书·高堂隆传》。

并进而提出改正朔、易服色、殊徽号、异器械等恢复礼法秩序的主张，为魏明帝所采纳。〔1〕凡此转变都与汉魏之际由乱世逐渐转向治世的时代大背景密切相关。〔2〕

魏明帝在位期间，命陈群、刘邵等人编纂"新律"和三大令集等法律文本，设置官方传授律学的"律博士"〔3〕。从表面上看，数十年来的名法思潮终于在此时结出丰硕的制度成果，实际上却揭开礼法之治涅槃重生的新篇章。重新高扬的礼法精神即使在曹魏"新律"的法律文本中也彰显无遗。严惩大逆不道，允许子弟复仇，废除异子之科，殴打兄姊加刑，囚徒诬告连坐，八议入律，〔4〕如此等等无不投射出儒家礼法精神在法律中的清晰影像，反映出中古时期以礼法统御律令、引礼法进入律令的历史大势。

高平陵政变后，儒学礼法家族司马氏掌权。〔5〕大批追随曹爽的刑名之士遭到摧折，名法思潮彻底步入低谷。礼法主张重回正统地位，礼法学说的义理内涵也日益充实。尤其是王肃站在儒家经学正统的理论高度，对礼法之治的基本框架和具体制度进行系统阐发，成为礼法之治在司马氏政治领袖之外的理论旗帜。〔6〕礼法之治落实到具体法律方面的表现就是，依据寻文责实的

---

〔1〕《三国志·魏书·高堂隆传》。

〔2〕周一良："明帝盖以太平既久，遂转崇儒术。"（周一良：《魏晋南北朝史札记》，中华书局2007年版，第36页）乱世用法，治世用儒，这一中国古代历史定律再次发挥作用。

〔3〕徐道邻认为，律博士是"鞫谳分司"制度的产物，意即主要承担司法职能。（徐道邻："鞫谳分司考"，载徐道邻：《中国法制史论集》，志文出版社1975年版）邢义田则认为律博士的设置正是由于律令学的没落，需要由官方来承担法律人才的培养，意即主要承担法律教育职能。（邢义田："秦汉的律令学——兼论曹魏律博士的出现"，载邢义田：《治国安邦：法制、行政与军事》，中华书局2011年版，第1～61页）邢说为后来学者所广泛认同。如若放大视角思考，从名法之治走向衰弱、礼法之治逐渐复兴的时代大背景下理解律博士的设立，似乎更能深刻认知这一法律事件背后蕴含的历史深意。

〔4〕尽管"八议"之制早在汉代就已经付诸司法实践，（参见龙大轩："八议成制于汉论考"，载《法学研究》2012年第2期）但进入立法视野则始于曹魏"新律"。

〔5〕唐长孺说："司马氏为河南大姓，世代通经，以家门礼法著称。"又说："司马氏为河内的儒学大族，所谓'本诸生家，习礼来久'，十分注重礼法。"（唐长孺：《魏晋南北朝隋唐史三论》，中华书局2011年版，第48、71页）

〔6〕王肃是曹魏时期知名法官、经学家王朗的儿子。他早年游学于荆州，深受荆州标新学风的影响。他后来遍注群经，创立新说，成为继郑玄之后的一代经学大师。他著有多部礼学著作，主要有《周官礼注》《仪礼注》《丧服经传》《丧服要记注》《礼记注》《礼记音》《明堂议》《祭法》《王子正论》等。在东汉以来的经学大师中，王肃的主张近于贾逵、马融，而反对郑玄。礼学是其与郑玄相争的主战场之一。王肃礼学不仅体系宏大，而且更为靠近政治实践，再加上其与晋室的亲缘关系，所以在两晋被列为官学，成为国家正统礼法学说。王肃的礼法学说并不单纯为学术，而有较强经世致用的意味。他除了系统的礼学著作之外，还曾撰写有关朝廷典制、郊祀、宗庙、丧纪、轻重等礼制问题的奏议文章多达百余篇。总之，王肃礼学对兴起于曹魏后期、成型于西晋初年的礼法之治起到了擘画蓝

礼学义理改革现有法律制度。例如，由"荀氏连坐免死案"[1]引发妇女法律地位的改革，就是依据儒家礼经"三从之义"[2]而来。

西晋建政以后，礼法之治终于正式成为基本治国方略，从理论构思落实为具体制度。晋初礼法大师傅玄，以宏阔的视野讨论礼法之治的实施纲领和制度安排，可以说是对西晋礼法之治时代特征最深刻、系统的描绘与解读。[3]出自颍川荀氏的荀爽、荀攸、荀𫖮、荀崧，出自京兆杜氏的杜预、杜宽等人也都有专门的礼学著作。荀𫖮更是受命领衔制定晋礼，在魏末就制成被称为"晋礼"的新定礼典一百六十五篇，十五余万言。这是继东汉曹褒制定汉礼之后又一次大规模的礼典编纂活动。挚虞也是西晋知名礼学家。荀𫖮"新礼"由于改革过甚而引起诸多争议。挚虞主持删削整理，不仅把"新礼"篇幅缩减三分之一，而且内容也更完善。尽管挚虞议礼由于西晋末年的内外变乱而被迫终止，但还是留下《决疑录》流传于东晋。然而，西晋推行礼法之治，并非前代国策的简单回归，而是经过历史浮沉之后的推陈出新。

西晋礼法之治的新因素主要来自其由衰弱到复兴的历史演进过程。西周时期的礼、刑，以观念认同和习惯约束为主，具有多元主义色彩，规范性、明确性、强制性都存在明显不足。西汉时期，礼、律、令等新式法律各自得到大幅发展，却又陷入名实不符、彼此混淆的胶着状态。律中常有礼制，礼制也会被冠以律名。然而，礼、律混淆并未助益西汉礼法之治，反而造成汉家制度的杂糅不纯。伴随儒家思想正统地位在西汉中期的树立，礼法的精神逐

（接上页）图的理论指导作用。总之，王肃堪称西晋礼法之治的理论大师。（参见郝虹："王肃与魏晋礼法之治"，载《东岳论坛》2001年第1期以及氏著：《魏晋儒学新论：以王肃和"王学"为讨论的中心》，中国社会科学出版社2011年版）。

[1]《晋书·刑法志》。

[2]《仪礼·丧服·子夏传》曰："妇人有三从之义，无专用之道，故未嫁从父，既嫁从夫，夫死从子。"

[3] 傅玄是西晋时期的礼法大家，尤其善于从全局着眼探讨礼法要义。晋武帝刚一即位，他就提出改变以往贵刑名、贱守节的社会风尚，主张选用清远有礼之臣，以敦教化。他所著的《傅子》一书，更是全面系统设计、论述了礼法之治的基本精神、根本原则、利弊得失、政治举措甚至具体手段，提出了一个兼容道义、官政、刑法、惠民于一体的新礼法学说。他认为礼法要从仁德、信义、正身、正心出发，以公心为本推举贤人、考核政绩，以严格依法加以刑赏为推行的手段，以纲纪整肃、富国安民为目标，只要合乎以上这些精神，甚至恢复肉刑也不是不可以。时人誉该书"言富理济，经纶政体，存重儒教，足以塞杨、墨之流遁，齐孙、孟于往代"（《晋书·傅玄传》）。《四库全书总目》评价说："此书所论，皆关切治道，阐启儒风，精意名言，往往而在，以视《论衡》《昌言》，皆当逊之。"其之所以被誉为超出《论衡》《昌言》，是由于其中的建设性意见远超批评性意见。对礼法之治新模式的探讨正是其最核心的话题之一。

渐向律令渗透，成为后世法律儒家化的滥觞。儒家意识形态的全面发展壮大，到东汉时达到第一个高峰。但是当时，以礼为教，注重名节，标榜孝义，礼法较多停留在社会文化生活层面，而对国家治理方式尤其是具体制度规范的影响仍较为有限。[1] 较之以往，西晋礼法之治在经过对汉末魏初名法之治合理因素的充分吸收之后，结合全新的时代命题进行新的创造转化，礼法的规范性、明确性与实效性得到特别重视。经过大规模的制度建设，礼典与律令法典齐头并进，全面规范社会各领域的法典体系横空出世。礼法精神以主导、引领、渗透的方式落实到制度法典之中，其制度化、操作化程度达致新高，是为周汉以来礼法之治的全新时代。

（二）西晋礼法之治的制度框架

西晋政权以儒家思想作为指导，必然紧密围绕礼法精神安排国家制度。陈寅恪说："司马氏之帝业，乃由当时之儒家大族拥戴而成，故西晋篡魏亦可谓之东汉儒家大族之复兴。典午开国之重要设施，如复五等之爵、罢州郡之兵，以及帝王躬行三年之丧礼等，皆与儒家有关，可为明证。"[2] 在陈氏所述例证之外，西晋礼法之治的宏观要旨也值得注意。

首先，依循礼法框架设定国家制度体系，把不同类别的制度规范统摄于礼法总纲之下。

司马氏原本就有儒学的文化传承，在经过汉末以来名法思潮洗礼后，其执政理念更有体系化思维。尤其是在高平陵事变之后，司马氏在长期把持曹魏政权的同时也在周密筹划禅代前后的政治布局和制度安排，其诸多举措思路的条理性有充分体现。

嘉平四年（公元252年）春正月，司马师在司马懿死后不久就开始总揽内外朝政。为了稳住政治局势，他的总体安排是：诸葛诞、毌丘俭、王昶、陈泰、胡遵都督四方，王基、州泰、邓艾、石苞典州郡，卢毓、李丰掌选举，

---

[1] 东汉礼法之治重名、重孝，以此为教，因而涌现出大量名士、孝子。天子诏书偏恩孝悌，人才选举推优孝廉，地方官员发布教榜，民间提倡诵念《孝经》，甚而出现以《孝经》平乱退敌的闹剧（《后汉书·独行传》）。学术界也通过白虎观会议确定三纲、六纪作为国之大典。然而这种浓重的文化氛围，催生出大量伪士、伪孝，却于国家治理、法制建设并无太多贡献。礼学家曹褒曾立志为汉室制定礼典"汉礼"，然而由于各方阻力太大而未能成功。东汉律章句家群体曾经做过"引礼入律"的大量注释工作（参见龙大轩：《汉代律家与律章句考》，社会科学文献出版社2009年版），尽管为后世法典提供了重要的文本素材，然而终究未能在东汉注重名节、孝道的礼法之治的宏大框架下发挥出应有的作用。

[2] 陈寅恪：《金明馆丛稿初编》，陈美延编，生活·读书·新知三联书店2001年版，第145页。

傅嘏、虞松参计谋，钟会、夏侯玄、王肃、陈本、孟康、赵酆、张缉预朝议。军事、地方、选举、参谋、朝议，这样的安排可谓面面俱到。同时为了求稳，他还以"三祖典制，所宜遵奉"[1]为由回绝了对国家制度进行大规模改革的动议。后来果然发生了李丰、毌丘俭等人的反叛事件。司马师也在平叛过程中殒命。

司马昭继掌权柄之后，先后平定诸葛诞和高贵乡公的反抗。此后，魏晋禅代大局已定，无可逆转，开始进入紧锣密鼓的过渡程序。司马昭先封晋公（景元四年冬十月，公元263年），后封晋王（咸熙元年三月，公元264年），在即将到达终极目标之前，开始预先安排登基称帝之后的国家制度。《晋书·文帝纪》载："秋七月，帝奏司空荀𫖮定礼仪，中护军贾充正法律，尚书仆射裴秀议官制，太保郑冲总而裁焉。"他虽然是以臣子的名义请求曹魏皇帝安排朝臣制定"礼仪""法律""官制"，但明眼人都能看出这套国家制度是为即将到来的新朝准备的，已经与曹魏政权没什么关系了。然而这个制度安排的亮点并不在此，其最引人注目的地方在于明显带有《周礼》"六典"之说的痕迹，是自古以来从没出现过的总揽全局的顶层设计。

《周礼·天官·大宰》记载：

大宰之职，掌建邦之六典，以佐王治邦国：一曰治典，以经邦国，以治官府，以纪万民。二曰教典，以安邦国，以教官府，以扰万民。三曰礼典，以和邦国，以统百官，以谐万民。四曰政典，以平邦国，以正百官，以均万民。五曰刑典，以诘邦国，以刑百官，以纠万民。六曰事典，以富邦国，以任百官，以生万民。

司马昭委派专门人选分头领衔制定礼仪、律令[2]、官制，由儒宗郑冲依据礼法要义总体把控。从最后成果来看，《泰始令》相当于"教典"，"新礼"相当于"礼典"，《泰始律》相当于"刑典"，"官制"相当于"政典"，《晋故事》相当于"事典"，"治典"则虚悬于五典之上，融合在五典之中。（详见表9）各典总汇而为西晋"礼法之治"的文武宪章。如陈寅恪所言："中国

---

[1]《晋书·景帝纪》。
[2] 记载此事的史料还有四则，分别载于《世说新语·政事》注引《续晋阳秋》和《晋书》的《郑冲传》《裴秀传》《贾充传》（详见下文），总体来说大同小异。只不过，《续晋阳秋》《郑冲传》以"律令"代替"法律"。本书认为称"律令"更为合适，故径直改之。

儒家政治理想之书如《周官》者，典午以前，固已尊为圣经，而西晋以后复更成为国法矣，此亦古今之钜变。"[1]《周礼》由此从"经"转化为"法"。司马氏此举一是为了证成和强化新朝的合法性，二是为了聚拢士人民心，挽回其弑君、屠戮、篡逆的恶劣影响。所以说，司马氏模拟《周礼》"六典"构建全新法典体系的举动，具有明显的政治用意，而不单纯是基于文化意识形态的自觉认同。

表9 晋初模拟《周礼》"六典"情况

《周礼》"六典"		西晋"五典"	
治典	以经邦国，以治官府，以纪万民。		礼法
教典	以安邦国，以教官府，以扰万民。	《泰始令》	施行制度，以此设教。①
礼典	以和邦国，以统百官，以谐万民。	晋"新礼"	革命以垂统，隆礼以率教。②
政典	以平邦国，以正百官，以均万民。	晋"官制"	秀儒学洽闻，且留心政事。③
刑典	以诘邦国，以刑百官，以纠万民。	《泰始律》	违令有罪则入律。④
事典	以富邦国，以任百官，以生万民。	《晋故事》	常事品式章程。⑤

说明：

1. 史料①④⑤出自《晋书·刑法志》，②出自《晋书·礼志上》，③出自《晋书·裴秀传》。
2. 按照《周礼》的设计，天官既是六官之一，又统领其他五官，治典既是"六典"之一，又统率其他五典。在西晋，这个居于统率地位的制度原则就是高度抽象的"礼法"精神。

其次，以礼法的精神传统和理论模型统率礼、律、令、官制、故事等典章制度。而其具体方式主要表现为构建体系框架，提供制度模板，引申示范启发。[2]

---

[1] 陈寅恪：《金明馆丛稿初编》，陈美延编，生活·读书·新知三联书店2001年版，第145页。
[2] 论者或以为"礼法之治"的解说范式无法涵盖中国古代法，理由有二：一是律令内容丰富，远超礼法范畴；二是系统解释存在风险，难于处理大量例外情形。笔者对此疑问的简要答复是：首先，中国古代法的内容十分丰富，礼法统摄诸法并不等于事无巨细无所不包，有时构建制度框架，有时提供制度模板，而有时则只是作为文化标签和精神示范存在。礼法与礼制不同。诸多律令规范虽无礼制依据，却可找到礼法依据，各时代可以依循礼法精神自行创化改造，不必死守礼制教条。其次，礼法之治作为中国古代治理模式的主导范式，并不是自我封闭、唯我独尊的系统，而仅以主流或主导的方式存在，所以关于其系统性风险也属多虑。要之，两种质疑之声，都源于对礼法和礼法之治的僵化理解与刻板认知。由此而知今日详研礼法与礼法之治，非所云过当，而实为不足。

晋初模拟《周礼》"六典"分设"五典"，构建新时代的法典体系。在诸典同修过程中，非常注重各规范系统之间的彼此倚仗，互为依托。而最能展示这种默契的分工配合特色的，就是礼、律、令同步兼修。晋初荀顗、羊祜等人在参与编纂律令法典的同时又领衔撰定"新礼"，编纂礼典。史家称之"礼律并重"〔1〕。礼、律兼修的意义在于，礼仪制度与律令法制虽为法律的两个不同侧面，但都是以提供行为规范为基本宗旨，所以具有天然的相通之处。众多朝臣专家同步修订礼、律、令等法典，可以实现彼此参酌、互相配合的效果。根据情况需要，可以将某些礼仪制度方面的规定直接纳入律令之中，也可以借助律令的强制性辅助增强礼仪制度的约束效力，可谓相得益彰。这种立法模式使礼法之治的顶层方略更加易于操作，便于收取实效之功。尽管荀顗、羊祜等人所编纂的礼典由于多种原因未能真正实施。但是西晋礼、律、令同步兼修，参与议定人员彼此交集，其模式却为后世所继承，可谓影响深远。〔2〕

经过诸典同修之后，律令法典中的礼法精神更加充溢丰实，在律令法典内部引领、主导着诸多具体制度规范。例如，《泰始律》明确提出"峻礼教之防"口号，重惩奸伯叔母之行，推崇嫁娶之礼，这都是以儒家礼法为圭臬的体现。《泰始令》以"施行制度，以此设教"〔3〕为标榜，在制度规范中体现儒家的教化传统，成为律法与礼法的联结点。其以《户》《学》《贡士》诸令居于前三的篇章结构设计，更体现出"晋政以儒家礼教为优先"〔4〕的独特旨趣。

礼法之治的制度框架安排好之后，最重要的就是贯彻执行，落实见效。西晋立朝之初，就一再督促各级地方积极贯彻落实礼法治国方略。例如，晋武帝泰始四年（公元268年）六月甲申朔所下的诏书，对如何推进礼法之治深入到基层做出系统安排。〔5〕"敦喻五教〔6〕" "孝弟忠信" "详察政刑" "劝务农功" "礼教" "公廉" "公节" 等成为晋武帝推行礼法治国的高频词、关键词。朝廷明诏宣示，以此作为地方考核政绩的标准，责成各级官吏积极贯

---

〔1〕 参见程树德：《九朝律考》，中华书局2006年版，第237页。
〔2〕 史载，隋唐议定律令时亦同期开展议定礼制活动，牛弘、房玄龄、魏征、长孙无忌等人兼订礼、律，与晋之荀、羊正可等量齐观。
〔3〕 《晋书·刑法志》。
〔4〕 高明士：《律令法与天下法》，上海古籍出版社2013年版，第32页。
〔5〕 参见《晋书·武帝纪》。
〔6〕 "五教"为五种儒家伦理道德规范，即父义、母慈、兄友、弟恭、子孝。《尚书·舜典》："敬敷五教，在宽。"《左传·桓公六年》："故务在其时，修其五教。"

彻施行，务求礼法治国之策最大限度落到实处。为了倡导尊崇礼法的社会风气，武帝更开创了秦汉以来帝王亲自主持乡饮酒礼[1]、服三年丧礼的先例。

作为一个重礼的时代，西晋礼法之治涉及广泛的礼法议题，在社会上营造出议礼、重礼的浓郁氛围。[2]当时礼学中最被热议的焦点话题是《周礼》与丧服礼制。《周礼》地位的迅速抬升，反映出国家层面对构建宏大制度框架的追求；对丧服礼制的热议，则反映出社会层面士族宗法观念的强大影响。在此大背景下，以《周礼》和丧服礼为代表的礼法制度的精深要义得以细微渗透到西晋诸法典之中。（详见后文）

二、综取前朝的编纂原则

西晋法典体系的构建过程是在兼采汉魏的基础上追求法律文本体系化的过程。这个过程就如古代史家著书，绝非全出著者手笔，而是在广泛搜罗旧书的基础上"编次"而成。[3]也就是说，"删定"法律时的文本内容与体例往往皆有所本，只是在原来的基础上略事增删，间或有些许创新。西晋编纂法典、构建法典体系时，也是在参照汉魏固有法律文献成果的前提下展开的。这是由其所面对的基本局面和要解决的基本问题所决定的。

两汉数百年间，礼、律、令、科、品、比等法律文本不断累积，不仅数量繁多，而且体系杂乱，给后人整理、适用带来巨大困难。汉魏之际的政治局势纷纭变化，当时的立法以简单实用为宗旨，还无暇顾及汉代遗留下来的这些法律文本，只得将其束之高阁。

汉末魏初，施行法律直接以科、令行事。"科"是暂行综合特别法，"令"是教令、诏令。它们的特点是因事便宜、灵活多变、易于施行，全方位取代了当时多种法律形式的法律功能。这种零散单行的立法模式固然有其独特优势，适合于军事斗争的短期需要，但长期积累下来，不仅架空了律令的效力，而且加重了科的负担，最为关键的是同样造成魏科繁密琐屑、不便取用的难题。有感于此，魏明帝命陈群、刘邵等人整理汉代遗留的律、令、诏书和曹

---

[1] 此据1931年出土的《晋辟雍碑》。参见余嘉锡："晋辟雍碑考证"，载余嘉锡：《余嘉锡文史论集》，岳麓书社1997年版，第123~159页；游自勇："汉唐时期'乡饮酒'礼制化考论"，先后载于《汉学研究》2004年第2期、《中国社会科学文摘》2005年第3期、《历史教学》2005年第11期。

[2] 章太炎："六朝人天性独厚，守礼最笃。"（章太炎：《国学讲演录》，华东师范大学出版社1995年版，第106页）

[3] 参见吕思勉：《史学与史籍七种》，上海古籍出版社2009年版，第330页。

魏前期积累下来的科、教令等法律文本，经过数年努力终于编订完成"新律"和三大令集。但是由于这些法律文本没有正式颁行，所以没有改变魏科繁密的基本状况。晋武帝颁行新律的诏书说："诏曰汉氏以来，法令严峻。故自元、成之世，及建安、嘉平之间，咸欲辩章旧典，删革刑书。述作体大，历年无成。"[1]其所谓"建安、嘉平之间"（公元196~254年），时间上涵盖曹操、曹丕、曹叡掌权的三个时代。当时主要的立法活动，就有汉末应劭删定律令、曹操广发科令、魏明帝时编订律令法律文本等。然而由于工作量大，而且受到军事政治斗争等因素干扰，所以"历年无成"。等到魏末晋初贾充等人重新尝试编纂律令法典时，面对的是包括汉代律、令、科、品、比以及汉末魏初新涌现出来的科、令在内的数量庞大的法律文本。

《晋书·刑法志》记载，贾充等人制定晋律的基本方式是"就汉九章增十一篇，仍其族类，正其体号"。即以东汉律学塑造的"九章律"的框架为本，在其基础上扩充体例，增设篇章，捋顺篇条关系，调整篇章内容，追求名实相符。这里的"汉九章"就是刘劭《魏律序》中作为"汉旧律"主体的所谓"正律九篇"。这个记载正与晋武帝诏书内容相互佐证。可见两则史料都认为，西晋法典编纂的资料来源就是汉代以来的各种法律文本。换句话说，魏明帝、晋武帝两朝构建法典体系的立法活动，是围绕着大体相同的法律文本展开的两次在逻辑上并列的立法活动。第一次事业未竟，第二次大功告成。陈顾远说："魏晋两律虽相继绪，且各有其特质，而两律所取以为蓝本者，则皆汉律也。"[2]滋贺秀三也说："晋律，与其说是将早已问世的魏律作对象、在对其进行修改的意图下完成的，不如说是直接以汉代以来的法规积累为素材，重复魏律编纂者所做的整理合并工作而完成的。"[3]二者的卓识高见是对魏晋间法典体系化过程的精准把握。然而他却没有解释为何晋律忽视魏律而直接取材于汉代法律。根据本书前文考证推测，魏明帝时组织编纂的律令法律文本没有正式颁布，因此也就不存在魏、晋法典之间的直接继承关系。

但这并不意味着，魏明帝时整理法律文本、创建法典体系的立法活动就毫无价值。例如，同样面对"汉律九章"，曹魏"新律"的编纂原则是"都

---

[1]《晋书·贾充传》。
[2] 陈顾远：《中国法制史概要》，商务印书馆2011年版，第33页。
[3] [日] 滋贺秀三："关于曹魏新律十八篇篇目"，程维荣等译，载杨一凡总主编：《中国法制史考证》（丙编第二卷），中国社会科学出版社2003年版，第261~262页。

总事类，多其篇条"，西晋《泰始律》也是"增十一篇，仍其族类，正其体号"。无论是陈群、刘邵等人，还是贾充等人，他们都认为原来"汉律九章"的篇章结构设计不合理，篇目过少导致容量受限，体例不明导致分类不清，所以他们都不约而同地选择在适当保留原有框架的基础上，采择其他法律文本充实其间，增加篇幅，创新体例，扩大容量，实现条文内容的分类合理、布局有序。

然而，这又引起了关于西晋法典体系渊源问题的争议，即西晋究竟是直承汉代、继承曹魏还是兼采汉魏？这个争议古已有之。《隋书》《晋书》等唐初正史都认为西晋律令主要取材汉代律令。[1]而稍晚的《唐律疏议》《唐六典》则说贾充等人增损汉、魏律而成晋律。[2]《隋书》《晋书》作为正史，记述多有前代文本作为依据，而《唐律疏议》《唐六典》修改前说却未说明有何依据。滋贺秀三在考证"新律"篇目时也认为《唐六典》史料价值有其局限。[3]然而无论如何，两种观点在唐代几乎同时出现，毋庸置疑会引起关于西晋法典体系渊源问题的长期争论。即以近代学者而言，就存在三种看法：一是主张曹魏律、晋律都继承汉律，有陈顾远、韩国磐、祝总斌等学者；[4]二是主张晋律继承曹魏律，有张建国、韩树峰、李俊芳等学者；[5]三是主张晋律兼采汉魏律，有黄源盛等学者。[6]依笔者浅见，简单地是此非彼或者模

---

[1]《隋书·经籍志二》："汉初，萧何定律九章，其后渐更增益，令甲已下，盈溢架藏。晋初，贾充、杜预删而定之，有律，有令，有故事。"《晋书·刑法志》："就汉九章增十一篇，仍其族类，正其体号。"

[2]《唐律疏议·名例》："晋命贾充等，增损汉、魏律为二十篇，于魏刑名律中分为法例律。"《唐六典·尚书刑部》注："晋氏受命，议复肉刑，复寝之。命贾充等十四人增损汉、魏律，为二十篇。"

[3] 参见[日]滋贺秀三："关于曹魏新律十八篇篇目"，程维荣等译，载杨一凡总主编：《中国法制史考证》（丙编第二卷），中国社会科学出版社 2003 年版，第 258~259 页。

[4] 陈顾远："魏晋两律之间，虽有系承，而又皆宗汉律也。"（陈顾远：《中国法制史概要》，商务印书馆 2011 年版，第 32 页）。韩国磐："晋律是远承汉而近沿魏而来。"（韩国磐：《中国古代法制史研究》，人民出版社 1993 年版，第 255 页）祝总斌："晋律是在汉魏律基础之上修订而成。"[祝总斌："略论晋律的'宽简'和'周备'"，载《北京大学学报（哲学社会科学版）》1983 年第 2 期]

[5] 张建国主张晋律继承魏律而来。（张建国：《中国法系的形成与发达》，北京大学出版社 1997 年版，第 170 页）韩树峰（韩树峰：《汉魏法律与社会——以简牍、文书为中心的考察》，社会科学文献出版社 2011 年版，第 79~80 页）、李俊芳（李俊芳：《晋朝法制研究》，人民出版社 2012 年版，第 68 页）也持此说。

[6] 黄源盛："《泰始律》以汉律为本，参以魏律"。（载黄源盛：《中国法史导论》，广西师范大学出版社 2014 年版，第 220 页）

糊地兼采二说，对于廓清汉、魏、晋律令法制之间的关系都无益处。在谈及西晋法典体系的渊源时，应当注意区分其内容渊源与形式渊源。

首先，就内容渊源而言。两汉至魏初数百年所积累的各类法律文本是魏、晋立法者编订法典时所共同面对的基本素材，是魏、晋两代立法活动共同的取材对象。

尽管汉末董卓之乱对藏于京师的法律文本是一场浩劫，但应劭按照"蠲去复重，为之节文"[1]的原则整理后仍有《律本章句》《尚书旧事》《廷尉板令》《决事比例》《司徒都目》《五曹诏书》《春秋折狱》等重要法律文献二百五十余篇之多。

魏明帝时，陈群、刘邵等人所编纂的法典文本虽有重大改革，但由于该次立法活动有始无终，法典文本并未获得正式的法律效力，所以说西晋法典体系源自曹魏法典也就无从谈起。因此才会有《隋书》《晋书》对晋律跳过曹魏直接参考汉代律令的记载。

《隋书·经籍志二》记载："汉时，萧何定律令，张苍制章程，叔孙通定仪法，条流派别，制度渐广。晋初，甲令已下，至九百余卷，晋武帝命车骑将军贾充，博引群儒，删采其要，增律十篇。其余不足经远者为法令，施行制度者为令，品式章程者为故事，各还其官府。"又说："汉初，萧何定律九章，其后渐更增益，令甲已下，盈溢架藏。晋初，贾充、杜预删而定之，有律，有令，有故事。"日本学者守屋美都雄认为所谓"甲令已下"的"九百余卷"应该是指"汉时决事，集为《令甲》以下三百余篇，及司徒鲍公撰嫁娶辞讼决为《法比都目》，凡九百六卷。"他同时又指出："贾充面对的应该不仅是甲令和法比都目，还应广泛地包括与刑罚、制度相关的一切法规。"[2]也就是说，贾充等人所要整理、取用的法律文本应该涵盖自汉以来的律、令、科、比、品、章程、仪法等一切制度规范。

《魏书·刑罚志》虽以"魏制峻密"作为西晋编纂律令法典活动的原因，却没有说曹魏也有律令法典。这和《晋书·贾充传》"先帝愍元元之命陷于密网"、《晋书·刑法志》"陈群、刘邵虽经改革，而科网本密"等说法遥相呼应，都将西晋法典体系构建时所面临的法律障碍指向魏科。而魏科是延续汉

---

[1]《晋书·刑法志》。
[2][日]守屋美都雄：《中国古代的家族与国家》，钱杭、杨晓芬译，上海古籍出版社2010年版，第455页。

代法律文本和立法模式的产物，不足以称为曹魏的律令法典，更不能等同于魏明帝时编订的法典文本。所以，西晋法典体系仍以从汉代到魏初的法律文本为其主要素材。此即其内容渊源。

其次，就形式渊源而言。陈群、刘邵等人所开创的对汉代法律文本的整理编纂事业，可谓西晋法典体系的先导。

尽管贾充等人跳过曹魏律令法典的稿本而直接取材于此前法律文本，然而毫无疑问，两次立法活动如此接近（相距仅三十余年），必然存在密切关联。联系到参与制定西晋法典的人员中就有人曾参与、目睹或听闻魏明帝时的立法活动，这种关联就更加值得重视了。

史载，贾充"袭父爵为侯。拜尚书郎，典定科令，兼度支考课"[1]。贾逵死于魏明帝太和二年（公元228年），贾充袭爵拜郎当在此年或随后不久。时间上正与陈群、刘邵等人主持制定律令活动相符合。贾充"典定科令"当是其参与此次立法活动的明证。又如，荀顗的族兄荀诜曾参与魏明帝时的立法活动，而荀顗本人自幼"为姊婿陈群所赏"[2]。以此推之，荀顗对于魏明帝时陈群主持编修律令法典之事也必然耳濡目染，多有了解。所以，魏明帝时对旧法律文本的整合方法、分类标准、篇目体例、法典结构乃至整个活动的前因后果、过程得失，必然会通过相关人物的经历或见闻而对西晋法典体系的构建产生直接而深刻的影响。所以潘武肃说："泰始新律有赖于魏律十八篇方能迅速完成。"[3] 韩树峰也说："《泰始律》从《刑名律》中析出《法例律》，并不是对曹魏改革汉律的否定，恰恰是在此基础上的进一步发展和完善。"[4] 贾充等人可说是在继承陈、刘等人所开创的改革方向上更进一步，实现法典体例更加完善、结构更加完整、逻辑更有条理，构建出一个较之前更加系统整齐的法典体系。

对此，滋贺秀三曾形象生动地描述道："做一个比喻，两者大约可以说是第一草案与第二草案之间的关系。很自然的，后者在很多方面参照了前者所采

---

[1]《晋书·贾充传》。

[2]《晋书·荀顗传》。

[3] 潘武肃："西晋泰始颁律的历史意义"，载《香港中文大学中国文化研究所学报》（第二十二期），中文大学出版社1990年版，第9页。

[4] 韩树峰：《汉魏法律与社会——以简牍、文书为中心的考察》，社会科学文献出版社2011年版，第79页。

取的方法，因此可以在两者之间发现很多类似之处。"[1]第一、第二草案之说法既可以说明魏、晋两次整理法律文本活动的相对独立性和各自整理成果的具体差异性，也足以解释在此过程中时代背景、模式原则和改革方向上的整体一致性。也就是说，西晋法典体系在内容上主要吸收汉魏的各种法律文本，在形式上更多借鉴曹魏明帝时的编纂经验，沿着其法典编纂的改革方向继续前进。

当然，西晋法典体系尽管对曹魏的法典编纂经验多有吸收，但其成就又非曹魏时所能比拟。其之所以会有此成就，原因是多方面的。以逻辑建构见长的名理律学对法典体例的系统调整，以《周礼》和丧服礼为主题的礼法之学对法典内容和精神的充实、灌注，都为西晋法典体系的长足进步提供了强有力的支持。对此，后文将有详述。此处需要强调的是，尽管时间相隔仅三十余年，但西晋参与法典体系构建的团队成员对这些理论资源的利用程度，比之曹魏时期显然高出一筹。这就涉及法典体系构建的人事安排问题。

第二节　构建法典体系的人事安排

西晋构建法典体系的立法活动主要分三组进行：司空荀𫖮领衔修定礼仪，编订礼典；中护军贾充领衔删正律令，编纂《律》《令》《故事》三大法典；尚书仆射裴秀领衔议定官制，相当于编订"政典"。三路人马由太保郑冲挂名统率，担任总裁。这样的安排是魏晋禅代即将到来前一系列预备活动的组成部分，是基于统筹全局的需要而做出的政治谋划和顶层设计。在这三个立法活动中，以贾充主持的律令法典编纂成绩最为突出，经过三年半的努力编成《律》《令》《故事》三大法典。而裴秀主持的官制改革，一方面重在制度改革而非文本编纂，另一方面由于牵连复杂，加上裴秀早卒，最后没有形成有形的成果。[2]荀𫖮主持的编纂礼典活动，尽管由于争议太大而未最终施行，

---

[1] [日] 滋贺秀三: "关于曹魏新律十八篇篇目"，程维荣等译，载杨一凡总主编：《中国法制史考证》（丙编第二卷），中国社会科学出版社2003年版，第262页。

[2] 裴秀议官制的活动自魏末一直延续到晋初泰始七年（公元271年）。经他建议而进行的官制改革包括实行五等爵制、改革尚书三十六曹统事制度以及其他一些具体改革举措。史称其"创制朝仪，广陈刑政，朝廷多遵用之，以为故事，在位四载，为当世名公"（《晋书·裴秀传》）。以上这些改政举措都没有体现为规范文本，故而难称法典。而且实际上，五等爵制具有禅代之际安抚人心、稳定官僚的权宜色彩，在西晋政权稳固之后就被废弃；改革尚书体制的动议也由于裴秀服用寒食散误用冷酒英年早逝而不了了之。

但毕竟也拟出了一个礼典稿本。因此本节主要考察律令法典和礼典这两个编纂团队的人事问题。

一、律令法典编纂团队

贾充主持的律令法典编纂团队从始至终基本保持稳定，但也有成员变动。根据《晋书·刑法志》记载，最初的成员包括：太傅郑冲、司徒荀顗、中书监荀勖、中军将军羊祜、中护军王业、廷尉杜友、守河南尹杜预、散骑侍郎裴楷、颍川太守周雄、齐相郭颀、骑都尉成公绥、尚书郎柳轨及吏部令史荣邵，连同贾充一共十四人。但这个名单有两个问题：一是人物官职表述不准确（详见下文）；二是人物记载不准确，荀勖在西晋政权建立后才加入。[1]而据《晋书·贾充传》，在三大法典颁行的时候，名单中又多出骑都尉荀煇，而少了荣邵。[2]

由于汉魏以来数百年间积累下来的法律文本烦而不要、体系庞杂，编订、整理、抄录工作十分繁重，仅靠十几个人断然无法胜任。所以，他们身后必定还有大量辅助人员参与其事，从法律实务等角度提供专业咨询，给出具体建议，并完成大量琐碎的技术性工作。然而此类人员官职卑微，籍籍无名，搜罗史料也只能考得零星记录。例如，杜预曾在奏书中提及律吏杜景、李复等人参与定律。[3]又如，缪征作为中书著作郎应该会随同中书监荀勖参定律令。[4]依常理推之，杜景、李复应该只是整个律吏队伍的冰山一角。然而遗憾的是，由于史官并未留下更多详细的资料，此处只能付之阙如了。

编纂法典是西晋新朝的大事，作为朝臣能够参与其中自属格外殊荣。这在晋武帝下诏奖赏定律功臣一事中可窥端倪。但若追问，各参定人员持有何种政治立场？具有何种文化背景？在整个律令制定过程中又发挥怎样的作用？做出什么样的贡献？司马氏安排这样的人员组合制定律令又是基于什么样的考虑？反映出改朝换代时期怎样的政治特色？这些问题更值得深入讨论。

---

[1]《晋书·荀勖传》载："武帝受禅，改封济北郡公。勖以羊祜让，乃固辞为侯。拜中书监，加侍中，领著作，与贾充共定律令。"

[2] 堀敏一认为，"荣邵"有可能是"荀煇"的讹误。[参见［日］堀敏一："晋泰始律令的制定"，程维荣等译，载杨一凡总主编：《中国法制史考证》（丙编第二卷），中国社会科学出版社2003年版，第295页］但这种推测并无任何证据可言。

[3]《北堂书钞·刑法部下·律令十三》引杜预奏事云："被勒以臣造新律事，律吏杜景、李复等造律，皆未清本末之意者也。"

[4]《晋书·职官志》："及晋受命，武帝以缪征为中书著作郎。"

西晋编纂律令法典的人员组合很有特点，与其立法成就存在密切关联。首先，参定律令的人数不多，成员较为稳定。西晋律令法典的编纂过程历时三年半，跨越魏、晋两朝，核心成员结构却能保持大体不动。这种组织方式是沿袭魏明帝时的做法。[1]其最大好处在于，既可集思广益，兼取众人之长，又可保证专业水平，保持较高效率。南朝梁蔡法度所说"魏、晋撰律，止关数人，今若皆咨列位，恐缓而无决"[2]，讲的就是这个道理。其次，参定律令的人员组成较为复杂，涵盖不同的政治立场、思想倾向，同时又有较高的律学水准。在整个法典编纂过程中，不同成员扮演着不同的角色，综合反映出魏末晋初的政治思想局面和律学研究水平。[3]这种组合方式使新制定出来的西晋法典展示出独特的多面性与包容性，真正具有兼收并蓄、广收博取的风采，为其取得空前成就、获得广泛支持奠定下坚实的基础。

(一) 团队成员的政治倾向

从政治力量整合角度而言，参定西晋律令之人来自不同政治派别，代表不同政治主张。其中既有紧密追随司马氏的贾充、荀𫖮、荀勖、王业等人，也有身份持重而态度较为中立的郑冲等人，更有仅与司马氏保持适度合作关系的羊祜、杜预、裴楷等人。一个法典编纂团队，三派政治势力交织，蔚为奇观！

贾充父子重利轻义，不循忠道。贾充之父贾逵在汉末就是拥曹称帝的中坚力量。而在魏晋禅代中，贾充又成为司马氏代曹的关键推手。[4]在高贵乡公之役中，荀勖、王业也都曾为司马氏立下大功，而后被其引为心腹。荀𫖮"阿意苟合于荀勖、贾充之间"[5]，曾与荀勖极力推荐贾充之女贾南风为太子妃，可见这几个人在政治立场上皆为一派。[6]

---

[1] 魏明帝时参与制定"新律"的主要人物有司空陈群、散骑常侍刘劭、给事黄门侍郎韩逊、议郎庾嶷、中郎黄休、荀诜六人。(《晋书·刑法志》)

[2] 《隋书·刑法志》。

[3] 文慧科对晋律参定者的学术背景、家学渊源及其在魏晋禅代革命中的作用有过逐一解析，可资参考。参见文慧科："关于西晋刑律制订人选的思考"，载《西南民族学院学报》2002年第4期。

[4] 《三国志·魏书·贾逵传》注引《晋诸公赞》："高贵乡公之难，司马文王赖充以免。为晋室元功之臣，位至太宰，封鲁公。"

[5] 《晋书·荀𫖮传》。

[6] 当然，荀勖这个人的政治立场还比较复杂。大体来说，他早年还有一些忠义的风骨。《晋书·荀勖传》载："仕魏，辟大将军曹爽掾，迁中书通事郎。爽诛，门生故吏无敢往者，勖独临赴，众乃从之。"但是，自从被大将军司马昭辟为参军之后，他就开始铁心追随司马氏了。

与之相对而言，团队中另有一派虽不激烈反对司马氏，却又与其保持适度距离。徐高阮《山涛论》考证认为，羊祜、杜预、裴楷等人虽曾参与西晋开国，却并非与司马氏同心同德，与贾充、荀勖、王业等人也有明争暗斗。[1]情形或许不如徐氏所言那样凸显激烈，然而当时政治立场与司马氏保持距离的确实大有人在。[2]上述三人或许并非心向旧朝，也未成一派，然而其不如贾、荀、王等人那般极尽媚上则可确知。此外，杜友也是一个忠正之士。他在晋初任恺与贾充的党争中站在贾充对立面，最后受牵连免官。[3]由于此类人物背景、能力、德望都不容忽视而且不具有明显敌意，所以司马氏主要采取拉拢迎合的姿态。羊、裴、二杜等人既有较强的个人才干，处事也比较公正无私，德行操守都有古君子之风。他们参与编修律令，一方面不会为了讨好新朝而一概抹杀前朝法律遗产，另一方面也会坚持原则以儒家礼法传统对君主滥权有所制约。

　　两派或者说两类人共同参与制定律令，如何继承曹魏律令成果？是否违背事理一味迎合皇权意志？这都是令人瞩目的焦点。晋武帝褒奖诏书中称"汉氏以来……自元成之世，及建安、嘉平之间"[4]云云，《晋书·刑法志》也直述"就汉九章增十一篇，仍其族类，正其体号"云云。这两则史料反映出当权者对曹魏法典编纂成就的忽视乃至否定，故而宣称跳过曹魏直接以汉代法律文本作为择取对象。从内容上来看，这固然可说是客观事实。但从形式来看，西晋实际上仍广泛吸取了魏明帝时编订律令的经验。晋室官方对此讳莫如深的背后，可能隐藏着不同政治主张的暗自较量。

　　在魏晋之交复杂的斗争中，郑冲是置身事外的中间派。他潜心研习经史，精通儒术及百家言，为人清恬寡欲，谨守礼法，为官以儒雅为德，莅职无干局之誉，所以能在危机四伏的政治局面中仕途顺畅，渐登高位。常道乡公即位后，郑冲拜太保，封寿光侯，在朝野中颇有资望，成为司马昭极为看重和极力拉拢的政治资源。在司马昭的安排中，荀顗定礼仪，贾充正法律，裴秀

---

[1] 参见徐高阮：《山涛论》，中华书局2013年版，第223~281页。
[2] 如周一良所说，徐文对史料驱使之熟练与运用之巧妙让人叹服，但是结论确实有解读过度之嫌。（参见周一良：《毕竟是书生》，北京十月文艺出版社1998年版，第89~90页）
[3]《晋书·任恺传》："恺素有识鉴，加以在公勤恪，甚得朝野称誉。而贾充朋党又讽有司奏恺与立进令刘友交关。事下尚书，恺对不伏。尚书杜友、廷尉刘良并忠公士也，知恺为充所抑，欲申理之，故迟留而未断，以是恺及友、良皆免官。"
[4]《晋书·贾充传》。

议官制，郑冲则总负其责。[1]尽管受此优礼，郑冲却不预世事，对西晋构建法典体系之事不愿过多参与。《世说新语·政事》载：

> 贾充初定律令，与羊祜共咨太傅郑冲。冲曰："皋陶严明之旨，非仆暗懦所探。"羊曰："上意欲令小加弘润。"冲乃粗下意。

面对贾、羊两派领袖共同前来咨询，郑冲以不通律令为由加以推脱，实际上是想置身于两派暗战之外。然而与司马氏保持距离的羊祜却不禁道出实情，明示郑冲司马氏只是利用其名望才学，对律令制度略加修饰即可，同时也是暗示郑冲面对微妙政局不要有过多心理负担。郑冲推脱不过，也可能是心领神会，方才敷衍了事般粗略表达己意。在魏晋之际凶险的政局之中，郑冲这种明哲保身的态度当然完全可以理解，也无可厚非。而且在当时，与他采取类似政治立场的人应不在少数。这也同时反映出西晋法典编纂团队成员政治态度的复杂性。

总之可见，司马昭所定贾充团队的人员组合颇有政治考虑。魏晋禅代之际，政治局面可谓波谲云诡，暗流涌动，派别关系错综复杂。为使禅代革命顺利实现，尽可能在最大范围内达成共识，司马氏家族必须尽力把各派力量统合到自己旗下，从速确定国家制度，为新朝制造舆论声势。[2]因此，吸收各派力量人物，一起参与到新朝法典的编纂过程中来，就成为一项重要的政治部署。

（二）团队成员的法律学术流派

贾充团队的人员组合体现出当时最主流的三大法律学术潮流，即儒家礼法之学、法家刀笔之学以及玄学影响下的名理律学。

首先，儒家礼法为司马氏立国之本，在贾充团队中占据主流。

《魏书·刑罚志》说："晋武帝以魏制峻密，又诏车骑贾充集诸儒学，删定名例……"《隋书·经籍志二》也说："晋武帝命车骑将军贾充，博引群儒，删采其要，增律十篇。"司马氏本身就出自东汉儒学世家，掌权之后也公

---

[1] 《世说新语·政事》注引《续晋阳秋》曰："初，文帝命荀勖、贾充、裴秀等分定礼仪律令，皆先咨郑冲，然后施行也。"《晋书·郑冲传》也载："时文帝辅政，平蜀之后，命贾充、羊祜等分定礼仪、律令，皆先咨于冲，然后施行。"

[2] 刘颂："泰始之初，陛下践祚，其所服乘皆先代功臣之胤，非其子孙，则其曾玄。"（《晋书·刘颂传》）这些先代功臣就是参与魏晋禅代、编纂律令法典之人。正如贾充夫人郭槐所说："刊定律令，为佐命之功。"（《晋书·贾充传》）

开抬出礼法之治与曹氏名法之治相抗衡，在制定法典时也必定会大力伸张儒家礼法精神，自然要将儒家礼法极力渗透于律令法典之中。[1]因此，"以儒宗登保傅"[2]的郑冲被选作创立新朝制度框架的总裁官。尽管实际上郑冲对制定律令贡献甚微，但毫无疑问，其以"儒宗"身份参与制定律令，自然也就起到法律政策风向标的作用，极大推动以礼法精神引领律令法典编纂活动。精通儒家经典的礼学名家荀勖、荀顗、杜预进入定律班子，也可能以更全面和细致入微的方式把礼法精神和律令条文有机融汇贯通。所以史籍所说的"集诸儒学""博引群儒"云云，并非言未过实。

其次，贾充以法家刀笔之才而得以主持制定律令法典。

贾充的家学有浓重的汉末名法之学色彩。其父贾逵严厉执法，督察吏治，弹劾不法，曾获得魏文帝"真刺史"[3]的赞誉。贾充继承家风，精于刑律，雅长法理，颇有刀笔之才。贾逵辅佐曹氏代刘，贾充辅佐司马氏代曹，二人都有法家"法后王"的风采。陈寅恪直指贾充为法家寒族，并称："西晋之统治阶级，虽以儒家大族为其主体，然既杂有一小部分寒族投机者于其中。"[4]所谓"寒族"实际上是说他并非出自儒学礼法世族。由于轻视礼法，家教失范，贾充家内才会出现郭槐、贾南风之类的闺门悍行，再加上曾有弑君篡逆行为，贾充在当时就遭到社会舆论的恶评。[5]这些虽属私德，却也与其鄙薄仁孝、崇尚功利的法家风范有一定关联。

再次，魏晋名理法学的潮流，在贾充团队人员中也有突出体现。

魏晋名理之学和玄学在学术上排斥章句经学，主张通博，善于辨名析理，追求简约传神。这些主张落实到法律方面，就出现以强调条文简约、逻辑严密、概念明晰为主要特征的名理律学。名理律学在当时是一股颇为流行的法

---

[1] 陈寅恪说："魏统治者曹氏出身于寒族，且与阉宦有关。"（陈寅恪：《陈寅恪魏晋南北朝史讲演录》，万绳楠整理，黄山书社1987年版，第9页）又说："司马氏以东汉末年之儒家大族创建晋室，统制中国，其所制定之刑律尤为儒家化。"（陈寅恪：《隋唐制度渊源略论稿·唐代政治史述论稿》，陈美延编，生活·读书·新知三联书店2001年版，第111页）

[2] 《晋书·儒林传》。

[3] 《三国志·魏书·贾逵传》。

[4] 陈寅恪："崔浩与寇谦之"，载陈寅恪：《金明馆丛稿初编》，陈美延编，生活·读书·新知三联书店2001年版，第145页。

[5] 陈寅恪："象杀高贵乡公曹髦，这对于伏膺儒教、标榜君臣之分的儒家豪族的代表司马昭来说，是一个棘手的问题。他在这个问题上，得到了非儒家的寒族出身的贾充全力支持。"（陈寅恪：《陈寅恪魏晋南北朝史讲演录》，万绳楠整理，黄山书社1987年版，第17页）贾充去世，博士秦秀给他定谥为"荒"，后在晋武帝干预下才改谥为"武"。（《晋书·贾充传》）

学潮流，对西晋律令法典的编纂形成了深刻的影响。（详见后文）定科郎裴楷精通《老子》《易经》，特精理义。律典修成之后，晋武帝亲自临讲，裴楷受命执读，平议当否。他不仅善于辨名析理，而且谈吐风雅，能令听者忘倦。荀勖"省吏不如省官，省官不如省事，省事不如清心"[1]，反对以文法为政的提议也颇得玄学清约无为之旨。名理律学影响最为显著的当属张斐和杜预。张斐为晋律做注，大量转引借用玄学的语言表达方式和逻辑论证方法，术语概念追求抽象精当。[2]无论是发自内心迷恋玄学，还是追随潮流附庸时尚，都表明他深受魏晋玄学之风影响，成为魏晋名理律学杰出的代表。与之相比，杜预同样为晋律作注，则自觉接受了玄学追求简约的风格倾向，提出"文约而例直，听省而禁简"[3]等法典编纂主张。二家律学的区别，详见后文。

（三） 团队成员的律学才能及其渊源

贾充团队中既有中央官员也有地方官员，既有三公虚职，也有廷尉、尚书郎等实职干吏，乃至车骑将军、中护军、骑都尉等军职。可见当时确定人选，遵循的是"任人不任官"原则。即主要考虑其人才学特长，而不在意其所任官职。尤其是，法律专业才能及其家学渊源自然更是其中的重要标准。

贾充出身兵刑世家，"世为著姓"[4]。其父贾逵"口授兵法数万言"[5]。贾充雅长法理，有刀笔才，出任廷尉，因为持法公正而"有平反之称"[6]。司马昭欲为新朝典定制度，谋划格局，贾充自始至终都是律令法典编纂活动的核心人物。他也曾撰有《刑法律本》等著作，[7]可见对律学应当深有研究。

颍川荀氏是汉魏大族礼律兼修的典范。荀顗、荀勖、荀煇不仅精通礼学，而且熟悉律学。荀顗与魏明帝时编纂律令法典活动的参与人员陈群、荀诜都有密切联系，[8]对那次立法活动必然熏习熟知。荀勖自幼成长于舅家颍川钟

---

[1] 《晋书·荀勖传》。
[2] 韩树峰："无论概念的使用，还是论述问题的方式和思路，采用的都是玄学家的方法。"（韩树峰：《汉魏法律与社会——以简牍、文书为中心的考察》，社会科学文献出版社2011年版，第90页）张斐律注借用玄言的情况，详见后文。
[3] 《晋书·杜预传》。
[4] 《三国志·魏书·贾逵传》注引《魏略》。
[5] 《三国志·魏书·贾逵传》。
[6] 《晋书·贾充传》。
[7] 《旧唐书·经籍志上》："《刑法律本》二十一卷，贾充等撰。"《新唐书·艺文志一》："贾充、杜预《刑法律本》二十一卷。"，对这本书的解读，详见后文。
[8] 陈群是荀顗的姊婿（姐夫）。荀顗自幼为陈群所赏识。而荀诜则是荀顗的族兄。（《晋书·荀顗传》）

氏。钟氏是当时世代精通刑律的世家大族。[1]荀勖在这样的文化环境下长大，自然精通律学。他曾在曹魏政权中出任专职司法官廷尉正，可为佐证。魏晋时期参与编纂律令法典的荀氏子弟及其关系见下图：

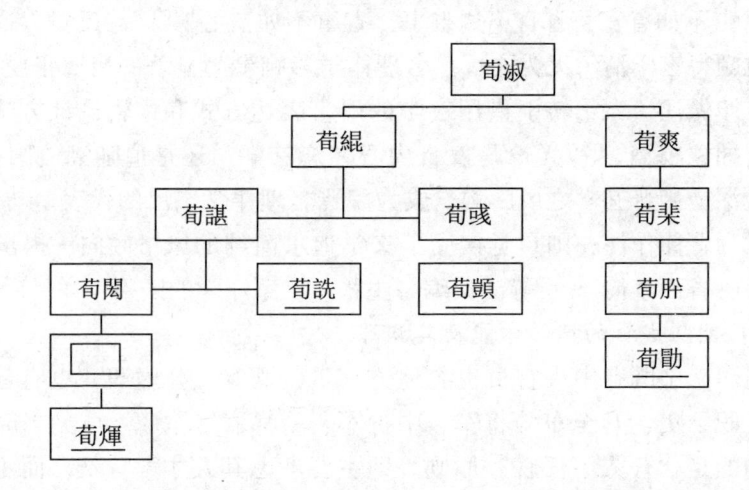

```
                    荀淑
           ┌─────────┴─────────┐
          荀绲                  荀爽
      ┌────┴──────┐              │
     荀谌        荀彧           荀棐
   ┌──┴──┐        │              │
  荀闳  荀诜     荀𫖮           荀胙
   │                              │
  荀煇                           荀勖
```

杜预出自京兆杜氏，家传律学渊源最早可以追溯到西汉杜延年。杜预不仅与贾充等人一起编纂律令，更在律典颁行后为其做注，被西晋官方确定为与律并行的正式法律解释。杜预律注"纲罗法意，格之以名分"，以"执名例以审趣舍，伸绳墨之直"[2]为主旨，与张斐律注合称"张杜律"，流传非常久远。而且他还撰有《律序》《律本》《刑法律本》等律学著作。[3]

此外，裴楷出自礼律大族河东裴氏，是裴秀的从弟；杜友在魏末担任侍御史，曾经办理毌丘俭谋反案，入晋之后又担任廷尉；[4]成公绥善于词赋，精于文学。他们被吸纳进入立法团队中来，正能各自发挥所长，做出贡献。

综上所述，贾充团队成员既来自不同政治阵营，又有不同思想倾向，同时又能保持较高律学专业水平。这些因素彼此交织，在西晋律令法典编纂过

---

[1]《后汉书·钟皓传》：颍川钟氏"为郡著姓，世善刑律"。东汉钟皓"以《诗》、律教授，门徒千余人"。钟皓之孙钟繇是汉魏之际的著名律家和法官，也是荀勖的外祖父。(《三国志·魏书·钟繇传》《晋书·荀勖传》)

[2]《晋书·杜预传》。

[3]《隋书·经籍志二》："《律本》二十一卷，杜预撰。"《北堂书钞·刑法部下》引有杜预《律序》文句。对于《律序》《律本》《刑法律本》三者的关系，详见后文。

[4]《三国志·魏书·毌丘俭传》注引《世语》："毌丘俭之诛，党与七百馀人，传侍御史杜友治狱，惟举首事十人，馀皆奏散。友字季子，东郡人，仕晋冀州刺史、河南尹。"

程中留下深刻印迹。

二、礼制法典编纂团队

曹魏咸熙元年（公元 264 年）秋七月，司马昭安排司空荀𫖮主持制定新礼。和他共同参与此事的还有羊祜、任恺、庾峻、应贞、孔颢等人。[1]此次编纂礼典活动从曹魏末年开始，跨越魏晋禅代事件，直到晋初太康年间（公元 280~289 年）方告完成，最后制成"新礼"一百六十五篇，十五余万言。从体例上看，"新礼"是按照《周礼·春官宗伯》"吉、凶、宾、军、嘉"的五礼体系制定而成。其规模内容远远超越以往依据《仪礼》体例的朝仪范畴，强化统一政权的国家意识形态，成为涵盖国家制度整体框架的真正礼典。然而，荀𫖮编纂礼典的团队成员除以上六位专注拟定礼制条文的礼法学者外，还有许多同时参与讨论的礼法之士。这种以专业专职人员为核心，广泛吸收外围朝臣参议的团队模式，既表现出文化理念、政治国策和技术知识的综合平衡，也给议礼活动的效率和进度带来一定负面影响。

（一）礼律同修的外围礼法之士

魏晋之际，政治利益集团之间的斗争极其复杂。士人们在文化意识、乡里婚宦等方面的关联千丝万缕，构成了一幅极其复杂的政治权力与家族人际网络。[2]其中，礼法之士是魏晋士大夫中一个极为重要的群体，是推动魏晋

---

[1]《晋书·礼志上》："及晋国建，文帝又命荀𫖮因魏代前事，撰为新礼，参考今古，更其节文，羊祜、任恺、庾峻、应贞并共刊定，成百六十五篇，奏之。"《晋书·荀𫖮传》："及蜀平，兴复五等，命𫖮定礼仪。𫖮上请羊祜、任恺、庾峻、应贞、孔颢共删改旧文，撰定晋礼。"

[2] 有学者力图在其间梳理出较为清晰的派别斗争主线，出现了多种归类方法。概括起来有：一、文化阶级分析法。以陈寅恪提出的法家寒族与儒家大族之争说最为著名、最具开创性。（陈寅恪：《金明馆丛稿初编》，陈美延编，生活·读书·新知三联书店 2001 年版，第 47~54、203~204 页）二、地域集团分析法。以万绳楠提出的汝颖集团与谯沛集团之争说为代表。（万绳楠："曹魏政治派别的分野及其升降"，载万绳楠：《魏晋南北朝史论稿》，安徽教育出版社 1983 年版，第 78~92 页）三、行事作风分析法。以王晓毅提出的礼法之士与玄学名士之争说（王晓毅："司马炎与西晋前期玄、儒的升降"，载《史学月刊》1997 年第 3 期）与刘蓉提出的事功派与浮华派之争说（刘蓉："汉魏名士中的事功派与浮华派"，载《东岳论丛》2009 年第 7 期）为代表。四、政治主张分析法。以卢建荣提出的变法派与保守派之争说（卢建荣："魏晋之际的变法派及其敌对者"，载《食货月刊》1980 年第 7 期）与曹文柱功臣集团与非主流派之争说（曹文柱："西晋前期的党争与武帝的对策"，载《北京师范大学学报（社会科学版）》1989 年第 5 期）为代表。然而，"过于明晰的历史叙事往往会遮蔽掉很多演进过程中的复杂断面"（仇鹿鸣：《魏晋之际的政治权力与家族网络》，上海古籍出版社 2015 年版，第 8 页），对政治集团这一概念分析工具尤需保持警惕。将某人归入某集团或某派首先要关照此人的自我认可，（仇鹿鸣：《魏晋之际的政治权力与家族网络》，上海古籍出版社 2015 年版，第 26 页）其次要留

禅代与实施礼法之治的最大助推力量。[1]然而这一群体本身也具有文化倾向与人员构成上的多元性、复杂性和流变性。[2]

曹魏后期，曹爽与司马懿两强相争，士人群体的分化逐渐明朗。其中，以大将军曹爽为中心，密集聚拢着一批激烈主张刑名法术的人士。他们一方面在官场排抑代谢前朝稳健老臣，另一方面热衷议论刑名，主张刑先于礼。[3]高平陵事变后，儒学世家司马氏掌握大权，绝大多数礼法之士团结在其周围，成为其有力盟友和坚强后盾。他们注重仁孝廉让，主张礼先刑后。[4]在魏晋禅代历史进程中，他们大多站到了文化观念更为接近的司马氏一边，积极拥护新朝贯彻礼法之治的方略。[5]在此基础上，最终形成西晋礼法之士。

当然，经历汉魏名法思潮和玄学思潮强劲洗礼之后形成的西晋礼法之士，已与前代的儒士大有不同。他们在与名法之士和玄学之士分庭抗礼的过程中，也适度吸收了后两者的思维方式和部分主张，表现出显著的兼容性，形成以礼法为统率而兼重律令刑名的理论品格。[6]在这个过程中，礼法自身所具有

（接上页）意其文化政治立场的动态变化，同时还要注意把握政治利益与个人偏好之间的错位与疏离。在考察"礼法之士"这一概念时，同样如此。

[1] 参见李毅婷：《魏晋之际司马氏与礼法之士政治思想研究》，社会科学文献出版社2015年版，第168~242页。

[2] 起初，"礼法之士"概念是作为与嵇、阮等狷狂名士作风针锋相对的一群士人的统一标签而被提出的。而其来源则可以追溯到汉末魏初名法潮流盛行之时。当时坚守儒家理念，主张以礼治国的士人中，有一部分因为执著坚持而遭到摧折，另一部分则应时权变，伺机而动。（参见黄少英："魏晋礼法之士的'德行'观"，载《东方论坛》2005年第3期）在此转变中，司马懿之例可谓最为典型。王晓毅教授就曾指出，司马懿虽然服膺儒术，但其与曹魏王朝的关系则经历了由消极回避到积极效忠到最终反叛夺权的变化过程。（参见王晓毅："司马懿与曹魏政治"，载《文史哲》1998年第6期）

[3] 例如，夏侯玄、曹羲、李胜、丁谧等人紧密围绕肉刑问题展开往复论答。（《晋书·刑法志》）桓范《世要论》亦被后世《隋书·经籍志》归为法家。何晏早期虽然也有推崇礼法的言行，但是由于与魏室的特殊密切关系，因而亦主动归靠到曹爽门下。

[4] 代表性作品有杜恕《体论》、袁准《正论》、杨乂《刑礼论》等。

[5] 杨昂、马作武曾对晋初两派之斗争进行考察，认为两派斗争共同推动了晋律之儒家化。参见杨昂、马作武："泰始年间士族集团的争斗与晋律的儒家化"，载汪汉卿等主编：《法律史论丛》（第八辑），法律出版社2001年版。但本书认为，两派政治斗争对西晋律令法制的影响并不大，而恰是其思想主张的交锋与融合，才带来西晋律令法典的全面成就。而这又是以礼法派对玄学派思想主张及思维方式的吸收得以实现的。

[6] 有学者指出，礼法之士在崇尚儒家教化同时，又有尚功利、崇理性、重实务、通权变等倾向，具有显著的杂家化色彩，已非东汉崇尚礼教名节之简单回归与传承，而是在吸收名法派主张基础之上而形成之一股新政治力量。参见李毅婷：《魏晋之际司马氏与礼法之士政治思想研究》第三章"杂糅各家的新儒家——政治思想述论"（社会科学文献出版社2015年版，第83~167页）。又可参见黄少英："魏晋礼法之士的'德行'观"，载《东方论坛》2005年第3期。但也有学者认为，与汉代

的融汇名、法、教三大功效的包容性和涵摄力，是其最终为众多士大夫所接受、认同并在政治力量与价值观念整合中发挥至关重要作用的关键所在。[1]

礼法之士既是西晋律令法典的主要构建者，也是西晋礼法之治与律令法制儒家化的主要推动者，礼典编纂的重要参与者。由于当时编纂法典的基本模式是两路并进，礼律同修，因此两个团队之间多有交叉，礼法之士中的代表人物更是穿梭其间，大展身手。其中尤以郑冲、杜预、荀顗、羊祜等人具有代表性。

郑冲是"动必循礼"[2]的礼法名士，以"儒宗"身份在西晋法典体系构建活动中居于总裁的地位。[3]在具体问题的讨论中，他主要发挥咨询、润饰、裁决等作用。其中，咨询、润饰主要体现在律令方面，而裁决应该体现在礼典方面。[4]杜预也是典型的礼法之士。他"结交接物恭而有礼"[5]，并且精于礼学[6]。他撰写的《春秋经传集解》更是儒经注释的典范之作、十三经注疏的底本之一。他曾多次参与西晋议礼活动，并且得到时人赞许。[7]出于儒学

（接上页）名教之治相比，魏晋礼法之治虽然保留了儒家礼制的教化作用，但却丧失了儒家的道义精神，沦为实用主义的工具。参见郝虹："从'阳儒阴法'到'礼法之治'的中间环节：汉末社会批判思潮"，载《山东大学学报（哲学社会科学版）》2011年第1期。考诸魏末晋初史事，此说也自然有其道理。然而本文此处，只说礼法之士对西晋律令法制之影响，不涉其余。

[1] 郝虹："本身具有鲜明的体现儒家教化性的特征，以及兼具'法'的规范性和'名'的可检验性，因此成为融汇儒、法、名三家的思想资源。"[参见郝虹："从'阳儒阴法'到'礼法之治'的中间环节：汉末社会批判思潮"，载《山东大学学报（哲学社会科学版）》2011年第1期]

[2] 《晋书·郑冲传》。

[3] 《世说新语·政事》注引《续晋阳秋》："初，文帝命荀勖、贾充、裴秀等分定礼仪律令，皆先咨郑冲，然后施行也。"《晋书·郑冲传》："时文帝辅政，平蜀之后，命贾充、羊祜等分定礼仪、律令，皆先谘于冲，然后施行。"

[4] 《晋书·礼志上》："晋始则有荀顗、郑冲裁成国典，江左则有荀崧、刁协损益朝仪。"这里的"国典"指的就是西晋礼典，这里的"裁成"就是裁决、总揽。

[5] 《晋书·杜预传》。

[6] 与精通律学一样，杜预精通礼学也是源自杜氏家学。其父杜恕曾著《体论》，穷究礼法体用，阐发礼法要义。史籍释其书名曰："夫礼也者，万物之体也，万物皆得其体，无有不善，故谓之体论。"（《三国志·魏书·杜畿传附杜恕传》注引《杜氏新书》）严可均认为这段话就出自《体论·自叙》篇。（孔毅："礼与杜恕《体论》"，载《重庆师范大学学报（哲学社会科学版）》2007年第3期）杜恕之弟即杜预之叔杜宽也明于礼学，曾删集《礼记》。（《三国志·魏书·杜畿传附杜恕传》注引《杜氏新书》）可见，以礼为本、重视礼法是杜氏一脉相承的家学传统。再参以颍川荀氏、颍川钟氏、河东裴氏等中古大族的情况不难发现，在当时礼律兼修实为一股重要的时代潮流。此潮流不止关乎学术，更深深渗透到政治、文化、法律等各种领域。在此背景下审视西晋礼法之治和礼法之士，更可以一叶知秋、广览时代。

[7] 事在《晋书·礼志》《晋书·挚虞传》《宋书·礼志》等，文繁不录。

世族的荀𫖮也是精通三礼的礼学大师、礼法名士。[1]他受命参与编纂礼、律、令三部法典的功业，被史家评为"以制度赞惟新"[2]。羊祜也和荀𫖮一样，同样出于儒学世家，同时参与制定礼、律、令三部法典。他"孝思过礼"[3]，为人"贞悫无私，疾恶邪佞"[4]，号为"羊公"，是当时颇有名望的礼法之士。

除上述当朝大臣之外，中低级法律技术官员也极力尊崇礼法地位。例如，廷尉明法掾张斐说："王政布于上，诸侯奉于下，礼乐抚于中。"又说："礼乐崇于上，故降其刑；刑法闲于下，故全其法。是故尊卑叙，仁义明，九族亲，王道平也。"[5]他的这些主张通过其所上《律序》得以公示朝堂。这更足可见礼法之治的主张在当时已成自上至下的普遍共识。

西晋礼法之士，不仅开出礼律同修的先河，也推动礼、律进一步融合。陈寅恪说："古代礼律关系密切，而司马氏以东汉末年之儒学大族创建晋室，统制中国，其所制定之刑律尤为儒家化。"[6]瞿同祖也说："晋律在这些崇奉儒家思想之帝王及儒臣之手，其法律之儒家化自非泛泛。"[7]高明士也说："西晋泰始律、令的编纂者，如贾充、杜预、裴楷等皆为士族，即连王室司马氏亦是名族，彼等编纂之中心目标虽无可考，但由泰始律、令遗文看来，相当儒家化，已是学界所公认。"[8]魏晋礼法之士积极推行礼法之治，直接促成西晋律令法制的儒家化、律令分野、律文"简直"等特征。尽管存在部分礼法之士在某些场合带头违背礼法，破坏体现其思想主张的律令法制的现象。例如荀勖，屡献"奸谋"[9]，"邪说"[10]，"谄谀自进"[11]。又如荀𫖮"无质直之操，唯阿意苟合于荀勖、贾充之间"[12]。这在当时就遭到玄学名士的

---

[1]《晋书》卷三九·载："𫖮明三礼，知朝廷大仪。"
[2]《晋书·儒林传》。
[3]《晋书·羊祜传》。
[4]《晋书·羊祜传》。
[5]《晋书·刑法志》。
[6] 陈寅恪：《隋唐制度渊源略论稿·唐代政治史述论稿》，陈美延编，生活·读书·新知三联书店2001年版，第111页。
[7] 瞿同祖：《中国法律与中国社会》，中华书局2003年版，第364页。
[8] 高明士：《律令法与天下法》，上海古籍出版社2013年版，第65~66页。
[9]《晋书·武帝纪》。
[10]《晋书·五行志中》。
[11]《晋书·齐王攸传》。
[12]《晋书·荀𫖮传》。

激烈指斥，[1]后世学者也多据此批评西晋礼法之治的虚伪导致政事败坏。[2]然而，如果单纯就制度创建层面而言，西晋礼法之士在推动礼、律、令的法典化和律令法制的儒家化方面的贡献仍不可一味抹杀。[3]

（二）专务议礼的核心编撰人员

编纂礼典，既要在遇到重大议题时广泛征求礼法之士的意见，遵从一般的儒家礼法观念，也要有一个专门集中讨论具体问题、汇编整理各种文献资料的核心技术团队。这个团队的召集人和负责人是荀顗，最初的成员包括羊祜、任恺、庾峻、应贞、孔颢等人。

羊祜在整个西晋法典体系构建活动中占有十分特殊的重要作用。一方面，在编撰律令的团队中他虽然在名义上位置低于贾充，但实际上却是与贾充并驾齐驱的团队联合召集人。这从他们二人一起去邀请郑冲参与议定律令的事例中已经有所体现。[4]另一方面，他与荀顗又是仅有的两位同时直接参定礼律法典的礼法名士。[5]在编撰礼典的核心团队中，他也是仅次于荀顗的重要人物。羊祜地位之所以如此特殊，是和他复杂的身份形象密切相关的。

羊祜出自泰山羊氏。这是一个九世二千石并以清德闻名的儒学世家。他还是汉末名士大儒蔡邕的外孙、乱世奸雄司马师的妻弟。仅凭这两个标签，就可以在魏晋之际获得特殊的政治地位。况且，羊祜身上还有三点鲜明的性格特征引得世人敬重：一是至孝，二是骨鲠，三是坦诚。总体来说，他恪守儒家的礼法规范和道德操守，无论为人处世还是为官从政都是一个讲原则、有底线的人。这种性格使他成为魏晋禅代混沌中的一股清流。他在岳父夏侯霸降蜀之后没有与其断绝关系，而是继续善待妻室；在拒绝大将军司马昭征

---

[1] 例如，阮籍《大人先生传》《达庄论》《咏怀诗》，都是抨击礼法之士的名篇。一如黄侃所评："言礼法之士深为可憎，委屈周旋令人愁损。盖不待世士嫉阮公，阮公已先恶世士矣。"（陈伯君校注：《阮籍集校注》，中华书局1987年版，第378页）

[2] 参见景蜀慧："西晋名教之治与放达之风"，载中国魏晋南北朝史学会编：《魏晋南北朝史论文集》，齐鲁书社1991年版，第260~274页。这种认为西晋礼教之治虚伪的观点，还可以追溯到鲁迅先生的"魏晋风度及文章与药及酒之关系"一文。

[3] 参见李毅婷：《魏晋之际司马氏与礼法之士政治思想研究》，社会科学文献出版社2015年版，第168~242页。

[4] 《世说新语·政事》："贾充初定律令，与羊祜共咨太傅郑冲。"《晋书·郑冲传》："时文帝辅政，平蜀之后，命贾充、羊祜等分定礼仪、律令，皆先咨于冲，然后施行。"

[5] 当时参与制定西晋法典的人中，郑冲是总裁官，并没有亲身参与礼律的具体讨论；杜预虽然常参与讨论议礼，但至少在名义上还是以议律为主，没有正式参与议礼的诏命。所以，只有荀顗和羊祜是同时被任命参与制定礼律的主要大臣。

召的同时却应征进入曹魏朝堂。当他发现魏室确实已经穷途末路之后，才转投司马昭的相国府，很快就因为才干卓著而受重用，在魏晋禅代过程中发挥至关重要的作用。但他又不是一味迎合司马氏，而是始终谦让谨慎，不求私利，单纯凭借个人德才与司马氏维持符合儒家理念的正常君臣关系，尽己所能地在任职范围内造福社稷，铸就功业，个人德望出众。加之，他也确实在礼制、律令和军事方面都有所长，所以能在两个团队中都占据极高的位置，发挥重要的领导作用。[1]

任恺是魏明帝的驸马，在曹魏朝就曾出任中书侍郎、员外散骑常侍等职。他的性格才干与羊祜类似，一方面有经国之干和总理万机的能力；另一方面性格忠正，以社稷为己任。这也是一个具备儒家道德情怀和政治理念并以身践行的礼法之士。他对司马氏剪除异己的帮凶贾充、荀勖、冯紞等人十分不满，在政治上常与他们发生冲突，久而久之就形成了党争。[2]他有鲜明的人物性格和突出的政治才干，在制定礼典过程中应该会秉持儒家礼学的中正立场，避免礼典规范一味趋附皇权而失掉独立的价值判断。涉及礼典的具体内容时，是基于学理认同还是基于政治裙带关系而在郑、王之间进行取舍，在他面前是一个根本不需犹豫的问题。有意思的是，郑玄礼学和郑氏律章句又都是在魏明帝时正式获得一统地位，身为魏明帝驸马的任恺对其究竟持一种什么样的态度，就显得更加耐人寻味了。

庾峻是一个儒学专家。他自幼好学，颇有才思，早年为郡功曹，后来被辟为州从事，又被举为太学博士。当时老庄玄学逐渐兴起，庾峻以维护儒家学说的时代使命感潜心研习儒学经典。他曾在高贵乡公面前解答《尚书》中的经义主旨，援引王学师说，对答如流。[3]他还曾经被任命为侍御史，参与长安重大疑难案件的审理工作，获得朝野好评。正是由于其在儒学和法律方面的卓越才能，他才被选任参与制定"新礼"。晋武帝登基之后，他先后担任司空长史、秘书监、御史中丞、侍中、谏议大夫等职。在此期间，他参议礼制的活动应该都没中断过。针对当时世俗风气追求浮华、不求名实的弊病，他专门撰文进行批驳。[4]以上这种学术渊源和处事态度可能也会体

---

[1] 参见《晋书·羊祜传》。
[2] 参见《晋书·任恺传》。
[3] 参见《魏书·三少帝纪》。
[4] 参见《晋书·庾峻传》。

现在他对礼制的严谨考订和讨论上,也可能体现在对礼学郑王之争的斟酌定夺上。

应贞是汉末大儒和法律名家应劭的孙子、曹魏著名文学家应璩的儿子,家学渊源深厚。应劭在东汉末年删订律令,从中提取出礼仪制度编成《汉仪》,又撰写《汉官礼仪故事》,整理朝廷制度、百官典式。应贞与其父一样以文章才学著称于世。他在司马炎担任抚军大将军时被征为参军。在曹魏末年,荀𫖮受命制礼时,应贞因为在儒家经学方面的特别才能而得到选任,与荀𫖮一起编纂礼典。晋武帝受禅后,他先后迁任给事中、太子中庶子、散骑常侍等职。[1]

孔颢在曹魏末年是相国司马昭府中的参军。当时有人举荐贤才唐彬,司马昭先咨询参军孔颢。可见他是深得司马昭信任的亲近之人。但是这位孔颢倒是有点嫉贤妒能的嫌疑,辜负了司马昭的信任。[2]荀𫖮选任他为议礼活动的核心成员,可能是看重他受到司马昭信用的人情关系。但此人能力是否堪当此任,则有些令人怀疑。因为有关此次议礼人员的两份名单中,一个有他的名字,一个没有他的名字。[3]可见这是一个不太重要的角色。

荀𫖮直接领导的礼典编纂团队,儒学和礼学专业素养都很好。而且由于人数不多,研讨范围较小,所以礼典编纂效率很高,没用多久就编成一百六十五卷的"新礼"文本。但是这个"新礼"草案并未获得朝野的一致认可。由于争议广泛、主撰人年老凋零,相关删正工作不得不搁置下来。于是,朝廷又命年轻的礼学专家尚书郎挚虞主持讨论"新礼"的删减修改问题。

挚虞是晋初知名的礼学家、谱学家,在西晋初年先后担任太子舍人、闻喜令、秘书监、卫尉卿、尚书郎。他主持讨论"新礼"中的若干重要制度,对"新礼"改革过甚的内容进行纠正,对"新礼"的庞杂内容进行删减。他的许多建议都被朝廷采用。史书称其"莅政秩宗,参定禋郊之礼","财成礼度,刊缉遗文。魏篇式序,汉册斯分"[4]。但是由于西晋后期内外动乱,挚虞和西晋的礼典编纂大业也最终没有成功。

---

[1] 参见《晋书·文苑·应贞传》。

[2] 参见《晋书·唐彬传》。

[3] 《晋书·礼志上》:"及晋国建,文帝又命荀𫖮因魏代前事,撰为新礼,参考今古,更其节文,羊祜、任恺、庾峻、应贞并共刊定,成百六十五篇,奏之。"《晋书·荀𫖮传》:"及蜀平,兴复五等,命𫖮定礼仪。𫖮上请羊祜、任恺、庾峻、应贞、孔颢共删改旧文,撰定晋礼。"

[4] 《晋书·儒林传》。

在太康年间挚虞主持的礼典编纂活动中，傅咸和张华是主要参与者。傅咸是魏晋时期礼法大家傅玄之子。早在晋武帝时，傅咸就曾主动参与礼制讨论。[1]这些意见应该已经融入到挚虞第一次上奏的"新礼"部分。到挚虞主持"新礼"的第二阶段，傅咸更是正式受命与挚虞一起议定礼制。可惜工作尚未完成，傅咸就病逝了。张华儒雅博闻，在西晋初年先后担任黄门侍郎、中书令等职。《晋书》本传记载："晋史及仪礼宪章并属于华，多所损益。"但张华应该只是参与讨论，而非专职撰礼。

第三节　法典体系构建过程略考

曹魏后期，司马氏自掌控政权之日起就已经在主持推动一些具体法制的改革。[2]当平定淮南三叛、禅代革命已成大势所趋之时，司马昭虽在名义上是隶属曹魏的晋王，但已开始组织人马着手为改朝换代做制度准备。曹魏咸熙元年（公元264年）秋七月，他虽是以上疏形式请求魏帝委任荀顗、贾充、裴秀、郑冲等人开启制度创建活动，但其为新朝奠定制度基础的想法已是路人皆知。此次构建制度框架，涉及礼制、官制、律令法制、爵位制度等各方面，核心内容是编纂多部法典，为新朝创建系统的法典体系。其时间跨度从魏末到晋初，由于涉及王朝制度和人事的转换，所以有一些具体细节记载存在淆乱错误，有必要略加梳理考证。

一、制定律令法典的过程细节

（一）制定律令法典活动的始与末

《晋书·刑法志》载：

> 文帝为晋王，患前代律令本注烦杂，陈群、刘邵虽经改革，而科网本密，又叔孙、郭、马、杜诸儒章句，但取郑氏，又为偏党，未可承用。于是令贾充定法律，令与太傅郑冲、司徒荀顗、中书监荀勖、中军将军羊祜、中护军王业、廷尉杜友、守河南尹杜预、散骑侍郎裴楷、颍川太守周雄、齐相郭颀、骑都尉成公绥、尚书郎柳轨及吏部令史荣邵等十四人典其事。

---

[1]《晋书·傅玄传附傅咸传》："又议移县狱于郡及二社应立，朝廷从之。"
[2] 例如，改革魏法"犯大逆者诛及已出之女"之制等。（《晋书·刑法志》）

据此可知，西晋律令的法典体系化构建活动自魏末就已展开。其开启原因有三：

首先，从律令法制角度而言。秦汉以来律令法制弊端严重，即所谓"前代律令本注烦杂"。而曹魏时虽有陈群、刘劭等人主持编纂律令，但其最终成果并未正式颁行，所以没有改变"科网本密"的法制状况。因此有必要重新整理，编纂法典，构建体系。所以《魏书·刑罚志》有"以魏制峻密，又诏车骑贾充集诸儒学，删定名例"的说法。

其次，从律学角度而言。作为汉代律章句学的余绪，郑氏律章句在曹魏时被官方认可，成为法定的律学解释。然而，郑氏律章句一如郑玄经学那样，并未能够长久维持"小一统"局面。在魏晋学术界陆续掀起的反郑运动中，王肃经学迅速崛起，凭借司马氏的支持而挑战郑学。在此大背景下，继续沿用郑氏律章句遂被称为"偏党"，郑氏律章句自然就会被新的律令法典和法律学说所取代。

最后，从司马氏政权角度而言。构建新制度框架是建立新王朝所必备，是制造改朝换代政治舆论的现实需要。一方面，可以凭此推进国家政治秩序构建、确立政权合法性。新王朝构建法典体系，进行新的创造，更可以彰显新王朝的历史功业。尤其是在秦、汉、魏三代都未曾建成律令法典体系的历史背景下，在司马氏政权在道义上饱受非议的情况下，[1]其意义尤为重大。另一方面，这也是儒学大族司马氏贯彻家学意识形态，与曹氏名法之治政策分庭抗礼的需要。正如陈寅恪所说："司马氏以东汉末年之儒学大族创建晋室，统制中国，其所制定之刑律尤为儒家化。"[2]因此，司马氏构建新的律令法典体系也有治国策略总体上改弦更张的意思。在汉魏时，司马氏虽算不上儒学大族，但到魏末时出于掌控权力的需要，就必须借助推广儒学观念来辅助维护自身权力。

贾充团队奉命整理律令法制文本，编纂律令法典的活动，始于咸熙元年（公元264年）秋七月。但司马昭却在禅代活动开始前的咸熙二年（公元265年）八月辛卯（初九）抱病而终。在司马昭病故四个月后的十二月丙寅（十

---

[1]《世说新语·尤悔》："王导、温峤俱见明帝，帝问温前世所以得天下之由。温未答。顷，王曰：'温峤年少未谙，臣为陛下陈之。'王乃具叙宣王创业之始，诛夷名族，宠树同己，及文王之末高贵乡公事。明帝闻之，覆面著床曰：'若如公言，祚安得长！'"

[2] 陈寅恪：《隋唐制度渊源略论稿·唐代政治史述论稿》，陈美延编，生活·读书·新知三联书店2009年版，第111页。

七日），司马炎接受禅让，登基称帝，把当年的年号改为泰始元年（公元265年），是为晋武帝。但贾充团队的立法活动并未因此停顿，而是按部就班地继续推进。

《晋书·刑法志》记载，泰始三年（公元267年），贾充等人编成律令法典并上奏武帝。而《晋书·武帝纪》记载，制成律令法典之时当在泰始四年（公元268年）春正月丙戌。[1]唐人编撰《晋书》，先完成《纪》《传》，后修定《志》。先撰写成的《武帝纪》所载时间详细到月日，极有可能是以官方档案为据。后撰写成的《刑法志》在这个具体的时间点问题上与《武帝纪》略有出入，应该也有依据。所以二说貌似矛盾，但都应该不会错。

笔者推测整个流程应该是：贾充等人制定律令法典的工作在泰始三年（公元267年）年末已经完成初稿，同时把律令法典的草案上奏给晋武帝。晋武帝收到草案后要组织群臣共议，征求各方意见。律令法典稿本经过讨论或修改后，于泰始四年（公元268年）正月丙戌日形成定本。于是才有晋武帝下诏封赏参定法典之人。

《晋书·裴秀传附裴楷传》记载："贾充改定律令，以楷为定科郎。事毕，诏楷于御前执读，平议当否。楷善宣吐，左右属目，听者忘倦。"[2]这里的"事毕"与《晋书·刑法志》中的"泰始三年，事毕，表上"意思相同，是指编纂团队完成律令法典草案的编撰。晋武帝于是亲自组织朝臣廷议。定科郎裴楷作为编纂律令法典团队的一员，在皇帝御前手执草案文本逐条讲解，引导朝臣讨论，回应朝臣意见。按照当时的惯例，这样的学习、讨论活动应该在太极殿旁的东堂举行。[3]尽管律典简约，但也肯定需要较长时间。由于裴楷仪范、音色俱佳，在场的人都受其感染，所以毫无倦意。从"听者忘倦"四个字可以推知，整个评议过程应该耗时很长。如果是全部法典评议一遍的话，评议活动甚至需要历时数天。如果朝臣的意见经过讨论而被采纳，草案

---

[1]"丙戌"也有版本记作"景戌"，例如（唐）房玄龄等撰，（清）吴士鉴、刘承干注：《晋书斠注》，中华书局2008年版，第43页。这是为了避唐室讳。《晋书·武帝纪》《校勘记》引李慈铭校曰："唐避世祖讳昞，于'丙''秉'等字皆改为景。"参见（唐）房玄龄等撰：《晋书》，中华书局1974年版，第83页。中华书局本又将涉及天干的"景"字一律改回为"丙"。

[2]《太平御览·人事部二十九·声》引《裴楷别传》曰："贾充等治法律，楷亦参典其事。事毕，诏专读奏平章当否，楷善能讽诵，音声解畅，执刑书，穆若清咏焉。"

[3] 值得一提的是，太极殿和东、西堂，都是魏明帝大兴土木的成果。当年，魏明帝由于大建宫殿而转移朝政工作的关注焦点，使得陈群、刘邵主持的律令制定活动拖延无果。如今，西晋制定的法典又是在这里宣读讨论，完成定稿。这真可谓"前人栽树，后人乘凉"。

还有可能进行补充修订，相关的程序环节也会耗费一定时间。以上这段时间就是从泰始三年（公元267年）年末贾充上奏法典草案到朝廷最终议定法典文本的时间。

《晋书·刑法志》把晋武帝下诏褒奖定律功臣系于泰始三年（公元267年）。《资治通鉴·晋纪一》把贾充上奏律令系于泰始四年（公元268年）正月丙戌。这两处记载共同的问题在于，抹杀了法典从草案到定本的中间环节，混淆了两个时间节点的区别。《晋书·武帝纪》记载："（泰始）四年春正月……丙戌，律令成，封爵赐帛各有差。"这个时间记载应该是准确的。这份诏书的主要内容保留在《晋书·贾充传》中：

充所定新律既班于天下，百姓便之。诏曰："汉氏以来，法令严峻。故自元成之世，及建安、嘉平之间，咸欲辩章旧典，删革刑书。述作体大，历年无成。先帝愍元元之命陷于密网，亲发德音，厘正名实。车骑将军贾充，奖明圣意，谘询善道。太傅郑冲，又与司空荀𫖮、中书监荀勖、中军将军羊祜、中护军王业，及廷尉杜友、守河南尹杜预、散骑侍郎裴楷、颍川太守周雄、齐相郭颀、骑都尉成公绥、荀辉、尚书郎柳轨等，典正其事。朕每鉴其用心，常慨然嘉之。今法律既成，始班天下，刑宽禁简，足以克当先旨。昔萧何以定律受封，叔孙通以制仪为奉常，赐金五百斤，弟子皆为郎。夫立功立事，古之所重。自太傅、车骑以下，皆加禄赏。其详依故典。"于是赐充子弟一人关内侯，绢五百匹。

贾充作为主持制定律令法典的首功之臣而受此封赏，当属顶格待遇。以常理推之，编纂团队的其他人封赏必不过此。《晋书·刑法志》载武帝诏较为简略："昔萧何以定律令受封，叔孙通制仪为奉常，赐金五百斤，弟子百人皆为郎。夫立功立事，古今之所重，宜加禄赏，其详考差叙。"《晋书·刑法志》在摘引诏书后又记载："辄如诏简异弟子百人，随才品用，赏帛万余匹。"这里的"帛"就是"绢"，"万余匹"应该是"弟子百人"所有赏赐的总数。如果以平均数算的话，人均百匹左右。但这些弟子所受赏赐还有一定等差。其依据就是参定律令之人的功劳等级。贾充子弟的封赏明显超出平均数，他本人被定为首功应该没有疑问。在诏书中，贾充的历史定位甚至可与萧何、叔孙通相提并论，可谓风光一时。

（二）律令法典颁行的具体日期

律令法典正式颁行的具体日期，还有一处细节值得讨论。

《太平御览·刑法部三·律令上》引《晋朝杂事》曰："泰始四年，岁在戊子，正月二十日，晋律成。"这个说法与《晋书·武帝纪》所称的"正月丙戌，律令成"略有差异。对此，清末学者丁国钧和吴士鉴各有说法。丁国钧认为，泰始四年（公元268年）正月丙戌日当为正月十六日。[1]吴士鉴认为《晋朝杂事》记载准确，丁说推算时认定朔日（即每月的第一天）有误，丙戌日当为二十日。[2]而实际上，丁、吴二氏对这个问题的考订都有问题。

　　首要问题在于，二人对泰始四年（公元268年）正月朔日的推算有误。丁氏认定辛未为该月朔日固然不对，吴氏在驳正别人误算时称丁卯为朔日也与通说不符。据《二十史朔闰表》《中国史历日和中西历日对照表》，泰始四年（公元268年）正月的朔日为己巳日，[3]经推算丙戌日当为正月十八日。

　　要解决《晋朝杂事》和《晋书·武帝纪》这两种说法的矛盾问题，关键还不在此，而在于结合史料语境理解其相似措辞在实指方面的不同。实际上，《晋朝杂事》中的"晋律成"与《晋书·武帝纪》中的"律令成"所指并非同一件事。细绎史料文辞可知，《晋书·武帝纪》所称的"正月丙戌，律令成，封爵赐帛各有差"意思是说，正月丙戌日（十八日）这一天，皇帝下诏对编纂律令法典有功之臣进行封赏。这句话的侧重点在于封赏。而句中所谓"律令成"只是一种模糊的说法，准确来说应该是指律令法典文本经过征求意见后形成最终定本，只待择日正式颁行。这份诏书与《晋书·贾充传》所载的是同一份诏书。至于《晋书·贾充传》转述诏书之前的"充所定新律既班于天下，百姓便之"这十四个字，与诏书是逻辑上的照应关系，而非事实上的时间先后顺序。也就是说，这里抄录诏书的内容只是为了佐证新律班于天下之后百姓便之的正面评价，并不等于说这份诏书是在新律班于天下之后才发布。

　　《晋朝杂事》中的"正月二十日，晋律成"落脚点在于"律成"，意思应

---

〔1〕参见丁国钧：《晋书校文》，载徐蜀：《二十四史订补》（第六册），书目文献出版社1996年版，第510页。

〔2〕参见吴士鉴："丙戌为二十日，则是年正月朔为丁卯。丁氏《晋书校文》一误以上文辛未为月朔，故谓先后互差四日，而未细考本纪并无朔字也。丁卯朔日，辛未为月之四日。"参见（唐）房玄龄等撰，（清）吴士鉴、刘承干注：《晋书斠注》，中华书局2008年版，第43页。引文标点为笔者所加。

〔3〕参见陈垣：《二十史朔闰表　附西历回历》，中华书局1962年版，第41页；方诗铭、方小芬编著：《中国史历日和中西历日对照表》，上海辞书出版社1987年版，第306页。

该是说律令法典的定本正式颁行天下，开始具有法律效力。查《晋书·武帝纪》，晋武帝泰始四年（公元268年）正月戊子下诏颁布新定律令。诏曰：

> 古设象刑而众不犯，今虽参夷而奸不绝，何德刑相去之远哉！先帝深愍黎元，哀矜庶狱，乃命群后，考正典刑。朕守遗业，永惟保乂皇基，思与万国以无为为政。方今阳春养物，东作始兴，朕亲率王公卿士耕藉田千亩。又律令既就，班之天下，将以简法务本，惠育海内。宜宽有罪，使得自新，其大赦天下。长吏、郡丞、长史各赐马一匹。

经过推算，这里的"正月戊子"正好在下诏封赏之日（正月丙戌）后两天的正月二十日。据此可知，《晋朝杂事》所说的"正月二十日，晋律成"与《晋书·武帝纪》此处记载的下诏颁布新定律令，所指正为一事。因此，前辈学人有关二则史料不相协调问题的讨论，可以在此得到较为合理的解释。

综合前述可以勾勒出一个简要的事件时间线索：贾充团队编纂律令法典稿本上奏皇帝的时间在泰始三年（公元267年）年末，这是第一件事；皇帝在征询相关意见后形成律令法典定本，并于泰始四年（公元268年）正月丙戌（十八日）下诏封赏参与编纂的人员，这是第二件事；皇帝在两天后的正月戊子（二十日）下诏颁行律令法典，这是第三件事。由于史料表述不甚清楚，前辈学者把短时间内连续发生的这三件事情相混淆，于是出现各种似是而非的解读。

从开始编纂到最终颁行，西晋律令法典经过三年半左右，至此而成。《魏书·刑罚志》称"晋武帝以魏制峻密，又诏车骑贾充集诸儒学，删定名例"，将定律之始归于晋武帝；《隋书·刑法志》称"晋氏平吴，九州宁一，乃命贾充，大明刑宪"，将贾充等人制定律令之事系于平吴（公元280年）之后，都是不准确的。

二、参定律令人员的官职变迁

西晋律令法典的编纂活动始于曹魏时期，参与人员当时所任官职应属曹魏王朝。律令法典编纂完成时已经进入西晋时期，参与人员此时所任官职当属西晋王朝。在此期间，不仅参与人员自身官职多有变迁，而且魏晋官制也有一定变化。所以《晋书·刑法志》对众人官职的记载多有纰漏，有必要详

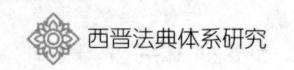

加考辨：[1]

第一，关于贾充的官职。

贾充是编纂律令法典的核心人物。《晋书·刑法志》并未明示其所任官职。《晋书·文帝纪》记载其在立法之初所任官职为曹魏的中护军。其实除此职务之外，他还有其他政治身份。

常道乡公即位（公元260年）后，贾充被加封为安阳乡侯，统城外诸军，并兼任散骑常侍。景元五年（公元264年）正月，钟会谋反，贾充又以本官都督关中、陇右诸军事。景元五年后来又改为咸熙元年。这年七月，贾充被委以重任制定律令。当时他的官职爵位包括中护军、散骑常侍、安阳乡侯。

贾充主持编纂律令法典的同时，司马昭还命裴秀效仿《礼记·王制》《周礼·春官》设立五等爵制。[2] 五等爵制实施后，贾充被封为临沂侯。司马炎继承晋王爵位后，贾充被任命为晋国卫将军、仪同三司、给事中，改封临颍侯。

咸熙二年（公元265年）十二月，司马炎登基称帝，把当年改号为泰始元年。贾充因为拥立有功被任命为车骑将军、散骑常侍、尚书仆射，进爵为鲁郡公。泰始四年（公元268年）正月，律令法典颁行天下，晋武帝的褒奖诏书中称贾充为车骑将军。

第二，关于郑冲的官职。

郑冲既是为西晋设计制度框架的总负责人，也是制定律令和礼仪活动的具体参与者。当时他的官职是曹魏王朝的太保。《晋书·郑冲传》载："常道乡公即位，拜太保，位在三司之上，封寿光侯……时文帝辅政，平蜀之后，命贾充、羊祜等分定礼仪、律令，皆先谘于冲，然后施行。及魏帝告禅，使冲奉策。武帝践阼，拜太傅，进爵为公。"可见，进入西晋之后，他才担任

---

[1] 据笔者所知，最早留意这个问题的是李俊芳。其"关于晋律编纂的两个问题"（载《河北法学》2011年第3期）一文虽考订未详尽，却有启发后学之功。笔者不揣陋略，在前贤基础上再加考索，略陈拙见于此。

[2] 传统说法认为，五等爵制是商周古制。但实际上，商周并没有实行过五等爵制。五等爵制起初只是史官设计的虚拟序列，战国以后被儒家的礼学研究者们塑造成三代理想的王制模型。（参见刘源："'五等爵'制与殷周贵族政治体系"，载《历史研究》2014年第1期）在战国以来的古代文献中，对五等爵制的理论解说和制度设计主要集中在《礼记·王制》《周礼·春官》。而五等爵制成为正式的国家制度则是从魏末开始，即司马昭命裴秀制定官制。但五等爵制只是为了保证禅代顺利进行而采取的一种权宜之计、过渡之举。禅代工作完成后没多久，就被废弃了。五等爵制在魏晋之交的简短时间内，设立又被废止，给史官记载参与制定律令的人员官职爵位带来一些麻烦，也导致一些矛盾和错误。

太傅。

泰始四年（公元268年），晋武帝褒奖诏书中称"太傅郑冲"。而《晋书·刑法志》直接称郑冲为太傅，显然是以其在晋之官代指其在曹魏之官，忽视了在此期间的官职变化。

第三，关于荀顗的官职。

制定律令之初，荀顗所任官职为曹魏王朝的司空。《晋书·荀顗传》载："咸熙中，迁司空，进爵乡侯。"这与《晋书·文帝纪》所载正相符合。《荀顗传》又载，晋武帝登基之后，下诏任命其为侍中、司空，后又转任司徒。其后他又任侍中、太尉、行太子太傅等职。

泰始四年（公元268年），晋武帝的褒奖诏书中提到"司空荀顗"。可见，律令修成之时荀顗应该是司空，而其转任司徒、太尉等职应在此之后。也就是说，在制定律令期间，荀顗先任曹魏的司空，后又任西晋的司空，不曾担任司徒。所以《晋书·刑法志》载"司徒荀顗"当有误，是以其后任官职指代当时官职。

第四，关于荀勖的官职。

《晋书·荀勖传》载："武帝受禅，改封济北郡公。勖以羊祜让，乃固辞为侯。拜中书监，加侍中，领著作，与贾充共定律令。"意思是说，荀勖并非自始参与制定律令，而是在晋武帝登基之后才中途加入。当时他的官职爵位是济北郡侯、中书监、侍中。故晋武帝褒奖诏书称其为中书监。而《晋书·刑法志》所载也不是其参与制定律令之初的官职，是以其在晋之官代指其在曹魏之官。

根据当时官制，著作郎本就隶属于中书省，听命于中书监。文献中却重复记录"领著作"三字，疑当与下文中"与贾充共定律令"连成一句，意为中书监荀勖率领著作郎一起加入贾充等人的定律令活动。当时随同荀勖参定律令的著作郎之一就是缪征。[1] 这又是被《晋书·刑法志》忽视的一个人。武帝褒奖诏书中没有提及此人，恐怕是由于其职位不高的缘故。

第五，关于羊祜的官职。

---

[1]《晋书·职官志》载："魏明帝太和中，诏置著作郎，于此始有其官，隶中书省。及晋受命，武帝以缪徵为中书著作郎。元康二年，诏曰：'著作旧属中书，而秘书既典文籍，今改中书著作为秘书著作。'于是改隶秘书省。后别自置省而犹隶秘书。著作郎一人，谓之大著作郎，专掌史任，又置佐著作郎八人。著作郎始到职，必撰名臣传一人。"

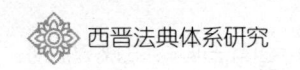

《晋书·羊祜传》载：

及（钟）会诛，拜相国从事中郎，与荀勖共掌机密。迁中领军，悉统宿卫，入直殿中，执兵之要，事兼内外。武帝受禅，以佐命之勋，进号中军将军，加散骑常侍，改封郡公，邑三千户。固让封不受，乃进本爵为侯，置郎中令，备九官之职，加夫人印绶。

景元五年（即咸熙元年，公元264年），羊祜任相国从事中郎，为相国司马昭的属官。同年三月，司马昭进爵为晋王。咸熙二年（公元265年）八月，司马炎继任晋王，九月分别任命何曾、王沈、贾充、裴秀为晋国的丞相、御史大夫、卫将军、尚书令。至此，魏晋禅代的准备工作都已就绪。而羊祜则由相国从事中郎转任中领军。

值得注意的是，羊祜所任中领军应当是作为曹魏藩国的晋国的中领军而非曹魏朝廷的中领军。因为自魏末直至晋初，司马望一直担任曹魏中领军之职未变。[1]

西晋建立后，羊祜升任中军将军，加散骑常侍，并封为侯爵。又据《晋书·武帝纪》，泰始四年（公元268年）二月，取消了中军将军之职，羊祜转任尚书左仆射。所以晋武帝的褒奖诏书称羊祜为中军将军。《晋书·刑法志》载"中军将军羊祜"也是以其在晋之官代指其在曹魏之官，并非其参与制定律令之初的官职。

第六，关于王业、杜友、荀煇的官职。

王业、杜友、荀煇在《晋书》中无传，但有个别事迹记载。

《晋书·文帝纪》载，高贵乡公密谋废黜司马昭时，散骑常侍王业曾接到诏命。但他却向司马昭告密，导致高贵乡公被害。而在咸熙元年（公元264年）开始制定律令之时，贾充担任中护军、散骑常侍，可见当时王业并非中护军。西晋建立以后，贾充升任为车骑将军，王业才开始担任中护军，直到泰始七年（公元271年）。[2]所以晋武帝褒奖诏书称其为中护军。而《晋书·刑法志》所载"中护军王业"也是以其在晋之官代指其在曹魏之官。

---

[1] 徐高阮："晋国的中领军的任命是十分临近禅代发动之时的一步安排，是应付那个禅代'大事'的一个必要手段"，"羊祜在禅代之前迁任的绝不是魏朝的，而是晋国的宿卫统领"。（徐高阮：《山涛论》，中华书局2013年版，第248页）

[2] 《晋书·武帝纪》载："（泰始七年三月，公元271年）癸巳，以中护军王业为尚书左仆射。"

《晋书·赵王伦传》载:"武帝受禅,封琅邪郡王。坐使散骑将刘缉买工所将盗御裘,廷尉杜友正缉弃市,伦当与缉同罪。"晋武帝褒奖诏书称其为"廷尉杜友",可见泰始四年(公元268年)时杜友仍为廷尉。而《晋书·刑法志》直接以其晋官作为魏官,同样失之不确。

《三国志·魏志·荀彧传》裴注引《荀氏家传》曰:"煇字景文,太子中庶子,亦知名。与贾充共定音律,又作易集解。"堀敏一指出,此处"音律"当为"晋律"之讹。[1]检索晋史,贾充确实未曾参与制定音律。而《荀氏家传》作者荀伯子为晋末宋初史家,他在书中把前朝的律典称呼为"晋律"也合乎情理。因此可以推知,这里的荀煇应该就是武帝诏书中所提的"骑都尉荀煇"。《荀氏家传》称其官职为"太子中庶子",说的应该是其所任最高官职,而"骑都尉"则应是新律颁布之时的官职。至于其何时开始参与制定律令,当时所任官职为何,则不得其详。

第七,关于裴楷的官职。

裴楷在制定律令活动开始时所任官职较为明确。《晋书·裴楷传》载:

钟会荐之于文帝,辟相国掾,迁尚书郎。贾充改定律令,以楷为定科郎。事毕,诏楷于御前执读,平议当否。楷善宣吐,左右属目,听者忘倦。武帝为抚军,妙选僚采,以楷为参军事。吏部郎缺,文帝问其人于钟会。会曰:"裴楷清通,王戎简要,皆其选也。"于是以楷为吏部郎。

该段文字记载顺序有点错乱,结合《晋书·文帝纪》《晋书·武帝纪》的时间线索稍加捋顺之后应是:司马昭封为晋公之后,世子司马炎担任抚军大将军,具有开府征选幕僚的资格,于是裴楷被其选拔为参军;晋公司马昭担任相国后,裴楷又被相国征辟为掾属;后来吏部郎缺,他在钟会的推荐下经由相国司马昭安排升任为曹魏朝廷的尚书吏部郎;贾充受司马昭之命主持制定律令时,裴楷又被委任为定科郎。

定科郎的设置沿革、职责功能史籍都没有明确记载,因此极有可能是临时而设。南朝时有尚书删定郎,即"魏世之定科郎"[2]。当时出任尚书删定

---

[1] 参见[日]堀敏一:"晋泰始律令的制定",程维荣等译,载杨一凡总主编:《中国法制史考证》(丙编第二卷),中国社会科学出版社出版2003年版,第295页。

[2]《宋书·百官志上》。

郎的张永、王植、蔡法度等都与制定或修改律令的立法活动密切相关。[1]因此也可推测,定科郎的职责应该是法律文件的整理工作。而贾充年轻时在曹魏王朝"拜尚书郎,典定科令,兼度支考课"[2],很有可能也是担任此职。之所以有此官名,首先是和当时"科"作为主要法律形式存在有关,其次有可能就是在陈群、刘劭等人"删约旧科"制定律令的过程中由于技术工作的需要而临时设置。

西晋政权建立以后,裴楷历任散骑侍郎、散骑常侍、河内太守、屯骑校尉、右军将军、侍中。晋武帝褒奖诏书也称其为散骑侍郎。因此《晋书·刑法志》所载"散骑侍郎裴楷"当是以律令制成时所任官职称之。而《晋诸公赞》称之为"散骑常侍"[3],《资治通鉴》称之为"尚书郎"[4],则都不准确。

第八,关于杜预、成公绥的官职。

《晋书·杜预传》载:"钟会伐蜀,以预为镇西长史。及会反,僚佐并遇害,唯预以智获免,增邑千一百五十户。"钟会谋反之后半年,司马昭即启动制定律令活动。在此期间未见有杜预官职变迁的记载。故可推知,开始制定律令时杜预官职应为曹魏的镇西长史。而杜预出任守河南尹,事在西晋泰始年间。所以晋武帝褒奖诏书称其为"守河南尹杜预"。《晋书·刑法志》所载也误作为开始制定律令之时的官职。

《晋书·文苑·成公绥传》载:"张华雅重绥,每见其文,叹伏以为绝伦,荐之太常,征为博士。历秘书郎,转丞,迁中书郎。每与华受诏并为诗赋,又与贾充等参定法律。"泰始四年(公元268年)晋武帝褒奖诏书称其为"骑都尉成公绥"。而其本传却未见其曾担任骑都尉之职的记载。又据《晋书·乐志上》,泰始五年(公元269年)成公绥担任中书侍郎,应是从骑都尉升迁之

---

[1]《宋书·张茂度传附张永传》:"先是,尚书中条制繁杂,元嘉十八年,欲加治撰,徙永为删定郎,掌其任。"《隋书·刑法志》:"时欲议定律令,得齐时旧郎济阳蔡法度,家传律学,云齐武时,删定郎王植之,集注张、杜旧律,合为一书,凡一千五百三十条,事未施行,其文殆灭,法度能言之。"《梁书·武帝本纪中》:"(天监二年,公元503年)夏四月癸卯,尚书删定郎蔡法度上《梁律》二十卷、《令》三十卷、《科》四十卷。"关于南朝齐梁时期的立法活动,可以参考邓长春:"程树德《九朝律考》补遗一则——南齐'永明定律'考"(与朱海合著),载《西南政法大学学报》2013年第4期;"南朝律家蔡法度传略——兼驳律学'北优于南说'",载华东师范大学法律研究中心编:《法律史研究》(第六辑),法律出版社2019年版。

[2]《晋书·贾充传》。

[3]《世说新语·政事》注引《晋诸公赞》曰:"充有才识,明达治体,加善刑法,由此与散骑常侍裴楷共定科令,蠲除密网,以为晋律。"(徐震堮:《世说新语校笺》,中华书局1984年版,第93页)

[4]《资治通鉴·晋纪一》:"帝亲自临讲,使尚书郎裴楷执读。"

后的官职。《晋书·刑法志》称"骑都尉成公绥"应该也是其参与制律成功后的官职。

综上可知，参定律令之人中，有十一人的官职变迁可以大体考知。《晋志·刑法志》和《晋书·贾充传》，对其中七人官职的记载与相关史传都有出入。其最大的问题是，用律令制定完成时各位所任的官职叙述该事启动时的官职，没有注意到魏晋禅代大背景下参定律令人员的官职变化。（详见表10）

表10 西晋法典参定人员的官职爵位变化

序号	人物	制定律令之始时官职爵位（魏官）	制定律令期间官职的流迁	制定律令完成时官职爵位（晋官）
1	贾充	中护军、散骑常侍、安阳乡侯	裴秀定五等爵后，临沂侯；司马炎继晋王后，晋国卫将军、给事中、临颍侯。	车骑将军、散骑常侍、尚书仆射、鲁郡公
2	郑冲	太保、寿光侯	武帝践阼，拜太傅，进爵为公。	太傅、寿光公
3	荀𫖮	司空、临淮侯	武帝践阼，进爵为公，任侍中。	侍中、司空、临淮公
4	荀勖	侍中、安阳子	武帝受禅，改封济北郡侯。拜中书监，加侍中。加入定律团队。	中书监、侍中、济北郡公
5	羊祜	相国从事中郎	禅代前，迁晋国中领军。武帝受禅，进号中军将军，加散骑常侍、郡侯。	中军将军、散骑常侍、郡侯、尚书右仆射、卫将军
6	王业			中护军
7	杜友			廷尉
8	杜预	镇西长史		守河南尹
9	裴楷	定科郎	武帝初登阼，拜散骑侍郎。	散骑侍郎
10	周雄			颍川太守
11	郭颀			齐相
12	成公绥		张华荐之太常，征为博士。历秘书郎，转丞，迁中书郎。	骑都尉
13	柳轨			尚书郎
14	荣邵	吏部令史		
15	荀𪸩			骑都尉

续表

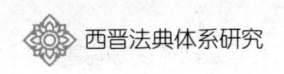

序号	人物	制定律令之始时官职爵位（魏官）	制定律令期间官职的流迁	制定律令完成时官职爵位（晋官）
16	缪征		及晋受命，武帝以缪征为中书著作郎。	著作郎
17	杜景			律吏
18	李复			律吏

三、从汉到晋的三个"新礼"

作为中国古代法律的大端，礼制规范自商周以来就在一直发展。经过战国时代的洗礼之后，原本形式松散、内容空泛、约束力有限的礼法习惯得到一定程度的强化，蜕变为适应国家集权需求的新式法律。秦汉时期的礼制，原本以礼仪为主，虽然加入了一些道德性和政治性的实体内容，但仍带有浓厚的程序仪式色彩。西汉中前期的《傍章》《朝律》《朝会正见律》是其代表。[1]北宋欧阳修就曾批评秦汉以下的礼乐制度脱离社会需求，沦为与治理天下、教化百姓毫无关系的朝堂修饰、空文虚名。[2]但实际上，伴随着儒家思想和礼学研究在汉代的持续发展，简单的朝堂礼仪已经不能满足从朝廷到民间的各方期许。从贾谊开始就不断有人提出制定广泛调整社会言行、全面

---

[1] 叔孙通定《傍章》，即采古礼而与秦仪杂就而成。（《汉书·叔孙通传》）《晋书·刑法志》："叔孙通益律所不及，傍章十八篇。"《汉书·司马迁传》："叔孙通定礼仪。"《汉书·梅福传》："叔孙通遁秦归汉，制作仪品。"《后汉书·曹褒传》："章和元年正月，乃召褒诣嘉德门，令小黄门持班固所上叔孙通《汉仪》十二篇。"程树德据此认为：叔孙通的《傍章》就是《汉仪》。（参见程树德：《九朝律考》，中华书局2006年版，第16页）汉武帝时，曾组织大规模制定礼制的活动，"定宗庙百官之仪"（《史记·礼书》），又命赵禹制定《朝律》，大体上仍以《仪礼》为主要素材。《晋书·刑法志》载："赵禹《朝律》六篇。"《太平御览·刑法部四·律令下》："张斐《律序》曰：张汤制《越官律》，赵禹作《朝会正见律》。"所以，赵禹《朝律》又称为《朝会正见律》，应该也是以朝仪为其主要内容。由于汉武帝"方征讨四夷，锐志武功，不暇留意礼文之事"（《汉书·礼乐志》），以至于"招致儒术之士，令共定仪，十余年不就"（《史记·礼书》），终究未能编成礼制大典。

[2] 《新唐书·礼乐志一》："由三代而上，治出于一，而礼乐达于天下；由三代而下，治出于二，而礼乐为虚名……故自汉以来，史官所记事物名数、降登揖让、拜俯伏兴之节，皆有司之事尔，所谓礼之末节也。然用之郊庙、朝廷，自搢绅、大夫从事其间者，皆莫能晓习，而天下之人至于老死未尝见也，况欲识礼乐之盛，晓然谕其意而被其教化以成俗乎？呜呼！习其器而不知其意，忘其本而存其末，又不能备具，所谓朝觐、聘问、射乡、食飨、师田、学校、冠婚、丧葬之礼在者几何？"

蕴涵儒家教化理念、系统巩固国家纲纪的礼制规范。欧阳修说："自梁以来，始以其当时所行傅于《周官》五礼之名。"[1]从后来的礼典编纂沿革史来看，正式颁行的礼典确实始于南朝梁。但在此之前，以《周礼》"五礼"体例为模板的礼典编纂活动已经有过多次实验。从东汉到西晋，曹褒、荀顗、挚虞先后主持其事。历史上曾出现过三个以"新礼"命名的礼典稿本。

（一）东汉曹褒的"新礼"

第一个以"新礼"命名的是东汉曹褒主定的"汉礼"。

东汉永平元年（公元58年），汉明帝刚一即位，精通"庆氏礼"[2]的博士曹充就根据纬书《河图括地象》《尚书璇玑钤》的说法，提出由朝廷主持制定礼制法典"汉礼"。建议虽然未被朝廷采纳，他却借此机会充实庆氏礼学的理论内容，扩大了庆氏礼学的政治影响。

元和二年（公元85年），汉章帝受到《河图括地象》《尚书璇玑钤》《尚书帝命验》等纬书的启发，正式下诏表达制礼作乐的想法。曹充之子博士曹褒，领会汉章帝的意图，上疏自荐制定"汉礼"，却遭到包括班固在内的正统礼学人士的集体抵制。汉章帝认为原来叔孙通编撰的《汉仪》内容过于简略，决定排除阻力，支持曹褒对旧有礼制进行一番彻底的改造升级，编纂一部全面调控社会生活的礼制法典。曹褒受命制定的"汉礼"，体系宏大，内容丰富，在体例规模上远超前人《汉仪》《朝律》的朝堂仪制范畴，规制对象囊括了从天子群臣到庶民百姓的各种社会群体，内容上涵盖冠、婚、吉、凶、终始等各类礼制规范，篇目上也达到空前的一百五十篇。这是中国古代按照"五礼"体系制定礼典的开始。

这个历时一年多时间编纂出来的"汉礼"于章和元年（公元87年）撰就，被写在二尺四寸的简牍上，意味着从形式上获得了正式的法律效力。[3]

---

[1]《新唐书·礼乐志一》。

[2] 庆氏礼是西汉以来今文礼学三大流派之一。《汉书·儒林传·孟卿传》："《礼》有大戴、小戴、庆氏之学。"然而相比于大戴、小戴而言，其理论深度和学术影响却相对较小。

[3]《盐铁论·诏圣》："二尺四寸之律，古今一也。"《汉书·朱博传》："三尺律令，人事出其中。"《史记·酷吏列传》："君为天子决平，不循三尺法，专以人主意指为狱。狱者固如是乎？"裴骃《史记集解》引《汉书音义》："以三尺竹简书法律也。"王应麟《困学纪闻·左氏传》："《汉·杜周传》：'不循三尺法。'注谓：'以三尺竹简书法律也。'朱博亦云：'奉三尺律令以从事。'《盐铁论》乃云：'二尺四寸之律，古今一也。'盖律书以二尺四寸简，举其大数，谓之三尺。"实际上，这里的"三尺"和"二尺四寸"只是周尺、汉尺之间换算的名义差别而已。亦即是说，周代尺度的"三尺"约等于汉代尺度的"二尺四寸"。

可惜其生效时间并不长。汉章帝死，和帝即位，曹褒又为其"汉礼"撰写章句。汉和帝畏于朝臣压力只把"新礼"[1]的前两篇章句公布，试探朝中舆论。结果曹褒章句招致太尉张酺、尚书张敏等人的奏议攻击。[2]虽然在和帝保护下，曹褒没有受到追加制裁，但是他制定的"汉礼"最终还是被废止。

随后，永元九年（公元97年）和永元十三年（公元101年），张奋两度向汉和帝上书，提出继续曹褒编纂礼典的事业，制定一部具有汉家特色的礼乐法典，以"章显祖宗功德，建太平之基，为后世法"。[3]汉和帝或许是鉴于前事，为避免礼议纷争而没有再启动此事。

在曹褒、张奋之后，仍有人提出依《周礼》体系制定全新的礼典。[4]类似的主张虽然没有被朝廷采纳，但也反映出《周礼》日益受到重视的趋势。汉末应劭删定律令，从中提取有关礼制的内容编成《汉仪》。这个《汉仪》虽然不同于叔孙通的《汉仪》，但二者作为礼仪的性质却是一致的。这说明，直到汉末仍然没有独立完备的礼典。

（二）魏末荀顗的"新礼"

曹魏时编撰礼典的动议再起。魏文帝提出"宗庙所服，一如《周礼》"[5]，并命侍中王粲、尚书卫觊草创朝仪。[6]但是王、卫所撰的朝仪，仍旧不出《仪礼》的范畴。[7]可见，当时没有对礼制体例进行根本变革，所以不能形成体系化的礼典。而在曹魏之外，吴、蜀两国在礼制改革方面更无建树。[8]实际上，以《仪礼》为基础制定礼典存在较大局限，不能成功。因为《仪礼》本为"士礼"，以规范"士"的行为为主，相对而言更接近世家大族的

---

[1]《后汉书·曹褒传》。这里第一次出现"新礼"的说法。此后，《晋书·礼志下》也有"汉顺帝冠，又兼用曹褒新礼"的说法。

[2]《后汉书·曹褒传》："后太尉张酺、尚书张敏等奏褒擅制《汉礼》，破乱圣术，宜加刑诛。帝虽寝其奏，而《汉礼》遂不行。"

[3]《后汉书·张纯传附张奋传》。

[4] 司马彪《续汉书·百官志一》"《小学汉官篇》"刘昭注引胡广提到，汉安帝时有"好事者"樊长孙向越骑校尉刘千秋建议："汉家礼仪，叔孙通等所草创，皆随律令在理官，藏于几阁，无记录者，久令二代之业，闇而不彰。诚宜撰次，依拟《周礼》，定位分职，各有条序，令人无愚智，入朝不惑。"但此事最后不了了之。

[5]《宋书·礼志一》。

[6]《宋书·乐志上》载有王粲《魏朝仪》，《三国志·魏书·卫觊传》载有卫觊《魏官仪》。

[7]《通典·礼一·沿革一》："魏以王粲、卫觊集创朝仪，而鱼豢、王沈、陈寿、孙盛虽缀时礼，不足相变。"

[8]《南齐书·礼志上》："吴则太史令丁孚拾遗汉事，蜀则孟光、许慈草建众典。"

宗权意识。而在"士"之外，社会中还有天子、诸侯、公卿大夫、各级官僚、平民百姓等不同阶层。对他们的行为规范要求，不是"士礼"所能涵盖的。如果要强行"推士礼而致于天子"[1]，落实到治理国家的政治实践，必然会出现种种不适。所以需要进行一场彻底的礼制变革，跨越"士礼"藩篱，建立宏大的"国礼"。这个变革在三国政权中都没有启动，要等到魏末晋初才有机会再次尝试。于是出现历史上第二个以"新礼"自称的礼典稿本，即荀顗等人在司马昭安排下制定的"晋礼"。

同律令法典一样，西晋的礼典编纂活动也是启动于咸熙元年（公元264年）七月。荀顗受命之后，上书选任羊祜、任恺、庾峻、应贞、孔颢等人组成核心团队，在汉魏旧礼的基础上删订编纂。曹魏时王粲、卫觊受命整理的礼制仍然只是朝仪。而荀顗等人所要制定的礼典，则是对东汉曹褒"汉礼"事业的继承和发展。荀顗"新礼"的内容远超朝仪、仪礼的概念，体例上按照《周礼·春官》中的"吉、凶、宾、军、嘉"五礼体系设计结构，规模达到一百六十五篇，每篇为一卷，字数合计十五万余言。

为强化统一政权的国家意识，这个"新礼"选择五礼体例，成为涵盖国家制度整体框架的真正礼典。按照《周礼》的设计，"吉礼"包括圜丘郊祀、山水祭祀、明堂制度以及皇家宗庙制度；"凶礼"包括治丧礼仪、葬礼、丧服制度以及赈济制度、恤礼制度；"宾礼"包括元会礼、朝觐礼、帝王巡狩之礼、尊崇太后太妃之礼、尊崇皇太子之礼、二王三恪之礼、拜任太傅太尉司空之礼、王公群妾与妇人相见之礼；"军礼"包括军队鼓吹之礼、讲武练兵之礼、军队誓师之礼；"嘉礼"包括婚礼、冠礼、会礼、尊老养老之礼。按照这个体系编成的礼典既符合政治上治理和教化的需求，也符合弘扬宗法伦理道德的需求，从此以后成为历代王朝一直沿用的基本礼典模式。

"新礼"草案的出炉时间早于律令法典。《晋书·荀顗传》记载："及蜀平，兴复五等，命顗定礼仪。顗上请羊祜、任恺、庾峻、应贞、孔颢共删改旧文，撰定晋礼。"从其语气可以推测，荀顗等人很快就编成"新礼"的初稿，并以"晋礼"的名义投入使用。当时虽然还没有完成魏晋禅代，但大势已经无可扭转。而且司马师也已经先后晋爵为晋公、晋王，以"晋国"的名义命名"新礼"遮人耳目也可以说得过去。况且，"晋礼"本身就有为帝位禅让这样的重大礼仪活动提供制度依据的功能设定，所以"晋礼"的速成也情有可原。

---

[1]《汉书·艺文志》。

"晋礼"内容被施用的最早记载,是晋武帝受禅后参加郊祀礼仪时确定祖配方案。由于"晋礼"中某些内容创新有余,论证不足,缺乏有力的理论依据,所以争议在其开始施用时就已经出现。《太平御览·礼仪部六·郊丘》引刘道荟《晋起居注》记载:

武帝太始元年十二月,太常诸葛绪上言:"知士祭酒刘喜等议:帝王各尊其祖所自出。《大晋礼》:天郊当以宣皇帝配,地郊宣皇后配,明堂以景皇帝、文皇帝配。"博士孔晁议:"礼,王者郊天以其祖配。周公以后稷配天于南郊,以文王配五精上帝于明堂,经典无配地文。魏以先妣配,不合礼制。周配祭不及武王,礼制有断。今晋郊天宜以宣皇帝配,明堂宜以文皇帝配。"有司奏:"大晋初建,庶事未定,且如魏。"诏:"郊祀大事,速议为定。"

这段文献显示,"新礼"草案在晋武帝受禅前就已经完成。因为晋武帝接受禅位发生在咸熙二年(公元265年)十二月甲子[1],仪式则在两天后的丙寅日在洛阳南郊举行。[2]当天晋武帝宣布把咸熙二年(公元265年)改为泰始(又作太始)元年。按照《晋书·礼志上》的记载,禅位仪式上举行的柴燎礼还没有以司马氏先祖配飨郊祀的安排。而在此处材料中,"武帝太始元年十二月",即禅位仪式几天后,太常诸葛绪就提到"大晋礼"对祖配制度的规定,以宣皇帝配天郊,宣皇后配地郊,景帝、文帝配明堂。这里提到的"大晋礼"应该就是荀顗等人所草拟的"新礼"(即"晋礼")。

但是这项继承自曹魏的礼制规定却遭到博士孔晁的有力批驳,认为配飨地郊的规定于古无据。有司对此的解释是"大晋初建,庶事未定",沿用曹魏礼制只是权宜之计。这当然是出自荀顗制礼团队的意见。晋武帝只得下诏要求抓紧时间议定。但是礼制讨论的难度超出了晋武帝的预想,争议久悬难决,影响到晋室供飨神祇祖考。迫使武帝在泰始二年(公元266年)正月下诏催

---

[1] 司马炎刚掌控局势就急不可待地推进禅代大礼,可能有多种现实考虑。但日期定在这一天则有可能是为了附会殷周易代的牧野之战。《尚书·牧誓》:"时甲子昧爽,王朝至于商郊牧野,乃誓。"《尚书·武成》:"甲子昧爽,受率其旅若林,会于牧野。罔有敌于我师,前徒倒戈,攻于后以北,血流漂杵。"从此以后,"甲子日"就成为改朝换代的概念符号。《吕氏春秋·仲秋纪·简选》:"武王虎贲三千人,简车三百乘,以要甲子之事于牧野。"《荀子·议兵》:"故汤之放桀也,非其逐之鸣条之时也;武王之诛纣也,非以甲子之朝而后胜之也,皆前行素修也,所谓仁义之兵也。"司马氏政权以儒家为旗号,比附经典选择良辰吉是很有可能的。

[2] 参见《晋书·礼志上》。

促。最终在二月丁丑确定以宣帝配天、以文帝配明堂的制度安排,改变了继承曹魏旧制的做法。而这项曹魏旧制原是魏明帝时所定,其学理依据来自郑玄。所以,有关郊祀祖配问题的争议背后,还暗含着经学史上著名的郑王之争。

在当年十一月,又有人提出依照司马懿主政曹魏时采用王肃学说而实行的礼制,圆丘、方丘的祭祀活动应该与南郊、北郊的祭祀合并。武帝采纳了这个建议并付诸实施。[1]由于王肃是晋武帝的外公,其学说在晋初议礼过程中全面占据上风。以上两个礼制的改革反映出荀𫖮团队中颇有影响的尊郑路线遭遇挑战,"新礼"草案的命运也就不难推知了。而在《晋书·文苑·应贞传》中,史官更是直书其"与太尉荀𫖮撰定新礼,未施行"。

当然,"新礼"也并非全无价值,其中的某些规定事实上得到了有效执行。例如,"新礼"延续魏明帝时的礼制,春分祀朝日于东,秋分祀夕月于西。武帝太康二年(公元281年)时,有司曾以春分时寒温不定为由建议皇帝不必亲自参加祭祀。但武帝却说:"仪宜有常,若如所奏,与故太尉所撰不同,复为无定制也。"[2]这里的"故太尉所撰"指的就是故太尉荀𫖮主持制定的"新礼"。只不过,此类保留下来确实施行的礼制规范并不多见。而其缘由也不都是因为主者懈怠,而是在理论和技术上存在诸多不合理的地方。这就涉及挚虞从西晋太康初年开始对"新礼"的议定和整改。

(三) 西晋挚虞的"新礼"

挚虞在开始讨论修改"新礼"之前,先分析了"新礼"众议纷纭、难于执行的状况和原因。在上表中,他说:"臣典校故太尉𫖮所撰《五礼》,臣以为夫革命以垂统,帝王之美事也,隆礼以率教,邦国之大务也,是以臣前表礼事稽留,求速讫施行。"[3]这首先说明荀𫖮团队制定的"新礼"是依照"五礼"体系编定的,其次说明荀𫖮"新礼"因故"稽留"而没有及时颁行。至于其中原因,挚虞认为有二:

一是,"新礼"篇卷太多,有许多重复繁琐,内容分类不很合理,篇条布局的条理性不强,条文表述的技巧性不高。例如,《尚书·尧典》祀山川之礼、《周礼》祀天地五帝享先王之礼的规定中,有许多不必要的重复,都可以

---

[1] 参见《晋书·礼志上》。
[2] 《晋书·礼志上》。
[3] 《晋书·礼志上》。

用"如初""亦如之"等词语进行简洁表达。因为内容繁多、条理不清,荀颢"新礼"自然难于施行。

二是,荀颢"新礼"在某些特殊礼制的学说纷争中不持立场,不求精解,采取刻意回避的态度,没有明确的意见。这就不仅没有解决问题,反而加剧了学术纷争。其中最典型的例子就是丧服问题。由于丧服制度涉及家族伦常的大节,历来都受社会各阶层高度关注。但先秦传下来的《仪礼·丧服》只有一卷,内容简略,远不能满足汉魏以来宗法家族迅速发展的现实需求。于是各家礼学都热衷于围绕简要经文各自发表见解,于是出现以郑王之争为代表的众说纷然的局面。郑玄、王肃都是礼学大师,他们争执不下导致天下人在行丧服礼时不知所从。作为国家礼典的"新礼"应该对此类问题给出明确答案。但或许由于议礼团队成员本身就有分歧,无法定夺之下采取了只抄录经文而不对学说争议做决断的敷衍策略。这就导致其在具体施行时必然会遇到争议,最终还是各行其是,无法起到规范社会言行的作用。

当然,荀颢"新礼"之所以会出现诸如此类粗糙、敷衍的问题,另有深刻的政治原因,是挚虞所没有注意或不愿明说的。简单来说,荀颢等人在魏末制定"新礼"最主要的意图不在制度,也不在学术,而在政治。在魏末禅代箭在弦上之时,荀颢等人制定"新礼"只是为司马氏开创新朝进行预备的一种制度创新乃至舆论造势。[1]贾充团队制定律令法典由于前期基础较好(陈群、刘邵在魏明帝时的改革)、主旨立意明确(在儒家化和体系化两个方向着力)、人员专业能力较强而取得较好成果,不仅制造了舆论声势,而且有效实现了制度创新,显然成就更高。相比之下,荀颢团队由于理论准备不足,禅代仪式的现实需要又很急迫,所以"新礼"成为一个具有更多装饰性意味的应时之作,没有多少实用价值。在完成其历史使命之后,晋武帝为满足制度创新的需求,只得又命挚虞专门从技术实用角度系统整改"新礼",力图让它从一个急就章式的草案文本,变成真正具有制度实效效果的法律规范。

经过挚虞删正修改之后的"晋礼"就成为汉晋时期的第三个"新礼"。挚虞对荀颢"新礼"的修改,从基本指导思想层面来看,主要体现在两个方面:一是明确立场,至少从表面上打出"尊王"的口号,以王肃礼学为

---

[1] 参见徐昌盛:"从'制度创新'到'意先仪范':论西晋《新礼》的制订与修订",载北京大学《儒藏》编纂与研究中心编:《儒家典籍与思想研究》(第八辑),北京大学出版社2016年版。

主要理论依据调整礼制内容；二是删繁就简，删除重复，按照事类性质调整篇章条文。经此删改之后，原来的"新礼"在篇幅上减少了三分之一，在宗旨和内容上也更清晰实用。

在具体内容方面，挚虞对若干重要制度都进行了调整，对荀顗"新礼"改革过甚、认知含混的地方多有纠正和廓清。例如，荀顗"新礼"把明堂祀神从"五帝"改为"上帝"，挚虞引用经典认为应该制定新的"新礼"，恢复"五帝"之位。又如，荀顗"新礼"把祭祀皋陶的地点从廷尉寺转移到律署，时间从社日改为孟秋之月。挚虞认为这种改革，不但误解了皋陶作为法官的角色，而且降低了皋陶祭祀的级别，时间调整也不合理，应该恢复以前社日祭祀于廷尉的制度。又如，荀顗"新礼"把皇帝次殿从原来庙殿的北方偏东改为南门中门外偏右，这样皇帝就由原来的入自北门改为入自南门。挚虞认为这样显得皇帝不够谦恭，在他的"新礼"中又改回原来曹魏的礼制。又如，荀顗"新礼"依据经传"去丧无所不佩"的说法改革曹魏旧制，规定大丧不佩剑绶。挚虞认为，这是对经典古义的曲解，所以在其"新礼"中规定服大丧时穿布衣，佩剑绶。又如，荀顗"新礼"废除了吉驾的卤簿、凶服的鼓吹、送终的挽歌，挚虞认为这些都于礼无据，而且可以在前代故事中找到反例。所以在他的"新礼"中，这些经不起推敲的新规定都被废除了。如此等等，兹不赘述。总体来看，挚虞"新礼"对荀顗"新礼"的许多改正基本上都能做到理据充分，持论公允。这也从另一方面反映出，荀顗"新礼"在"速成"和"改旧"的方针指导下，存在比较明显的改革理由牵强、学理论证粗糙等问题，其政治方面的考量明显大于制度和学术方面的考量。

当然，挚虞"新礼"也不只是对荀顗"新礼"的修改，还包括对西晋以来各种议礼主张的回应和驳正。在此过程中，他没有单纯迷信王肃学说，而是实事求是地吸收其他合理的学说。例如，晋初有人为迎合尊王攻郑的风气故意曲解王学，制造其与郑学的分歧，主张京都不立太社。刘寔与傅咸对这种说法给予驳斥，并得到晋武帝诏书的支持。在修订"新礼"时，挚虞旧事重提，建议把京都二社制度收入他的"新礼"中。又如，汉魏以来祭祀"六宗"。礼学家司马彪认为"新礼"不应收入"六宗"祀礼。但挚虞认为祭祀"六宗"是汉魏以来极为重要的祭祀活动，应该收入"新礼"之中，也就是说保留了荀顗"新礼"的规定。不过对"六宗"的含义，他没有采用王肃"乾坤六子"的说法，而是支持刘邵"六气之宗"的解释。

修订"新礼"的活动也不是挚虞的独角戏。当时参与讨论的还有张华和傅咸等人，也都有所贡献。[1]挚虞修改荀顗"新礼"，于晋惠帝元康元年（公元291年）表上其"新礼"的第一部分，内容包括明堂五帝、二社六宗及吉凶王公制度，共计十五篇。接下来，他又和傅咸开展修订"新礼"的第二阶段工作。但是，傅咸没有和挚虞合作多久，就于晋惠帝元康四年（公元294年）去世。后来，挚虞更是在西晋末年的荒乱中饥贫而死，不知终年。他们系统修订礼典的大业由于内外动乱而被迫中断，无果而终。[2]

西晋"新礼"经过从荀顗到挚虞的持续议定，由于多种原因，没有作为成熟的正式礼典颁行天下。尽管如此，西晋"新礼"在中国古代礼典编纂和礼制发展过程中却占有重要位置。张文昌说："作为传统中国第一部颁行天下的国家礼典，西晋《新礼》的体例不仅成为中国礼典之范式，其编纂者的组成方式亦为后世所仿效。"[3]其是否作为国家礼典正式颁行固然值得商榷，但其体例范式的后世影响却是无可置疑的。在从汉到唐的长时段历史周期中，晋代是汉唐礼制转型并趋于成熟的关键时期。后来的唐代礼制内容和礼典编纂实际上就根植于晋。[4]如此看来，荀顗、挚虞等人之功虽未显于当时，却能流播久远。

---

[1]《太平御览·文部二十二·札》："晋张华有文雅之才，晋仪礼厘革制度，敕有司给笔札，多有损益。"

[2] 以上所引挚虞讨论"新礼"的例子，集中见于《晋书·礼志》上、中、下。

[3] 张文昌：《制礼以教天下——唐宋礼书与国家社会》，台大出版中心2012年版，第242页。

[4] 参见顾涛："两晋礼制因革系年（264～420）"，载上海交通大学经学文献研究中心编：《经学文献研究集刊》（第十四辑），上海书店出版社2015年版，第146～205页。

第三章
西晋法典体系的构建成就

《列子·天瑞》说:"太始者,形之始也。"司马氏建政洛阳中州,服膺儒家理念,要以礼法治国的方略开创全新的治世,所以确定第一个年号为"泰始"。泰始四年(公元268年)正月二十日颁行天下的律令法典与"还其官府"的《晋故事》,一起构成中国历史上第一个系统完备的法典体系,取得了具有划时代意义的空前成就。

第一节 《泰始律》的法典编纂成就

西晋泰始四年(公元268年)正月二十日,武帝下诏颁行律典于天下。这部律典的名称,有"新律""晋律""泰始律"几种叫法,但都不是当时的正式称谓。当时人应该只称为"律"或"大晋律"。在"律"字前面加上其他标签只是为了与类似法律区分而已。例如,"新律"与"旧律"相对,是基于古今比较和表述方便而临时使用的称呼。曹魏"新律"和西晋"新律"都是相对秦汉"旧律"而言,唐初武德"新律"是相对隋末大业"旧律"而言。后世文献中反复出现的新礼、旧礼、新令、旧令、新格、旧格、新敕、旧敕,率皆如此。但是所谓新、旧,只能在两者比较中使用,不能作为一般的法律文本标签。又如,"晋律"以政权国号作为标签,能够较好与其他朝代的法律进行区分。这种称呼出现也较早。[1]但这个词还常用来代指晋代所有法律,[2]而不单纯指代西晋的律典,更无法显示其诞生的具体时间。与前二

---

〔1〕 以"晋律"称谓西晋律典,在西晋灭亡前后即已出现。甘肃玉门花海毕家滩十六国墓葬群出土《晋律注》残卷所载即为"晋律"。(参见张俊民、曹旅宁:"玉门花海所出《晋律注》初步研究",载《法学研究》2010年第4期;张俊民、曹旅宁:"毕家滩《晋律注》相关问题研究",载《考古与文物》2010年第6期)。

〔2〕 前辈学者常以"律"代指某代法制。例如,汉律、晋律、唐律之类,代指当时律令法制。然此表述有失严谨,张建国早已对此加以检讨。他说:"造成这样命名的最初原因,自然是古代资料缺

者相比,"泰始律"的称呼出现时间可能更晚。[1]这个称谓既不见于正史记载,也不见于类书辑佚,更不见于出土文献,但所指更具体,标示性更强,不仅可以明示其颁布年代,更可充分展示其完整法典的基本特色。使用"泰始律"的称谓,可使人一望便知其所指乃是泰始四年(公元268年)一次性颁布生效的那一部律典,具有鲜明的整体特指效果。以此推之,下文《泰始令》同理。

《泰始律》之前的中国法律,处于一种表面上丰富完备、实际上混沌庞杂的状态中。秦汉时期积累形成的法制困局,在曹魏时不仅没有得到改观,反而陷入科网峻密的境地。有鉴于此,贾充等人奉命对秦汉以来的法律文本进行彻底整理,将律、令、科、比等多种法律形式中的刑事内容汇于一炉,编纂成中国历史上第一部正式颁行的律典《泰始律》。《泰始律》出台后广获赞誉,既有当时诏书中的"刑宽禁简"[2],也有后世史评中的"轻平简易"[3],以及现代论著中的"宽简周备"[4]。相比于汉律篇条众多、体系庞杂的局面而言,《泰始律》确实做到了篇目清晰、条文简易、体系严密。这是中国法律史上空前的成就。

一、化繁为简的篇条风格

贾充等人编纂律典最突出的成就在于从根本上克服了延续数百年的律令法制困局,让《泰始律》这部律典以空前简约的姿态展现在世人面前。这既

(接上页)乏,无法分清各种法律形式。但是这样的命名方法也不可避免地给后来的研究带来消极的因素,那就是一谈古代法律,常常笼统地称为'律'。实际上,从'律'被确定为一种特殊的法律形式开始,就是为了和其他法律形式如'令'等相区别的……把'律'从错认的泛指涵义上纠正过来,并非是毫无意义的。其最大的意义便于我们详细区分各种不同的法律形式的各自作用及其相互关系。"(张建国:《帝制时代的中国法》,法律出版社1999年版,第20~21页)

[1] "泰始律"有可能只是晚近学者模仿其他类似叫法才开始使用的。纵观中古,以年号命名法典最早见于南朝。南齐永明年间修律,史称"永明定律"(《南齐书》卷四八"史臣曰")。《旧唐书·经籍志》《新唐书·艺文志》均载有"《齐永明律》八卷"。但所谓"永明律"并未真正施行,以年号命名又真正施行的法典最早见于西魏《大统式》。《隋书·经籍志二》载:"《周大统式》三卷。"《新唐书·艺文志二》:"苏绰《大统式》三卷。"大统为西魏年号,当时北周政权尚未建立,故应认其为西魏法典。其后,隋代有《大业律》《开皇令》《大业令》。(《隋书·经籍志二》载:"隋《大业律》十一卷,隋《开皇令》三十卷,隋《大业令》三十卷)以律典制定或颁布时年号命名的做法开始长期流行。

[2] 《晋书·贾充传》。

[3] 《隋书·刑法志》。

[4] 参见祝总斌:"略论晋律的'宽简'和'周备'",载《北京大学学报(哲学社会科学版)》1983年第2期。

是律令法制自身发展的需要，也是整体社会思想观念潮流转变的结果。

《晋书·刑法志》载，《泰始律》"二十篇，六百二十条，二万七千六百五十七言"。这是怎样一种简约状态呢？唯有将之与前后时代加以比较才能看得清楚。

汉代四百年积累的律令法制文本数量极其庞大，每每引发史家嗟叹。早在西汉时，律令数量膨胀已经触目惊心，引起朝堂的议论。在盐铁会议上，文学之士尖锐批评道："方今律令百有余篇，文章繁，罪名重，郡国用之疑惑，或浅或深，自吏明习者，不知所处，而况愚民！律令尘蠹于栈阁，吏不能遍睹，而况于愚民乎！此断狱所以滋众，而民犯禁滋多也。"[1]东汉史家班固在《汉书·刑法志》中给出了更具体的数字："律令凡三百五十九章，大辟四百九条，千八百八十二事，死罪决事比万三千四百七十二事。文书盈于几阁，典者不能遍睹。"律令繁多竟然达到"吏不能遍睹""典者不能遍睹"的程度。这里面既有书写材料限制的客观因素，也有立法意识和立法能力有所欠缺的主观因素。

由于主客观因素都不能得到有效改变，法制困局到东汉时仍然未见缓解。汉明帝时的律家陈宠说："今律令，犯罪应死刑者六百一十，耐罪千六百九十八，赎罪以下二千六百八十一，溢于《甫刑》者千九百八十九，其四百一十大辟，千五百耐罪，七十九赎罪……汉兴以来，三百二年，宪令稍增，科条无限。"[2]

与律令科条无限膨胀情况类似，律章句也同样陷入烦琐难制的局面。陈宠说："律有三家，说各驳异。"[3]《晋书·刑法志》载："叔孙宣、郭令卿、马融、郑玄诸儒章句十有余家，家数十万言。凡断罪所当由用者，合二万六千二百七十二条，七百七十三万二千二百余言，言数益繁，览者益难。天子于是下诏，但用郑氏章句，不得杂用余家。"

纵观两汉，由于律令繁杂难制，删减律令的主张史不绝书。然而由于多种因素阻碍，这一问题始终无法得到根本解决。汉末魏初，综合性法律形式"科"异军突起，全面取代汉代的各种律令法制规范。然而，强调时效性、灵活性的科，也不能解决前代遗留下来的法制体系性建设问题。久经积累，史

---

[1]《盐铁论·刑德》。
[2]《后汉书·陈宠传》。
[3]《后汉书·陈宠传》。

书上又开始出现"魏法苛碎""魏制峻密""科网本密"等讥评。魏明帝时陈群、刘邵等人编成"新律"十八篇,"于正律九篇为增,于旁章科令为省"[1]。但很遗憾,这个律典草案并未正式颁行。所以泰始律令法典出台之前的状态就是,"甲令已下,至九百余卷","令甲已下,盈溢架藏"[2]。

经过贾充等人三年半的努力,《泰始律》的出现彻底扭转了四百多年来的法制困局。作为吸收前代几乎所有刑事法律规范、基本做到"律外无律"的全新律典,《泰始律》在篇章条文数量上却实现了极大的简化。《泰始律》的二十篇、六百二十条、二万七千六百五十七字,与汉代刑律篇章数百、条文数千、死罪决事比上万余事、律章句数百万言相比,简直就是"换了人间"。

不过较真来看,各种史籍对《泰始律》篇章条文数量的具体表述还存在一些细节分歧,有必要详加考辨。相关史料主要有七条,依撰成时间顺序排列如下:

史料甲:

晋武帝以魏制峻密,又诏车骑贾充集诸儒学,删定名例,为二十卷,并合二千九百余条。

(《魏书·刑罚志》)

史料乙:

晋初,甲令已下,至九百余卷,晋武帝命车骑将军贾充,博引群儒,删采其要,增律十篇。

(《隋书·经籍志二》)

史料丙:

就汉九章增十一篇……合二十篇,六百二十条,二万七千六百五十七言……凡律令合二千九百二十六条,十二万六千三百言,六十卷。

(《晋书·刑法志》)

---

[1]《晋书·刑法志》。
[2]《隋书·经籍志二》。

第三章 西晋法典体系的构建成就

史料丁：

魏因汉律为一十八篇，改汉《具律》为《刑名第一》。晋命贾充等，增损汉、魏律为二十篇。

(《唐律疏议·名例》)

史料戊：

命贾充等十四人增损汉、魏律，为二十篇……凡一千五百三十条。

(《唐六典·尚书刑部》注)

史料己：

合二十篇，六百三十条，二万七千六百五十七言……凡律令合二千九百二十六条，十二万六千三百言，六十卷。

(《通典·刑法一》)

史料庚：

合二十篇，六百三十条，二万七千六百五十七言……凡律令合二千九百二十六条，十二万六千三百言，六十卷。

(《文献通考·刑考三》)

首先，上述七则材料，有的记载存在明显错误。史料甲、乙，将贾充等人启动制定律令法典之事归于晋武帝时，是不明魏晋禅代之际的政局演变细节，误认其事始于西晋。由前文可知，《泰始律》开始制定于曹魏末期的咸熙元年（公元264年）秋七月，发起人是晋王司马昭。对此，史料丙的前文有清晰记载，与《晋书》各处记载一致。史料己、庚与史料丙基本一致。而史料丁、戊则采取模糊记述方法，并未明确发起人是司马昭还是司马炎。而且，史料丁、戊的表述也有问题。二者都认为曹魏"新律"为有效法典，《泰始律》兼采汉、魏二律。这个问题前文已经详加考证，兹不赘述。

其次，上述七则史料在记数上的分歧更有讨论的必要。

第一，《泰始律》的篇数与卷数。

史料甲记述为"二十卷"，史料丁、戊记述为"二十篇"，史料乙表述为

· 173 ·

"增律十篇"。史料丙、己、庚则采取篇、卷并提的记述方式，记《泰始律》为二十篇，《泰始律》与《泰始令》合并六十卷。又据《隋书·经籍志二》载《泰始令》四十卷。则《泰始律》当为二十篇，二十卷。[1]然而是否据此可推一篇即一卷呢？这要从"篇"与"卷"之间的差异说起。

"篇"与"卷"的差异因何而起？传统观点认为源于书写载体的不同。《说文解字·竹部》曰："篇，书也。一曰关西谓榜曰篇。从竹扁声。"段玉裁注："书，箸也。箸于简牍者也。亦谓之篇。古曰篇。汉人亦曰卷。卷者，缣帛可卷也。"[2]余嘉锡说："古之经典，书于简策，而编之以韦若丝，名之为篇。简策厚重，不能过多，一书既分为若干篇，则各为之名，题之篇首，以为识别。"[3]也就是说，"篇"与竹简密切相关，是标示古书简册的数量单位。章学诚说："大约篇从竹简，卷从缣帛，因物定名，无他义也。"[4]孙德谦说："许叔重云：'著之竹帛谓之书。'考竹者，篇也；帛者，卷也。是篇、卷有分别也。"[5]程千帆说："文字的体裁先是竹简，所以称篇；然后用帛，所以称卷。"[6]钱存训也认为"篇"是简册单位，"卷"是缣帛和纸卷单位。[7]

然而出土实物却显示，古书简册也会以卷方式存放，帛书也会以折叠方式存放。也就是说，传统以竹、帛之别来理解篇、卷之别的思路并不完全符合历史事实。对此，刘传宾解释道："'篇'与'卷'最初既可以作为简册的计量单位，表示简册编连的起讫，又可以作为文章的计量单位，表示文章内容的起讫。后来二者各有所侧重：'篇'渐渐失去表示简册编连的起讫、作为

---

[1]《南齐书·孔稚珪传》称"江左相承用晋世张、杜律二十卷"，南齐永明年间删正《晋律》及张杜旧注，尚书删定郎王植之上律注二十卷。后孔稚珪等人又共制注律，上《律文》二十卷，《录叙》一卷，共二十一卷。可知《泰始律》当二十卷，张杜注律各随其篇章卷次而成，也应该是二十卷。又考隋唐官档所见两晋南朝律典文本及律注文本，二十卷为常见说法，则又可作为《泰始律》即二十卷规模的另一旁证。《隋书·经籍志二》载杜预撰《律本》二十一卷，则极有可能《律序》一卷，而后为二十篇内容逐篇附注，各为一卷，合计二十一卷。又载南梁蔡法度撰《晋宋齐梁律》二十卷、《梁律》二十卷。

[2]（汉）许慎撰，（清）段玉裁注：《说文解字注》，上海古籍出版社1981年版，第190页。

[3]余嘉锡：《目录学发微》，巴蜀书社1991年版，第27页。

[4]（清）章学诚：《文史通义》，上海书店1988年版，第88页。

[5]（清）孙德谦："汉书艺文志举例"，载二十五史刊行委员会编：《二十五史补编》（第二册），中华书局1995年版，第1710页。

[6]程千帆：《校雠广义》，河北教育出版社2001年版，第65页。

[7]参见钱存训：《书于竹帛——中国古代的文字记录》，上海世纪出版集团、上海书店出版社2006年版，第77~78页。

简册的计量单位的功能，而逐步变为仅表示文章内容的起讫的计量单位；卷则逐步变为仅表示简册编连起讫的计量单位。"〔1〕

篇、卷之间是否存在特定对应关系？陈梦家在总结战国秦汉竹简后认为存在三种情况：一是"合编"，即一卷包含若干篇；二是"分卷"，即一篇分为若干卷；三是"篇卷相当"，即一篇为一卷。〔2〕就是说，篇、卷并非完全一一对应。而《泰始律》二十篇为二十卷情况推算，应该属于陈梦家所说的第三种情况，即一卷当一篇。当然，篇、卷这两种表述方式也有些微区别：说《泰始律》二十篇是就其事项内容而言，说《泰始律》二十卷是就其数量形式而言。或许制定律令法典的时候，立法者就已经考虑到各篇在篇幅内容方面的平衡，因此能够做到一篇内容书写于一卷之中而不显得过多或者过少。〔3〕若果真如此，则更可以证明当时制定律令法典的高超水平。

第二，《泰始律》的条文字数。

史料丙称六百二十条，二万七千六百五十七字；史料戊称一千五百三十条；史料己、庚称六百三十条，二万七千六百五十七字。总体来看，史料丙与史料己、庚的记载较为接近，稍有出入应该是由于转抄错讹。而史料戊所说的一千五百三十条则与另外三则史料出入较大，应该不准确。不过这种说法又不是凭空而生。

《南齐书·孔稚珪传》载，南齐武帝曾命尚书删定郎王植〔4〕对张杜律注进行删正整理，经过比较取舍之后得一千五百三十二条。《隋书·刑法志》也记载：南朝梁时蔡法度主持议定律令法典，就曾提到南齐王植集注张杜律注一书，共计一千五百三十条。史料戊所称一千五百三十条之说，极有可能来自于此。而王植一千五百三十条的来历，是"取张注七百三十一条，杜注七

---

〔1〕 刘传宾："简书的合编与分卷——以上博、郭店等出土简册为中心"，载吉林大学古籍研究所编：《吉林大学古籍研究所建所30周年纪念论文集》，上海古籍出版社2014年版。

〔2〕 参见陈梦家：《汉简缀述》，中华书局1980年版，第304~307页。

〔3〕 最显著的旁证就是，与律令法典同步启动制定的礼典（荀顗"新礼"）也是以一篇为一卷。详见前文。

〔4〕 《隋书·刑法志》称"王植之"，《南齐书》称"王植"，二者当为一人。对此，程树德已做说明。（程树德：《九朝律考》，中华书局2006年版，第316页）对当时名字中常见"之"字，陈寅恪解释道："盖六朝天师道信徒之以'之'字为名者颇多，'之'字在其名中，乃代表其宗教信仰之意，如佛教徒之以'昙'或'法'为名相类。东汉及六朝人依公羊春秋讥二名之议，习用单名。故'之'字非特专之真名，可以不避讳，亦可省略。"（陈寅恪：《金明馆丛稿初编》，陈美延编，生活·读书·新知三联书店2001年版，第121页）

百九十一条。或二家两释，于义乃备者，又取一百七条。其注相同者，取一百三条。集为一书，凡一千五百三十二条"[1]。但王植整理的是张斐与杜预为《泰始律》所做的律注，一千五百二十三条是指律注而非律文。尽管依照上文"张注七百三十一条、杜注七百九十一条"的说法，其所删定律注总数当为一千五百二十二条，而非一千五百三十二条或者一千五百三十条，这里面还存在一定疑问之处。[2]然而无论是一千五百三十条、一千五百三十二条抑或一千五百二十二条，其所指皆非《泰始律》律文条数。所以，史料丙、己、庚的六百三十条或六百二十条更有可能接近历史实情。

除此以外，关于晋初律令法典的条文字数，史料丙、己、庚还有一种记法，即将《泰始律》与《泰始令》合并起来记述。且三则史料说法一致，即"凡律令合二千九百二十六条，十二万六千三百言"。史料甲称"并合二千九百余条"，虽未明言是律令合称，但以丙、己、庚三者共同记法而言，也当是指《泰始律》与《泰始令》合并二千九百余条，而且是个概数。如果说，泰始律令两部法典的条文合计二千九百二十六条，《泰始律》六百二十或六百三十条，那么《泰始令》就应该是二千三百零六条或者二千二百九十六条。

反观东汉陈宠对汉代律令的描述，死罪六百一十条，耐罪一千六百九十八条，赎罪以下二千六百八十一条，共计四千九百八十九条。这还不包括"条文无限"的科、比等其他刑事法律规范条文的数量。与之相比，经过系统整理编纂而成的《泰始律》，不仅融汇前代律篇于一炉，做到律外无律，而且还实现了法典结构的严谨有序和篇章条文的简约精要。晋人能做到这一点，其背后既有社会思想学术风气转移的大潮流，也有律学自身发展演变的小气候，更有逻辑思维认知能力的提升作为驱动力等诸因素。（详见后文）

此处还有一个问题常为学者所忽略，有必要在此特别加以强调。《泰始律》的条文简要较之以往固然是一种质的进步和了不起的成就，然而却不免出现矫枉过正的弊端，走向过于追求简约的迷途。南齐王植曾经指出："臣寻《晋律》，文简辞约，旨通大纲，事之所质，取断难释。张斐、杜预同注一章，而生杀永殊。自晋泰始以来，唯斟酌参用。是则吏挟威福之势，民怀不对之

---

[1]《南齐书·孔稚珪传》。

[2] 王植所删得律注条数，正史中有几种不同记载。详见邓长春、朱海："程树德《九朝律考》补遗一则——南齐'永明定律'考"，载《西南政法大学学报》2013年第4期。本书第四章第一节脚注中也有简略说明。见本书第311页。

怨。"[1]《泰始律》追求条文简略，也造成众多表述和理解方面的疑难问题。于是我们看到，《泰始律》颁行后就陆续出现了杜预和张斐的律注。律文需要依靠律注的支撑才能施行适用，这确实是《泰始律》法典编纂存在的隐忧。作为当时最流行的两大律注系统，张斐与杜预对同一法律文本的法律解释却存在诸多抵牾之处，这给司法官任意出入人罪带来便利，最后导致司法环境的恶化。追根溯源，这个问题不得不说与《泰始律》的编纂宗旨和技术方式息息相关。制定法典追求简约、抽象的风格固然无可厚非，但是应该以表达基本清晰、无歧义为前提。否则的话，如果规范条文过度简约，概念过于抽象凝练，就和条文繁多庞杂一样都会造成司法混乱，这就是孔子所谓"过犹不及"的道理。

二、另起炉灶的篇目安排

《晋书·刑法志》记载，贾充等人"就汉九章增十一篇，仍其族类，正其体号"，把所有旧律进行系统整合、集为新的篇章。前文已经论及，"汉九章"是汉代律家对当时的刑事律篇进行非官方性编排的合称，并且附会于汉初萧何"次律令"的事迹。后来，这种主观学说逐渐被认可为客观史实，非官方性的"九章律"也演变成真有其事的汉代法典《九章律》。刘邵《魏律序》在解读曹魏"新律"时已经持此说法。所以三十年后，贾充也同样把"汉九章"作为制定西晋"新律"的损益底本。

贾充团队设计律典篇章结构的时候，以"汉九章"为基准，奉行"仍其族类，正其体号"的基本原则。遵循"汉九章"的篇章模式，尽可能保留原有篇目，只在必要时更改、析分或新创，此即所谓"仍其族类"。按照内容性质重新安排条文所属的篇章，做到体例纯正，名副其实，此即所谓"正其体号"。与此同时，他们还大量吸收其他法律形式中的刑事法律规范。这些规范条文按其内容所属类别，分别置于相应的篇章。无法放入旧篇章的条文，则根据其数量、种类创设新的篇章。于是我们看到，《泰始律》在"汉九章"的基础上增加了十一篇，形成二十篇的规模。通过这些新篇章，可以窥见《泰始律》对"汉九章"的转化创造之功，也可以体会其对曹魏"新律"整合经验的借鉴与扬弃。

---

[1]《南齐书·孔稚珪传》。

第一,贾充团队借鉴曹魏"新律"的模式创设律典的总则。

《晋书·刑法志》记载,《泰始律》"改旧律为《刑名》《法例》"。这里的"旧律"应该是"具律"的讹误。[1]但很显然,从《具律》到《刑名律》《法例律》并非一步到位,而要以曹魏"新律"的《刑名律》作为过渡。同时,《泰始律》把《刑名律》《法例律》置于律典最前列,也应该是受曹魏"新律"和刘邵《魏律序》影响的结果。不过,增设《法例》篇却是专属于《泰始律》的一大创举。(详见后文)

第二,贾充团队仿效刘邵等人析分《囚律》的做法,但析分的结果却与前辈有所不同。由于曹魏"新律"的完整篇目不传于世,刘邵《魏律序》也未明言《囚律》去向。所以其去留问题曾引起长期争论。1955年,滋贺秀三用令人信服的论析证明,"新律"中的《囚律》已亡,消解在《系讯律》与《断狱律》中。[2]该说被学界所广泛认可。[3]据《晋书·刑法志》所载,《泰始律》也将"汉九章"《囚律》的内容拆分归入《告劾律》《系讯律》《断狱律》三篇。这三篇在曹魏"新律"都已出现,但《泰始律》把《囚律》的部分内容划到《告劾律》中却是新的做法。由此可见,魏、晋两代定律者对《囚律》和《告劾律》的属性类别存在不同看法。前文已证,贾充、荀颢等人都应该了解曹魏时陈、刘等人制定律令的情形,但很显然他们也有不同以往的新见解。

与之类似的是,"汉九章"有《厩律》,刘邵《魏律序》认为"秦世旧有

---

[1] 沈家本认为此"旧律"应是"旧具律",即遗漏"具"字。[参见(清)沈家本:《历代刑法考》,中华书局1985年版,第892页]程树德认为此"旧律"应是"具律",即"具"字讹为"旧"字。(程树德:《九朝律考》,中华书局2006年版,第231页)周东平等认为在没有充分材料的前提下应尊重原文。(周东平主编:《〈晋书·刑法志〉译注》,人民出版社2017年版,第235页)笔者认为,程树德所说为是。理由如下:《晋书·刑法志》对这段内容的记载是:"就汉九章增十一篇,仍其族类,正其体号,改旧律为《刑名》《法例》,辨《囚律》为《告劾》《系讯》《断狱》,分《盗律》为《请赇》《诈伪》《水火》《毁亡》……"文句中的"改旧律"三字与"辨《囚律》""分《盗律》"是并列排比的关系,共同的词语结构是"动词+篇目"。所以这里的"旧律"也应是篇名,即"具律"。况且,如果认为"旧律"不错的话,则其所指又是什么?是"秦法经""汉九章"还是曹魏"新律"?无论是其中哪个意思,把大批法律文件改为两个具体篇目在逻辑上都说不过去,前后文意思也讲不通。再加上,"旧(舊)"与"具"字形和读音都很接近,在文本传抄过程中出现笔误也很有可能。综上可知,这句话中的"旧"字应为"具"字。

[2] 参见[日]滋贺秀三:"关于曹魏新律十八篇篇目",程维荣等译,载杨一凡总主编:《中国法制史考证》(丙编第二卷),中国社会科学出版社2003年版,第252~266页。

[3] 滋贺氏之后,还有大批中日学者提出类似观点或者直接采纳滋贺之说。详见梁健:《曹魏法制综考》,知识产权出版社2019年版,第34~39页。

厩置、乘传、副车、食厨，汉初承秦不改，后以费广稍省，故后汉但设骑置而无车马，则律犹著其文，则为虚设"[1]，故"以厩事散入诸篇"[2]，把该篇废掉了。但《泰始律》对此看法不同，又将其恢复。这足以反映出魏、晋立法者对《厩律》篇的理解与认知存在明显分歧。此外，关于该篇的篇名，《唐律疏议·厩库律》认为是《厩牧律》。但刘俊文考证认为其说有误，应该就是《厩律》而非《厩牧律》。[3]

第三，《泰始律》将"汉九章"中《盗律》的一部分内容拆分出去，分别归入《请赇律》《诈伪律》《水火律》《毁亡律》，其余部分继续保留在《盗律》中。其中，《请赇律》《诈伪律》《毁亡律》三篇在曹魏"新律"都已经出现，而《水火律》则是《泰始律》新创。这也反映出贾充等人不同于前人的主张。

第四，《泰始律》新创《卫宫律》《违制律》二篇。《晋书·刑法志》提到《卫宫律》《违制律》是因事类而设。这极有可能是在魏晋禅代中，司马氏为巩固皇室权威而特意授命以刑律方式规定此类事项。

《卫宫律》的创立有明显轨迹可循。在贾充团队中，贾充、羊祜、王业都曾担任与此相关的官职。贾充起初担任中护军，后又出任晋国卫将军，负责统率京都"城外诸军"[4]。羊祜担任晋国中领军，"悉统宿卫，入直殿中，执兵之要，事兼内外"[5]。中护军与中领军掌管禁军，负责选拔武官，监管武将。在魏晋禅代千钧一发、功败垂成的危急时刻，贾充、羊祜共同受命担此大任。武帝受禅后，羊祜升任中军将军，王业任中护军。如此，贾、羊、王等人都必然精通禁中制度，又同时参与定律，《卫宫律》必经其手。

《违制律》始创于《泰始律》，一直为后代所沿用。《唐律疏议·职制律》曰："《职制律》者，起自于晋，名为《违制律》。爰至高齐，此名不改。隋开皇改为《职制律》。言职司法制，备在此篇。"裴秀精通官职制度，被特意安排制定新朝官制。尽管他不曾被明确指定参与定律，但其"儒学洽闻，且留心政事，当禅代之际，总纳言之要，其所裁当，礼无违者"，而且"创制朝

---

[1]《晋书·刑法志》。
[2]《唐律疏议·厩库律》。
[3] 参见刘俊文：《唐律疏议笺解》，中华书局1996年版，第1082页。
[4]《晋书·贾充传》。
[5]《晋书·羊祜传》。

仪，广陈刑政，朝廷多遵用之，以为故事"[1]。参与定律的裴楷为其从弟，当然会受其影响，代为转达。此外，荀顗精通礼仪，对创设《违制律》也当有所贡献。

第五，《泰始律》新创的还有《诸侯律》《关市律》二篇。

《晋书·刑法志》称，《泰始律》依据《周官》撰为《诸侯律》。陈寅恪曾以此推证《泰始律》的儒家化问题。[2]但曹旅宁、张俊民在考证玉门花海毕家滩所出《晋律注》残卷时却指出，晋朝诸侯法禁多沿自秦汉制度，与《周礼》无关。[3]实则，《诸侯律》兼有《周礼》与秦汉制度双重因素。（详见后文）

据《唐六典·尚书刑部》注，《泰始律》所增还有《关市律》。但出土简牍也已证明，秦汉律中早有《关市律》，且在"汉九章"之外。而曹魏"新律"十八篇并无其目。这说明，《泰始律》吸纳"汉九章"以外的汉律内容并单独成篇，其取舍态度与曹魏"新律"有所不同。这更可以证明魏、晋两次立法活动是独立进行的，并非单线传承关系。

综而观之，《泰始律》与曹魏"新律"一样，都是在"汉九章"的篇目框架基础上进行分合、增减。但是二者分合、增减之后所得篇目却多有不同。（详见表11）

表11　《泰始律》与汉、曹魏、南梁、北魏律篇目次序对照

序号	"汉九章"	《泰始律》初稿	曹魏"新律"	《泰始律》定稿	南梁《天监律》	北魏《正始律》
1	盗律	盗律	刑名律	刑名律	刑名律	刑名律
2		请赇律	盗律	法例律	法例律	法例律
3		诈伪律	劫略律	盗律	盗劫律	盗律

---

[1]《晋书·裴秀传附裴楷传》。

[2] 陈寅恪："司马氏之帝业，乃由当时之儒家大族拥戴而成，故西晋篡魏亦可谓之东汉儒家大族之复兴。典午开国之重要设施，如复五等之爵、罢州郡之兵，以及帝王躬行三年之丧礼等，皆与儒家有关，可为明证。其最可注意者，则为厘定刑律，增撰周官为诸侯律一篇……然则中国儒家政治理想之书如周官者，典午以前，固已尊为圣经，而西晋以后复更为国法矣，此亦古今之钜变，推原其故，实亦由司马氏出身于东汉儒家大族有以致之也。"（陈寅恪：《金明馆丛稿初编》，陈美延编，生活·读书·新知三联书店2001年版，第145页）

[3] 参见曹旅宁、张俊民："玉门花海所出《晋律注》初步研究"，载《法学研究》2010年第4期。

续表

序号	"汉九章"	《泰始律》初稿	曹魏"新律"	《泰始律》定稿	南梁《天监律》	北魏《正始律》
4		水火律	贼律	贼律	贼叛律	贼律
5		毁亡律	诈伪律	诈伪律	诈伪律	诈伪律
6	贼律	贼律	请赇律	请赇律	受赇律	
7	囚律	告劾律	告劾律	告劾律	告劾律	
8		系讯律	捕律	捕律	讨捕律	捕亡律
9		断狱律	系讯律	系讯律	系讯律	系讯律
10	捕律	捕律	断狱律	断狱律	断狱律	断狱律
11	杂律	杂律	杂律	杂律	杂律	杂律
12	具律	刑名律	户律	户律	户律	户律
13		法例律	兴擅律	擅兴律	擅兴律	擅兴律
14	户律	户律	毁亡律	毁亡律	毁亡律	
15	兴律	擅兴律	乏留律	卫宫律	卫宫律	宫卫律
16	厩律	厩律	惊事律	水火律	水火律	
17		卫宫律	偿赃律	厩律	仓库律	厩牧律
18		违制律	免坐律	违制律	厩律	
19		关市律		关市律	关市律	
20		诸侯律		诸侯律	违制律	违制律
21						斗律

说明：

1. "汉九章"指汉代律家长期积累整合而成、以刑律为主体、又为后世认为是汉代律典的所谓"九章律"。其篇目次序以《晋书·刑法志》、《唐律疏议》及《唐六典》注为据。

"厩律"的符号是指虽被曹魏"新律"舍弃但《泰始律》却予以保留的篇目。这反映出魏、晋定律者就律典篇目分类问题存在重要分歧。

2. "《泰始律》初稿"指《泰始律》在"汉九章"底本基础上进行更名、析分、增补、创制之后初步形成的篇目。假定这第一阶段工作是在没有曹魏"新律"影响的情况下进行的，所以初步形成的次序直接以"汉九章"篇目次序为纲。这种称呼虽为本书依照常理所拟称，却可以体现晋人对"汉九章"的阶段性改革成果。与"汉九章"相较而言，保留六篇，取消一篇，更名二篇，增设十二篇。

3. "《泰始律》定稿"指经过斟酌权衡并参考曹魏"新律"之后形成的《泰始律》篇目次序，以《唐六典·尚书刑部》注为据。是对"汉九章"改革的最终成果。与曹魏"新律"相较而言，保留十二篇，取消五篇，更名一篇，增加七篇。

"法例律"的符号指《泰始律》超出曹魏"新律"的七篇。其中五篇为晋人新创，二篇采自汉律。在此二篇中，一篇取自"汉九章"，一篇则来源于"汉九章"之外的汉律。这七篇在整个律典中占三分之一强，反映出晋人相较于前代同行的独特见解，也说明《泰始律》编纂工作相对于曹魏"新律"的相对独立性。

4. 曹魏"新律"指魏明帝时陈群、刘邵等人经过对汉魏法律整合编纂之后形成的律典稿本。其篇目次序依据梁健博士考证。[1]尽管"新律"未曾正式颁行，但其分类整合的原则和方法却对《泰始律》有重大启发意义。其中：

"劫略律"的符号指曹魏"新律"新创而为《泰始律》所舍弃的篇目，共计五篇。这反映出魏、晋定律者就律典篇目分类问题存在重要分歧。林咏荣说："倘晋律系就魏律加以削修，则此等篇目之废止，当必附记其理由，然而史无可征。"[2]这正是《泰始律》编纂活动独立于曹魏"新律"的一个明证。

"刑名律"的符号指曹魏"新律"新创而为《泰始律》所继承的篇目，共计七篇。这反映出曹魏"新律"对《泰始律》的启发与影响。对于魏晋律篇目出入较大这种情况，清末新刑律草案附《律目考》解释道："晋律就汉九章增定，故与魏律不同。"[3]

5. "《天监律》"指南朝梁武帝天监年间蔡法度等人修定并颁行天下的梁代律典。依据《隋书·刑法志》，其篇目次序与《泰始律》基本一致。除增《仓库律》、去《诸侯律》之外，仅有三篇篇目表述与《泰始律》略有区别，把《盗律》《贼律》《捕律》分别改为《盗劫律》《贼叛律》《讨捕律》。可见《天监律》大体沿袭《泰始律》篇章体例。《泰始律》新创而又被《天监律》直接继承的有六篇。这反映出《泰始律》体例创新对后世的深远影响。

6. "《正始律》"指北魏正始元年（公元504年）开始制定的律典。与《泰始律》相比，《正始律》把《捕律》《卫宫律》《厩律》分别改为《捕亡律》《宫卫律》《厩牧律》，增加《仓库律》，废除《诸侯律》，增设《斗律》。《洛阳伽蓝记·永宁寺》："正始初，诏刊律令，永ախ通式，敕（常）景共治书侍御史高僧裕、羽林监王元龟、尚书郎祖莹、员外散骑侍郎李琰之等撰集其事。又诏太师彭城王勰、青州刺史刘芳入预其议。讨正科条，商榷古今，甚有伦序，见行于世，今《律》二十篇是也。"据此，北魏《正始律》应该有二十篇，但是篇目次序目前还不能明确。所以表格中的篇目按照《泰始律》的次序对应排

---

[1] 参见梁健：《曹魏法制综考》，知识产权出版社2019年版，第46页。
[2] 林咏荣：《中国法制史》，大中国图书公司1976年版，第53页。
[3] 转引自林咏荣：《中国法制史》，大中国图书公司1976年版，第54页。

列。最后多出来的一篇《斗律》，只得放在最后不能对应的位置。

三、独出心裁的体例创新

《泰始律》以空前简约的面貌横空出世，是中古法史演进的一件大事。而《泰始律》的简约又与其法典化、体系化的编纂特征密不可分。无论是与乱不成典的汉律、魏科相比，还是较之虽有创新而未颁行的曹魏"新律"，《泰始律》在法典体例的创新发展方向上都取得了极为突出的成就。

（一）更合理的总则设计

《泰始律》的总则有两篇：《刑名律》和《法例律》。《刑名律》是借鉴曹魏"新律"的结果。曹魏"新律"用《刑名律》作为总则，可以突出律典的刑法属性并构建出完整的刑罚系统，但这个篇名却也遮掩或冲击了其内容中有关"罪例"方面的条文规范。也就是说，《刑名律》之名不足以反映出律典总则的全貌。这在喜欢辨名析理、强调名实相符的魏晋时代，绝不是可以忽略不计的细枝末节。《泰始律》颁行之后，明法掾张斐上奏《律序》[1]说：

律始于《刑名》者，所以定罪制也……《刑名》所以经略罪法之轻重，正加减之等差，明发众篇之多义，补其章条之不足，较举上下纲领。其犯盗贼、诈伪、请赇者，则求罪于此，作役、水火、畜养、守备之细事，皆求之作本名。告讯为之心舌，捕系为之手足，断狱为之定罪，名例齐其制。[2]

按照他的说法，《刑名律》的作用是"定罪制""举纲领"，通过"经略罪法之轻重，正加减之等差"的方式，达到"明发众篇之多义，补其章条之不足"的效果。看起来，这仍是一个同时兼顾罪名和刑制的篇章。实际上却并非如此。因为如果是"定罪制"就应该是确定罪与非罪、此罪与彼罪，但这和后文"经略罪法之轻重，正加减之等差"有一定出入。而且后面又说，盗贼、诈伪、请赇等具体篇章已经规定了具体的罪名刑罚，又何必"求罪于此"呢？其他篇章里的"细事"又如何到这里来求"本名"呢？其补充其他

---

[1]《晋书·刑法志》中所载张斐陈述律注要点的文本，有"律注表""律表"等叫法。高恒则称之为"律注要略"。（高恒："张斐的《律注要略》及其法律思想"，载《中国法学》1984年第3期）然而笔者认为，张斐此律注文本正式名称应为《律序》，而《晋书·刑法志》所载为其要略。而且，为律典撰写《律序》并非张斐独创，乃是时代风尚。详见后文。

[2]《晋书·刑法志》。

篇章不足、统领其他篇章的效果又是如何实现的呢？

如果把这里的"罪"字换成"刑"字，可能意思一下就通顺、明白起来了。[1]因为《刑名律》主要是"定刑制"的刑罚系统及其运作规则，所以可以经略刑罚的轻重，确定刑罚加减的等差，其他篇章虽然各自规定了罪名刑罚，却要借助这里的"刑制"灵活操作，也就是"求刑于此"。所有刑制问题都集中在这里规定，其他篇章可以只做指示性规定就可以得到有效的操作方法。这对《泰始律》的条文简约风格产生了重要的影响。

如果这样理解不错的话，那么《泰始律》的《刑名律》相较于曹魏"新律"的《刑名律》就更纯粹了。也就是说，曹魏立法者把"定刑罚"和"集罪例"两项职能都糅合在《刑名律》中，而西晋立法者则只在《刑名律》规定了刑罚问题。这也是"正其体号"原则的体现。

在《泰始律》中，被挪出《刑名律》的内容，连同曹魏"新律"的《免坐律》的内容，被合并在一处，取名《法例律》，成为位居《刑名律》之后与其共同发挥总则作用的重要篇章。曹魏"新律"的《刑名律》中的"集罪例"条款，作为定罪"共同适用的条文"[2]，应该是《法例律》的主要内容。另外，曹魏"新律"时"总为免例，以省科文"的《免坐律》也有总则、通例的性质。《泰始律》新设的《法例律》已经摆脱《刑名律》的局限，同样有"例"[3]性质的"免例"也就顺理成章地归入其中。晋初立法者创设《法例律》，就是要通过抽象的法律通则去弥补具体律文的局限。这些法律通则的背后，有深度理论内涵的法律运行原理。《法例律》与《刑名律》的区别在于各自侧重犯罪论和刑罚论的内容。落实刑名必须遵循法例，即以《法

---

〔1〕在古代，"刑""罪"混用的表述习惯本来也是常事。例如，张斐《律序》中提到的"髡罪"实际上就是"髡刑"。所以张斐这里虽然是用"罪"字，却很有可能是把它当作"刑"在使用。又可参见［日］冨谷至：《秦汉刑罚制度研究》，柴生芳、朱恒晔译，广西师范大学出版社2006年版，第250~251页。

〔2〕蔡枢衡："法（音废）伐（音吠）音近，法借为伐。伐是击，即处罚。例是筎的借字。筎是竹名，引申为条文。法例即共同适用的条文。"（蔡枢衡：《中国刑法史》，中国法制出版社2005年版，第109页）蔡氏此处的解释理由虽然牵强，但其结论却仍可取用。

〔3〕杜预说："法者，盖绳墨之断例，非穷理尽性之书也。故文约而例直，听省而禁简。例直易见，禁简难犯。"（《晋书·杜预传》）据此可知，所谓"例"并非实例、案例，而是具有概括性、条文化表述特征的一般性原理和规则。法律的原理和规则尽管文字简略，却可能涉及众多具体条款，在法律规范的适用方面发挥广泛的作用。

例律》所规定的原则为前提发挥《刑名律》条文在适用刑罚方面的作用。[1]这是两篇总则之间的内在逻辑关系。

因为关系密切,共同发挥总则作用,所以西晋法律家常把《刑名律》与《法例律》合称。例如,张斐说:"告讯为之心舌,捕系为之手足,断狱为之定罪,名例齐其制。"[2]又说:"律之名例,非正文而分明也。"[3]刘颂说:"事无正据,名例不及,大臣论当,以释不滞,则事无阂。"[4]又说:"律法断罪,皆当以法律令正文,若无正文,依附名例断之,其正文名例所不及,皆勿论。"[5]杜预也说:"使用之者执名例以审趣舍,伸绳墨之直,去析薪之理也。"[6]在他们看来,律典由两大部分组成,即"名例"(总则)与"正文"(分则)。

但西晋立法者却没有把《刑名律》与《法例律》合为一篇。这又是为什么呢?一方面,《刑名律》和《法例律》虽然分为二篇,但在当时的法律家眼中已经自然视二者为一体,正如把其余十八个篇章视为一体一样。十八篇不必合为一篇,所以这两篇也不必合为一篇;另一方面,这或许和当时书写技术条件的限制有关。当时正处于纸简并行的时代。[7]无论是笨重的简牍还是高端的优质纸张,制作和书写成本都不低。所以,每一篇内容不宜过多。前文所述当时法律一篇往往就要抄为一卷的情况,也可以作为一个旁证。简而言之,把这两篇合并,在当时既没必要也没条件。这给后人留下进一步改革的思路和空间。《北齐律》正式把《刑名律》与《法例律》合为一篇《名

---

[1] 张斐《律序》:"律之名例,非正文而分明也……皆随事轻重取法,以例求其名也。"(《晋书·刑法志》)

[2] 《晋书·刑法志》。

[3] 《晋书·刑法志》。

[4] 《晋书·刑法志》。

[5] 《晋书·刑法志》。

[6] 《晋书·杜预传》。

[7] 查屏球:"纸作为一种新型的文本载体,在其初期,只有少部分人享用它的高级形态;流行于民间的只是粗糙之物,其便利性与简陋、低廉是联系一起的,因而并不能取代简册的所有功能。旧的载体工具已凝固了一种文化传统,与权力制度、正统地位联成一体。新兴载体工具在与旧的载体共处时,它们往往因处于'异端'地位而被忽视,并与一些非正统的文本关系更密切。唯有到了东汉末传统崩溃之时,文本载体才加快了新旧替换的进程。"(查屏球:"纸简替代与汉魏晋初文学新变",载《中国社会科学》2005年第5期)事实上,直到西晋时期,纸的用途仍然更多集中于相对次要一点的领域。尽管也已经出现不少用纸制作诏书的例子,但是基于法律文本的特殊权威性和大规模编订,更有可能当时的律令法典仍然是抄写在简牍上的。毕竟,西晋初年社会上传抄一篇《三都赋》都会造成"洛阳纸贵"的轰动效果,纸的工艺、产量以及主要用途由此不难推想。

例律》，且为后世历代法典所沿用。就今人所能见最早的《名例律》而言，其条文内容仍不出刑名、法例的范畴。[1]可见《泰始律》立法者贡献与影响的久远。

（二）浑然一体的律典布局

高恒说："法典的篇章既各有特殊意义，又相互联系。因此，在解释或适用某一具体篇章、条目时，应注意它在全律中的地位及与其他篇章、条目之间的关系。"[2]用刘劭《魏律序》的话说就是注重"篇章之义"。西晋立法者可能正是受到刘劭此说的启发，表现出一种强烈的整体意识，要把《泰始律》做成一篇大文章，最终编纂出一部空前完整、浑然一体的律典。正因如此，以张斐为代表的西晋法律家在解读《泰始律》的法典化成就时，特别注意阐发这部律典的整体性。

在当时人的观念中，《泰始律》虽有二十篇，却可以根据不同的视角解读，划分出不同的板块构造。张斐在其《律序》中，就先后提出二分、三分、四分等不同的说法。这些不同视角下的不同解读，恰能显示出律典的浑然一体。

在《律序》的开头，他说："律始于《刑名》者，所以定罪制也；终于《诸侯》者，所以毕其政也。"[3]前半句是说，《泰始律》之所以要以《刑名律》开头，是以之作为"定罪制"的总则，统领以下的各篇章。后半句，则用来解释为何要在末尾设置《诸侯律》。西晋分封诸王具有恢复古代封国制度的倾向。[4]诸侯国在法律上的独立性很强。为了在这种政治体制下压制诸侯国的离心力，《泰始律》特设《诸侯律》一篇，表面上看只是在模拟《周礼》，实际上也是为了节制诸侯。《诸侯律》的内容肯定是以中央和诸侯的关系为核心话题。如果该篇能够得到有力贯彻，则中央政令在诸侯国也可以畅通无阻，此即所谓"毕其政"。

---

[1] 开元二十五年（公元737年）版唐律中的《名例律》为今所能见最早《名例律》全本。其上距《泰始律》已有469年，距《北齐律》则有73年。刘俊文通过对《唐律·名例律》的分析指出："综上述十九项内容，不外两个方面：一是有关刑罚之规定，即所谓'刑名'；二是有关处罚原则之规定，即所谓'法例'。二者皆带有通例性质。"（参见刘俊文笺解：《唐律疏议笺解》，中华书局1996年版，第16页）

[2] 高恒："张斐的《律注要略》及其法律思想"，载《中国法学》1984年第3期。

[3]《晋书·刑法志》。

[4] 参见陈寅恪：《陈寅恪魏晋南北朝史讲演录》，万绳楠整理，黄山书社1987年版，第32~43页。

紧接着，张斐又说："王政布于上，诸侯奉于下，礼乐抚于中，故有三才之义焉，其相须而成，若一体焉。"这句话更明确地把"王政"和"诸侯"这一对在国家政治生活中遥相呼应的两极概念加以突显，进一步道出了《诸侯律》的创制初衷，即强调朝廷与皇帝至高无上的权威和地位，诸侯只能严格奉行朝廷与皇帝的法律政令。张斐在描述两者的对应性时，为不使矛盾过于突出和紧张，在二者之间加入"礼乐抚于中"，还把这种层次结构和《周易》的"三才之义"相附会。"礼乐"较之刑律更多了一层温情的色彩，无论是在字面意思上还是在其背后隐含的政治矛盾中，都能起到一种缓和紧张关系的作用。所以在这里，张斐是把严肃、敏感的中央与地方法律关系问题用一种较为含混、柔性的语言表达出来，不仅是在比附玄学，而且也蕴含高超的表达艺术。

随后，他又把律典分为泛称"名例"的刑法总则（《刑名律》《法例律》）、主要规定刑法罪名的篇章（《盗律》《贼律》《诈伪律》《请赇律》）、主要规定"细事"的篇章（《擅兴律》《水火律》《毁亡律》《卫宫律》《违制律》《厩律》）以及有关司法断狱的篇章（《告劾律》《捕律》《系讯律》《断狱律》）四大板块。根据他的划分，第一块是总体规则，第四块是程序法，中间两块是具体的实体法。同时，中间两块还包含紧要的刑事法和不那么紧要的"细事"刑事法两大类。尽管他对这些板块的定性可能存在问题，因为所有这些篇章事实上都是刑事实体法，但也不失为一种归类分析的说法。在他看来，中间两块是主体，第一板块发挥统筹调度的作用，第四板块提供辅助手段。他认为，这样的篇章结构安排能够有效实现律典条文布局的系统化和条理化，增强其应对复杂社会现象的适应性，便于司法检阅援引，达到良好的法律实践效果。张斐用带有魏晋玄学语言风格的话对此效果进行总结："自始及终，往而不穷，变动无常，周流四极，上下无方，不离于法律之中也。"[1]通过他的描述，《泰始律》浑然一体的"篇章之义"得到极大彰显。

随后，他又和刘颂一样，把《泰始律》分为"名例"和"正文"两部分。

除以上几种解读之外，张斐还跳出具体篇章的结构性解读，用一种更为玄奥、抽象的方式表达其对《泰始律》整体性的体会与理解。这种理解虽未必完全符合律典制定者的本来用意，却毫无疑问地增强了《泰始律》的整体感。他以"理"作为贯穿律典的红绳、黏合诸篇章的胶剂和遍及律典全体的

---

[1]《晋书·刑法志》。

精气。他说:"夫律者,当慎其变,审其理。"[1]这就是说,理解律文不应停留在文字和具象上面,而应透过表象寻求其内在原理,即其所谓的"理"。

为说明这个内在原理在刑法上的表现,他紧接着列举了若干情形。这些情形虽然表面上很相似但法律性质大有区别,逻辑机理各有不同。紧接着他又说:"夫刑者,司理之官;理者,求情之机;情者,心神之使。"意思是说,司法官在判断某一行为的法律属性时,应当透过其言行和情节而深入到内心去揣摩其行事动机,把握其心理活动。他随后总结道:"夫理者,精玄之妙,不可以一方行也;律者,幽理之奥,不可以一体守也。"[2]这句话既说明了这个内在原理的无限深奥,没有穷尽,也点出了其对律典整体性的特殊意义。唯有牢牢掌握这个内在原理,在最深的层面上抓住法律事物运行的本质特征,才能越过律文的字词局限,深入把握其实质精神。最后,他以一句"理直刑正"作为精要总结,凝练出贯穿《泰始律》终始的宗旨追求,堪称《泰始律》系统化、整体性的绝佳注脚。

第二节 《泰始令》的法典编纂成就

秦汉时期的令既不曾编为系统的法典,也没有与律划定明确的界限,所以只能视为一种杂而不纯的法律形式。曹魏时编成"州郡令""尚书官令""军中令"三大令篇汇编,但还难称得上是令典。直到魏末晋初,中国法律史上才出现第一部系统、完整的令典,这就是《泰始令》。之所以采用"泰始令"而非"晋令"的名称,其理由与前文的《泰始律》相同。[3]

一、 合众为一的形式整体性

《泰始令》整体化、逻辑化、系统化的编纂风格,实现了令典的空前整

---

[1]《晋书·刑法志》。
[2]《晋书·刑法志》。
[3] 基本理由一如前文《泰始律》一节的解释。关于《泰始令》的名称问题还可以做以下这些补充:中国古代,隋代开始出现以年号命名的令典,如《开皇令》《大业令》。(《隋书·经籍志二》)其后,以令典制定或颁布时年号命名的做法逐渐开始流行,例如《武德令》《贞观令》《永徽令》《开元令》《天圣令》(《新唐书·艺文志二》)等。然而关于西晋令典,史书中只称"晋令",不见"泰始令"。可见,此说应属晚近,并非当时就有。尽管如此,笔者仍倾向于在并无历史依据的情况下使用《泰始令》的称谓,正是由于这一称谓可使观者一望便知,其所指乃是泰始年间一次性颁布生效的那一部令典,具有鲜明的特指效果。总之,在使用"泰始令"一词称谓西晋初年所定《晋令》时,笔者用意乃在于强调其法典属性。

合。较之散乱的秦汉令和虽有整合却未成型的曹魏三令,其在法典化方向上取得了突破性的成就。对其成就,要把视野放到广阔的历史进程中去,在从令篇汇编到令典编纂的整体演进历程中,才能形成深刻的理解。[1]

作为一种法律形式,令最早脱胎于王命诏令。战国秦汉时期,陆续出现按照一定顺序编号排列的天干令、事项令、挈令等汇编形态,但那还远不能称为令典。秦汉时期的令仍处在较低级别的系统状态中,而且还夹杂着大量的刑事条款,和律的区分界限还很模糊。这种状况一直延续到汉末的"魏武令""干支令"。魏明帝时期的法律编纂活动是一个重要的转折。当时立法者做的两个重要工作,改变了中古时期法律形式发展的轨迹:一是明确界定律、令的区别,二是分别尝试制定律典和令典。这种改革的实质意义在于,把原本混合不分、杂糅在一起的律令条文进行彻底区分,按照刑事(负面的惩治性规范)与非刑事(正面的制度创设性规范)的标准重新分类。经过认真梳理,把较纯粹的制度性规范归在一起,并且按照内容性质的差别界分到三个大的门类中。这就是"州郡令""尚书官令""军中令"三大令篇汇编的产生过程。三大令篇汇编虽然没有达到令典的程度,却提供了重要的工作思路,准备了阶段性的工作成果。

魏末晋初,贾充团队在前人的基础上继续努力,终于编成真正的令典《泰始令》。从原来的"甲令已下至九百余卷"到令典编成之后的四十卷,[2]《泰始令》的出现,既是法律治理功用最大化的现实需要,也是魏晋间以简驭繁、执一御众学术风尚的自然产物,同时还是对前代令篇进行删削取舍、浓缩凝练的人为努力成果。

根据《唐六典·尚书刑部》注的记载,《泰始令》有四十篇。其篇目顺序是:一、《户》,二、《学》,三、《贡士》,四、《官品》,五、《吏员》,六、《俸廪》,七、《服制》,八、《祠》,九、《户调》,十、《佃》,十一、《复除》,十二、《关市》,十三、《捕亡》,十四、《狱官》,十五、《鞭杖》,十六、《医

---

[1] 或许正是基于此种考量,目前已有的经典研究成果也大都是在梳理令的发展历史中讨论《泰始令》的地位和意义的。例如堀敏一的"晋泰始律令的制定"[程维荣等译,载杨一凡总主编:《中国法制史考证》(丙编第二卷),中国社会科学出版社2003年版,第282~301页],又如富谷至的"通往泰始律令之路"[朱腾译,徐世虹校译,载中国政法大学法律史学研究院编:《日本学者中国法论著选译》(上册),中国政法大学出版社2012年版,第124~189页]。然而,对于同样的历史,不同的梳理往往会有不同的视角与发现,因而也就有了本书再次梳理的尝试。

[2] 参见《隋书·经籍志二》。

药疾病》，十七、《丧葬》，十八、《杂上》，十九、《杂中》，二十、《杂下》，二十一、《门下散骑中书》，二十二、《尚书》，二十三、《三台秘书》，二十四、《王公侯》，二十五、《军吏员》，二十六、《选吏》，二十七、《选将》，二十八、《选杂士》，二十九、《宫卫》，三十、《赎》，三十一、《军战》，三十二、《军水战》，三十三至三十八皆《军法》，三十九、四十皆《杂法》。

实际上，《唐六典》所谓"一篇"并非真是一篇。例如，《杂令》分为上、中、下三篇，按内容完整性来说实为一篇；《军法令》名为六篇实则也是一篇；《杂法令》名为二篇其实也是一篇。这三个令篇之所以进行这样的拆分，很可能是由于每一篇的条文字数过多，受到书写材料限制所致。[1]因此可以知道，《泰始令》中一个完整内容的篇章被拆分为数篇，应该是根据其条文字数分别撰写在不同卷帙上，由于会在这些卷帙上标明上、中、下或者数字次序的字样，所以才会被认为是分属于不同篇章。因此，《泰始令》实为三十二篇，四十卷。相比于曹魏三令一百六十余篇（或二百二十五篇以上）的规模，这肯定是大量删并重复、浓缩概括的结果。《泰始令》正是基于这种高度的抽象思辨、严整的逻辑层次和简练的思维表达，才能够以空前简约的方式系统规定国家各项基本制度。

总之，《泰始令》外在形态方面的最大特色在于，把汉魏之令进行再编排、再整合，删繁就简，提炼抽象，坚持"令外无令"原则，最终汇编成一部统一令典，一分为三的情况也不再出现。尽管《泰始令》今已失传，但仍然可以从仅存的篇目标题上领略其对秦汉魏三代令篇的聚合之功。[2]这就涉

---

[1] 古代典籍的类似实例应以《孟子》《汉书》最为典型。《孟子》原本七篇，后每篇被分为上下篇，合为十四篇，而按内容来看实则仍为七篇。《汉书》中文字较多的篇章如《高帝纪》《杨雄传》之类，也被后人分为上下篇，而按内容来看仍为一篇。此类现象的出现既可能反映书籍传抄者出于方便的技术考虑，同时也可以反映当时人的文本编纂意识，说明当时已经产生注重篇章体量平衡协调的思维观念。

[2] 《泰始令》早已失传，只是在《晋书》《北堂书钞》《太平御览》等书中有一些零散的条文摘引。近代以来，程树德"晋律考"（程树德：《九朝律考》，中华书局2006年版，第225~312页）、张鹏一《晋令辑存》（张鹏一编著：《晋令辑存》，徐清廉校补，三秦出版社1989年版）分别对《泰始令》条文进行辑考，是今日考察其体系规模的重要参考。尽管二著对《泰始令》内在结构与法典成就少有论及，但其对《泰始令》辑佚工作的重视本身就足以反映出《泰始令》作为法典的独特历史地位。当然，张、程二著对《泰始令》条文的搜集工作，目前来看还有一些不足。例如，程著辑佚标准过死，漏略较多；张著辑佚标准太宽，认定比较随意，有些令文似是而非。近有李俊强"晋令制订考"（载杨一凡、朱腾主编：《历代令考》，社会科学文献出版社2017年版，第280~305页）一文，对此问题颇有考订，补苴前贤，蔚为可观。

及《泰始令》内部的篇章结构问题。

堀敏一曾对《泰始令》的内部结构进行界分，认为其由三大板块组成：一是《户令》至《杂令》，二是《门下散骑中书令》到《赎令》，三是《军战》以下诸篇。他说："晋令以户令开端，至杂上中下有个中断，然后从中央官职的门下散骑中书开始，至赎令再一次中断，最后是军战以下的十篇。这种三分法大约是以魏令的州郡令、尚书官令和军中令为样板的，特别是晋令的第二组和第三组，完全与魏令的尚书官令和军中令相对应。"[1]这就是堀氏的"三板块说"。

《泰始令》是在汉魏令篇基础上独立整合编纂而成的，同时又十分明显受到曹魏三令的启发。或者说，其制定者在一定程度上较为认同曹魏陈、刘等人对令典内部构造的划分模式，自觉地从民政、官政和军政三个角度去理解令的内容、作用和属性。应该说，堀氏见解确实敏锐。他提示我们《泰始令》中存在板块黏合的痕迹。

首先，《杂令》上、中、下，带有明显的界分意义。该篇将此前的令篇划为一类，与后面的令篇相区分。因为法典编纂中的所谓"杂篇"，通常都以"兜底篇章"的技术功能和角色出现。也就是说，它将此前篇章没有包括或难以包括的条款内容都收罗进来，混杂成为一篇。西晋律典中的《杂律》、令典中的《杂令》都是如此。《杂令》出现在这里，正是将此前各篇内容甩下来的条文内容进行汇总杂收的结果。其次，《军战令》以下又是一个明显界分。将此后篇目划为一类，与此前的篇目相区分。此后篇目都和军事相关，正与曹魏的"军中令"相对应。再次，两个界分点之间的篇目应为独立板块，即堀敏一所说的第二组。

由此可知，《泰始令》确乎是由三大板块黏合而成，其中两个显著界分之处即为三大板块结合之处。（详见表12）

---

[1] [日]堀敏一："晋泰始律令的制定"，程维荣等译，载杨一凡总主编：《中国法制史考证》（丙编第二卷），中国社会科学出版社2003年版，第291~292页。

表 12 《泰始令》的三大板块

	板块一	分界	板块二	板块三
《泰始令》篇名	《户令》《学令》《贡士令》《官品令》《吏员令》《俸廪令》《服制令》《祠令》《户调令》《佃令》《复除令》《关市令》《捕亡令》《狱官令》《鞭杖令》《医药疾病令》《丧葬令》	杂令	《门下散骑中书令》《尚书令》《三台秘书令》《王公侯令》《军吏员令》《选吏令》《选将令》《选杂士令》《宫卫令》《赎令》	《军战令》《军水战令》《军法令》《杂法令》
对应的曹魏三令	州郡令		尚书官令	军中令
内容属性	民政制度		官政制度	军政制度

然而，堀敏一依照曹魏三令结构对《泰始令》进行的结构分析，从宏观上看固然较为合理，就微观篇目顺序而言却存在一定疑问。也就是说，其所谓三大板块只能作为一种笼统的划分模式来看待，就具体情况来看仍然有难以圆通之处。

例如，被划入第一组的《官品令》《吏员令》《俸廪令》《捕亡令》《狱官令》《鞭杖令》等篇以官制职守及相关责任为主，显然应与属于第二组的《门下散骑中书令》《尚书令》《三台秘书令》《王公侯令》《军吏员令》《选吏令》《选将令》《选杂士令》诸篇更为接近，而与《户令》《学令》《服制令》《祠令》《户调令》《佃令》《复除令》《关市令》等一般民政事务相去较远。又比如，被划入第二组的《宫卫令》《赎令》与该组其他篇目不相协调，并不适宜被归为官政制度。同时，第二组中的《军吏员令》《选吏令》《选将令》诸篇又和第三组篇章内容更为接近。总之，三板块之间的篇目安排颇有穿插交织之感。

以上情况至少可以说明，贾充等人在制定《泰始令》时，固然有参考曹魏三令、吸收容纳三令内容的情况，然而参考、吸收后形成的篇目次序仍是以自出机杼为主。他们对令典结构的理解与构想，并不完全遵从前人，而是有一套自己的思路。

二、 结构严密的十大单元布局

《泰始令》是汇众令于一体的令典，无论是外在形式还是内在逻辑，都在历史上第一次展示出令典的统一性和系统性。关于其内在逻辑结构的整体解析，堀敏一的"三板块说"固然有其启发意义，但从细节来看其局限也不容忽视，仍有进一步申说的必要。依各篇章名目推测，较之三大板块的笼统分法，《泰始令》诸篇章更可以说是由具体的若干单元所组成。在各单元之间的次序安排中，存在着或隐或显的逻辑关联。

第一单元：《户令》。《户令》以天下郡国的户籍管理和户口统计制度为主要内容，属于立国为政的根本，所以自成一体，且标于篇首。如堀敏一所说，《泰始令》之所以由《户令》开始，正是由于学校、选官和官品等一系列制度都建立在其基础之上，而这又是由魏晋时期"九品官人法"自乡选而后授官的官制构建顺序所决定。[1]

第二单元：《学令》《贡士令》。《学令》以学校教育制度为内容，《贡士令》以人才选举制度为内容。这两篇内容本就关系密切，又都要以《户令》中的郡国户籍和户口制度为基础，所以紧承其后。正如高明士所说："这样的设计，着重于儒家的政治主张，此即施政以民生、教育、用贤为首要。"[2]

第三单元：《官品令》《吏员令》《俸廪令》《服制令》《祠令》。《官品令》规定官名和官员品级制度，《吏员令》规定吏员编制。这两篇遵循先官后吏的顺序，高下等差自有依据。其后的《俸廪令》则以官、吏的俸秩爵禄制度为内容，《服制令》以公卿官吏的车舆、冠服、印绶等制度为内容。这四篇，内容联系密切，逻辑层次清晰。而且都从第二单元中《贡士令》所涉选举制度产生，所以紧承其后。《祠令》以郊社宗庙与山川祭祀的礼仪制度为主，与车服制度同属礼制，所以又和《服制令》紧密衔接。

第四单元：《户调令》《佃令》《复除令》。这三篇内容以土地经济制度和赋税徭役制度为主。本单元与前两个单元的区分较为明显，但又远承第一单元《户令》的户籍制度，可见其与第二、三单元分别属于两条并列的线索。

第五单元：《关市令》《捕亡令》《狱官令》《鞭杖令》《医药疾病令》《丧葬令》。其中，《关市令》既有关市赋税制度，也有关津管理制度，既和前三篇衔接又和后一篇《捕亡令》密切相关，所以《关市令》可视为从第四

---

〔1〕参见［日］堀敏一："晋泰始律令的制定"，程维荣等译，载杨一凡总主编：《中国法制史考证》（丙编第二卷），中国社会科学出版社 2003 年版，第 293 页。李俊强（李俊强："晋令制订考"，载杨一凡、朱腾主编：《历代令考》，社会科学文献出版社 2017 年版，第 286 页）亦持此说。

〔2〕高明士：《律令法与天下法》，上海古籍出版社 2013 年版，第 32 页。

单元到第五单元的过渡。《捕亡令》之后有《狱官令》,《狱官令》之后有《鞭杖令》,《鞭杖令》之后有《医药疾病令》,《医药疾病令》之后有《丧葬令》,这个顺序中隐约存在着一种按照事理逻辑必然出现的演进线索。[1]

第六单元:《杂令》上、中、下。前已述及,《杂令》中的内容应为前面篇章中所不能容纳而又必须加以规定的条文内容。张鹏一认为,散见诸史籍的《仓库令》《盐铁令》《酤酒令》《捕蝗令》《捕兽令》《兴擅令》《营缮令》《工作令》《禁土令》《给假令》《左降令》《元会令》《五时令》《朔望令》等令都应该归属于此《杂令》之中。[2]此前的五个单元,篇章内容的逻辑脉络十分清晰,自成体系,这也可以从侧面反映《杂令》条文难于融入其中的原因所在。

第七单元:《门下散骑中书令》《尚书令》《三台秘书令》《王公侯令》《军吏员令》。其中,《门下散骑中书令》《尚书令》《三台秘书令》三篇以中央官职的职责权限制度为内容,显然是依据权位从高到低的顺序排列。《王公侯令》以西晋封国制度为基础,应该是对三级封国诸侯的职权责任及相应待遇的规定。《军吏员令》则应该是对自中央到地方基层军事官员及其吏员体制的规定。其中,规定中央官制的内容和前四篇章紧密衔接,而其对中央以下各级军吏员的规定则体现出军事官制自成一体的特征。

第八单元:《选吏令》《选将令》《选杂士令》。《选吏令》《选将令》《选杂士令》三篇是对吏、将和杂士选拔任用制度的规定。就其所处位置而言,"选"的对象应该和第七单元密切相关。所选的吏应该是充任中央各机关部门的吏,所选的将应该是军官体制的将,所选的杂士应该是"指乐、律、历、算、医、卜诸士"[3]。这三类人最后都应归属中央各机关所用,其任免与使用皆为中央官府的办事人员。所以这三篇构成一个单元。

第九单元:《宫卫令》《赎令》。《宫卫令》规定皇宫、官府门卫廷禁制度,而《赎令》则应以罚则的收赎制度为内容。此二篇与前后篇目之间关系并不十分明朗,姑且归为一个单元。不过这也可以说明,《泰始令》并非逻辑体例完备无缺的令典。

---

[1] 例如,《太平御览·刑法部九·狱》引《晋令》曰:"狱屋皆当完固,厚其草蓐。家人饷馈,狱卒为温暖传致。去家远,无饷馈者,悉给禀,狱卒作食。寒者与衣,疾者给医药。"该条应在《狱官令》,但其内容同时也自然联系到医药疾病问题。这种认识显然是从法律实践中得来。

[2] 参见张鹏一编著:《晋令辑存》,徐清廉校补,三秦出版社1989年版,第193页。

[3] 参见张鹏一编著:《晋令辑存》,徐清廉校补,三秦出版社1989年版,第278页。

第十单元：《军战令》《军水战令》《军法令》《杂法令》。这四篇内容较为明确纯粹，以军事制度规范为主。不过其内部关系还可进一步分析。《军战令》《军水战令》应是以战阵兵法为主要内容，而《军法令》《杂法令》应是以军事纪律为主。尤其值得注意的是最后两篇。《杂法令》显然是对《军法令》的补充规定，是该篇中无法容纳的条文杂汇而成的新篇。那么，据此又可推知《军法令》内应该还有更进一步的二级结构划分，自成一体系，所以才会把这个体系难以容纳的条文又收罗进《杂法令》。惜乎今已难知其详。

综上，组成《泰始令》的十大单元环环紧扣，相邻令篇之间大都存在一定逻辑关系。这正是《泰始令》作为统一令典存在系统性、整体性的绝佳明证。（详见表13）综合来说，《泰始令》既有三大板块的旧影子，也有十大单元的新设计。这说明立法者既参酌了曹魏三大令典，也有自己独树一帜的新主张，《泰始令》是一部独立创造、自成体系的全新令典。

表13 《泰始令》的十单元结构

单 元	篇 目	篇章之间的逻辑关系
第一单元	《户令》	规定户籍、户口制度，作为此后四个单元的制度基础。
第二单元	《学令》《贡士令》	先学后贡，《学令》以《户令》为基础，《贡士令》又和《官品令》存在关联。
第三单元	《官品令》《吏员令》《俸廪令》《服制令》《祠令》	品阶编制，先官后吏；然后是官吏的俸秩爵禄、车舆、冠服、印绶、服制，最后由服制礼仪而转向祭祀礼仪。
第四单元	《户调令》《佃令》《复除令》	上接《户令》，以土地经济制度和赋税徭役制度为主。
第五单元	《关市令》《捕亡令》《狱官令》《鞭杖令》《医药疾病令》《丧葬令》	《关市令》以赋税制度与前三篇相连，又以关津管制与《捕亡令》相连。《捕亡》《狱官》《鞭杖》《医药疾病》《丧葬》。该单元内诸篇存在或立法者认为存在一定逻辑顺承关系。
第六单元	杂令上、中、下	前五单元所余条文内容的杂集。
第七单元	《门下散骑中书令》《尚书令》《三台秘书令》《王公侯令》《军吏员令》	规定中央衙署官员设置及其职责义务制度。《军吏员令》为过渡，与上下篇紧密相连。

续表

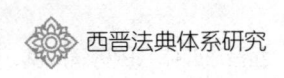

单 元	篇 目	篇章之间的逻辑关系
第八单元	《选吏令》《选将令》《选杂士令》	规定吏、将和杂士选拔任用制度，与前一篇密切相连。
第九单元	《宫卫令》《赎令》	与前后篇目之间关系并不十分明朗。
第十单元	《军战令》《军水战令》《军法令》《杂法令》	《军战令》与《军水战令》当以战阵兵法为主要内容，而《军法令》与《杂法令》则应以军事纪律为主。《杂法令》是对《军法令》的补充规定，将与军法密切相关但又无法融入其中的条文杂汇而成新篇。

三、 凝练有序的条文微观系统

在宏观层面上，《泰始令》的外在形式具有合众为一的整体包容性；在中观层面上，《泰始令》的篇章结构具有较为严密的逻辑关联性。而在微观层面上，《泰始令》篇章内部条文的表述方式和体例布局，也表现出较为高超的法律编纂技巧和精微的立法用意。

（一）《泰始令》令文表述的抽象化与整齐化

如前文所述，秦汉时期的令文从表述格式方面保留着较多的诏书痕迹，从表述措辞上也存在琐碎重复的问题。尤其是"张家山汉简"所显示的汉初令文，"御史／内史／相国＋请示内容＋制曰可"的文书格式显示出其从诏令到令文的转化过程，但在令文中却夹杂着许多不必要的文字，使令文表述极不简洁，给文书的传抄下达和汇编整理带来很大麻烦。

汉末曹操零散发布又被后人汇编在一起的所谓"魏武令"，一方面由于"难以籓国改汉朝之制"[1]所以适用的效力范围和效力等级都有一定局限；另一方面其令文多数情况下也不具有抽象条文的属性。例如，《褒赏令》："别部司马付其衔，请立齐桓公神堂，令使（记）室阮瑀议之。"[2]《选举令》："邺县甚大，一乡万数千户，兼人之吏，未易得也。"[3]《明罚令》："闻太原上党、西河、雁门冬至后百有五日皆绝火寒食，云为介子推。子胥沈江，吴人未有绝水之事，至于推独为寒食，岂不悖乎！且北方沍寒之地，老少羸弱，

---

〔1〕《晋书·刑法志》。
〔2〕《北堂书钞》卷六九引《魏武褒赏令》。
〔3〕《北堂书钞》卷七七引《魏武选举令》。

将有不堪之患。令到，人不得寒食，若犯者，家长半岁刑，主使百日刑，令长夺一月俸。"[1]曹操所发的这些单篇令，大都只是就事论事的政令，通常针对具体的人、事、地，即便含有一般性法律规范也难免夹杂着说理、议论甚至抒情的言辞，而与表述抽象、普遍适用、内容纯粹的令文相去甚远。[2]相比之下，当时发布的《军令》倒具有抽象令文的意味，所以被后来的《泰始令》大量继承。

魏明帝时编订的三大令集今已失传。根据刘邵等人定律时追求"文约而例通"[3]的旨趣可以推知，当时令文应该有简约、通贯的文风，具备抽象、条理化的倾向。《通典·礼五十九·凶礼二十一》引《魏令》："官长卒官者，吏皆齐缞，葬讫而除之。"如果此处所引为完整令文的话，则可以说明当时的令文已经具有抽象令文法条的基本属性。

到《泰始令》时，令文表述的抽象化、条文化已经十分成熟：一是遣词用语的概括性更强，表达更为简洁准确；二是形成了一些具有统一格式的行文体例。

西晋《泰始令》的规范内容多是对前代法律的继承整理，但是表述却更合理。例如，《魏武军令》："兵欲作阵对敌营，先白表，乃引兵就表而阵。皆无欢哗，明听鼓音，旗幡麾前则前，麾后则后，麾左则左，麾右则右。不闻令而擅前后左右者斩。"[4]《步战令》："临阵皆无讙譁，明听鼓音，旗幡麾前则前，麾后则后，麾左则左，麾右则右。不闻令而擅前后左右者，斩……若步骑与贼对阵，临时见地势便，欲使骑独进讨贼者，闻三鼓音，骑特从两头进战，视麾所指；闻三金音，还。此但谓独进战时也。其步骑大战，进退自如法。"[5]而《泰始令》则曰："两头进战，视麾所指。闻三金音止，二金音还。"[6]又如，

---

[1]《艺文类聚》卷四引《魏武帝明罚令》。
[2]例如《通典·兵二·法制》引后汉《魏武军令》曰："吾将士无张弓弩於军中。其随大军行，其欲试调弓弩者得张之，不得著箭。犯者鞭二百，没入吏。不得于营中屠杀卖之，犯令没所卖皮。都督不纠白，杖五十。始出营，竖矛戟，舒幡旗，鸣鼓；行三里，辟矛戟，结幡旗，止鼓；将至营，舒幡旗，鸣鼓；至营讫，复结幡旗，止鼓。违令者，髡翦以徇。军行，不得斫伐田中五果、桑、柘、棘、枣。"
[3]《晋书·刑法志》引刘邵《魏律序》。
[4]《太平御览·兵部二十七·法令》引《魏武军令》。《太平御览·兵部七十二·麾》引《军令》略同。
[5]《通典·兵二·法制》。
[6]《太平御览·兵部七十二·麾》引《晋令》。

前引《魏令》："官长卒官者，吏皆齐縗，葬讫而除之。"《泰始令》的《丧葬令》曰："长吏卒官，吏皆齐縗以丧服理事，若代者至，皆除之。"两相比较，《泰始令》对前代令文既有裁剪，又有补充，语义表达更加简练，也更为全面。

《泰始令》令文表述还具有整齐划一的特点。在后世流传下来的众多令文，可以发现其中多以"诸"字起头。[1]这应该是当时原文的通用表达方式，以统一格式彰显令典文本的严肃、完整和权威性。（详见表14）

"诸"字是用来表述某一类事务的总称之词。令文起头用"诸"字可以表示抽象涵盖的意思，突显令文的普遍适用效力，同时也能跳出具体人、事、物、地、职的烦复枚举，达到以一统万、以简御繁的立法效果。当然这种表述方式在张家山汉墓出土的《关津令》已占有一定比例，达到三分之一。但其中多数情况下，"诸"字往往夹在行文之中，没有起首、统领的效果。而在出土所见的其他汉令如《王杖诏书令》《功令》《北边挈令第四》《击匈奴降者赏令》《令乙第廿三》《公令第十九》《御史挈令第廿三》《尉令第五十五》《戍卒令》《赦令》《军令》[2]《令丙第九》[3]的令文中，"诸"字表述都十分罕见。再往后看，唐代律令法典的法律条文以"诸"字开头已经成为基本格式。到明清时，"诸"字变成了"凡"字，但其在立法语言的表述效果方面是一样的。

魏晋时期，注重抽象概括、强调形式逻辑的名理学思维新风勃然兴起，在立法领域的表现就是"都总事类""正其体号"。[4]再结合当时令文规范表述的抽象化进程来看，"诸"字在令文中频繁出现恐怕应该特别重视。在面对汉魏长期积累下来的巨量法律文本时，这种应时而出的新方法表现出极佳的立法效果，把"甲令已下至九百余卷""令甲已下盈溢架藏"[5]的各类法律文本删除烦复，提炼整合，最终压缩为"二千九百二十六条、十二万六千三百言、六十卷"的泰始律令法典，把曹魏三令一百六十余（或二百二十五）篇的内容压缩为三十二篇、四十卷。

---

[1] 目前辑佚所见《泰始令》令文，也有许多不见"诸"字。这可能有两种情况：一是原始令文没有或这种格式并不绝对，可能会随具体表述的需要有所调整；二是散存在各种传世文献中的所谓令文许多都是经过有意无意加工改造的转述之辞或截取之语，原有的完整令文格式被忽略或者割裂。例如下文会提到官品类令文的史料来源和表述模式的问题。

[2] 参见李均明：《秦汉简牍文书分类辑解》，文物出版社2009年版，第202~213页。

[3] 参见荆州博物馆编著：《荆州重要考古发现》，文物出版社2009年版，第210~211页。

[4] 《晋书·刑法志》。

[5] 《隋书·经籍志二》。

表14　《泰始令》令文中的"诸"字

序号	令文	出处
1	郡国诸户口黄籍，籍皆用一尺二寸札，已在官役者载名。	《太平御览》卷六〇六
2	诸县率千馀户置一小学，不满千户亦立。	《太平御览》卷五三四
3	诸去官者从故官之品，其除名不得从例。	《通典·礼五十·凶礼十二》
4	诸郡国不满五千以下，置干吏二人。	《后汉书·栾巴传》李贤注
5	诸津渡二十四所，各置监津吏一人。	《唐六典》卷二三注
6	诸宫有秩栀子守护者，置吏一人。	《艺文类聚》卷八九
7	诸宫有梨守护者，置吏一人。	《太平御览》卷九六九
8	诸官有秩者，守护橙者，置吏一人。	《太平御览》卷九七一
9	诸渡关及乘船筏上下经津者，皆有所写一通，付关吏。	《太平御览》卷五九八
10	诸葬者，不得作祠堂碑石兽。	《文选·为范始兴作求立太宰碑表》李善注
11	诸葬者皆不得立祠堂、石碑、石表、石兽。	《太平御览》卷五八九
12	诸侯卿相官属为君斩衰，既葬而除。	《晋书·丁谭传》
13	诸有虎，皆作槛阱篱栅，皆施饵。捕得大虎，赏绢三匹，虎子半之。	《太平御览》卷八九二
14	诸内外官五月给田假，九月给受衣假，为两番，各十五日。田假若风土异宜，种收不等，通随给之。	《太平御览》卷六三四引范宁《众官受假故事》引《假宁令》
15	诸百官九品私家祔庙、除程给假五日；四时祭祀各给假四日。（并课主祭者。）去任所三百里内亦给程。（若在京都，除祭日，仍各依朝参。）	
16	诸文武官，若流外已上者，父母在，三年给定假三十日。其拜墓，五年一假十日，并除程。若已经还家者，计还后给。其五品已上所司勘当于事，每阙者奏，不得辄自奏请。请冠，给假三日；五服内亲冠，给假一日，并不给程。	
17	诸婚给假九日，除程。周亲婚嫁五日；大功三日，小功已下一日，并不给程。周已下无主者，百里内除程。诸本服周亲已上，疾病危笃，远行久别，及诸急难，并量给假。	

说明：

1. 第 2 项的出处，程树德误称引自《太平御览》卷五三五（程树德：《九朝律考》，中华书局 2006 年版，第 278 页），造成广泛影响。有学者不加查证即直接转引，造成以讹传讹，特此申明。

2. 第 6、7、8 三项，结构类似，文意有别，疑三者出自同一令文，其原始表述方式应为："诸官有秩者，栀子守护者，置吏一人；梨守护者，置吏一人；橙守护者，置吏一人……"

另，"张家山汉简"《秩律》有"都市亭厨有秩者"。[张家山二四七号汉墓竹简整理小组编著：《张家山汉墓竹简（二四七号墓）》（释文修订本），文物出版社 2006 年版，第 80 页] 所谓"有秩者"应是强调其有品秩俸禄。这显示《泰始令》令文对前朝法律规范的继承。

3. 第 10、11 项，行文类似，但应以第 11 项表述更为接近原始令文。

4. 第 15 项，令文中括号内穿插的文字应为夹注，上海商务印书馆涵芬楼影印宋本《太平御览》该处为双行小注。（中华书局 1960 年版，第 2844 页）未知这是《假宁令》原注还是《众官受假故事》注。

（二）《泰始令》条文布局的层次性与系统性

经过深加工后的条文表述更加凝练，不仅脱离了原来的诏令文书格式，提取出其中的核心规范要素进行简洁明确的表达，而且条文内容的层次也更加清晰合理。例如，《泰始令》的《丧葬令》："王及郡公侯之国者薨，其国相官属长史及内史下令长丞尉，皆服斩缞，居倚庐。妃夫人服齐缞，朝晡诣丧庭临。以丧服视事，葬讫除服。其非国下令长丞尉及不之国者，相内史及令长丞尉，其相内史吏，皆素服三日哭临。其虽非近官而亲在丧庭执事者，亦宜制服。其相、内史及以列侯为吏令长者无服，皆发哀三日。"[1]根据上下文义，这则令文中"其相内史吏"五字极有可能是衍文。如果把这五个字除去，就可以看出该令文表述的清晰层次：

王及郡公侯之国者薨，其国相官属长史及内史下令长丞尉，皆服斩缞，居倚庐。妃夫人服齐缞，朝晡诣丧庭临。以丧服视事，葬讫除服。

其非国下令长丞尉及不之国者，相内史及令长丞尉，皆素服三日哭临。

其虽非近官而亲在丧庭执事者，亦宜制服。

其相、内史及以列侯为吏令长者，无服，皆发哀三日。

这则令文用四个"其"字作为起首将具体情形分出四类，随后分别规定

---

[1]《通典·礼四十八·凶礼十》。

其服丧方式，可谓条分缕析，层次分明。而且出于表述简洁的需要，令文还根据上下文的语境设定进行适当省略。例如，第二款中的"不之国者"当指第一款中的"王郡公侯"中的"不之国者"，"相内史及令长丞尉"当指"国相官属长史及内史下令长丞尉"。这反映出立法措辞的严谨考究。

程树德、张鹏一辑佚《泰始令》，以官品类令文所得最多。然而根据周文俊的最新考证，程、张所辑得的令文并非《泰始令·官品令》原文，而是出自后世学者综合西晋官品、服制、礼仪等法律规范的官制撰述之作。这些官制撰述之作属于《泰始令》的衍生著作，虽然名称和内容与其相似，但叙述模式却大有不同。

例如，《唐六典·门下省》注引《晋令》四则曰：

侍中品第三，武冠，绛朝服，佩水苍玉。
散骑常侍品第三，冠右貂、金蝉，绛朝服，佩水苍玉。
（给事中）品第五，武冠，绛朝服。
（黄门侍郎）品第五，秩六百石，武冠，绛朝服。

这四则所谓令文虽然都自称引自"晋令"，貌似出自其《官品令》，[1]但实际上却非出自西晋法典《泰始令》。因为按照《泰始令》的篇章设置，上引每一条文基本上都是分别规定在不同令篇之中的多种制度规范杂糅在一起的综合性概述。这些综合性概述的主旨在于方便查阅，而非客观复原《官品令》的本来面目。[2]

《宋书·百官志下》卷末载有官品表，反映出东晋太兴二年（公元319年）"定官品"活动的立法成果。[3]其文本体例极有可能就是继承自西晋法典《泰始令》的《官品令》。通过它可以管窥《官品令》的原始面貌。（详见表15）

---

〔1〕 程树德将之统统收入晋《官品令》。参见程树德：《九朝律考》，中华书局2006年版，第280、281、287页。

〔2〕 参见周文俊："中古制度文献的名与实——以《晋官品令》《晋令》《晋官品》为对象的文本考察"，载复旦大学历史学系、《中国中古史研究》编委会编：《中国中古史研究》（第七卷），中西书局2019年版，第126~131页。

〔3〕 参见张金龙："'魏官品'、'晋官品'献疑"，载《文史哲》2017年第4期。

表 15 《宋书·百官志下》中《官品令》的条列布局（周文俊制表）[1]

	第三条										第二条					第一条				
	官名										官名					官名				
官品	第十列	第九列	第八列	第七列	第六列	第五列	第四列	第三列	第二列	第一列	官品	第四列	第三列	第二列	第一列	官品	第四列	第三列	第二列	第一列
右第三品	县侯。	领、护军。	大长秋。	太子二傅。	诸卿、尹。	光禄大夫。	诸征、镇至龙骧将军。	中书监、令。秘书监。	尚书仆射，尚书。	侍中、散骑常侍。	右第二品	诸持节都督。	诸大将军。	骠骑、车骑，卫将军。	特进。	右第一品	诸位从公。	大司马、大将军。	太尉、司徒、司空。	太傅、太保、太宰。

根据周文俊的解读，这三条《官品令》的令文直观显示出立法者罗列条文时的严密逻辑和精致用心。表格中的"列"是具有独立意义、由单个或系列官职构成的序列。例如，在第一品里，太傅、太保、太宰作为"三师"而位于首列，太尉、司徒、司空作为"三公"位于第二列，大司马、大将军作为"二大"而位于第三列，后面的"诸位从公"位于第四列。[2]从总体格局来看，四列齐头并排是一种平行关系，都属于第一品，又被合称为西晋"八公"[3]。然而第一品的四列之间又存在从右到左、排序先后的尊卑等级关系。这种"条"下设"列"的令文书写格式，足以显示其背后深刻的官制理论和严谨的政治安排。此外，在同一列内相邻官职的排列也有其独特用心之处。例如第三品中的第三列"中书监，令。秘书监"。中书、秘书两省长官不仅官

---

[1] 周文俊：《中古制度文献的名与实——以〈晋官品令〉〈晋令〉〈晋官品〉为对象的文本考察》，载复旦大学历史学系、《中国中古史研究》编委会编：《中国中古史研究》（第七卷），中西书局2019年版，第138页。

[2] 《宋书·百官志下》中的官品和西晋时的官品在具体内容上有一定差别。根据《晋书·职官志》，大司马、大将军的地位有时也会因个别人物的特殊身份而获得高于"三司"即"三公"的地位。这种改变也会通过"定令"的法律修改活动而随时体现在令典中。而"诸位从公"则以是否具有开府资格为准。

[3] 《通典·职官二》："晋武帝即位之初，以安平王孚为太宰，郑冲为太傅，王祥为太保，义阳王子初为太尉，何曾为司徒，荀顗为司空，石苞为大司马，陈骞为大将军，凡八公，同时并置。唯无丞相焉，时所谓'八公同辰，攀云附翼'者也。"西晋为了避司马师的讳，把"三师"之一的"太师"改为"太宰"。

品相当，而且同列相连。这是由于二者工作性质相近、官职素有渊源的缘故。所以要作为"连官"或"官联"[1]在令文同列中有所表现。[2]

综上可见，《泰始令》的法典化成就还充分显示于其微观秩序之中，自非此前所可比拟。

四、经权有辨的战时令篇处置

（一）《泰始令》内容的经权二分

《泰始令》在制定之初即确立了整体谋划、全局设计的立法宗旨。立法者对令典存续状态及其可能出现的变化有一定的预期方案，对令典的不同内容有不同的定位。这种宏观定位集中体现为"施行制度"和"权设其法"两个方面。也就是说，从经与权的角度而言，《泰始令》又可分为两大部分。

一方面，《泰始令》是本着为后世设范立制的宗旨制定的。所以，令典囊括诸令，形成统一完备的法典。《泰始令》的主体内容涉及国家各项根本制度，为长治久安提供制度基础。

就各篇目而言，《泰始令》规定西晋的户籍管理制度、学校教育制度、官员选任制度、官员品级制度、吏员编制制度、官吏俸禄爵位等物质待遇制度、官员公卿车服制度、宗庙郊社祭祀等礼仪制度、土地赋税徭役等经济制度、关津治安管理制度、捕亡狱政刑罚司法制度、医事管理制度、丧葬礼仪制度、中央官职制度、王公侯封建制度、军事职官制度、中央官吏选拔制度、宫廷官府警卫制度、刑罚收赎制度以及各种军事活动制度。总之，各篇内容基本涵盖了国家职能所涉及的各类事项。通过这些制度设计，形成国家机关与普通百姓各自的规范、准则和行为模式。只要相应主体找到各自的法律定位，按照令文要求行事，国家社会就会秩序井然。如果违反这些规范并达到一定程度，则构成犯罪，依照律典相关条文受到处罚。《晋书·刑法志》称："施行制度……违令有罪则入律。"即为此意。

---

[1] 《北堂书钞》卷五七引王肃《论秘书表》曰："武帝初置秘书，仪依侍御史台。文帝屡有优诏丞郎之选比郎，秘书经迁中书，而其名不易，议不改名，位与中书相比为连官，不宜与他官为连者也。"《太平御览》卷二三三引王肃《论秘书不应属少府表》曰："太和中，兰台、秘书争议，三府奏议秘书司先王之载籍，掌制书之典谟，与中书相亚，宜与中书为官联。"

[2] 参见周文俊："中古制度文献的名与实——以《晋官品令》《晋令》《晋官品》为对象的文本考察"，载复旦大学历史学系、《中国中古史研究》编委会编：《中国中古史研究》（第七卷），中西书局2019年版，第138~139页。

另一方面，由于制定令典的特殊时代背景，《泰始令》中有一部分内容从开始被放进令典时就被认为"不足经远"，只不过是"权设其法"。《晋书·刑法志》记载："其余未宜除者，若军事、田农、酤酒，未得皆从人心，权设其法，太平当除，故不入律，悉以为令。"《隋书·经籍志二》也说："其余不足经远者为法令，施行制度者为令。"[1]

据此可知，贾充等立法者对律典、令典有不同的定位和期许。其在制定《泰始律》时，本着"蠲其苛秽，存其清约，事从中典，归于益时"[2]的原则，对律文内容进行大规模清理，本着"刑平国用中典"[3]的政策精神，追求有益于当时的法律治理效果。律典被认为是具有较强稳定性的基本法典，其内容不能随意改动，所以在制定时就需要审慎从事。[4]那些制定时就被认为将来可能会被废弃的条文内容，不能被轻易编入律典中。但将来要废弃并不等于现在就要废弃，许多权宜法令仍要在一定时间内发挥效力，这些内容目前来说还需要被写入法典中。不能放进律典，那就只能退而求其次放进令典中。这些权设之法的内容主要涉及军事、田农、酤酒，都是非常时期有关军国大事的特殊事项。从《泰始令》的篇章分布来讲，应该是以其第十单元的内容为主，同时在其他篇章的部分条文中有零散的体现。这同时也说明，在当时的立法者眼里，令典定位与律典大有区别：一则律典较之令典更为重要，二则令典对稳定性的要求不及律典。

在此意义上，也可以说"晋代之'令'还没有成为完整意义上的基本法"[5]。然而这种看似自相矛盾、多此一举的做法，恰是在当时特殊时代背

---

[1] 楼劲认为，这里"不足经远"的所谓"法令"是指，法典以外继续长期存在的具有编纂形态特征的干支诏书。（参见楼劲：《魏晋南北朝隋唐立法与法律体系：敕例、法典与唐法系源流》，中国社会科学出版社2014年版，第19~20页）笔者以为不确。结合《晋书·刑法志》的记载，所谓"不足经远"应该是指那些虽然"未得皆从人心"但由于战时状态而不得不"权设其法"留待将来"太平当除"的法律规范，内容涉及"军事、田农、酤酒"等事项。

[2] 《晋书·刑法志》。

[3] 《周礼·秋官·大司寇》。

[4] 冨谷至在探讨秦汉律简的时候曾指出，作为皇帝旨意的"令"，包含着临时性的规定。"令"演变为"律"以后，才开始带有普遍性、恒常性成文法规的性质。"律"的语义并非"皇帝的命令"，而是"应当遵循的标准"，从而被赋予了恒定性和普遍性。（参见［日］冨谷至：《文书行政的汉帝国》，刘恒武、孔李波译，江苏人民出版社2013年版，第36~37页）尽管由秦汉至魏晋，律令体制又发生了若干重大的变化，但是这种对"律"高看一眼的思维定式，并未随着令典的成型而有所改观。

[5] ［日］守屋美都雄：《中国古代的家族与国家》，钱杭、杨晓芬译，上海古籍出版社2010年版，第456页。

景下富有远见和智慧的一种设计，是"晋修律令时的一种特殊处理"[1]。吕思勉曾说："案法学有所谓性法派、历史法派者，性法派谓有遍于四海永合人心之公理，历史法派则谓无之。中国之法学近性法派，故于律文不轻改动，此时以权设者为令，即系此意。后世之改例不改律，亦由于此。"[2]他把"性法派"即西方自然法学派和中国古代法学相比附，固然牵强附会。但他注意西晋不轻易改动律典、把权设之法归入令典的重要意义，确实颇有见地。

从后来的律令法典编纂沿革史可知，西晋"权设之法"模式对后世立法颇有影响。例如，北齐制定法典时将"不可为定法"的内容编为《权令》，和律令法典并行，极有可能就是受到《泰始令》的启发而来。[3]它只不过是把稳定性较弱的"权设之法"排除在以较强稳定性为特征的律令法典之外，另设一部《权令》以便随时修改，最大限度保证律令法典的稳定性，又是对《泰始令》模式的一种发展。

（二）权设之法的战时色彩

泰始律令制定之初，司马氏尚未夺权。当时虽然西蜀已灭，然而东吴尚存。三年半后，律令法典颁行时已是西晋泰始四年（公元268年）。在此三年半期间，司马氏尽管已经完成禅代大业，但仍未完成统一大业。对内，司马炎仍需化解来自各方的政治压力；对外，东吴政权仍与西晋王朝隔江对峙。可见，泰始律令法典制定完成时，西晋还远不是"太平盛世"。所以，西晋各项法律制度或多或少仍然带有战时色彩，即便是国家法典也不例外。

张建国说："晋出于特殊原因所定之令，最初包括固定性和暂时性两部分。"[4]其所谓"特殊原因"就是战时状态，所谓"暂时性规定"就是"权设之法"，主要包括军事、田农、酤酒等内容。权设之法与战时状态相配合，自然随着战时状态的结束而废止。此即所谓"权设其法，太平当除"。西晋平吴在太康元年（公元280年），上距《泰始令》颁布（公元268年）有十二年之久。令典之中由于战时状态而设的权设之法，在此十二年间长期有效。

权设之法中最突出、明显的就是军事法令。《泰始令》最后几篇都以军事法为内容，其中尤其值得注意的是《军水战令》。西晋平吴最大的难关就是水

---

［1］张建国："魏晋律令法典比较研究"，载《中外法学》1995年第1期。
［2］吕思勉：《中国制度史》，上海世纪出版集团、上海教育出版社2005年版，第498页。
［3］参见张建国："魏晋律令法典比较研究"，载《中外法学》1995年第1期。
［4］张建国："魏晋律令法典比较研究"，载《中外法学》1995年第1期。

战。所以有理由相信，此篇主要就是针对将来的平吴战争而设置。此外，《军战令》《军法令》《杂法令》都以军事为题目，凸显出西晋重视军事、勤于练兵的国家政策。事实上，在晋武帝平吴之前，武备未曾懈怠，"为国者不可以忘战"[1]是晋初君臣的一致共识。仅从《晋书·武帝纪》中所载密集的讲武大阅活动就可见一斑。(详见表16)

表16　平吴前后晋武帝的讲武大阅活动

序号	时　　间	地点	起讫	历时	备　注
1	泰始九年（公元273年）十一月	宣武观	丁酉至甲辰	8天	
2	泰始十年（公元274年）十一月	宣武观	始于庚午	未详	
3	咸宁元年（公元275年）十一月	宣武观	癸亥至己巳	8天	
4	咸宁二年（公元276年）	无			五月，讨北胡。 七月，鲜卑阿罗多等寇边。
5	咸宁三年（公元277年）十一月	宣武观	丙戌至壬辰	8天	
6	咸宁四年（公元278年）	无			十月，扬州刺史应绰伐吴。
7	咸宁五年（公元279年）	无			正月，马隆平定树机能之乱。 十一月，大举伐吴。
8	太康四年（公元283年）十二月	宣武观	始于庚午	未详	

---

[1]《晋书·山涛传》记此言在平吴之后。但陈寅恪指出，当在平吴之前。(参见陈寅恪：《陈寅恪魏晋南北朝史讲演录》，万绳楠整理，黄山书社1987年版，第33~36页)《世说新语·识鉴类》刘注引《名士传》曰："涛居魏晋之间，无所标明，尝与尚书卢钦言及用兵本意。武帝闻之，曰：'山少傅名言也。'"可见，不忘灭吴、重视武备为晋初君臣共识。

续表

序号	时间	地点	起讫	历时	备注
9	太康六年（公元285年）十二月	宣武观	始于甲申	旬日	

说明：此表据《晋书·武帝纪》。

据此表可知，泰始九年（公元273年）至咸宁五年（公元279年）国家级讲武大阅活动较为频繁。其中只有三年未进行大阅活动，还是国家大规模用兵所致。咸宁二年（公元276年）、咸宁四年（公元278年）多地发生边患，咸宁五年（公元279年）树机能攻陷凉州，当年底晋又进行平吴战争，至太康元年（公元280年）三月成功。可见，在《泰始令》颁行之后十数年间，西晋社会上下确实存在浓郁的战时气氛，令典中的《军战令》《军水战令》《军法令》等权设之法自然是适应这种氛围的产物，也必定在当时发挥重要作用。

堀敏一将最后的几篇军事法归为《泰始令》的第三组，并认定其为受曹魏"军中令"影响的产物。[1]在这里可以看出，其内容渊源固然可以追溯到曹魏《军中令》甚至汉初的韩信《军法》，但西晋当时的国家形势与政策侧重才是其对令典内容进行取舍的关键因素。有必要时则"权设其法"，无必要时则"太平当除"，一切依据国家形势变化而定，并不一定要拘泥于前代法律文本。所以，《泰始令》中保留大量军事法这一现象更多取决于当时的国家形势。

因为具有战时色彩，《泰始令》中的权设之法必定存在不少原本不应该置于令典之中的罚则条款。这些条款可能包括军事活动所必需的临时性管制措施，包括军事、田农、酤酒等内容，为增强执行力度而在其中加上具有刑事色彩的处罚性规定。这样的规范方式按照性质来说应该放进律典却放进了令典，按照内容来说不应该设置罚则却设置了罚则，因此既与当时人对律令之别的理论认识相悖，也和律令法典各自的体例设置不相符合，所以可以称得

---

[1] 参见[日]堀敏一："晋泰始律令的制定"，程维荣等译，载杨一凡总主编：《中国法制史考证》（丙编第二卷），中国社会科学出版社2003年版，第291~292页。此外李俊强（李俊强："晋令制订考"，载杨一凡、朱腾主编：《历代令考》，社会科学文献出版社2017年版，第293~296页）也持此说。

上是"未得皆从人心"。尽管如此，这种立法模式却符合当时战争状态下的特殊情况需要，因此是经过深思熟虑的结果。

例如，《太平御览·兵部六十六·烽燧》引《晋令》的"误举烽燧罚金一斤八两，故不举者弃市"和卷八六五《饮食部二十三·盐》引《晋令》的"凡民不得私煮盐，犯者四岁刑，主吏二岁刑"。这两条令文内容分别涉及军事和榷酤，都属于军国大事。条文中的"罚金""弃市""岁刑"等罚则内容，显然就是在晋初战时状态下的一种权设之法。对于后一条令文，程树德没有判定属于何篇，[1]张鹏一则将其归入《杂令》。[2]但从罚则条款权设之法的性质来看，可以大胆推测，前一条应该是在第十单元的《军战令》或《军法令》中，后一条如果不是在第六单元的《杂令》就应该是在第十单元的《杂法令》中。

除这两条外，《泰始令》中还有其他罚则条文。例如，《太平御览》卷六四八《刑法部十四·黥》引《晋令》曰："奴婢亡，加铜青若墨黥，黥两眼。后再亡，黥两颊上。三亡，横黥目下。皆长一寸五分，广五分。"这条令文，张鹏一归入《捕亡令》。[3]《捕亡令》源自汉魏之制。出土的张家山汉简和传世的"汉九章"，都有《捕律》。曹操时"天下草创，多逋逃，故重士亡法，罪及妻子"[4]，罪重至弃市。这条规范当然与汉末三国的战时状态密切相关，意在牢固控制士卒和奴隶。晋初贾充等人制定《泰始律》时，"去捕亡、亡没为官奴婢之制"[5]，把此类条款移出律典。然而又由于这些规定暂时还不宜直接废除，所以最终被放到令典中的《捕亡令》。这也应该是《泰始令》权设其法的一种表现。

（三）权设之法的终结

随着平吴大业的完成，西晋国家形势逐渐进入升平正轨，战时状态下对军事制度过度偏重的倾向逐渐扭转过来。在平定孙吴、完成一统后的十年期间，晋武帝仅有两次讲武大阅活动，频率较之前期大为降低。此即国家重心开始调整的明显信号。而且不仅如此，西晋平吴之后，晋武帝甚至还推出"罢州郡兵"的新政策。在这样的新形势下，《泰始令》中的军事规范肯定会

---

[1] 参见程树德：《九朝律考》，中华书局2006年版，第307页。
[2] 参见张鹏一编著：《晋令辑存》，徐清廉校补，三秦出版社1989年版，第199页
[3] 参见张鹏一编著：《晋令辑存》，徐清廉校补，三秦出版社1989年版，第164~165页。
[4] 《三国志·魏书·卢毓传》。
[5] 《晋书·刑法志》。

大幅缩减，或者以修令的方式移出令典，或者被虚置令典之中而成为具文。笔者以为前一种处置方式可能性更高。

若依常理推之，《泰始令》中军事法令篇幅巨大，如大量删减必会见诸史籍。然而检索史书，并无这方面的蛛丝马迹。所以张鹏一说："晋自太康平吴后，宇内统一，未闻再修令文。江左立国，限于一隅，财富兵力，非复太康之旧，一切制度，减于洛都。而令文之改，见于《晋书》明帝、哀帝纪。"[1]然而此说似可商榷。

首先要申明的一点是，《泰始令》颁行之后是否曾经修改，并不能单纯以史无明载而轻易否认。换言之，即便修改，也不见得都会明载史籍。例如，咸宁二年（公元276年），晋武帝依据《周礼》"贵游子弟"之说而创立国子学。[2]《泰始令》颁行于泰始四年（公元268年），有关于国子学制度的法律规定是否会出现在令典的《学令》之中呢？《太平御览·职官部三十四·国子祭酒》引《齐职仪》曰："《晋令》：博士祭酒掌国子学，而国子生师事祭酒，执经，葛巾单衣，终身致敬。"据此可知，国子学虽然设立于《泰始令》颁行之后，但其制度仍然会通过立法修改的方式被加入令典中，具体而言就是《学令》中。这正可说明西晋令典相对较为开放，允许适时修改，而且其修改之事并未见于正史记载。

此外，国家由战时状态转入和平状态，在令典上的另一个表现是田农法令的修改。《泰始令》初颁布时，田农本为权设之法，意即战时特别田农法令。但正如张建国所说，晋平吴后很快就开始推行占田、课田制，贯彻新的田农法令，这正是《泰始令》中"权设之法"达到"太平当除"条件而加以删除的又一实例。[3]郑默母丧葬礼完成之后仍恳请守孝而不还职。令典也因此而做改动，允许大臣终丧。[4]至于其他有关官制、礼制的令文修订之例，

---

[1] 张鹏一编著：《晋令辑存》，徐清廉校补，三秦出版社1989年版，第2页。

[2] 关于国子学的设立时间，史书中有不同的说法。《晋书·武帝纪》记载："（咸宁二年，公元276年）立国子学。"而《晋书·职官志》载："咸宁四年，武帝初立国子学，定置国子祭酒、博士各一人，助教十五人，以教生徒。"《南齐书·礼志上》载："晋初太学生三千人，既多猥杂，惠帝时欲辩其泾渭，故元康三年始立国子学，官品第五以上得入国学。"《宋书·礼志一》载："咸宁二年，起国子学。盖《周礼》国之贵游子弟所谓国子，受教于师氏者也。"综合研判，应以"咸宁二年说"为准。退一步讲，无论这几种说法哪个是对的，国子学的设立都在《泰始令》颁行之后，这却是无可争议的事实。

[3] 参见张建国："魏晋律令法典比较研究"，载《中外法学》1995年第1期。

[4] 《晋书·郑袤传附郑默传》。根据《晋书·武帝纪》记载，"始制大臣听终丧三年"的时间在太康七年（公元286年）十二月。

可参见李俊强"晋令制订考"一文的第三部分。[1]

况且,"权设其法,太平当除"原则的确立本身就足以表明令典的开放性和灵活性。时代变换,国家政策重心转移,军事法之类的旧有令文就不宜再保留,给有司徒添烦恼。否则就与"太平当除"的最初立法预设相违背。南梁令典大体沿袭晋令,但与晋《泰始令》相比,其篇幅却大有减少。最显著的变化就在于,大量删去《泰始令》的军法内容。然而这种删除,恐怕不是南梁的创造性发挥,更有可能是由于西晋时《泰始令》已经完成了自我矫正。[2]

在中国古代法典发展史中,西晋是一个极为重要的时间节点。冨谷至说:"作为法典的律令只能从晋律和晋令开始。"[3]《泰始令》作为中国历史上首部令典,自然在法律史上占据特殊重要的位置。然而,这并不意味着《泰始令》的出现就已宣布令典体例的成熟完备,再无改进空间。事实上,任何法典或者法律体系从制定完成到臻于完善,都是"一项只有起点没有终点的永无止境的宏远工程"[4]。《泰始令》也不例外。尽管取得了前文所述的若干法典化成就,但《泰始令》也仍处在法典化进程之中,始终在路上,永无完成时。作为法典的《泰始令》,其局限毋庸讳言是显而易见的。这一方面缘于抽象归类编纂技术的不足,另一方面则缘于时代形势的变幻。尽管《泰始令》在外在形式和内在逻辑上超迈前贤,做出许多重大创新,但也仍有不少瑕疵。若干篇章之间逻辑线索不甚清晰,前后篇章之间统属关系不甚明了。又如,临时性的战时状态影响了令典篇章的设置,把一些战时规范加在令典之中,留待将来太平当除,影响了令典内容的合理性与形式的稳定性。对此也不必讳言。

---

[1] 参见李俊强:"晋令制订考",载杨一凡、朱腾主编:《历代令考》,社会科学文献出版社2017年版,第298~305页。又见于李俊强:《魏晋令初探》,科学出版社2020年版,第85~94页。

[2] 若依常理,南梁割据江南,同样面临统一宇内的历史任务,同样处于战时特殊状态,所以很有理由如同西晋那样在令典中设置大量军法乃至于军水战法。然而事实并非如此。这说明什么?有可能是南北对峙时间太长,南梁已经无意北伐,放弃了一统南北的宏伟志向。还有一种可能就是,当时流传下来的《泰始令》文本早已将大量军法内容剔除,在实践中又证明其必要。故而南梁仿效前贤,依葫芦画瓢。

[3] [日]冨谷至:"通往晋泰始律令之路(Ⅱ):魏晋的律与令",朱腾译,徐世虹校译,载中国政法大学法律史学研究院编:《日本学者中国法论著选译》(上册),中国政法大学出版社2012年版,第189页。

[4] 俞荣根:"论法律体系的形成与完善",载《法治研究》2011年第6期。

第三节 《晋故事》的独特法典属性

《隋书·经籍志二》曰："晋初，贾充、杜预删而定之，有律，有令，有故事。"贾充团队以历代法律文本为素材，通过抽象化、逻辑化、体系化的加工，最终编纂成《泰始律》《泰始令》《晋故事》[1]三大法典。由于国家治理与社会生活纷繁复杂，律令法典无法兼顾时就需要技术行政部门的规章制度加以充实。这些制度规范原本以朝廷各部门在长期行政过程中逐渐积累下来的行政文书为表现形式，所以较为零散，不成系统。立法者对其加以删定取舍，汇总整编，规范形式，宣示效力，统一颁行，使其升格为国家法律，效力范围推及全国，效力时间更加持久稳定。此即所谓《晋故事》。

目前学界对"故事"与《晋故事》的研究已有若干论著。[2]这些论著完成了基础性的史料搜集和考证释读工作，也展示出一些较有启发意义的研究思路和考察路径，却未能就"故事"的本始含义、多重性质以及从"故事"到《晋故事》的演化脉络进行清晰梳理。法律史学者常把《晋故事》和一般"故事"混同视之，从而形成对中古法制形态的一系列误读和错解。魏晋南北朝史学界则主要针对《户调式》所涉及的财政土地经济法规制度进行考辨分析，并未过多将其与制定法《晋故事》和整个法律体系联系起来加以考察。[3]故有必要对相关问题进行综合讨论。

---

[1] 晋初统一颁行的三部制定法，史书上称《律》《令》《故事》，当时或许会加上"大晋"的前缀，后世则常简称三者为"晋律""晋令""晋故事"。本书前文为凸显《律》《令》的法典属性，故采用"泰始律""泰始令"的称呼，对《故事》则仍用传统说法"晋故事"。因为"故事"作为一种正式的法律形式首创于西晋，也只在晋代才有。为表彰西晋立法者的创造性功绩，在这里以"晋故事"称呼这部新型法典。

[2] 例如，张维华"对于初学记宝器部绢第九所引晋故事一文之考释"（载《山东大学学报（人文科学）》1957年第1期）、霍存福"唐故事惯例性论略"（载《吉林大学社会科学学报》1993年第6期）、闫晓君"两汉'故事'论考"（载《中国史研究》2000年第1期）、吕丽"汉魏晋'故事'辩析"（载《法学研究》2002年第6期）、"故事与汉魏晋的法律——兼谈对于《唐六典》注和《晋书·刑法志》中相关内容的理解"（载《当代法学》2004年第3期）、李秀芳"魏晋南北朝'故事'考述"（郑州大学2006年硕士学位论文）、邢义田"从'如故事'和'便宜从事'看汉代行政中的经常与权变"（载邢义田：《治国安邦：法制、行政与军事》，中华书局2011年版）、姚周霞"晋'故事'考"（厦门大学2014年硕士学位论文）以及日本学者守屋美都雄"论'晋故事'"（载［日］守屋美都雄：《中国古代的家族与国家》，钱杭、杨晓芬译，上海古籍出版社2010年版，第453~461页）。

[3] 详见后文解析《户调式》相关内容时所引的论著文献。

一、 聚沙成塔的法典化之路

《晋故事》是西晋首次推出的三大法典之一,其内容源于"故事"。"故事"一词本有多重含义,今人多将其视为历史传说或者人物事迹,古代又常解作"可资效法的典范先例"。而作为《晋故事》内容来源的"故事"则另有特定含义,不同于这两种理解。这要从"事"的含义说起。

(一) 文书行政视角下的"事"与"故事"

"事"源出于"史"。《说文·史部》曰:"事,职也。从史。""史"甲骨文为 ![], 象手持"中"。关于"中"的本义,有八种说法,以旌旗说最近实情。[1]由于国家政务日益丰富,"史"的义项也逐渐分化扩散,衍生出武官、使者、记事官等后发义项。这就是"事"字"职"义项的来源。"事"的"职"义进一步推衍出事务、事情、政事等抽象义项。与"史"字记事官含义相关的"事",又生发出簿书、简册、文案等具体义项。[2]总之,"事"既有抽象义,也有具体义。其具体义与古代的官档文书的行政传统关系极为密切,这点尤需加以重视。[3]

---

[1] 说一认为,"中"是中正,"史"为持中正立场的记事者;说二认为,"中"是簿书简册,"史"为手持书册的记事者;说三认为,"中"是盛放算筹的器具,"史"为持算筹之人;说四认为,"中"是笔聿,"史"为手执毛笔书写的史官;说五认为,"中"是捕猎工具、战争武器,"史"为与祭祀和战事相关的礼官和武官;说六认为,"中"是旌旗,"史"为奉命出使的使者;说七认为,"中"是占卜时所用之弓钻,"史"为占卜之人;说八认为,"中"是火烛,"史"为掌管火事之人。参见朱彦民:"由甲骨文看'史'字本义及其早期流变",载《殷都学刊》2015年第4期。

[2] 与这种观念关系密切的是,以簿书简册解"史"之说。持此说者,以江永、王国维为代表。江永说:"凡官府簿书谓之中,故诸官言治中、受中,小司寇断庶民狱讼之中,皆谓簿书,犹今之案卷也……又者,右手,以手持簿书也。"〔(清)江永撰:《周礼疑义举要·秋官》〕王国维曾在江说基础上撰《释史》一文对"中"之尺寸规制加以详尽考释。(参见王国维:《观堂集林》,中华书局1959年版,第263~269页)该说虽未揭示"史""中"初义,却反映出史官系统推衍分化、发枝散叶的成长过程。

[3] 周一良认为,《左传》以下直至唐代,"事"就有许多特指文书之例。(参见周一良:《魏晋南北朝史札记》,中华书局1985年版,第457页)有些法制史上的事件就可以通过这个义项得到较为合理的解释。《左传·文公六年》载:"宣子于是乎始为国政。制事典,正法罪,辟刑狱,董逋逃,由质要,治旧洿,本秩礼,续常职,出滞淹……使行诸晋国,以为常法。""事典",孔颖达释为"国家百事之常"(李学勤主编:《春秋左传正义》,北京大学出版社1999年版,第510页),杨伯峻释为"办事章程或条例"(杨伯峻编著:《春秋左传注》,中华书局1990年版,第545页)。他们都把"事"理解为抽象意义上的政事,这固然可以讲得通。然而细想起来,把它解释为行政文书似乎也讲得通。所谓"制事典",或许就是通过"制"的程序"汇事为典",通俗理解就是把零散颁行的行政文书(事)加以归类整理、系统编订、最终定为成文法的立法过程。经此程序,具有时效和范围限定性的行政文书发生质的升华,成为通行晋国、具备稳定效力的"常法"。

第三章　西晋法典体系的构建成就

"事"从很早开始就有一个特定义项，指的是具体有形的簿书公文，是官府行政治理过程中最主要的政令传达载体。在信息传播不够便捷的技术条件下，文书的书写、传达、抄录、公告、登记、整理等一系列活动都不简单，再加上其内容涉及国家和社会治理的方方面面，内容极为复杂，形式也比较繁琐。所以"事"的制作和整理工作绝非单一部门能够独立完成，需要多部门各司其职、分工协作。《隋书·经籍志二》记载："古者朝廷之政，发号施令，百司奉之，藏于官府，各修其职，守而弗忘。"中央所下政令文书（包括皇帝制诏在内），由相关部门分工负责下达地方并制作下行文书贯彻实施。同时，这些文书都会抄录备份，藏入官府，以备查阅校对。按照后世书家的说法，文书繁多甚至还引发了汉字书体的转型。[1]

如果从典藏角度来说，"事"就是文书档案。[2]《隋书·经籍志二》称："百司庶府，各藏其事，太史之职，又总而掌之。"官府各司依据职守对相关文书进行分类保管，同时又把这些文书复制备份，交由太史总管。这里"各藏其事"的"事"即指作为具体实物的公文簿书，而非抽象的"事务""事例"或"事情"。这些文书（事）一方面由于时间推移、尊古情结而获得某种历史厚度的加成，另一方面出于检阅方便的需要而经过删削整理、斟酌遴选，最终变成历代遗存下来同时又有现实指导功用的规范文件，即所谓"故事"[3]，在文献中往往又表述为旧事、杂事、要事、大事、决事、驳事。对这些基于文书档案而形成的故事，本书统一称为文书故事。

秦汉以来，官府均设有保管文书故事的官职。例如，汉初萧何增设的《户律》《兴律》《厩律》三篇"事律"，[4]就是以官府所藏文书故事集定而

---

[1]《晋书·卫瓘传附卫恒传》："秦既用篆，奏事繁多，篆字难成，即令隶人佐书，曰隶字。"

[2] 参见王浩："故、旧典、故府与'曰若稽古'——兼论周穆王时代的文献编纂整理活动"，载《西北师大学报（社会科学版）》2015年第5期。关于汉代文书故事的典藏，参见邢义田：《治国安邦：法制、行政与军事》，中华书局2011年版，第395~402页。

[3]"故"就是古，是先例，是旧法。在上古时期甚至还存在过一种以"故"为名的文体。（参见罗家湘："'典故'探研"，载《中州学刊》2005年第5期）在这里，"故"与"事"相结合，一方面意在表明"事"的古旧属性，以增强其历史厚重感；另一方面则在于强调"事"的正确性，言出必有依据的正当性。

[4]《晋书·刑法志》："汉承秦制，萧何定律，除参夷连坐之罪，增部主见知之条，益事律《兴》《厩》《户》三篇，合为九篇。"

成。[1]又如,西汉设有"掌故"一职,专掌文书故事。[2]汉武帝时,有"平尚书奏事",即评议尚书所收文书;"领尚书事",即处理尚书所受文书。[3]所谓掌故、平事、领事,除收集、保管文书故事外还负责汇编整理。他们收藏、保管的文书故事成为后人汇编《汉魏吴蜀旧事》《秦汉已来旧事》等官藏文书故事的原始素材。[4]

当然,一如"事"的多义性那样,"故事"同样具有多重义项。"事"的具体义衍生出作为法律文本素材的文书故事,"事"的抽象义衍生出作为典型示范的先例故事和只是一般记录的事迹故事。三种"故事"的义项来源不同,在理解时需要加以区分辨析。[5]例如,前代某个具体事情的做法或范式被后代处理类似事务时斟酌参用,成为指导后人为政的法例成规或供选方案,这也称为故事,又称"行事""成事"等。[6]此类先例故事,是古人对"故事"的一般理解和最常见用法。[7]而诸如《汉武帝故事》[8]之类近于小说家言的"故事"义项,则是后出而流传至今的通俗用法。与先例故事、事迹故事相比,文书故事更注重外观上的具体有形,更强调作为行政治理手段与载体的

---

[1] 据《史记·萧相国世家》《汉书·萧何传》记载,萧何早年"以文无害为沛主吏掾",后又为"泗水卒史",熟稔秦朝地方文书行政。汉军进入咸阳后,其他将领都在抢分金帛财物,唯独萧何"先入收秦丞相御史律令图书藏之",因此"具知天下阸塞,户口多少,强弱处,民所疾苦者"。故而可知,其所谓"律令图书",除去律令外,还包含大量文书籍簿、政令档案,也就是本书所说的文书故事。这些文书故事分别藏于丞相、御史等办公机构的档案室内,通常由专人掌管。

[2] 《汉书·晁错传》颜师古注引应劭曰:"掌故,六百石吏,主故事。"《史记·司马相如传》裴骃《集解》引《汉书音义》曰:"掌故,太史官属,主故事也。"

[3] 《晋书·职官志》:"左右曹、诸吏分平尚书奏事,知枢要者始领尚书事。"又可参见祝总斌:《两汉魏晋南北朝宰相制度研究》,北京大学出版社2017年版,第74~75页。

[4] 《隋书·经籍志二》载有《汉魏吴蜀旧事》八卷、《秦汉已来旧事》十卷。

[5] 孙少华曾将汉代"故事"区分为作为典故的先例、近乎小说的"叙事"以及与诏书关系密切的官方应用文体。(参见孙少华:"史书'故事'的文体衍化与秦汉子书的叙事传统",载《中南民族大学学报(人文社会科学版)》2014年第2期)本书将三者分别定名为先例故事、事迹故事、文书故事。

[6] (清)王念孙:"行事者,言已行之事,旧例成法也。汉世人作文言'行事''成事'者,意皆同。"参见(清)王念孙撰:《读书杂志》,北京市中国书店1985年版,第31页。

[7] 《尚书·康诰》载周公训诫康叔语曰:"外事,汝陈时臬,司师,兹殷罚有伦。"孔颖达疏:"既卫居殷墟,又周承于殷,后刑书相因,故兼用其理者。谓当时刑书或无正条,而殷有故事可兼用,若今律无条求故事之比也。"他这就是以唐人的"先例故事"思维解释"殷罚有伦"。又载周公曰:"汝陈时臬事,罚蔽殷彝。"伪孔传:"陈是法事,其刑罚断狱,用殷家常法,谓典刑故事。"这是以汉晋之际的"文书故事"思维解读"罚蔽殷彝"。然而《尚书》正文"陈时臬事"中的"事"含有文书法律的意味,注解者却都未加留意。这反映出注者对"事"本义的理解不够深刻。

[8] 《隋书·经籍志二》载有《汉武帝故事》二卷。又可参见鲁迅:《中国小说史略》,上海古籍出版社1998年版,第18~19页。

特定功能。[1]

在三类"故事"中，文书故事与国家法律的关系尤为密切，堪称不断为律令法制提供素材的富矿。例如，秦有廷行事，后为汉代律令所吸收；[2]汉初"事律"也是从秦代文书故事转化而来。伴随着时间的推移和国家政务的展开，会产生越来越多的文书故事。这些文书故事犹如忽明忽暗、若隐若显的浩瀚尘埃，躲在律令星光的背后，构成有汉一代法制庞大而又幽隐的质料空间。《汉书·刑法志》载："律、令凡三百五十九章，大辟四百九条，千八百八十二事，死罪决事比万三千四百七十二事。文书盈于几阁，典者不能遍睹。"这个"决事比"[3]就是司法决狱中的文书故事，数字后面的"事"可以理解其计数单位。所谓"文书盈于几阁"，就是文书故事数量惊人。孔光"凡典枢机十余年，守法度，修故事"[4]，修的也是文书故事。侯霸"明习故事，收录遗文，条奏前世善政法度有益于时者"[5]，收录的也是文书故事。西汉时的"郎官故事"[6]，也是关于郎官制度的文书故事。《隋书·经籍志二》曰："《汉律》久亡，故事驳议，又多零失。"[7]这表明文书故事与法律密切相关。在此背景下，熟悉文书故事就可以明了汉代法律。所以，孔光"观故事品式，数岁明习汉制及法令"[8]，黄琼因年幼时跟随父亲在台阁秘府"习见故事"[9]而达练官曹，朝堂议政无人能敌。

---

[1] 祝总斌认为，尚书保管的文书档案多半偏重人事方面。（参见祝总斌：《两汉魏晋南北朝宰相制度研究》，北京大学出版社2017年版，第81页）此类文书尽管属于就事论事的具体行政行为，但其中仍有可能含有抽象行政行为的规范因素，所以也可以算作文书故事。

[2] 参见顾凌云、金少华："廷行事的功能及其流变"，载《河北法学》2014年第8期。

[3] "决事比"又称"比"。汉代"故事"与"比"关系极为密切。郑玄称："已行故事曰比。"（《礼记·王制》郑玄注）此条语意含混，不能因之而将"故事"等同于"比"。陈顾远认为："比"原意为比附，最早是指司法断狱中的"比附律令"，此即"奇请"；后又出现以成案为法的"转相比况"，亦即"它比"。按照古人的语言习惯，作为比附对象的成案可称为故事，从其比附行为中被提炼出来的规律、规则、范式、方法也可称为故事。《后汉书·陈宠传附陈忠传》所载尚书陈忠的《决事比》即为后例。陈氏称之为"比的准则"。（陈顾远："汉之决事比及其源流"，载《复旦学报》1947年第3期）前面的"成案"当属先例故事，后面的"准则"就是文书故事。

[4] 《汉书·孔光传》。

[5] 《后汉书·侯霸传》。

[6] 《汉书·杨敞传附杨恽传》："郎官故事，令郎出钱市财用，给文书，乃得出，名曰'山郎'。"

[7] 《隋书·经籍志二》。

[8] 《汉书·孔光传》。

[9] 《后汉书·黄琼传》。

两汉期间，文书故事中的一部分持续为律令所吸收。例如，汉哀帝建平年间（公元前6年~公元前3年），徒手杀人而免死刑的案件文书有四十二件，从中抽象提炼出来的"手杀人减死罪一等"规定被"著为常法"，成为正式法律条文。[1]汉章帝时，尚书陈宠有关刑罚罪名的建议"谳五十余事，定著于令"[2]。这些文书故事的内容经过提炼、升格成为正式法条，编入令中。《晋书·刑法志》曰："汉时决事，集为《令甲》以下三百余篇。"[3]这正可反映文书故事转化为律令的情形。

　　文书故事中的剩余部分经过简单的编订整理，继续以"故事""旧事"等名称保存，发挥效用。例如，"司徒鲍公撰嫁娶辞讼决为《法比都目》，凡九百六卷"[4]。所谓"都目"即决事比的"要例"，[5]是在司徒府所藏文书档案基础上整理出来的。[6]又如，汉代有《建武律令故事》[7]《南台奏事》[8]，可能也是经过某种方式整理后的文书故事。汉末应劭整理所得《尚书旧事》《廷尉板令》《司徒都目》《五曹诏书》之类，[9]与孔光所观的"故事品式"，大概都属于文书故事。[10]这个情况到魏晋时依然如故。泰始五年（公元269年）七月乙巳诏曰："自泰始以来，大事皆撰录秘书，写副。后有其事，辄宜缀集以为常。"[11]山涛在晋初掌管选职十余年，选拔优秀官员的奏章被编为"山公启事"[12]。这些都是文书故事整理的典型例子。当时的官职系统中有

---

　　[1]《晋书·刑法志》："梁统乃上疏曰：'臣窃见元帝初元五年，轻殊刑三十四事，哀帝建平元年尽四年，轻殊死者刑八十一事，其四十二事，手杀人皆减死罪一等，著为常法。'"文中的"手杀人"，周东平等译为"徒手杀人"，本书从之。详见周东平主编：《〈晋书·刑法志〉译注》，人民出版社2017年版，第51~52页。
　　[2]《晋书·刑法志》。
　　[3]《晋书·刑法志》。
　　[4]《晋书·刑法志》。
　　[5] 参见陈顾远："汉之决事比及其源流"，载《复旦学报》1947年第3期。
　　[6]《后汉书·应劭传》李贤注："司徒即丞相也，总领纲纪，佐理万机，故有都目"
　　[7]《新唐书·艺文志二》载有《汉建武律令故事》三卷。《唐六典·尚书刑部》注曰："汉建武有《律令故事》上、中、下三篇，皆刑法制度也。"
　　[8]《隋书·经籍志二》载有《南台奏事》二十二卷。
　　[9] 参见《后汉书·应劭传》。
　　[10] 张建国指出，《尚书旧事》是尚书台掌管的行政法规和制度，《廷尉板令》是廷尉掌管的狱讼事务方面的规定，《司徒都目》是司徒掌管的民事方面的判例或条款，《五曹诏书》是尚书下属五曹按照分管事务掌管的诏书档案。又说《晋故事》属于行政法规。[参见张建国："'科'的变迁及其历史作用"，载《北京大学学报（哲学社会科学版）》1987年第3期]
　　[11]《晋书·武帝纪》。
　　[12]《晋书·山涛传》。

许多专门负责传达、管理文书故事的职员。例如，曹魏明帝时有"通事"，晋初有"通事令史"[1]，负责掌管文法工作。

晋初的《泰始律》《泰始令》《晋故事》三大法典，素材都来自秦汉以来的各种律令科条和文书故事。《隋书·经籍志二》称："晋初，甲令已下，至九百余卷，晋武帝命车骑将军贾充，博引群儒，删采其要，增律十篇。其余不足经远者为法令，施行制度者为令，品式章程者为故事，各还其官府。"[2] 原本数量庞大的文书故事，有一部分在汉魏期间编订为《甲令》[3]以下多达九百余卷的法律文书。晋初贾充等人从中先选取部分补充进入律典，然后又把"不足经远的法令"和"施行制度的令"合编为令典，最后把"品式章程"等内容编为《晋故事》。这应该就是当时立法活动的基本操作过程。当然，秦汉以后的文书故事肯定还会有剩余的内容。这些剩余的篇章条文无法被编入正式法典，只能继续以普通文书故事的形式藏于官府，传之后世，以待不时之需。[4]

（二）经籍文献视角下的"晋故事"与《晋故事》

《晋书·刑法志》曰："其常事品式章程，各还其府，为故事。"[5]这里的"常事"，常被理解为"平常事，一般事务"[6]，"普通的一般事情"[7]。这是把具体、特指的"事"理解为抽象、泛指的"事"，是对"事"字本义

---

[1] 参见《晋书·荀勖传》。

[2] 《隋书·经籍志二》。

[3] 此处《甲令》与前文提及的《令甲》之间关系，曾为学者所讨论。本书认为，前文所提《令甲》所指乃汉代依据文书故事编订而成的，有三百篇。而此处所提《甲令》所指的则是在前者基础之上进一步增订吸收新的文书故事编订而成，有九百卷之多。尽管二者篇、卷标准不一，但是根据当时文献撰写的一般规律，九百卷规模显然大于三百篇。换句话说，二者所指不是用一对象，但有密切的继承联系。至于篇名称作令甲还是甲令，其文字顺序的颠倒、一致，反倒不是问题的关键所在。

[4] 例如前揭《隋书·经籍志二》所载《汉魏吴蜀旧事》《秦汉已来旧事》。（清）姚振宗认为二者性质相同，"皆六朝以来故府相传之旧笈，疑贾、杜删削之余，为当时所不用者。"[（清）姚振宗撰：《隋书经籍考证》，收于王承略、刘心明主编：《二十五史艺文经籍志考补萃编》，清华大学出版社2014年版，第705页]

[5] 《晋书·刑法志》。

[6] 参见张尚谦、张萍："再释西晋的'户调之式'"，载《云南民族学院学报（哲学社会科学版）》1997年第1期。

[7] 参见 [日] 守屋美都雄：《中国古代的家族与国家》，钱杭、杨晓芬译，上海古籍出版社2010年版，第457页。

的认知含混所致。[1]实际上,"常"即恒常,"事"即文书。"常事"如果理解为"普适通用、持久有效的文书故事",似乎和上下文义更相符合。而"常事"和"品式章程"实为一体两称,前者是概称,后者是具指。或许正是由于这两个词的语义彼此重复,所以同为唐人所修的《隋书·经籍志二》就把句中"常事"二字省去,径直表述为"品式章程者为故事,各还其官府"。这种表述不仅没错,而且更为简洁。

前文已经提及,"故事"一词有一般事迹、典范先例、文书档案三个义项。而《晋故事》是出自文书系统,取材于文书故事。而且是在文书故事中选取具有指导规范意义的规章程式,即所谓"常事""品式章程"。符合这个标准的文书故事编入《晋故事》后,就从行政文书或文书档案升级为正式的国家制定法,从规范形式到效力等级都有明显提升,同时获得了与律令法典并行的地位。由此开拓出"故事"的第四个义项:制定法故事或称法典故事。[2]其明确性、抽象性、强制性与技术性,从此就为其他"故事"所难以企及。[3]

两晋时期,法典《晋故事》外还有其他许多"故事"类文本。它们多数采用的是"事迹""先例""文书"三义。就其具体内容而言,有政治人事安排的"故事",有礼仪制度的"故事",也有纯粹撰述人物事迹的"故事"。例如,八王之乱时,赵王司马伦"矫诏自为使持节、大都督、督中外诸军事、相国、侍中、王如故,一依宣文辅魏故事"[4]。这是依照故事进行政治人事安排。《初学记》引《晋宋旧事》三条,内容涉及岁时、佩饰等,属于礼仪

---

[1] 周东平等人将"常事"这一关键性字眼加以模糊处理,径直译为形容词"一般的",将其中"事"的义项彻底漏过,也甚为遗憾。参见周东平主编:《〈晋书·刑法志〉译注》,人民出版社2017年版,第257页。

[2] 本书称《晋故事》为"制定法故事",是为了将其与先例故事相区分。因为先例故事从某种角度来说具有习惯法的意味,本书对此并不否认,因此使用"制定法故事"一词以显示与其有别。本书称《晋故事》为法典故事,则是为了表明其不仅是制定法,而且具有显著的法典属性。

[3] 楼劲认为,《晋故事》与《建武律令故事》、《魏武故事》一脉相承,都源于制诏编纂。(楼劲:《魏晋南北朝隋唐立法与法律体系:敕例、法典与唐法系源流》,中国社会科学出版社2014年版,第6~8页)此说不确。《建武律令故事》是有关于律令的文书档案;《魏武故事》则内容更加复杂,兼有事迹追述、言辞记录、心机表露、政令文书等多种类型的"故事"含义。《晋故事》是依据文书故事抽象提炼而成的制定法,与前述二者有本质不同。而且其来源广泛而复杂,绝非单线递进生发而来。

[4] 《晋书·赵王伦传》。

故事。[1]这些"故事"以某具体事例方式体现,有明确的时间和人物,不具有表现形式上的抽象性,所以不应属于法典《晋故事》的范畴。《斛斯师德墓志》提到的"晋故事",有可能也只是挂靠西晋的某个先例故事,而非法典《晋故事》。[2]

据《隋书·经籍志二》,晋朝"故事"类文献有《晋弹事》《晋驳事》《晋朝杂事》《晋要事》《晋故事》《晋建武故事》《晋咸和咸康故事》《晋修复山陵故事》《交州杂事》《晋八王故事》《晋四王起事》《大司马陶公故事》《郗太尉为尚书令故事》《桓玄伪事》《晋东宫旧事》《晋公卿礼秩故事》《晋弹事》《晋驳事》等许多种,被分在"旧事篇""职官篇""刑法篇"等不同类别中。《旧唐书·经籍志》《新唐书·艺文志》中又多出《晋诸杂故事》《晋太始太康故事》《晋建武以来故事》等文献。

这些"故事"类文献,有些属于单纯的历史故事,有些属于典章、朝仪的典范先例,有些仍指公文簿书,有的则指表现为成文化抽象法律规范的法典。但当时人对事迹、先例、文书、制定法等不同性质"故事"的差别没有清晰的界定。这种彼此混淆的状态,观隋唐书《经籍志》《艺文志》中的"旧事篇""故事类""刑法类""礼仪类"的篇目归类,更可一目了然。(详见表17)

表17 隋唐书《经籍志》《艺文志》所见的晋朝"故事"

序号	"故事"文本名称(首次出现为准)	记载一:《隋书·经籍志二》	记载二:《旧唐书·经籍志上》	记载三:《新唐书·艺文志二》	备注
1	《晋朝杂事》	2卷/旧事篇	2卷/故事类	2卷/故事类	
2	《晋宋旧事》	135卷/旧事篇	130卷/故事类	130卷/故事类	
3	《晋要事》	3卷/旧事篇		3卷/故事类	
4	《晋故事》	43卷/旧事篇	43卷/故事类	43卷/故事类	

[1]《初学记·岁时部下·腊第十三》引《晋宋旧事》曰:"魏帝逊位,祖以酉日,腊以丑日。"《初学记·器物部下·佩第六》:"《晋宋旧事》曰:太皇太后雀钮白玉佩。"《初学记·器物部下·裙第十》:"《晋宋旧事》曰:崇进皇太后为太皇太后,有绛碧绢双裙,绛绢褥裙,缃绛纱复裙,白绢裙。"

[2]《斛斯师德墓志》:"祖以宗戚有功,依晋故事,十姓枝分之日,命公以为氏焉。"(周绍良主编:《唐代墓志汇编》,上海古籍出版社1992年版,第343页)

续表

序号	"故事"文本名称（首次出现为准）	记载一：《隋书·经籍志二》	记载二：《旧唐书·经籍志上》	记载三：《新唐书·艺文志二》	备注
5	《晋建武故事》	1卷/旧事篇			
6	《晋咸和咸康故事》	4卷，晋孔愉撰/旧事篇			
7	《晋建武咸和咸康故事》		4卷，孔愉撰/故事类	孔愉撰，4卷/故事类	
8	《晋修复山陵故事》	5卷，车灌撰/旧事篇	《修复山林故事》，5卷，车灌撰/故事类	车灌，5卷/故事类	
9	《交州杂事》	9卷，记士燮及陶璜事/旧事篇	《交州杂故事》，9卷/故事类	《交州杂故事》，9卷/故事类	陶璜，吴晋之际交州刺史。
10	《晋八王故事》	10卷/旧事篇	12卷，卢綝撰/故事类	12卷，卢綝撰/故事类	
11	《晋四王起事》	4卷，晋廷尉卢綝撰/旧事篇	《四王起事》，4卷，卢綝撰/故事类	卢綝撰/故事类	
12	《大司马陶公故事》	3卷/旧事篇	3卷/故事类	3卷/故事类	陶公即东晋大司马陶侃。
13	《郗太尉为尚书令故事》	3卷/旧事篇	2卷/故事类	3卷/故事类	郗太尉，东晋太尉郗鉴。
14	《桓玄伪事》	3卷/旧事篇	《桓公伪事》，2卷，应德詹撰/故事类	2卷/伪史类	《初学记》《太平御览》有引。
15	《晋东宫旧事》	10卷/旧事篇	《东宫旧事》，11卷，张敞撰/故事类	11卷，张敞撰/故事类	
16	《秦汉已来旧事》	10卷/旧事篇			

续表

序号	"故事"文本名称（首次出现为准）	记载一：《隋书·经籍志二》	记载二：《旧唐书·经籍志上》	记载三：《新唐书·艺文志二》	备注
17	《秦汉以来旧事》		8卷/故事类	8卷/故事类	
18	《尚书大事》	20卷，范汪撰/旧事篇	21卷/故事类	范汪撰，21卷/故事类	范汪，两晋之际人。
19	《沔南故事》	3卷，应思远撰/旧事篇			应詹，字思远，两晋之际人。
20	《江南故事》		3卷/故事类	应詹，3卷/故事类	
21	《晋公卿礼秩故事》	9卷（傅畅撰）/职官篇	《晋公卿礼秩》，9卷，傅畅撰/故事类	《晋公卿礼秩》，9卷，傅畅撰/职官类	《晋书·傅玄传附傅咸传》称《公卿故事》
22	《晋弹事》	10卷/刑法篇	9卷/刑法类	9卷/刑法类	
23	《南台奏事》	22卷/刑法篇	22卷/刑法类	22卷/刑法类	
24	《南台奏事》			9卷/故事类	
25	《晋驳事》	4卷/刑法篇	4卷/刑法类	4卷/刑法类	
26	《晋诸杂故事》		22卷/故事类	22卷/故事类	
27	《晋太始太康故事》		5卷/故事类	8卷/故事类	
28	《晋建武已来故事》		3卷/故事类		
29	《晋建武以来故事》		3卷/故事类	3卷/故事类	
30	《先朝故事》		20卷，刘道会撰/故事类	刘道荟，20卷/故事类	刘道荟，刘宋人。
31	《晋故事》			4卷/故事类	

续表

序号	"故事"文本名称（首次出现为准）	记载一：《隋书·经籍志二》	记载二：《旧唐书·经籍志上》	记载三：《新唐书·艺文志二》	备 注
32	《晋氏故事》			4卷/故事类	
33	《晋尚书仪曹事》			9卷/仪注类	

说明：

1. 第5、6、7三项，疑《晋建武咸和咸康故事》即《晋建武故事》《晋咸和咸康故事》二书合并而成。姚振宗："盖东晋元、明、成三朝之故事，与前之建武已来故事三卷，大抵略同，惟此多一卷耳。本传不载是书，当是官尚书时所集录。"[（清）姚振宗撰：《隋书经籍志考证》，收于王承略、刘心明主编：《二十五史艺文经籍志考补萃编》清华大学出版社2012年版，第698页] 楼劲也持此说。（楼劲：《魏晋南北朝隋唐立法与法律体系：敕例、法典与唐法系源流》，中国社会科学出版社2014年版，第10页）这也简要反映出此类故事的成书过程。

2. 第16、17两项，疑《秦汉已来旧事》即《秦汉以来旧事》。

3. 第18项，"大事"即重要的文书。

《晋书·武帝纪》载泰始六年（公元270年）七月乙巳诏曰："自泰始以来，大事皆撰录秘书，写副。后有其事，辄宜缀集以为常。"又《晋书·荀勖传》："时议以勖倾国害时，孙资、刘放之匹。然性慎密，每有诏令大事，虽已宣布，然终不言，不欲使人知己豫闻也。"这里的"大事"是指重要的诏令文书。《太平御览·礼仪部十四·释奠》引晋《尚书大事》："尚书符太常曰：'按洛阳图宫南自有太学，国子、辟雍不相预也。舍辟雍以太学，辟雍便为无事虚诞。汉魏旧事，皆言释奠祠先圣於辟雍，未有言太学者。又咸和中，成皇帝释奠于中堂之前台中，故事亦曰辟雍。是为汉魏之世初自两立，至释奠便在辟雍犹存。今废辟雍而立二学，中兴以来相违。'太常王彪之答：'魏帝齐王使有司释奠于辟雍，此是魏之大事，非書旧典。太始、元康释奠太学，不在辟雍；太始五年、元康五年二行飨礼，皆於辟雍，不在太学。是则释奠于太学，行飨于辟雍，有晋已行之，准也。中朝有辟雍，犹在太学，况无辟雍，惟有太学，更当不在太学乎！'宰相从太常所答。"据此，《尚书大事》应该是由尚书机构保存的重要行政往来文书。

4. 第19、20两项，《沔南故事》《江南故事》两目并存，且都出自应詹之手，疑为一书，"江南"应为"沔南"之讹。首先，"沔"通常代指汉江，"沔北""沔南"是当时习见的地理区域名称。例如，西晋初年卢钦曾任职都督沔北诸军事、平南将军。（《晋书·卢钦传》）东晋初年应詹也曾出任都督江州诸军事、平南将军、江州刺史之职，所领区域应在沔东。其次，应詹在晚年疾笃中曾给陶侃写信称："每忆密计，自沔入湘，颉颃缱绻，齐好断金。子南我东,忽然一纪,其间事故,何所不有。足下建功峤南,旋镇旧楚。吾承乏幸会,来忝此州,图与足下进,共竭节本朝,报恩幼主,退以申寻平生,缠绵旧好。岂悟时不我与,长归幽冥,永言莫从,能不慨怅!今神州未夷,四方多难,足下年德并隆,功名俱盛,宜务建洪范,虽休勿休,至公至平,至谦至顺,即自天祐之,吉无不利。人之将死,其言也善,足下察吾此诚。"(《晋书·应詹传》)据此书信推测,应詹撰写《沔南故事》应该是为了表彰陶侃在沔南地区的功业。如果确实如此,那么《沔南故事》又与第12项《大司马陶公故事》产生了关联。

5. 第23、24两项,疑两部《南台奏事》名称与内容当有所别。

6. 第28、29两项,疑《晋建武已来故事》即《晋建武以来故事》。

7. 第31、32两项,疑《晋故事》即《晋氏故事》,与第4项作为法典的《晋故事》有别。

对于各种"故事"分类的精细标准或内涵上的变迁,即便古人也未必都有明确的意识。于是可以看到,在依据隋、唐图书档案目录编撰的《隋书·经籍志二》《旧唐书·经籍志上》《新唐书·艺文志二》中,作为西晋制定法的《晋故事》分别被归入"旧事类""故事类"而非"刑法类"。古人所谓"刑法"大体相当于今天严格意义上的"法律"。《晋故事》没有被放在"法律"门类中,而是放在"旧事""故事"门类中,与《西京杂记》之类历史著述为伍。原因可能有二:一是图书亡佚导致见名不见书;二是图书分类标准含混,不能明辨各种"故事"的细微差异。前代史家对此问题的讨论颇有启发意义。

宋人郑樵说:"《汉朝驳议》《诸王奏事》《魏臣奏事》《魏台访议》《南台奏事》之类,隋人编入刑法者,以隋人见其书也。若不见其书,即其名以求之,安得有刑法意乎?按《唐志》见其名为奏事,直以为故事也,编入故事类。况古之所谓故事者,即汉之章程也,异乎近人所谓故事者矣,是之谓见名不见书。"[1]郑樵此言是说,《南台奏事》等书就其篇名而言似不具有法律属性,然而却被《隋书》归入法律门类中,极有可能是由于隋人看到书的内容属于法律。这种认知经过隋人编订的图书目录,为编写《隋书》的唐代史家所采纳。而两《唐书》将其归为故事门类,可能是因为唐代档案文书管理人员只知书名未见其书,所以无法认识其法律属性。这种归类法又被编写《唐书》的后世史家所继受。那么,唐人是否见名不见书呢?应该说是存在一

---

[1] (宋)郑樵撰:《通志二十略》,中华书局1987年版,第832页。

定可能性的。因为《旧唐书·经籍志》《新唐书·艺文志》都是以唐代目录学家毋煚的《古今书录》为底本撰写而成。《旧唐书·经籍志上》记载："隋世简编，最为博洽。及大业之季，丧失者多。"又引唐玄宗言曰："内库皆是太宗、高宗先代旧书，常令宫人主掌，所有残缺，未遑补缉，篇卷错乱，难于检阅。"[1]其后才有毋煚参与编纂《群书四部目》并自撰《古今书录》。但是这两部书目著作都是在隋末唐初官藏图书大量散失亡佚的情况下编写的。因此，两《唐书》书目记录的准确性是有可能存在一定问题的。

此外，郑樵后面所说的"况古之所谓故事者，即汉之章程也，异乎近人所谓故事者矣"，也颇有启发意义。[2]事实上，他已经注意到"故事"义项的多重性，并将"古之所谓故事"和汉代的"章程"相类比，隐然指出其法律属性。然而遗憾的是，他并没有也无法如今日法学那样明确界分行政文书与行政法规、法规汇编与系统法典、部门规章与国家立法、立法层级与法律效力等一系列关联概念之间的细微差别，所以没法说清从"故事"到《晋故事》的历史演变脉络。而今人如此专精的分类标准则要拜现代法学研究的理论成果所赐。相比而言，古人或许是有其实却无其名，更无其学，故而难以注意作为法典的《晋故事》与其他"晋故事"之间的区别，直至将两者混为一谈。

清人章宗源《隋书经籍志考证》一书，曾对各种"故事"文献钩沉辑考。[3]兹依据该书所提供的有限线索，把史籍所见西晋各类"故事"文献之内容可考者按照本书所界分的四大义项做粗疏分类，以便明了"晋故事"与《晋故事》的关系。（详见表18）

---

[1]《旧唐书·经籍志上》。

[2] 关于《南台奏事》，《隋书·经籍志二》与《旧唐书·经籍志上》皆归于刑法篇。而《新唐书·艺文志二》则有两部《南台奏事》，其中一部二十二卷被归入刑法类，与此前二志相同，而另一部只有九卷，被归入故事类。料想当为二书，只是名称雷同而已；又或者名称实不相同而抄录误为相同。但无论如何，这都反映出当时人对"故事"义项各有偏失的不同理解，故而出现分类标准的疏漏。

[3] 参见（清）章宗源撰：《隋书经籍志考证》，收于二十五史刊行委员会编：《二十五史补编》，中华书局1995年版，第64～66、68、78～79页。姚振宗另有一本《隋书经籍志考证》，在章宗源的基础上进一步重点考证了各种故事的撰著作者。参见（清）姚振宗撰：《隋书经籍志考证》，收于王承略、刘心明主编：《二十五史艺文经籍志考补萃编》，清华大学出版社2014年版，第695～706、716～717、776～777、781页。当然，二氏《隋书经籍志考证》考证所得也未必都对。因其所得佚文如无明确证据则可能随其意会而加分类归属，此中或有偏谬生焉。例如，《晋八王故事》《晋四王起事》为晋廷尉卢綝所撰，也有可能是依照文书档案整理而得，而非纯粹的人物事迹。

第三章　西晋法典体系的构建成就

表 18　晋代"故事"文献简明分类

总类	晋故事			
分类	事迹故事	先例故事	文书故事	制定法故事
实例	《晋朝杂事》《晋建武故事》《交州杂事》《晋八王故事》《晋四王起事》《大司马陶公故事》	《晋宋旧事》《晋修复山陵故事》《晋东宫旧事》	《晋要事》《桓玄伪事》	《晋故事》

说明：

1. "事迹故事"，以记述一般性人物事迹言行为主要内容。
2. "先例故事"，以地位待遇、礼仪规格方面的典范事例为主要内容。
3. "文书故事"，以历代所存重要的公文簿书、奏议诏书为主要内容。
4. "制定法故事"，以条文化、系统化、强制性、稳定性为主要特征。

二、技术理性视角下的法典形式

《晋故事》源自制诏文书、部门章程，带有较强的行政色彩。它在一般政治性、伦理性的价值观表达之外，还展现出贴近实务、务求实效的技术理性风格。

（一）《晋故事》的编订方式

《晋故事》的编订与律令法典的制定同步进行。然而三者却有不同的身分定位和对应的编订模式。关于《晋故事》的编订方式，最基本的史料有两则，且文句类似：

史料甲：

晋初，甲令已下，至九百余卷，晋武帝命车骑将军贾充，博引群儒，删采其要，增律十篇。其余不足经远者为法令，施行制度者为令，品式章程者为故事，各还其官府。

（《隋书·经籍志二》）

史料乙：

改旧律为……其余未宜除者，若军事、田农、酤酒，未得皆从人心，权设其法，太平当除，故不入律，悉以为令。施行制度，以此设教，违令有罪则入律。其常事品式章程，各还其府，为故事。

（《晋书·刑法志》）

这两则史料都是唐人的追述文字，都有表述不清的地方。这就导致学者在以下两个问题上出现不同的理解：

首先，关于史料甲中"法令""令""故事"三者的关系。

守屋美都雄认为："令"和"故事"从属于"法令"，也就是说"不足经远者为法令"是对"令"和"故事"性质的概括性表述。[1]此说不确。因为，用"不足经远"四字描述"令"和"故事"，显然并非史料本意。结合史料乙可知，立法者取舍前代律文时，将其中一部分编入律典，另有一部分放入令典。前文已经指出，这些"不足经远"的"法令"，主要包括军事、田农、酤酒等内容，是基于战时状态而规定在令典中的"权设之法"。所以，史料甲中的"法令"和"令"合并组成令典，"不足经远"四字自然不能用来描述后面的"晋故事"三字。

其次，关于两则史料中"各还其府"的理解。

依据史料甲，"施行制度者为令，品式章程者为故事，各还其官府"。也就是说以《泰始令》设定制度，以《晋故事》规定品式章程，二者在制定完成后需要归藏于各自司职的官府。但据史料乙："其常事品式章程，各还其府，为故事。"似乎需要"各还其府"的唯有《晋故事》，并没说《泰始令》也要"还其府"。

笔者以为，史料乙表述更为准确。根据前引《隋书·经籍志二》"旧事篇"按语的描述，古代朝廷发布的政令都要藏于官府，由相关职能部门保管和整理。起初，令和文书故事一样藏于相关部门。所以汉代才有《太尉挈令》《廷尉挈令》《大鸿胪挈令》《光禄挈令》等以公卿官府命名的令篇汇编。但这种情况随着令典的逐步成型而得到改变。曹魏立法把各种令篇汇编成分别规定民政、官政、军政制度的"州郡令""尚书官令""军中令"。西晋进一步将其浓缩为三十二篇的统一令典。至此，各官府分掌令篇的情形已经成为历史，令的法典化初步完成。此时若再将一部系统的令典拆分之后"还其官府"，则不仅不合情理，而且有悖于历史潮流。所以"各还其府"的只能是《晋故事》。

与《泰始令》相比，《晋故事》才有可能也有必要"还其官府"。"各还其府"四字表明，立法者起初是把各职能部门所藏的文书故事收集起来，然后按照特定标准加工条文，删除重复，编排整理，最后形成高质量的规范文

---

[1] 参见［日］守屋美都雄：《中国古代的家族与国家》，钱杭、杨晓芬译，上海古籍出版社2010年版，第456页。

本。整个编纂过程可以用集、改、编、还四字概括。守屋美都雄说："被贾充的'故事'编入的品式章程，本来就是以前各官府已经施行，现在又作为中央的立场加以确认，并重新回到现实场景中的规定。"〔1〕这话尽管翻译可能不甚准确，但大体意思已经展现出来，尤其突出了"集"和"还"两个环节。但是，守屋氏却没有对整个过程中更为关键的两个环节——"改"和"编"——加以足够的重视。他简单地认为，编订《晋故事》只是把官府所藏的品式章程等文书故事收集起来，统一颁布赋予法律效力，然后再归还各官府。这就忽略了立法者对收集起来的文书故事进行甄别、取舍、加工、编排的工作。所以他将《晋故事》的编纂过程简单理解为"官府规则的法律化"〔2〕，实际上仍旧停留在对"事"与"故事"的偏狭理解中，没能深入揭示《晋故事》作为制定法故事或法典故事的本质特征。

秦汉以来官藏文书为历代所采掇承用、整理汇编。应劭编撰的《尚书旧事》《决事比例》《司徒都目》，就是对官府所藏文书故事分类整理的成果。陈群、刘邵、贾充等人编订法典，也仍以之作为资料来源，加以取舍利用。可见，《晋故事》的编订方式早有成熟的经验。与前人相比，晋人的独创性只是在律令之外创设专以"故事"为名的法律形式，把律令法典不采又有实用价值的文书故事进行编纂升格。一如前文所述，在《晋故事》采掇之余，肯定还有许多文书故事被归并另存。

采取这种立法方式，主要是由法典体系构建的技术性需要决定的。在西晋的律令法制体系中，律令法典具有根本稳定性，同时还要兼顾形式上的体系完整，所以不可能把所有规范收罗殆尽。此时就需要充分借助行政事务部门长期积累的施政经验和文本素材。各行政部门收藏整理的文书故事被统一收集到法典编纂者手里，经过删削、提炼、汇编之后形成明确可行的办事细则和规章制度，然后在治国理政活动中加以施行，自然可收事半功倍之效。

（二）《晋故事》的形态特征

《晋故事》不同于其他"故事"，也有别于律令法典，具有独特的形态特征。与一般的文书故事相比，它有相对的抽象性和稳定性；与律令法典相比，

---

〔1〕［日］守屋美都雄：《中国古代的家族与国家》，钱杭、杨晓芬译，上海古籍出版社2010年版，第457页。

〔2〕参见［日］守屋美都雄：《中国古代的家族与国家》，钱杭、杨晓芬译，上海古籍出版社2010年版，第460~461页。

它的抽象性和稳定性又有所欠缺。所以，可以将其视为一般文书故事与律令法典之间的联结或过渡。[1]

首先来看，《晋故事》条文的相对抽象性。

文书故事源于处理具体事项的政令文书，所以具有特定的问题指向和具体的人物、事件、时间背景，形式上也会保留原始文书的措辞、结构甚至请示批复的流程。文书制定完成后，既要颁下施行，也要制成档案藏于秘府，以备调阅查询或校对之用。基于完整记事和便于查阅的需要，这些文书故事通常不会独立存放，而是会以诏书传达、奏章往来等文件卷宗的形式示人。例如，《晋书·周顗传》载："（王）导后料检中书故事，见顗表救己，殷勤款至。"这种中书省收录整理的文书故事就包含君臣之间奏章、诏书等文书往来。这种情况与出土简牍所见的汉令有一定相似之处。

相对而言，《晋故事》既然是"品式章程"，可以想见其应该是由抽象条文构成，不大可能表现为具体事例。也就是说，文书故事在上报立法者后，会被删掉大量格式化的空洞文字，只保留或提炼其中可以作为抽象规范的语意要素，然后编成条文。所以，抽象性的规范条文是《晋故事》的基本表现形态。如果明确以此为标准，就可以初步判断史料中某条"故事"是否属于《晋故事》。例如，《太平御览·珍宝部十一·银》引"晋故事"曰："成帝咸康元年，有司奏上元给赐众官银，检金部见银一万五千两充给。"这条"故事"虽然以"晋故事"命名，但其与"品式章程"却有一定差距。同时又据其"咸康元年"（公元355年）字样，很可能归属于《晋咸康故事》之类官方文书档案，而非《晋故事》。《初学记·宝器部·绢》引《晋故事》条文（详见下文），为有关西晋户调制度的规范性条款，故应属于《晋故事》。此外，江统称"故事，父祖与官职同名，皆得改选"[2]。此类条款也有抽象性，也有可能属于《晋故事》。

当然，由于《晋故事》是直接删削整理文书故事而来，经过初次加工可能仍有粗糙遗漏的地方。涉及具体规范的行文，仍有可能保留一些原来政令

---

[1] 楼劲："编纂《晋故事》使之与《律》《令》并行，要害是在随时随下达的制敕和形态较为稳定严密的《律》《令》之间，设置了一个吸纳缓冲的中间环节，从而把《律》《令》直接被相关制敕补充和修正的局面，转换成了这类具有明确立法意义的制敕集的不断续补和再编。"（楼劲：《魏晋南北朝隋唐立法与法律体系：敕例、法典与唐法系源流》，中国社会科学出版社2014年版，第49页）此说甚为有理。但一如本书前文所述，《晋故事》对制诏册命等文书故事的吸纳过程还伴随着条文加工、语素提炼、次序排列、效力升级等活动，并非原样照抄、简单汇编。

[2]《晋书·江统传》。

诏书的痕迹。例如，《初学记·宝器部·绢》引《晋故事》条文中有"自如旧制"等字样，文意表述也有迂回套嵌之感，显然是保留其原始文书的一些特征。楼劲据此认为《晋故事》与其他文书故事没有区别，都是诏敕文书的简单抄录，没有改变其原来的面貌。[1]此说不确。尽管这条《晋故事》条文存在改造细节不够彻底精致的情况，但这并不能否认其已经从整体面貌上去除文书格式、删掉游辞费句、提炼核心语素的客观事实。抓住局部缺陷而否定其整体进步，是不可取的。毕竟，与经过汉魏以来对文书故事持续改造的令典条文相比，《晋故事》还是新生事物，其对文书故事的改造还有进一步提升的空间。

其次来看，《晋故事》内容的相对稳定性。

《晋故事》与一般文书故事的区别在于其体系化与稳定性。体系化是西晋初年制定各种法律的总原则。《晋故事》采掇各官府部门的规章细则，统一编订，调整次序，删除重复，规范表述，而后再各还其府，由法条内容所对应的职能部门分工负责施行。经此过程而成型的《晋故事》，较于之前的文书故事表现出显著的体系化特征。正是由于这种以体系化为方向的编订过程，使其法律效力从时间、空间、等级等方面实现了全方位升格，进而保证了其作为"常事之法"的稳定性。

当然，《晋故事》又不是一个绝对封闭的法规系统，而是在保证稳定性的同时还有一定程度的开放性。这从史书中关于其卷帙规模的记载可以推知。《晋书·刑法志》《唐六典·尚书刑部》注都记载，泰始四年（公元268年）颁布《晋故事》三十卷。而《隋书·经籍志》《旧唐书·经籍志》《新唐书·艺文志》所收录的《晋故事》都是四十三卷。守屋美都雄认为："这四十三卷本也许补充了贾充本之后的故事而成。"[2]此说合理。例如，裴秀"创制朝仪，广陈刑政，朝廷多遵用之，以为故事"[3]。裴秀卒于泰始七年（公元271年），其创立的朝仪、刑政制度多被朝廷遵用，想来也应有一部分被编入《晋故事》。可见，《晋故事》具有一定开放性，自贾充以后代有增损。

《晋故事》之所以有这样的开放性，主要是由其内容性质决定的。因为《晋故事》专门针对行政事务部门的具体工作，所以其条文必定具有较强针对

---

[1] 参见楼劲：《魏晋南北朝隋唐立法与法律体系：敕例、法典与唐法系源流》，中国社会科学出版社2014年版，第15页。

[2] [日]守屋美都雄：《中国古代的家族与国家》，钱杭、杨晓芬译，上海古籍出版社2010年版，第458页。唐长孺同持此说。（唐长孺：《魏晋南北朝史论丛》，中华书局2011年版，第52页）

[3] 《晋书·裴秀传》。

性和操作性,其品式章程的规定内容也必定较为细致、详尽,更多表现为具有专门适用领域的细则办法。伴随官府政务的日渐丰富,文书故事内容必定日渐滋长。日积月累之后,具有通则性、普适性的规则一般都会再以某种方式收录进入《晋故事》。

与同样作为行政法律的《泰始令》相比,《晋故事》所做规范的侧重点有所不同。一方面,前者内容经过长期沉淀,无论条文表述还是篇章次序都已经较为稳定,后者则是新生事物,删存去取之间还有较多不确定性;另一方面,前者所规定的事类和内容不仅针对官府也适用于民间,为普天之下官民所共同遵行,后者则是专门针对官府办事章程,专以指导行政事务为主。[1]如果能与现代法律做个类比的话,《泰始令》和《晋故事》的关系就类似于民法与商法的关系,基本性质和原则相通,具体适用对象和适用规则又有差异。再回头来看,西晋三大法典《泰始律》《泰始令》《晋故事》,稳定性逐渐递减,开放性逐渐增强。这也能显示出西晋法典体系的体系化分工和总体性规划,是自古以来所没有的。

关于《晋故事》的编纂体例,史书没有明确记录。但史料中"各还其府"四字显示,《晋故事》既有可能是根据行政部门的机构名称编订。这从此前应劭根据官府名整理文书故事和此后唐代法典《格》《式》根据尚书诸曹名目编订的情况,是一脉相承的。[2]然而目前存疑的问题在于,晋初三十卷的《晋故事》后来又增加为四十三卷,新增的十三卷又是以何种方式加入到已成体系的法典结构当中去的呢?从法律编纂的角度来说,直接在原有篇章的后面补充累加的方式自然最为省力。然而从行政职责逻辑的角度来说,把新增的规范条文依据部门职能穿插进入相应篇章之中似乎又更合理,更便于检阅适用。可是这种在今天看来似乎不成问题的编纂方式,在中古时期的书写材料编订方式的大背景下,却存在一定的技术难度。当然,由于《晋故事》自身具有"各还其府"的形式特征,各职能部门依据自身职责所在各自领取与其工作内容相关的规范篇目。所以从某个部门的角度来说,在自己所熟悉的专业领域内根据工作需要适时补充一些新的规范内容,置于自己领回来的

---

[1] 楼劲:"由于《晋故事》可'各还其官府',显然并非那些颁告天下的普适性规范,而是直接下至某个机构指导其行政过程,并由其自行掌握和负责予以贯彻落实的规范或成例。"(楼劲:《魏晋南北朝隋唐立法与法律体系:敕例、法典与唐法系源流》,中国社会科学出版社2014年版,第18页)

[2] 楼劲就明确提出,《晋故事》是"以各府为目"的。(楼劲:《魏晋南北朝隋唐立法与法律体系:敕例、法典与唐法系源流》,中国社会科学出版社2014年版,第5页)

《晋故事》相应篇章之后，似乎并不会增加多少负担，也不会影响整编、施行的效率。如此一来，接下来要做的工作可能就是定期汇总到上级法律汇编机构，由技术人员统筹更新《晋故事》的全本再度颁行而已。

但问题是，这样的法律汇编机构在西晋是否存在呢？答案是有可能存在。西晋讨论新礼时，曾提到当时存在一个名为"律署"的机构。根据《晋书·礼志上》的记载，新礼把祭祀皋陶的场地从廷尉寺转移到律署，遭到挚虞的反对。根据他的理由可以推断，这个律署就应该是定科曹。[1]定科曹是负责制定、整理法律的专职机构，而且根据实际情况设置，比较灵活地适应了西晋各主要法律修正补充的需要。这使《晋故事》在职能部门损益调整之后的各篇内容在更高的层次上汇总整编成为可能。

问题或许又会因此而起。具有一定开放性、内容陆续增订的《晋故事》还是否可以称之为"法典"？关于"法典"成立的标准，滋贺秀三曾从形式的角度提出过著名的"二要件说"：一是高度整合性，即法外无法；二是高度整体性，即整体存灭。从目前的史料来看，《晋故事》本身具有一定的整合性，是将现行所有文书故事进行筛选、整理、升级后得出的现行有效、体系完整的法典成果。史载易雄"习律令及施行故事"[2]。"故事"前加"施行"二字，可能是在暗示原本的"故事"有施行与不施行之别，不施行的可能就是从《晋故事》落选的部分。如此说来，《晋故事》实际上已经具有法外无法的特征，即所有有效的文书故事都被吸收到其中。这些被吸收整合的文书故事又是在泰始四年（公元268年）与律令法典一起集中颁行，其法典化的外在形式要件也已经确凿无疑。至于说，已行法典不能局部修改增订的陈旧观点，既不合乎立法的一般规律，也不符合古今的立法实践，并不足以作为否定其法典属性的理由。

---

〔1〕根据他的理由可以推断，"律署"具有三条特征：涉及律令创设、职位卑于廷尉、废兴无常。用这三个条件加以衡量，笔者以为应该指的是定科曹。魏晋时都曾在尚书台置有定科郎之职，主要担任修订律令的职责。贾充在曹魏时期"拜尚书郎，典定科令"（《晋书·贾充传》），很有可能就是担任定科郎。西晋裴楷就曾以此身份参与泰始律的制定。南朝官制承袭两晋，设置尚书删定郎行使定科郎的职权。南梁尚书删定郎蔡法度主持制定律令有功，被梁武帝擢拔为廷尉卿，以示褒奖。由此可知，魏晋定科郎地位俸秩也应该低于廷尉卿。而且这个官职并不常设，故而在《晋书·职官志》《宋书·百官志》中都没有专门的记载。综上可以推测，西晋定科曹参与制定律令，地位低于廷尉，而且兴废无常，应该就是此处所说的律署。参见邓长春："狱神皋陶崇拜考论"，载朱勇主编：《中华法系》（第十二卷），法律出版社2019年版。

〔2〕《晋书·忠义·易雄传》。

（三）《晋故事》的后世转化

经过前述分析可知，《晋故事》是介乎于一般文书故事和律令法典之间的一种法律表现形式。晋亡以后，法典《晋故事》虽已失效，但其内容却仍在发挥效力，改换名目继续串联文书故事与律令法典。因而有必要对其流变转化加以考察。

《晋故事》在两晋期间逐渐增补，从三十卷扩容到四十三卷。南梁时蔡法度主持制定律令法典的同时，制定《梁科》四十卷。科作为一种法律形式自汉魏以来就已存在，[1]"南朝时，作为法规的科再现，而其内容则与前不同"[2]，呈现出新的法律功能和特征。蔡法度"易故事为梁科"[3]，这里的"故事"应该就是西晋的法典《晋故事》。[4]而所谓"易"既有改换名目之意，也可作删削简化理解。具体而言，蔡法度的做法应该是"取故事之宜于时者"[5]删削整理，定为《梁科》，即《天监科》。其内容也应该是品式章程之类的常事之法。可见，《天监科》在南梁法典体系中的地位，正与《晋故事》在西晋相当。此后，南陈又制定《陈科》四十卷，应该和南梁《天监科》略同。

虽然北朝法制与南朝并立，自成系统。但当时南北之间的交流互通却始终未曾停顿。北魏天兴以来"律""令"的发展演变，是一个逐渐向魏晋以来定型的《律》《令》体制靠拢的过程。[6]《唐六典·尚书刑部》注云："后魏以'格'代'科'，于麟趾殿删定，名为《麟趾格》。北齐因魏立格，撰《横格》，与《律》《令》并行。"[7]实际上，北魏、北齐的格深受南朝的科影响，同样是"增损旧事"的产物，[8]即从"文书故事—《晋故事》—《梁科》"

---

[1] 刘笃才说："科在西汉文献中出现的频率屈指可数，表明它还可能只是一个普通名词，没有法律法规专用名词的意义。在东汉文献中，科和科条、科令的字样频繁出现，说明科逐渐成为专门的法律名词。"（刘笃才："汉科考略"，载《法学研究》2003年第4期）

[2] 张建国："'科'的变迁及其历史作用"，载《北京大学学报（哲学社会科学版）》1987年第3期。

[3] 《唐六典·尚书刑部》注。

[4] 《隋书·经籍志二·刑法篇》云："汉初，萧何定律九章，其后渐更增益，令甲已下，盈溢架藏。晋初，贾充、杜预删削而定之，有律，有令，有故事。梁时，又取故事之宜于时者为梁科。"依其意，则《梁科》所采应为《晋故事》。

[5] 《隋书·经籍志二·刑法篇》。

[6] 参见楼劲："北魏天兴'律令'的性质和形态"，载《文史哲》2013年第2期。

[7] 此处《唐六典》所载有误，实则《麟趾格》编订活动始于北魏而成于东魏，并且沿用到北齐。这里的《横格》很有可能就是《权格》。详见后文。

[8] 《北齐书·封述传》载："（封述）天平中，增损旧事为《麟趾新格》，其名法科条，皆述删定。"天保元年（公元550年），北齐代东魏，文宣帝命群臣重新刊定魏朝留下的《麟趾格》。（《隋书·刑法志》）

一系文本中借鉴大量内容。同时，《北齐令》"取尚书二十八曹为其篇名"[1]，"大抵采魏晋故事"[2]。《北齐令》按照行政官署体例布局，突出中央各部门的行政管理职权，应该是借鉴了《晋故事》的体例模式。而其所谓"采魏晋故事"，又是在暗示魏晋时源出于官府行政系统的法律故事被大量收罗进入北齐的令典。这就是《晋故事》在北朝的一个流变去向。

唐代前期有《律》《令》《格》《式》四类法典，关于其分类标准，主要有两个"定义群"。[3]霍存福认为，应以突出《令》《式》相类似性的《唐六典》所载为优。因为唐《式》源出于唐《令》，与唐《令》在性质、内容等各方面存在诸多关联。[4]实际上，唐代的《格》《式》关系非常密切，甚至难于找到明确的区分界线。而《晋故事》，就其"品式章程"的内容性质而言，与"轨物程事"的"常法"唐《式》更为接近，与作为唐代综合补充法的《散颁格》有明显区别；就其"各还官府"的行用方式来说，又与唐代"曹之常务但留本司"的《留司格》很相似；就其删削整理制诏文书的内容来源来说，又与唐代"编录当时制敕永为法则"[5]的《格》和"斟酌今古通变可以益时"[6]的《式》有内在的渊源关系。具体详见后文。

三、《晋故事·户调式》解析

关于《晋故事》内容的明确引文，目前仅见史料二则，且都出自其中的《户调式》。对《户调式》这两则史料加以考证阐释，有助于管窥《晋故事》

---

[1]《唐六典·尚书刑部》注。

[2]《隋书·刑法志》。

[3]《唐六典·尚书刑部》："凡律以正刑定罪，令以设范立制，格以禁违正邪，式以轨物程事。"《新唐书·刑法志》："唐之刑书有四，曰律、令、格、式。令者，尊卑贵贱之等数，国家之制度也；格者，百官有司之所常行之事也；式者，其所常守之法也。凡邦国之政，必从事于此三者，其有所违及人之为恶而入于罪戾者，一断以律。"

[4]参见霍存福："唐式性质考论"，载《吉林大学社会科学学报》1992年第6期。

[5]《唐六典·尚书刑部》注："（格）以尚书省诸曹为之目，共为七卷。其曹之常务但留本司者，别为《留司格》一卷。盖编录当时制敕，永为法则，以为故事。"守屋美都雄指出："与唐格相比，晋故事是一个特征更为模糊不清的概念，因此六典的记载方式，就根据唐人的概念，对'故事'概念作出了严格的限定。"（[日]守屋美都雄：《中国古代的家族与国家》，钱杭、杨晓芬译，上海古籍出版社2010年版，第461页）他所说的"严格的限定"就是"编录当时制敕，永为法则"。

[6]《唐六典·尚书刑部》注："（式）亦以尚书省列曹及《秘书》《太常》《司农》《光禄》《太仆》《太府》《少府》及《监门》《宿卫》《计帐》为其篇目，为二十卷。后周文帝初辅魏政，大统元年，令有司斟酌今古通变可以益时者，为二十四条之制；七年，又下有十二条之制；十年，命尚书苏绰总三十六条，更损益为五卷，谓之《大统式》。"

的原貌。

(一)《户调式》史料二则引发的疑问

史料甲：

> 凡民丁课田，夫五十亩，收租四斛，绢三匹，绵三斤。凡属诸侯，皆减租谷亩一斗，计所减以增诸侯；绢户一匹，以其绢为诸侯秩；又分民租户二斛，以为侯奉。其余租及旧调，绢二户三匹，绵三斤，书为公赋，九品相通，皆输入于官，自如旧制。

（《初学记·宝器部·绢》引《晋故事》）

对此段史料文字，已有多位学者进行校补和解读，[1]对其中可能存在的讹误也达成了一些基本一致的看法。[2]这段史料内容主要涉及西晋课田、户调、诸侯分食等制度。学者意见分歧主要有三：一，"课田"的性质究竟是田制、税制抑或督耕制？[3]二，租调征收方式究竟是按丁、按户还是按

---

[1] 例如，张维华："对于初学记宝器部绢第九所引晋故事一文之考释"［载《山东大学学报（人文科学）》1957年第1期］；唐长孺："西晋田制试释"，载唐长孺《魏晋南北朝史论丛》（中华书局2011年版，第34~54页）；张萍："西晋《户调式》校补"［载《云南民族学院学报（哲学社会科学版）》2000年第4期］。

[2] 包括："斗"应为"升"，"绢二户三匹"应为"户绢二匹"等。另外，也有学者认为"收租四斛"应为"亩收租四斗"。（参见周国林："西晋诸侯四分食一制考略"，载《中国社会经济史研究》1991年第4期）

[3] 关于课田，主张田制说的有：杜佑（《通典·食货一·田制上》）、金家瑞（"西晋的占田制"，载《新史学通讯》1955年第11期）、宫崎市定［日］宫崎市定："晋武帝户调式研究"，夏日新译，载刘俊文主编：《日本学者研究中国史论著选译》（第四卷），中华书局1992年版，第109~133页）、高志辛["西晋课田考释"，载中国社会科学院历史研究所魏晋南北朝隋唐史研究室编：《魏晋隋唐史论集》（第一辑），中国社会科学出版社1981年版，第125~138页］；主张税制说的有：马端临（《文献通考·田赋二》）、王天奖（"西晋的土地和赋税制度"，载《历史研究》1956年第7期）、张维华（"试论曹魏屯田与西晋占田上的某些问题"，载《历史研究》1956年第9期）、岑仲勉（"西晋占田和课田制度之综合说明"，载《中学历史教学》1957年第8期，该文另收入《岑仲勉史学论文续集》，中华书局2004年版，第37~50页）、高敏（"关于西晋占田、课田制的几个问题"，载《历史研究》1983年第3期）；主张督耕制说的有：唐长孺（"西晋田制试释"）、柳春藩（"关于西晋田赋制度问题——对王天奖'西晋的土地和赋税制度'一文的意见"，载《史学集刊》1956年第2期）、朱绍侯（"关于西晋的田制与租调制"，载《江汉论坛》1958年第2期）、李剑农（《魏晋南北朝隋唐经济史稿》，中华书局1963年版，第127页）、赵向群["西晋课田法新议"，载《西北师大学报（社会科学版）》1984年第4期］。考诸史料，此处"课"应以"提出要求，责令完成"（赵向群文语）之意为佳。也就是说，"课田"意在驱民归农、督促农事以便增加国家租税收入。就课田制而言，其所涉及的租调既可理解为税收制度，也可理解为一种督促的手段，却不可简单认为现实中果真存在一种分田授地、按田收租的土地经济制度。

田?[1]三，课田、户调、诸侯分食等制度之间有何关联，为何同时出现在一条史料中？

史料乙：

及平吴之后……又制户调之式：丁男之户，岁输绢三匹，绵三斤，女及次丁男为户者半输。其诸边郡或三分之二，远者三分之一。夷人输賨布，户一匹，远者或一丈。

男子一人占田七十亩，女子三十亩。其外丁男课田五十亩，丁女二十亩，次丁男半之，女则不课。男女年十六已上至六十为正丁，十五已下至十三、六十一已上至六十五为次丁，十二已下六十六已上为老小，不事。远夷不课田者输义米，户三斛，远者五斗，极远者输算钱，人二十八文。

（《晋书·食货志》）

史料乙的"户调之式"，有学者认为属于《泰始令》的《户调令》。[2]但张尚谦却指出这是《晋故事》所谓"品式章程"中的一种，即《户调式》。[3]结合史料甲、乙内容上的相似性与相关性来看，张说应更接近史实。《晋故事》由品、式、章、程构成。其中的"式"原本就有范式、程式等含义。从法律规范的意义来说，式是模型化、标准化、规范化的样板，往往涉及程序性的流程指南、固定化的格式要求等内容。在南朝时，就有《黄案式》《用官式》

---

[1] 关于租调，主张租调都按丁征收的有：吕振羽（《简明中国通史》，人民出版社1955年版，第222页）、金家瑞（"西晋的占田制"，载《新史学通讯》1955年第11期）、张维华（"试论曹魏屯田与西晋占田上的某些问题"，载《历史研究》1956年第9期）；主张租按丁、调按户征收的有：王天奖（"西晋的土地和赋税制度"，载《历史研究》1956年第7期）、柳春藩（"关于西晋田赋制度问题——对王天奖'西晋的土地和赋税制度'一文的意见"，载《史学集刊》1956年第2期）；主张租调都按户征收的有：尚钺（《中国历史纲要》，人民出版社1954年版，第76页）。杨国誉、汤惠生根据出土文献临泽晋简，初步断定课田不可能是以计亩方式征收。（"从《临泽晋简》再看西晋'占田课田制'研究中的几个问题"，载《史学月刊》2013年第11期）本书不仅认同这种判断，而且进一步认为，西晋租调皆以户为基本征收单位，详见下文。

[2] 参见张鹏一编著：《晋令辑存》，徐清廉校补，三秦出版社1989年版，第134页。此外，程树德"晋律考"（载程树德：《九朝律考》，中华书局2006年版，第301~302页）、堀敏一"晋泰始律令的制定"［程维荣等译，载杨一凡总主编：《中国法制史考证》（丙编第二卷），中国社会科学出版社2003年版，第299页］均持类似观点。

[3] 参见张尚谦："'品式'和西晋《户调式》研究"，载《云南民族大学学报（哲学社会科学版）》2011年第1期。

等内容细密的法律规范。[1]南朝大体沿用西晋法律,因此可以倒推,《晋故事》中的式与《泰始令》中的令相比,应该是因为在内容和功能上有一些独有特征而能与之加以区别。

根据史料乙中的"户调之式"四字可以推测,其内容应该是"式"而非"令"。"户调之式"的内容应该属于《晋故事》中的一篇法规,其篇名应为《户调式》。《户调式》规定了按户征调的一般指标以及在不同情形下、不同类型的户的征调指标的折算方法。史料甲的核心意思也大略如此,只不过其对特殊类型的情形规定与史料乙有所出入,这或许是由于彼此摘引法规内容侧重或前后修订的不同所致。(详见后文)史料甲明言引自《晋故事》,可知西晋初年规定按户征调标准及其折算方法的法规即《户调式》理应归属《晋故事》而非《晋令》,不是所谓的《户调令》。这与《晋故事》品式章程的属性正相符合。

史料乙将"又制户调之式"记载在平吴(公元280年)之后,而非西晋建立之初《晋故事》颁行的那年(公元268年),这其实也不难理解。因为这里的"又制户调之式"显然并非今人所常理解的"又制定了户调之式",而应该是根据统一后的新局面对晋初颁行的《户调式》的修改或补充规定。其含义与本书前文提到秦国"更修《为田律》"相当。因为泰始四年(公元268年)颁行的《泰始令》中有《户调令》,[2]泰始七年(公元271年)晋武帝曾下诏免除交趾三郡、南中诸郡当年的户调。[3]因此当时肯定《晋故事》中也有《户调式》,以便与《户调令》配合实施户调制度。史料甲、乙二者同属于《户调式》,规定的具体内容却有不同,这正是经过修改之后才会出现的现象。

史料甲,先讲田租标准,后讲户调标准,与曹魏时户调规范的条文表述次序一致,[4]又有诸如"旧调""自如旧制"等措辞。这些都表明晋初《户调式》与曹魏时相关规范的延续性。据此可以推测,史料甲在前,属于《晋故事》颁行时的规范内容;史料乙在后,是平吴后的重申调整和补充规定。西晋平吴之后,新得四州、四十三郡、三百一十三县、户口五十二万三千、吏

---

[1] 南朝宋、齐有《黄案式》,梁、陈有《用官式》。分别见于《宋书·礼志二》、《资治通鉴·齐纪八·齐东昏侯永元元年》及"五省黄案"胡三省注、《南齐书·百官志》、《隋书·百官志上》、《陈书·蔡景历传》。

[2] 《唐六典·尚书刑部》注。

[3] 《晋书·武帝纪》。

[4] 《三国志·魏书·武帝纪》注引《魏书》载曹操令曰:"其收田租亩四升,户出绢二匹、绵二斤而已。"该项规定到曹魏时并未有所革易。

员三万二千、士兵二十三万、男女人口二百三十万。[1]在此情况下，调整《户调式》的某些规范势在必行。

然而这并不意味着，其他疑问就可一并顺带解决。例如：一，边郡、夷人、远夷、賨布、义米……这些用语展示出西晋户调制度怎样的法律空间结构？[2]二，丁男之户、女及次丁男为户者、丁男、丁女、次丁男……这些用语展示出西晋户调制度怎样的税负缴纳等级？三，占田、课田与户调之间有何关联，为何同时出现在《户调式》中？[3]

（二）解决疑问的关键在于"品式"与"九品相通"

综合来看，前述疑问大体源于一个问题，即对"品式"和"九品相通"内涵的不理解。

张尚谦曾撰多文对"品式"的内涵加以澄清、辨析，基本上阐明了中古时期以品式模式主导赋税经济制度的共同特征和一般规律。[4]简言之，《初学记》

---

[1]《晋书·武帝纪》。

[2] 日本学界特别注意到从这一角度切入理解户调制，最著名的要数宫崎市定于20世纪30年代提出的"远夷衍字说"（前引"晋武帝户调式研究"，首次发表于《东亚经济研究》19-4，1935）。其后，河原正博（"晋的户调式的远夷について"，载《铃木俊教授还历记念东洋史论丛》，大安1964；"西晋の户调式に关する一研究——'远夷不课田者'を中心として—"，载《法政大学文学部纪要》10，1965）、楠山修作（《晋书食货志の一考察》，《东方学》51，1975）先后对该学说有所推进。然而伊藤敏雄却对该说提出有力质疑（" '远夷不课田者' をめぐって——占田、课田制の一考察"，载《东洋史论》1，1980；"中国古代における蛮夷支配の系谱——税役を中心に"，载《崛敏一先生古稀记念 中国古代的国家と民众》，汲古书院1995年版）。国内学者张尚谦对宫崎该说也有系统的批驳意见［张尚谦："'品式'和西晋《户调式》研究"，载《云南民族大学学报（哲学社会科学版）》2011年第1期］。

[3] 在日本学界，有人认为占田与课田分属两个系统，针对两类农民；有人认为占田与课田是针对全体农民的两个制度，又分为课田在占田之内、课田在占田之外等不同说法。参见［日］伊藤敏雄："日本学者关于占田制课田制的研究的回顾与展望"，载中国魏晋南北朝史学会、武汉大学中国三至九世纪研究所编：《魏晋南北朝史研究：回顾与探索——中国魏晋南北朝史学会第九届年会论文集》，湖北长江出版集团、湖北教育出版社2009年版，第76～83页。

[4] 参见张尚谦所著"释'输籍定样'"［载《云南民学院学报（哲学社会科学版）》2002年第2期］、"何物'均田制'"［载《云南民族大学学报（哲学社会科学版）》2004年第3期］、"故事、品式和西晋赋税的'品式章程'"［载《云南民族大学学报（哲学社会科学版）》2005年第1期］、"论'品式'：西晋《户调式》、北魏《丘井式》、隋《输籍样（式）》"［载《云南民族大学学报（哲学社会科学版）》2006年第4期］、"'品式'和西晋《户调式》研究"以及其与张萍合著的"敦煌古代户籍残卷研究"（载《云南教育学院学报》1994年第6期）、"再释西晋的'户调之式'"［载《云南民族学院学报（哲学社会科学版）》1997年第1期］、"说'九品混通'——附说陶渊明'不为五斗米折腰'"［载《云南师范大学学报（哲学社会科学版）》2005年第3期］以及其与范丹合著的"户籍样、田令和'均田制'"［载《云南民族大学学报（哲学社会科学版）》2004年第1期］。

所见《晋故事》佚文出自《晋故事》中的《户调式》。其所规定的租调征收方式背后有一个复杂的分等折算制度，也就是品式制度。条文中所见的"户"并非实指每一个真实民户，"课田"也非实指分授田地给具体个人或民户，其征收租调数额更非实指每户不分等差一律平均缴纳，这一切都只是一种抽象的官方样本、字面指标，也就是标准"户式"。政府按照家资多寡、依照标准户样划分出的九品户等，构成"户品"。户品与户式，合称即为"品式"。不同品户缴纳的租调数额都依照标准户样的程序，通过特定的方法折算，这就是所谓"九品相通"。

史料甲所说"租四斛、绢三疋、绵三斤"并非每一户平均承担，很可能只是九等户品的"中中户"的征收标准。[1] 从上上到下下，九等户品以中位户品缴纳指标作为基准，按照户品高低进行折算分别承担。[2] 而且，所谓"九品相通"还有一层意思，即中央朝廷征收租调时去繁就简，给每地的租调任务总数额是固定的，中位户等即标准户样的缴纳任务也是固定的，至于具体如何摊派这些任务，如何分配各等品户的数量比例，则由地方自己把握。[3]

当然，这种"九品相通"的品式法制并非西晋首创，而是经过长期酝酿后逐渐成形的。其中更隐藏着中国古代赋税制度的某些深层问题。古代赋税征收主要依据资产（主要是土地）与人口（分为丁与户）。一方面，由于清查人口比清查土地容易，秦汉朝廷主要依丁、户征收赋税，[4] 并严格统计检核人口数量；[5] 另一方面，脱离生产资料（主要是土地）的人不仅没有征收

---

[1] 参见张学锋："九品相通：再论魏晋时期的户调"，载《江海学刊》2002年第5期。

[2] 北魏《张丘建算经》中有一道以户调九品折算为内容的应用算术题，据郑欣教授推测来源于西晋官方文书。（郑欣："两晋赋税制度的若干问题"，载《文史哲》1986年第1期）其中，处于九品中位的中中户的户数最多，而且这一等户实际负担的调绢就是三匹。详参前揭张学锋《九品相通：再论魏晋时期的户调》一文。

[3] 此处虽无西晋的直接史料作为依据。然而以汉末曹操的意见推测，实有这种可能。《三国志·魏书·武帝纪》注引《魏书》载曹操令曰："其收田租亩四升，户出绢二匹、绵二斤而已，他不得擅兴发。郡国守相明检察之，无令强民有所隐藏，而弱民兼赋也。"此处提到，如果强民有所隐藏则弱民就要兼赋，似乎就是在暗示九等户品在缴纳租调时此消彼长的关系。

[4] 通常印象认为，"什五税一""三十税一"的汉代以田租为主，实则如此低税正可说明其不占财政收入主流。秦汉赋税大都以人丁征收，如口赋、算赋、献赋、更赋等。因之，对汉初轻徭薄赋、与民休息自不可估计过高。参见程念祺：《国家力量与中国经济的历史变迁》，新星出版社2006年版，第46、99页。

[5] 参见邢义田：《治国安邦：法制、行政与军事》，中华书局2011年版，第211~248页。

赋役的价值而且如果强行征收还容易激起民变，所以必得依据土地资产的多寡调整"税人"的额度，于是出现户的差品，成为九品相通的最早渊源。[1]正是这种深层矛盾缓慢推动着赋税法制的发展。东汉中后期直到魏晋，由于豪族荫庇和战乱动荡，[2]建立在人口数目统计基础上的人头税逐渐行不通，意在驱民归农、督促农事、高剥削率、征收实物的屯田、课田制度大行其道，把人口以生产单位"户"的形式打包捆绑在土地上。田、丁、户这三种赋税征收依据合而为一，于是出现以"九品相通"的品式模式运转的租调赋税制度。[3]

（三）通过史料互证解决的《户调式》问题

搞清"品式""九品相通"等租调征收原理后，就可以回到史料中来，通过比刊史料原文并结合其他历史记载和前辈学者论析，解决有关西晋《户调式》的一些具体问题。

其一，课田、占田的性质及其与户调的关系。

西晋课田不是田制，也非纯粹的税制，而是由汉末曹魏的屯田演化而来，兼有督促农事、驱民归农、博弈豪族、保证国家税收的多重目的。曹魏罢屯田后，[4]取而代之的是针对全体农民、管制相对宽松的课田，进而为西晋所继承。[5]然而西晋课田和曹魏课田又有不同。如傅玄所说，曹魏课田"不务多

---

[1] 参见谷霁光："论汉唐间赋税制度的变化——封建社会前期赋税制度中地、资、丁、户之间的关系研究"，载《江西大学学报》1964年第2期。

[2] 战乱动荡引起的政府统计人口工作陷入停顿，较易理解。而豪族崛起给政府统计人口带来的阻碍，则较为隐蔽。日本学界在分析中古农村社会结构变化过程中，曾提出"豪族乡村共同体"理论，认为地方豪族崛起后成为横亘在政府与农民之间的中介和过渡性阶层，与农民结成紧密的共同体关系，与政府展开了争夺人口的暗战。在此背景下，政府掌控地方人口已不可能，因而人头赋税便难施行，转而以较好统计的农业生产单位"户"为基准征收租调，实是一种不得已的办法。参见张学锋："九品相通：再论魏晋时期的户调"，载《江海学刊》2002年第5期。

[3] 关于九品混通模式的出现，最早可以追溯到东汉末年的曹操。参见吴建基："'九品混通'始于何时"（载《云南教育学院学报》1999年第4期）、张旭华："吴简'户调分为九品收物'的借鉴与创新"（载《许昌师专学报》2002年第4期）、于振波："从走马楼吴简看两汉与孙吴的'调'"[载《湖南大学学报（社会科学版）》2005年第1期]。

[4] 《三国志·魏书·三少帝纪·陈留王》载，魏咸熙元年（公元264年），"罢屯田官以均政役，诸典农皆为太守，都尉皆为令长"。

[5] 赵向群指出："秦汉以来劝课农桑的传统政策，曹魏屯田崩溃的历史教训，国内政治形势的需要，这就是西晋课田法能够产生的原因。"[赵向群："西晋课田法新议"，载《西北大学报（社会科学版）》1984年第4期]

其顷亩，但务修其功力"，而西晋课田"日增田顷亩之课……功不能修理"。[1] 原因何在？恐怕是由于曹魏的课田是顺承屯田而来，政府对农户掌控仍很得力。到了西晋，世家大族与地方豪族势力日益做大，与政府争夺人口、隐匿农户，极大阻碍了政府对农户的控制。大量农户附庸大族、豪族就可逃避国家赋税义务。政府不想削减收入，就只得增加其所能控制的农户的课田任务。

然而正如前文所述，西晋租调制度采用品式制度，所谓"民丁课田，夫五十亩，收租四斛，绢三疋，绵三斤"，并非民户普遍的义务。其租调数额只是抽象的样式或中户的标准，其课田数目只是形式的要求，并不等于实质上严格的按丁分配土地。也就是说国家只是按照平均五十亩地标准征收田租，却并不同时保证民户果真获得相应足额的田地。

至于占田制度，古人常误会为授田，近人更多认同其限田的本质属性。如能把这个制度置于魏晋期间世族泛起、与国争锋的时代大背景中，其中逻辑自然不难理解。与之相关的，在《晋书·食货志》中又有官品占田、荫亲、荫人的法律规定。（详见表 19）对其规定的数额，既可理解为特权，又可理解为限制。只不过，无论是普通农民还是贵族官僚，占田法令的执行效果都颇令人怀疑。针对贵族官僚的占田法令往往超越而不究，针对普通农民的占田法令则更可能沦为空洞的准许。[2]

表 19　西晋的官品占田、荫人制度

官 品	占田数	荫亲数	荫衣食客数	荫佃客数
第一品	五十顷	九族	三人	十五户以下①
第二品	四十五顷		三人	十五户以下①
第三品	四十顷		三人	十户
第四品	三十五顷		三人	七户
第五品	三十顷		三人	五户
第六品	二十五顷		三人	三户

---

[1] 参见《晋书·傅玄传》。
[2] 诚如唐长孺所论，纸面上规定占田数目是一回事，占得到占不到则是另一回事。详见唐长孺：《魏晋南北朝史论丛》，中华书局 2011 年版，第 46 页。

续表

官 品	占田数	荫亲数	荫衣食客数	荫佃客数
第七品	二十顷		二人	二户
第八品	十五顷		二人	一户
第九品	十顷	三世	一人	一户

说明："十五户以下"，《晋书·食货志》记载为"五十户"，以常理推之当为"十五户"，对此学者意见较为一致，故径直改之。

其二，租调征收的对象标准。

史料甲所录《户调式》佚文中，租的征收或调整的依据先后出现三个表述，即"五十亩收租四斛""减租谷亩一斗""民租户二斛"。表面上看，前两者以田亩，第三者以民户，貌似自相矛盾。实则古人的这段表述还可以结合西晋田、丁、户三赋合一的赋税制度再做疏通的理解，即五十亩的生产单位就是一户，收租四斛既是针对五十亩田而言，也是针对一户而言，实际上是把户视为基本生产单位并以之为依据征收租调。无论是租还是调，都以户为单位征收。

当然，这个"户"只是作为九品折算一般基准的抽象户。结合史料乙可知，这种可供课田并征收租调的抽象户也可以根据家庭成员构成再分为三类：即丁男之户、丁女之户、次丁男之户。所谓丁男之户是以丁男为户主的户，丁女之户是以丁女为户主的户，次丁男之户是以次丁男为户主的户。就课田数目而言，丁男之户五十亩，丁女之户二十亩，次丁男之户十亩。就租调数目而言，丁男之户岁输租四斛、绢三匹、绵三斤，丁女之户及次丁男之户则统一削减一半。除此三类之外的民户，则既不课田也不征收租调。

其三，西晋户调法制的空间结构与税负等级。

如前文所引，田余庆曾指出西晋的统一是"低层次的统一"。这种统一的不彻底性，既体现在统一时间的短促、文化意识的国家认同不足、国家政策的落实不力等方面，也表现在国家制度设计方面的种种局限。

一方面，西晋继承并强化汉代的郡国并行制，这对秦代郡县官僚制可谓一种历史的倒退。在户调方面的典型表现就是，诸侯提取所部民户租调作为俸秩的诸侯分食制。因为这个制度正好和租调相关，所以被写入《户调式》；

另一方面，西晋法制对边疆少数民族一体适用的统合程度也很有限。所以在课田与否、户调征收数额标准等问题上，都存在着一种郡、国、夷区别对待的制度模式。

这两个因素综合在一起，共同构成西晋户调法制复杂多样、一国多制的空间结构。简言之，户调征收的标准和方式依据朝廷对民户所在区域掌控程度的不同而有所变通。综合西晋户调法制空间结构的差异和抽象民户的类别差异，可以大体梳理出西晋民户租调的一般机制与整体格局。（详见表20、21）

表 20　西晋的户调式岁输制度

适用区域	户的种类	丁男之户	丁女及次丁男为户者
课田区域	一般郡	岁输租四斛，绢三匹，绵三斤（甲）	甲×1/2（乙）
	诸边郡	甲×2/3	乙×2/3
	诸边郡之远者	甲×1/3	乙×1/3
	诸侯封地	租一斛五斗，绢二匹，绵三斤。其余谷五斗转给诸侯，绢一匹为诸侯秩，谷二斛为诸侯俸。（丙）	丙×1/2？①
非课田区域	夷人	岁输义米三斛②，賨布一匹	
	夷人之远者	岁输义米五斗，賨布一丈	
	夷人之极远者	岁输算钱，人二十八文	

说明：

1. "丙×1/2？"，史料中并无明确记载，只是笔者依据前述规律加以推测的情况。故加之以"？"。

2. "岁输义米三斛"，张萍认为应是"二斛"。其理由是：夷人输賨布户一匹，为内地州郡民户的标准额的三分之一，夷人之远者布一丈，为居住较近夷人户的四分之一。以此比例类推，夷人每户所输的义米为三斛，只比标准户的租额四斛少一斛，似乎过重。［张萍："西晋《户调式》校补"，载《云南民族学院学报（哲学社会科学版）》2000年第4期］

但笔者认为，夷人所输"賨布"与内地州郡民户所输的绢无法直接折算比例。因为賨布是秦汉以来西南少数民族巴人作为赋税交纳的布匹。《后汉书·南蛮·巴郡南郡蛮传》："秦昭王使白起伐楚，略取蛮夷，始置黔中郡。汉兴，改为武陵。岁令大人输布一匹，小口二丈，是谓賨布。"唐人李商隐《为荥阳公谢赐冬衣状》云："賨布少温，蛮绵乏暖。"（《全唐文》卷七七三）可见，賨布在质地、价值上都不如一般的绢布，二者之间无法做简单数量上的比较。

相类似的，夷人所输义米也不可与内地州郡民户所输的谷租做简单数量上的折算。正确的做法应该是将"夷人"与"夷人之远者"的租调来做比较。因为根据本表可知，"夷人"以下属于非课田区，其适用的租调标准与课田区自然有所不同。"夷人"与"夷人之远者"所输賨布比为十比一，所输义米的比为六比一，两个比例之间出入并不算太大。如果将"三斛"改为"二斛"，则比例变为四比一，与十比一之间的差距变大，反而显得不合情理。

表 21　西晋的课田制度

丁的类型	年龄限断（含本数）	课田数目
丁男（正丁）	16~60	五十亩
丁女为户者	16~60	二十亩
丁女不为户者及次丁（半丁）女	16~60	不课
次丁（半丁）男	13~15、61~65	十亩
老小	12以下，65以上	不课

说明：正丁、次丁，又称全丁、半丁。范宁曾建言曰："礼，十九为长殇，以其未成人也。十五为中殇，以为尚童幼也。今以十六为全丁，则备成人之役矣。以十三为半丁，所任非复童幼之事矣。岂可伤天理，远经典，困苦万姓，乃至此乎！今宜修礼文，以二十为全丁，十六至十九为半丁，则人无夭折，生长滋繁矣。"（《晋书·范汪传附范宁传》）其建议虽然得到皇帝赞许，但并未被采纳。

其四，《户调式》两则史料之间的关系。

对比史料甲、乙所载《户调式》两条内容，同样针对租调制度作出规定，对一般标准户绢三匹、绵三斤的调额规定基本一致，但无论从文字还是从内容细节来看，二者之间又有明显差异。这种差异该如何理解呢？笔者以为存在两种可能：

一种可能是，史料甲所引大体摘录《户调式》中的某个原始条文，史料乙则是史家对户调制度的概括之语，对其中内容有所取舍。所以史料甲中仅仅言及诸侯分食、九品相通制，史料乙则补充提及标准户的分类、边远地区的租调差异以及占田、户丁之制。

另一种可能是，西晋户调式自初颁行之日后，伴随国家形势的变化又有新的增补调整。在《晋故事》首次颁行的泰始四年（公元268年），西晋政权刚刚建立，海内尚未一统。所以当时的《户调式》除再度宣布租四斛、绢三匹、绵三斤的租调额以及九品相通模式外，又对此中涉及的诸侯分食比例加以界定。当时法律着眼仅在于简单有效，抓大放小，以配合战时状态，具有权设之法的粗疏特性。当西晋消灭东吴政权后，情况有所变化。所以史料乙中有"及平吴之后……又制户调之式"的表述。海内一统的西晋朝廷开始考虑长治久安，《户调式》的增补删订和租调制度的细化微调自然也就提上日程。对标准户的进一步分类，对中原郡县以外的边远地域的进一步区分，使整个租调法制层次更为分明，比例更为确定，规范也更为细致。这是国家形势变化在法律内容层面的反映。

第四节　法典体系的构造机理

在秦汉时代，律、令、科、品、式、礼仪等法律形式，只有效力形式和发展形态的区别。这种法律形式的分类方式，比较符合追逐短期效果的立法需求，在政治军事斗争异常剧烈的战国中后期发挥出惊人的效率。但是伴随着法律运转周期的拉长、法律内容的缓慢积累，以及国家稳定带来的精细化治理需求的不断增长，曾经高效的法律运转模式逐渐变得低效，起初的优势也就变成后来的劣势。这是秦汉法律困局在另一个层面上的深刻逻辑。

经过长期摸索，东汉法律家逐渐按照内容性质把法律区分为刑事、行政和礼仪三大部分，而且还通过法史追述塑造出以"汉九章"为代表的重要刑事法律系统。曹魏时，陈群、刘劭等人编纂律令法典，试图把这种自觉形成的法律观念转化为正式的法制体系，从立法层面明确律、令在内容性质上的区别。他们的尝试没能成功，却深刻影响着后来的立法者。

晋初，《泰始律》《泰始令》《晋故事》以及"新礼"等法典（或法典稿本)的正式出炉,标志着法律形式划分新时代的到来。[1]当时,律、令、故事、礼制等法律形式按照新的分类标准逐渐走向分途,同时又以分工合作的方式强化彼此辅助的关系。(详见表22)由于是在统一的思路和规划下完成,所以西晋各法典之间的逻辑分工更为合理,协作效果更为显著,整个法典体系表现出较为精细和巧妙的构造机理。

表22 汉晋间法律形式分类法的转变

时代	规范的事务属性			效力等级
	刑事规范	行政规范	礼仪规范	
汉	律			一级
	令			二级
		礼仪		三级
	科、比、品(品约)、式、故事、章程、军法、诸儒章句			
晋	律	令	故事	礼制	基本平行,略有差别

一、作为纯粹刑事法典的《泰始律》

《泰始律》是第一部正式颁行的纯粹刑事法典。它以刑律汇编"汉九章"为蓝本,遵循其以刑事法律规范为主体内容的基本风格,凡不属于刑事性质的律篇都被排除在律典外。所以张斐说:"《刑名》所以经略罪法之轻重,正

---

[1] 其中最为学者关注的是律令分野问题。张建国、李玉生认为律令分野始自曹魏,而非西晋。(张建国:"魏晋律令法典比较研究",载《中外法学》1995年第1期。李玉生:"魏晋律令分野的几个问题",载《法学研究》2003年第5期)但如本书前文所述,曹魏时整合律令法典的尝试虽有区分律令的构想与实践,但是并未产生正式成果。正式区分律令之功,当记在贾充等人头上。正如冨谷至所说:"律与令这两种法典的成立须要等到晋泰始四年(公元268年)泰始律和泰始令的诞生。"〔[日] 冨谷至:"通往晋泰始律令之路(I):秦汉的律与令",朱腾译,徐世虹校译,载中国政法大学法律史学研究院编:《日本学者中国法论著选译》(上册),中国政法大学出版社2012年版,第163页〕黄源盛说:"传统中国的国家制定法,自秦汉以来,以'律'为中心而发展,至三世纪末的西晋,'令'也成了基本规范,进入律令并存时代。"(黄源盛:《中国法史导论》,广西师范大学出版社2014年版,第223页)这里所说的"律令并存",应该是指律典与令典各自独立成典前提下的并存,而非仅仅作为法律形式状态的并存。另外,西晋律令法典颁行在泰始四年(公元268年),只可谓三世纪下半叶,还称不上是三世纪末。这两点是黄氏表述不甚准确的地方。

加减之等差，明发众篇之多义，补其章条之不足，较举上下纲领。"[1]西晋立法者还在曹魏"新律"《刑名律》基础上进一步创制《法例律》。二者分别规定"刑制"和"罪例"，相当于"刑罚总则"和"定罪总则"。

《泰始律》编成后，西晋律学家解读《泰始律》时也都明确强调其刑事法典的属性。张斐《律序》不仅大量述及律典中有关定罪量刑的原理、规则和技巧，还在解读律典结构的时候侧重描述其刑事色彩："告讯为之心舌，捕系为之手足，断狱为之定罪，名例齐其制。"[2]杜预《律序》对律令之别的界定更明白简洁："律以正罪名，令以存事制。"[3]他在上奏律注时又说："刑之本在于简直，故必审名分。"[4]侍中卢珽、中书侍郎张华上表建议："抄新律诸死罪条目，悬之亭传，以示兆庶。"[5]律典中的死罪条目得到特殊重视，也说明《泰始律》的刑事法典定位已为当时所普遍认可。

值得一提的是，《泰始律》还设计出一个等级分明、布局合理的"五刑"体系，并正式颁行天下。这是中国法律史上的第一次。通过考析《晋书》《唐六典》《太平御览》的相关记载（详见表23），可以简单了解西晋刑罚的基本制度和执行规则。

表23　有关西晋刑制的史料

序号	内　容	出　处
甲	《晋律》曰：髡钳，五岁刑，笞二百，（若诸士诈伪，将吏越武帝垣，兵守逃归家，兄弟保人之属，并五岁刑也。）四岁刑，（若复上闻入殿门上变事，漏露泄选举事，误发密事，殴兄姊之属，并四岁刑。）三岁刑，二岁刑。（二岁刑减一等，入罚金。二岁以上至五岁刑，皆耐罪。若越城作奔，走马众中，有挟天文图识之属，并为二岁刑。）	《太平御览》卷六四二《刑法部八·徒作年数》
乙	张斐《律序》曰：徒加不过六，囚加不过五，（罪已定为徒，未定为囚。）累作不过十一岁。（五岁徒犯一等加六岁，犯六等为十一岁作。）累笞不过千二百。（五岁徒加六等，笞一千二百。）	《太平御览》卷六四二《刑法部八·徒作年数》

[1]《晋书·刑法志》。
[2]《晋书·刑法志》。
[3]《太平御览·刑法部四·律令下》。
[4]《晋书·杜预传》。
[5]《晋书·刑法志》。

续表

序号	内 容	出 处
丙	髡刑有四：一曰髡钳五岁刑，笞二百；二曰四岁刑；三曰三岁刑；四曰二岁刑。赎死，金二斤；赎五岁刑，金一斤十二两；四岁、三岁、二岁各以四两为差。又有杂抵罪罚金十二两、八两、四两、二两、一两之差。弃市以上为死罪，二岁刑以上为耐罪，罚金一两以上为赎罪。	《唐六典》卷六《尚书刑部》注
丁	五刑不简，正于五罚，五罚不服，正于五过，意善功恶，以金赎之。故律制，生罪不过十四等，死刑不过三，徒加不过六，囚加不过五，累作不过十一岁，累笞不过千二百，刑等不过一岁，金等不过四两。月赎不计日，日作不拘月，岁数不疑闰。不以加至死，并死不复加。不可累者，故有并数；不可并数，乃累其加。以加论者，但得其加；与加同者，连得其本。不在次者，不以通论…… 枭首者恶之长，斩刑者罪之大，弃市者死之下，髡作者刑之威，赎罚者误之诫…… 夫刑而上者谓之道，刑而下者谓之器，化而裁之谓之格。刑杀者是冬震曜之象，髡罪者似秋雕落之变，赎失者是春阳悔吝之疵之。	《晋书》卷三〇《刑法志》引张斐《律序》
戊	《晋律注》云：枭斩弃之于市者，斩头也。令上不及天，下不及地也。	《北堂书钞》卷四五《刑法部下·死刑》
己	《晋律》云：赎死金二斤。注曰谓其赎五岁以下一等减半，四岁以下一等减半也。 又云：赎罪囚，罚金四两也。 又云：诸侯应八议以上请得减收留赎，勿髡钳笞也。	《北堂书钞》卷四四《刑法部中·赎刑》
庚	《晋律》曰：其年老小笃癃病及女徒，皆收赎。 又曰：诸应收赎者，皆月入中绢一匹，老小女人半之。 又曰：赎死，金二斤也。 又曰：失赎罪囚，罚金四两也。 又曰：以金罚相代者，率金一两以当罚十也。	《太平御览》卷六五一《刑法部十七·收赎》
辛	《晋律》曰：吏犯不孝，谋煞其国王侯伯子男，官长诬偷授财枉法及掠人和卖诱藏亡奴婢，虽遇赦，皆除名为民。 又曰：除名，比三岁刑。 又曰：当除名，而所取饮食之用之物，非以为财利者，应罚金四两以下，勿除名。	《太平御览》卷六五一《刑法部十七·除名》
壬	《晋律》曰：免官比三岁刑，其无贞官而应免者，正刑召还也。 又曰：有罪应免官，而有文武加官者，皆免所居职官。 又曰：其犯免官之罪，不得减也。 又曰：其当免官者先上。（免官，谓不听应收治者也。）	《太平御览》卷六五一《刑法部十七·免官》

（一）律典中的常规刑罚等级

西晋时，中国历史出现第一个系统、稳定、集中规定的刑罚体系。根据以上几则史料可知，律典中静态的基本刑罚共分十七等。这些刑罚从总体上又可分为三大类：剥夺生命的死刑、限制自由强制劳役的岁刑、剥夺一定数目财产的赎刑。

首先来看死刑。史料丁的第二段显示，西晋的死刑分为三等，从重到轻分别是枭首、斩刑、弃市。根据史料戊，枭首刑是斩下犯人头颅，悬挂在高处，弃尸于市。[1]所以枭首也被称为"枭悬"之刑。[2]这样做，一是为羞辱受刑者，二是为了示众警民，三也可能含有使受刑者遭到天地抛弃的观念。斩刑比枭首轻，虽然也要斩下头颅，但不会悬挂起来，而是把头颅和尸体弃之于市。[3]尽管西晋斩刑已经从秦汉时的腰斩转化为斩首，但腰斩之刑在个别情况下也仍然存在，只是适用范围已经大为缩小。[4]弃市刑是死刑中最轻的刑，即杀死犯人，弃尸于市。弃市刑的执行方式，沈家本认为是绞首。[5]因为东晋时人说："截头绞颈，尚不能禁。"[6]这里面"截头"和"绞颈"相提并论，"截头"应该是指斩首，"绞颈"应该是指绞首。斩首是枭首和斩刑的主要杀人方式，绞首是弃市刑的主要杀人方式。

其次来看岁刑。岁刑是固定期限的劳役刑，"各随伎能而任使之"[7]，共有四等，分别是五岁刑、四岁刑、三岁刑、二岁刑。岁刑以强迫囚徒劳作为主，所以也称作刑。执行岁刑的同时还有髡（耐）、钳、笞等附加刑，所以还称为髡刑、耐刑。当然，只有五岁刑有这些附加刑，即史料甲、丙所说的"髡钳，五岁刑，笞二百"，这是从秦汉刑罚继承而来。但五岁刑后的三等岁刑都没有这样的表述，极有可能并不附加这些刑罚。即便如此，岁刑也仍因

---

[1]《晋书·张轨传附灵伯父祚传》："枭其首，宣示内外，暴尸道左，国内咸称万岁。"

[2] 例如，《晋书·卞壸传》："轶既枭悬，壸亦婴病，具自归闻，未蒙恕遣。"《晋书·庾亮传》："贼峻枭悬。"《晋书·张轨传附张骏传》："忠良受枭悬之罚。"

[3] 八王之乱时，齐武闵王司马冏就是"斩于阊阖门外，徇首六军。诸党属皆夷三族……暴冏尸于西明亭，三日而莫敢收敛"。（《晋书·齐王冏传》）

[4] 参见张建国："关于汉魏晋刑罚的二三考证"，载杨一凡总主编：《中国法制史考证》（甲编第三卷），中国社会科学出版社2003年版，第333~339页。

[5] 参见（清）沈家本：《历代刑法考》，中华书局1985年版，第135、139页。

[6]《晋书·刑法志》。

[7] 这是《隋书·刑法志》记载《梁律》的说法。因为西晋法律到南朝时基本沿用不变，所以可以用来描述西晋的岁刑。

第三章　西晋法典体系的构建成就

为含有削剪发须的处罚方式而被贴上"髡"或"耐"的标签，并如史料丁的第三段所示，被张斐附会于"秋风落叶"的自然意象。

最后，在死刑和岁刑之外，还有以罚没财产为表现形式的赎刑。赎刑包括两种：一种是以财产赎罪，一种是以财产赎刑。"以财产赎罪"的意思是，因为某种罪过而接受财产罚没的刑罚，缴纳财产本身就是一种刑罚。这种刑罚在西晋被称为"罚金"，和现代刑法中的罚金刑性质相同。"以财产赎刑"的意思是，因为犯罪被判某种刑罚，然后用缴纳财产的方式替换原有的刑罚。这在当时也被称为"赎刑"。也就是说在西晋刑罚体系中，广义赎刑包括狭义赎刑和罚金刑两种。

狭义赎刑是死刑和岁刑的替代刑。也就是说，死刑和岁刑是正刑，狭义赎刑是与其并列的刑罚系统。因为可以用财产换取生命和自由，狭义赎刑事实上是在减免刑罚，所以要有一定的适用条件。按照当时的法律规定，一种是根据身份而获得，一种是根据情节而获得。根据史料己、庚，能够获得赎刑特权的身份有诸侯之类的权贵人员[1]和老小笃癃病及女徒之类的弱势人员。这两类人享受收赎特权，是出于儒家的等级和哀矜观念。[2]根据史料丁，能够获得赎刑待遇的情节主要是"意善功恶""误之诫""悔吝之疵"，即动机虽好但后果严重，多属于过失犯罪。这是遵循儒家的"祥刑"理念而来。[3]当然以金赎刑只是法律规定，实践中也可以用绢赎刑。[4]根据史料庚，岁刑收赎用的中绢[5]每月一匹，老少和女性减半。这应该是按照身份获

---

[1] 根据史料己，诸侯权贵获得赎刑特权，可能需要八议或皇帝下诏之类的程序。例如，杜预因为"擅饰城门官舍，稽乏军兴"下廷尉狱，由于他是皇室驸马，属于八议中的"亲"，最后"以侯赎论"。杜预当时继承父爵为丰乐亭侯，"议"后获得以侯的身份赎刑免罪的待遇。（《晋书·杜预传》）又如，王戎"坐遣吏修园宅，应免官，诏以赎论"。（《晋书·王戎传》）根据史料壬，免官刑相当于三岁刑，所以他是用赎三岁刑的代价替代免官的处罚。

[2]《唐律疏议·名例律》"诸年七十以上、十五以下及废疾，犯流罪以下，收赎"条的"议曰"解释道："不论轻重，为其老小，特被哀矜……若老、小、笃疾，律许哀矜，杂犯死刑，并不科罪；伤人及盗，俱入赎刑。"

[3]《尚书·吕刑》："五辞简孚，正于五刑。五刑不简，正于五罚。五罚不服，正于五过……墨辟疑赦，其罚百锾，阅实其罪。劓辟疑赦，其罪惟倍，阅实其罪。剕辟疑赦，其罚倍差，阅实其罪。宫辟疑赦，其罚六百锾，阅实其罪。大辟疑赦，其罚千锾，阅实其罪。"

[4] 刘卲《魏律序》："《金布律》有罚赎入责以呈黄金为价。"（《晋书·刑法志》）所以法律中规定赎金数只是一个衡量财物价值的基本指标，具体执行时可以用绢赎刑。

[5]"中绢"是指质量达到一般标准，与之相对的还有"下绢"。例如，《晋书·石勒载记下》："乃出公绢市钱，限中绢匹一千二百，下绢八百……然百姓私买中绢四千，下绢二千。"

得赎刑的标准。[1]根据史料丙,从赎死刑的金二斤到赎二岁刑的金一斤,共有五等,各级等差为金四两。这应该是按照情节获得赎刑的标准。[2]

在狭义赎刑之外还有作为死刑、岁刑等级延续并和二者构成统一刑罚系统的罚金刑。史料甲显示,罚金刑最高等的罚金十二两比岁刑最低等的二岁刑低一等。根据史料丙,罚金刑从金十二两到金一两,共有五等,各级等差分别是四两、四两、二两、一两。同时,罚金刑又和狭义赎刑相衔接,共同构成一个纯以财产为标准的刑罚系统。狭义赎刑两等之间相差金四两。从狭义赎刑最低等的赎金一斤到罚金刑最高等的罚金十二两,也相差金四两。根据史料丙,罚金刑是一种"杂抵刑"。汉初"约法三章"中有"伤人及盗抵罪"的说法。汉代以后的学者大都把"抵"解释为"至"和"当"。[3]意思是,刑当其罪,罪刑相应。不过这里真正的"罪"是指伤人和盗,而原文"抵罪"中的"罪"字应该是"刑"的意思,或者说把"抵罪"改成"抵刑"表述更为准确,即"杀人者死,伤人及盗抵刑。"魏晋时的"杂抵罪"

---

[1] 按照这个标准折算,赎五岁刑需要绢六十匹,四岁刑需要四十八匹,三岁刑三十六匹,二岁刑二十四匹。老、小、女性,数目各自减半。这正和《隋书·刑法志》所记载的梁《天监律》中的收赎标准一样。

[2] 中国古代斤两换算长期实行十六进制,即一斤等于十六两。从此处引用的史料看,西晋同样采用十六进制。根据《隋书·刑法志》,梁《天监律》有两种赎刑标准,一种是一岁十二匹绢的标准,另一种是数额较低的金或绢的标准:"赎死者金二斤,男子十六匹。赎髡钳五岁刑笞二百者,金一斤十二两,男子十四匹。赎四岁刑者,金一斤八两,男子十二匹。赎三岁刑者,金一斤四两,男子十匹。赎二岁刑者,金一斤,男子八匹……女子各半之。"这里的赎金数量和史料丙一致,但是赎绢的匹数却和史料庚相差甚多。因此存在这种可能:因身份而获得的赎刑是按照每月一匹绢的标准收赎,五岁刑到二岁刑的赎绢即六十匹、四十八匹、三十六匹、二十四匹(老、小、女性减半);因情节而获得的赎刑是按照金或绢的标准收赎,即金二斤/十六匹、金一斤十二两/十四匹、金一斤八两/十二匹、金一斤四两/十匹、金一斤/八匹(女子减半)。如果按照《晋书·石勒载记下》所载"中绢一匹一千二百钱"的官方定价折算,这里的匹数和金数大体相当。(当时的一斤黄金大致相当于一万铜钱)可见,因身份获得赎刑的代价要比因情节获得赎刑的代价高很多。因为前者属于特殊优待,后者则是情有可原。

[3] 《汉书·高帝纪上》颜师古注采用两种说法:一是服虔曰:"随轻重制法也。"二是李奇曰:"伤人有曲直,盗赃有多少,罪名不可豫定,故凡言抵罪,未知抵何罪也。"颜师古认为:"抵,至也,当也。服、李二说,意并得之,自外诸家,皆妄解释,故不取也。"裴骃《史记集解·高祖本纪》引用三种说法:一是应劭曰:"抵,至也,又当也。除秦酷政,但至於罪也。"二是李斐曰:"伤人有曲直,盗赃有多少,罪名不可豫定,故凡言抵罪,未知抵何罪也。"三是张晏曰:"秦法,一人犯罪,举家及邻伍坐之,今但其当身坐,合于康诰'父子兄弟罪不相及'也。"司马贞《史记索隐·高祖本纪》补充了韦昭的说法:"抵,当也。谓使各当其罪。"但他又认为:"抵训为至,杀人以外,唯伤人及盗使至罪名耳。"引者按:这里的"李奇"和"李斐"应该是一个人。

实际上也是"杂抵刑",是指轻微犯罪所对应的刑罚。[1]程树德认为"杂抵罪"就是除名夺爵之类,[2]其实也不准确。根据刘邵《魏律序》,罚金刑有六等,杂抵刑有七等,二者处罚方式似乎并不一样。但是根据史料丙,西晋时的杂抵刑和罚金已经合二为一,杂抵刑就是罚金刑,其处罚方式就是罚没财产。

(二) 律典刑罚体系的动态运作

法律实践中常会出现刑罚的累加、折算或赦免等动态变化。这与静态和常态意义上的刑罚要区分来看。

死刑中有适用特别严重犯罪的三族刑,受到株连的族人都可能会被处死。《晋书·刑法志》载:"减枭斩族诛从坐之条,除谋反适养母出女嫁皆不复还坐父母弃市。"据此可知,受牵连而遭族刑之人的死法有枭首[3]、斩首和弃市三种,以弃市为主。但律典对族刑的适用也有限制,出嫁女不会受父母谋反之罪牵连而获死刑。后来,已经订婚但未出嫁的在家女也被排除在族诛死刑之外。[4]

岁刑及其附加刑还有累加适用的问题。史料乙、丁显示,对于已经定罪的刑徒,如果囚徒达到特定情形或同时犯多种罪,就会在原定刑期基础上加等处理。例如,在押囚徒逃亡后又被捕的,加刑一等,即增加一年的劳役。但加等不是无限的,最多只能加六等,就是说总刑期上限是十一年。当然,由于常规岁刑最高五岁刑要附加髡、钳、笞二百,所以每加一等刑,也同时要追加笞刑二百,这样累积下来最高笞数就能达到一千二百。[5]对这种规定,有人认为不合于儒家礼法宽仁的精神,所以提出"以徒生徒"的批判。但如果着眼于整个

---

[1] 关于"罪"与"刑"的称呼分歧,已如前揭。又可参见[日]冨谷至:《秦汉刑罚制度研究》,柴生芳、朱恒晔译,广西师范大学出版社2006年版,第250~251页。在史料丁中,与死刑("刑杀")相对应的是"生罪""耐罪",严格来讲表述上并不准确,逻辑上也讲不通。实际上,这里同样存在"罪"与"刑"混用现象,所以本书在接下来的表24中直接改为"刑"。

[2] 参见程树德:《九朝律考》,中华书局2006年版,第201、247页。

[3] 《晋书·齐王冏传》:"公族构篡夺之祸,骨肉遭枭夷之刑,群王被囚槛之困,妃主有离绝之哀。"这里的"枭夷"应该就是枭首的族刑。

[4] 《晋书·解系传附解结传》:"时孙秀乱关中,结在都,坐议秀罪应诛,秀由是致憾。及系被害,结亦同戮。女适裴氏,明日当嫁,而祸起,裴氏欲认活之,女曰:'家既若此,我何活为!'亦坐死。朝廷遂议革旧制,女不从坐,由结女始也。"

[5] 有人质疑,笞刑一千二百下之后囚犯难于求生,所以这个数字可能有问题。(周东平主编:《〈晋书·刑法志〉译注》,人民出版社2017年版,第290页)但是还有一种可能,累加的笞数并非一次执行。例如,按照《晋书·刑法志》所载刘颂上表的说法,囚徒逃亡后又被捕的就会加刑一等,即在原来髡钳五岁刑、笞二百的基础上,再加刑期一年,加笞二百。如此看来,史料乙、丁所谓"累笞不过千二百",应该只是理论上的总笞数,是每次加刑时笞二百,而非集中起来一次执行笞刑一千二百。而且当时可能还有一套特殊的行刑方式,大幅减缓笞刑的伤害力度。详见后文。

刑罚体系则会发现，这种累加刑罚的规定也有其合理性。因为如果按照常规刑期来看，原有刑罚体系从死刑以下就是髡钳五岁刑加笞二百，二者之间的刑罚等阶显然过大。通过刑期的累加可以在一定程度上解决这个问题。尤其是当时还有"不以加至死"[1]的量刑原则，这种刑期的累加操作模式就更可以理解了。

这种解决问题的方向固然值得肯定，但其局限也同样明显。由于物质条件限制而带来的监狱设置、刑徒管理、狱政黑暗等方面的技术、制度乃至文化问题难于克服，这就使得当时还不能如现代刑法这样可以把刑期延长到十几、二十年乃至无期。由此可知，刑期累加到十一年，是当时技术条件和文化观念所能提供的最大限度。至于"十一年"这个数字的确定，则可能是经过长期实务经验而得来。正是由于这种制度局限性，当时仍然有法律家提出通过恢复肉刑来弥补死刑和岁刑之间的巨大落差。由于违背历史潮流，这种复古倒退的主张并未转化为法律。而立法上的回应则是，在累加岁刑的同时累加笞刑，最高达到笞一千二百，其惩罚力度也足以让人心生怵惕。当然，这也仍然是立法或理论上的规定，实践中还是会产生立法者难以预想的情况。

在这套刑罚制度运行一段时间后，廷尉刘颂就上书进行批判。他指出，"死刑重、生刑轻"的刑罚等极不合理，亟需通过增设肉刑进行弥补。这种主张虽然并不新鲜，但其提出的理由确实反映出西晋刑罚体系在实践中现实存在的一些弊病。例如，徒刑服劳役的地方环境恶劣、管理不善，极易引发刑徒逃亡沦为盗贼；赎刑使富人得以逃脱劳役之苦，穷人无钱赎罪就有可能沦为奸盗；因徒屡次逃亡，屡次被捕，多的达到十几次，每次都要加刑一等，也就不再受法律上限的规定，导致事实上出现终身之徒，更使其从良无望，强化了其沦为盗贼的动机；囚徒受髡刑头发被剪短后还没长长，就因为逃亡被捕而再次受到髡刑，头发始终不能长过三寸[2]；由于刑期无形中得到延长，导致在押囚徒数量增加，管理更加困难，狱政更加黑暗；为克服以上弊端而增加赦免的频率，反而损坏了法律的权威。如此等等司法乱象，概括起

---

[1] 周东平等人译为："只要刑律没有规定本罪可以判处死刑，纵使有某些加重情节，也不能加至死刑。"（周东平主编：《〈晋书·刑法志〉译注》，人民出版社2017年版，第291页）此外，有关《泰始律》量刑时的其他技术性规则的剖析注释，可以参见《〈晋书·刑法志〉译注》第290~293页，以及陆心国：《晋书刑法志注释》，群众出版社1986年版，第82页；祝总斌："略论晋律的'宽简'和'周备'"，载《北京大学学报（哲学社会科学版）》1983年第2期。

[2] 通常理解，髡刑是把头发剃光。但这种看法未必合于事实。实际上，髡刑通常只是把头发剪短而已，长度一般控制在三寸左右，直观上就是头发不能长过耳朵。参见刘洋："'髡刑'探源：以法人类学为视角"，载《北方法学》2009年第5期。

来就是以刑生刑，以徒生徒，刑不制罪，法不胜奸。[1]有鉴于此，他才提出恢复肉刑。复古倒退自然不可取，但刑罚体系的改革完善工作却要留待后人去完成。这主要有两方面的原因：一方面，王朝禅代背景下通过制定新法典以增强政权合法性的心理需求随着政权平稳过渡而逐渐减弱；另一方面，在经过晋武帝短暂的稳定治世之后旋即进入政局动荡周期的西晋王朝，已经没有精力和条件再组织一次大规模的法律改革运动。

尽管还存在一些问题，但是相比于前代而言，西晋刑罚体系已经取得十分了不起的成就。秦汉时没有对刑罚的集中规定，曹魏"新律"《刑名律》才开始设计整套的刑罚体系。根据刘邵《魏律序》的说法，这套刑罚体系由五大类、三十七等组成。其中，死刑三等，髡刑四等，完刑三等，作刑三等，赎刑十一等，罚金刑六等，杂抵刑七等。据张建国考证，髡刑四等应包括灭右趾髡钳五岁刑笞二百、是灭左趾髡钳五岁刑笞二百、髡钳五岁刑笞一百、髡钳五岁刑，作刑三等包括一岁刑、半岁刑、百日刑。[2]据滨口重国考证，完刑三等应该是从汉制完城旦舂、鬼薪白粲、司寇等刑罚演变而来，只是把原来名不副实的刑名改为名副其实的四岁刑、三岁刑、二岁刑。[3]

《泰始律》在其基础上进一步整合，把髡刑四等、完刑三等、作刑三等简化为岁刑四等，把赎刑十一等简化为狭义赎刑五等，把罚金刑六等和杂抵刑七等合并为罚金刑五等，又把简化后的狭义赎刑和罚金刑按照财产的线索统称为赎刑（广义），即财产刑。诸如此类删并整合的功夫，是《泰始律》重要的立法成就之一。整合之后的新刑罚体系就此在中古时代破土而出。（详见表24）

表 24 西晋律典的刑罚体系

刑名总称	正刑	特别刑、杂抵刑	赎刑（狭义）	
			基于身份	基于情节
死刑	枭首	三族刑		金二斤/绢十六匹
	斩首			
	弃市			

---

[1] 刘颂上书内容详载于《晋书·刑法志》，文繁不录。
[2] 参见张建国："魏晋五刑制度略论"，载《中外法学》1994年第4期。
[3] 参见［日］滨口重国："漢代の鈦趾刑と曹魏の刑名"，載《東洋学報》1938年第4号。

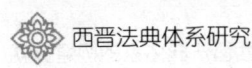

续表

刑名总称	正刑	特别刑、杂抵刑	赎刑（狭义）	
			基于身份	基于情节
岁刑	五岁 髡钳笞二百	累加一至六等，岁刑最高到十一岁，笞数最高达到一千二百。	绢六十匹	金一斤十二两/绢十四匹
	四岁		绢四十八匹	金一斤八两/绢十二匹
	三岁	除名、免官比三岁刑	绢三十六匹	金一斤四两/绢十匹
	二岁		绢二十四匹	金一斤/绢八匹
罚金刑		金十二两/绢六匹		
		金八两/绢四匹		
		金四两/绢二匹		
		金二两/绢一匹		
		金一两/绢二丈		

说明：

1. 由于史料不足，基于特殊身份的死刑赎刑方式尚不清楚；
2. 各类赎刑的数额，表中只列出一般规定，即成年男子的标准，老、少、女子比照减半。

二、《泰始令》对《泰始律》的辅助

《晋书·刑法志》记载："其余未宜除者，若军事、田农、酤酒，未得皆从人心，权设其法，太平当除，故不入律，悉以为令。施行制度，以此设教，违令有罪则入律。"这段话有两层意思：首先，对令典中的权设之法的内容、性质和未来规划加以说明；其次，对《泰始令》这部全新令典的基本属性和功能作用加以明确，即施行制度、以令设教、违令入律。这两层意思，都反映出西晋律令法典之间的分工协作关系。杜预说："律以正罪名，令以存事制，两者相须为用。"[1]又说："凡令以教喻为宗，律以惩正为本。"[2]律典

---

[1]《太平御览·刑法部四·律令下》引杜预《律序》。
[2] 这是杜预奏事之言，为日版《官位令集解》所引。转引自［日］堀敏一："晋泰始律令的制定"，程维荣等译，载杨一凡总主编：《中国法制史考证》（丙编第二卷），中国社会科学出版社2003年版，第297页。

和令典在功能上分别发挥负面处罚和正面规范的作用,律典专门规定定罪量刑的内容,令典专门规定制度教化的内容。尽管汉代就有"令者教也,所以导民人;法者刑罚也,所以禁强暴也"[1]的说法,但把这种理念定位变成法律现实,西晋泰始律令法典确实是开其先河。所以高明士说:"自晋《泰始令》开始,明确宣示令典就是规定诸制度的法典。"[2]

(一)《泰始令》辅助作用的一般逻辑

在律令法典分工协作的矛盾关系中,谁是主要矛盾?谁是次要矛盾?

按照前引《晋书·刑法志》和杜预的表述,《泰始令》在整个规范体系中应该处于逻辑上的优先地位。即,先由令典正面规定国家制度,作为对官民言行的积极规范,具有督促、引导、教化等多方面的功能。令典诸篇规定了国家民事、行政、军事、司法等诸多领域的制度规范,此即杜预所说的"存事制"。如果违反这些制度规定达到一定程度,则加之以消极方面的制裁措施,主要表现就是律典中的刑事处罚。此即《晋书·刑法志》所说的"违令有罪则入律"。所以从逻辑上看,应该先有令典,后有律典;令典是正面、积极的规范,律典是负面、消极的规范;令典的目的是人人守法,律典的任务是惩处和预防违法。也就是说,令典内容更接近法律的理想状态,律典内容则近乎于一种追求理想的手段。

按照这个逻辑推导下去的话,或许令典才具有更强的权威性和旗帜性,律典只是围绕令典展开工作的"打手"。但实践下来,这个逻辑次序却被现实逆转了。在中国古代的大多数时间里,官方显然都更重视律的作用。在古代长期存在着以"律"代指法律、统领法律的观念和做法。这种情况一方面可能源于传统的影响,[3]另一方面可能基于实用的考虑。毕竟,具有刑罚功能加持的律典更能起到令行禁止、法出必行的效果,在法典体系的实施过程中担当急先锋和开山斧的角色。律典中各种刑罚的施用往往关乎生死安危,更有威慑性和惩戒性,更能引起关注、重视和警觉。法典颁行后,侍中卢珽、中

[1]《盐铁论·诏圣》载"文学"言。
[2] 高明士:《律令法与天下法》,上海古籍出版社2013年版,第31页。
[3] 一则,作为法律形式,律的出现时间更早。二则,在早期的法律实践中,律的法律位阶更高。如西汉杜周所称的"前主所是著为律,后主所是疏为令"(《汉书·杜周传》)。三则,律本身所蕴含的恒常性也更强。(参见[日]冨谷至:《文书行政的汉帝国》,刘恒武、孔李波译,江苏人民出版社2013年版,第35~38页)

书侍郎张华上书建议:"抄《新律》诸死罪条目,悬之亭传,以示兆庶。"[1]晋武帝下诏依其建议而行。武帝君臣所共同看重和宣扬的正是律典的强大威慑力。

所以从理论上讲,令是律的统领;但从实践来看,律是令的闯将。在律令法典互相辅助、彼此支撑的运行状态中,律典的主导性更强,令典的辅助性更强。在整个西晋法典体系中,律典都居于绝对的中心地位。给律典提供制度预设,恰是令典围绕律典提供辅助性服务的体现。因此可以看到,《泰始令》和《泰始律》存在篇章对应关系。例如,《泰始律》中有《捕律》《户律》《卫宫律》《关市律》《违制律》《系讯律》,《泰始令》中也有相应的《捕亡令》《户令》《宫卫令》《服制令》《关市令》《狱官令》。[2]这种关联为"违令有罪则入律"的法典运行机制提供了可行性基础。例如,在玉门花海出土的与《泰始律》相关的纸质文书中有"制在葬令"[3]字样。可见,律文的某项规定以《泰始令·丧葬令》相关内容为制度前提,令文服务于律文的施行。

以往学者常有人僵化理解前引杜预的话,认为既然西晋律令法典存在严格分工,令典中就不应有罚则。反过来说,如果令典中出现罚则就说明法典编纂技术和体例存在不足。[4]但这既是对西晋法典特殊的时代背景和立法理念的误解,也是对现代法学基本理论的疏忽。因为即便按照现代法学理论的标准,西晋《泰始令》作为行政法也可以存在罚则,即行政处罚规范。这和《泰始律》的刑事处罚规范不冲突,和《泰始令》的行政法性质也毫不违和。时光回拨到西晋,前引史料也没有明说"存事制""施行制度,以此设教"的令典不能有罚则,只是不要有"正罪名""以惩正为本"的刑事罚则即可。只不过,对于刑事与非刑事罚则之间的区分界线,当时人的理解和现在还不大一样。但是,即便假定在当时二者区分已经十分明显,《泰始令》中的罚则也没有严格区分刑事罚则和非刑事罚则,而是两者兼而有之。这是由特殊的

---

[1] 《晋书·刑法志》。

[2] 当然,律典中的《杂律》和令典中的《杂令》不一定对应,因为这两篇是把各自不能系统归类的内容收罗汇总的立法技术和处理方式。但这也足以说明,西晋法典体系称得上是具有总体设计的整体系统,而非彼此孤立的不同法律规范的简单汇集。

[3] 参见曹旅宁、张俊民:"玉门花海所出《晋律注》初步研究",载《法学研究》2010年第4期。

[4] 堀敏一:"在晋以前,令也附有罚则,律令区别不是很明确。晋代,罚则被从令中剔除,而一律归入律,使律与令相互独立,两者的分工变得明确。因此,晋律中自然要设'违令罪'一条。这就意味着晋代律与令之间具有重要意义的关系的出现。"〔日〕堀敏一:"晋泰始律令的制定",程维荣等译,载杨一凡总主编:《中国法制史考证》(丙编第二卷),中国社会科学出版社2003年版,第297~298页〕

历史原因造成的。因为纯理论的逻辑区分和立法构想，在现实情况面前总会发生一定的扭曲变形，为了迁就现实而进行适当调整。这种调整尽管会在形式上破坏法律理论的整体逻辑，却可以在实际适用中取得有实际益处的法律效果。这就是当时人所奉行的"归于益时"的实用性原则。

张建国早已指出，《泰始令》中不仅存在罚则，而且是刑事罚则。他引用《太平御览》所引两则令典条文作为佐证。[1]不仅如此，当时的令典甚至规定了较轻的肉刑。[2]但他同时也指出，这些带有罚则的条文内容可能是《泰始令》中"权设之法"的内容。也就是说，当时的立法者认为这些罚则条款若按照一般法理来讲应该放入律典，但是它们又"未得皆从人心"，将来必定会被移出法典，如果放在律典中会影响律典的稳定性和权威性。但同时它们在当时可以预见的一定长时间内又有一定的存在必要。最终，这些"未宜除"又不宜放进律典的罚则条款就以"权设之法"的名义归入令典。所以他提出，要评论西晋令典有无罚则，应该区别令典中的"常设之法"与"权设之法"进行具体分析。换句话说，"常设之法"从理论上来讲应该不会出现罚则条款，罚则条款极有可能只存在于"权设之法"中。

应该说，张氏的这种解释极具启发意义，一定程度上也确实符合当时的实际情况。然而我们也应该注意到，《泰始令》中的罚则条款并非都来自"权设之法"。至于这些罚则是否属于刑事罚则，就要转换到当时人的思维视角中去理解了。例如，《泰始律》中有律文称："诸有所督罚，五十以下鞭如令。平心无私而辜死者，二岁刑。"[3]可见，五十以下的鞭刑都由令典加以

---

[1] 张建国举的例子是：《太平御览·兵部六十六·烽燧》引《晋令》的"误举烽燧罚金一斤八两，故不举者弃市"和卷八六五《太平御览·饮食部二十三·盐》引《晋令》的"凡民不得私煮盐，犯者四岁刑，主吏二岁刑"。对于前一条，张氏误引为"卷734"（张建国：《魏晋律令法典比较研究》，载《中外法学》1995年第1期）。对于后一条，程树德未能判定属于何篇（程树德：《九朝律考》，中华书局2006年版，第307页），而张鹏一则将之归入《杂令》（张鹏一编著：《晋令辑存》，徐清廉校补，三秦出版社1989年版，第199页）。本书也有略微不同的推测，详见前文。

[2]《太平御览·刑法部十四·黥》引《晋令》曰："奴婢亡，加铜青若墨黥，黥两眼。后再亡，黥两颊上。三亡，横黥目下。皆长一寸五分，广五分。"其中值得注意的是，在黥刑的墨汁中加入"铜青"。"铜青"即铜绿，是铜器表面经二氧化碳或醋酸作用后生成的绿色碱式碳酸铜。传统医学认为，"铜青"具有止血、治疮等功效。《本草纲目·金部·铜青》记载："主治：妇人血气心痛，合金疮止血，明目，去肤赤息肉。主风烂眼泪出。治恶疮、疳疮，吐风痰，杀虫。"可见，《泰始令》中虽然基于特殊形势需要保留较轻的肉刑，但是主要发挥其耻辱标记的作用，而且也注意运用医学知识给犯人止血。因此可以说，其作为残害肢体的肉刑的性质和功能实际上已经得到极大弱化。

[3]《太平御览·刑法部十六·督》引《晋律》。

规定。[1]《泰始令》中有《鞭杖令》，对鞭杖之刑进行集中的制度化规范。但这些罚则条款未必都在《鞭杖令》中，也有可能散乱规定在《泰始令》各篇章中，而且也未必都属于"权设之法"。

这实际上反映出律典与令典在罚则方面的有效衔接，同时也可以说明传统上以是否具有罚则来区分律令的理论值得反思。在集中的立法过程中，西晋立法者把律、令视为一个整体。所以，在泰始律令法典中存在着一个通贯性的罚则系统，按照轻重等级分布在律典和令典之中，把律典和令典紧密铆接在一起。正是这个贯穿性的罚则系统给我们打开一扇窗，揭示出律典和令典在内容上的另一种衔接关系。今人对"刑"的理解通常就是刑罚，往往有严格的外延界定。但古人却并不如此在意这种区分，有些在今天看来明显属于行政处罚的内容，古人也会称之为"刑"或"罪"。

滋贺秀三曾提出，成熟律令体系应"根据刑罚、非刑罚的观点分类编纂"[2]，所以西晋的律令法典只是"创造律令体系的最初形态"[3]。此说难免过于理想化和机械化的嫌疑。姑且不说《泰始令》面对的现实情况不允许它排除刑事罚则，即便是条件允许，在古人那里也未必就有一个清晰的界限判然区分刑事罚则和非刑事罚则。所以我们才会看到，西晋令典中不仅有死刑、岁刑等刑事处罚方式，而且也有现今意义上属于行政处罚方式的鞭杖之制，在当时也被称为"刑"，而且很有可能和刑罚中的笞刑混合在一起执行。而在后世，我们也会看到，鞭杖之刑在北朝甚至跻身"五刑"的序列，成为隋唐时期经典五刑体制的重要制度来源。[4]无论哪个时期的罚则分类标准更科学合理，都不妨碍律令法典在基本分途的大趋势下独立发挥法律功能。从西晋开始，律、令在形式上各自编纂成法典，律典与令典在稳定性和体系性上都存在明显差异；在内容上，律、令规范属性与功能宗旨也开始出现明显区别，律典以刑事规范为主，意在规定罪名及其刑罚，令典以制度规范为主，意在设范立教。尽管律典、令典中都有某种程度的罚则存在，却并不足以影

---

〔1〕南朝梁《天监令》规定："老小于律令当得鞭杖罚者，皆半之。"（《隋书·刑法志》）可见当时确实有不少鞭杖刑罚则出自令典。这也可以作为西晋令典中有鞭杖罚则的一个推测性佐证。

〔2〕[日]滋贺秀三："关于曹魏新律十八篇篇目"，程维荣等译，载杨一凡总主编：《中国法制史考证》（丙编第二卷），中国社会科学出版社2003年版，第263页。

〔3〕[日]滋贺秀三："关于曹魏新律十八篇篇目"，程维荣等译，载杨一凡总主编：《中国法制史考证》（丙编第二卷），中国社会科学出版社2003年版，第266页。

〔4〕北魏、北齐的"五刑"是鞭、杖、徒、流、死，隋唐的"五刑"是笞、杖、徒、流、死。

响律、令在形式和内容上的显著区别。陈寅恪曾说："律令性质本极近似，不过一偏于消极方面，一偏于积极方面而已。"[1]以此区分西晋律、令法典，也就够了。[2]

（二）《泰始令》鞭杖之制的微观考察

对于上述律、令法典刑事罚则的理解，鞭杖之刑是最典型的例子。儒家经典《尚书》中说："鞭作官刑，扑作教刑。"孔颖达疏曰："官刑鞭扑俱用，教刑惟扑而已，故属扑于教。"[3]可见，以鞭、扑（杖）作为督责官员、教化百姓的处罚方式也被称为"刑"。只不过，鞭杖的处罚只是手段，其目的在于督责和教化。[4]这或许就是《泰始令》"以令设教""以教喻为宗"功能定位的灵感来源。鞭杖之刑主要是用来督责百官，所以还称鞭督、杖督。

《晋书·刑法志》曰："魏明帝改士庶罚金之令，男听以罚金，妇人加笞，还从鞭督之例，以其形体裸露故也。"李俊强认为，这里的"督"应该是"背"的讹误。[5]此说不确。李氏在解释"诸有所督罚，五十以下鞭如令"时认为"督"就是鞭刑。[6]但在这里解释"鞭督"时却认为是"鞭背"。原因在于他对"妇人加笞，还从鞭督之例，以其形体裸露故也"的理解出现问题，认为这句话存在逻辑错误。为了证成其说，他还引用古医学中的"督脉"概念作为背书。但实际上，这种说法有前后不一、解读过甚的嫌疑。因为，按照他的说法"督"可以代指鞭刑，那么"鞭督"自然也可以代指鞭刑。而事实上，"妇人加笞，还从鞭督之例，以其形体裸露故也"这句话的内在逻辑是可以解释通的，完全没有必要凭空改动史料文字。简单来说，之所以妇人

---

[1] 陈寅恪：《隋唐制度渊源略论稿·唐代政治史述论稿》，陈美延编，生活·读书·新知三联书店2009年版，第100页。

[2] 对于这一点，唐代律令之间关系似乎有一定参考价值。黄正健说："从《令》与《律》的关系看，二者是两种各自独立的法律体系。《令》的重点在'事'，《律》的重点在'罪'……《律》《令》各有其发挥效力的范围，是唐代法律体系的主体。"[黄正健："《天圣令》中的律令格式敕"，载荣新江主编：《唐研究》（第十四卷），北京大学出版社2008年版，第65页]追根溯源，律、令分途则自西晋始，泰始律令则为其嚆矢。

[3] 《尚书正义·舜典》。

[4] 《周礼·天官·大宰》："以八法治官府……七曰官刑，以纠邦治。"郑玄把它解释为商周"五刑"，即墨、劓、宫、刖、杀。贾公彦《周礼注疏》却提出不同看法："官刑非寻常五刑，谓官中之刑，以纠察邦治。"孙诒让《正义》也说："鞭，亦官府轻刑之一也。"可见，在儒家经典的制度设计中，鞭刑主要是作为官刑而存在。

[5] 参见李俊强：《魏晋令初探》，科学出版社2020年版，第114~115页。

[6] 参见李俊强：《魏晋令初探》，科学出版社2020年版，第115页。

的笞刑要改用鞭刑，是由于笞刑的行刑部位在屁股，[1]鞭刑的主要行刑部位在后背，[2]所以笞刑要脱裤子，鞭刑只需要脱上衣。[3]两相比较，脱上衣自然要比脱裤子更文明一些。既然鞭刑的行刑部位原本就在后背，那又何必在鞭字后面加一个多余的"背"字呢？所以，不用也不能仅凭"鞭督"行刑部位恰好在后背这一个理由就简单推断它是"鞭背"的笔误。[4]当然，李氏更关键的问题还在于，把"督"简单地等同于鞭刑。这些都是不明白汉唐之间"督"字法律文化意义的结果。[5]

早在汉代，"督"就和针对轻微过失的责罚方式紧密联系在一起。例如，《汉书·尹翁归传》："不中程，辄笞督。"颜师古在这里把"督"解释为"责"，大体不错。《汉书·丙吉传》："坐养皇曾孙不谨，督笞。"这里的"督"和笞刑一起出现，是在表达通过笞刑问责同时兼有督察、教化的含义。[6]《汉书·陈万年传附陈咸传》："或私解脱钳釱，衣服不如法，辄加罪笞。督作剧，不胜痛……"这里"督"应该是"督笞"或"笞督"的简称，同样代指通过笞刑进行问责。在出土的《居延新简》中也有类似

---

[1] 汉景帝时定《箠令》："当笞者，笞臀。"（《汉书·刑法志》）

[2] 鞭刑的行刑部位在实践中很难严格控制在背部。例如：《张家山汉简·奏谳书》第十七个案例记载："诊讲北（背）治（笞）纰大如指者十三所，小纰瘢相质五也，道肩下到要（腰），稠不可数……诊毛北（背），笞诊瘢相质五也，道肩下到要（腰），稠不可数，其殿（臀）瘢大如指四所，其两股瘢大如指。"张伯元认为：这是在描述"讲"和"毛"两个人受到鞭打问讯后的伤情；这里的"治（笞）"是"击打"的意思，击打的工具"纰"就是皮鞭。（张伯元："秦'笞'辨疑"，载徐世虹主编：《中国古代法律文献研究》（第四辑），法律出版社 2010 年版，第 58 页）可见用鞭击打的部位包括肩、背、腰、臀和大腿。

[3] 《太平御览·刑法部十五·鞭》引《晋中兴书》曰："谢鲲字幼舆，弱冠知名。值中朝大乱，长沙王乂辅政，亲媚小人，忌害君子。时疾鲲名，潜之，乂遂执，欲鞭之。鲲解衣伏锁，神无动容。乂异而释之，又无喜色。"此则材料显示，执行鞭刑通常要求受刑者脱掉上衣。

[4] 《太平御览·刑法部十六·督》引《晋书》曰："魏明帝改士庶罚金之令，妇人加笞，还从鞭督之例，以其刑体裸露故也。"这里同样表述为"鞭督"而非"鞭背"。两个版本的用字都写错的可能性又降低了一些。另外值得注意的是，这里没有"男听为罚金"五字。《晋书·刑法志》中有这五个字，使前后文意很难解释通。而在《隋书·刑法志》中，记载南梁刑罚时只有男、女对称，而无男、妇对称。因此推测这五个字极有可能是衍文。

[5] 冨谷至曾对汉唐之间笞杖刑的变迁进行梳理，对此问题有所涉及，可做参考。参见 [日] 冨谷至："笞杖的变迁——从汉的督笞至唐的笞杖刑"，朱腾译，载周东平、朱腾主编：《法律史译评》（第一卷），北京大学出版社 2013 年版，第 47~62 页。

[6] 汉景帝曾下诏说："笞者，所以教之也。"（《汉书·刑法志》）《唐律疏议·名例》也说："笞者，击也，又训为耻。言人有小愆，法须惩诫，故加捶挞以耻之。"事实上，笞刑原本就是处罚轻罪的刑罚，在汉文帝改革刑制之后才扩大为一种适用于"中罪"的刑罚。参见黄海："由'笞'至'笞刑'——东周秦汉时期'笞刑'的产生与流变"，载《社会科学》2019 年第 4 期。

第三章 西晋法典体系的构建成就

记载：

> 侯史广德，坐不循行部、涂亭、趣具诸当所具者，各如府都吏举，部糒不毕，又省官檄书不会会日，督五十。（E. P. T57：108A）

"注释"认为：督，即杖笞，用竹木杖击犯人。[1]这种解释虽然和前引三个例子相通，但是略微有一点把"督"和"杖笞"混为一谈的嫌疑。严格来说，这里的"督"同样应该是"督笞"或"督杖"的简称，意思同样是通过笞刑进行问责。[2]魏晋时此类例子还有。《三国志·魏书·杜畿传附杜恕传》："陛下自不督必行之罚，以绝阿党之原耳。"《三国志·蜀书·诸葛亮传》："请自贬三等，以督厥咎。"[3]《晋书·阎缵传》："邴吉以皇孙在焉，闭门距命，后遂拥护皇孙，督罚乳母，卒至成人，立为孝宣皇帝。"[4]简单说，这里的"督"就是问责，包含督察、教化、寄望改正等多层意思。在汉唐间，表达这种微妙用意最典型和常见的惩罚方式就是鞭杖刑。所以史料中就会出现鞭督、杖督之类的说法。《泰始律》律文也说："诸有所督罚，五十以下鞭如令。"[5]

以鞭杖督责官吏的观念，早在先秦就有。前引《尚书·舜典》文就是其例。东汉刘宽"吏人有过，但用蒲鞭罚之，示辱而已"[6]。这里的"蒲鞭"就是一种针对官吏、重在问责和教化的轻微责罚方式，伤害性不大，重点是让人自知耻辱。当然，由于鞭的刑具材质和行刑方式存在具体差异，鞭刑杀人的情况也时有发生。例如，汉明帝常用鞭杖之刑惩罚九卿重臣，甚至曾在

---

[1] 参见中国简牍集成编辑委员会编：《中国简牍集成》（第十一册），敦煌文艺出版社2001年版，第91页。

[2] 冨谷至认为，刻有"督五十"三字的长达80cm的木杖本身就是督杖的工具。[［日］冨谷至："笞杖的变迁——从汉的督笞至唐的笞杖刑"，朱腾译，载周东平、朱腾主编：《法律史译评》（第一卷），北京大学出版社2013年版，第55页］其说有理。

[3] 《论衡·寒温篇》："父子相怒，夫妻相督。"《后汉书·郑玄传》李贤注引《郑玄别传》曰："玄年十一二，随母还家，正腊会同列十数人，皆美服盛饰，语言闲通，玄独漠然如不及，母私督数之，乃曰'此非我志，不在所愿也。'"《郑玄别传》也是魏晋著作。这里"督"和"数"的意思同样都只是责备。

[4] 这则史料虽是在讲述西汉故事，却是西晋人的转述。所以也可以认定"督罚"代表西晋的语言习惯。

[5] 《太平御览·刑法部十六·督》引《晋律》。

[6] 《太平御览·刑法部十五·鞭》引《后汉书》。

殿前鞭杀尚书郎。[1]又如，刘备鞭杖百余下，想要杀死督邮。[2]魏明帝在青龙二年（公元234年）二月癸酉下诏："鞭作官刑，所以纠慢怠也，而顷多以无辜死。其减鞭杖之制，著于令。"[3]这份诏书再次重申鞭刑的官刑属性，强调其宗旨在于督促教化，而非严刑峻罚。当然值得注意的是，这三个例子中的杀人情节显示鞭、杖连用，似乎当时人不很注意鞭、杖之别。所以真要用鞭杀人很难，可能也有以杖代鞭或鞭杖混用的情况。

魏晋时期，鞭杖之刑被视为官刑不等于鞭杖刑只适用于官员，而是官民一体适用。[4]例如，《三国志·魏书·司马朗传》："其治务宽惠，不行鞭杖，而民不犯禁。"《三国志·魏书·仓慈传》："慈躬往省阅，料简轻重，自非殊死，但鞭杖遣之，一岁决刑曾不满十人。"《晋书·孝友传·夏方》："百姓有罪应加捶挞者，方向之涕泣而不加罪，大小莫敢犯焉。"临泽西晋墓葬出土"建兴元年临泽县廷决断孙氏田坞案"简册第六二八〇简："请事诺，罚香、发鞭杖各百五十，适行事一用听如丞。"[5]在这些史料表述中，鞭、杖同样连称不分。

在《泰始令·鞭杖令》中，鞭刑和杖刑的许多细节规定区分明确。这些规定一直影响到东晋南朝。为表述方便，先把有关西晋、南朝鞭杖之制的主要史料简单罗列如下：

史料甲：

应得法鞭者即执以鞭，过五十称行之。有所督罪，皆随过大小，大过五十，小过二十。鞭皆用牛皮革廉成，法鞭生苇，去四廉，常鞭用熟靼，不去廉，作鹄头，纫长一尺一寸，鞘长二尺二寸，广三分，厚一分，柄皆长二尺五寸。

（《太平御览·刑法部十五·鞭》引《晋令》）

---

[1] 参见《太平御览·刑法部十五·鞭》引《汉晋春秋》："明帝勤于吏事，苛察逾甚，或于殿前鞭煞尚书郎。"《太平御览·刑法部十六·杖》引《后汉记》："明帝时政事严峻，九卿皆鞭杖。左雄上言：'九卿位次三事，班在大臣，行有佩玉之节，动有庠序之仪。加以鞭杖，诚非古典。'上即除之。"

[2] 《三国志·蜀书·先主传》裴注引《典略》："遂就床缚之，将出到界，自解其绶以系督邮颈，缚之著树，鞭杖百余下，欲杀之。"

[3] 《三国志·魏书·明帝纪》。

[4] 程树德考得晋鞭杖刑对象主要为官员，包括朝廷督王、左丞、典笔等官吏和郡县官员。（程树德：《九朝律考》，中华书局2006年版，第244页）但这只能反映一部分情况。

[5] 参见杨国誉："'田产争讼爰书'所展示的汉晋经济研究新视角——甘肃临泽县新出西晋简册释读与初探"，载《中国经济史研究》2012年第1期。

史料乙：

应授杖而体有疮者，督之也。
(《太平御览·刑法部十六·督》引《晋令》)

史料丙：

应得法杖者以小杖，过五寸者稍行之，应杖而脾有疮者，臀也。
杖皆用荆，长六尺，制杖，大头围一寸，尾三分半。
鞭皆用牛皮，生革，廉成，法鞭生革，去四廉。
(《北堂书钞·刑法部下》引《晋令》)

史料丁：

其鞭有制鞭、法鞭、常鞭，凡三等之差。制鞭，生革廉成；法鞭，生革去廉；常鞭，熟靶不去廉。皆作鹤头纽，长一尺一寸。梢长二尺七寸，广三分，靶长二尺五寸。杖皆用生荆，长六尺。有大杖、法杖、小杖三等之差。大杖，大头围一寸三分，小头围八分半。法杖，围一寸三分，小头五分。小杖，围一寸一分，小头极杪。诸督罚，大罪无过五十、三十，小者二十。当笞二百以上者，笞半，余半后决，中分鞭杖。老小于律令当得鞭杖罚者，皆半之。其应得法鞭、杖者，以熟靶鞭、小杖。过五十者，稍行之。将吏已上及女应有罚者，以罚金代之。其以职员应罚，及律令指名制罚者，不用此令。其问事诸罚，皆用熟靶鞭、小杖。其制鞭制杖，法鞭法杖，自非特诏，皆不得用。诏鞭杖在京师者，皆于云龙门行。女子怀孕者，勿得决罚。
(《隋书·刑法志》载南梁鞭制)

史料戊：

诸有所督罚，五十以下鞭如令。平心无私而辜死者，二岁刑。
(《太平御览·刑法部十六·督》引《晋律》)

以上五则史料，前三则引自《泰始令》，第四则源自梁《天监令》，第五则出自《泰始律》，但这些引文都存在残缺和错字问题。要准确了解西晋鞭杖之刑，必须结合五则史料综合判断。

首先，关于鞭刑和杖刑的刑具。（详见表25）鞭刑用牛皮制成的鞭，杖刑用荆条制成的杖。鞭分为制鞭、法鞭、常鞭三种，鞭挞效果依次从重到轻。区别在于制作材料（生革还是熟靼）和制作工艺（边缘有无棱角）。史料甲中，"鞭皆用牛皮革廉成"应是"鞭皆用牛皮，制鞭，生革廉成"，"法鞭生苇"应是"法鞭生革"[1]，"常鞭用熟靻"应是"常鞭用熟靼"[2]，"刃长一尺一寸"中"刃"应是衍字。史料丁中，"鹤头"应是"鹄头"[3]，"梢长"应是"鞘长"[4]。杖也分为三等：制杖、法杖、小杖，主要通过长短和粗细区分。西晋时的制杖（史料丙），南梁也称为大杖（史料丁中有"大杖""制杖"两种说法，应该是指同一种刑具）。其以"大杖""小杖"对称，有可能是受到曾子典故的启发。[5]根据梁《天监令》对鞭杖刑的种种限制，[6]似乎也可以推断西晋令典中存在类似的立法宗旨和执法原则。

---

[1] 史料甲之所以把法鞭材料描述为"生苇"，可能是受到一些说法的误导。例如，前引刘宽"吏人有过，但用蒲鞭罚之，示辱而已"。又如，曹植《对酒歌》："蒲鞭苇杖示有刑"。《文选》卷五九《沈约〈齐故安陆昭王碑文〉》"南阳苇杖未足比其仁"吕延济注："《韩诗外传》云'老蒲为苇'也。苇杖即蒲鞭也。"实际上，用蒲苇制作鞭杖的做法，只是仁政教化的理念和循吏宽惠的标签，不能等同于现实的法律制度。

[2] "靻"的意思是带嚼口的马笼头，"靼"的意思是柔软的皮革。把"靼"写成"靻"，应是抄写错误。

[3] "鹄头"以往常被解释为一种书体名。例如，南朝梁庾肩吾《〈书品〉序》曰："蚊脚傍低，鹄头仰立。"而《封氏闻见记·文字》记载："南齐萧子良撰古文之书五十二种，鹄头、蚊脚、悬针、垂露、龙爪、仙人、芝英、倒薤、蛇书、虫书、偃波、飞白之属，皆状其体势而为之名；虽义涉浮浅，亦书家之前流也。"可见，把"鹄头"解释为书体，也有依据自然界中鹄鸟头部姿势而作引申之意。鹄鸟即天鹅，其延颈而立的形象往往成为古人喜欢比拟的喻体。例如，《后汉书·袁绍传》曰："今整勒士马，瞻望鹄立。"西晋成公绥《螳螂赋》曰："延颈鹄望。"所以鞭刑这里的"鹄头"，应该是指具体的形象，即鞭子手柄的鸟头装饰。

[4] "鞘"的意思是刀剑的外壳或拴在鞭子头上的细皮条，"梢"的意思是条状物较细的一头。

[5] 《韩诗外传》卷八："曾子有过，曾皙引杖击之，仆地……夫子曰：'汝不闻昔者舜为人子乎？小箠则待，大杖则逃……'"《说苑·建本》略同。《太平御览·刑法部十六·杖》引《家语》："舜之事父，小杖则授，大杖则走。"这个表述最终确定为"小杖则受，大杖则走"。（《后汉书·崔寔传》）

[6] 《隋书·刑法志》："老小于律令当得鞭杖罚者，皆半之。其应得法鞭、杖者，以熟靼鞭、小杖。过五十者，稍行之。将吏已上及女应有罚者，以罚金代之。"

表 25　西晋鞭杖的刑具

总称	具称	材料工艺	尺　寸	
鞭	制鞭	生革廉成	鹘头：长一尺一寸 鞘：长二尺二寸，广三分，厚一分 柄长：二尺五寸	
	法鞭	生革		
	常鞭	熟靶		
杖	制杖	荆	长六尺	大头围一寸，小头围三分半
	法杖			大小头围尺寸缺
	小杖			大小头围尺寸缺

其次，关于鞭杖之刑的执行方式。

根据史料甲、戊，鞭刑的数目有两个档次：五十和二十。根据史料丁，杖刑的数目和鞭刑是一样的。此外，史料丁还提供了一个重要信息：在南梁的罚则系统中，鞭杖刑是和笞刑（包括髡钳五岁刑笞二百及其累加刑）衔接混用的。即，笞二百只是一次性执行一百，剩下的一百隔一段时间才执行，而且再执行时也不使用笞，而是用鞭刑、杖刑各一半（即五十）代替执行。如果南梁的这种刑罚执行制度是继承西晋而来的话，那就可以一下解决三个悬而未决的问题：一是，前文所提到的岁刑累加中出现的累笞一千二百下，真正执行的时候会大大折扣，所以不必担心其会带来严重的死伤问题；二是，汉魏以来常把鞭杖之刑混称，并不是因为二者本身没有明显区别，而是由于二者经常混合在一起使用；三是，西晋以后确实存在一个贯穿律令法典的罚则系统，不仅是刑罚等级衔接未绝，而且律典中的笞刑和令典中的鞭杖刑在使用的时候常会部分替代，所以事实上彼此不可分割。

史料甲、乙、丙都是《泰始令》的零星片段，偶尔还有缺漏讹误。但史料丁所引用的梁《天监令》中有关鞭杖刑的内容却相对较为完整，和前三则史料中的若干重要元素可以彼此印证，用来补充、校正前三则史料中的信息。四则史料的综合比对，就可以复原鞭杖之制的某些重要内容。例如，史料甲中的"过五十称行之"和史料丙中的"过五寸者稍行之"，都应该是"过五十稍行之"。这里的"五十"是指年纪岁数而非鞭杖数目。两者所说就是史料丁中的"老小于律令当得鞭杖罚者，皆半之。其应得法鞭、杖者，以熟靶鞭、小杖。过五十者，稍行之"。这是体恤老幼的特殊制度，首先是数目减半，其次是选择最轻的刑具。对于年过五十的人，鞭杖督责更是象征性地意思一下而已。又如，史料丙中的"应杖而脾有疮者，臀也"，应以史料乙的"应授杖而体有疮者，督之也"为准。因为"体"包括"臀"，所以不存在以"臀"代"体"的问题。[1]如果身体有疮，施加杖刑容易感染溃烂，所以只能改为"督"。"督"的核心意思就是"责问"，不一定会附随真实的处罚。正如束晳《劝农赋》所说："乃有老闲旧猾，欺狡难觉，时虽被考，不过校督[2]。歌对囹圄，笑向桎梏。"[3]这再次表明，如果只是纯粹意义上的"督"，其实重在问责，处罚有可能只是象征性的。

三、泰始律令法典与其他法律的关系

律令法典是西晋法典体系的主干，但这两部法典并非孤立存在，还需要其他法律的配合。其中包括作为制定律令附属品的《晋故事》和零散单行的各种法律。

（一）律令法典与《晋故事》的关系

《唐六典·尚书刑部》注曰："晋贾充等撰律、令，兼删定当时制、诏之条，为《故事》三十卷，与《律》《令》并行。"贾充团队在魏末受命整理法律文本，编订法典，《泰始令》与《晋故事》都具有行政法的性质，所不同只在于，前者的法律规范作为整体统一颁行，重在指导天下郡国和平民百姓一体遵守，后者则按照职守拆分"还其官府"，重在指导官府的相关职能部门推行具体政务。所以，《晋故事》的内容作为部门规章没有必要编入需要统一颁行天下的令典中。这既给令典减轻了负担，有利于维持其稳定性；也给行政事务带来了便利，方便其灵活调整操作模式。因为《晋故事》的抽象性、稳定性低于律典、令典，所以有学者称其为辅助法或"副法"[4]。这个"副法"定位是否准确呢？所谓副法，通常是与正法相对而言，指其在法律体系

---

[1]《说文·骨部》："体，总十二属也。"段玉裁注："十二属许未详言，今以人体及许书覈之。首之属有三，曰顶，曰面，曰颐。身之属三，曰肩，曰脊，曰臀。手之属三，曰厷，曰臂，曰手。足之属三，曰股，曰胫，曰足。合说文全书求之，以十二者统之，皆此十二者所分属也。"

[2]《通典·兵二·法制》引（后汉魏武）《步战令》："临阵，牙门将、骑督明受都令。诸部曲都督将吏士各战时，校督部曲，督住阵后，察凡违令畏懦者。"这里的"校督"，应该就是检查督促。

[3]《太平御览·刑法部十六·督》引束晳《劝农赋》。

[4]此"副法"之说，采自守屋美都雄。（[日]守屋美都雄：《中国古代的家族与国家》，钱杭、杨晓芬译，上海古籍出版社2010年版，第453页）此外，马小红在论及"科"的地位时，亦曾使用此语。[马小红："'格'的演变及其意义"，载《北京大学学报（哲学社会科学版）》1987年第3期]

中处于附庸地位，属于下位法、细则法。然而，从法律内容和实用效果来看，《晋故事》与《泰始律》《泰始令》又不是简单的主从或附庸关系。这一点可以两条《泰始令》佚文为证。

史料甲：

其赵郡，中山，常山国输缣当绢者，及余处常输疏布当绵绢者，缣一疋当绢六丈，疏布一疋当绢一疋，绢一疋当绵三斤。旧制，人间所织绢布等，皆幅广二尺二寸，长四十尺为一端，令任服。

（《初学记·宝器部·绢》引《晋令》）

其内容是，赵郡、中山国、常山国等以"缣"和"疏布"代替绵绢作为户调，并规定缣、疏布与绵、绢之间折算方法，还对所输绢布等纺织品之尺寸作出明确要求。

史料乙：

其上党及平阳，输上麻二十二斤、下麻三十六斤，当绢一匹。课应田者，枲麻加半亩。

（《太平御览·百卉部二·麻》引《晋令》）

其内容是，在上党与平阳等地以麻代绢，并规定二者的折算方法及其他特殊规定。

这两条令文应该都出自《泰始令·户调令》，与《晋故事·户调式》存在对应关系。若按有的学者所说，《泰始令》与《晋故事》之间存在正、副法或上、下位法之别，那么情况应当是：《户调令》是一般性规定，只规定征收户调的一般原则性内容，《户调式》规定租调的内容、数目与方式均等具体明确、具有操作性的细枝末节。

然而事实却非如此，前引《户调式》两条内容都是对租调数额、诸侯分食、民户种类、边郡夷人的普遍化、抽象化、类型化规定，兼具原则性与操作性，并未具体到某一地、某一物。这种情况反而是在令文之中有所体现。此处引用的令文甚至对绢布的长宽数额都有具体规定，可谓细致至极，直接可操。可见，《户调令》并非高高在上，《户调式》也非俯首居下，二者只是思考切入点和操作着力点有所不同而已。（详见表26）管窥蠡测，《泰始令》与《晋故事》之间关系应该也是这样。与其说二者是正、副法或上、下位法的关系,不如说是互为表里、难分彼此。而且,《晋故事》的条文,作为文书故事初次改造的形态,也有可能成为后世令典充实内容的备选,通过进一步的删正整编活动转化为稳定性更强的法律存在形态。

表26 《晋故事》与《律》、《令》户调内容的对应关系

法 典	篇 目	条 文
《泰始令》	《户调令》	1. 其赵郡、中山、常山国输缣当绢者,及余处常输疏布当绵绢者,缣一疋当绢六丈,疏布一疋当绢一疋,绢一疋当绵三斤。 2. 其上党及平阳,输上麻二十二斤、下麻三十六斤,当绢一匹。课应田者,枲麻加半亩。
《晋故事》	《户调式》	1. 凡民丁课田,夫五十亩,收租四斛,绢三疋,绵三斤。凡属诸侯,皆减租谷亩一斗,计所减以增诸侯;绢户一疋,以其绢为诸侯秩;又分民租户二斛,以为侯奉。其余租及旧调绢二户三疋,绵三斤,书为公赋,九品相通,皆输入于官,自如旧制。 2. 丁男之户,岁输绢三匹,绵三斤,女及次丁男为户者半输。其诸边郡或三分之二,远者三分之一。夷人输賨布,户一匹,远者或一丈。男子一人占田七十亩,女子三十亩。其外丁男课田五十亩,丁女二十亩,次丁男半之,女则不课。男女年十六已上至六十为正丁,十五已下至十三、六十一已上至六十五为次丁,十二已下六十六已上为老小,不事。远夷不课田者输义米,户三斛,远者五斗,极远者输算钱,人二十八文。
《泰始律》	《户律》	目前尚未发现具体律文,但是依据当时的法典体系配合的关系原理可以推导出,违《户调令》《户调式》有罪则入《户律》。

《泰始令》与《晋故事》的难解难分,并非法律分工的不合理,恰有其深意在。这个内在的立法逻辑,在法典体系更加完备的唐代也是如此。唐令和唐式之间也很难找到通贯性的原则,分辨令、式相关条文的本质区别。[1]实际上,互为表里、互见并对,恰是中华法系宏观精神的一种微观体现。孟子说:"徒善不足以为政,徒法不能以自行。"[2]中国古代立法在多数情况下并不追求法律的极致系统化和确定化,往往会做出抽象、圆融、笼统乃至模糊的原则性规定,给后来的立法和执法留足回旋的余地。即便是在今天,诸

---

[1] 参见霍存福:"令式分辨与唐令的复原——《唐令拾遗》编译墨余录",载《当代法学》1990年第3期。

[2] 《孟子·离娄上》。

如此类不同法律文件和法条之间的互相援引和转化也仍是一种常被采用的立法技巧。

一如前文所述,《晋故事》原本出自行政文书,经由国家立法而获得正式法律的地位。在其之前,令典内容也多源出于诏令文书。所以二者存在先天的密切关联。而且与令典内容性质类似,《晋故事》的条文属性同样具有设范立制的正面效应。与这两者相反,律典的消极惩处性质特别突出。其惩罚依据正源自礼法、令典以及《晋故事》的品式章程,以违反礼、令、品式章程作为惩罚某人的前提条件。依此逻辑而言,当先有礼、令、品式章程后有律,律当以礼、令、品式章程为指针。既如此,就更不应该称《晋故事》为"副法"。尽管历来朝廷多重视律典的负面惩罚功能,然而令典与《晋故事》的正面创设功能同样不能忽略。法律的这两种功能一正一反,相反相成,互为表里,彼此支撑,自然没有主从、正副的区别。

(二) 律令法典与科、格、教的关系

西晋时的科、格、教大都以辅助律典、令典、《晋故事》的身份出现,其内容围绕三大法典主干展开,是西晋法律体系的重要组成部分。

作为独立法律形式的科最早见于汉代,伴随律令整理活动而产生,具有辅助律令施用的职能。汉末魏初,曹氏大量定科。科的效力等级得到大幅提升,一跃而成当时最具影响的法律形式。当时有专门负责整理科的官职"定科郎",贾充、裴楷都曾担任此职。西晋时魏科内容被大量吸纳进入律典、令典乃至礼典稿本之中。但这并不等于科就此消失。特别是,伴随着律典与令典内容的明确和固定,贯彻律令精神就成为科的主要任务。

《晋书·殷仲堪传》记载:

桂阳人黄钦生父没已久,诈服衰麻,言迎父丧。府曹先依律诈取父母卒弃市,仲堪乃曰:"律,诈取父母宁依驱詈法,弃市。原此之旨,当以二亲生存而横言死没,情事悖逆,忍所不当,故同之驱詈之科,正以大辟之刑。今钦生父实终没,墓在旧邦,积年久远,方诈服迎丧,以此为大妄耳。比之于父存言亡,相殊远矣。"遂活之。

所谓的"驱詈之科"应该是指律典中关于驱、詈父母的罪名和刑罚规定。所以这个"科"只是律典中一个约定俗成的子单元,不能称为独立法律形式。这样做原本是为辅助律文,便利施用。然而久而久之,科的内容就不再局限于律文，而是超出律文具备某种程度上的单行性和独立性，所以常被单独提出作为断案依据。只不过此类科的内容与效力都源出于律，并依赖于律，只是律文的附庸而已。

东晋以后，另一种科也在持续发展，并最终成长为独立的法律形式。《晋书·外戚传·王蕴传》载：

补吴兴太守，甚有德政。属郡荒人饥，辄开仓赡恤。主簿执谏，请先列表上待报，蕴曰："今百姓嗷然，路有饥馑，若表上须报，何以救将死之命乎！专辄之愆，罪在太守，且行仁义而败，无所恨也。"于是大振贷之，赖蕴全者十七八焉。朝廷以违科免蕴官，士庶诣阙讼之，诏特左降晋陵太守。

王蕴因为违科而被免官，可见科已成为一种能够独立存在并作为处置违犯者的依据。他作为太守未经上报即擅自开仓赈济饥民，所违之科应是一种行政事务申报的手续规定，属于行政性质的法律，应该与令典和《晋故事》关系密切。逐步具备行政法性质的科，成为南朝时《梁科》《陈科》的重要文本渊源。

回到西晋，以细化法典内容为宗旨又具备独立法律形式性质的不是科而是格。格通常具有内容具体、规范细致、条目细化等特征，是贯彻落实《律》《令》《故事》的操作性规范。由于其内容具体琐碎，往往属于"细枝末节"，所以必定数量众多，而且极易变动。这也展示出其机动灵活和操作性强的独特优势。

例如，西晋三公尚书刘颂曾建议："宜立格为限，使主者守文，死生以之，不敢错思于成制之外，以差轻重，则法恒全。"[1]其所谓"立格"，即以明文对"主者守文"原则严加落实。又如，西晋永嘉六年（公元312年），顾荣去世，"帝临丧尽哀，欲表赠荣，依齐王功臣格。"[2]所谓"齐王功臣格"，应是齐王司马冏执政时制定的功臣优诏礼仪规范。又如，东晋范宁曰："方镇去官，皆割精兵器仗以为送故，米布之属不可称计。监司相容，初无弹纠。其中或有清白，亦复不见甄异。送兵多者至有千余家，少者数十户。既力人私门，复资官廪布……谓送故之格宜为节制，以三年为断。"[3]魏晋时官员履

---

[1]《晋书·刑法志》。
[2]《晋书·顾荣传》。
[3]《晋书·范汪传附范宁传》。

新、去职都有迎送活动。所谓"送故之格"就是要节制迎送活动的奢侈浪费，其内容细化到兵器、士兵、米布等具体数目的限制，极具可操作性。

可见，西晋时的格是对国家法律政策的细化规定，规定各种情形下或赦或赏或考或录的具体办法。当时诏书中大量使用"精为其格""详为其格""具为条格"等词语，可见格表现为具有详细条目的具体规定，可以直接进行细节操作。这与唐格由于主要来自皇帝制诏而成为效力最高的综合特别法属性，可谓大相径庭。

此外，西晋"八王之乱"时的《己亥格》也值得讨论。《晋书·陈頵传》载：

> 初，赵王伦篡位，三王起义，制《己亥格》，其后论功虽小，亦皆依用。頵意谓不宜以为常式，驳之曰："圣王悬爵赏功，制罚纠违，斯道苟明，人赴水火。且名器之实，不可妄假，非才谓之致寇，宠厚戒在斯亡。昔孙秀口唱篡逆，手弄天机，惠皇失御，九服无戴。三王建议，席卷四海，合起义之众，结天下之心，故设《己亥义格》以权济难。此自一切之法，非常伦之格也。其起义以来，依格杂猥，遭人为侯，或加兵伍，或出皂仆，金紫佩士卒之身，符策委庸隶之门，使天官降辱，王爵黩贱，非所以正皇纲重名器之谓也。请自今以后宜停之。"

材料反映，《己亥格》是"三王起义"时颁行战时法律。其内容以军功赏罚为主，其效力则优先于一切法律。但这个格是非常时期的特殊法律，并非常态法律。其特殊性体现在：其一，制定者并非有权立法者，当时赵王司马伦是执政，而发布此格的三王则是"反叛者"；其二，此格属于战时的阵前之法，以联合各方势力谋求战事胜利为目的；其三，在三王取得政治斗争胜利后，此格成为效力最高的法律，打破了原本体系规整的法典体系。陈頵认为此格"不宜以为常式"，应排除在西晋常规法律行列之外。

教也称条教，本义是长辈训诫晚辈，后又用于上下级之间。胡三省曰："教谓教令，州郡下令谓之教。"[1]可见，教带有地方性法规性质。余英时说："事实上，汉代郡守、县令长，其政治倾向是儒是法，都可以在他们的治境之内设'条教'。每一套'条教'都代表一个地方官在他任内的政治设施；

---

[1]《资治通鉴·梁纪二二·梁敬帝太平元年》"政教严明"胡三省注。

这种设施之所以称为'条教',则是因为它是以分条列举的方式著之于文字的。所以'条教'对于每一郡内的吏民都具有法律的效力,任何人违犯了其中某一条'教令'是会受到惩罚的。"〔1〕

在西晋的法律体系中,教处在整个规范体系的末梢,是地方或者基层为更好贯彻三大法典和其他法律规定,结合当地实情和民俗文化,以较为变通的方式辅助推行国家法令的表现形式。基层官员治理地方时,会结合教育、训诫、示范、表彰等多种手段,把国家法律改造融合到独具地方特色的规范制度体系中。例如,《晋书·殷仲堪传》:"领晋陵太守,居郡禁产子不举,久丧不葬,录父母以质亡叛者,所下条教甚有义理。"又如,《晋书·郑袤传》:"袤在广平,以德化为先,善作条教,郡中爱之。"这种便宜从事表面上对国家法律有超出或者扭曲之嫌,然而落实下来却不显得生硬古板,展现出灵活有效等特点,对于贯彻国家法令反而有貌离神合之效。这也可以显示西晋法律体系统一风格的贯彻始终与浑然一体。

---

〔1〕 余英时:《士与中国文化》,上海人民出版社1987年版,第205页。其余持此论者尚有:杨一凡、刘笃才[参见杨一凡、刘笃才编:《中国古代地方法律文献》(甲编第一册),世界图书出版公司2006年版,第17页;杨一凡:"注重法律形式和法律体系研究　全面揭示古代法制的面貌",载《法学研究》2009年第2期]、闫晓君[闫晓君:"略论秦汉时期地方性立法",载《江西师范大学学报(哲学社会科学版)》2000年第3期]、陈苏镇(陈苏镇:《汉代政治与〈春秋〉学》,中国广播电视出版社2001年版,第306页)。

第四章
西晋法典体系的支撑要素

从公元184年开始的黄巾之乱,到公元589年隋朝消灭南陈,在这四百多年大分裂的历史周期内,西晋是唯一的统一王朝。但西晋国祚其实只有五十年,而且前十二年没有统一,后十几年更是乱局频繁。而西晋法典体系构建的立法成就在魏末晋初的短短三年半时间内完成,不能不令人惊异:晋人何以能在如此短的时间内取得如此高的立法成就?

古人云:"经起秋毫之末,挥之于太山之本。"[1]西晋法典体系的成就绝不是当时立法者的个人成就,而是法制长期演进过程中若干重大历史因素推动的结果。如梁启超所说:"此次编纂新律之事业,伏根于西汉中叶,大动于东汉之季,作始于魏代,而成就于晋初。学者提议于前,而政府实行于后。盖议论亘于数百年之间,而草案成于数十人之手。"[2]这样一个跨越数百年的大事业,凝聚着一代又一代法律人的智慧成果。所谓的"议论"就是历代法律家和法律实践者的实务主张和理论思考。他们的"议论"主要围绕法律逻辑思维和法律精神主旨这两个核心命题展开,从而保证法典形式的逻辑梳理和系统构建、法典内容的宗旨突显和制度充实都得到空前发展。

简而言之,西晋法典体系能够成其规模,既有名理律学[3]从逻辑分析和

---

[1] 《鬼谷子·抵巇篇》。
[2] 梁启超:《饮冰室合集》(第六册),中华书局1989年版,第17页。
[3] 笔者曾撰"中古法制文明论——以'法理'为中心的考察"(载《现代法学》2014年第3期),对中古法制文明的成就及其内在机理加以考析,认为律学家热衷研习的"法理之学"是当时法制文明发展进步的中心枢纽。但后来,笔者在重新体悟相关史料后发觉,当时人所说的"法理"与现代法学概念中的"法理"虽有一定关联但却并不是一回事,用"法理之学"代指那个时代独具特色的律学风尚,容易造成概念混淆。于是,笔者在博士论文中把这一概念改为"义理律学",并且附会于清儒"天下学问分为义理、文章、考据"(姚鼐:《惜抱轩文集·复秦小岘书》)之说。然后,承蒙答辩导师组苏亦功老师指正,发现"义理"一词关涉甚重,借用拿来描述律学并不适合。几经思考之后,本书最终决定化用汤用彤《魏晋玄学论稿》书中的"名理之学"概念,把原来所定的"法理之学""义理律学"改称为"名理律学"。理由有二:一是,"名理"一词渊源有自。它以讨论名实关

体系构建方面提供的学理支撑,也有礼法新义所提供的价值引领和制度资源,背后更暗藏着深层的社会政治经济基础及其运行机制,折射出中古时代历史演进的宏大气象。

第一节 名理律学的逻辑思维贡献[1]

一、名理律学的发展历程

律学是中国古代法学中最引人注目的一种学术形态,是在春秋战国以后伴随着新式法律的发展而逐步兴起的一门学问。[2]律学又称律令之学,主要围绕律令法制展开研究,具体可分为三个层次:一是从具体知识层面入手,对法律条文的字面意思和具体内涵进行研究;二是从抽象逻辑层面入手,对法律规范的普遍规律和一般原理进行探析;三是从价值观念层面入手,对法律制度的立意宗旨和精神理念进行阐发。律学的这三层内容在不同时期各有侧重。秦代的《法律答问》既是法律解释也是实务教本。[3]其着眼点在于案例的具体情境和法律的准确适用。汉代兴起的诸儒律章句学,也是一种法律注释。其着眼点既有对法律知识的具体考订,也有儒家礼法对法律的价值渗透。[4]

钱穆说:"一时代之学术,则必有一时代之共同潮流与共同精神,此皆出

(接上页)系、名理关系为主要话题,意在探究事物表象背后的通贯规律和抽象原理,具有哲学思辨的特点,自古以来就是中国学术的重要内容。早在先秦时代,诸子百家就有很多名理之学的论述,(参见伍非百:《中国古名家言》,中国社会科学出版社1983年版)出土《黄帝书》中更有以"名理"命名的篇章;二是,汉魏晋时期社会主流学术发生的重大转变,就是从名理学开始,并最终演进到玄学阶段。考究名实、辨名析理、校练名理、删繁就简,眸子传神、得意忘言,都是魏晋时期玄学最常选用的分析方法和思考方式。魏晋时的律学家也确实深受这种学术潮流影响,从逻辑思维方面加深对法律制度的建构与解读,极大增强了律学的理论深度。所以,本书以"名理律学"为名,更能反映出中国古代尤其是魏晋时期的律学以探求法律名理与逻辑体系为宗旨的本原面貌。

[1] 本节内容在本书第一章第二、三节已经有所涉及,所以本节遇到重复的部分一概从略。阅读时可以把相关内容联系在一起,比照参考,互补有无。

[2] 中国古代自有法学,包括礼法学、刑名学、律学、唐律学、法医学、刑幕学等。律学是古代法学的一个类型。参见俞荣根等编著:《中国传统法学述论——基于国学视角》,北京大学出版社2005年版;《中华大典》工作委员会、《中华大典》编纂委员会:《中华大典·法律典·法律理论分典》,西南师范大学出版社2011年版。

[3] 参见曹旅宁:"睡虎地秦简《法律答问》性质探测",载《西安财经学院学报》2013年第1期。

[4] 参见龙大轩:《汉代律家与律章句考》,社会科学文献出版社2009年版。

于时代之需要，而莫能自外。"[1]秦汉时期的律学侧重于第一、第三层次，对第二层次缺乏思考，不仅缺乏抽象、体系思维，而且忽略了法律的专有属性和规则原理。这在法制困局日益严重的背景下极为凸显，成为阻碍法制进步的大问题。魏晋名理律学在此情况下应时而起，运用辨名析理的思维工具探寻法律的一般规律和抽象原理，以抽象化和体系化的思维方式追求法律的法典化和体系化。名理律学的出现，补足了律学功能体系的缺环，显示出逻辑思维方法的优势，对西晋法典体系的构建立有大功。

（一）在先秦时期的最初积淀

通常认为，先秦学术对后世法律文化影响最大的是儒、法两家。但从名理律学的角度来看，关于法律的逻辑体系问题，先秦儒家和法家都少有论及。儒家经典中蕴含着许多上古以来积累的法律知识和法律理念。[2]但是这些知识和理念主要体现在价值观念层次，更多聚焦于德、礼、政、刑等道德哲学和政治哲学，对法律的规律和原理并没有太多关注。法家学派的主要理论兴趣在于，以社会进化、人性本恶等命题为基础论证"法治"的必要性，以重刑主义、专制主义等手段学说给君主提供具体指导。许多法家人物还身体力行，投身改革实践，把大量精力用在树立法律权威、排除变法阻力等紧迫的事情上，所以对立法规律和法律体系建设等问题还来不及深入、具体地思考。[3]

尽管先秦诸子也有关于法律一般特征的只言片语。例如，《墨子·非命上》："先王之书，所以出国家布施于百姓者，宪也……所以听狱制罪者，刑也。"[4]《商君书·修权》："法者，国之权衡也。"《韩非子·难三》："法者，编著之图籍，设之于官府，而布之于百姓也。"《管子·明法解》："法者，天下之程式也，万世之仪表也。"但这些言论，仍然停留在法律概念的表浅层面，没有深入触及法律的内部逻辑和基础原理，话题讨论的范围比较局限，

---

[1] 钱穆：《两汉经学今古文平议》，商务印书馆2001年版，第4页。

[2] 例如，《尚书》中论述法律问题比较集中的有《尧典》《舜典》《皋陶谟》《洪范》《吕刑》等。参见尤韶华：《归善斋〈吕刑〉汇纂叙论》，社会科学文献出版社2013年版；尤韶华纂：《归善斋〈尚书〉二典章句集解》，社会科学文献出版社2014年版；尤韶华纂：《归善斋〈尚书〉三谟章句集解》，中国社会科学出版社2015年版。

[3] 邢义田："先秦法家言帝王之术，所论以帝王掌政治国的权术或君人南面之术为主。谈到刑赏，主要也在讨论如何以刑赏为手段，达到统治的目的。"（邢义田：《治国安邦：法制、行政与军事》，中华书局2011年版，第13页）

[4] 胡适："'法'的观念，从'模范'的意义演变为齐一人民的法度，这是墨家的贡献。"[胡适：《胡适文集》（第六册），北京大学出版社1998年版，第426页]

缺乏全局意识和宏观视角。

名理律学在先秦时期最重要的理论积淀来自黄老刑名之学和荀子的礼法之学。二者有一个共同的思想元素，即先秦名学。名学的核心在于方法和思维，侧重于以逻辑思辨的方式探求抽象的形名关系，所以能成为一个可以普遍适用的思维工具。先秦诸子都在自觉不自觉地运用名学的方法证成各自的主张。[1]高恒曾说："中国古代法学以及依据当时社会现实需要而制定的法律，与先秦名学有密切关系。"[2]这种密切关系集中表现在以法律体系的完备有序为终极追求的刑名之学。[3]

刑名之学的逻辑论证本于天道哲学，是把天道自然规律引申、转化为人类社会秩序尤其是法律秩序的理论尝试。前文已经述及，战国黄老道学是运用刑名之学探讨法律体系及其运行原理的主将。但遗憾的是，尽管他们在哲学思辨、逻辑构建、概念诠释等知识和方法层面取得了空前的成就，却没能找到构建法律体系的具体可用的质料资源。而且在当时，把理论设想推进到立法实践的社会条件也不具备。换句话说，刑名之学已经画出建筑图纸，却没有建筑所需的材料和适合施工的时间和地点，只能纸上谈兵。本于黄老的刑名之学在法家手里又有新的变化。那些立志贯彻刑名之学的法家人物，投身于富国强兵的法律实践后才发现，法律变革千头万绪，必须有个轻重缓急，先完成初级目标，尽快树立法律权威，兑现法律红利，而有关法律体系建设的高级理想只能往后拖。总之，刑名之学的理论储备在当时没有结出法典体系化的成果。这个工作一拖再拖，拖到了秦汉时期，拖出了严重的法制困局。

---

[1] 胡适："所以老子要无名，孔子要正名，墨子说'言有三表'，杨子说'实无名，名无实'，公孙龙有《名实论》，荀子有《正名》篇，庄子有《齐物论》，尹文子有《刑名》之论：这都是各家的'名学'。"（胡适撰、耿云志等导读：《中国哲学史大纲》，上海古籍出版社1997年版，第135页）

[2] 高恒："论中国古代法学与名学的关系"，载《中国法学》1993年第1期。在该文中，他又说："中国古代法学吸纳了先秦名学的思维形式，由此成为一门具有独特用语、名词概念精当、论证命题的判断和推理符合逻辑、体系严密，明显区别于哲学、伦理学、政治学的科学。"他把整个中国古代法学的学科根基都牢牢锚定在先秦的名学基础之上，可谓颇有见地。

[3] 刑名之学也称形名之学，这两个词在古籍中常被混用。但细分起来，刑（形）名之学还有广义和狭义之分。广义的刑（形）名之学是指对宇宙万物进行辨名析理、逻辑分析的学问，狭义的刑（形）名之学则是这种思维方法在法律尤其是实在法层面的运用。秦涛认为：形名学分为刑名法术之学和名理明辨之学，分别侧重实践与理论。"前一派为形名学应用于政治法律，目的在'求用'；后一派为形名学应用于知识逻辑，目的在'求真'。"（秦涛："汉末三国名法之治源流考论"，西南政法大学2011年硕士学位论文）但他似乎没有注意到，"求真"的目的还是在于"求用"，二者之间有逻辑上的前后或者上下关系，并非并行关系。在这两种义项之外，"刑名"还有一个概念外延更小的义项，即刑罚的名称与种类。不过，这个最狭义的"刑名"有没有达到"学"的层次就另当别论了。

值得一提的是，战国时期确实有人站在历史的高处，洞悉这个跨越数百年的大问题。这位既有名学思维又能弥补刑名学薄弱环节的人，是儒家礼法大师荀子。他一方面认识到，新式法律条文的逐渐增多必然带来一个系统协调、综合统筹的问题；另一方面又认为，这个法律体系必须要有一个统领性的精神内核作为纲目或线索，所有的法律都要围绕它组织篇章条文，设立制度规范。和先秦刑名之学不同，荀子认为这个精神内核不是对天道规律的简单模仿或哲学推演，而是发自人心、源于人性的基本价值信念。他认为应当以"礼义"为红绳把所有法律串联起来，组成一个体系完备、层级分明、精神贯通、人尽其能的礼法体制。

在荀子看来，构建这样完美的礼法体制尽管很难，但也有捷径可走。他提出"以浅持博，以古持今，以一持万""举统类而应之""张法而度之"这样的思维方式和统摄方法。荀子运用这种"统类"思维阐述礼法理论、设计礼法制度，一方面补强了孔孟儒家疏于制度建设和体系构建的弱项，另一方面又补齐了黄老刑名之学缺乏实质内容和价值内核的短板，堪称先秦时期有关法律体系构建问题的理论最高峰。

在荀子之后还有一部《周礼》也非常值得重视。它体大思精的官制设计背后蕴含着深刻的理论见解，是先秦法律体系构建理论的综合制度体现。正是由于它综贯百家而又独出心裁，体系宏大而又逻辑严谨，官职丰富而又制度整齐，所以在汉代以后开始发挥巨大影响。历经新莽、东汉、曹魏、西晋，《周礼》中的许多体系化制度设计深入渗透到国家制度的诸多方面，在法律体系整理和法典编纂的立法中受到高度关注和广泛借用。（详见后文）可见，名理律学的种子早在先秦时期就已经种下。除了黄老的刑名之学、荀子的礼法体系之外，《周礼》这部奇书也为后世名理律学提供了重要的制度资源和思路启发。

（二）在秦汉时期的萌发兴起

秦朝统一以后，新式法律得到空前发展，法律文本的数量迅速增加。作为新式法律衍生品的律学也在此时正式登上历史舞台。由于奉行"以法为教，以吏为师"[1]的政策，研习法律只能通过官方途径，不能私相传授。而且当

---

[1]《韩非子·五蠹》："明主之国，无书简之文，以法为教；无先王之语，以吏为师。"另，《史记·秦始皇本纪》载李斯谏言焚书之议也有一句话"若欲有学法令，以吏为师"。但裴骃《史记集解》引徐广曰："一无'法令'二字。"通过语境分析可以发现，李斯的话很有可能就是"若欲有学，以吏为师"。

时律学还主要停留在法律注释、司法释疑的具体知识层面，没有上升到法律的一般理论层面。当政者过于迷信新式法律的规范功能、强制功能和权威效力，力求在所有社会领域内实现有法可依，[1]却没有根据法律的内在发展规律和外部社会环境的变化及时调整策略，于是出现繁密苛酷的法制弊病。但由于秦朝短命而亡，这个法制弊病的许多症状没有充分暴露出来，在"秦人暴政"的恶名掩护下被忽视掉了。

到了汉代，律学研习大体仍以解释法律为主，但增加了两个新元素：一是民间学者进入律学行列，二是经学模式进入律学领域。由于民间可以私相传授律学，所以关于法律的解释就不再只有官方一个标准，而是各有主张，互相争鸣。又由于汉代经学崛起，其成熟系统的研究模式也被用于律学研究，极大丰富了律学的研究手段，使其具有更多学术和理论的意味。汉代律学的学术繁荣，给名理律学的出现提供了条件。

在汉代，社会上比较尊崇法律。一方面，汉代人认为法律是社会运转和国家行政的重要依据。所以当时人说："吏道以法令为师。"[2]又说："汉吏奉三尺律令以从事。"[3]另一方面，崇尚经学的汉代人也常把律和经等量齐观。所以当时人说："法令，汉家之经。"[4]这种观念还体现在简牍长度的视觉领域。[5]在这种社会环境下，研习律学风气很盛，门派分立，名家辈出，呈现出一派繁荣景象，常为后世称羡。[6]

---

[1]《史记·秦始皇本纪》载泰山石刻辞曰："治道运行，诸产得宜，皆有法式。"
[2]《汉书·薛宣传》。
[3]《汉书·朱博传》。
[4]《论衡·程材篇》。
[5] 汉代律简长度和经简长度相当，反映出二者地位的对等。参见〔日〕冨谷至：《文书行政的汉帝国》，刘恒武、孔李波译，江苏人民出版社2013年版，第38~42页。冨谷至在此书中提出"视觉简牍"概念，极富启发意义。
[6] 例如，南齐崔祖思说："汉来治律有家，子孙并世其业，聚徒讲授，至数百人。故张、于二氏，洁誉文、宣之世；陈、郭两族，流称武、明之朝。决狱无冤，庆昌枝裔，槐衮相袭，蝉紫传辉。"(《南齐书·崔祖思传》)南齐孔稚珪也说："寻古之名流，多有法学。故释之、定国，声光汉台；元常、文惠，绩映魏阁。"(《南齐书·孔稚珪传》)关于汉代律章句学的考证，以龙大轩师所著《汉代律家与律章句考》(社会科学文献出版社2009年版)一书爬梳剔抉，考论最为精详，考出15名汉代律家的生平及著述，辑录汉律章句543条，其中多有钩沉、立新、补漏、纠错，可详参。另有张忠炜"汉代律章句学探源"(载《史学月刊》2010年第4期)一文，结合训诂学与简牍学对汉律章句又加申述，可资对比互补。

第四章　西晋法典体系的支撑要素

当时律学研习者大体上可分为两个群体：[1]

一类是司法官员。他们的律学成果是基于司法工作需要、根据司法经验积累出来的。其中既有对法律文本的抄录、汇编、整理和具体解读，也有对立法规律的总结或法律改革的构想。作为西汉中期著名的父子法官，杜周断狱深刻，杜延年用法宽厚。杜延年是汉代撰著律学作品的第一人。他的律学著作及学说被称为"小杜律"。[2]西汉末年的陈咸在王莽篡政后"收敛""壁藏之"的"律令书文"[3]，肯定也包括陈氏家传的律学作品。这些都是司法专业人员根据工作条件和工作需要进行律学研究和创作的产物。

另一类是经师儒生。他们对法律的注释活动通常是作为一种较为纯粹的学问探讨或知识考订而展开的，是其学术性、思想性间或带有政治性的经学研究活动的延伸。西汉时，董仲舒根据春秋公羊学义理评议司法疑案，撰写《公羊董仲舒治狱》十六篇[4]，是汉代大儒参与律学的开始。随后，经律兼修、经律互注成为汉代学术界的一道盛景。[5]在此过程中，章句、说等汉代

---

〔1〕本书关于汉代律学的划分思路，是受到丁凌华"律学两大流派与唐律渊源"（附录于丁凌华：《五服制度与传统法律》，商务印书馆2013年版，第268~273页）一文的启发而来。但丁氏把汉代律学的两大流派分别命名为"律章句学"与"刑名学"，笔者以为略有不妥。尤其是他把"刑名学"简单理解为司法官吏的实务之学，是不明了"刑名"二字的渊源流变。所以在本书中，笔者只用其意，不用其名。儒生和文吏是汉代知识分子的两个大宗，王充《论衡》的《程才》《量知》《谢短》等篇对二者进行了综合比较。这也可以作为汉代律学两大群体分类的一个佐证。

〔2〕沈约《授蔡法度廷尉制》曰："汉代律书，出乎小杜。"（《文苑英华·卿寺二·大理卿》）另外，有人称杜周的律学为"大杜律"，杜延年的律学为"小杜律"。这种说法并不准确。《后汉书·郭躬传》李贤注曰："《前书》，杜周武帝时为廷尉、御史大夫，断狱深刻。少子延年亦明法律，宣帝时又为御史大夫。对父故言小。"按照注文的意思，只说杜延年被称为"小杜"，所以其律学被称为"小杜律"，并没有说杜周的律学就是"大杜律"。判断律学是否独立名家的标准应该是律学著作（即律书），仅凭司法经历当然不能自成一家。根据《授蔡法度廷尉制》的意思，汉代撰写律学著作从杜延年开始。

〔3〕参见《后汉书·陈宠传》。

〔4〕参见《汉书·艺文志》。

〔5〕经律兼修是指儒士大夫在研究经学的同时也研究律学。例如，郑昌、郑弘兄弟"皆明经，通法律政事"。（《汉书·郑弘传》）盖宽饶"以法律为《诗书》"。（《汉书·盖宽饶传》）刘钦"好经书法律"。（《汉书·宣元六王传·淮阳宪王刘钦传》）何比干"经明行修，兼通法律"。（《后汉书·何敞传》李贤注引《何氏家传》）孔光"以高第为尚书，观故事品式，数岁明习汉制及法令"。（《汉书·孔光传》）张皓"虽非法家，而留心刑断，数与尚书辨正疑狱，多以详当见从"。（《后汉书·张皓传》）钟皓"以诗律教授门徒千余人"。（《后汉书·钟皓传》）经律互注是指儒家学者用经书内容解释法律即以经注律，或者用法律规范解释经书即以律注经。前者代表是叔孙、郭、马、郑诸儒章句，后者代表是何休注《春秋公羊传》、郑玄注"三礼"。正如怀效锋所说，他们"跨越以具体案件讲经说法的藩篱，直接以经注律"。（怀效锋："中国传统律学述要"，载《华东政法大学学报》1998年第1期）

经师注释经传的常用方法和著作体裁也逐渐进入律学领域,出现律章句、律说等律学著作形式以及许多律家学说。[1]

从主流方面来看,汉代律学家更多关注法律知识的解读和儒家经义的灌注,对法律的一般理论和抽象原理缺乏足够重视,没有围绕法律概念、原则和体系等问题展开深入细致的思考,不能为法律体系的完善发展提供逻辑建构的学理支撑。汉代法律在历经数百年持续积累后日益繁芜无制。立法者似

---

[1] 汉代人常把律和六经等量齐观,经学的研究模式对律学影响极大。汉代经学注重家法师说。一部经书往往有几家学派,家的学问内容被称为家法。一家学问被后代的经师口传心授、记录整理,形成代际传承、界线清晰、门户森严的师说。师说各异既是学术繁荣的表现,也给学术交流和交融增加了壁垒。(参见刘歆《移书让太常博士》)东汉陈宠说:"律有三家,其说各异。"(《后汉书·陈宠传》)这和经学的情况如出一辙。关于陈宠的这句话,学者有各种解说。(参见俞荣根、龙大轩:"东汉'律三家'考析",载《法学研究》2007年第2期)其后,李俊强又认为所谓"三家"应是泛指"多家",不必落实。(李俊强:《魏晋令初探》,科学出版社2020年版,第49页)笔者认为,如果从经学和律学同构的角度理解,或许会有新的解释。例如,《尚书》之学在汉代有欧阳、大夏侯、小夏侯三家。这里的"三家"就是实指而非泛称。家的后面可以挂上经书的名字,如"小夏侯尚书"实际上是指《尚书》小夏侯家"。而小夏侯尚书这一家又有郑、张、李三氏之学,但只能称为师法或师说,即"小夏侯尚书某氏说",而不能称为家法。这就是所谓的"经有数家,家有数说"(《后汉书·郑玄传》)。这个模式如果能够套用到律学的话,那就可以发现,"小杜律"能挂上律的名字,显然就是律学的一家。而郭弘传习"小杜律"之学(《后汉书·郭躬传》)就只能称为师法或师说,即"小杜律郭氏说",而不能称为"郭律"。因此可以确定,陈宠所说的"律有三家"中至少应该包括"小杜律"一家,其风格特点就是宽厚、持平、矜恕。而沛国陈氏家传律学始于西汉末年的陈咸,传至陈宠已是四代,应该也可以自成一家。"陈律"这一家除了仁恕、轻刑的特点外,还有更为鲜明的风格,即明习法律同时兼通儒学,尤其喜欢引用儒家经典解说律学大义,而且看问题有全局性,对法律的一般规律和体系问题有宏观见解。例如,陈咸引用《易经》,陈宠引用《左传》《尚书》《诗经》《礼记·月令》。陈宠"虽传法律,而兼通经书",断狱时"每附经典",提出"应经合义"的立法原则,主张根据《尚书·吕刑》和《礼记》的相关内容系统整理现有刑法条文。陈宠辟于司徒鲍昱府时掌管天下狱讼,根据"事类相从"的原则,从多年积累的辞讼中总结提炼出《辞讼比》七卷。陈忠也继承陈宠未竟的事业,撰写与司法请谳有关的《决事比》,又坚持大臣应服三年丧制,"广引八议求生之端"来处理疑案。(这些记载都见于《后汉书·陈宠传》)"陈律"与"小杜律"相提并论的另一个例证是,西晋时续咸"修陈律,明达刑书"。(《晋书·儒林·续咸传》)这里的"陈杜律"应该就是"陈律"与"小杜律"的合称。至于"律有三家"中的第三家,有可能是吴雄,即如《东汉"律三家"考析》一文所述。《太平御览》卷二三一引华峤《后汉书》曰:"吴雄字季高,以明法律,断狱平,桓帝时为廷尉。雄子䜣,孙恭,三世相承为廷尉,为法名家。"此处以"名家"相称,应该是指律学一家。"律学家法"之下又有不同的"律学师说"(简称律说)。与"家"同理,陈宠后面提到的"其说各异",可能是说三家律学传承下来又有许多新的师说,这些师说之间更是各不相同。这一点可以《晋书·刑法志》中提到的叔孙、郭、马、郑诸儒章句作为例证。换句话说,这里的诸儒章句很可能都只能被称为"师说",而不能被称为"家法"。例如,"律郑氏说"(《汉书·诸侯王表第二》注引张晏曰)就应该是指郑玄创立的某家律学的某一派师说。当然,到了郑玄的年代,无论是经学还是律学,这种家法师说的门户之见都已经没有原来那般界线森严、泾渭分明,甚至出现"诸儒章句十有余家"(《晋书·刑法志》)之类表述并不严谨的说法,那就是另外的故事了。

乎只知道做法律数量上的增减，却不知道运用抽象归类、逻辑思辨的方法，把庞杂凌乱的法律整合成一个前后呼应、整体协调的法律体系。荀子"以类行杂，以一行万""不烦而功"的法制理想，在汉人那里只是梦幻泡影。追根溯源，正是由于名理律学在当时还没有发展起来，主流的律学家对法律发展规律还缺乏深层认识。

更严重的是，由于研习方法的拘泥繁琐，知识内容的支离破碎，汉代律章句学也同样走向繁芜难制的局面。当时各家律学解说多有不同，囿于门户观念不能加以整合，无法形成疏通一贯的系统理论。对律令条文或概念的理解陷入繁琐庞杂、说法各异、彼此矛盾的局面，给司法施用带来极大不便。《晋书·刑法志》称："叔孙宣、郭令卿、马融、郑玄诸儒章句十有余家，家数十万言。凡断罪所当由用者，合二万六千二百七十二条，七百七十三万二千二百余言，言数益繁，览者益难。"[1]由此来看，汉代律章句学的繁荣更多也只限于知识性的增长，而缺乏理论上的提升，从而陷入"劳思虑而不知道，费日月而无成功"[2]的误区。

当然，在历史的另一面，积极的因素也在缓慢积聚，名理律学正在逐渐萌发兴起。对于法制繁琐的积弊，早在西汉时人们就已察觉，只不过一时还没有找到有效的应对办法，只得连续掀起律令删减运动。东汉以后，律学家开始自觉从学理角度充实和发展名理律学。[3]东汉初年，桓谭上疏曰："请令通义理明习法律者，校定科比，一其法度，班下郡国，蠲除故条。"[4]把"义理"和法律相提并论，说明当时人已经开始意识到一般理论对法律的重要

---

[1] 这种情况与汉代经学发展情形极其相似。《后汉书·郑玄传》："汉兴，诸儒颇修艺文；及东京，学者亦各名家。而守文之徒，滞固所察，异端纷纭，互相诡激，遂令经有数家，家有数说，章句多者或乃百余万言，学徒劳而少功，后生疑而莫正。"可见，汉代律学发展深受当时经学的影响。

[2] 徐幹：《中论·治学》。《后汉书·郑玄传》："学徒劳而少功，后生疑而莫正。"

[3] 韩国学者金秉骏提出"东汉法律家"的概念。他认为："法律家"作为一个具有较强专业知识素质的法律专家队伍，出现于东汉。"东汉法律家"之所以出现，与新莽之后西汉法律在东汉的接续工作、律的"经典化"趋势存在因果关系。[[韩]金秉骏："东汉时期法律家的活动及其性质"，李瑾华译，载周东平、朱腾主编：《法律史译评》（第七卷），中西书局2019年版，第133~154页]此说注意到法律专家在东汉的大量出现是很有启发意义的。但是金氏却忽略了两个问题：其一，其所谓法律家并非东汉专属，作为汉代律学宗源的"小杜律"就是在西汉出现的；其二，所谓"律的经典化"现象也不是东汉才开始出现，与经书长度相同的"三尺之律"西汉就有。实际上，东汉律学家的大量出现固然是事实，但其根本原因还是在于自西汉中期以来以法律数目膨胀、体系庞杂为表现形式的法制困境。除此以外，经学的繁荣、律学私授的盛行，也给东汉律学的发展提供了外部环境。综合这些因素，给东汉律学来的最重要影响，就是名理律学的持续发展。

[4] 《后汉书·桓谭传》。

作用。此后，律学家们开始从立法、司法两个方面着手尝试解决法制积弊。他们从法律整理层面出发，创设"科"作为查阅检索律令的中层分类单位，还从司法实践层面出发，根据司法裁判文书总结提炼出"比例"之类的一般规则。例如，陈宠作司徒府辞曹时，整理司徒府累积多年、错乱繁多的法律文书，并按照"事类相从"的原则撰写《辞讼比》七卷。[1]其子陈忠也本着删削苛法的旨意，奏上二十三条的《决事比》。陈宠还提出，以儒家经义作为理论参照系统删定法律。

  从许慎开始，汉代经学风气开始发生大的变化。今古文经学的界线、家法师说的界线，都逐渐受到突破，博学通人引领经学新风，为名理律学的发展提供了新的理论启发。古文经学和律章句大师马融，开启突破律章句传统学风的先河。据《后汉书·马融传》载，马融之学以"通"闻名，有很多名理玄言。他不仅打破儒经的家法师说，还兼及名、道诸家，从中吸收了不少逻辑思辨的名理元素，所以他的经学著作不再纯守训诂考据、诠释名物的学术风格。[2]可见，马氏律章句虽然仍以"章句"[3]命名，但肯定在律学名理

---

[1] 东汉时，辞曹既有裁判辞讼的诉讼职能，也负责整理"辞状"。参见黎明钊："长沙五一广场出土东汉简牍中的辞曹"，载周东平、朱腾主编：《法律史译评》（第七卷），中西书局2019年版，第104~132页。

[2] 马融甚至被认为是从汉代经学到魏晋玄学转折的启蒙式人物。贺昌群极言马融为中古学术思想各领域内突破旧学、大开玄风的开创者。（参见贺昌群：《魏晋清谈思想初论》，商务印书馆1999年版，第7~21页）杜守素也认为马融是"从经学到玄学的过程中间的一位契机的人物"。（杜守素："魏晋清谈及其影响"，载《新中华》1948年第11期）余英时也称马融为"汉魏间学术转变中之重要人物"。（余英时：《士与中国文化》，上海人民出版社1987年版，第353页）关于马融学行的评介，另可参见李俊岭、王成略："马融的学行及其在经学史上的地位"，载《理论学刊》2007年第2期；熊丽娟："马融与东汉士风变迁"，暨南大学2008年硕士学位论文；蒋鸿青："论马融《古文论语训说》的学术价值"，载《阅江学刊》2011年第4期。

[3] 汉代经学注释作品的形式主要有传、说、章句等。但这些概念的含义和特点却非固定不变。例如，汉初的"传"篇幅较大，引申发挥很多，解释也比较繁琐，后来逐渐趋于简化。"章句"的原始含义是离章析句，要附在经文后面，内容包括"句解"和"章旨"两部分。"句解"是指拆分句子进行解释，"章旨"是指概括章意，阐发义理。[（清）钱大昕《十驾斋养新录·孟子指》："赵岐注《孟子》，每章之末括其大旨，间作韵语，谓之章指。《文选》注所引赵岐《孟子章指》是也。"] 在汉宣帝时，章句还比较简洁。但是到了元、成之际，章句尤其是其中的"章旨"急剧膨胀，甚至出现解说"尧典"二字达到十几万字的极端事例。东汉光武帝下令删减章句，"章旨"部分大量减少，章句就变成以"句解"为主的字词训诂，因此变得支离破碎，缺乏整体性的义理阐发。这种情况日益引人反感，于是出现许多不为章句、不守章句的通人。而撰写章句的人也开始借用"章句"之名摸索注释形式的创新。例如马融、郑玄等人始创的"注"。（唐）贾公彦《仪礼注疏·士冠礼第一》"郑氏注"疏曰："言注者，注义于经下，若水之注物，亦名为著。"

方面有所创获。这正是东汉时期学术界潜滋暗长的名理思辨之风的产物。[1]

继起的郑玄在某种意义上延续了马融的学风,"囊括大典,网罗众家,删裁繁诬,刊改漏失,择善而从"[2],使汉代经学归于一统,经师略知所归。随后,魏明帝也下诏在诸儒律章句中"但用郑氏章句,不得杂用余家"[3],"郑氏律章句"也实现了统一律章句学异说纷纭局面的功业。只不过,郑玄之学"质于辞训"[4]而"义理不安"[5],对汉代名理律学的发展没有明显的推进。

针对东汉政治社会的种种乱局,从王符到仲长统都在提倡抑末务本、循名责实。这些政治主张反映到学理层面,就引申出本末、名实等名理新学的热门话题。汉末荆州新学,在推进名理律学方面贡献尤多。荆州之学的总特征是崇尚简易,重视义理,重视人物识鉴,重视法家思潮。[6]其代表学者宋忠、綦毋闿、司马徽,接续贾逵、马融的经学传统,受刘表之命撰定《五经章句》,称为"后定"。《五经章句后定》是在经过"删剟浮辞,芟除烦重,赞之者用力少而探微知几者多"[7]的改定之后出炉的,其追求简约、义理创新的意图十分显著。

文颖曾为荆州从事,深受荆州学派崇尚简易、重视义理学风的熏染。他注律"喜辨其沿革流变"[8],在梳理沿革流变中发挥义理,揭示法律演进规律,总结前代得失,探索未来方向。尤其值得重视的是,他把汉初萧何所定

---

[1]《后汉书·儒林传》:"(本初元年,公元146年)梁太后诏曰:'大将军下至六百石,悉遣子就学,每岁辄于乡射月一飨会之,以此为常。'自是游学增盛,至三万余生。然章句渐疏,而多以浮华相尚,儒者之风盖衰矣。"

[2]《后汉书·郑玄传》。

[3]《晋书·刑法志》。

[4]《后汉书·郑玄传》。

[5] 王肃:《〈孔子家语〉序》:"郑氏学行五十载矣,自肃成童,始志于学,而学郑氏学矣,然寻文责实,考其上下,义理不安,违错者多,是以夺而易之。"这里面不免存在王肃攻讦郑玄的片面之见。但郑玄作为旧式经学的集大成者,在遍注群经,融通今古之外,确实没有太多开创新学的贡献。另可参考郝虹"王肃反郑是经今古文融合的继续"(载《孔子研究》2003年第3期)、"王肃经学的历史命运"[载葛志毅主编:《中国古代社会与思想文化研究论集》(第四辑),黑龙江人民出版社2010年版]、"三重视角下的王肃反郑:学术史、思想史和知识史"(载《史学月刊》2012年第4期)以及任怀国"试论王肃的经学贡献"(载《管子学刊》2005年第1期)等文。

[6] 张岂之主编,刘学智分卷主编:《中国思想学说史·魏晋南北朝卷》,广西师范大学出版社2008年版,第158~164页。

[7]《全三国文·魏五十六·刘镇南碑》。

[8] 参见龙大轩:《汉代律家与律章句考》,社会科学文献出版社2009年版,第68页。

律令称为"律经",意即"律之经"。有学者误将这理解为汉人的官方说法,证明汉代存在"九章律"。实际上,"律经"概念更可能源自东汉律学家的学理创造,即将汉代法律文本中最重要的刑事篇章归纳后加以学术的界定,用"经"字突出其重要性、根本性的核心地位。这说明东汉律学家对构建法律体系的趋势已有深入的思考,能够自觉运用名理律学的理论方法对繁多庞杂的法律内容进行格局规划,力图从整体框架上谋求突破。而"律经"这个概念又启发了后世律学家口中所谓的"法经",从而形成对战国秦汉法律史的整体重塑,影响十分深远。

应劭也为名理律学的早期发展做出重要贡献。他按照荀子提出的"凡爵列、官秩、赏庆、刑威,皆以类相从,使当其实"[1]的原则,从汉律中剥离出《汉仪》,还整理编订《律本章句》《尚书旧事》《廷尉板令》《决事比例》《司徒都目》《五曹诏书》《春秋折狱》等法律文本。[2]其中《律本章句》一书尤为值得重视。所谓"律本",应该是与文颖"律经"类似的学术概念,是东汉律学家在研习律令过程中新创的,是其重视立法原理和法律逻辑结构的体现。应劭整理法律文本的活动被认为是"魏新律、晋泰始律令的先驱"[3]。而其在解释具体律名时,也带有明显的名理色彩。例如,他在解释"病免"概念主旨的时候说:"《易》称:'守位以仁。'《尚书》:'无旷庶官。'《诗》云:'彼君子不素餐兮。'《论语》:'陈力就列,不能者止。'汉典,吏病百日,应免。所以恤民急病,惩俗逋慝也。"[4]应劭连引《易》《书》《诗》《论》等儒家经典,阐发"病免"制度的理据和用意,义理上通贯圆融,层次递进,逻辑严谨。故龙大轩师称应氏注律"有高屋建瓴之宏论"[5]。这种高屋建瓴的俯视感正可反映东汉以来名理律学持续发展的理论成就。

---

[1] 据《后汉书·应劭传》载,这是应劭引用荀子之言,而今本《荀子》却没有这句话。然而无论如何,这确实是东汉律学家日益重视分类、追求名符其实精神主张的体现。

[2] 以上据《后汉书·应劭传》及《晋书·刑法志》。另据《隋书·经籍志二》,应劭律学著作至隋时尚存《汉官注》五卷、《汉官仪》十卷、《汉朝议驳》三十卷。严耕望说:"综观劭著述宏富,虽多不传,要见其为汉代制度学、法律学一大家。"(载 http://living.pccu.edu.tw/chinese/data.asp?id=4358&htm=09-228-5292 應劭.htm&lpage=4&cpage=1)

[3] 参见[日]广濑薰雄:"秦汉时代律令辨",载徐世虹主编:《中国古代法律文献研究》(第七辑),社会科学文献出版社2013年版,第126页。

[4] (汉)应劭撰,王利器校注:《风俗通义校注》(下册),中华书局2010年版,第178页。

[5] 参见龙大轩师:《汉代律家与律章句考》,社会科学文献出版社2009年版,第76页。

(三) 在魏晋时期的成熟定型

古代律学发展深受当时学术主流传统影响。汉代律章句学"十余家,家数万言"的局面与汉代经学"经有数家,家有数说,章句多者或乃百余万言"[1]的局面何其相似!曹魏时律章句学"但用郑氏章句"又与经学进入"郑学小一统"局面遥相呼应。而在魏晋时期,名理律学更是在当时学术风气的转移嬗变中走向成熟。

汤用彤曾说:"汉魏之际,中华学术大变。"[2]其所谓"学术大变",即指汉代经学的衰微和魏晋玄学的崛起。这种变化,简而言之就是"自复杂具体之学问转变为简单抽象合理化之运动"[3],其核心体现在两个字上,一个是"名",一个是"理"。钱穆指出:"魏晋以下,喜用理字。"[4]受此风尚影响,魏晋以下的律学家开始大量谈及"法理"。这个"法理"不是先秦法家所说的"法外之理",而是"法内之理"。[5]"法内之理"在魏晋时期受到高度关注,内容得以充实完备,主要源于思维方式的变革。汤用彤指出:"汉人对于每一事物之解释比较地不重原理。甲事件给以甲解释,乙事件给以乙解释,而不知以一原理给许多事以解释。玄学反之,以为找到一最高原则即可解释诸事件。"[6]玄学注重原理、抽象思辨的思维方式对汉代经学来说固然是一种变革,但对先秦名学传统来说却是一种回归与升华。[7]玄学所要探寻的

---

[1]《后汉书·郑玄传》。
[2] 汤用彤:《魏晋玄学论稿》,生活·读书·新知三联书店2009年版,第76页。在其之前,王国维亦持有类似观点:"学术变迁之在上者,莫剧于三国之际,而自来无能质言之者,此可异也。"(王国维:《观堂集林》,中华书局1959年版,第191页)
[3] 汤用彤:《魏晋玄学论稿》,生活·读书·新知三联书店2009年版,第169页。
[4] 钱穆:《中国学术思想史论丛》(卷三),安徽教育出版社2004年版,第75页。
[5] 喻中在"从'法外之理'到'法内之理'——当代中国法理学研究的一个新趋势"(载《博览群书》2004年第7期)中对这一对概念加以界定,放在本书语境下也可以说得通。他说:"'法外之理'是指站在法律之外,探究关于法律的一系列外部问题。比如,法律与道德、法律与政治、法律与经济、法律与文化等方面的问题,它描述的是法律与其他社会现象的关系,它回答的是其他社会现象如何影响法律,法律又如何作用于其他社会现象。""'法内之理'试图回答的是法律的内在问题。比如,法律的规则、法律的体系、法律的结构,以及法律的推理、法律的思维、法律的技术等。它关心方法、注重学术,它倾向于从小处着眼,建构法律自身的内在理论。"笔者以为,把这个思路引入到中国古代法学的研究中,同样有效。
[6] 汤用彤:《魏晋玄学论稿》,生活·读书·新知三联书店2009年版,第189页。
[7] 魏晋时人不仅熟悉掌握名学的思辨方法展开清谈玄论,而且自觉对接先秦的名学传统,促成中国学术统绪的通贯融汇。例如,晋人鲁胜在为《墨辩》做注的叙论中说:"名者所以别同异,明是非,道义之门,政化之准绳也。孔子曰:'必也正名,名不正则事不成。'墨子著书,作《辩经》以

基本原则就是抽象的"理",落实到律学中就是"法理"。通达"法理"的方法就是辨名析理,穷极本末,考论言意,核定名实。这种旧思维方式在新时代的复活,夹杂着新的时代因素和历史使命,促使名理律学正式走上历史的前台,成为魏晋律学的主流。

"法理"一词,东汉就已经出现,很多时候只是"法律"的代名词。不过,有的时候也含有抽象的"法之理"的意思。例如,《后汉书·循吏传·王涣》记载:"王涣为洛阳令,以平正居身,得宽猛之宜。其冤嫌久讼,历政所不断,法理所难平者,莫不曲尽情诈,压塞群疑。"这是名理律学在东汉时期开始萌芽兴起的迹象之一。

到魏晋时,"法理"一词大量出现,也大都转变为抽象的用法。当时律学家一改以往"明律"或"明法律"的标签,更多被冠以"明达法理"或"明于法理"的新标签。(详见表27)"法理"成为魏晋律学最为流行的新议题。明于法理也成为当时选取法官的重要指标。[1] 这些情况说明,魏晋以下的律学改变了汉代律学琐碎训诂、诠释名物的传统学风,转而兴起一种以名理思辨为基本方法诠释法律的新潮流。

表27　魏晋南北朝律家明达"法理"的情况

序号	姓名	时代	事件	出处	备注
1	董昆	具体不详	师事颍川荀季卿,授《春秋》,治律令,明达法理。	《太平御览》卷六三八《刑法部四·律令下》引《会稽典录》。	《北堂书钞》卷五三《设官部五·廷尉二十一》,"会稽典录"作"会稽典略","董昆"作"黄昆"。

(接上页)立名本,惠施、公孙龙祖述其学,以正别名显于世。孟子非墨子,其辩言正辞则与墨同。荀卿、庄周等皆非毁名家,而不能易其论也。"又说:"自邓析至秦时名家者,世有篇籍,率颇难知,后学莫复传习,于今五百余岁,遂亡绝,《墨辩》有上、下《经》,《经》各有《说》,凡四篇,与其书众篇连第,故独存。今引《说》就《经》,各附其章,疑者阙之。又采诸众杂集为《刑》《名》二篇,略解指归,以俟君子。其或兴微继绝者,亦有乐乎此也!"(《晋书·隐逸·鲁胜传》)

[1] 《三国志·魏书·武帝纪》引《魏武令》曰:"夫刑,百姓之命也,而军中典狱或非其人,而任以三军死生之事,吾甚惧之。其选明达法理者,使持典刑。"北朝时,选取廷尉官职也以"思理平断、明刑识法"为其标准。《太平御览·职官部二十九·大理少卿》引《后魏职令》曰:"廷尉少卿第四品上,第二清,用思理平断、明刑识法者。"

表 27 魏晋南北朝律家明达"法理"的情况

序号	姓名	时代	事 件	出 处	备 注
2	高柔	曹魏	明于法理。	《三国志》卷二四《魏书·高柔传》。	
3	高光	晋	少习家业，明练法理。	《三国志》卷二四《魏书·高柔传》注引《晋诸公赞》。	《晋书》卷四一《高光传》："（高）光少习家业，明练刑理。"
4	卫瓘	晋	性贞静有名理，以明识清允称。明法理，每至听讼，小大以情。	《晋书》卷三六《卫瓘传》。	
5	贾充	晋	雅长法理，有平反之称。	《晋书》卷四〇《贾充传》。	
6	刘颂	晋	贞平居正，兼明法理。	《北堂书钞》卷五三《设官部五·廷尉二十一》引晋武帝诏。	
7	顾荣	晋	具明刑理，不宜广滥。伦意解，赖荣济者甚众。	《太平御览》卷二三一《职官部二十九·廷尉评》引《晋中兴书》。	
8	石尠	晋	明识清远，有伦理刑断……情断大狱卅余条，于时内外，莫不归当。	《晋故尚书征虏将军幽州刺史城阳简侯石尠碑》。	转引自程树德：《九朝律考》，中华书局2006年版，第169页。
9	徐豁	晋宋之际	历二丞三邑，精练明理，为一世所推。	《宋书》卷九二《良吏传·徐豁传》。	
10	臧厥	南梁	前后居职，所掌之局大事及兰台廷尉所不能决者，敕并付厥。厥辨断精详，咸得其理。	《梁书》卷四二《臧厥传》。	《南史》卷一八《臧焘传附臧厥传》略同。
11	王冲	南陈	习于法令，政号平理，虽无赫赫之誉，久而见思。	《南史》卷二一《王弘传附王冲传》。	《陈书》卷一七《王冲传》略同。

续表

序号	姓名	时代	事件	出处	备注
12	宋世景	北魏	明刑理,著律令,裁决疑狱,剖判如流。	《魏书》卷八八《良吏传·宋世景传》。	
13	裴蕴	隋	亦机辩,所论法理,口若悬河,或重或轻,皆由其口,剖析明敏,时人不能致诘。	《隋书》卷六七《裴蕴传》。	

曹魏律学家刘邵的学术风格以"总论理则"为显著特征。[1]其《律略论》《都官考课说略》《法论》三部律学作品,注重以理释法,非常值得重视。《律略论》又称《律略》。《太平御览》卷六三八《刑法部四·科》引刘邵《律略》佚文曰:"删旧科,彩汉律,为魏律,悬之象魏。"可见,《律略论》应该是围绕曹魏"新律"进行的学理阐释,以条列大略为基本特征。其以"略"命名也可以反映当时学术作品提倡简约,注重原理性表述的时代新风。[2]刘邵曾经主持制定曹魏"新律"文本,并且撰写《魏律序》对"新律"的立法宗旨和理据进行说明。《晋书·刑法志》中有"删约旧科,傍采汉律,定为魏法"字句。根据前文分析,这句话应该采自《魏律序》。[3]因此可知,《律略论》和《魏律序》有些内容是一样的。尽管还没有确凿证据说明二者就是同一部作品,但至少可以确认二者在内容上必定有密切关联。刘邵还曾制定《都官考课》七十二条。完成后,他又作《说略》一篇,以阐

---

[1] 刘邵的《人物志》是汉魏之际学术新风的标志性作品。汤用彤评价该书"虽非纯原理之书(故非纯名学),然已是取汉代识鉴之事,而总论其理则也"。(汤用彤:《魏晋玄学论稿》,生活·读书·新知三联书店2009年版,第13页)

[2] 类似的旁证还有,王弼在《周易注》外还有《周易略例》,《老子注》外还有《老子指略》(又名为《老子指归略例》或《老子微指略例》)。"略"体著作的特点应该是宏观、抽象、大略。参见汤一介:《郭象与魏晋玄学》,北京大学出版社2009年版,第27~28页。

[3] 清代学者姚振宗就认为《律略论》里的这句话可能出自"新律"的《序》即《魏律序》。[(清)姚振宗撰:《三国艺文志》,收于二十五史刊行委员会编:《二十五史补编》,中华书局1995年版] 日本学者东川祥丈认为,《律略论》是《魏律序略》(即本文所说的《魏律序》)的基础。[[日] 东川祥丈:"关于刘邵的法思想",载《东方学》第105期]据此也可以推测,《晋书·刑法志》之所以称《魏律序》为"序略",很可能是把"律序"和"律略论"合称的结果。刘邵本人在《都官考课法》之外也有一篇《说略》,这应该是与"新律"之外有《律略》(或《魏律序》)如出一辙。

述"都官考课法"的原理规则为内容。[1]至于《法论》,顾名思义,应是一部综论法律原理的著作。[2]这些作品都是名理律学发展的重要成果。

魏末的钟会撰写《道论》,号称是刑名家书。[3]从他"博学精练名理",参与讨论易无互体、才性同异等玄学命题的情况来看,这里的"刑名家"自然是以纯粹名理为核心话题。但是从其刑律世家的情况来看,[4]他说的"刑名道论"又肯定会涉及大量法理问题。所以综合来看,他的这本《道论》应该是以玄学名理思维探研法理、提升法学理论高度的重要作品。

西晋时,贾充、杜预、张斐、刘颂等人都是名理律学的积极倡导者和实践者。贾充、杜预亲自参与构建西晋法典体系,制定法典,整合篇章,明确界定律令之别,这都是名理律学的成果。张斐做律注时,综合运用辨名析理、抽象概括和比类分析等方法,深入剖析律典的内在逻辑和基本原理,诠释律典篇章的体例结构,辨别律名或刑名的细微差别。刘颂在司法制度层面展开思考,提出"主者守文—大臣释滞—人主权断"的制度设计。其主张上承荀子以来的法律主张,下开隋唐以后的法律制度,是中华法系"罪刑法定与非法定和合"传统的典型表述,在中国古代法律史上占有重要地位。[5]总之,西晋律学家的名理律学成就,又将名理律学推向更高的发展阶段。

二、名理律学对法典体系的构建与解读

名理律学不仅是一股学术思潮,更是顺应时代需求的致用之术。在汉魏

---

[1]《资治通鉴·魏纪五·烈祖明皇帝中之下·青龙三年》"又作说略一篇"胡三省注曰:"说略者,说考课之大略也。"所以该篇名应该是《都官考课说略》。

[2] 沈家本认为《律略论》与《法论》应该是两本书。[(清)沈家本:《历代刑法考》,中华书局 1985 年版,第 890 页] 冯友兰认为,《法论》就是《律略论》。(冯友兰:《中国哲学史新编》,人民出版社 1998 年版,第 384 页)《三国志》刘邵本传记载:"凡所撰述,法论、人物志之类百余篇。"没有提到《律略论》,但是也不能保证"之类"中就没有《律略论》。《隋书·经籍志三》记载《法论》有十卷。《旧唐书·经籍志上》《新唐书·艺文志二》记载《律略论》有五卷。由于没有进一步史料支撑,二者究竟是不是一本书,似乎暂时还难有定论。

[3]《三国志·魏书·钟会传》:"会尝论易无互体、才性同异。及会死后,于会家得书二十篇,名曰《道论》,而实刑名家也,其文似会。"

[4] 钟皓是东汉著名律学家,以诗律教授门生千余人。(《后汉书·钟皓传》)钟皓的曾孙钟繇是曹魏著名的律学家和法官。其长子钟毓也传承家学,出任廷尉。(《三国志·魏书·钟繇传》)钟会是钟繇的幼子,也必然熏习家业,精通法律。程树德说:"东汉以律世其家者,吴陈二家之外,当推钟氏矣。"(程树德:《九朝律考》,中华书局 2006 年版,第 222 页)

[5] 参见俞荣根:"罪刑法定与非法定的和合——中华法系的一个特点",载范忠信、陈景良主编:《中西法律传统》(第三卷),中国政法大学出版社 2003 年版,第 1~44 页。

· 289 ·

晋时，名理律学最关注法律体系化问题，其主要成就也体现在这方面。就西晋法典体系而言，名理律学一方面为法典体系的构建提供学理基础，另一方面又在法典体系建成后对其概念原则和逻辑结构进行解读阐发。其中理论贡献最大的地方集中在以下三个方面：

（一）强调以本统末

《荀子·君道》曰："不知法之义，而正法之数者，虽博，临事必乱。"秦汉法律的实践教训显示，如果没有体系化作为支撑，法律数量的增加只会使法制陷入混乱状态。荀子提出以"法之义"为中心展开法律体系化构建。但他并没有直接参与相关法律实践活动。魏晋律学家在前人长期摸索的基础上，进一步提出"以本统末"的构建思路，并将其付诸实践。在参与构建西晋法典体系的过程中，杜预曾针对当时的一些实际做法进行批评，明确提出要尊本抑末，以本统末。他说："被勅以臣造新律事，律吏杜景、李复等造律，皆未清本末之意者也。"[1]可见，强调本末之别在当时极受律学家重视。

重视律本的思想观念可以说渊源久远，[2]但是直接的哲学启发则来自魏晋玄学。天才少年王弼说："处统而寻之，物虽众，则知可以执一御也；由本以观之，义虽博，则知可以一名举也。"[3]这可以说是和荀子的隔空对话，直接回应荀子之问。他认为，只要区分本末，牢牢把握根本，以本统末，就可以做到化繁为简，博而不乱。然而，事务之本应该如何把握呢？王弼认为事物之本就是其内在的理，明其理就可以把握住事物根本。他说："物无妄然，必由其理。统之有宗，会之有元，故繁而不乱，众而不惑。"[4]他认为"理"既是事物本质所在，也是决定其发展的内在动力、根本原因和基本规律。如果能弄清楚这个"理"，并对其进行"统""会"，就可以收到执一御万的效果，真正做到繁而不乱、众而不惑。王弼跳出汉代经学的藩篱，以更高的学术眼光旗帜鲜明地打出追根溯源、举本统末的旗号。王弼此说一出，迅速风

---

[1]《北堂书钞·刑法部下·律令十三》引杜预奏事。

[2] 春秋时，有若就曾说过"君子务本，本立而道生"。(《论语·学而》)这里的"本"是指带有伦理属性的原则宗旨。战国时，黄老学家也曾讨论本末关系。《鹖冠子·王鈇》："从本至末，第以甲乙。"这里的"本"与"末"相对，具有更明显的哲学意味，抽象性显著增强。东汉时，王符《潜夫论》、徐幹《中论》都在大力提倡抑末务本、循名责实。这是先秦本末思维在汉代社会积弊上的具体发挥。魏文帝曹丕在讨论文学时也说过："文本同而末异。"(《典论·论文》)这是本末思维在文学理论上的运用。

[3]（魏）王弼撰：《周易略例·明彖》。

[4]（魏）王弼撰：《周易略例·明彖》。

靡京洛，并从中原渐次向全国推展开来。影响所及，士大夫们"自不能满足于章句之支离破碎，而必求于义理之本有统一性之了解"[1]，大都趋向于"以汉之章句烦琐为末，而魏晋之理趣烦琐为本"[2]。这个风气在律学领域的体现，就是以"法理"为本。

追求法律之本、探求"法理"内涵，成为魏晋时期名理律学的重要课题和普遍风尚。其具体表现方式有三：

第一，对现有法律文本区分本末，特别注重"律本"，着重对其加以阐发。

西晋时有以"律本"命名的律学作品。[3]但提出并重视研究"律本"之风却可追溯到汉末。应劭的《律本章句》正式提出"律本"概念。它应该和文颖的"律经"性质相当，是对汉代法律中较为核心、重要性突出的那一部分的总称。二者都可以视为东汉律学家在名理律学视角下对汉代法律进行体系化解读的成果。不过与文颖用"经"来突出其地位不同，应劭以"本"来强调其重要性，这应是当时重视本末之别的学术风气影响的结果。当时的律学家自觉区分汉律的本与末，追求执简御繁、崇本举末的效果，似乎已经是基本共识。

曹魏时，陈群、刘邵受命编纂律令法典。刘邵在《魏律序》中指出，汉代法律混乱的表现之一就是"后人稍增，更与本体相离"[4]。经过一番"都总事类，多其篇条"[5]的整合工作之后，最终制成"新律"十八篇。刘邵不无得意地认为其"于正律九篇为增，于旁章科令为省矣"[6]。刘邵所谓"正律"与应劭的"律本"关系密切。二者的最大不同恐怕只在于，"律本"是律学家整理法律时的学理概念，"正律"是被官方认可的法律文本概念。进入西晋以后，成文律典正式成型，"律本"的外延被律典所涵盖，再以本末来区别此律与彼律似乎已无必要。但是"律本"一词早已为学界所广为认同，所以并没有完全消失，而是作为律典及其官方注释的代称而继续存在。于是可以看到，西晋时又出现以"律本"命名的律学著作。

---

[1] 余英时：《士与中国文化》，上海人民出版社 1987 年版，第 363 页。
[2] 侯外庐等：《中国思想通史》（第三卷），人民出版社 1957 年版，第 42 页。
[3] 《隋书·经籍志二》："《律本》二十一卷，杜预撰。"《旧唐书·经籍志上》："《刑法律本》二十一卷，贾充等撰。"《新唐书·艺文志二》："贾充、杜预《刑法律本》二十一卷。"
[4] 《晋书·刑法志》。
[5] 《晋书·刑法志》。
[6] 《晋书·刑法志》。

第二，以撰写《律序》的方式探求法律之本。

魏晋时，名理律学发展的重要成果之一就是多种《律序》撰述。为书作序自古就有。[1]汉初有《毛诗序》对毛诗大义进行阐发，东汉班固《汉书·艺文志》在各书目前有小序对该类作品进行概要介绍。东汉末年郑玄著《三礼目录》对《三礼》篇目内容加以概括，阐释其总体见解。到魏晋时，序的撰写更为流行，序的作用更为突出。汤用彤说："魏晋人注书，其大意在《序》及'篇目注'（品目义）中表现得最清楚，《序》为全书之大意，如欲了解其思想，必先知其《序》。"[2]《律序》的出现正是其在律学领域的具体反映。

曹魏初期，"律文烦广，事比众多，离本依末"[3]。"新律"文本制成后，刘劭专门撰写《魏律序》对其改革情况进行说明，对其主旨原理进行阐发。《魏律序》首先检讨汉代法律存在的主要弊病。指出，由于汉初律令篇少文荒，于是陆续增加大量律、令、科、比来填补法律空白，却带来本末失序、体系混乱的问题。其次，《魏律序》说明"新律"各个篇目及内容的安排与调整，对其抽象原理与具体理由加以说明，列举详备，逻辑清晰，较为充分地展示出名理律学的前沿成果。再次，《魏律序》简要阐述"新律"首次系统规定"五刑"体系的主体内容和经典依据。最后，《魏律序》还对《贼律》中的十项具体改革进行重点阐释，罗列其立法意图与法理依据。

西晋法典体系构建起来以后，《律序》同样是注释、解读法典内涵的重要形式。[4]当时著名的律学家张斐、杜预都有《律序》。[5]《晋书·刑法志》所

---

[1] 赵翼："孙炎云：序，端绪也。孔子作《序卦》及《尚书序》，子夏作《诗序》，其来尚已。"[（清）赵翼撰，曹光甫校点：《陔余丛考》，上海古籍出版社2012年版，卷二二"序"条]

[2] 汤用彤：《魏晋玄学论稿》，生活·读书·新知三联书店2009年版，第230页。

[3]《晋书·刑法志》。

[4] 西晋时，为著作写"序"的例子还有：裴秀"作《禹贡地域图》十八篇，奏之，藏于秘府。其序曰……"（《晋书·裴秀传》）华峤改作《汉纪》，"起于光武，终于孝献，一百九十五年，为帝纪十二卷、皇后纪二卷、十典十卷、传七十卷及三谱、序传、目录，凡九十七卷。"（《晋书·华表传附华峤传》）陆机厌恶齐王司马冏矜功自伐，"作《豪士赋》以刺焉。其序曰：……"（《晋书·陆机传》）葛洪"优游闲养，著述不辍。其自序曰：……"（《晋书·葛洪传》）干宝的《搜神记》序。（《晋书·干宝传》）当然，在文化史上最有名的还是潘岳《金谷诗序》和王羲之的《兰亭集序》。（《晋书·王羲之传》）

[5]《隋书·经籍志二》："《汉晋律序注》一卷，晋僮长张斐撰。"《北堂书钞·刑法部下·律令十三》："杜预《律序》云：'律者八正罪名，令八序事制，二者相须为用也。'"其中"八"字当为"以"字之误。《太平御览·刑法部四·律令下》引杜预《律序》曰："律以正罪名，令以存事制。"引张斐《律序》曰："张汤制《越官律》，赵禹作《朝会正见律》。"根据内容可以判断，张斐《律序》还称《汉晋律序注》。

载张斐上表律注,有"律注表""律表""律注要略"等不同称呼。[1]事实上,其正式的名称应该是"律序"。《太平御览·刑法部五·听讼》引张斐《律序》曰:"情者,心也。心戚则动情,动于中而形于言。畅于四支,发于事业。是故奸人则心愧而面赤,内怖而色夺。"正与《晋书·刑法志》所载"夫刑者,司理之官;理者,求情之机;情者,心神之使。心感则情动于中,而形于言。畅于四支,发于事业。是故奸人心愧而面赤,内怖而色夺"内容相合。所以,《晋书·刑法志》所载的张斐的律注内容应该出自其《律序》。

魏晋以后律学家仍旧秉承刘、张、杜等人的名理律学传统,把《律序》视为探究法律之本的重要载体。此后《律序》一再出现。南朝律学秉承张、杜遗绪[2],张、杜二人所撰《律序》在南朝仍有流传。《艺文类聚·刑法部》有南梁任昉所作的《为王金紫谢齐武帝示皇太子〈律序〉启》一文。这篇文章正是《律序》仍旧为朝堂所重视的一个佐证。不过,这里的《律序》究竟是张斐、杜预二者之中哪一家的?还是后人又新创作的?就不能确知了。南齐永明年间,廷尉孔稚珪主持修律时编成《律文》二十卷,《录叙》一卷,这里的《录叙》应该也属于《律序》一类的文本。而在北朝,也有崔浩《汉律序》传世。[3]其"律序"的外在形式完全承自魏晋。《律序》文本的广泛存在说明,魏晋以后的律学家普遍秉持以名理思辨方式探寻法律之本的理论追求,这正是名理律学发展的自然结果。

第三,超越具体文本形式,以名理玄言直接探求法律之本。

魏晋玄学极大地刺激了名理律学的发展,促使其深入到律令法制背后探究法律之本。"玄学是一种高级的理论形态"[4],有深刻的本体论、认识论和方法论等理论系统。魏晋名理律学受其影响最深的地方就在认识论和方法论方面。名理律学吸收玄学辨名析理的思维方法、循名责实的思辨原则以及辩难驳议的讨论方式。

张斐是律学深受玄学影响典型的代表人物之一。他虽然也曾著有《律序》,但他研究律令却不囿于律注和《律序》等有形文本,而是热衷于用带有

---

[1] 参见高恒:"张斐的《律注要略》及其法律思想",载《中国法学》1984年第3期。
[2] 《南齐书·孔稚珪传》:"江左相承用晋世张杜律二十卷。"
[3] 《史记·孝文本纪》索隐:"崔浩《汉律序》云:'文帝除肉刑而宫不易。'"
[4] 刘振东:《中国儒学史·魏晋南北朝卷》,广东教育出版社1998年版,第103页。

强烈玄化色彩的名理语言抽象地描述法律的内在之理。他说:"夫律者,当慎其变,审其理。"[1]又说:"夫刑者,司理之官;理者,求情之机;情者,心神之使。"又说:"夫理者,精玄之妙,不可以一方行也;律者,幽理之奥,不可以一体守也。"[2]这种语出玄远的风格,正是魏晋玄学的典型标志。[3]但他并未由于推崇玄远就认为"法理"无法捉摸,无法用语言精确表达。他在这三句话后,马上又用极其简要的语言对情节类似但性质不同的法律情况进行举例说明,力图通过这些精确的表达"探讨法律的精神实质,去领悟其中的'理'"[4]。因为在他看来,只要语言表达足够合理精确,就可以把深奥的"法理"转化为能够把握、便于操作的具体文字,从而保证处刑准确恰当,实现所谓"理直刑正"[5]。这样抓住"法理"也就抓住了法律的根本。魏晋玄学经常讨论"言意之辨",在"言不及意"、"得意忘言"和"言可尽意"、"寄言出意"之间常有争论。[6]从张斐极力追求以精妙言辞描述多变"法理"的现象来看,他应该是站在"言可尽意""寄言出意"的立场上。经过这样一番思辨之后,律学家探究法律名理的深度较之前述仅重"律本""律序"文本又进了一步。此外,张斐还附会于《周易》的"道器关系"和"变通之体"来阐发刑罚系统在逻辑上的本末关系,以玄远的辞旨极言崇本举末的抽象原理。

与张斐相类似,杜预也受到玄学风格的影响。他指出"禁简例直"是刑律之本,主张用简洁的概念、原则清晰展示立法意图,使民众易知而难犯,使司法者晓畅法义,以便法律精神得到有效落实。这就是《易经·系辞上》

---

[1] 《晋书·刑法志》。
[2] 《晋书·刑法志》。
[3] 参见汤一介:《郭象与魏晋玄学》,北京大学出版社2009年版,第50~51页。
[4] 高恒:"张斐的《律注要略》及其法律思想",载《中国法学》1984年第3期。
[5] 《晋书·刑法志》。
[6] 曹魏时,荀粲提出"六籍虽存,固圣人之糠秕"。他的哥哥荀俣引用《易经》的观点认为,立象可以尽意,系辞可以尽言。但荀粲却坚持认为"理之微者,非物象之所举也"。(《三国志·魏书·荀彧传》注引何劭《荀粲传》)当时讨论这个问题的还有:曹魏时期的嵇康(《言不尽意论》《声无哀乐论》)以及王弼,西晋时期的张韩(《不用舌论》、欧阳建(《言尽意论》)、殷融(《象不尽意论》)以及郭象。起初,"言不尽意说"影响更大,认为语言表达有局限性,不能揭示事物本质,完整再现本意。后来,王弼《周易略例·明象》提出"得意忘言说",认为言生于意,是会意传神的手段,如果能够得其意,自然可以忘其言。郭象《庄子注·山木》提出"寄言出意说",认为要得其意必须借助于言,只有依靠言才能得其意。换言之,言虽然只是尽意的手段,但这手段也很重要,很必要。

所谓"易简而天下之理得"的道理。所以,他反对在解释法律时法理阐释过度繁冗。这是魏晋玄学和名理律学在另一方面的主旨精义。

综合来看,汉末以来律学家沿着名理律学的思路,从汉代法律混乱不堪的状况出发,提出追求律本、探求深层逻辑的学理追求,对构建法典体系问题进行深入、广泛的思考。这些思考成果为立法者提供立法原则和制度框架,帮助他们实现了构建以本统末、博而不乱的法典体系的理想追求。

(二)明辨形式之别

区分法律本末之别的同时,魏晋名理律学也在探讨法律形式的差异,用名理学辨名析理、循名责实的思维方法对法律概念进行从外在形式到内在性质的界分,[1]通过强调分工与分化,为法律的法典化和体系化奠定重要基础。这主要体现在以下三个方面:

第一,区分律令之别。

律令分野是中古法史的重大事件,也是法律体系化的核心问题之一。从秦汉时期的律令混用、律令转化,到魏晋以后的律令分途、相互辅助。这个重要的变化就是当时名理律学对法律形式认识深化的结果。

汉魏晋之际,学术风气发生重大转向。以章句为主的经学逐渐被更重视名理的玄学所取代,在学术界掀起一股辨名析理、推类辨物的潮流。这在文学创作形式中的表现极为明显。例如,曹丕《典论·论文》把文章按照内容、性质和功能的差别分为四科八体。后来陆机《文赋》进一步细化,分为十类。他虽然没有讲清楚不同文体的差别何在,但其所说的"意不称物,文不逮意"[2]足以表明,当时人已经意识到辨别文体的必要性,从而进入"文学的自觉时代"[3]。此后,西晋挚虞的《文章流别论》又对古今文章进行"类聚区分"[4],"溯其起源,考其正变,以明古今各体之异同"[5],专门分析各种文体的不同风格与创作标准。这在文学史上,具有划时代的意义。[6]后来,萧统的《文选》又用

---

[1] 名理学是玄学的重要组成部分,特别关注名理关系和名实关系。言理之前要先辨名,论实之前要先定名,所以要辨名析理、循名责实。王弼《老子指略》:"夫不能辨名,则不可与言理;不能定名,则不可与论实也。"

[2] (晋)陆机撰,张少康集释:《文赋集释》,人民文学出版社2002年版。

[3] 鲁迅:《而已集》,人民文学出版社2006年版,第119页。

[4] 《晋书·挚虞传》。

[5] 刘师培撰,程千帆、曹虹导读:《中国中古文学史讲义》,上海古籍出版社2000年版,第71页。

[6] 刘师培撰:"足知晋代名贤于文章各体研核至精,固非后世所能及也。"(刘师培撰:《中国中古文学史讲义》,程千帆、曹虹导读,上海古籍出版社2000年版,第71页)

赋、诗、骚等三十七类标准收取古今文章,刘勰的《文心雕龙》又着重阐释骚、诗、乐府、赋、颂赞、祝盟、铭箴、诔碑、哀吊、杂文等文体形式的异同。[1]

东汉以后的律学家也开始运用辨名析理、考订名实的方法探究法律问题。先有汉末的应劭,对汉仪、律本、旧事、板令、决事比、都目、诏书等法律文本进行条流区分。随后,曹魏时的陈群、刘邵等人将律和令分别编成法典文本,律典和令典分别独立存在,表现出法律形式纯化的趋势。在他们看来,律与令不应该是效力层级高低的区分,而应该在内容属性上发挥不同职能。但他们的实践尝试最终并未落实。

冨谷至说:"晋泰始律、泰始令以前的法规与其后的法规、法典之间产生了某些重要的包含内容及形态的变化。"他又说:"在晋律令以降,律与令已成为隶属于不同范畴的两类法典。"[2]西晋泰始四年(公元268年)正式出炉的律令法典,把一般性的制度规定和品式章程从律中剥离出去,律的刑法属性更加纯粹,律令之别第一次被正式立法所确认。学者也已经概括出区分的标准。杜预《律序》曰:"律以正罪名,令以存事制,二者相须为用。"[3]这正是西晋法典体系中"施行制度,以此设教,违令有罪则入律"原则的理论基础。《唐六典·刑部尚书》:"凡律以正刑定罪,令以设范立制。"《新唐书·刑法志》:"唐之刑书有四,曰:律、令、格、式。令者,尊卑贵贱之等数,国家之制度也;格者,百官有司之所常行之事也;式者,其所常守之法也。凡邦国之政,必从事于此三者。其有所违及人之为恶而入于罪戾者,一断以律。"这些都可以说是对西晋律学家有关律令区别的理论和实践的继承和发展。

第二,区分刑名之别。[4]

较之律令之别,刑名之别问题更微观和具体。魏晋名理律学的研究对象

---

[1] 汤一介认为《文心雕龙》是一部用魏晋玄学方法研究文学理论的重要作品。(参见汤一介:《郭象与魏晋玄学》,北京大学出版社2009年版,第35~36页)但他主要是从言意之辨的角度立论。其实,从文体明辨的角度而言,《文心雕龙》也充分发挥了玄学辨名析理的方法。

[2] [日]冨谷至:"通往晋泰始律令之路(I):秦汉的律与令",朱腾译,徐世虹校译,载中国政法大学法律史学研究院编:《日本学者中国法论著选译》(上册),中国政法大学出版社2012年版,第126、139页。

[3] 《太平御览·刑法部四·律令下》。

[4] 前文已经言及,"刑名"一词在古代有多重含义。这里主要采用其最狭义的"刑罚之名"的义项。当然,在魏晋名理律学的视角下,"刑罚之名"同样也要涉及刑罚的名实关系、逻辑层次、轻重秩序等原理性问题。这些问题同时又是广义刑名即"法律名理"的重要话题。所以又很难把刑名的广义和狭义断然分开。

不仅包括宏观层面的本末关系、形式区别，还包括刑罚的名实之别和体系完备。

"刑名"一词先秦就有，也作"形名"。从名家和黄老道家抽象意义上的刑名，到法家具体法术意义上的刑名，刑名的含义逐渐趋于狭义化、具体化。其关注的问题，也从天地万物的名实关系先转化为有关法律的名实关系，后又转化为有关刑罚的名实关系。曹魏"新律"创立《刑名律》中的刑名，侧重于第三层意思。刘邵《魏律序》说"集罪例以为《刑名》"，"依古义制为五刑"[1]。在律典中专设一篇集中规定刑罚制度（包括刑罚的名称、种类和适用规则），是东汉以来名理律学持续发展的重要成果。

晋人傅玄说："魏武好法术而天下重刑名。"[2]魏武帝曹操"揽申、商之法术"[3]，实行名法之治，引起中国北方研究刑名学的潮流，出现大批刑名学著述。例如，丁仪撰《刑礼论》，曹羲撰《肉刑论》，夏侯玄撰《肉刑论》[4]，李胜撰《难肉刑论》，刘廙撰《难丁仪》（又名《先刑后礼之论》），杨乂撰《刑礼论》，傅幹撰《肉刑议》。贺昌群说："刑法宽猛之议，为魏晋间一大公案，亦可反映当时道法之政。"[5]汉末天下大乱，纲纪废弛，加上刑罚体系本身也不合理，所以频繁出现有关肉刑复废的争论。（详见《晋书·刑法志》）这些围绕刑罚展开的讨论，极大推动名理律学对刑罚制度的深度解读。其成果集中体现在曹魏"新律"的《刑名律》和刘邵的《魏律序》。依据《魏律序》载，"新律"集中设计的刑罚体系包括：死刑、髡刑、完刑、作刑、赎刑、罚金、杂抵刑在内的三十七等刑罚。在此刑罚体系外，还有针对极端犯罪的汙潴、枭菹、夷三族之刑，以求"严绝恶迹"。在《魏律序》中，刘邵还对若干具体罪名、刑名和刑罚执行制度的立法意图进行学理阐述。

《泰始律》继承曹魏"新律"的《刑名律》，对刑罚系统及其运行的规范更为详尽周备。（详见本书第三章第四节）当时的律学家还就其在律典中的地位和作用进行更抽象的论证和说明。例如，张斐《律序》说："刑而上者谓之

---

[1]《晋书·刑法志》。

[2]《晋书·傅玄传》。

[3]《三国志·魏书·武帝纪》。

[4]《三国志·魏书·夏侯尚传》注引《魏略》："玄尝著乐毅、张良及本无肉刑论，辞旨通远，咸传于世。"有人认为夏侯玄所著是《本无肉刑论》，实际上却是《本无论》和《肉刑论》。参见梁健："魏晋'本无''肉刑'二题论争的微观阅读——从夏侯玄的著述说起"，载《惠州学院学报》2014年第2期。

[5] 贺昌群：《魏晋清谈思想初论》，商务印书馆1999年版，第42页。

道,刑而下者谓之器,化而裁之谓之格。刑杀者是冬震曜之象,髡罪者似秋雕落之变,赎失者是春阳悔吝之疵之。五刑成章,辄相依准,法律之义焉。"[1]又如,刘颂上表大谈肉刑之制,"远有深理"[2]。这些都是魏晋名理律学探究刑名之别的重要内容。

第三,区分罪名之别。

魏晋的名理律学家还十分关注罪名之别。曹魏时,已经注意一般性罪名原则与理论。在解读"新律"中若干罪名设定时,刘邵的《魏律序》更是一连用五个"所以"、一个"以"来阐释具体罪名的立法意图和法理依据。

张斐《律序》从律文中提出二十个律名概念,用极其精准凝练的语言对罪名术语的核心要素进行提炼,对相似概念的本质区别进行概括。例如,同样是关于主观罪过的表述,"故"、"失"和"过失"就有区别:"故"的核心要素是"知"和"犯",分别是指认知要素和意志要素;"失"的本质特点是"意以为然",也就是今天刑法理论中的"过于自信的过失";"过失"的两重要件是"不意"和"误犯","误犯"建立在"不意"的基础上,相当于今天刑法理论中"疏忽大意的过失"。又如,同样是欺骗造假一类的犯罪,"谩"和"诈"也有区别:"谩"的要点在于"违忠""欺上",即违背上下级之间的忠诚义务是前提,以下骗上为行为特征;"诈"的要点在于"背信""藏巧",即违背平等主体之间的诚信义务是前提,谎言的背后暗藏机巧和算计。又如,同样是杀伤一类的犯罪,也有"斗""戏""贼""过失"等动机和情节的差异:"斗"是"两讼相趣",即从口角逐渐升级为斗殴;"戏"是"两和相害",即和谐嬉戏时的过失伤害;"贼"是"无变斩击",即毫无理由地主动杀伤;"过失"是"不意误犯",即疏忽大意的过失伤害。又如,同样是违犯礼教伦常一类的犯罪,"不敬"较轻,即"亏礼废节";"不道"较重,即"逆节绝理","恶逆"是以下犯上,即"陵上僭贵"。又如,财产类犯罪中,"盗"和"赃"有所关联:"盗"是"取非其物",以"非其物"即没有物权为前提,以"取"为外在表现形式;"赃"是盗的对象,其性质特征集中表现为"货财之利"。此外,犯罪的不同阶段和不同组织形式也各有可以把握的要点:"戕"是犯罪预备,尚未着手,即"将害未发";"造意"是提出犯意,在共同犯罪中可以区分主从犯,即"唱首先言";"谋"是共同商量,无

---

[1]《晋书·刑法志》。
[2]《晋书·刑法志》。

法区分主从,即"二人对议";"率"是发挥核心领导和指挥作用,即"制众建计";"群"是指三人以上。这些被精准界定出来的概念,张斐称为"律义之较名",是对罪名内涵进行辨名析理的成果。

张斐又详细辨析"事状相似而罪名相涉"的一些特殊情况,对极易混淆的罪名概念进行界分。例如,同样是以非法获得他人财物为目的,利用威势动手强取财物就是"强盗",通过限制受害人行动自由获取财物就是"缚守",通过威胁受害人获取财物就是"恐猲",通过声色俱厉震慑受害人心理获得财物就是"呵人",利用受害人某种罪过要挟财物就是"受赇",通过劫持人质要挟财物就是"持质"。他总结道:"此六者,以威势得财而名殊者也。"可见,他对这些类似罪名情节的归类辨析不仅精准,而且有意识自觉。此后,他又对与这六项罪名类似的其他情形逐一进行剖析:"即不求自与为受求,所监求而后取为盗赃,输入呵受为留难,敛人财物积藏于官为擅赋,加欧击之为戮辱。诸如此类,皆为以威势得财而罪相似者也。"

在对罪名概念和类似情形进行界定之后,张斐还更进一步,把问题推进到更细微的环节上去讨论罪名情节的差别。他举例说:"仰手似乞,俯手似夺,捧手似谢,拟手似诉,拱臂似自首,攘臂似格斗,矜庄似威,怡悦似福。"面对这些十分类似、难于判断但又有本质区别的行为细节时,他认为应该坚持主客观相统一的原则:既要考虑其外在行为表现,又要根据当时的表情、气息推测其内心动机。因为内在想法会表现于外在言行,正所谓"喜怒忧欢,貌在声色。奸真猛弱,候在视息"。例如,"出口有言当为告,下手有禁当为贼,喜子杀怒子当为戏,怒子杀喜子当为贼"。所以他说:"论罪者务本其心,审其情,精其事,近取诸身,远取诸物,然后乃可以正刑。"之所以这样做,其原理就在于:"夫刑者,司理之官;理者,求情之机;情者,心神之使。心感则情动于中,而形于言,畅于四支,发于事业。是故奸人心愧而面赤,内怖而色夺。"[1]

以上这些都表明,魏晋律学家秉承名理律学辨名析理、循名责实的基本精神,严格界定罪名之别,为律典内容和形式的完备做出重要贡献。

(三) 理顺篇章体例

秦汉以来,摆在律学家面前的另一个重大课题是如何排列法律的篇章次序,使其体例合理,内容周备,逻辑严密,构成一个完整的法典。在名理律

---

[1] 以上三段文字中的引文都出自《晋书·刑法志》所引张斐《律序》。

学指导下,魏晋的立法者逐步摸索出一些基本思路,并将之付诸律令法典的制定过程中,取得较好的效果。

第一,对总则的提摄与改进。

汉代没有系统编纂法典,所以不存在法典的总则问题。在当时零散颁行的众多律篇中,具有通用性质、总则性质的内容多规定于《具律》中。不过《具律》中条文的作用也只限于"具其加减",即规定刑罚的加减适用,对其他律篇内容的规律性总结仍然不成系统。

曹魏"新律"把《具律》改为《刑名律》,置于篇首,正式确立其总则地位。[1]其以"篇章之义"作为把总则置首的理由,尤其值得注意。韩树峰曾指出,《刑名律》和《法例律》的出现在魏晋与当时的学术思潮存在密切关系,是魏晋学术文化理论化的产物。[2]因为秦汉人的著作习惯是,《序》或《叙言》置于篇末,虽有总结全篇的作用,但也失去了引领全篇、开宗明义的作用。到魏晋时期,学者日益重视序言或总则提纲挈领的作用,就把它从篇末移至篇首。魏晋两次编纂律典,都有律学家作《律序》概括律典的基本精神和篇章布局。这说明在名理律学的推动下,当时的律学家已经能够自觉而又熟练地对律典内容进行总体概括和统一设计。在律典内部,立法者也如法炮制,归纳总结律典各章中的通则性、普遍性规定,在《刑名律》和《法例律》中集中规定。这既有利于读者先明大义,领略整部律典风采,进而方便适用,也有利于各篇章节文省字,避免重复,达到条文简约的效果。

在曹魏"新律"中,立法者把各章中与免坐相关的条文抽取出来作为总的"免例",集结为《免坐律》置于篇末,也同样达到了省简条文的效果。不过按照文章逻辑层次,这篇具有总则性内容的《免坐律》,却没有放入《刑名律》中,而是仍旧独立成篇。这说明当时立法者对律典篇章逻辑层次的梳理还有一定局限,"虽胜《汉律》一筹,然去成熟尚远"[3]。西晋《泰始律》在《刑名律》后加入《法例律》。立法者一方面把《刑名律》定位为"定罪制""经略罪法之轻重,正加减之等差"[4]的刑罚总则;另一方面把《法例

---

[1] 刘邵《魏律序》说:"集罪例以为《刑名》,冠于律首。"又说:"依古义制为五刑……以为律首。"(《晋书·刑法志》)

[2] 参见韩树峰:《汉魏法律与社会——以简牍、文书为中心的考察》,社会科学文献出版社2011年版,第82页。

[3] 蔡枢衡:《中国刑法史》,中国法制出版社2005年版,第109页。

[4] 《晋书·刑法志》。

律》作为分则律篇"共同适用的条文"[1]的汇总,涵盖曹魏"新律"中"罪例"和"免例"的内容,把《免坐律》吸收进入总则。《刑名律》和《法例律》既有分工,又共同构成律典总则,反映出魏晋名理律学明辨篇章之义的基本风格。当时的律学家直接称呼二者为"名例"。[2]蔡枢衡说:"名例是刑名、法例的简约。离开这个概念本身的历史,殊不可能了解其含义。立法者不曾予以变更,不外是直观力和概括力不够的结果。"[3]直观力和概括力的日益充足是法学理论抽象能力日渐增强的结果,名理律学为此进步提供了强大的动力。

第二,对各律篇内容逻辑关系的捋顺。

陈群、刘邵等人制定"新律"时,还对法律内容和篇目不符的情况进行大幅调整。由于汉代法律是陆续颁行的,重复、抵牾和名不副实的现象在所难免。刘邵等人把许多法律条文重新编排,按照事类标准分配到对应的篇目中。如果原有篇目不合理就拆分、合并或新创篇目。最后编成十八篇。

贾充、杜预等人制定《泰始律》,也按照这个模式操作,把进一步捋顺篇章逻辑结构、调整篇目条文作为工作的重中之重,即所谓"仍其族类,正其体号"[4]。最后编成二十篇。但一如前文所述,在具体内容的取舍和篇目的废立方面,《泰始律》又有独出心裁的新见解。

对这二十篇的内在逻辑关联,西晋律学家从不同角度进行解读。张斐、刘颂都把它们分为"名例"和"正文"两部分。张斐又比附《周易》天、地、人"三才之义"而提出"王政布于上,诸侯奉于下,礼乐抚于中"[5]的三大结构说。此外,《泰始令》的内部结构也有其内在逻辑和次序依据可以依循。凡此种种,都是名理律学长期在律典篇章结构问题上持续思索的成果。

---

[1] 蔡枢衡:"法例即共同适用的条文。"(蔡枢衡:《中国刑法史》,中国法制出版社2005年版,第100页)此即晋律得以删除《免坐律》的原因。

[2] 例如,张斐说:"告讯为之心舌,捕系为之手足,断狱为之定罪,名例齐其制。"又说:"律之名例,非正文而分明也。"刘颂说:"事无正据,名例不及,大臣论当,以释不滞,则事无阂。"又说:"律法断罪,皆当以法律令正文,若无正文,依附名例断之,其正文名例所不及,皆勿论。"(以上并出自《晋书·刑法志》)杜预也说:"使用之者执名例以审趣舍,伸绳墨之直,去析薪之理也。"(《晋书·杜预传》)他们都把《刑名律》和《法例律》视为律典总则,与作为分则的"正文"相对而称。

[3] 蔡枢衡:《中国刑法史》,中国法制出版社2005年版,第100页。

[4] 《晋书·刑法志》。

[5] 《晋书·刑法志》。

三、 作为名理律学结晶的张杜律

西晋名理律学的成就很高，以张斐、杜预二家律注最为代表。《泰始律》修成后，张、杜分别为其做注，被后人合为一书，在两晋南朝形成巨大影响。《南齐书·孔稚珪传》称："江左相承用晋世张杜律二十卷。""张杜律"的称谓从此留名后世。前辈学者虽然对二人的法律思想、律学主张有许多论述，却少有人对"张杜律"这个律学概念进行研究。[1]因此有必要在此对名理律学的时代结晶"张杜律"进行一些概念性的考释。

（一）张杜律的性质与地位

首先要明确的是，所谓"张杜律"只是对张斐、杜预律注的合称，不能和《泰始律》的律文混为一谈。之所以会有混淆的误会，恐怕是由张杜律注与律文在文本上难以分割的紧密关系造成的。

汉代律学家的法律注释作品要么是独立成书，要么是夹杂在其他经学注释作品中。这是受当时经学研究模式影响的结果，[2]同时也可能和汉代法律散乱庞杂、缺乏系统文本的情况有关。但到魏晋，情况发生了变化。

一方面，经学的经和传分别刊行的注释模式逐步转变为经传合并的新模式。曹魏王弼注《易》，就把原本单行的经、传、注三种文本各自拆分，然后糅合在一起，开创以经文为纲，传、注都分散编在对应经文之后的全新撰述体例。杜预作《春秋经传集解》时也采用这种模式。他说："分经之年，与传之年相附，比其义类，各随而解之。"[3]可见，经、传、注合并编写的新体例到杜预时已经较为成熟。这对律学注释方式的转变起到根本的影响。

---

[1] 例如，何勤华所编的《律学考》（商务印书馆2004年版）一书九篇文章中，就有"论张斐的法律思想——兼及魏晋律学与玄学的关系""张斐的《律注要略》及其法律思想""张斐法律思想述评"三篇专门围绕张斐律注展开论述，但都未涉及"张杜律"的概念问题。此外又如，张俊民的"玉门花海出土《晋律注》"（载李学勤、谢桂华主编：《简帛研究2002~2003》，广西师范大学出版社2005年版）、"玉门花海出土《晋律注》概述"（载《考古与文物》2010年第4期），以及张俊民、曹旅宁合著的"玉门花海所出《晋律注》初步研究"（载《法学研究》2010年第4期）和"毕家滩《晋律注》相关问题研究"（载《考古与文物》2010年第6期）。以上四篇文章专以出土晋律注残本作文本分析，也没有涉及"张杜律"的概念问题。

[2] 《论衡·量知篇》："夫竹生于山，木长于林，未知所入。截竹为筒，破以为牒，加笔墨之迹，乃成文字，大者为经，小者为传记。"可见当时，经书和传记书是分开撰写的，而且书的尺寸规格也不一样。

[3] （春秋）左丘明撰，（晋）杜预注，（唐）孔颖达疏：《春秋左传正义》，中华书局1980年版，第1707页。

另一方面，经过律学家的持续摸索和立法者的不断改进，原本散乱庞杂的法律逐渐实现法典化、体系化。西晋法典体系就是这个过程的主要成果。这些经过系统整理后形成的法律文本不仅形式完整而且内容协调，成为可供律学家统一研究的文本依托。所以，新出现的律注就有条件紧密围绕法典定本展开对象明确、定位精准的辅助性注释。这种模式的正面效果是，减少律学家各说各话式的学术争鸣，更好指导司法实务。但负面效果也一并产生，即限制律学的批判性功能，使律学作品对法律文本的依赖性更强，甚至与其捆绑在一起。〔1〕

张、杜律注在这种背景下出现，也难以跳出这个模式套路。《晋书·杜预传》记载："与车骑将军贾充等定律令，既成，预为之注解，乃奏之曰……诏班于天下。"按照这个史笔语气，杜预为《泰始律》做的"注解"就是直接依附在法典文本之中，在对应的法律条文后面进行夹注。这个推测也可以得到出土资料的佐证。玉门花海出土的《晋律注》残文显示，律注本身就是以双行夹注的形式穿插放在对应的律文后。学者推测这个律注很有可能就是杜预律注。〔2〕这也正好和杜预《春秋经传集解》的注释模式相通。在《太平御览·刑法部八·徒作年数》引用《晋律》的律文中也夹杂着律注。这个律注有可能是张斐的律注。（详见后文）这也可以表明，作为对律文的注释，张、杜律注起初不是一部合著，而是各自独立存在，分别与律文混搭。换句话说，当时至少有两个版本的"律文+律注"的法律文本流行于世。只是到了后来，或许是为了便于对比参照，这两种文本才被合二为一。这才有了所谓"晋世张杜律二十卷"的说法。根据"二十卷"的情况推测，这个合本的律注也紧密依附在律典正文之后。因为《泰始律》很可能就是二十卷。（详见前文）这或许就是后人把"张杜律"和《泰始律》混为一谈的原因所在吧！

《泰始律》颁行后，杜预撰有《律本》二十一卷，贾充等人（或贾充、杜预）也撰有《刑法律本》二十一卷。这里《律本》和《刑法律本》的关系值得关注：首先，这两本书的书名相近，卷数一样，内容肯定密切相关；其次，这两个书名分别记载在三个史料中，却没有同时出现过；最后，这两本书的作者关系特殊。贾充和杜预都是西晋制定律典的重要人物，贾充领衔制

---

〔1〕笔者曾写过一篇"释'张杜律'"[载徐世虹主编：《中国古代法律文献研究》（第十一辑），社会科学文献出版社2017年版]，认为张斐和杜预的律注是和律文分别编写的。但这种主张及其理由目前来看都站不住脚，所以在本书中，笔者对这个观点进行了修正。

〔2〕参见曹旅宁、张俊民："玉门花海所出《晋律注》初步研究"，载《法学研究》2010年第4期。

定《泰始律》，杜预领衔作律注，这两本书肯定跟这一系列立法活动有直接关系。根据其卷数只比《泰始律》多一卷的情况推测，杜预撰的《律本》就是其律注的正式名称，贾充等人（或贾充、杜预）撰的《刑法律本》是律文和律注的合订本。因为在《隋书·经籍志二》中，杜预《律本》被放在张斐的《汉晋律序注》和《杂律解》前，应该是和后者一起被视为律学著作看待的。而在《旧唐书·经籍志上》《新唐书·艺文志二》中，《刑法律本》被放在《晋令》和《南台奏事》或《晋弹事》中间，应该是被视为国家法律文本。但如果只有律文的话，它又应该被称为"《晋律》"才对。所以《刑法律本》应该就是包括律文和律注的文本。同时又由于当时的正式律注实际上就是和律文合写在一起的，所以，《律本》和《刑法律本》虽然书名不同，但其实就是一回事。起初称之为杜预《律本》，应该是强调其作为律注的一面，后来改称为贾充等人（或贾充、杜预）《刑法律本》则是强调其作为法律文本的一面。它们比正式律典多出的这一卷应该就是杜预撰写的《律序》。

尽管"张杜律"在东晋南朝时期有巨大影响，但这并不等于说二家律注从一开始就都被国家确认法律效力，也不是说当时就已经有了"张杜律"的名号。事实上，西晋时更为流行的律学概念不是"张杜律"而是"陈杜律"[1]。这个"陈杜律"有两种可能：第一种可能，"陈"是"张"的误写，但可能性不大；[2]第二种可能，当时确实存在以"陈律"和"杜律"合称的"陈杜律"命名的律学成果。这里的"陈律"可能是指东汉律学世家沛国陈氏所传的律学系统，"杜律"可能是指最早渊源于西汉杜延年"小杜律"同时又包括其家传后学的杜预律学。[3]然而不管是这两种可能中的哪一种，杜预律学在当时的巨大影响应该都是显见的。而且史料也明确记载，起初获

---

[1]《晋书·儒林传·续咸传》载："续咸……好学，师事京兆杜预，专《春秋》《郑氏易》，教授常数十人，博览群言，高才善文论。又修陈杜律，明达刑书。永嘉中，历廷尉平、东安太守。刘琨承制以为并州，以为从事中郎。后遂没石勒，勒以为理曹参军。持法平详，当时称其清裕，比之于公。"中华书局1974年版《晋书》在此处"又修陈杜律"中只给"杜"字旁边加了表示人名、地名的竖线，似乎是认为"修陈"连读，其对象是"杜律"。（第2355页）但"修陈"不是一个表意明确的词语。所以这种断句并不能讲通。

[2] 今传《晋书》是唐初人编撰，对在此之前已经产生巨大影响的张杜律不大可能不了解。隋唐之际官方还收藏有杜预撰二十一卷本《律本》、张斐撰一卷《汉晋律序注》和二十一卷本《杂律解》。所以《晋书》此处出现撰写错误的可能性不大。而此书编成之后都是官方保存为主，传抄过程中出现错抄可能性也不大。至少目前可见的中国国家图书馆藏宋刊本《晋书》中，就明确写为"陈杜律"。

[3] 续咸是杜预的学生，必然受到其律学成果的熏陶，同时又修习"陈杜律"。可见这里的"杜律"应该和杜预律学有莫大关系。

得正式法律效力的只有杜预的律注。

杜预是魏晋名理律学的主将,在律学方面成就很高,影响很大。他为《泰始律》所做的律注被晋武帝颁行天下,作为官方认可的法律解释在司法中获得正式的法律效力。[1]杜预的律注之所以会有这样的待遇,可能有多方面原因。

首先,杜预是西晋构建法典体系的主要参与者,对各部法典尤其是《泰始律》的精神和内容肯定十分熟悉。加之他在律学方面颇有造诣,其律注肯定既专业严谨又妥帖实用。

其次,杜预人很聪明,悟性极高,不仅嗜好读书而且善于思考,勤于著述,学术功底非常深厚。他在《左传》学和礼学方面的研究水平非常高,其《春秋左氏经传集解》堪称《左传》注释的经典之作。他还撰写《春秋释例》《春秋盟会图》《春秋长历》,成就一家之学。在后世历代的学术讨论中,他的许多学术观点经常被人引用,影响可谓极为深远。这种学术成就对他做律注肯定很有帮助:一方面便于他在注律时发挥儒家义理,弘扬礼法宗旨;另一方面也有利于他对律注风格的成熟把握和轻松驾驭。

最后,杜预在晋初政治地位尊隆,也是其律注受到朝野重视的重要原因。他是晋武帝的姑父,参与编纂西晋法典时曾出任主管京畿重地的守河南尹,又精通军事,并在后来的平吴战争中立有大功勋。以此显赫的身份,加之明于律学,[2]精擅学术,杜预的律注享受颁行天下的高规格待遇自然也在情理之中。

杜预家传律学根基深厚,渊源久远,对其律学的社会影响有很大助益。杜预的祖父杜畿曾任河东太守,开办官学亲自讲授经学,政绩"常为天下最"[3]。杜预的父亲杜恕位至御史中丞,著有《体论》八篇,在魏晋法律思想史中占据重要位置。[4]而杜氏的律学渊源更可以上溯到西汉著名的律学家杜延年。[5]或许正是由于家学渊源影响巨大,所以杜预所传律学在当时就颇

---

[1] 《晋书·杜预传》:"(晋律)既成,预为之注解……诏班于天下。"

[2] 杜预的律学著作,除《律序》《律本》之外,还有一部《杂律》(《隋书·经籍志二》),应该是在律注之外有关法律的杂解。

[3] 《三国志·魏书·杜畿传》。

[4] 《群书治要》载有《体论》六千余言,包括《君》《臣》《行》《政》《法》《听察》六篇内容,其余《言》篇、《用兵》篇略见《太平御览》《白氏六帖》。他认为礼法是万物之体,万物依循礼法便无不善,所以取名为"体论"。(《三国志·魏书·杜畿传附杜恕传》裴注引《杜氏新书》)可见,他也顺应时代潮流,明于本末之辨,是杜预名理律学学术思维的重要来源之一。

[5] 《三国志·魏书·杜畿传》注引《傅子》曰:"畿,汉御史大夫杜延年之后。延年父周,自南阳徙茂陵,延年徙杜陵,子孙世居焉。"

有声望，所以才会出现"陈杜律"的说法。杜氏律学从杜延年到杜预一脉相承，尽管有学术风格的演变，但是作为一家之学却又难以分割。

与杜预相比，张斐律学既没有正统传承的脉络可循，也没有名贯当时的称号行世，其影响较之杜预律学自然逊色不少。甚至张斐本人在当时也只是籍籍无名的小人物。这有两个例证可以说明。

首先，他的名字没有确定说法。《晋书·刑法志》记载为"明法掾张裴"，《隋书·经籍志二》记载为"僮长张斐"。"斐""裴"应该是由于形近而产生的误写。后世史料如《南齐书·孔稚珪传》《太平御览》《新唐书》等也都作"张斐"，只有《北堂书钞》作"张裴"。综合比较来看，"裴"更有可能是转抄讹误。而且更为耐人寻味的是，除这几种史料的零星记载外，张斐的名字就再也没有出现。[1]有关他的身世来历、官职升迁和律学传承，后人都无从知晓。这正可以说明他在当时并不受人关注。

其次，他所担任的官职也都很低。有限的史料显示，张斐担任过"明法掾"和"僮长"。"明法掾"职位卑微，《晋书·职官志》没有记载。《晋书·舆服志》曾在介绍皇帝卤簿仪仗的时候顺带提及此职。按照当时的礼仪规定，在皇帝的大驾卤簿队伍里，隶属于廷尉的官吏组成一个单元小组。明法掾和五官掾、功曹史走在前列，廷尉主簿、主记殿后，廷尉卿被他们拥簇在中间。可见，明法掾只是廷尉属员，根本没有资格列于《职官志》中。[2]至于"僮长"又是何职？史书也没有记载。"僮"既指未成年人，也指奴婢或仆人。[3]所以"僮长"也应该只是一个低级小吏。

魏晋时朝廷取仕采用"九品官人法"，"贵仕素资，皆由门庆"[4]。因此可以推测，张斐应当出身于寒门小族，所以尽管他律学造诣出众，却仍旧职位卑微，难以显达。张斐也曾把其律注上表朝廷。但与杜预律注"诏班于天下"的待遇不同，张斐律注上奏后却没有下文，可见并不具备官方认

---

[1]《晋书·张轨传》曾提及，西晋末年，将军张斐奉张轨之命率军营救洛阳，而后被俘。但以常理推之，此人恐怕不是晋初的律学家、廷尉小吏张斐。

[2]根据《晋书·刘颂传》记载，廷尉刘颂曾就其子女婚姻是否合乎礼律一事询问明法掾陈默、蔡畿。这也可以说明，明法掾是廷尉卿所属的低级司法吏员，作为技术人员以备长官垂询。

[3]《说文解字·辛部》："童，男有罪曰奴，奴曰童，女曰妾。"《说文解字·人部》："僮，未冠也。"段玉裁注："按《说文》僮、童之训与后人所用正相反，如穜、种二篆之比。"《史记·司马相如列传》："卓王孙家僮数百人。"《汉书·司马相如传下》："卓王孙僮客八百人"颜师古注："僮，谓奴。"《三国志·蜀书·糜竺传》："祖世货殖，僮客万人，赀产巨亿。"

[4]《南齐书·褚渊王俭传·史臣曰》。

可的法律效力。[1]所以,张斐律注更多可能只是私人著述。直到南朝梁时,梁武帝颁布诏书中列举西晋律家名号时也只列举杜预、裴楷,而没有提及张斐。[2]

《泰始律》修成后,张、杜二人都曾撰写《律序》。但两个《律序》的性质也有不同,一个是官方《律序》,一个是私人《律序》。曹魏时,刘劭以立法成员身份撰写《魏律序》,显然带有官方性质,不大可能允许别的《律序》文本同时具备法律效力。南齐武帝曾郑重其事地向皇太子传示《律序》,可见《律序》极受官方重视。因此可以推断,《泰始律》修成后也应该只有一个官方《律序》,这就只能是作为立法成员之一的杜预所撰写的《律序》。

《隋书·经籍志二》载张斐撰有《汉晋律序注》一卷,应该是"并汉晋律而序注之"[3]。《太平御览·刑法部四·律令下》载:"张斐《律序》曰:'张汤制《越官律》,赵禹作《朝会正见律》。'"《北堂书钞·刑法部·律令十三》载:"张裴《律序》云:'郑注刑书,晋作执袄,申韩之徒各自立制。'"[4]这里的"张斐《律序》"并不只限于西晋法律,还论及春秋战国和西汉法律,很有可能是指《汉晋律序注》。[5]可见,张斐《律序》贯通古今的私撰学理意味更浓,成为官方正式《律序》的可能性又低了一点。

而且更值得注意的一个问题是,张斐律注出现的时间可能比我们通常认

---

[1] 以政治身份左右学术潮流,以官方名义确定正统学说,在晋代并不罕见。晋武帝司马炎的外公王肃,便是借着晋室的政治权威,而超越郑玄成为一代经学权威的。王学借助皇室支持而压过郑学一头,成为当时官方认可的正统学说,从而引起一场迁延日久、议论纷纭的郑王之争。杜预律学被官方封为正统,张斐律学被官方有意漠视,可能也是类似的例子。

[2] 《文苑英华·卿寺二·大理卿·授蔡法度廷尉制》:"汉代律书,出乎小杜。吴雄以三世法家,继为理则;郭躬以律学通明,仍业司士。爰及晋氏,此风未泯,叔则元凯,并各名家。"裴楷字叔则,在晋初编纂法典时只是普通的参与者之一,在晋武帝主持廷议讨论律典时负责执读律文。他的风姿气韵固然给在座君臣留下深刻印象,但他的律学才能却未必可以和张斐、杜预乃至贾充等人相提并论。只不过由于裴楷背后的河东裴氏在南北朝时是门资显赫的世家大族,所以他被南朝皇帝诏书特别作为西晋律学代表而提及。其地位次序甚至先于西晋时声名显赫、功勋卓著、律学名家的杜预(字元凯),也足以盖过西晋开国元勋、富有刀笔之才的贾充。这或许是由于士族杜氏和寒族贾氏到南北朝时已无太大影响。杜、贾尚且如此,更遑论张斐。尽管张斐律学成就很高,律学著作也在后世得到流传,南朝法律专业人士也客观承认"张杜律"的律学地位,但是在梁武帝诏书中他却被裴楷取而代之。这恐怕不仅与梁武帝"敦睦九族,优借朝士"(《隋书·刑法志》)的个人偏好有关,也足以反映出魏晋南北朝时期注重家世门第的社会观念对一个人能力评价所产生的扭曲影响。

[3] (清)沈家本:《历代刑法考》,中华书局1985年版,第880页。

[4] 笔者案:这则材料中的"裴"应该是"斐","注"应该是"铸"。

[5] 《史记索隐·孝文本纪》载崔浩《汉律序》云:"文帝除肉刑而宫不易。张斐注云:'以淫乱人族序,故不易之也。'"这里的张斐注很有可能就出自其《汉晋律序注》。

为的要晚一些。《晋书·刑法志》记载:"(泰始)四年正月,大赦天下,乃班新律。其后,明法掾张斐又注律,表上之,其要曰……是时侍中卢珽、中书侍郎张华又表:'抄《新律》诸死罪条目,悬之亭传,以示兆庶。'有诏从之。"按照这个叙事语气,似乎事情发展的时间线是:"新律颁行天下→张斐上奏律注→张华上表抄新律死罪条目"。但这只是根据文意表述的推测,并不见得就是撰者的本意或事情的本来面目。因为与此相对的是,杜预在律典颁行时把律注上奏并被正式颁行天下是史书明确记载的。[1]这就难免让人们对张斐律注上奏后的官方反应产生疑问。况且,还有另一个重要的线索暗示张斐律注可能出现在晋武帝死后。

《太平御览·刑法部八·徒作年数》记载:

《晋律》曰:髡钳五岁刑,笞二百,(若诸士诈伪,将吏越武帝垣,兵守逃归家,兄弟保人之属,并五岁刑也。)四岁刑,(若复上闻入殿门上变事,漏露泄选举事,误发密事,殴兄姊之属,并四岁刑。)三岁刑,二岁刑。(二岁刑减一等,入罚金。二岁以上至五岁刑,皆耐罪。若越城作奔,走马众中,有挟天文图识之属,并为二岁刑。)

这段摘录文字是配有注文的律文。括号里的文字在刊印本中显示为双行小注,应该就是律注原文。[2]这里的律注主要功能是在四等岁刑后列举相对应的重要罪名。其中,"髡钳五岁刑笞二百"对应的罪名中有一个"将吏越武帝垣"。因为这里的"武帝"只能是指晋武帝,"武帝垣"应该是指晋武帝陵的外缘围墙。而"武帝"作为谥号只能是在司马炎死后才能使用。所以这条律注应该是在晋武帝死后才能出现。目前所知当时做律注的只有张斐、杜预二家,杜预又死在晋武帝前,所以这条律注极有可能是张斐所作。根据这个时间节点推测,张斐律注应该是在晋武帝死后才撰定。这时距离《泰始律》

---

〔1〕《晋书·杜预传》:"与车骑将军贾充等定律令,既成,预为之注解,乃奏之曰:'法者,盖绳墨之断例,非穷理尽性之书也。故文约而例直,听省而禁简。例直易见,禁简难犯。易见则人知所避,难犯则几于刑厝。刑之本在于简直,故必审名分。审名分者,必忍小理。古之刑书,铭之钟鼎,铸之金石,所以远塞异端,使无淫巧也。今所注皆纲罗法意,格之以名分。使用之者执名例以审趣舍,伸绳墨之直,去析薪之理也。'诏班于天下。"

〔2〕 目前所见《太平御览》是商务印书馆以南宋蜀刊残本为主,又借助别种宋刊版本补足而成的。中华书局1960年缩印发行了商务版宋本《太平御览》。这里引用的史料见于该版,第2877页。

正式颁行已经至少二十二年。〔1〕如果这种推测不错的话，那么张斐律注的出现时间就和《晋书·刑法志》的记载顺序有不小的出入。或许正是由于张斐律注出现时间比较晚，在它出现的时候杜预律注早已被官方确认颁行，所以张斐律注也很难再被官方确认法律效力。

前文提到，杜预的律注很有可能就是《律本》二十一卷。在《隋书·经籍志二》中，杜预《律本》之后紧接着就是张斐的《汉晋律序注》一卷和《杂律解》二十一卷。《杂律解》二十一卷应该是配合律典二十卷的内容而来，所以有可能就是张斐的律注。而其多出来的一卷应该是作为总论性质的《律序》。这个一卷本的《律序》有可能就是一卷本的《汉晋律序注》。也就是说，《杂律解》是张斐律注及其律序的合本。其书名的意思有可能是"对《律》的杂解"，即对律文的非正式解释。《新唐书·艺文志二》称其为《律解》。与杜预《律本》相对而言，张斐的律注书名无论是《杂律解》还是《律解》，似乎都可以暗示其作为私人律注的性质。

南齐王植说张杜律注"自晋泰始以来，唯斟酌参用"〔2〕。他的意思似乎是，张、杜二家律注在当时都是官方认可的法律解释，同时又由于二者内容分歧太大，在司法中全由法官自由裁量、斟酌采用。那么，西晋官方是否会有如此自相矛盾的决策呢？事实恐怕没有这么简单。因为，既然杜预律注被官方宣示有效，那在司法中自然就不该再引用张斐律注的反对意见。但这也不能排除，有些法官基于个人判断舍杜注而取张注，摒弃官定律注而采用私著律注。当然，这种"斟酌参用"或许只是个别现象，而不大可能是官方规定。更何况，张斐律注应该出现较晚，尤其不大可能跑到泰始年间就被"斟酌参用"。

然而疑问也随之而来。既然杜预律注在当时出现更早，地位更高，影响更大，那史书中为何往往将其排序在后，称"陈杜律""张杜律"而不称"杜陈律""杜张律"？换句话说，并称于世的律家名号排序先后是否另有深意？《世说新语·排调》有一条记载十分有趣，似乎可以帮助解决这一困惑。其曰：

诸葛令、王丞相共争姓族先后，王曰："何不言葛、王，而云王、葛？"

---

〔1〕《泰始律》颁行于泰始四年（公元268年），晋武帝死于太熙元年（公元290年）。

〔2〕《南齐书·孔稚珪传》。

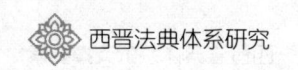

令曰:"譬言驴马,不言马驴,驴宁胜马邪?"

"葛王"还是"王葛"?依据何在?诸葛令借用驴和马的例子做出的解释更多是在揶揄,理由自然不足为据。对此,余嘉锡曾疏解道:"凡以二名同言者,如其字平仄不同,而非有一定之先后,如夏商、孔颜之类。则必以平声居先,仄声居后,此乃顺乎声音之自然,在未有四声之前,固已如此。故言王、葛驴马,不言葛、王马驴,本不以先后为胜负也。如公谷、苏李、嵇阮、潘陆、邢魏、徐庾、燕许、王孟、韩柳、元白、温李之属皆然。"[1]余氏从古代表述习惯和语言规律的角度对此现象加以解释,很有启发意义,至少在张杜、陈杜问题上能够讲得通。按照他的解释逻辑,"张杜律"中张先杜后的顺序并不等于宣称张胜于杜,只是时人的语言习惯使然而已。这也可以聊备一说,以供参考。

当然还有一种可能。即,南朝隋唐的专业律学研习者更认可张斐的律注,尤其是被其《律序》中提炼出来的律名要义所折服,或者对其玄化、骈俪化的语言风格更为推崇。于是我们可以看到,在南齐整理张杜律注时,二人被保留的律注条数相当。但是到唐人辛玄驭以律学专家身份参与撰写《晋书·刑法志》时,大幅抄录张斐《律序》的原文,却对杜预律注只字未提。这也反映出,基于专业视角的叙事与基于政治视角的叙事存在差异。今人在考察法律史事的时候,对这一点应该特别留意。

综合上述可以得出一个初步结论:《泰始律》编纂成功时官方认可的唯一法律解释是杜预的律注;张斐律注不仅起初并未获得法律效力,而且出现时间也比较晚;杜预律注和张斐律注原是分别和律文合编在一起的两个版本;"张杜律"之说在西晋时或许并非普遍公认的律学概念,更有可能是出自后人追认。

(二)张杜律的文本风格

《泰始律》简约,需要依赖律注解释才能施行。然而伴随着张、杜律注并行局面的形成,二家律注之间的差异与分歧也开始显现,给刑狱司法带来极大困扰。如南齐尚书删定郎王植所说:"臣寻《晋律》,文简辞约,旨通大纲,事之所质,取断难释。张斐、杜预同注一章,而生杀永殊……唯斟酌参用。

---

[1] 余嘉锡撰:《世说新语笺疏》,中华书局1983年版,第791~792页。

是则吏挟威福之势，民怀不对之怨。"[1]于是出现整合张、杜律注的立法活动，这就是南齐"永明定律"。

南齐武帝"留心法令，数讯囚徒"[2]，在亲自参与司法活动时发现张、杜律注的分歧情况给司法带来严重问题。于是他下诏命王植重新整理张、杜律注。整理活动主要包括三种情形：其一，张、杜律注对同一法律内容解释一致的，以各自的名义保留二家律注，此类律注条文有一百零三条；其二，对张、杜律注对同一法律内容解释不同却各有侧重的律注，以各自的名义保留二家律注，此类律注条文有一百零七条；其三，对张、杜二家律注冲突矛盾或对同一条目此有彼无的律注，经过取舍后得到张注五百二十一条和杜注五百八十一条。[3]经过整理之后的律注文本，一共保留张注七百三十一条、杜注七百九十一条，合计一千五百二十二条，二十卷。[4]

根据史籍记载，《泰始律》律文有六百二十或六百三十条。[5]张、杜律注中任一家律注的条目数都超出律文的条数目。这说明无论是张斐律注还是杜预律注，都不是以律文为单位逐条进行注释，而是存在一条律文多条注释的情况。不过整理出来的律注整体上又是按照律典的篇目体例和条文顺序附录而成，所以最后形成的律注文本和《泰始律》的卷数相当。

2002年6月，甘肃玉门花海毕家滩十六国墓葬群出土《晋律注》残卷上

---

[1] 《南齐书·孔稚珪传》。

[2] 《南齐书·孔稚珪传》。

[3] 据《南齐书·孔稚珪传》，最终所取张注731条、杜注791条中当各自包含"于义乃备者"的107条、"其注相同者"的103条，在二家律注冲突而不得不加以取舍情况下，取张注521条，取杜注581条。

[4] 关于这个条文数目，史书中存在多种说法，但经过综合考察则应该以1522条为确。《南齐书·孔稚珪传》载："取张注七百三十一条，杜注七百九十一条。或二家两释，于义乃备者，又取一百七条。其注相同者，取一百三条。集为一书。凡一千五百三十二条，为二十卷。"取张注731条，杜注791条，又取"二家两释，于义乃备者"107条，取"注相同者"103条，如四项累加起来应该是1732条，如不算后面两项则应是1522条，然而史载却说是1532条。中华书局本《南齐书·校勘记》第七条对此也有疑问："凡一千五百三十二条。周星诒《校勘记》云：当作'凡一千七百三十二条'，方与上列之数符合。"然而仍循旧本，未敢轻改。《南史》各传世版本也都记为1532条，而在校勘《南齐书》三年后的1975年，中华书局校勘《南史》时却又大胆改为1732条。《南史·校勘记》第三条说："凡一千七百三十二条，'七'各本作'五'，据上所举条数核之，'五'为'七'之误，今改正。"据笔者考证，正确的条文数目应该是1522条。详见拙作："程树德《九朝律考》补遗一则——南齐'永明定律'考"（与朱海合著），载《西南政法大学学报》2013年第4期。

[5] 关于《晋律》条文数目，有两种较为靠谱的说法。《晋书·刑法志》曰"六百二十条"，《通典·刑法一》和《文献通考·刑考三》则记载为"六百三十条"。这两种记载究竟谁更准确？则难于判断，故兼而录之。

有"文五万二千冊言"字样，曹旅宁推测这应该是杜预律注的全文字数。[1]如果此说成立，杜预律注字数大体上相当于《泰始律》二万七千六百五十七字的二倍，这与汉唐律注的规模形成较强的对比效应。据《晋书·刑法志》记载，汉代"律章句"有十几家，每家几十万言，"凡断罪所当由用者，合二万六千二百七十二条，七百七十三万二千二百余言"。即便后来"但用郑氏章句，不得杂用余家"[2]，其字数也应该有数十万。而唐代律注以"律疏"为主要形式，注释唐律的《永徽律疏》三十卷，其字数根据今传版本也接近二十万字。[3]杜预律注与汉唐律注比较而言，字数要少得多，其简练的语言风格可见一斑。这与杜预本人所标榜的"简直"主张正相契合。这就不得不说到张杜律的注释风格问题。

玄学是魏晋时最风靡的学术潮流，对当时社会、政治、法律都有广泛而深刻的影响。名理律学辨名析理、追求简约等思维方法和思辨风格可以说都是深受玄学影响的产物。张、杜律注的行文风格都深受玄学影响。然而二人在吸收玄学因素时却有显著不同的风格取向。

张斐注律"无论概念的使用，还是论述问题的方式和思路，采用的都是玄学家的方法"[4]。玄化风格集中体现在逻辑解构、概念提炼、文字表述等方面，在其撰写的《律序》中有充分的展示。一方面，他充分发挥玄学辨名析理的思辨方法对律典的层次结构、律文的概念名实、律义的内在理据进行妙至毫颠的描述和解读。尤其是他运用简洁的文字，精准概括二十个基本法

---

[1] 参见曹旅宁、张俊民："玉门花海所出《晋律注》初步研究"，载《法学研究》2010年第4期。富谷至曾提出，这里出土的"晋律注"应该与张斐律注有密切的关系。[[日]富谷至："论出土法律资料对《汉书》《晋书》《魏书》'刑法志'研究的几点启示——《译注中国历代刑法志·解说》"，薛夷风译，周东平校，载韩延龙主编：《法律史论集》（第六卷），法律出版社2006年版]但曹旅宁认为其说尚有疑义。参见曹旅宁："富谷至先生关于玉门花海晋律解说的几处补充"，载简帛网http://www.bsm.org.cn/? sglj/4949.html.发文日期：2007年10月27日。此外值得注意的是，杜预后人在永嘉之乱后就曾避难河西，归附张轨。《宋书·杜骥传》："杜骥，字度世，京兆杜陵人也。高祖预，晋征南将军。曾祖耽，避难河西，因仕张氏。苻坚平凉州，父胤始还关中。"唐林宝《元和姓纂》卷六"襄阳杜氏"条："当阳侯元凯少子耽，晋凉州刺史。"这或许对当时杜预律注在河西地区的流播有一定影响。

[2] 《晋书·刑法志》。

[3] 据刘晓林统计，《唐律疏议》总计约22.76万字，其中律文部分约3.38万字，注文部分约0.78万字，疏文部分约18.60万字（精确到百位）。（刘晓林："唐律中的'杀'与'死'"，载《政法论坛》2020年第3期）

[4] 韩树峰：《汉魏法律与社会——以简牍、文书为中心的考察》，社会科学文献出版社2011年版，第90页。

律术语的内涵，细致区分类似罪名和类似情节的差别，痛快淋漓地显示出法律文字的准确性和凝练性，表现出极其高超的逻辑辨析能力和语言表达能力；另一方面，他还化用乃至附会《周易》《老子》等著作中玄学意味浓厚的文句，以玄言缘饰律文。这样做，既是为了追随、附庸时尚思潮，也可以借助抽象玄远的语言解读深奥精妙的法理。（详见表28）他还用排比和比喻的修辞手法，以生动形象的方式阐述律典各篇章、制度之间的内在逻辑关系。他说："告讯为之心舌，捕系为之手足。"又说："刑杀者是冬震曜之象，髡罪者似秋雕落之变，赎失者是春阳悔吝之疵之。"这些都有很强的玄学风范。

表28 张斐《律序》化用玄言的情况

序号	张斐《律序》文字	相关玄言文字	玄言出处
1	王政布于上，诸侯奉于下，礼乐抚于中，故有三才之义焉，其相须而成，若一体焉。	《易》之为书也，广大悉备，有天道焉，有人道焉，有地道焉。兼三才而两之，故六；六者非它也，三才之道也。	《周易·系辞下传》
2	自始及终，往而不穷，变动无常，周流四极，上下无方，不离于法律之中也。	《易》之为书也，不可远；为道也屡迁。变动不居，周流六虚，上下无常，刚柔相易，不可为典要，唯变所适。	《周易·系辞下传》
3	论罪者务本其心，审其情，精其事，近取诸身，远取诸物，然后乃可以正刑。	古者包羲氏之王天下也，仰则观象于天，俯则观法于地，观鸟兽之文，与地之宜，近取诸身，远取诸物，于是始作八卦，以通神明之德，以类万物之情。	《周易·系辞下传》
4	心感则情动于中，而形于言，畅于四支，发于事业。	君子黄中通理，正位居体，美在其中，而畅于四支，发于事业，美之至也。	《周易·坤卦》
		举而错之天下之民，谓之事业。	《周易·系辞上传》
5	诸如此类，自非至精不能极其理也。	非夫至精不能与之析理。	嵇康《琴赋》
		夫理有至极，外内相冥，未有极游外之致而不冥于内者也，未有能冥于内而不游于外者也。	郭象《庄子注·大宗师》

续表

序号	张斐《律序》文字	相关玄言文字	玄言出处
6	夫理者，精玄之妙。	玄之又玄，众妙之门。	《老子》第一章
7	王者立此五刑，所以宝君子而逼小人，故为敕慎之经，皆拟《周易》有变通之体焉。	《易》，穷则变，变则通，通则久。	《周易·系辞下传》
8	欲令提纲而大道清，举略而王法齐，其旨远，其辞文，其言曲而中，其事肆而隐。	夫《易》，彰往而察来，而微显阐幽，开而当名，辨物正言，断辞则备矣！其称名也小，其取类也大，其旨远，其辞文，其言曲而中，其事肆而隐。	《周易·系辞下传》
9	公私废避之宜，除削重轻之变，皆所以临时观衅，使用法执诠者幽于未制之中，采其根牙之微，致之于机格之上，称轻重于豪铢，考辈类于参伍，然后乃可以理直刑正。	是以君主子将以有为也，将以有行也，问焉而以言，其受命也如向，无有远近幽深，遂知来物。非天下之至精，其孰能与于此。参伍以变，错综其数，通其变，遂成天下之文；极其数，遂定天下之象。非天下之至变，其孰能与于此。《易》无思也，无为也，寂然不动，感而遂通天下之故。非天下之至神，其孰能与于此。	《周易·系辞上传》
10	通天下之志唯忠也，断天下之疑唯文也，切天下之情唯远也，弥天下之务唯大也，变无常体唯理也，非天下之贤圣，孰能与于斯。	夫《易》，圣人之所以极深而研几也。唯深也，故能通天下之志；唯几也，故能成天下之务；唯神也，故不疾而速，不行而至。是故，圣人以通天下之志，以定下之业，以断天下之疑。	
11	夫刑而上者谓之道，刑而下者谓之器，化而裁之谓之格。	形而上者谓之道，形而下者谓之器，化而裁之谓之变。	《周易·系辞上传》
12	赎失者是春阳悔吝之疵之。	悔吝者，言乎其小疵也。	《周易·系辞上传》

说明：

1. 第4项，"心感则情动于中，而形于言"化用自《毛诗序》："诗者，志之所之也。在心为志，发言为诗。情动于中而行于言；言之不足，故嗟叹之；嗟叹之不足，故咏歌之；咏歌之不足，不知手之舞之，足之蹈之也。"

第四章 西晋法典体系的支撑要素

2. 第 9 项,"参伍"语出《周易·系辞上传》的"参伍以变,错综其数"。意思是通过爻位的错综比较来预测事物的变化。《韩非子·八经》:"参伍之道,行参以谋多,揆伍以责失。"韩非认为,人的言论要用事实、功效来验证,通过"行参""揆伍"以谋其功多,以责其过失。张斐用"考辈类于参伍",是把这些基本原理运用于法律实务的体现。

3. 第 12 项,"悔吝之疵"可能不仅是张斐比附《周易》的说法,当时别人也有这样的表述。例如,庾纯酒后大闹贾充宴席的行为,就被河南功曹史庞札等人称为"悔吝之疵"。(《晋书·庾纯传》)当然,这也有可能是他们作为庾纯下属的一种淡化描述。但是"悔吝之疵"四字却有可能是当时习用的法律术语甚或是律典原文。

张斐的律学深受魏晋玄学影响,或许是发自内心迷恋玄学,或许是追随潮流附庸时尚。这同时也反映出其律学素乏根柢,家学渊源不深,所以容易被时尚潮流所左右,律学风格展现出明显的趋新倾向。

与之相对的是,由于杜预律学的家学传统悠久深厚,所以其律注受玄学风格的影响并不如同张斐那样显著。与张斐律注大量转引借用玄学的表达方式和论证方法相比,杜预律注只是选择性接收玄学追求简约的风格主张,显示出更多严谨、质朴的气息。

当时有人提出:"要辞达而理举,故无取乎冗长。"[1]这种主张和杜预的律注风格正相符合。他说:"法者,盖绳墨之断例,非穷理尽性之书也。故文约而例直,听省而禁简。例直易见,禁简难犯。易见则人知所避,难犯则几于刑厝。刑之本在于简直,故必审名分。审名分者,必忍小理。"[2]可见他认为,注律不能也没必要脱离法律文本做无限的引申阐发。法律的功能在于明辨是非、裁断曲直,不能和探赜索隐、穷理尽性的哲学著作混为一谈。[3]他同样认为律注可以在玄学潮流中吸收合理因素,但是要结合法律自身的功能定位和规律特点来进行,不能只做断章取义、流于表面的简单模仿。在他看来,法律及其注释著作和玄学主张最为契合的地方在于简约、简易。他所说的"例直易见,禁简难犯。易见则人知所避,难犯则几于刑厝",基本精神正来自《周易·系辞上传》的"易则易知,简则易从。易知则有亲,易从则有

---

[1] (晋)陆机撰,张少康集释:《文赋集释》,人民文学出版社 2002 年版,第 99 页。
[2] 《晋书·杜预传》。杜预所提倡的律注风格,与当时另一位著名律家刘颂态度一致。他说:"夫法者,固以尽理为法,而上求尽善,则诸下牵文就意,以赴主之所许,是以法不得全。"(《晋书·刑法志》)可见,刘颂也不赞成阐释律文时过度理论化的自由发挥,尤其是在司法实践中更不应允许司法官随意引申律文,否则只会带来司法混乱,违背立法初衷。
[3] 《周易·说卦传》:"穷理尽性,以至于命。"

功"。所以他提出律注应当以"文约""例直"为形式要求,以"审名分"为内容要求。要确定名分就应该简单明了,避免陷入分歧和争议。杜预的这种治学风格不仅体现在律注上,还体现在他的《左传》研究上。他所著《春秋经传集解》就被当时人评价为"文义质直"[1],也就是文字简洁直白,注释不拖泥带水过度发挥。

张、杜律注尽管都受到名理玄学的影响,但是影响的方向和程度却明显不同,存在"穷理尽性"和"文约例直"的风格差异。这种风格差异产生的原因应该是多方面的,除二人各自学术渊源深浅有别之外,他们的官职身份也可能影响到对注律问题的思考。

杜预是身居高位的立法者,注意力主要聚焦在立法层面。所以他认为,只要法律条文及其解释严格明确,法官对立法本意心领神会,就会毫无疑问地认真贯彻执行。相对而言,他对司法理性却不很信任,对由于法律模糊、解释分歧而可能带来的舞文弄法、奸吏为市十分警惕。[2]如他所说:"古之刑书,铭之钟鼎,铸之金石,所以远塞异端,使无淫巧也。"[3]他认为只有通过严谨论证、合理设计制定周密的法典,才能彻底消除法官擅断的口实和机会。如果律令条文存在瑕疵,可以通过律注进行修补和完善。所以他对律注的定位是"网罗法意,格之以名分"[4],即明确律文本意,严格界定律文内涵,通过律注使法律更加直白简要,清晰明确。罪名内涵确定,彼此界分清晰,司法官就可以按部就班从容援引,不需要斟酌推究,左右为难。他认为律文与律注双剑合璧,完全可以"使用之者执名例以审趣舍,伸绳墨之直,去析薪之理"[5],避免法官随意解释法律。

杜预批评把律注搞成穷理尽性之书的观点,自然是有所指的。他的主张

---

[1]《晋书·杜预传》。

[2] 由于法律体系混乱而带来的司法黑暗,自秦汉以来就有沉重的教训。西汉初年的路温舒就曾指出"治狱之吏"是尚存的秦政弊端。(《汉书·路温舒传》)班固更在《汉书·刑法志》中对此进行有力批判:"及至孝武即位,外事四夷之功,内盛耳目之好,征发烦数,百姓贫耗,穷民犯法,酷吏击断,奸轨不胜。于是招进张汤、赵禹之属,条定法令,作见知故纵、监临部主之法,缓深故之罪,急纵出之诛。其后奸猾巧法,转相比况,禁罔浸密。律、令凡三百五十九章,大辟四百九条,千八百八十二事,死罪决事比万三千四百七十二事。文书盈于几阁,典者不能遍睹。是以郡国承用者驳,或罪同而论异。奸吏因缘为市,所欲活则傅生议,所欲陷则予死比,议者咸冤伤之。"杜预作为律学世家,对此历史教训自然十分了解。

[3]《晋书·杜预传》。

[4]《晋书·杜预传》。

[5]《晋书·杜预传》。

是针对低级司法官员的某些主张而来。《北堂书钞·刑法部下·律令十三》引"杜预奏事"云："被勅以臣造新律事，律吏杜景、李复等造律，皆未清本末之意者也。"又引"杜预奏记"云："古之刑书，铭之钟鼎，刊之金石，所以塞异端，绝异理也。"这里的"奏事""奏记"应该是出自同一文件，那就是杜预上奏律注的奏章。[1]若果真如此的话，这里批评律吏杜景、李复的"未清本末之意"很有可能就是其奏章中"法者，盖绳墨之断例，非穷理尽性之书""审名分者，必忍小理"的矛头所指。

张斐就是杜预所批评的那一类廷尉小吏，是每天接触大量实务案件的低级法官。在长期的司法实践中，像他这样的司法小吏对具体案件复杂多变的情况肯定深有体会，对如何灵活适用法律规范必定更有心得。或许正由于此，张斐才能对众多情节、罪名类似的法律问题进行精准的把握和系统的剖析，才会强烈地发出"诸如此类，自非至精不能极其理也"[2]这样的感慨。张斐站在一线司法官角度而撰著的律学成果自然有其独到见解。他说："夫理者，精玄之妙，不可以一方行也；律者，幽理之奥，不可以一体守也。"[3]他认为，律典深邃的法理需要司法者透过律法条文仔细揣摩，既要恪守律文规定又要遵循律义名理，结合具体情势做出最优裁决，实现"理直刑正"。总之，他既强调以立法手段解决立法问题，[4]同时也重视以司法手段解决立法问题。尽管由于人微言轻，张斐的律注并未受到高层重视，但很显然他的注律风格和具体主张在司法实务领域拥有巨大的共鸣。于是才有张斐律学地位在后世的逆势上扬。

综合来看，杜预、张斐在律学内容和主张上的分歧，反映的是法律从制定到运行的系统性问题。他们各自侧重关注法律运行环节的两端，也给立法者和司法官提出了脱离实际的标准要求。这个两难问题经过刘颂的参与设计和后世的实践摸索，直到唐代才逐渐形成较为合理的方案，结出罪刑法定与非法定原则"和合为一"的制度结晶，成为中国人在法律史上的重要贡

---

[1]《北堂书钞·刑法部下·律令十三》"铭之钟鼎"条正文后的注释提到："俞本但注'见杜预奏事'五字，陈本作注云'记不知何书'。"参见（唐）虞世南编撰：《北堂书钞》，中国书店1989年版，第128页。如果俞本所说是实的话，那么"杜预奏记"就是"杜预奏事"。而"杜预奏记"的内容又和《晋书·刑法志》所载杜预上奏律注的奏章内容一致。所以综合来看，《北堂书钞》的这两条引文都是出自杜预上奏律注的奏章。

[2]《晋书·刑法志》。

[3]《晋书·刑法志》。

[4] 张斐《律序》："《刑名》所以经略罪法之轻重，正加减之等差，明发众篇之多义，补其章条之不足，较举上下纲领。"（《晋书·刑法志》）

献。[1]沿波讨源，张杜律的内在分歧在这个问题上也做出过重要的理论贡献。

第二节 礼法新义的价值制度贡献

"法律儒家化"是中国法律史学的经典命题，也是汉唐间法律演进潮流的重大课题。二十世纪三十年代，陈顾远[2]、陈寅恪[3]、瞿同祖[4]先后提出传统法学"儒家思想化"、晋律"尤为儒家化"以及"中国法律之儒家化"等重要观点。汉唐之际，"法律儒家化"以"儒家谈法而谋以礼正律"[5]的方式推进，实质就是礼律融合问题。这里的"礼"是指礼法，即礼法制度，"律"是指律法，即律令法制。在此过程中，礼、律、令都在法典化的方向上大踏步前进。

构建西晋法典体系不仅离不开礼法制度，而且是以礼法制度为基础。西晋法典体系的建立，既有赖于名理律学提供的逻辑方法和思维手段，同时也离不开儒家礼法传统的价值引领和制度资源。前者是其形式因，后者是其质料因。这就好比搭建房屋，光有头脑中的图纸设计和施工方案还不够，还需要钢筋混凝土、砖瓦木料等建筑材料。这在汉晋之际礼法之治内涵更新和礼学礼制要素变革的时代大背景下，尤其具有不同以往的特殊意义。

东周以后，以强制效力、强化集权为主要特征的新式法律逐渐兴起，礼制也在此过程中逐步开展自我更新。在汉代，从形式上看，礼制和律令具有同样的法律效力；从内容上看，礼制更和律令彼此混淆。然而在制度混沌的水面下，汉晋间礼学的内容却在沿着清晰的路线发生重要的变化。[6]这些暗流涌动的新因素经过缓慢的积蓄，最终把力量传导到水面上，为西晋法典体系的出炉提供了重要支撑。

---

[1] 参见俞荣根："罪刑法定与非法定的和合——中华法系的一个特点"，载范忠信、陈景良主编：《中西法律传统》（第三卷），中国政法大学出版社2003年版，第1~44页。

[2] 参见陈顾远：《中国法制史》，商务印书馆1934年初版。今行本为《中国法制史概要》，三民书局1977年版和商务印书馆2011年版。

[3] 参见陈寅恪：《隋唐制度渊源略论稿·唐代政治史述论稿》，上海商务印书馆1946年版。今行本有生活·读书·新知三联书店2001、2009年版和商务印书馆2011年版。

[4] 参见瞿同祖：《中国法律与中国社会》，商务印书馆1947年初版。今行本有：中华书局2003、2007年版和商务印书馆2010、2011年版。"中国法律之儒家化"，原载《国立北京大学五十周年纪念论文集》（文学院第四种），北京大学出版部1948年版。该文现多附录于《中国法律与中国社会》书后。

[5] 参见陈顾远：《中国法制史概要》，商务印书馆2011年版，第331页。

[6] 参见梁满仓：《魏晋南北朝五礼制度考论》，社会科学文献出版社2009年版，第1~15页。

一、汉晋间礼学议题的变迁

汉晋之际，礼学的两点变化值得关注：其一是《周礼》地位的迅速抬升，其二是丧服制度的备受关注。前一种变化反映国家治理层面对宏大制度框架的需求；后一种变化反映世族门阀层面宗法观念日益强大的影响。

（一）从重《仪礼》到尊《周礼》

礼学的研究对象是"三礼"，即《仪礼》《礼记》《周礼》。汉代经师把《仪礼》视为礼经，并以之为参照制定朝仪。汉初礼学正宗高堂生所传《士礼》，叔孙通制定的朝仪，都属于《仪礼》范畴。[1]《礼记》是汉代礼学家阐释《仪礼》义理的文集，属于《仪礼》的传。《周礼》本名《周官》，是以六官体系为主要内容的政治理论著作，本不属于孔子所传六经范畴。[2]汉人言礼，强调"恭俭庄敬"，[3]所以重视《仪礼》和《礼记》，忽视《周礼》。

汉代经学有古今文之别，礼学也是如此。首先，《仪礼》的文本有古今文之别。从高堂生到大戴、小戴、庆氏所传的《士礼》都属于今文礼学，在孔府旧宅发现的《逸礼》则属于古文礼学。汉末郑玄把二者合为一书，才终结了《仪礼》的古今文之别。[4]其次，较之《仪礼》而言《周礼》是更纯粹的古文经。河间献王刘德"修学好古"，[5]从民间搜集到《周官》等用古文撰写的先秦旧书。后来，以《周礼》为代表的古文礼学蓬勃发展起来。

《周礼》被后人认为是"周公所制官政之法"，[6]但在起初却因为来历不明而被斥为"末世渎乱不验之书""六国阴谋之书"。[7]西汉后期，《周

---

[1]《史记·儒林列传》："诸学者多言礼，而鲁高堂生最本。《礼》固自孔子时而其经不具，及至秦焚书，书散亡益多，于今独有《士礼》，高堂生能言之。"

[2] 皮锡瑞："传言《礼》，止有《仪礼》，而无《周官》。"参见（清）皮锡瑞：《经学历史》，中华书局2004年版，第41页。

[3]《孝经·广要道章》："礼者，敬而已矣。"《礼记·经解》："恭俭庄敬，《礼》教也。"《礼记·曲礼》"毋不敬"郑玄注："礼主于敬。"

[4] 杨天宇："《仪礼》的来源、编纂及其在汉代的流传"，载《史学月刊》1998年第6期。当然，这主要是由于"《仪礼》在古文今文，只为文字上的差别"（章太炎讲演，曹聚仁整理：《国学概论》，中华书局2003年版，第23页）所以才可能被合为一书。

[5]《汉书·景十三王·河间献王传》。

[6]《隋书·经籍志二》。

[7] 贾公彦："《周官》，孝武之时始出，秘而不传……《周礼》起于成帝刘歆，而成于郑玄，附离之者大半。故林孝存以为武帝知《周官》末世渎乱不验之书，故作《十论》《七难》以排弃之。何休亦以为六国阴谋之书。"[（汉）郑玄注，（唐）贾公彦疏：《周礼注疏·序周礼废兴》]

官》列为官学,影响日益增长。刘向、刘歆父子整理典籍,把《周官》改称《周礼》,认为是"周公致太平之迹"[1]。新莽时期,《周礼》开始被冠以"礼经"的名号。[2]东汉以后,《周礼》尽管一度退出官学,地位却日益尊隆,一跃成为"三礼"之首。杜子春、郑兴、郑众、卫宏、贾逵、马融、张衡、郑玄、卢植等人都为《周礼》做注,分别著有《周礼解诂》《周官训诂》等书。[3]郑玄尤其推崇《周礼》,认定其为礼经。[4]卢植又提出恢复《周礼》博士。[5]在两晋,《周礼》列为官学,《仪礼》却退出官学。[6]南朝梁的陆倕更提出:"《周官》一书,实为群经源本。"[7]

与此同时,《周礼》对国家制度的影响越来越大。汉平帝元始元年(公元1年)二月,"置羲和官,秩二千石;外史、闾师,秩六百石。班教化,禁淫祀,放郑声"[8]。这里的羲和、外史、闾师,都源于《周礼》。西晋实行礼法之治,构建国家制度体系,就是按照《周礼》的框架展开的。(参见本书第二章第一节)在西晋法典体系的内容中,更有非常丰富的《周礼》元素。此后,北朝隋唐的国家制度中,也同样大量移植《周礼》的制度设计。[9]

(二)对丧服制度的纷纭热议

丧服制度,又称五服制度,"是规定中国古代亲属关系的等级规范,具体又可分解为服饰制度、服叙制度与守丧制度。"[10]丧服制度历来都是"三礼"的重要

---

[1] (汉)郑玄注,(唐)贾公彦疏:《周礼注疏·序周礼废兴》。

[2] 荀悦《前汉纪·成帝纪》:"(刘)歆以《周官》十六篇为《周礼》。王莽时,歆奏以为《礼经》,置博士。"

[3] (汉)郑玄注,(唐)贾公彦疏:《周礼注疏·序周礼废兴》。郑兴父子、贾逵作《周官解诂》,见《经典释文·序录》。张衡作《周官训诂》,见《后汉书·张衡传》。章太炎:"《周礼》在汉初不以为经典,东汉始有杜子春和二郑替彼注释。"(章太炎讲演,曹聚仁整理:《国学概论》,中华书局2003年版,第23页)

[4] 郑玄称《周礼》为"周公致大平之变"的"皇祖大经""后王之法"。(贾公彦:《周礼注疏·序周礼废兴》)

[5] 《后汉书·卢植传》。郑玄和韦昭都把《周礼》视为经礼或礼经。《仪礼注疏·丧服》曰:"《礼器》云:'经礼三百,曲礼三千。'郑云:'经礼谓《周礼》也。曲犹事也。事礼谓今礼也。礼篇今亡,本数未闻,其中事仪三千。'"《汉书·艺文志》颜师古注"礼经三百,威仪三千"时引韦昭曰:"周礼三百六十官也。三百,举成数也。"

[6] 皮锡瑞:"汉代所尊为礼经者,反列于后,而《周官》附于礼经者,反居于前。"参见(清)皮锡瑞:《经学历史》,中华书局2004年版,第184页。

[7] 《梁书·儒林·沈峻传》。

[8] 《汉书·平帝纪》。

[9] 参见李书吉:《北朝礼制法系研究》,人民出版社2002年版,第45~123页。

[10] 丁凌华:《五服制度与传统法律》,商务印书馆2013年版,"绪论"第3页。

内容。今传《仪礼》有十七篇、五十卷，其中《丧服》一篇就有七卷。在《周礼》的"五礼"体系中，丧服制度属于"凶礼"中的"丧礼"。在《礼记》中，不仅有《丧服》二篇，还有《丧大记》《奔丧》《问丧》《服问》《三年问》等篇。刘向《别录》统称为《丧服之礼》。[1]在汉唐之际，丧服制度一直受到热议。[2]

汉武帝时，守丧制度首次成为皇室与诸侯的正式礼制规范。汉宣帝时，丧服制度更成为石渠阁会议的核心议题之一，萧望之、韦玄成、戴圣、闻人通汉、刘向等当时著名的礼学家都参与其中。[3]但据丁凌华分析，石渠阁会议对丧服问题的重视主要是出于汉宣帝个人意愿而非社会的现实需要。[4]石渠阁会议一百多年后，马融、郑玄、王肃等人掀起的丧服研究高潮。这是新时代社会需求推动下的产物。东汉政权依靠豪族，优待豪族，[5]导致宗族主义迅速抬头，累世同居现象大量出现。[6]丧服制度的现实重要性日益凸显，学术研究逐渐兴起。[7]其中，马融首次单独注释《丧服》具有开创之功，郑

---

[1] 详见《礼记正义》中《丧大记》《奔丧》《问丧》《服问》《三年问》等各篇郑注。

[2] 丁凌华："困扰汉唐君臣及士大夫的最大礼制难题就是丧服制度。"（丁凌华：《五服制度与传统法律》，商务印书馆2013年版，第362页）

[3] 丁凌华在《后汉书·舆服志》李贤所引刘昭注、《毛诗正义》、《礼记正义》以及《通典·礼典》等文献里辑录出石渠阁会议《议奏》十四条，其中七条涉及丧服制度。（丁凌华：《五服制度与传统法律》，商务印书馆2013年版，第353～362页）

[4] 参见丁凌华：《五服制度与传统法律》，商务印书馆2013年版，第364～365页。

[5] 参见杨联陞：《东汉的豪族》，商务出版社2011年版，第1～58页。

[6] 赵翼《陔余丛考》卷二九"累世同居"条曰："世所传义门，以唐张公艺九世同居为最。然不自张氏始也。《后汉书》：樊重三世共财。缪肜兄弟四人，皆同财业，及各娶妻，诸妇遂求分异。肜乃闭户自挝，诸弟及妇闻之，悉谢罪。蔡邕与叔父从弟同居，三世不分财，乡党高其义。又陶渊明《诫子书》云：'颍川韩元长，汉末名士，八十而终，兄弟同居，至于没齿。济北氾稚春七世同财，家人无怨色。'是此风盖起于汉末。"

[7] 今天所知道的汉晋之际专门研究《丧服》的著作就有二十余种。仅据《隋书·经籍志一》就有：《丧服经传》一卷（马融注）、《丧服经传》一卷（郑玄注）、《丧服经传》一卷（王肃注）、《丧服经传》一卷（晋给事中袁准注）、《集注丧服经传》一卷（晋庐陵太守孔伦撰）、《丧服经传》一卷（陈铨注）、《丧服要记》一卷（王肃注）、《丧服要记》一卷（蜀丞相蒋琬撰）、《丧服变除图》五卷（吴齐王傅射慈撰）、《丧服要集》二卷（晋征南将军杜预撰）。又有《丧服要记》二卷（晋侍中刘逵撰）、《丧服仪》一卷（晋太保卫瓘撰）、《丧服要记》六卷（晋司空贺循撰）、《丧服要问》六卷（刘德明撰）、《汉荆州刺史刘表新定礼》一卷、《丧服要略》一卷（晋太学博士环济撰）、《丧服要略》二卷、《丧服制要》一卷（徐氏撰）、《丧服谱》一卷（郑玄注）、《丧服谱》一卷（晋开府仪同三司蔡谟撰）、《丧服谱》一卷（贺循撰）、《丧服变除》一卷（晋散骑常侍葛洪撰）、《凶礼》一卷（晋广陵相孔衍撰）、《丧服要记》十卷（贺循撰）。《新唐书·艺文志一》又有：郑玄著《丧服变除》一卷、注《丧服纪》一卷，王肃注《丧服纪》一卷，蔡谟《丧服要难》一卷（赵成问，袁祈答）。据《晋书·礼志中》，又有王肃《丧服变除》。据《太平御览·礼仪部十九·冠》，三国蜀还有谯周的《丧服图》。

玄的《丧服经传》的内容影响更为深远，王肃《丧服经传》则在魏晋掀起"反郑运动"[1]。

魏末晋初，丧服制度研究围绕郑王之争展开持续的论辩。如挚虞所说："郑王祖《经》宗《传》，而各有异同，天下并疑，莫知所定。"[2]王肃原本就是硕学通儒，加之又有晋武帝外公的政治身份加持，所以晋初王学占据上风。所以挚虞在修订"新礼"时明确提出："可依准王景侯所撰《丧服变除》，使类统明正，以断疑争，然后制无二门，咸同所由。"[3]此后，丧服尊王成为西晋官方学术的基本立场。

丧服制度不仅受到社会与学界重视，在朝廷上下也得到积极呼应。汉桓帝时，"初听刺史、二千石行三年丧服"[4]。汉灵帝时，蔡邕对文帝丧服三十六日之制提出质疑。[5]后来魏武帝倡导薄葬，"既葬除丧"传统有所反弹。到西晋时，晋武帝亲自提倡三年之丧，虽未形成明确制度，却在当时起到极强的示范效应。根据《晋书·礼志中》记载，丧服之礼确实在西晋朝廷上下得到积极遵行。这种现实的制度需求，使得礼学家对丧服制度的讨论更加热烈，以致于"《丧服》一卷，卷不盈握，而争说纷然"[6]。

由上可知，汉魏晋时礼学特重丧服制度的表现是多方面的。其中既有官方的大力提倡，也有礼学家的热衷探求。然而追根溯源，其根本的原因可以从两方面加以理解：

一方面，《丧服》文本存在简略疏漏问题。挚虞说："至于《丧服》，世之要用，而特易失旨。"[7]又说："《丧服》本文省略，必待注解，事义乃彰；其传说差详，世称子夏所作。郑、王祖《经》宗《传》，而各有异同，天下并疑，莫知所定。"[8]也就是说，诞生于先秦的《仪礼·丧服》文字过于简

---

[1] 王肃的许多经学观点都与郑玄不同，在《丧服》注释问题上也是如此。例如，《晋书·礼志上》："三年之丧，郑云二十七月，王云二十五月；改葬之服，郑云服缌三月，王云葬讫而除；继母出嫁，郑云皆服，王云从乎继寄育乃为之服；无服之殇，郑云子生一月哭之一日，王云以哭之日易服之月。"

[2] 《晋书·礼志上》。

[3] 《晋书·礼志上》。

[4] 《后汉书·汉桓帝纪》。

[5] 《后汉书·蔡邕传》。

[6] 《晋书·礼志上》。

[7] 《晋书·礼志上》。

[8] 《晋书·礼志上》。

略粗疏。对经文的理解高度依赖后世学者的注释引申，参与讨论的学者越多就越容易产生分歧。于是才有郑王之争、众说纷然的局面。

另一方面，丧服制度在汉魏以后现实作用日益突出。《仪礼·丧服》在先秦时有一定"先知先觉"的意味。[1]而在汉魏时期，世家大族迅速崛起，以丧服制度为核心的家族秩序需求迅速增大，《丧服》成为"世之要用"，所以越来越受重视。[2]正由于此，原本可能还算够用的《丧服》到汉魏以后就显得过于简略，于是出现"文字省略""特易失旨"的批判。

魏晋南朝时，从礼学到礼制、礼俗，广泛的礼法议题在社会上营造出议礼、重礼的浓郁氛围。[3]在礼法之治大背景下，在礼学、礼制均有重大发展前提下，礼法制度的精神要义也深深渗透于西晋律令法典之中。

二、《周礼》在法典中的反映

《周礼》虽非真实的西周制度，但其历史影响却不可低估。李书吉曾专门著书探讨"北朝礼制周典化"问题。[4]实际上，《周礼》对汉唐之际的历代制度都有重大影响，绝不仅限北朝一代。例如，曹魏把《周礼》"八辟"改为"八议"写入"新律"。西晋时，从国家层面仿效《周礼》"六典"体系创建典章制度，荀𫖮等人根据《周礼》"五礼"体系创立全新的礼典体例。在西晋律令法典中，同样可以看到大量《周礼》因素。[5]这可以从多个具体制度上得到验证。

（一）《周礼》与泰始律令的诸侯法禁

曹魏实行九等封爵，诸侯虽有封地却不领兵。而晋初仿效周、汉，推行郡国封建制，有了名副其实的诸侯。作为传说中周制代表的《周礼》，就成为西晋设计诸侯法禁制度的重要参考。根据《周礼·地官·大司徒》的设计：

---

[1] 参见丁凌华：《五服制度与传统法律》，商务印书馆2013年版，第365页。
[2] 章太炎："《仪礼·丧服》是当时所实用的，从汉末至唐，研究的人很多并且很精。"（章太炎讲演，曹聚仁整理：《国学概论》，中华书局2003年版，第28页）
[3] 参见章太炎：《国学讲演录》，华东师范大学出版社1995年版，第106页。
[4] 参见李书吉：《北朝礼制法系研究》，人民出版社2002年版。
[5] 陈寅恪曾指出，西晋《诸侯律》源出于《周礼》。（陈寅恪：《金明馆丛稿初编》，陈美延编，生活·读书·新知三联书店2001年版，第145页）冨谷至也认为，西晋《诸侯律》参考《周礼》而成，令典也有赖于《周礼》才得以产生。〔［日］冨谷至："通往晋泰始律令之路（Ⅱ）：魏晋的律与令"，朱腾译，徐世虹校译，载中国政法大学法律史学研究院编：《日本学者中国法论著选译》（上册），中国政法大学出版社2012年版，第187页。〕这些判断自然不错，但还是失之笼统。

"百物阜安，乃建王国焉，制其畿方千里而封树之。"《周礼》中的封国分为公、侯、伯、子、男五等，在规定配套整齐的礼乐舆服待遇的同时，还在领地、食俸、领兵、贡赋等方面对诸侯加以节制。西晋立朝前后，先后提出两个版本的"五等爵制"，其中都有《周礼》的影子。

曹魏末年，晋王司马昭任命裴秀创建五等爵制。（详见表29）其中的公、侯、伯、子、男五等爵位直接源于《周礼》。《地官·大司徒》《春官·典命》《春官·司服》对五等爵位的封国规模、礼仪服制等都有基本设计。裴秀版本的五等爵制主要是为魏晋禅代服务，所以爵位设计比较整齐，没有经过周密的设计和根据实际的改造。只有郡公的设置比较特殊，由司马昭的叔叔司马孚独享。其余爵位则分配给那些支持司马氏建政的文武官员。五等爵制实际上是成为封赏元勋、安置新朝宗室、与旧朝官僚爵制划清界限的一个手段，是"以制度赞惟新"[1]的具体表现。而在当时立法者的眼里，《周礼》的相关制度设计确实是最好的参考资料。

表29 裴秀设计的五等爵封国制度

爵位	封国类型	封邑户数	封地规模
公	郡公	万户	制度如魏诸王
	县公	千八百户	地方七十五里
侯	大国	千六百户	地方七十里
	次国	千四百户	地方六十五里
伯	大国	千二百户	地方六十里
	次国	千户	地方五十五里
子	大国	八百户	地方五十里
	次国	六百户	地方四十五里
男		四百户	地方四十里

说明：此表据《晋书·地理志上》。

---

[1]《晋书·儒林传》："荀顗以制度赞惟新，郑冲以儒宗登保傅，茂先以博物参朝政，子真以好礼居秩宗。"荀顗等人分头编纂礼、律、令等法典，最大目的就是通过制度创新为新朝树立正面形象，创立制度仪范，从而增强新朝合法性。

泰始元年（公元265年），晋武帝登基后在原有五等封爵基础上，增加王爵一级，并对相关制度进行调整。王爵分为郡王、县王，公爵分为郡公、县公，侯爵分为郡侯、县侯、乡侯、亭侯。此次改革最大的新意在于以郡县为国和诸侯领兵。之所以实行以郡为国，没有严格遵循《周礼》所定的规则疆界，可能是由于郡县制度行之已久，很多地方行政区划已经较为固定，而且各辖区的疆界多不规则，强求整齐划一难度太大。之所以规定诸侯领兵，是鉴于曹魏禁止诸侯领兵而无屏藩的历史教训。

相比于裴秀单纯描摹古制的理想色彩，泰始元年（公元265年）的封爵制改革更有务实的特征。不过其中的诸侯领兵制度，仍很明显受到《周礼》的影响。《周礼·夏官·大司马》曰："凡制军，万有二千五百人为军，王六军，大国三军，次国二军，小国一军，军将皆命卿。"这个《周礼》制度置换成"泰始元年制度"就是，郡王国中的大国置三军，次国置二军，小国置一军。这项制度出炉于律令法典正式颁行之前，必然会被载于其中。

咸宁三年（公元278年），晋武帝又改革封国制度，把诸侯领兵的范围扩大到公、侯，在诸侯领兵编制中设置中尉负责领兵，这些制度改革也会反映到律令法典之中。尽管晋武帝基于政治考量而对封国格局进行较大调整，但就诸侯领兵这个基本制度设定来说，其遵循《周礼》的精神与此前仍是一贯的。综合来看，泰始咸宁年间的封国领兵制度略如表30。

表30 西晋的封国领兵制度

封国等级	封国类型	封邑户数	置军规模
郡王国	大国	二万户	上中下三军，兵五千人，中尉领兵
	次国	万户	上下二军，兵三千人，中尉领兵
	小国	五千户	一军，兵一千五百人，中尉领兵
郡公国	大国	万户以上	一军，兵一千五百人，中尉领兵
	次国	五千户以上	一军，兵一千五百人，中尉领兵
	小国	不满五千户	一军，兵一千五百人，中尉领兵
郡侯国	大国	万户以上	一军，兵一千一百人，中尉领兵
	次国	五千户以上	一军，兵一千一百人，中尉领兵
	小国	不满五千户	一军，兵一千一百人，中尉领兵

续表

封国等级	封国类型	封邑户数	置军规模
县王国		早期千户，后增至三千户	一军，兵一千一百人，中尉领兵

说明：

1. 此表据《晋书·地理志上》《晋书·职官志》。
2. 郡王国封邑也有例外，安平王司马孚因为特殊的身份和功勋而获封邑四万户。见《晋书·宗室·安平献王孚传》。

同样受《周礼》启发而来的还有诸侯食俸制度。《周礼·地官·大司徒》："凡建邦国，以土圭土其地而制其域。诸公之地，封疆方五百里，其食者半；诸侯之地封疆方四百里，其食者参之一；诸伯之地，封疆方三百里，其食者参之一；诸子之地，封疆方二百里，其食者四之一；诸男之地，封疆方百里，其食者四之一。"西晋诸侯食俸制度也同样有三分之一、四分之一两种模式。[1]

封国制度建立起来后，具体规范必定行诸文字，著于法典，以律令的形式明确规定。这方面内容集中体现在《泰始律》的《诸侯律》和《泰始令》的《王公侯令》。其中又以令典的制度设计最值得注意。当时的封国分为郡王国、郡公国、郡侯国。所以《王公侯令》应当是以三级封国诸侯的职权、责任、待遇以及推恩制度为主要内容。而且，这篇令的内容应该是以正面规定为主，与《诸侯律》的负面制裁相互对应。如果违背《王公侯令》的规定，就会进入根据《诸侯律》受到刑事制裁。正史中常见的"削爵土""削除爵土"应该就是专门针对诸侯的制裁方式。这种制裁有时候会单独执行，有时候还要跟其他普通刑罚相配合。[2]这也体现出《诸侯律》与《王公侯令》的配合。这就是《晋书·刑法志》所谓"违令有罪则入律"原则的例证，也从侧面体现出西晋法典体系的逻辑自足。

---

[1] 参见周国林："西晋诸侯四分食一制考略"，载《中国社会经济史研究》1991年第4期。

[2] "削爵土"要经过"八议"程序，主其事者是大鸿胪，普通定罪量刑的执行者是廷尉。例如，观阳伯华表之子华廙因为有违忤之咎，在为父服丧期间就遭到弹劾。大鸿胪何遵奏免华廙为庶人，削爵土，不应袭封。但有司认为："诸侯犯法，八议平处者，褒功重爵也。嫡统非犯终身弃罪，废之为重，依律应听袭封。"华廙最终还是到太康初年大赦之后才得以袭封观阳县伯。可见，他还是受到了"削爵土"的处罚。(《晋书·华表传附华廙传》) 又如，关内侯庾纯因为酒后大闹贾充宴席而畏罪自请以"不孝"罪名请求免官，并请"廷尉结罪，大鸿胪削爵土"。(《晋书·庾纯传》)

《晋书·刑法志》记载《泰始律》时明确说"撰《周官》为《诸侯律》"。陈寅恪也据此认为，西晋《诸侯律》源出于《周礼》。[1]但曹旅宁、张俊民却根据玉门花海出土的《晋律注》提出，晋朝诸侯法禁多沿自汉制，《诸侯律》与《周礼》无关。[2]其说值得商榷。

首先，西晋《诸侯律》的具体内容多与秦汉制度存在继承关系这一事实，并不能说明《诸侯律》与《周礼》无关，尤其不能否定《周礼》对《诸侯律》的关键性影响。

汉、晋两代都实行郡国并行体制，所以都存在诸侯国与朝廷的关系问题。朝廷为约束诸侯，当然会制定大量诸侯法禁。但据目前所知，汉律尚未见到把诸侯法禁独立成篇进而创立《诸侯律》的情况。尽管内容上对汉律或有传承，但《诸侯律》这个篇章却是西晋首创。这当然有其深刻的时代背景。汉晋之际《周礼》地位的日益受到重视，才是律典新创《诸侯律》的真正推手。

《诸侯律》的内容主旨主要源自《周礼》启发。《周礼·秋官·大司寇》："凡诸侯之狱讼，以邦典定之。凡卿大夫之狱讼，以邦法断之。凡庶民之狱讼，以邦成弊之。"这是在强调：尽管诸侯国有一定独立性，但绝不允许超出朝廷法律"邦典"的界限。西晋《泰始律》创立《诸侯律》显然是受此思想启发的结果。对此，晋人早已言明。张斐说："律始于《刑名》者，所以定罪制也；终于《诸侯》者，所以毕其政也。王政布于上，诸侯奉于下，礼乐抚于中，故有三才之义焉，其相须而成，若一体焉。"[3]在他看来，律典设立《诸侯律》就是要把朝廷的王政自上而下推及全国，诸侯国也不例外。可见，"以《诸侯律》毕王政"出于《周礼》以邦典制约诸侯的思想。加入"礼乐抚于中"这种柔和的表述方式，只是为了比附"三才之义"，同时避免"王政"与"诸侯"的对立过于明显。张斐这话换一种表述就是《晋书·刑法志》的"撰《周官》为《诸侯律》"。《晋书》撰者敢于如此下笔自然有其史料依据。如果没有更有力的直接证据，就不应该轻易否定旧说。

其次，曹、张之文在论证《诸侯律》与汉制传承关系时，也有不够周备的地方，尤其是对《周礼》的因子多有忽略。

---

[1] 参见陈寅恪：《金明馆丛稿初编》，陈美延编，生活·读书·新知三联书店2001年版，第145页。

[2] 参见曹旅宁、张俊民："玉门花海所出《晋律注》初步研究"，载《法学研究》2010年第4期。

[3]《晋书·刑法志》。

例如，该文在解释《诸侯律》注"贡赋□废王职不"一语时，引汉代诸侯发奴隶修筑长安城为例。但这个例子与"贡赋"关系并不密切。所谓"贡赋"，《周礼》早有界定。[1]而诸侯贡赋之法也可在《周礼》中找到渊源："令诸侯春入贡，秋献功，王亲受之，各以其国之籍礼之。"[2]据此，"春入贡，秋献功"这种诸侯法定义务最早见于《周礼》。而且，《周礼》还对诸侯贡赋的来源和依据有所规定。郑玄在解释《周礼》时就曾发挥说："土均，均邦国地贡轻重之等。其率之也，公之地以一易，侯伯之地以再易，子男之地以三易，必足其国礼俗丧纪祭祀之用，乃贡其余。"[3]《诸侯律》中的诸侯贡赋制度规定，其灵感很可能就来源于此。

又如，该文在解释《诸侯律》注"征兵之兵"一语时，列举西汉施行诏书中的"郡国调列侯兵"以及西晋王国置军制度为例。然而"调兵"与"征兵"本就不同。况且，该文更未发现西晋封国置军制度实则源自《周礼》。（详见后文）

又如，该文在提及"汉时应有诸侯法禁"观点时，所举例子为《汉书·晁错传》的"错又言宜削诸侯事，及法令可更定者，书凡三十篇，孝文帝虽不尽听，然奇其材"。并据此认为：文帝以前就有诸侯旧法若干篇。[4]然而该引文中，晁错所说"宜削诸侯事"与"法令可更定者"似乎并非一事。据该段引文，并不能得出汉文帝之前已有诸侯法禁的结论。

总之，西晋封国制度深受《周礼》影响，《诸侯律》确为《周礼》诸侯礼制影响的产物。尽管其中也有汉代诸侯法禁的影子，然而《周礼》的影响则更深刻、更具根本性。可见，《晋书·刑法志》所谓"撰《周官》为《诸侯律》"并非虚言。

（二）《周礼》与泰始律令的职官法

西晋律令法典的职官法主要集中于《泰始令》的《官品》《吏员》《俸廪》《服制》《门下散骑中书》《尚书》《三台秘书》《王公侯》《军吏员》《选吏》《选将》《选杂士》诸篇中。西晋职官系统大体沿袭汉魏而来，经过长期检验，没有大改的必要。然而当时也仍然存在局部依照《周礼》改革或理解

---

[1]《周礼·地官·小司徒》载："凡国之大事致民，大故致余子，乃经土地，而井牧其田野。九夫为井，四井为邑，四邑为丘，四丘为甸，四甸为县，四县为都。以任地事，而令贡赋。"

[2]《周礼·秋官·小行人》。

[3]（汉）郑玄注，（唐）贾公彦疏：《周礼注疏·大司徒》引郑注。

[4] 参见曹旅宁、张俊民："玉门花海所出《晋律注》初步研究"，载《法学研究》2010年第4期。

第四章 西晋法典体系的支撑要素

上附会《周礼》的现象，这也比较值得注意。

《周礼》的职官制度设计显示出体系完备、职责分工具体清晰等特点。汉魏以后，人们不仅认识到《周礼》蕴含的重大政治价值，[1]而且在官制上也出现附会、模仿《周礼》的趋势。例如，西晋为避司马师讳，根据《周礼》把"三师"之一的"太师"改为"太宰"。[2]虽为一字之差，却可以体现出时人对《周礼》制度的推重。《周礼》中的官职很多，当时模仿《周礼》而设立的官职应该不会只此一例。

当时人还热衷于从《周礼》的职官理念出发理解现有的官职。例如，晋武帝在任命荀勖为守尚书令的诏书中说："周之冢宰，今尚书令，皆古百揆之任。"[3]又在任命石苞为司徒的诏书中说："前大司马苞忠允清亮，才经世务，干用之绩，所历可纪。宜掌教典，以赞时政。其以苞为司徒。"[4]把当时的尚书令比拟为《周礼》的天官冢宰，以司徒作为"掌教典"之职，既有褒奖荀勖、石苞之意，也有倾慕《周礼》古制之意。尚书吏部郎李重也说："司徒总御人伦，实掌邦教。"[5]又如，裴秀领职司空时就以地官自居，把整理山川图籍视为本职，撰定《禹贡地域图》十八篇，上奏之后藏于秘府。[6]

在官员任期问题上，当时也有人引用《周礼》提出改革建议。傅咸说："圣人久于其道，天下化成。是以唐虞三载考绩，九年黜陟。其在《周礼》，三年大比。孔子亦云，'三年有成'。而中间以来，长吏到官，未几便迁，百姓困于无定，吏卒疲于送迎。"[7]针对当时地方官职长吏任职时间过短的弊

---

[1]《晋书·烈女传·韦逞母宋氏传》："韦逞母宋氏，不知何郡人也，家世以儒学称。宋氏幼丧母，其父躬自养之。及长，授以《周官》音义，谓之曰：'吾家世学《周官》，传业相继，此又周公所制，经纪典诰，百官品物，备于此矣。吾今无男可传，汝可受之，勿令经世。'"

[2]《晋书·职官志》载："晋初以景帝讳故，又采《周官》官名，置太宰以代太师之任，秩增三司，与太傅太保皆为上公，论道经邦，燮理阴阳，无其人则阙。"这个改变一直影响到南朝时。而在《周礼》官制中，太宰是天官冢宰系统的主事者。

[3] 参见《北堂书钞·设官部十一·尚书令七十二》引曹嘉之《晋记》。

[4]《晋书·石苞传》。

[5]《晋书·李重传》。

[6] 参见《晋书·裴秀传》。这里有一个疑问尚不得其解。裴秀担任司空之职，无论是其本传还是《晋书》的其他地方都有记载。在《周礼》六官系统中，司空应该属于冬官。但本传中却又明白写道："以职在地官，以《禹贡》山川地名，从来久远，多有变易。后世说者，或强牵引，渐以暗昧。于是甄摘旧文，疑者则阙，古有名而今无者，皆随事注列，作《禹贡地域图》十八篇，奏之，藏于秘府。"意即认定司空为地官。而所谓地官的说法又无疑是来自《周礼》。唯一勉强把司空和司徒联系在一起的史料只有一条："青丘西四星曰土司空，主界域，亦曰司徒。"（《晋书·天文志上》）

[7]《晋书·傅玄传附傅咸传》。

政，傅咸建议根据《周礼》把官职任期改为三年。可见当时人已经十分自然地把《周礼》视为官制典范，作为校正现有官制的标尺。

（三）《周礼》与《泰始令》的军法

《周礼》是一部囊括国家制度的经世大典，其中有关军礼的内容，既为礼典所吸收，也渗透到律令法典中，成为西晋军法的重要内容。

《泰始令》中有大量军法规范，主要分布在《军战令》《军水战令》《军法令》《杂法令》等篇章。这些军法用于军事战斗，主要源于汉魏以来根据军事斗争经验积累形成的军法，如《魏武军法》《诸葛亮军令》等。但不可否认，《周礼》同样对《泰始令》军法具有重要影响。其中典型的例子就是晋武帝在位期间的"讲武大阅"活动。（详见前文表16）

这六次讲武大阅活动最显著的特点就是其时间安排。其中，前四次大阅活动均安排在仲冬十一月，这是遵循《周礼》而来。《周礼·夏官·大司马》对四季军事训练活动的礼仪设计是：仲春行振旅之礼，以搜田为训练内容；仲夏行茇舍之礼，以苗田为训练内容；仲秋行治兵之礼，以狝田为训练内容；仲冬行大阅之礼，以狩田为训练内容。（详见表31）

表31 《周礼》设计的四季军事训练制度

季节	教练检阅之礼		田猎演习之礼	
	名称	具体内容	名称	具体内容
仲春	振旅	辨识发布军令的器具，训练行军规格。	搜田	火中围猎。
仲夏	教茇舍	辨识各种号令，进行夜间训练。	苗田	用车围猎。
仲秋	教治兵	辨识从周王到百官的旗帜。	狝田	用罗网围猎。
仲冬	教大阅	宣布军法，明确军事规则。	狩田	用各种手段进行大规模围猎。

不仅如此，晋武帝受禅时还命傅玄改造前代官乐，制成二十二篇乐曲。其中四篇就依据《周礼·夏官·大司马》而修改为军礼之曲：

改《圣人出》为《仲春振旅》，言大晋申文武之教，畋猎以时也。改《临高台》为《夏苗田》，言大晋畋狩顺时，为苗除害也。改《远如期》为《仲秋狝田》，言大晋虽有文德，不废武事，顺时以杀伐也。改《石留》为

《顺天道》，言仲冬大阅，用武修文，大晋之德配天也。[1]

《仲春振旅》唱道："搜田表祃，申法誓。遂围禁，献社祭。允以时，明国制。文武并用，礼之经。列车如战，大教明，古今谁能去兵？"这表明，军礼属于重要国家制度。"申法誓"是西晋军法的主要渊源之一。《夏苗田》唱道："军国异容，文武殊。"其将"军容"与"国容"相提并论，更凸显出军礼的重要地位。《仲秋狝田》唱道："雷霆震威曜，进退由钲鼓。"《顺天道》唱道："冬大阅，鸣镯振鼓铎，旌旗象虹霓。"这都是对训练与作战时行军指挥进退法则的形象描述。其中值得注意的是，歌词中的"钲鼓""镯""旌旗"，即鼓铎、镯铙、军旗，既是军礼的重要展示道具，也是作战时的重要指挥工具，起到传达军令的作用。根据《周礼·夏官·大司马》的设计，鼓铎指挥军队前进，镯铙指挥军队后退，各有职责分工。《泰始令》也有类似的令文："两头进战，视麾所指。闻三金音止，二金音还。"[2]其所谓"金"即为"镯铙"一类指挥作战工具。这是《周礼》在《泰始令》中的又一个反映。

（四）《周礼》与《泰始令》的《学令》

《泰始令》中的《学令》，以学校制度为主要内容，也有《周礼》的影子。《学令》规定，西晋本有太学、小学，后又设立国子学。国子学的设置就是依据《周礼》而来。

《周礼·地官·师氏》曰："以三德教国子。"又曰："掌国中失之事以教国子弟，凡国之贵游子弟学焉。"咸宁二年（公元276年），晋武帝正是据此而创国子学。[3]

《宋书·礼志一》记载：

晋武帝泰始八年，有司奏："太学生七千余人，才任四品，听留。"诏："已试经者留之，其余遣还郡国。大臣子弟堪受教者，令入学。"咸宁二年，起国子学。盖《周礼》国之贵游子弟所谓国子，受教于师氏者也。

---

[1]《晋书·乐志下》。
[2]《太平御览·兵部七十二·麾》引《晋令》。
[3] 关于国子学的设立时间，史书中有不同的说法。《晋书·武帝纪》记载："（咸宁二年，公元276年）立国子学。"而《晋书·职官志》载："咸宁四年，武帝初立国子学，定置国子祭酒、博士各一人，助教十五人，以教生徒。"《南齐书·礼志上》载："晋初太学生三千人，既多猥杂，惠帝时欲辨其泾渭，故元康三年始立国子学，官品第五以上得入国学。"据下文《宋书·礼志一》所载可知，应以《晋书·武帝纪》所载为准。

这段史料把国子学和《周礼》的关系说得很明白。但问题在于，国子学始建于咸宁二年（公元 276 年），而《泰始令》颁行于泰始四年（公元 268 年），那么有关于国子学的法律规定是否会出现在《学令》之中呢？笔者以为会。《太平御览·职官部三十四·国子祭酒》引《齐职仪》曰："《晋令》：博士祭酒掌国子学，而国子生师事祭酒，执经，葛巾单衣，终身致敬。"据此可知，国子学虽设立于《泰始令》颁行之后，但其制度仍会通过律令修改的方式加到《学令》中。这也可以从侧面反映出西晋令典相对较为开放，允许适时进行修改。

（五）《周礼》与《泰始令》的《祠令》

《泰始令》中有一篇《祠令》，也深受《周礼》的影响。张鹏一说："按晋《祠令》，本于晋初荀顗、郑冲等之新礼百六十五篇。而尚书郎虞挚，复增损之，见于《晋书·礼志》。然晋代制度，多渊源于魏，祠事亦然。魏代郊社、宗庙、三辰、五行、名山大川之祀，见于魏文帝黄初五年十二月诏。宗庙、袷祠蒸尝，见于魏明帝改太和历。崇德报功之祠，见于建安七年谯令。淫祠有禁，见于《魏武帝纪》注引《魏书》。"[1]依张氏所说，西晋的祠礼内容大都可以追溯到曹魏。实际上，早在汉代就已出现有关祭礼的令篇《祀令》《祠令》，[2]秦代也有《祠律》。[3]所以西晋《祠令》应该与秦汉代律令存在一定渊源关系。西晋《祠令》较之以往最显著的特点在于其向《周礼》的积极靠拢。

从《晋书·礼志上》中所载魏晋有关郊祀礼的议论，就可以明显感受到《周礼》的影响。《周礼》规定："王后帅内外命妇享先蚕于北郊。"[4]魏文帝、晋武帝宫蚕北郊之礼，完全遵照《周礼》行事。

---

[1] 张鹏一编著：《晋令辑存》，徐清廉校补，三秦出版社 1989 年版，第 122 页。引者按：引文中"虞挚"当为"挚虞"。

[2] 《汉书·郊祀志下》臣瓒注曰："高帝除秦社稷，立汉社稷，《礼》所谓太社也。时又立官社，配以夏禹，所谓王社也。见汉《祠令》。"司马贞《史记索隐·孝文本纪》曰："苏林、徐广、韦昭以为二人封号，而乐产引如淳，以项王别别封阴安侯，与汉《祠令》相会。"《汉书·文帝纪》如淳注曰："《王子侯表》曰：'合阳侯喜以子濞为王，追谥为顷王。顷王后封阴安侯，时吕媭为林光侯，萧何夫人亦为酇侯。又《宗室侯表》此时无阴安侯，知其为顷王后也。案汉《祠令》，阴安侯高帝嫂也。'"

[3] 参见曹旅宁："里耶秦简《祠律》考述"，载《史学月刊》2008 年第 8 期，收于氏著：《秦汉魏晋法制探微》，人民出版社 2013 年版。

[4] 此引《晋书·礼志上》，与本《周礼》略有文字差异。今本《周礼·天官·司裘》曰："中春，诏后帅外内命妇蚕于北郊。"

魏末，荀顗等人编撰"新礼"，随后挚虞参议其事时却多是依照《周礼》对其进行更正。例如，荀顗"新礼"规定明堂祭祀只祭上帝，不祭五帝，但挚虞依据《周礼》"祀天旅上帝，祀地旅四望"之说提出："明堂及郊祀五帝如旧仪。"[1]又如，晋初日蚀祭祀之礼存在缺陷，挚虞提出："亦伐鼓于社，用周礼也。"[2]又如，晋初废除六宗之祀，挚虞引用《周礼》"祭祟"之说作为佐证提出"祀六宗如旧"[3]。

汉魏以来国家社稷祭祀只有太社而无官（王）社，挚虞以《周礼》"设其社稷之壝……以血祭祭社稷"以及"封人掌设王之社壝"之说为据提出，应将二社并立。这个建议不仅被朝廷采纳，而且通过令典中的《祠令》推及地方。《泰始令》颁行于泰始初年，挚虞议定"新礼"始于太康年间，但这不妨碍最新的礼制规范通过法律修改的方式在《泰始令》中有所体现。例如，《泰始令·祠令》："郡、县、国祠社稷、先农，县又祠灵星。"[4]北魏刘芳据此指出："此灵星在天下诸县之明据也。"[5]

(六)《周礼》与西晋法典的土地法律制度

西晋律令中，涉及土地经济制度的法规主要集中在《泰始律》的《户律》、《泰始令》的《户令》《户调令》《佃令》以及《晋故事》的《户调式》中。《泰始令》诸篇以《户令》居首，足见其重要性非同一般。《户令》以各州、郡国、县户籍管理制度为内容，是征兵、缴税、选举、教育等一系列制度得以推行的前提和基础。史载："太康元年，平吴，大凡户二百四十五万九千八百四十，口一千六百一十六万三千八百六十三。"[6]如果没有系统完备的户籍制度，很难想象能够精准统计出全国的户口数目。

魏晋时土地经济制度以持续不断的军事斗争为大背景，以土地国有制与寓军于农制为两条发展主线。曹操把汉代西域特别法"屯田制"作为一般制度在中原推行。屯田制兼有土地国有和寓军于农的双重色彩，先以兵屯为主，后来大量增加民屯。他还专门设立典农中郎将负责招募流亡百姓加入屯田，使其成为公田强制劳役的剥削对象。但屯田制剥削率过高，导致大量军士、

[1]《晋书·礼志上》。
[2]《晋书·礼志上》。
[3]《晋书·礼志上》。
[4]《北史·刘芳传》。
[5]《北史·刘芳传》。
[6]《晋书·地理志上》。

农民逃亡。朝廷颁行《士亡法》也无济于事。[1]西晋初期，屯田制剥削程度更高，[2]然而终究只是权设之法。[3]

晋武帝平吴后，正式把屯田制改为课田制，配合户调制、官品占田荫亲荫人制一起使用。课田户调制下，百姓以户为单位承担地租（米）和调（绢、绵），不仅农民负担有所减轻，而且征收办法也更灵活周密。其原则主要体现在三个方面：其一，区分地域类型，规定于《户调令》《佃令》《户调式》；其二，区分民户类型，规定于《户调令》《户调式》；其三，强调官方掌握土地和户籍信息，规定于《户令》。这三大原则都可以在《周礼·地官·小司徒》中找到相应的制度原型。

其一，《小司徒》曰："以任地事而令贡赋。凡税敛之事，乃分地域而辨其守，施其职而平其政。"西晋《户调式》规定，每户岁输依据所处地域而有所不同。分为一般郡、诸边郡、诸边郡之远者、诸侯封地、夷人、夷人之远者、夷人之极远者等七种情况。从一般郡到"夷人之极远者"，经济发展水平递减，农户缴纳岁输也随之递减。这种考虑到发展差异而做出的合理规定，正合乎《周礼》"任地事而令贡赋"的主旨。（详见前文及表20）

其二，《小司徒》曰："乃均土地，以稽其人民，而周知其数。上地，家七人，可任也者家三人；中地，家六人，可任也者二家五人；下地，家五人，可任也者家二人。凡起徒役，毋过家一人，以其余为羡，唯田与追胥竭作。"意思是，按照户内人数多寡分配土地，并督促其完成耕作任务。这和西晋课田制的基本原则一致。而且《小司徒》中还依据户的类型提出不同的耕作要求：一户有七人者，除去家长外再取一半即有三人可以耕作，所以分给他们上地；一户有六人者，除去家长外再取一半即有2.5人可以耕作，所以分给他们中地；一户有五人者，除去家长外再取一半即有二人可以耕作，所以分给他们下地。西晋课田制的基本模式与此相差无几，唯一不同的是，把表示土地质量的上、中、下地置换为表示数量的五十亩、二十亩、十亩，把表示

---

[1]《三国志·魏书·卢毓传》载："时天下草创，多逋逃，故重士亡法，罪及妻子。"

[2]《晋书·傅玄传》曰："旧兵持官牛者，官得六分，士得四分；自持私牛者，与官中分，施行来久，众心安之。今一朝减持官牛者，官得八分，士得二分；持私牛及无牛者，官得七分，士得三分，人失其所，必不欢乐。臣愚以为宜佃兵持官牛者与四分，持私牛与官中分，则天下兵作欢然悦乐，爱惜成谷，无有损弃之忧。"

[3]《晋书·刑法志》载："其余未宜除者，若军事、田农、酤酒，未得皆从人心，权设其法，太平当除，故不入律，悉以为令。"

户的类型差异从几口之家置换为丁男（正丁）、丁女为户者和次丁男三种类型。这些细枝末节的修改，只是把理想模板改为现实模式，其整体思路和《周礼》宗旨并无差异。（详见前文及表21）

其三，《小司徒》曰："凡民讼，以地比正之。地讼，以图正之。"又说，对于人民户口要"周知其数"。这就是说，作为推行以上制度的基础与前提，国家必须准确掌握土地和户口的基本信息。这就有赖于周密的土地和户籍管理制度以及相关数据。晋人也把《周礼》的这个思想纳入律令，付诸实践。

《隋书·经籍志二》载："晋世，挚虞依《禹贡》《周官》作《畿服经》，其州郡及县分野、封略、事业、国邑、山陵、水泉、乡亭、城、道里、土田、民物风俗、先贤旧好，靡不具悉，凡一百七十卷，今亡。"抛去挚虞个人喜好因素不论，《畿服经》之类地理著作的撰写本身就能反映出《周礼》观念的显著影响，同时也有鲜明实用主义的创作意图。这与《户令》的制定密不可分。尽管今天还没有直接证据表明《户令》的具体内容或制度原则源自《周礼》，然而在普遍遵循《周礼》为经国大典的西晋，当时立法者在设计土地法律制度时广泛参照乃至接受《周礼》的制度理念，应是合情合理的事。

（七）《周礼》与西晋法典的公布与宣传

西晋律令法典的主要参定人杜预说："《周礼》，正月县教令之法于象魏，使万民观之，故谓其书为《象魏》。"[1]这是指《周礼·秋官·大司寇》的规定："正月之吉，始和，布刑于邦国、都鄙乃县刑象之法于象魏，使万民观刑象。挟日，而敛之。""象魏"本指古代天子、诸侯宫门外的一对高建筑，又称"阙"或"观"。"象魏"附近正是悬示法律或教令的场所。从时间上看，西晋律令法典诏班天下的日期正是泰始四年（公元268年）正月二十日，这很显然是为了迎合《周礼》"正月县教令之法于象魏"的制度设计。

泰始律令颁行后需要广泛宣传。侍中卢珽、中书侍郎张华上表建议："抄《新律》诸死罪条目，悬之亭传，以示兆庶。"[2]即先把死罪律条抄写在木板上，再把这些木板悬挂在官方机构或交通要道的城门、亭传、驿站，方便过往人员观瞻、学习、传播。[3]可见"悬法象魏"是西晋宣传律令的重要方式。

---

[1]（晋）杜预：《春秋经传集解·哀公三年》。

[2]《晋书·刑法志》。

[3] 据《宋书·桂阳王休范传》载："表治城池，修起楼堞，多解榜板，拟以备用。"这说明，直到刘宋时期的城门之上都常备有大量榜板，实际上就是作为悬法公示，宣传国家法令之用。

这种做法虽在周代甚至更早就已有其渊源,[1]然而在《周礼》地位日益尊崇的魏晋时期,西晋官方更有可能是受到《周礼》启发而有意效法。

三、丧服礼制在法典中的反映

汉晋礼学中,丧服学是和《周礼》学并驾齐驱的显学。社会风尚影响法律制度,丧服礼制也深深渗透到西晋律令法典之中。这在《泰始律》与《泰始令》中有明显的证据。

(一) 丧服礼制与《泰始律》

《泰始律》是刑律法典,丧服制度是确定亲缘关系远近亲疏的礼制,二者结合的典型形态有两种:一是依照服制关系确定罪名和刑罚,二是用刑律惩治服丧违礼行为。对这两方面内容,丁凌华已在《五服制度与传统法律》中有过详尽的考证分析,本文不做赘述。[2]然而丁著中部分观点笔者并不敢苟同,所以略作商榷如下。

谈及服制定罪,学者往往称引《晋书·刑法志》中"峻礼教之防,准五服以制罪"的经典表述。这既是《泰始律》的一大首创,也是丧服制度与《泰始律》相结合的成果。然而,丁著却认为服制定罪制度在汉末就已出现,早《泰始律》约六十年。笔者以为不确。

《通典·礼五十三·凶礼十五》记载:

> 晋制,王公五等诸侯成国置卿者,及朝廷公孤之爵,皆旁亲绝周,而旁亲为之服斩;卿校位从大夫者,皆绝缌。挚虞以为:"古者诸侯君临其国,臣诸父兄。今之诸侯不同于古,其尊未全,不宜便从绝周之制,而令旁亲服斩缞服之重也。诸侯既然,则公孤之爵亦宜如旧。昔魏武帝建安中,已曾表上,汉朝依古为制,事与古异,不皆施行。施行者著在魏科,大晋采以著令。宜定新礼皆如旧。"诏从之。

丁著据此史料得出"曹魏《魏科》以来服叙入律"[3]的结论,并在其他

---

[1]《管子·立政》:"正月之朔,百吏在朝,君乃出令布宪于国。五乡之师、五属大夫,皆授宪于太史。"又可参见俞荣根:《儒家法思想通论》,商务印书馆2018年版,第78页。

[2] 参见丁凌华:《五服制度与传统法律》,商务印书馆2013年版,第三章"服叙制度在传统法律上之适用"、第四章"守丧制度"。

[3] 丁凌华:《五服制度与传统法律》,商务印书馆2013年版,第200页。

史料中找出与此相关的三个例子加以佐证。但其中有些问题不可不辨。

首先，关于"魏科"制定的时间问题。丁著认为：挚虞所称的"魏科"应当是指曹操为丞相、魏公、魏王时制定的《甲子科》，当在汉末建安年间。但"魏科"实际上并非完整法典，只是从汉末曹操到魏明帝时一系列单行科令的统称。而"魏科"之名，只是后人追认而已。由于"魏科"并非一时一人所作，所以也就无法推断其规定服制定罪的具体时间。

更大的问题在于，丁著所依据的史料文字也有可辨。前文所引《通典》史料与《晋书·礼志中》的记述基本一致，只是"不皆施行"在《晋书·礼志中》载为"皆不施行"。只是两个文字顺序的颠倒，却带来文意的巨大差异。笔者以为《晋书·礼志中》所载为确，《通典》所载属于讹误。理由如下：

据《通典·礼五十三·凶礼十五》中另外的史料记载，曹操建议的诸侯服制在汉末并未实施，而是在曹魏时才开始实施。《通典》载挚虞的话说："汉朝依古为制，事与古异，不皆施行。"在这条史料前，《通典》记载："汉魏故事，无五等诸侯之制，公卿朝士服丧，亲疏各如其亲。魏制，县侯比大夫。按大夫之庶妹，在室大功，适人降一等，当小功。"[1]在这条史料后，《通典》又记载："昔魏武在汉朝，为诸侯制，而竟不立。荀公定新礼，亦欲令王公五等皆旁亲绝周。而挚仲理驳以为今诸侯与古异，遂不施行。"[2]可见，诸侯服制在汉末和魏初都没有正式确立，直到曹魏中后期才逐渐改革施行。所以应该如《晋书·礼志中》所言，汉朝"皆不施行"，曹魏以后才"著在魏科"。

其次，"魏科"中规定有服制条文，并不等于服制入罪。丁著得出这个结论是以"《魏科》是有关刑事方面的法律规范"[3]的观点为前提。然而这个前提也并不牢靠。简而言之，"魏科"最初替代汉律的临时法律，其内容很可能与汉律一样无所不包，而绝不仅限于刑事法律。根据"施行者著在魏科，大晋采以著令"一句可知，"魏科"的服制规定后被西晋纳入到令典之中。西晋的令典除特殊的权设之法外，应该以行政性制度规范为主。原本"著在魏科"的服制规范应该就是非刑事规范。这些都说明"魏科"规定服制不等于

---

[1]《通典·礼五十三·凶礼十五》。
[2]《通典·礼五十三·凶礼十五》。
[3] 丁凌华：《五服制度与传统法律》，商务印书馆2013年版，第199页。

服制定罪。因此也就不足以证明服制定罪原则源于曹魏。

当然，"魏科"关于服制的规定后来被西晋《泰始令》所吸收，这倒可以表明丧服制度的法律化，始自曹魏而传承于西晋。按照西晋"违令有罪则入律"的法律原则，制度规范是刑事规范的前提，《泰始令》所传的曹魏服制法律规范也是西晋《泰始律》服制定罪的铺垫与准备，其意义同样不可抹杀。

再次，对于丁著所引的佐证事例，也有必要分析看待，不可直接作为服制定罪的明证。

例如，丁著说曹魏延续汉制而有族刑和夷三族法。但既然是延续汉制，那就不足以作为曹魏始创服制定罪的例证。而且秦汉以来族诛连坐之法，更多是以强化国家权威、震慑严重犯罪的目的出现，丧服制度的影响倒在其次。

又如，丁著曾列举曹魏时"出嫁女从坐"的著名案件。但还原史料可以发现，此案并不足以证明曹魏时已有服制定罪制度。据《晋书·刑法志》载，司马师主政时的曹魏法律规定："犯大逆者诛及已出之女。"在毌丘俭谋反案中，毌丘俭的儿媳荀氏以及荀氏的已嫁之女都在连坐之列。此案的问题在于，荀氏与其女儿皆为出嫁女，母以夫家而获罪株连，女以父家获罪而株连。这意味着，出嫁女既可能受夫家牵连，又可能受父家牵连。于是主簿程咸上奏指出，这项规定既不合乎情理，也不符合礼制。最后魏帝下诏改此规定。其中，程咸所引用"女人有三从之义，无自专之道"之意，即来源于《仪礼·丧服》。

丁著据此得出结论："可见五服原则对曹魏律令的影响。"[1]但此案只能视为个案，由于涉及权贵的私人关系而带有特殊性和偶然性。[2]据本书前文考证，曹魏并无律令法典，魏帝下诏也未必会有什么结果。然而此案处在魏晋禅代前夕，确实为服制定罪原则的真正确立埋下伏笔，暗示司马氏政权以礼治国和以丧服考量刑律的时代即将到来。到晋初《泰始律》正式出炉，才明确提出"峻礼教之防，准五服以制罪"的著名口号。这说明，作为正式法律制度的服制定罪，尽管酝酿于曹魏，成文入典却在司马晋室。

又如，丁著列举刘邵《魏律序》内容，证明曹魏时已开始在律典中贯彻

---

[1] 丁凌华：《五服制度与传统法律》，商务印书馆2013年版，第201页。
[2] 《晋书·何曾传》："毌丘俭诛，子甸、妻荀应坐死。其族兄颙、族父虞并景帝姻通，共表魏帝以乞其命。诏听离婚，荀所生女芝为颍川太守刘子元妻，亦坐死，以怀妊系狱。荀辞诣曾乞恩曰：'芝系在廷尉，顾影知命，计日备法。乞没为官婢，以赎芝命。'曾哀之，腾辞上议。"

服制定罪原则。但遗憾的是，那次立法有始无终，"新律"稿本并未颁行。

综上所述，服制定罪现象在曹魏时就已开始酝酿，西晋《泰始律》首次正式确立为法律原则。这是由于丧服制度及其理论在魏晋时日益受到重视是一个长时间内渐进的过程，所以其进入律典也不可能一蹴而就。

（二）丧服礼制与《泰始令》

《泰始令》是对国家基本制度的系统规定。相较于律典而言，其对礼制中丧服制度的吸收更为直接，其中若干篇章直接以丧服制度为内容来源。

例一，《丧葬令》。前引《晋书·礼志中》提到，晋初礼制规定："王公五等诸侯成国置卿者，及朝廷公孤之爵，皆旁亲绝期，而旁亲为之服斩衰；卿校位从大夫者，皆绝缌。"但挚虞认为，"今之诸侯不同于古"，所以主张"不宜便从绝周之制"，"宜定新礼皆如旧"。他还指出，曹魏时曾对此制进行改革，"施行者著在魏科，大晋采以著令"。意即，曹魏时规定于"魏科"的丧服制度被《泰始令》所吸收，按其内容推测应收入《丧葬令》。这正可以作为丧服制度对西晋令典影响的明证。挚虞同时建议对荀顗"新礼"进行修改，以便与令典内容相一致。这同时说明西晋礼典与令典紧密相连的关系。

例二，《假宁令》。该令规定："诸婚给假九日，除程。周亲婚嫁五日，大功三日，小功已下一日，并不给程。周已下无主者，百里内除程。诸本服周亲已上，疾病危笃，远行久别，及诸急难，并量给假。"[1]这是有关官员请假、放假的条款。《泰始令》中没有《假宁令》这个篇名，所以它极有可能是《杂令》的子篇章。据此令文规定，官员一定范围内的亲属婚嫁是法定的给假事由，其亲属范围的远近亲疏等具体情形依服制关系确定。总的来说，服制关系越近，所得假期越长；关系越远，假期越短。除婚嫁之外，官员斩缞以上的亲属疾病危笃、远行久别以及其他一些紧急突发事情也是可以给假的酌定事由。从该令文规定中，可以看到丧服制度的重要影响。

此外又如，发生在晋初的"庾纯父老不求供养"案中，太傅何曾、太尉荀顗、骠骑将军齐王司马攸等人曾提到："凡断正臧否，宜先稽之礼、律。八十者，一子不从政；九十者，其家不从政。新令亦如之。"司徒石苞也说："礼，年八十，一子不从政……又令，年九十，乃听悉归。"也就是说，《泰始令》已将《礼记·王制》中父老出仕的制度吸收进入令典，明文加以规定。《王制》篇中紧随其后的内容就是："父母之丧，三年不从政。齐衰、大功之

---

[1]《太平御览·治道部十五·急假》。

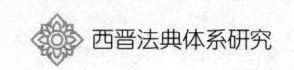

丧，三月不从政。将徙于诸侯，三月不从政。自诸侯来徙家，期不从政。"这段内容涉及丧服礼制，也必然会进入令典，以令文形式加以体现。

陈寅恪曾说："司马氏之帝业，乃由当时之儒家大族拥戴而成，故西晋篡魏亦可谓之东汉儒家大族之复兴。"[1]晋朝以孝治天下，不仅因为其出身儒学世家、信奉礼法，也与司马氏政权的获得方式有关。但无论怎样，司马氏能躬行孝道，在丧葬礼上做到尽心尽意，确实有一定示范效应。史载时人办理丧事"孝思过礼""哀毁过礼""居丧过礼""毁顿过礼""哀恸过礼""毁瘠过礼"的事例层出不穷。虽然不能绝对排除人物作秀或舆论夸张等因素，但至少可以说明谨守丧葬之礼以表现孝道，确实是当时社会上的一种普遍风气。据此推知，丧服制度对西晋律令法典形成重大影响，完全就在情理之中。

综览前文可知，西晋法典体系之所以能成为一个整体，实现形式逻辑的体系化，重要原因之一就在于其有儒家礼法精神一以贯之。汉晋之际，儒家礼学蓬勃发展，《周礼》与"丧服礼"成为当时礼家并重热议的话题。西晋立法者把礼法的精神、原则甚至制度引入律令法典，使之成为贯穿整个法典体系的内在纽带，以礼法涵养、统摄律令法制。此后，经由南梁、北魏、北齐直至隋唐，法律儒家化持续推进，最终实现礼法观念与律令法制的水乳交融。这自然有赖于西晋以来持续推行礼法治国之功。

---

[1] 陈寅恪：《金明馆丛稿初编》，陈美延编，生活·读书·新知三联书店2001年版，第145页。

第五章
西晋法典体系的历史地位

第一节 在两晋时期的命运

沈家本《法学盛衰说》曾经指出:"法学之盛衰,与政之治忽,实息息相通。然当学之盛也,不能必政之皆盛,而当学之衰也,可决其政之必衰。"[1] 他以一个法学家的立场强调法学和法制对国家政治的重要性,固然有一定道理。但是毋庸讳言的是,若从更广域的视角来看,政治局面稳定与否才是法学和法制兴衰的决定性因素。也就是说,政治决定法学、法制,而非法学、法制决定政治。法制施行必须以相对稳定的政治局面为基础,必须以社会各种政治力量的一体遵守为前提。这是无可争辩的基本事实。

西晋中后期,贾后乱政、八王之乱、永嘉之乱、地方叛乱等一系列政治变故纷至沓来,国家陷入持续的动荡局面中。晋初立法者精心构思的法典体系和法律制度不仅不能扭转危局,而且自身也遭到严重破坏和局部废止。东晋时期,政局逐渐稳定下来之后,西晋法典体系的效力得到恢复,内容也随时势而得到改造。而在北方的胡族政权中,西晋法典体系的价值也逐渐得到重视,对其内容和形式的继受和改造工作也得以陆续开展。

一、在西晋的破坏与废止

西晋的统一原本就是一种低层次的统一。从汉末以来就存在的地方势力和士族力量在西晋短暂的统治期间并没有彻底消解,中原王朝对边疆各族的控制也存在许多重大隐患,而在朝廷内部基于不同政治观念和政治利益而产生的派系斗争也一直都没停止过。晋武帝在位时还能勉强控制朝局,这些问

---

[1] (清)沈家本:《历代刑法考》,中华书局1985年版,第2143页。

题都没有严重恶化。但晋武帝本人并不是一个政治上积极进取的人,不仅在平吴之后懈怠安逸,更在后事安排上昏招频出。他立愚弱平庸的司马衷为太子,以凶狠贪婪的贾南风为太子妃,任狡诈弄权的杨骏为辅政大臣,为王朝覆灭、法制崩坏埋下大患。在晋武帝死后,乱象陆续爆发,西晋法典体系所确立的完备法制也逐渐遭到破坏乃至局部废止。破坏的力量主要来自朝廷内斗与地方叛乱两个方面。

(一) 朝廷内斗对法典内容的破坏

杨骏是晋武帝皇后杨芷的父亲。他凭借外戚身份在太康后期开始得势。当时,杨骏、杨珧、杨济三兄弟权势骄横,被人称为"三杨"。杨骏利用国丈的身份和晋武帝晚年的昏聩而攫取辅政大权。晋惠帝登基后,他更是排斥晋室诸王,大权独揽。但他却"暗于古义,动违旧典"[1],带头破坏礼法制度与律令法制。当时,司隶校尉荀恺由于从兄去世而请假赴哀,皇帝迟迟没有下诏准许。荀恺拜访杨骏请求帮忙,最终得以成行。从政治角度而言,这是对皇帝权威的藐视与侵夺,从法律角度来看是对律令法典的违犯。《泰始令》中有官员亲属丧葬给假制度,荀恺却只想通过人情请托方式达到目的。尚书左丞傅咸弹劾杨、荀二人,最后也不了了之。由于皇权衰弱,律令法典的权威也随之大受减损。

后来皇后贾南风与汝南王司马亮、楚王司马玮联手发动政变,杨骏及其党羽都以大逆的罪名被夷灭三族。在此后的贾后乱政、八王之乱中,律令法典更沦为政治斗争的工具,需要时则借用杀人,不需要时则抛到一边。

贾后借政变机会公然违背法典的制度规定,肆意弄权,滥杀无辜,罔顾国家律法,还做出多种宫闱丑行,却无人能够制约。她先是矫诏废皇太后杨芷为庶人,徙于金墉城,又诛杀杨太后的母亲庞氏。仅此矫诏一项罪名,依照律典她就该遭到严惩。

汝南王司马亮掌权时,为收拢人心,大肆封官加爵,严重超出常规。御史中丞傅咸批评道:"此之熏赫,震动天地,自古以来,封赏未有若此者也。"[2]官爵加封本有制度,在律令法典中肯定也有明文规定。但是作为监察官的傅咸,在对司马亮进行规劝时只引用伊尹、周公故事与杨骏的前车之鉴,对律令法典却只字不提,这正可以说明法典制度对当时朝政局势毫无约束力。

---

[1]《晋书·杨骏传》。
[2]《晋书·傅玄传附傅咸传》。

诛杀杨骏后，贾后又矫诏指使司马玮杀掉司马亮与元老大臣卫瓘。因为怀疑司马玮矫诏，左右侍从曾劝谏卫瓘说："礼律刑名，台辅大臣，未有此比，且请距之。"[1]当时人都知道妄杀重臣于法律全无依据，但此时法律也不能保护重臣性命。随后，贾后又借用律典给司马玮定下"矫制"的罪名而处死。临刑之时，司马玮拿出怀中的青纸诏书哭泣着对监刑的三公尚书刘颂说："受诏而行，谓为社稷，今更为罪，托体先帝，受枉如此，幸见申列。"[2]作为一代法律名家、西晋王朝高级司法官员的刘颂，对此明显的错案也无能为力，只有歔欷而不能正视。

刘颂是西晋武帝、惠帝时期知名的法律专家。在晋武帝时，他曾基于西晋法典体系的法制框架，提出"宜复肉刑"[3]"狱官唯实，法吏唯文"[4]等专业的法律主张。杨骏被诛后的一段时间，刘颂由廷尉转任三公尚书，针对"法渐多门，令甚不一"[5]的局面"上疏论律令事，为时论所美"[6]。但是后来，"政出群下，每有疑狱，各立私情，刑法不定，狱讼繁滋"[7]的局面照旧。尚书裴頠上表对其中乱象举例批评，主张坚守西晋法典体系的"恒制""常刑"，也不能阻止曲议横行。[8]刘颂、裴頠纷纷批评司法乱象，但都无济于事。这都是由于晋惠帝继位以来政局混乱，法典制度根本无法真正落实。可见，法制环境需要以稳定的政治局面为前提和基础。

---

[1]《晋书·卫瓘传》。
[2]《晋书·楚隐王传》。
[3]《晋书·刑法志》。
[4]《晋书·刘颂传》。
[5]《晋书·刑法志》。
[6]《晋书·刘颂传》。这个"为时论所美"的上疏应该就是《晋书·刑法志》所载刘颂有关司法断案裁判依据和裁判模式的著名奏疏。在这奏疏中，他提出"人主权断—主者守文—大臣释滞"的司法框架模式和"谨守律令正文、名例"的法吏断罪原则。参见前引俞荣根："罪刑法定与非法定的和合——中华法系的一个特点"。
[7]《晋书·刑法志》。
[8]《晋书·刑法志》对裴頠表奏和刘颂奏疏的时间顺序记载有误。《晋书·刑法志》记载："至惠帝之世，政出群下，每有疑狱，各立私情，刑法不定，狱讼繁滋。尚书裴頠表陈之曰'……'頠虽有此表，曲议犹不止。时刘颂为三公尚书，又上疏曰'……'诏下其事。侍中、太宰、汝南王亮奏以为：'……'"其顺序是：裴頠表奏→刘颂奏疏→司马亮奏疏。准确顺序应该是：刘颂奏疏→司马亮奏疏→裴頠表奏。参见周东平主编：《〈晋书·刑法志〉译注》，人民出版社2017年版，第375页。另外，"尚书裴頠"应该是"尚书左仆射裴頠"。参见［日］内田智雄编：《譯註中國歷代刑法志》，創文社昭和三九年（1964年）版，第154頁。又可参见周东平主编：《〈晋书·刑法志〉译注》，人民出版社2017年版，第354、365页。

朝政紊乱之时，也有人出来努力恢复秩序。贾后掌权时，张华辅政，天下安宁了几年。当时"朝廷宽弛，豪右放恣，交私请托，朝野溷淆"，傅咸受命出任司隶校尉，整顿朝廷纲纪，一时也取得较好的效果。[1]但是好景不长，元康九年（公元299年），赵王司马伦矫诏废贾后为庶人，并把她处死于金墉城。司马伦还毫无法律依据地处死司空张华、尚书仆射裴頠、侍中贾谧及其党羽数十人。后来，司马伦甚至还僭越帝位，大封官爵，闹出"狗尾续貂"的笑话。最终，齐王司马冏、成都王司马颖、河间王司马颙三王起事，把司马伦及其党羽一并诛灭。其后司马氏诸王轮番掌权，一再重演司马亮、司马伦的故事，不仅不再谨守法典制度，更从立法层面把其架空。

八王之乱期间，各地诸侯轮番占据中原，京师洛阳遭到破坏，职官制度、政府规章、故事文书大都遭到灭顶之灾。各诸侯为争取军事胜利而肆意扩军，随意立法，晋初律令法典中设计完备、规范严谨的诸侯法禁在事实上归于失效。三王联合征讨司马伦时发布的战时之法《己亥格》作为"常式"长期适用，效力优于律令法典。"依格杂猥，遭人为侯，或加兵伍，或出皂仆，金紫佩士卒之身，符策委庸隶之门，使天官降辱，王爵黩贱，非所以正皇纲重名器之谓也"[2]。这是西晋法典体系从立法层面遇到的严重挑战。

针对频繁出现的矫诏事件，也有人提出要用强调律令的方式进行约束。阎缵建议："宜开来防，可著于令：自今已后，诸有废兴仓卒，群臣皆得辄严，须录诣殿前，面受口诏，然后为信。"[3]但这种想法其实是本末倒置。在政治斗争无法平息的情况下，律令法典的权威根本无人在意，无人遵行，无论如何强调都于事无补。这再次说明，政治决定法律，而非法律决定政治。

总之，晋惠帝时，"政出群下，纲纪大坏，货赂公行，势位之家，以贵陵物，忠贤路绝，谗邪得志，更相荐举，天下谓之'互市'焉"[4]。乱局之下，徇私枉法之事自然层出不穷。正如晋元帝所说："自元康已来，事故荐臻，法禁滋漫。"[5]

当然，处于激烈动荡中的统治阶层，为维护统治，缓和社会矛盾，也会

---

[1]　参见《晋书·傅玄传附傅咸传》。
[2]　《晋书·陈頠传》。
[3]　《晋书·阎缵传》。
[4]　《晋书·惠帝纪》。
[5]　《晋书·刑法志》。元康元年（公元291年）就是永平元年，也是晋惠帝在位的第一年。杨骏专权、贾后之乱、八王之乱、永嘉之乱基本上都发生在元康元年（公元291年）以后的十几年间。

采取一些法律手段减轻人民负担。例如，晋惠帝在永平元年（公元291年）下诏"除天下户调绵绢"[1]；在永兴元年（公元304年）又下诏"供御之物皆减三分之二，户调田租三分减一"[2]；在位期间还曾经频繁下诏大赦、减刑。此类诏书虽然只是权宜之计，但也涉及西晋法典体系内容的轻缓化改造，值得肯定。只不过，这些小修小补根本无力扭转西晋王朝与西晋法典体系的衰败命运。

（二）地方叛乱与法典体系的局部废止

晋惠帝在位期间，八王之乱导致社会矛盾迅速激化，大量农民破产沦为流民，地方分离势力和边疆少数民族也加入到此起彼伏的叛乱中来。爆发叛乱的地方，既有少数民族聚居的边疆地域，也有三国时代的吴、蜀故地。这些叛乱规模越来越大，逐渐出现地方割据政权。割据政权出现以后，代表西晋王朝正统性的法典体系开始在局部遭到废止。

叛乱的战火首先在西北方向点燃。元康四年（公元294年）五月，匈奴人郝散率众反叛，攻上党，杀长吏，后来进入渭北冯翊，到当年八月才被平定。元康六年（公元296年）五月，郝散的弟弟度元又率领马兰羌、庐水胡反叛，攻破北地、冯翊二郡。史书称："自此已后，北狄渐盛，中原乱矣。"[3] 同年八月，秦州和雍州地区的氐、羌族人起兵响应反叛，推举氐族统帅齐万年僭号称帝。齐万年叛乱直到元康九年（公元299年）正月才被平定。

齐万年在关中引发的战火导致大量流民南下进入蜀地。叛乱的战火也跟着燃烧到西南方向。永康元年（公元300年）十二月，益州刺史赵廞与洛阳流人李庠杀成都内史耿胜、犍为太守李密、汶山太守霍固、西夷校尉陈总，占据成都反叛。第二年，氐族人李特率领流民杀赵廞，献首洛阳。但他刚在蜀地站稳脚跟，就于永宁二年（公元302年）十月反叛。太安二年（公元303年）三、四月，李特、李雄父子先后两次攻陷益州。永安元年（公元304年）十一月，李雄自封为成都王，设置百官，正式建国。[4] 至此，地方叛乱已经开始出现立国建政现象。新政权显然不会再承认西晋王朝及其法典制度

---

[1]《晋书·惠帝纪》。
[2]《晋书·惠帝纪》。
[3]《晋书·四夷传·北狄匈奴》。
[4] 公元304年有三个年号，一至七月为永安，八至十月为建武，十一月恢复为永安，十二月为永兴。《晋书·惠帝纪》："（冬十一月）辛丑……李雄僭号成都王。"所以李雄称王应该称为"永安元年"。

的正统性与合法性。李雄在成都称王建国，"建元为建兴，除晋法，约法七章"[1]。西晋法典体系首次在益州地区被明确废止。尽管只是在局部范围，这却开创了废除晋法的先河。永兴二年（公元305年）六月，李雄又僭即帝位，国号大成。大成国就是后来"十六国"政权之一的成汉，统治巴蜀汉中地区四十余年。由于"建国草创，素无法式"[2]，成汉国的尚书令阎式建议制定正式的法律制度，取代西晋法典废止后留的法律真空。至此，西晋法典体系在西南地区被彻底取代。只不过，由于当时天下纷扰，成汉政局也是变乱频仍，所以真正稳定的成文法律体系并没有在这里建立起来。这又是后话了。

蜀地叛乱，朝廷紧急征调"壬午兵"入蜀平叛。这又引发荆州百姓抗拒和流民加入的连锁性叛乱。太安二年（公元303年）五月，义阳蛮张昌利用宗教妖术率众反叛，推举山都县吏丘沈为天子，建元神凤，设置百官，伪冒汉朝皇室后裔，攻破江南众多郡县。同时，临淮人封云也举兵响应张昌，进攻徐州。直到永安元年（公元304年）三月，张昌之乱才被平定。紧接着，永兴元年（公元304年）十二月，右将军陈敏又在江南举兵反叛，自号楚公，发布诏书。但他缺乏江东士族的支持，而且"凡才无远略""刑政无章"[3]，所以并没在江东站住脚。永嘉元年（公元307年）三月，陈敏被平叛诛杀。这为后来东晋在江东保留西晋法典的效力空间预备了条件。

此时，边地战火已经烧到作为王朝统治核心的中原地区。建武元年（公元304年）八月戊辰，匈奴左贤王刘渊反叛，自号为大单于。永安元年（公元304年）十一月，刘渊打出汉室后裔的旗号，自封为汉王。[4]永嘉二年（公元308年），刘渊称帝，国号为汉，也就是"十六国"政权之一的汉赵。最后，汉军在永嘉五年（公元311年）攻陷洛阳、掳走晋怀帝，杀太子、宗室、官员及士兵百姓三万多人，并大肆发掘陵墓、焚毁宫殿，史称"永嘉之乱"。西晋王朝遭受致命一击，地方叛乱更加猖獗，政治一统化为乌有，全国范围内的法典秩序也已经彻底崩塌。又过数年，晋愍帝被杀，西晋覆灭，中

---

[1]《晋书·李雄载记》。
[2]《晋书·李雄载记》。
[3]《晋书·陈敏传》。
[4] 公元304年有三个年号，一至七月为永安，八至十月为建武，十一月恢复为永安，十二月为永兴。《晋书·惠帝纪》："八月戊辰……匈奴左贤王刘元海反于离石，自号大单于……（冬十一月）辛丑……刘元海僭号汉王。"《晋书·刘元海载记》："永兴元年，元海乃为坛于南郊，僭即汉王位。"当时的年号应该称为"永安元年"。

原出现许多少数民族政权。晋室宗亲琅琊王司马睿率领残存势力南渡，逐渐在江南站稳脚跟，后来建立东晋政权。东晋十六国时代的到来，宣告西晋法典体系在中原广大区域内的正式废止。这当然主要不是法典体系自身的问题，更多是政治局势使然。正如唐代史官所说："作法于治，其弊犹乱；作法于乱，谁能救之！"〔1〕

《庄子·养生主》曰："指穷于为薪，火传也，不知其尽也。"在政局剧烈动荡的局面下，晋初立法者精心设计构建的西晋法典体系在正式施行四十余年后最终归于无效。其过程恰如人的死亡：先出现身体机能的剧烈紊乱，然后从局部到全身一步步失去生命迹象。伴随其生理活力的丧失，人身逐渐变为死尸，附于其身的思想情感也随之烟消云散。然而其人所思所想既然已经发于言语、著于文字，那就自然可以通过其他方式继续传播，甚至超越有形肉身，传之无穷。西晋法典体系的历史命运也是如此。

当然，在天下动荡的大风暴中，也有一些区域像风暴中的平静港湾，不受外界干扰。在这些政局相对稳定的区域，西晋法典体系的法制内容仍然凭借其立法技术和实用效果继续发挥作用，维护一方秩序。例如，甘肃玉门花海出土的《晋律注》就是西晋灭亡前后的产物。〔2〕当时，宗室诸侯的殊死内斗已经在中原造成巨大破坏，许多边疆地区都处在反叛的动荡之中，永嘉之乱也已经给西晋王朝以致命打击，但在距离洛阳三千里之遥的西北一隅，却有人在入葬仪式中郑重地把书写法律的纸张贴在棺材上，以求驱邪辟恶。这说明，当地人仍然视法律为神物，仍然保有对律令法典的朴素信念。而在随后的岁月中，诸如此类的地方也给西晋法典精神遗产的延续保留了火种。（详见后文）

二、在东晋的继受与改造

建武元年（公元 317 年），司马睿在建康称晋王，次年登基称帝。东晋政权成为中原士族乐于归往的避难港湾。尽管东晋建政也经历了独立的斗争过程，但两晋政权无论是在皇室血统还是在国家制度方面都保持着无法割裂的纽带联系。东晋政权也因此获得合法性方面的有力支撑，史称"民怀其旧德"〔3〕。作

---

〔1〕《晋书》卷五"史臣曰"。
〔2〕参见曹旅宁、张俊民："玉门花海所出《晋律注》初步研究"，载《法学研究》2010年第4期。
〔3〕《晋书·元帝纪》。

为两晋政权合法性的延续线索之一，西晋法典体系自然会在东晋继续遵行，只不过遵行效果有待考察，而且遵行中也有一些必要的改造。

(一) 东晋继受西晋法典体系的情况

由于两晋在法理上属于同一王朝，所以西晋法典在东晋当然具备正式法律效力。只不过，在两晋交替期间，政治局面动荡不安，军事斗争是政务重心。所以需要等社会局面逐渐稳定以后，各种法典才能得到有效施行。[1]

在西晋朝廷日益衰微之际，琅琊王司马睿出镇建邺，逐渐在江东站住了脚。建兴元年（公元313年），晋愍帝即位，封司马睿为左丞相。此时，主簿熊远向司马睿上书提出，要严格贯彻律令法制，明确禁止司法官断案时在律令经传之外寻找裁判依据。他说：

> 自军兴以来，法度陵替，至于处事不用律令，竟作属命，人立异议，曲适物情，亏伤大例。府立节度，复不奉用，临事改制，朝作夕改，至于主者不敢任法，每辄关咨，委之大官，非为政之体。
>
> ……
>
> 凡为驳议者，若违律令节度，当合经传及前比故事，不得任情以破成法。愚谓宜令录事更立条制，诸立议者皆当引律令经传，不得直以情言，无所依准，以亏旧典也。若开塞随宜，权道制物，此是人君之所得行，非臣子所宜专用。主者唯当征文据法，以事为断耳。[2]

可见，由于政局动荡，法度陵替，当时几乎没有人自觉遵行法律，律令法典的制度规范根本无法得到贯彻。从中央到地方，从司法到行政，大都自作主张，临事改制，朝作夕改，办事不敢任法，全听长官意志。这种有政府、无法律的状况，不是正常为政的国家之体。所以熊远主张，朝廷议论案件必须严格依准律令经传，具体办事人员则只能征文据法，严格依照官方文书处断。这个意见对恢复西晋法典体系的效力和权威，可谓意义重大。

然而当时晋愍帝尚且在位，司马睿只是以丞相身份掌控江东。所以从法理上讲，司马睿仍是臣子，而非人君，没有权力发布制诏，重申法律。而且从当时的全国形势来看，各地纷乱不已，司马睿对江东的控制也还不够稳固，

---

〔1〕《晋书·刑法志》："及于江左，元帝为丞相时，朝廷草创，议断不循法律，人立异议，高下无状。"

〔2〕《晋书·刑法志》。

所以没有实力和条件施行熊远的建议。西晋法典体系在江东还不能有效恢复实施。

建兴四年（公元316年），晋愍帝在平阳被刘聪所俘。次年三月，司马睿在建康称晋王，改元建武。此时，他才开始以最高统治者身份在江东发号施令。熊远的建议从此开始得以施行。建武元年（公元317年）三月庚寅，他发布命令，"备百官"，"彰宪典"，史称《庚寅诏书》。[1]在这份诏书中，甚至出现"举家逃亡家长斩"的严刑峻法。[2]尽管这种重法倾向在晋王大理卫展等人的反对下有所纠正，但司马睿寻求以重典治乱世、厉行律法、整顿纲纪的做法在当时的确很有必要。

太兴元年（公元318年）三月，晋愍帝驾崩的消息传到建康，司马睿正式即皇帝位，改元太兴。在东晋政权正式建立以后，施行法律制度，重组社会秩序，就成为当务之急。晋元帝登基之后没几天就发布《壬申诏书》称："其有政绩可述，刑狱得中，人无怨讼，久而日新，及当官软弱，茹柔吐刚，行身秽浊，修饰时誉者，各以名闻。"[3]其中提到，要把"刑狱得中，人无怨讼"作为考核、提拔官员的重要指标。这是贯彻西晋法典内容，延续西晋法典效力的明确信号。

同年七月戊申，他又下诏："二千石令长当祗奉旧宪，正身明法，抑齐豪

---

[1] 参见丁宏武："《抱朴子外篇》所载东晋初年《庚寅诏书》考"，载《西北师大学报（社会科学版）》2005年第5期。

[2] 《晋书·刑法志》："河东卫展为晋王大理，考摘故事有不合情者，又上书曰：'今施行诏书，有考子正父死刑，或鞭父母问子所在。近主者所称《庚寅诏书》，举家逃亡家长斩。若长是逃亡之主，斩之虽重犹可。设子孙犯事，将考祖父逃亡，逃亡是子孙，而父祖婴其酷。伤顺破教，如此者众。相隐之道离，则君臣之义废。君臣之义废，则犯上之奸生矣。秦网密文峻，汉兴，扫除烦苛，风移俗易，几于刑厝。大人革命，不得不荡其秽匿，通其圮滞。今诏书宜除者多，有便于当今，著为正条，则法差简易。'元帝令曰：'礼乐不兴，则刑罚不中，是以明罚敕法，先王所慎。自元康已来，事故荐臻，法禁滋漫。大理所上，宜朝堂会议，蠲除诏书不可用者，此孤师虚心者也。'"按照法理，司马睿当时只是晋王，尚无资格发布诏书，在其本纪中也只说"令曰"。而在这里，作为晋王的大理，卫展却称司马睿所发的"令"为"诏书"。另，《抱朴子外篇·自叙》："晋王应天顺人，拨乱反正，结皇纲于垂绝，修宗庙之废祀，念先朝之滞赏，并无报以劝来。洪随例就彼。《庚寅诏书》，赐爵关中侯，食句容之邑二百户……丑虏未夷，天下多事，国家方欲明赏必罚，以彰宪典，小子岂敢苟洁区区之懦志，而距弘通之大制，故遂息意而恭承诏命焉。"葛洪同样称晋王之命为"诏"。可能的解释是：司马睿当时虽是晋王，但晋愍帝已经被俘，获救无望。在当时人看来，晋王在江东已经俨然是事实上的皇帝，从法理上升格为帝只是时间早晚的事。所以当时人把晋王之"令"也称为"诏书"，区分并不严格。反倒是后世史家在此处的史笔体例更为严格。《晋书·元帝纪》中，司马睿称帝之前发布的命令一律称"令"，称帝之后才开始称"诏"。

[3] 《晋书·元帝纪》。

强，存恤孤独，隐实户口，劝课农桑。州牧刺史当互相检察，不得顾私亏公。"〔1〕这份诏书透露出三层信息：

首先，明确提出"祗奉旧宪"。这是重申西晋法典体系效力的正式命令。诏书又说要"正身明法……隐实户口，劝课农桑"，落实这些事项大体上都必须从《泰始律》《泰始令》《晋故事》等成文法典中寻求法律依据。

其次，诏书把二千石令长、州牧刺史等地方官员作为发布对象，说明东晋政权正在逐渐有效掌控地方政务。在地方推行统一的法典制度，既是中央掌控地方的表现，也是西晋法典体系在东晋境内得以恢复的标志。

最后，诏书还明确了恢复执行西晋法典体系的制度保障与施行方案。诏书既要求各级官员"正身明法"，还提到州牧刺史互相检察，彼此监督。如监察官员失察或者见错不纠，也要承担相应的法律责任。诏书同时还提出抑强扶弱，压制豪强势力，使其完全遵守法典制度。

在第三层信息中，隐含着一个阻碍法典贯彻执行的现实问题，即世族门阀政治带来的严峻挑战。西晋末年战乱导致法典制度在局部废止，等到政局稳定下来后自然会缓慢恢复。但是世族门阀制度带来的国家、社会和政治结构的深层变化，却给恢复法典效力造成难以克服的强大阻力。

东晋的政治主要由门阀世族掌控。〔2〕琅琊王司马睿南下建立政权，就是北方世族和江东世族共同支持下才得以成功。由于琅琊王氏在此过程中居功最巨，当时甚至有"王与马共天下"之说。王导认为"镇之以静，群情自安"〔3〕。他以宽和的政策笼络南北世族，维持东晋朝廷的秩序稳定。其最大的政治功绩在此，最大的政治积弊也在于此。因为世族内部的宽松和谐，以弱化皇权、压榨百姓和破坏法制纲纪为代价。庾亮执政后，为尊隆皇权、强化集权而厉行法制，却因此失掉世族的支持。〔4〕加之他的一些政治举措不当，最终导致东晋陷入新的内外动乱之中。王导重新获得辅政地位，继续推行针

---

〔1〕《晋书·元帝纪》。
〔2〕参见田余庆：《东晋门阀政治》，北京大学出版社2012年版。
〔3〕《晋书·王导传》。
〔4〕《晋书·庾亮传》："太后临朝，政事一决于亮。先是，王导辅政，以宽和得众，亮任法裁物，颇以此失人心。又先帝遗诏褒进大臣，而陶侃、祖约不在其例，侃、约疑亮删除遗诏，并流怨言。亮惧乱，于是出温峤为江州，以广声援，修石头以备之。会南顿王宗复谋废执政，亮杀宗而废宗兄虞。宗，帝室近属；虞，国族元老，又先帝保傅，天下咸以亮翦削宗室。"

对世族的宽惠政策。王导死后，庾冰辅政，又曾一度厉行法制。[1]在此之后，桓氏、谢氏等世家大族轮番执掌东晋朝廷的军政大权，皇帝权威受到极度削弱，法典制度也不再得到有效遵守。此外，还有更多世族纷纷占据地方州郡，根据家族政治利益的得失而选择是否听从朝廷指挥。东晋王朝俨然成为一个由众多门阀政治单元组合而成的松散政权。在此背景下，西晋法典制度的贯彻落实也就成为空谈。放宽视角来看，这种局面和战国以来兴起的新式法律的基本宗旨完全背道而驰。

新式法律的宗旨在于强化集权，凸显皇权，明确规范君臣关系，强调中央对地方的有效制约和高效治理。新式法律从内容到形式再到技术手段的持续数百年的不断改进，正是在此背景下的逻辑展开。条文抽象、篇目整合、法典编纂、体系构建、法律注释、传抄下行、主者守文……所有这些工作的共同落脚点都在于增强新式法律的实际效力和实施效果。所以对于西晋法典体系而言，一以贯之、不避豪强的执行效力和政治取向才是其根系命脉所在。

作为东晋政权名义上的人君共主，司马氏自然要极力维护法典制度自上而下、无所屈挠的权威效力。所以在晋元帝的诏书中才会出现"抑齐豪强，存恤孤独"之类的话。然而遗憾的是，晋元帝这个主观想法和施政理念并未能转化为现实。其后的东晋历代君主试图与世族门阀明争暗斗，也都未能恢复皇帝和法典制度的绝对权威。

晋哀帝兴宁二年（公元364年）"三月庚戌朔，大阅户人，严法禁，称为庚戌制"[2]。这里的"严法禁"实际上就是申明律令法典的户籍赋税制度，要求各级官府严格执行。具体而言，这些规范主要集中在《泰始律》的《户律》，《泰始令》的《户令》《佃令》《捕亡令》，《晋故事》的《户调式》以及东晋出现的土断新制。"庚戌制"出台的大背景正是世家大族与官府朝廷之

---

[1]《晋书·庾亮传附庾冰传》："初，导辅政，每从宽惠，冰颇任威刑。殷融谏之，冰曰：'前相之贤，犹不堪其弘，况吾者哉！'范汪谓冰曰：'顷天文错度，足下宜尽消御之道。'冰曰：'玄象岂吾所测，正当勤尽人事耳。'又隐实户口，料出无名万余人，以充军实。诏复论前功，冰上疏曰：'臣门户不幸，以短才赞务，衅及天庭，殃流邦族，若晋典休明，夷戮久矣。而于时颠沛，刑宪暂坠，遂令臣等复得为时陈力。徇国之臣，因之而奋，立功于大罪之后，建义于颠覆之余，此是臣等所以复得视息于天壤，王宪不复必明于往愆也。此之厚幸，可谓弘矣，岂复得计劳纳封，受赏司勋哉！愿陛下曲降灵泽，哀恕由中，申命有司，惠臣所乞，则愚臣之愿于此毕矣。'许之。"

[2]《晋书·哀帝纪》。

间围绕着人口与劳动力所展开的争夺。当时大量北方百姓南下成为流民，户籍制度混乱，世家大族广泛吸收流民，对国家利益造成重大削弱。[1]就国家立场而言，自然希望所有户籍人口均由国家控制，作为编户齐民承担赋税徭役等法定义务。世家大族则希望多占人口来为己服务。所以，"庚戌制"实际上是借用土断名义对流民人口进行争夺。

自汉魏、西晋以来大族与国家争夺人口的情况一直存在。只不过前代王朝的中央集权力量更为强大，可以通过贯彻法制的方式占据主动。但在东晋，基于特殊的立国基础和政治形势，世族势力足以制衡朝廷，侵凌皇权，代表朝廷和皇权意志的法典制度始终不能得到有力贯彻。朝廷的土断运动每每遇到极大阻力，常常半途而废，[2]就是明证。特别是在庚冰之后，朝廷制度宽纵无度，成文法典更被彻底束之高阁。[3]

（二）东晋对西晋法典内容的改造

尽管完全恢复西晋法典效力没有希望，东晋仍然在继承西晋法典体系整体框架的同时，结合新形势对其内容进行了一些改革。

在经济赋税制度方面，东晋先是设置"侨州郡县"安置北方南下的士人和流民，后来又通过"土断"和"度田税米"政策充实编户齐民，增加租赋收入。由此牵动户籍、租调、行政区划、官员设置等一系列制度的改革与调整。在此背景下，法典的相关内容也自然要随之修改。

流民问题自汉末以来就给地方治理带来巨大难题。西晋太康初年，卫瓘等人就曾建议实行"土断"政策，取消客籍户，把所有流寓士民一律编入当地户籍。[4]这样自然便于管理，有利于配合国家的赋税、军事、教育和选举

---

[1]《晋书·山涛传附简子退传》："江左初基，法禁宽弛，豪族多挟藏户口，以为私附。"

[2] 参见胡阿祥："论土断"，载《南京大学学报（哲学·人文科学·社会学科版）》2001年第2期；张学锋："东晋的'度田税米'制与土断的关系"，载范金民主编：《江南社会经济研究·六朝隋唐卷》，中国农业出版社2006年版；邱敏："东晋南朝土断'阶段性'特征刍议"，载《南京理工大学学报（社会科学版）》2008年第5期。

[3]《晋书·刑法志》："咸康之世，庚冰好为纠察，近于繁细，后益矫违，复存宽纵，疏密自由，律令无用矣。"

[4]《晋书·卫瓘传》载卫瓘与太尉司马亮上疏建议："今九域同规，大化方始，臣等以为宜皆荡除末法，一拟古制，以土断，定自公卿以下，皆以所居为正，无复悬客远属异土者。"与此同时，始平王文学李重也上疏称："方今圣德之隆，光被四表，兆庶颙颙，欣睹太平。然承魏氏凋弊之迹，人物播越，仕无常朝，人无定处，郎吏蓄于军府，豪右聚于都邑，事体驳错，与古不同。谓九品既除，宜先开移徙，听相并就。且明贡举之法，不滥于境外，则冠带之伦将不分而自均，即土断之实行矣。"（《晋书·李重传》）

第五章 西晋法典体系的历史地位

制度。但是这个建议并未被晋武帝采纳。

西晋末年，中原动荡不安。大量士族与普通百姓选择南渡避难，成为东晋政权治下的新一代流民。[1]就连东晋政权自身的主要成员也大多都是北方南下的流亡士族。大量流民南下，带来人口优势的同时，也带来治理难题。东晋的解决方案是设置"侨州郡县"安置北来流民。他们把北方南来的人称为"侨人"，借用北方郡县的名称在江南设置"侨州郡县"，侨人按照其原来的户籍注册在相应的"侨州郡县"。担任侨州郡县刺史、太守的，往往就是流民帅。"侨州郡县"起初只是虚设，在原来北方的州郡县名前面加上"南"字，并没有实际的治理区域和管理机构。后来，"侨州郡县"逐渐落实，但朝廷对侨人仍然缺乏有效管理，出现"十家五落，各自星处，一县之民，散在州境，西至淮畔，东届海隅"[2]的杂乱局面。因为，朝廷和流民中的大多数人起初都只是把南渡当作临时的避难，内心仍然盼望回归中原故土，并不打算长期定居南方，所以"侨州郡县"的户籍只能算是一种临时户籍。临时户籍的人，绝大多数都被归入世家大族的荫庇之下，不用承担朝廷租税赋役。[3]而且，这种户籍在形式上和正式户籍有明确的区别。

东晋时，南渡侨人的户籍称为"白籍"，江东本地居民的户籍称为"黄籍"。西晋时的户口"黄籍"书写在一尺二寸的木札上。[4]由于崇黄心理和黄色药物处理等因素，而被称为"黄籍"。[5]为防止单独抽换篡注，黄籍木札的编订严密、整齐，像梳子、篦子一样紧密排列。[6]但在魏晋时期，文字

---

[1]《晋书·王导传》："洛京倾覆，中州士女避乱江左者十六七。"

[2] 史料出自《南齐书·州郡志上》所引南齐永明元年（公元483年）刺史柳世隆奏疏。东晋时期的情况应该也与此类似。

[3]《世说新语·政事》"何以为京都"条刘孝标注引南朝宋檀道鸾《续晋阳秋》："自中原丧乱，民离本域，江左造创，豪族并兼，或客寓流离，名籍不立。"《隋书·食货志》："都下人多为诸王公贵人左右、佃客、典计、衣食客之类，皆无课役。"《南齐书·州郡志上》："晋元帝过江……时百姓遭难，流移此境，流民多庇大姓以为客。元帝太兴四年，诏以流民失籍，使条名上有司，为给客制度，而江北荒残，不可检实。"

[4]《太平御览·文部二十二·札》引《晋令》："郡国诸户口黄籍，籍皆用一尺二寸札，已在官役者载名。""一尺二寸"是简牍文书时代的重要长度标准。《后汉书·光武帝纪》李贤注引《说文》曰："檄，以木简为书，长尺二寸。谓之檄，以征召也。"《汉书·高帝纪》颜注略同。而且当时供奉祭祀的神主长度一般也都是一尺二寸。《后汉书·祭祀志中》李贤注引《风俗通》曰："今民犹祠司命耳，刻木长尺二寸为人像，行者檐中，居者别作小居。齐地大尊重之，汝南诸郡亦多有者，皆祀以猪，率以春秋之月。"这和黄籍札的长度或许也有一定关联。

[5] 参见韩树峰："汉晋时期的黄簿与黄籍"，载《史学月刊》2016年第9期。

[6]《太平御览·文部二十二·札》引刘熙《释名》："札，栉也，编之如栉齿相比也。"

书写载体正在经历变革，逐渐从笨重、高成本的简牍转变成简便、低成本的纸。但以纸代简并非一步到位。[1]《泰始令》规定"黄籍"要写在木札上，但这只是一般性的规定。在地方上已经出现用纸书写户籍的现象。[2]到东晋时，正式编户齐民的户籍被记录在黄纸上，仍称"黄籍"。[3]与之相对，北来侨人的户籍写在白纸上，称为"白籍"。"白籍"的出现，使东晋境内出现黄、白籍并立的情况。这种不正常的情况起初只被视为一种临时举措，[4]从法律角度而言只是对西晋《泰始令》的变通，所以被载入令典的可能性不大。但是以纸代简在户籍上的确立，却正式改变了《泰始令》中木札黄籍的规定。

后来，东晋的侨人越聚越多，繁衍生息，开拓产业，并且北归无望，逐渐定居南方，再用临时优待的"白籍"的方式管理就显得不合时宜。[5]出于管理和征调民力的政治考量，朝廷开始推行以"土断"为代表的一系列整合户籍的政策活动。[6]尤其是，咸和二年（公元327年）晋成帝下诏整理户籍，把"白籍"并入"黄籍"，无论侨人还是土著都编到同一部"晋籍"中，一

---

[1] 目前所见最早的纸制物是1953年西安出土的"灞桥纸"。但它是否是真正意义上的"纸"，学界尚有争议。1990年在敦煌甜水井西汉邮驿遗址中出土三张写有文字的麻纸。这是汉字被书写在纸上最早的实物证据。但起初纸的用途是包装或衬垫，后来开始撰写书信和书籍等一般性质的文字。曹魏时开始出现用纸制作的诏令文书。《三国志·魏书·刘放传》载，魏明帝景初二年（公元238年），"帝纳其言，即以黄纸授放作诏"。西晋时，青纸诏书、黄纸诏书已经较为成熟规范。在地方上也开始出现用纸制作户籍和抄录法律的现象。尽管纸具有明显的便利优势，但在技术局限和观念保守的双重阻滞下，其使用范围有一个从边缘到核心、从民间到官方的渐次扩大过程。而且造纸技术和产量的限制仍较为明显。西晋时左思《三都赋》引发"洛阳纸贵"，就是典型的例子。

[2] 参见侯灿、杨代欣编著：《楼兰汉文简纸文书集成》，天地出版社1999年版，第556~557页。

[3] 参见丁海斌、李晶晶："中国古代'黄籍'一词源流考"，载《北京档案》2019年第12期。《太平御览·文部二十一·纸》引《桓玄伪事》："古无纸，故用简，非主于敬也。今诸用简者，皆以黄纸代之。"这是桓玄篡晋后发布诏书的内容。从其语气来看，应该是指一般的行政文书必须以纸代简。而在此之前，东晋户籍的书写材料早已改用纸张。参见韩树峰："从简到纸：东晋户籍制度的变革"，载《中国人民大学学报》2020年第5期。

[4] 《晋书·范汪传附范宁传》："古者分土割境，以益百姓之心；圣王作制，籍无黄、白之别。昔中原丧乱，流寓江左；庶有旋返之期，故许其挟注本郡。自汝渐久，人安其业，丘垄坟柏，皆已成行，虽无本邦之名，而有安土之实。今宜正其封疆，以土断人户，明考课之科，修闾伍之法。"

[5] 谭其骧"晋永嘉丧乱后之民族迁徙"一文统计，侨人数量占东晋人口的六分之一。参见谭其骧：《长水集》（上），人民出版社1987年版，第219~220页。

[6] 最早开始强化对北来侨人的户籍管理，以便征调民力。太兴四年（公元321年）五月庚申，晋元帝下诏："其免中州良人遭难为扬州诸郡僮客者，以备征役。"（《晋书·元帝纪》）但这还只是局部地区的局部政策。后来，东晋开始推行全面的"土断"政策。

体承担田租赋役。[1]这份户籍资料虽然毁于苏峻叛乱,但朝廷后来又制作出内容详实、"朱笔隐注,纸连悉缝"的新定统一户籍。[2]这应该是对《泰始令》户籍制度在宗旨上的回归和在形式上的发展。

在此以后,朝廷又多次推行统一户籍、侨人土断的法令。[3]但是由于侨人"迁徙去来,公违土断"[4],同时又有大量新来侨人不断涌入,导致土断迟迟无法完全落实。

除了户籍制度之外,东晋经济法律制度还有一些内容改革。例如,司马睿为晋王的时候,放开山林川泽之禁。[5]但是到了咸康二年(公元336年),晋成帝又下诏严格禁止占山护泽,用刑堪称严酷。[6]又如,太元元年(公元376年)七月乙巳,孝武帝下诏"除度田收租之制,公王以下口税米三斛,蠲在役之身"[7]。这些虽然都是王朝末世的危机自救之举,但也可以称得上是对律令法典内容的修改。

其次,在刑罚制度方面,东晋也对西晋律令法典内容多有改革的动议和实践。

司马睿称晋王后,晋王大理卫展即上书主张纠正以往法律的不合理因素。

---

[1]《南史·王僧孺传》:"后起咸和二年,以至于宋,所书并皆详实,并在下省左户曹前厢,谓之《晋籍》,有东、西二库。此籍既并精详,实可宝惜,位宦高卑,皆可依案。"参见万绳楠:"论黄白籍、土断及其有关问题",载《中国魏晋南北朝史学会成立大会暨首届学术讨论会论文集》,四川省社会科学院出版社1984年版,第274~287页。

[2]《通典·食货三·乡党》载南朝梁沈约上言曰:"晋咸和初,苏峻作乱,版籍焚烧。此后起咸和三年以至乎宋,并皆详实,朱笔隐注,纸连悉缝。而尚书上省库籍,唯有宋元嘉中以来,以为宜检之日,即事所须故也。晋代旧籍,并在下省左人曹,谓之晋籍,有东西二库。既不系寻检,主者不复经怀,狗牵鼠齧,雨湿沾烂,解散于地,又无肩縢。此籍精详,实宜保惜,位高官卑,皆可依按。"这里的"朱笔隐注,纸连悉缝"尤须值得重视,是防范户籍伪冒变造的重要技术手段。参见方北辰:"晋代'黄籍'书写材料的变化",载《文献》1999年第2期。

[3]《陈书·高祖纪上》说"咸和中土断"。《南史·王僧孺传》也记载咸和二年(公元327年),东晋朝廷整理出一部包括士庶在内的统一的"晋籍"(黄籍)。这两处记载应该是指同一件事,即东晋的第一次土断。咸康七年(公元341年)四月丁卯,晋成帝下诏"实编户,王公已下皆正土断白籍"(《晋书·成帝纪》),实行第二次土断。随后还有更为著名的晋哀帝兴宁二年(公元364年)三月庚戌下诏"大阅户人,严法禁"的"庚戌制"(《晋书·哀帝纪》)即大司马桓温推行第三次土断,和晋安帝义熙八年至九年(公元412~413年)的"义熙土断",即第四次土断。(《宋书·武帝纪中》)

[4]《南齐书·虞玩之传》。

[5]《晋书·元帝纪》:"(建武元年七月,公元304年)弛山泽之禁。"

[6]《宋书·羊玄保传附羊希传》:"有司检壬辰诏书:'占山护泽,强盗律论,赃一丈以上,皆弃市。'""壬辰诏书"即东晋咸康二年(公元336年)的"壬辰之科"。

[7]《晋书·孝武帝纪》。

例如，当时晋王诏令要求父母、子女之间彼此揭发罪行，出现"考子正父死刑，或鞭父母问子所在"[1]的现象。《庚寅诏书》也规定："举家逃亡家长斩。"[2]这些都是司马睿控御江南初期重刑倾向的反映。但是这些明显有悖于传统儒家礼教伦常和礼法观念的制度规定，引起了卫展的明确反对。其理由是："若长是逃亡之主，斩之虽重犹可。设子孙犯事，将考祖父逃亡，逃亡是子孙，而父祖婴其酷。伤顺破教，如此者众。相隐之道离，则君臣之义废。君臣之义废，则犯上之奸生矣。"[3]晋王司马睿只得决定召集朝会议讨论删除诏书中不可用者。

司马睿称帝后，卫展升为廷尉，进而提出恢复肉刑的主张，引发朝廷上下的一轮热议。卫展恢复肉刑的理由是："古者肉刑，事经前圣，汉文除之，增加大辟。今人户凋荒，百不遗一，而刑法峻重，非句践养胎之义也。"[4]晋元帝司马睿带有重刑主义倾向，内心支持这项动议，[5]于是下诏内外通议，试探群臣意见。当时参与讨论的有骠骑将军王导、太常贺循、侍中纪瞻、中书郎庾亮、大将军咨议参军梅陶、散骑郎张嶷、尚书令刁协、尚书薛兼、尚书周顗、尚书郎曹彦、中书郎桓彝等众多朝臣。支持派、反对派和折中调和派，久争不决。[6]晋元帝想要采纳卫展建议，在大将军王敦的极力反对下才被迫放弃。其后，晋安帝时桓玄主政，又提出恢复肉刑。最后在孔琳之等人反对下也没有施行。

晋明帝时也有对刑罚的一些修改。"太宁三年（公元325年）春二月戊辰，复三族刑，惟不及妇人。"[7]三族刑在晋初律典中是法定刑，但这份诏书

---

[1] 《晋书·刑法志》。《晋书·卫瓘传附卫恒传》："恒族弟展字道舒，历尚书郎、南阳太守。永嘉中，为江州刺史，累迁晋王大理。诏有考子证父，或鞭父母问子所在，展以为恐伤正教，并奏除之。中兴建，为廷尉，上疏宜复肉刑，语在《刑法志》。所以《晋书·刑法志》中的"考子正父"应该是"考子证父"。

[2] 《晋书·刑法志》。

[3] 《晋书·刑法志》。

[4] 《晋书·刑法志》。

[5] 《晋书·庾亮传》："时帝方任刑法，以《韩子》赐皇太子，亮谏以申韩刻薄伤化，不足留圣心，太子甚纳焉。"

[6] 关于此次肉刑复废之争，学界多有梳理及评析，兹不赘述。例如，陶广峰："汉魏晋宫刑存废析"，载《法学研究》1997年第3期；赵晓耕、史永丽："中国历史上肉刑的存废之争"，载《河南省政法管理干部学院学报》2004年第2期；吴文娟："浅论魏晋时期肉刑复议"，载《宜春学院学报》2009年第S1期。

[7] 《晋书·明帝纪》。

却表明，在晋明帝太宁三年（公元 325 年）前曾有一段时间废止过三族刑。不过，晋明帝在恢复三族刑的同时，却将女性从连坐弃市的范围中剔除出去。

三、十六国的继受与效法

在中国北方和西南地区，与东晋并存的政权前后多达二十余个。这个局面因为崔鸿《十六国春秋》一书而被称为"十六国"。这些国家在西晋故土上建政立国，自然会或多或少受到西晋法典体系的影响。其中有继受，也有效法。[1]

（一）西晋法典在前凉的继续适用

明确继受西晋法典体系的主要是汉人政权前凉。正当中原陷入八王内乱和胡人进犯的丧乱局面时，张轨在西北暗自经营凉州，文事武备都颇有成就。张氏原本就是西晋臣子，受到儒家忠孝观念影响，尽管实质上掌控西北，但在名义上却基本没有脱离西晋的法统，[2]始终奉司马氏政权为正朔，后来又曾接受东晋王朝的册封。因此可以想见，前凉应该像东晋那样直接继受西晋法典体系的衣钵。

张骏在位时曾经提出执行严刑峻法，应该是在西晋律典的基础上进一步提高刑罚等级。但这项主张遭到参军黄斌反对。他认为提高刑罚等级的最大技术问题在于，面对权贵难于执法，进而影响法律的公平性。张骏采纳了他的建议。这仍然是在西晋法典体系的框架内进行的讨论。

西晋前期继承汉魏传统，曾对西域施行有效管制，楼兰一直都是朝廷派兵屯驻的重要基地。但是西晋后期，朝廷内乱外患频繁，无力经营西域。直

---

[1] 关于十六国对西晋法律制度继受情况，邓奕琦曾经进行简略描述："前燕、前赵采取拿来主义，直接沿用晋律；成汉废除晋律，仅取其髓量行约法；后赵胡汉分治，晋律和胡族习惯法并用；后秦采纳晋制，并循汉魏传统，注重律学的研究与传播；南燕继续魏晋关于肉刑的讨论，为鲜卑法改造封建刑制做舆论准备；前秦服膺'天道助顺'，德刑兼施执行较好；后凉对儒术前倨后恭，刑法由峻重改从宽简。"（邓奕琦：《北朝法制研究》，中华书局 2005 年版，第 24～25 页）但这些说法有些笼统，而且有的地方也有失严谨，所以本书此处再进行一下系统梳理。

[2] 作为前凉国的开创者，张轨的最高爵位是西晋皇帝授命的西平公。这个爵号连同西晋末代年号"建兴"，被其后任者张寔、张茂、张骏、张重华、张耀灵一直沿用。直到通过政变上台的张祚才在不到两年的短暂时间内称帝。张祚死后，爵位、年号又恢复到以前的状态。在前凉政权七十六年的统治时间内，这两年可以说微不足道。而且张氏也始终以晋臣自居，不断向东晋王朝通表。境内下属有人多次劝进，也被张氏严词拒绝。或许正是因为这个缘故，唐代史家编撰《晋书》时仍将张氏作为晋室臣子身份放进"列传"行列，而未将之与其他割据君主一样列入"载记"之中。

到张氏掌控西凉后,才又向西开拓。"积贤君"[1]张骏在平定凉州境内后,在楼兰重建西域长史府。由于前凉政权尊奉西晋法统,沿用西晋建兴年号,所以在考古出土的楼兰文书中才会出现西晋纪年中断后又恢复的情况。[2]这同时也意味着,西晋法典体系得以在中国西北广大区域内继续适用。楼兰文书中有日期为"建兴十八年三月十七日"功曹主簿记录大宗钱粮数额的简牍文书。[3]这里的"建兴十八年"就是公元330年,即张骏在位期间。

更值一提的是,由于前凉偏居西北,少有战乱侵扰,文教也比较受重视,所以成为很多中原士人理想的避难之所。[4]西晋末年以后,大量中土士人在前凉治下的河西地区避乱,包括法律文化在内的中原文化在这里得到保存、延续和发展。河西律学传承魏晋的律学传统,许多重要的律学成果在这里继续传播。陈寅恪早已指出:"又西晋永嘉之乱,中原魏晋以降之文化转移保存于凉州一隅,至北魏取凉州,而河西文化遂输入于魏。"[5]在后来北魏历次制定法律的过程中,发挥重要作用的胡方回、李冲、源贺、常景等人都出自河西律学。然而,陈氏推测河西律学以汉律系统为主,[6]却已遭到出土资料的挑战。2002年甘肃玉门花海毕家滩十六国墓葬群出土《晋律注》残卷表明,西晋的律学系统知识在河西地区也有广泛影响。河西律学应该包含从汉到晋的众多法制和律学因素。[7]而这又和前凉政权没有摒弃西晋法典体系的基本情况互为佐证。

(二)胡族政权对西晋法典的效法

除汉人政权前凉之外,当时也有一些由胡人建立起来的政权部分采纳西

---

[1]《晋书·张轨传附张骏传》:"骏有计略,于是厉操改节,勤修庶政,总御文武,咸得其用,远近嘉咏,号曰积贤君。自轨据凉州,属天下之乱,所在征伐,军无宁岁。至骏,境内渐平。又使其将杨宣率众越流沙,伐龟兹、鄯善,于是西域并降。鄯善王元孟献女,号曰美人,立宾遐观以处之。焉耆前部、于阗王并遣使贡方物。"

[2] 参见谢振华:"楼兰简纸文书西晋纪年中断始末",载《中国边疆史地研究》2020年第1期。

[3] 参见侯灿、杨代欣编著:《楼兰汉文简纸文书集成》,天地出版社1999年版,第61页。

[4]《晋书·张轨传》:"永宁初,出为护羌校尉、凉州刺史。于时鲜卑反叛,寇盗从横,轨到官,即讨破之,斩首万余级,遂威著西州,化行河右。以宋配、阴充、氾瑗、阴澹为股肱谋主,征九郡胄子五百人,立学校,始置崇文祭酒,位视别驾,春秋行乡射之礼。秘书监缪世征、少府挚虞夜观星象,相与言曰:'天下方乱,避难之国唯凉土耳。张凉州德量不恒,殆其人乎!'"

[5] 陈寅恪:《隋唐制度渊源略论稿·唐代政治史述论稿》,陈美延编,生活·读书·新知三联书店2009年版,第4页。

[6] 参见陈寅恪:《隋唐制度渊源略论稿·唐代政治史述论稿》,陈美延编,生活·读书·新知三联书店2009年版,第116页。

[7] 参见曹旅宁、张俊民:"玉门花海所出《晋律注》初步研究",载《法学研究》2010年第4期;张俊民、曹旅宁:"毕家滩《晋律注》相关问题研究",载《考古与文物》2010年第6期。

晋法典内容，或仿照西晋法典体系的形式进行立法尝试。其中比较主要的是后赵、后秦、前燕、南燕。

后赵石勒称王前，就命法曹令史贯志制定《辛亥制度》。[1]这个《辛亥制度》篇幅只有五千字，与西晋泰始律令法典十二万多字的规模相比，只能算作一个提要钩玄的权宜之法。所以在施行十余年后，后赵又改回适用西晋律令。石勒称王后，采取胡汉分治策略，对胡人与汉人适用不同的法律制度。[2]对占人口多数的汉人，很有可能就是简便适用西晋律令法典。他任命续咸、庾景担任律学祭酒，主要负责官办律学的教授活动。[3]续咸曾经师从杜预，"修陈杜律，明达刑书"[4]，是当时著名的律学人才。他在西晋永嘉年间就曾担任廷尉平，进入后赵政权后又被石勒任命为理曹参军，掌管刑狱。他持法平详，时人将他与西汉著名法官于公相比。石勒之子石弘就曾跟随续咸学习律学。[5]可见，续咸是西晋杜预律学在北方十六国传承的重要人物。他担任律学祭酒，主持官办律学，必定会将西晋以来的律学传统发扬光大。由此推断，西晋法典体系在此时自然也会得到某种形式的有效延续。

建平元年（公元330年），石勒消灭前赵。后赵正式明确继承西晋的金德而为水德。这是为了表明，后赵是西晋在法统上的传承人。这种说法固然包含着与刘曜前赵争夺正统的想法，但也会对后赵法律模仿西晋法典形成一定助力。

石勒曾经下诏称"自今诸有处法，悉依科令。"[6]后来，石虎又下诏恢复魏晋时期实行的三年考核制度与九品选官制度，并且明令"著此诏书于令"[7]。这里的"科令""令"有可能就是指当时模仿甚至照搬西晋律令而正式颁行的一些单行法律规范。

后秦皇帝姚兴倾慕汉文化，尊重汉人的礼法传统与礼俗观念。他曾下书允许祖父母昆弟相容隐，又下书允许将帅在军事不急迫的情况下为父母奔丧、

---

[1]《晋书·石勒载记上》载石勒下书曰："今大乱之后，律令滋烦，其采集律令之要，为施行条制。"

[2] 清代学者汤球辑佚的崔鸿《十六国春秋别传·后赵录》记载："中垒支雄、游击王阳并领门臣祭酒，专明胡人辞讼，以张离、张良、刘群、刘谟等为门生主书，司典胡人出内，重其禁法，不得侮易衣冠华族。号胡为国人……国人不听报嫂，及在丧婚娶、至于烧葬，令如本俗。"《晋书·石勒载记下》同。

[3]《晋书·石勒载记下》："署从事中郎裴宪、参军傅畅、杜嘏并领经学祭酒，参军续咸、庾景为律学祭酒，任播、崔濬为史学祭酒。"

[4]《晋书·儒林传·续咸传》。

[5]《晋书·石勒载记下附石弘载记》："幼有孝行，以恭谦自守，受经于杜嘏，诵律于续咸。"

[6]《晋书·石勒载记下》。

[7]《晋书·石季龙载记上》。

守丧，即便是在军事紧急的情况下也有百日假期。可见他很注意遵循儒家礼制和孝道伦理。同时，他也比较重视律学和司法活动。他在首都长安设立官办律学教授机构，征召郡县散吏来学习法律知识。这些接受律学教育、精通法律的人才，又回到郡县担任司法官吏。姚兴本人也经常亲自到谘议堂审理疑狱，在当时获得良好的效果。[1]后来姚兴之子姚弼谋反，京兆尹尹昭等人主张"置之刑书，以明典宪""致之刑法"[2]。可见当时有据以给姚弼定罪的"刑书"、"典宪"和"刑法"。据此可以推知，后秦也应该有成文的法律。如果有的话，极有可能也是承袭西晋而来。

早在西晋惠帝时期，慕容鲜卑就努力效法西晋法律制度。[3]前燕政权建立起来后，官员的任用考核制度大体沿用魏晋规定。[4]如"祖父不殡葬者不能任官"等。但是由于战乱纷繁，有些规定需要灵活变通。廷尉监常炜上言说："又礼无招葬之文，令不此载。"[5]仆射悦绾也曾向前燕末代皇帝慕容暐建言"肃明法令，以清四海"[6]。这些"礼""令""法令"，就其内容来说，很可能就与西晋法典存在重要关联。

南燕皇帝慕容超曾提议恢复肉刑与魏晋九品选举制度。在诏书中，他说："阳九数缠，永康多难。自北都倾陷，典章沦灭，律令法宪，靡有存者。"[7]这里的"永康"是后燕第二位皇帝慕容宝的年号。而"北都倾陷"则指后燕都城中山（今河北定州）被北魏攻陷之事。由于国都失陷，南燕虽然在广固（今山东青州）再立政权，但原有典章制度与"律令法宪"都没有保存下来。这当然并不意味着，后燕政权已经形成一整套系统的律令法制文本。[8]但西

---

[1]《晋书·姚兴载记上》："兴立律学于长安，召郡县散吏以授之。其通明者还之郡县，论决刑狱。若州郡县所不能决者，谳之廷尉。兴常临谘议堂听断疑狱，于时号无冤滞。"

[2]《晋书·姚兴载记下》。

[3]《晋书·慕容廆载记》："廆以大棘城即帝颛顼之墟也，元康四年乃移居之。教以农桑，法制同于上国。"

[4]《晋书·慕容儁载记》记载廷尉监常炜上言曰："大燕虽革命创制，至于朝廷铨谟，亦多因循魏、晋，唯祖父不殡葬者，独不听官身清朝，斯诚王教之首，不刊之式。"

[5]《晋书·慕容儁载记》。

[6]《晋书·慕容暐载记》。

[7]《晋书·慕容超载记》。

[8] 楼劲认为，当时所谓的"律令"只是诏令科条，不过是用"律令"润饰而已。（楼劲：《魏晋南北朝隋唐立法与法律体系：敕例、法典与唐法系源流》，中国社会科学出版社2014年版，第83页）其说有理。这种情况不仅存在于十六国时期，在后来的北魏前期同样如此。换句话说，不能因为史料中出现"律令"二字就简单认定其为制定法甚至法典。

晋律令法典的影响确是客观存在的。

慕容超的诏书又提出要在南燕构建律令法典体系。这份诏书具体包括以下几层意思：

首先，总结南燕建国以来的法制建设情况，决定开启律令法典编纂活动。其诏曰：

> 今四境无虞，所宜修定，尚书可召集公卿……其令博士已上参考旧事，依《吕刑》及汉、魏、晋律令，消息增损，议成燕律……其明议损益，以成一代准式。[1]

这一段材料显示，南燕在当时已经初步实现"四境无虞"，所以开始筹划律令法典的编纂活动。按照慕容超的设想，作为"一代准式"的"燕律"应当综合参考历代文书档案、《尚书·吕刑》以及汉、魏、晋的重要法律文本，制定出一套超越前代的律令法典。从模式来看，这当然是对西晋律令法制体系的模仿。

其次，对于律令法典的主要制度内容，慕容超也有具体主张。其诏曰：

> 至如不忠不孝若封嵩之辈，枭斩不足以痛之，宜致烹轘之法，亦可附之律条，纳以大辟之科。肉刑者，乃先圣之经，不刊之典，汉文易之，轻重乖度。今犯罪弥多，死者稍众。肉刑之于化也，济育既广，惩惨尤深，光寿、建兴中，二祖已议复之，未及而晏驾。五刑之属三千，而罪莫大于不孝……轘裂之刑，烹煮之戮，虽不在五品之例，然亦行之自古……王者之有刑纠，犹人之左右手焉……周汉有贡士之条，魏立九品之选，二者孰愈，亦可详闻。[2]

据此史料可知，慕容超设想的《燕律》应该用"烹轘"等残酷死刑重惩不忠不孝犯罪，而且还要恢复肉刑。其主张与东晋的肉刑之议遥相呼应，共同反映出乱世重典思想。最后，慕容超还想在周汉的贡士制度与魏晋的九品制度中间寻求最佳选官制度方案。

慕容超的法制理想的规模气度可想而知。然而十分遗憾，其法制理想尚未实现，慕容超就在二十六岁的英年被斩首于东晋首都建康。此后，再未见南燕议定律令的记载。

---

[1]《晋书·慕容超载记》。
[2]《晋书·慕容超载记》。

当然，十六国中也有许多政权对西晋法典体系并不重视，法制规范不仅内容随意而且形式杂乱。例如，前赵皇帝刘曜曾下令："无官者不听乘马，禄八百石已上妇女乃得衣锦绣，自季秋农功毕，乃听饮酒，非宗庙社稷之祭不得杀牛，犯者皆死。"[1]又如，前秦中丞邓羌"性鲠直，与猛协规齐志，于是百僚肃整，豪右屏风，风化大行"[2]。皇帝苻坚叹曰："吾令始知天下之有法也，天子之为尊也。"[3]又如，成汉皇帝李雄在成都建政之后，明确宣布废止晋法，又约法七章作为临时法律。[4]可见，西晋法典体系在这些政权并未得到有效传承。

西晋的律令法典，不仅在中原区域产生持久影响，而且还远播东北亚。《三国史记·高句丽本纪》记载，高句丽小兽林王三年（公元373年）仿效西晋泰始律令法典而颁行律令。[5]当时北方中原正处于十六国时期，前燕（公元346~370年）、前秦（公元350~394年）、后燕（公元384~407年）与高句丽最为接近。其中，前燕时已参照西晋制定令典，后燕更以之为基础形成完整的律令法典制度。高句丽制定律令显然是受其影响而来。

第二节　对南北朝隋唐法典的影响

西晋法典体系在确立仅二十年后，就开始遭遇各方面的严峻挑战。在经历西晋末年破坏废止、东晋十六国继受改造等不同历史阶段之后，西晋法典体系最终与时俱进，在南北朝时期的不均衡发展和隋唐时代的再次整合过程中，演化出中国古代最为经典的分部法典体系，从而奠定中华法系的重要根基。[6]

一、对南北朝法典的影响

南北朝时，中国南方和北方的法律制度分途而行。南朝在大体承用西晋法典体系的基础上根据时代形势略作调整。北朝则不仅仿效西晋法典体系，

---

[1]《晋书·刘曜载记》。
[2]《晋书·苻坚载记上》。
[3]《晋书·苻坚载记上》。
[4]参见《晋书·李雄载记》。
[5]高明士："就其时代而言，当仿自西晋泰始律令。"（高明士：《律令法与天下法》，上海古籍出版社2013年版，第311页）
[6]高明士指出，"以晋唐律为蓝本之成文法典"是中华法系的一项重大特征。（高明士：《律令法与天下法》，上海古籍出版社2013年版，第311~314页）

第五章　西晋法典体系的历史地位

而且采掇汉魏乃至周秦的法律遗产，又和北方胡族的习惯法与中原社会的现实情况相结合，多重法律文化融汇碰撞，更可谓别开生面。

（一）对南朝法典的影响

南朝法制大体承袭两晋故物。由于西晋法典体系确实系统完备，江南社会结构也较为稳定，所以南朝前期的宋、齐两代，没有产生新的立法成果。而梁、陈两代则在继承西晋法典体系的同时又有新的发展，形成具有南朝特色的正式法典体系，并且影响流播域外。

刘宋初年，人们经常把"旧律""旧令""旧制"作为司法断狱的依据。这些实际上是指西晋的律令法典和其他规定。[1]这可能是由于宋初政局尚不稳定，还来不及制定颁行新的法律。[2]后来，刘宋也开始颁行冠名本朝的律令法典。例如，元嘉十七年（公元440年）十一月丁亥，宋文帝下诏曰："……自今咸依法令，务尽优允。"[3]又如，大明四年（公元460年），尚书右仆射刘秀之在讨论"民杀长史"行为处罚方式的时候径直称引律文，也不再提及"旧律""旧令"。[4]大明七年（公元463年）八月丁巳，宋孝武帝下诏"详省律令，思存利民"[5]。可能当时已经颁行正式的律典、令典。[6]只

---

[1] 例如，《宋书·王弘传》记载右丞孔默之、殿中郎谢元的话中就提到"旧律"。《宋书·傅隆传》记载傅隆的话也曾引用"旧令"条文。它们所指的应该就是泰始律令法典。程树德也认为是这样。（程树德：《九朝律考》，中华书局2006年版，第306页）

[2] 楼劲认为，当时在事实上充当基本法，起到替代《律》《令》有关规定作用的是条制。这种情况在南朝和北魏前期都是如此。（楼劲：《魏晋南北朝隋唐立法与法律体系：敕例、法典与唐法系源流》，中国社会科学出版社2014年版，第71、277页）

[3] 《宋书·文帝纪》。

[4] 《宋书·刘秀之传》："（大明）四年，改定制令，疑民杀长史科，议者谓值赦宜加徙送。秀之以为：'律文虽不显民杀官长之旨，若值赦但止徙送，便与悠悠杀人曾无一异。民敬官长，比之父母，行害之身，虽遇赦，谓宜长付尚方，穷其天命，家口令补兵。'从之。"

[5] 《宋书·孝武帝纪》。

[6] 宋、齐之律，史无所称。然而《隋书·经籍志二》载有蔡法度所撰《晋宋齐梁律》二十卷，《新唐书·艺文志二》也记载有《条钞晋宋齐梁律》二十卷。沈家本认为《晋宋齐梁律》"疑系比较之书"[（清）沈家本撰：《历代刑法考》，中华书局1985年版，第900页]。如果此说成立，则晋、宋、齐、梁律必定各有不同，才可以相互比较。所以沈家本断定："宋律自有书，故蔡法度得纂为一编。"[（清）沈家本撰：《历代刑法考》，中华书局1985年版，第901页]按照这个逻辑推论，宋有《宋律》，齐有《齐律》。《唐六典·尚书刑部》所载更为明确："宋及南齐律之篇目及刑名之制略同晋氏，唯赎罪绢兼用之。"这似乎也可以此说明，南朝宋、齐两朝虽大体沿袭西晋《泰始律》，但却都曾经各自制定律典。宋齐两朝也应该各有令典。《唐六典·尚书刑部》注记载：《晋令》四十篇，"宋、齐略同晋氏。"沈家本据此认为应有《宋令》《齐令》，而且推测："隋、唐《志》不录宋齐之令，是其书已亡，而《六典》云略同晋氏，当别有所据。"[（清）沈家本撰：《历代刑法考》，中华书局1985年版，第902页]笔者以为合理。因此也可以推知，宋、齐令典也如同律典一样，仍大体沿袭西晋，只不过是改名易号而已。

· 363 ·

不过，大明年间以后，刘宋国运日渐衰弱，法制秩序也逐渐松弛，法典运行的实际效力就要大打折扣了。[1]

南齐建立之初的法律基本上仍是西晋法典体系的故物。到永明年间，齐武帝曾经启动编修律注和议定律文的立法活动，即永明定律。[2]永明七年（公元489年），尚书删定郎王植整理西晋传下来的张、杜律注，集为一书二十卷，一千五百二十二条。齐武帝命公卿八座参议考正这个律注的本子，并议定律典正文，可考的参与者有十三人。[3]永明九年（公元491年），修成律文二十卷，《录叙》一卷。廷尉孔稚珪上表请求颁行新律，最后却无果而终。[4]不过，到隋唐时还有以"永明律"命名的法律文本。[5]而且永明定律完成了对张杜律注的整合工作，为后来蔡法度主持构建的南梁法典体系奠定了良好基础。[6]

南梁时，尚书删定郎蔡法度效法西晋构建法典体系的故事，揭开南朝系统构建法典体系的新篇章。天监元年（公元502年）八月丁未，梁武帝下诏由蔡法度和有关部门的官员集体讨论法律文本。蔡法度却提出："魏晋撰律，止关数人，今若皆咨列位，恐缓而无决。"[7]很显然，他想要构建起一套比肩魏晋的法典体系，并要以魏晋法典编纂为榜样组建立法团队。于是，梁武帝

---

[1]《宋书·谢晦传》"史臣曰"："降及大明，倾诐愈甚，自非讦窃深私，陵犯密讳，则左降之科，不行于权戚。若有身触盛旨，辞非国刑，免书裁至，吊客固望其门矣。由是律无恒条，上多弛行，纲维不举，而网目随之。"

[2]《南齐书·孔稚珪传》载："江左相承用晋世张、杜律二十卷，世祖留心法令，数讯囚徒，诏狱官详正旧注。"

[3] 参见邓长春、朱海："程树德《九朝律考》补遗一则——南齐'永明定律'考"，载《西南政法大学学报》2013年第4期。又可参见：[日] 兼田信一郎："梁律编纂的背景——兼论南齐永明律"，程维荣译，载杨一凡、[日] 寺田浩明主编：《日本学者中国法制史论著选·魏晋隋唐卷》，中华书局2016年版，第239~255页。

[4] 参见《南齐书·孔稚珪传》。

[5]《旧唐书·经籍志上》："《齐永明律》八卷，宋躬撰。"《新唐书·艺文志二》："宗躬，《齐永明律》八卷。"

[6]《隋书·刑法志》："时欲议定律令，得齐时旧郎济阳蔡法度，家传律学，云齐武时，删定郎王植之，集注张、杜旧律，合为一书，凡一千五百三十条，事未施行，其文殆灭，法度能言之。于是以为兼尚书删定郎，使损益植之旧本，以为《梁律》。"只不过，蔡法度主持的是全方位的立法活动，并不拘泥于南齐王植的律文和律注旧本，也不局限在"律"这一种法律形式上。

[7]《隋书·刑法志》。

下诏命只由中书监王莹等八人配合蔡法度议定律令。[1]蔡法度主持制定出《律》二十卷、《令》三十卷、《科》四十卷，并于天监二年（公元503年）四月癸卯把三部法典的定本上奏朝廷。[2]梁武帝下诏颁行新法典，同时擢升蔡法度为廷尉卿以奖励其功。[3]不过总体来说，南梁法典体系的规模、结构乃至具体内容仍不出西晋法典体系的范围。

首先，《天监律》大体沿袭《泰始律》而略有改革。

《隋书·刑法志》载《梁律》有二十篇。与《泰始律》相比，《天监律》删《诸侯律》，增《仓库律》，改《盗律》为《盗劫律》，《贼律》为《贼叛律》，《请赇律》为《受赇律》，《捕律》为《讨捕律》。整体改动幅度不大。（详见前文表11）删去《诸侯律》是由于南梁不再实行诸侯分封制度，此篇已无意义。增加《仓库律》，或许由于当时国家的事务职能更加发展，需要单列一篇专门规定与仓库管理相关的罪名刑罚。其余篇名的修改，是《天监律》对《泰始律》相应篇章内容的调整与充实，反映出蔡法度等南梁法律家对律典内容的新理解。

---

[1]《梁书·武帝纪中》只记载"中书监王莹等八人参定律令"。《隋书·刑法志》则记载："于是以尚书令王亮、侍中王莹、尚书仆射沈约、吏部尚书范云、长兼侍中柳恽、给事黄门侍郎傅昭、通直散骑常侍孔蔼、御史中丞乐蔼、太常丞许懋等，参议断定，定为二十篇。"这里有九个人。根据文意推测，《梁书·武帝纪中》的记载应该出自立法启动时的诏书。《隋书·刑法志》对人物官职的记载却并不准确。《梁书·武帝纪中》记载：梁武帝称帝当天任命中书监王亮为尚书令、中军将军，相国左长史王莹为中书监、抚军将军，吏部尚书沈约为尚书仆射，长兼侍中范云为散骑常侍、吏部尚书；天监二年正月乙卯，以尚书仆射沈约为尚书左仆射，吏部尚书范云为尚书右仆射……丙辰，尚书令、新除左光禄大夫王亮免；夏四月癸卯，尚书删定郎蔡法度上《梁律》二十卷、《令》三十卷、《科》四十卷。又根据《梁书》各传，在此期间，王莹担任中书监、兼侍中，沈约从尚书仆射转任尚书左仆射，范云从散骑常侍、吏部尚书转任尚书右仆射、领吏部，柳恽担任长史、兼侍中。尚书令王亮原本不在立法团队中，是后来加入进来的，而且在立法完成前三个月已经不再担任尚书令。

[2] 为与全书称谓统一，下文分别称为《天监律》《天监令》《天监科》。

[3]《隋书·刑法志》："（天监）二年四月癸卯，法度表上新律，又上《令》三十卷，《科》三十卷。帝乃以法度守廷尉卿，诏班新律于天下。"《文苑英华·卿寺二·大理卿·授蔡法度廷尉制》："门下：民命所悬，系乎三尺；止杀除残，实由乎此。是以皋陶作士，五刑惟明；于张莅官，世无冤狱。且汉代律书，出乎小杜。吴雄以三世法家，继为理职；郭躬以律学通明，仍业司士。爰及晋氏，此风未泯，叔则、元凯，并各名家。自兹厥后，斯尚渐薄。迄至于今，损弃顿尽。衣冠士子，耻复用心。州郡奸吏，恣其取舍，舞文弄法，非止一涂。朕膺天受命，为兆民主，每一念此，忘寝与食。尚书删定曹郎中蔡法度，少好律书，明晓法令，世之所废，笃志不息。至于章句蹐滞，名程乖碍，莫不斟酌厥里，允得其门。方欲寄以国刑，开示后学，文才取士，岂有定方？自世道浇流，浮伪云起，量计多少，辩校锥刀。若遵往从旧，守而勿失，岂所以轨仪上世，垂风于后？宜加褒擢，弗系常阶。可守廷尉卿，主者施行。"

就律典的篇章体例而言,《天监律》也基本承袭《泰始律》的布局。《刑名》《法例》作为总则置于篇首。其后的篇章,除在《水火律》后插入《仓库律》以及删除《诸侯律》外,虽有篇名调整,顺序却与《泰始律》保持一致。

就律典的条数而言,《天监律》从《泰始律》的六百多条变为二千五百二十九条,增加了将近二千条。之所以会有此变化,一方面可能是由于,从西晋初年到南梁初年一百五十年间律典内容不断增补、充实;另一方面,从《泰始律》到《天监律》,由简转繁的风格变迁也同样值得注意。在魏晋时,鉴于秦汉学术繁琐的弊病,开始流行一味追求简约的风气。在这种背景下出现的法典编纂受其影响,陷入法律条文过于简略的矫枉过正的误区。到了南朝,法律过于简约、律典依赖律注的弊病开始显现。这一局面引起人们反思,于是出现南齐的永明定律。因为蔡法度编纂律典根据南齐永明的旧本而成,所以很可能南齐时就已经把律文增加到一千五百条。与之类似的是,南梁仿效西晋"新礼"按照五礼体例编订的礼典,规模也从一百六十五篇、十五万字暴增到一千一百七十六卷、八千一十九条。[1]这种从繁到简又由简转繁的情况,不仅仅发生在立法领域,在史书撰著中也有体现。[2]如果看到这个背景,《天监律》条文增加的现象就不难理解了。

其次,《天监令》也参照《泰始令》而有所改定。

据《唐六典·尚书刑部》注记载,蔡法度制定《天监令》三十卷,《录》一卷,共分三十篇。与《泰始令》相较,《天监令》删除《俸廪》《赎》《军战》《军水战》《杂法》(二篇)《军法》(六篇),增加《劫贼水火》《军赏》,还把《贡士》《军吏员》分别改为《贡士赠官》《军吏》,又扩《佃》为《公田公用仪迎》。(详见后文表35)总体来说,《天监令》篇目大为减少。其中最显著的变化是,大量删去《泰始令》的军法内容。其理由已经在前文讨论《泰始令》构造时说过。另外,如果把《杂令》上、中、下三篇视为一

---

[1] 西晋"新礼"包括荀𫖮"新礼"和挚虞"新礼"两个版本。前者有一百六十五篇、一百六十五卷、十五万字。后者比前者减少了三分之一。这里姑且以荀𫖮"新礼"作为西晋"新礼"的代表。如果按照当时篇卷大体相当的情况看,南梁礼典比西晋"新礼"增加了六七倍。如果按照一条五十字计算,南梁礼典比西晋"新礼"也多出了两三倍。

[2] 西晋陈寿撰写《三国志》极尽简略之能事,在当时赢得"良史"的赞誉。但到了南朝,人们却开始对此风格持有批评意见,继而出现裴松之为《三国志》作注的事情。结果,裴注文字比《三国志》正文还多。随后的南梁更出现卷帙浩繁的断代史书。这都可以折射出时代学术风气的演变。参见胡宝国:《汉唐间史学的发展》,商务印书馆2003年版,第85~94页。

篇的话，那《天监令》就应该是二十八篇，《唐六典》称三十篇也不十分准确。理由也已经在前文讨论《泰始令》规模时说过。

当然，《天监令》结合时代发展也对《泰始令》进行了实质内容的修改与增删。吕志兴认为其将《佃》改为《公田公用仪迎》，只是篇目名称的调整。[1]这种说法是不够严谨的。因为，"晋《佃令》，有民田，有王、公、侯官品田，有兵奴分屯田"[2]。而南梁的《公田公用仪迎》内容可分为三部分：公田、公用、仪迎。这三个方面的令文制度，史籍中都有相关例证。[3]由此可见，其调整的内容范围大有扩张，篇名变化正是其内容变化的一种反映，绝不只是易文换字而已。这是南朝立法者与时俱进推动法典革新的努力成果，也是南朝律学内容求新的重要体现。

再次，《天监科》参照《晋故事》而定，并有所改易。

史载，蔡法度"易故事为梁科"[4]，制定《天监科》四十卷。《隋书·经籍志二》记载：

> 汉初，萧何定律九章，其后渐更增益，令甲已下，盈溢架藏。晋初，贾充、杜预删而定之，有律，有令，有故事。梁时，又取故事之宜于时者为梁科。

据此可知，蔡法度制定《天监科》所采用的法律文本依据应该就是《晋故事》。

汉魏时，"科"是一种内容全面的法律形式。到南朝时，"作为法规的科再现，而其内容则与前不同"[5]，呈现出新的法律功能和特征。此处的"科"是指法典化的行政法律规范，即科典。蔡法度"易故事为梁科"的方

---

[1] 参见吕志兴："梁《律》《令》的修订及其历史地位"，载《西南大学学报（社会科学版）》2007年第5期。

[2] 张鹏一编著：《晋令辑存》，徐清廉校补，三秦出版社1989年版，第139页。

[3] 例如，《梁书·武帝纪下》："自今公田悉不得假与豪家；已假者特听不追。其若富室给贫民种粮共营作者，不在禁例。"这是涉及公田之令。《梁书·张齐传》："巴西郡居益州之半，又当东道冲要，刺史经过，军府远涉，多所穷匮。齐沿路聚粮食，种蔬菜，行者皆贻给焉。"这是涉及公用之令。《梁书·萧景传》："景初到州，省除参迎羽仪器服，不得烦扰吏人。"《隋书·百官志上》载梁陈时"郡县官之任代下，有迎新送故之法，饷馈皆百姓出，并以定令。"这是涉及仪迎之令。

[4] 《唐六典·尚书刑部》注。

[5] 张建国："'科'的变迁及其历史作用"，载《北京大学学报（哲学社会科学版）》1987年第3期。

法是"取故事之宜于时者"。这里的"故事"指的是西晋时由各部门分掌的行政法典《晋故事》。所谓"易"可能有两层含义：一是"改换名目"，即把法律文件的名称从"故事"改为"科"。这可能与当时"故事"类文献太杂乱有关。[1]二是"删削简化"，即删减法律规范的条文，按照"宜于时"的原则进行取舍。《晋故事》在西晋初年有三十卷，后来增加到四十三卷。这比《天监科》略多，也可以与"易"字之意相符合。

与《晋故事》一样，相较于律令法典而言，《天监科》也比较缺乏稳定性。只不过，与《晋故事》卷帙日益增加的情形相反，《天监科》在数代以后篇章亡佚较为严重。《梁书》《南史》皆称《天监科》有四十卷，《隋书·刑法志》《隋书·经籍志二》却称三十卷，[2]可能当时所见的文本就只有三十卷。其后，两《唐书》则只载二卷。[3]这里可能有南梁国祚短促的缘故，[4]也可能与科典重要程度较低、编纂技术无足可取有关。与之形成鲜明对比的是，南梁的律令法典在隋唐时都保存完整。

最后，南梁也和西晋一样，有一套贯穿律令法典的罚则体系。

《隋书·刑法志》记载，南梁《天监律》的刑制有"十五等之差"，包括死罪、耐罪、赎罪三大类。死刑二等：枭首、弃市；耐刑四等：髡钳五岁刑笞二百、四岁刑、三岁刑、二岁刑；赎刑九等：金二斤（赎死刑，男子十六匹）、金一斤十二两（赎髡钳五岁刑笞二百，男子十四匹）、金一斤八两（赎四岁刑，男子十二匹）、金一斤四两（赎三岁刑者，男子十匹）、金一斤（赎二岁刑者，男子八匹）、罚金十二两（男子六匹）、罚金八两（男子四匹）、罚金四两（男子二匹）、罚金二两（男子一匹）、罚金一两（男子二丈）。此外，《天监律》还规定了执行赎刑的变通原则和具体标准。总体而言，这与《泰始律》的刑罚体系大体一致。（详见前文表24）

在律典刑罚体系以外，南梁还有"九等之差"与"八等之差"的罚则系

---

[1] 参见楼劲：《魏晋南北朝隋唐立法与法律体系：敕例、法典与唐法系源流》，中国社会科学出版社2014年版，第14~15页。魏晋南朝时"故事"类文本复杂混乱的情况也可参见本书前文所述。

[2] 《隋书·刑法志》："二年四月癸卯，法度表上新律，又上《令》三十卷，《科》三十卷。"

[3] 《旧唐书·经籍志上》："《梁科》二卷，蔡法度撰。"《新唐书·艺文志二》："《梁科》二卷。"

[4] 西晋虽然国运只有五十年，但是东晋毕竟又延续了一百多年。所以编纂于西晋初年的《晋故事》很有可能在东晋以后又陆续根据新的行政文书而得到内容的增加。相比而言，南梁王朝满打满算也只有五十年。除了前十余年政局较为稳定之外，后面三十余年长期动荡不安，所以蔡法度所编订的《梁科》不大可能再得到有效修订增补。

统。根据《隋书·刑法志》所载,"九等之差"包括徒刑三等(一岁刑、半岁刑、百日刑)与鞭杖刑六等(鞭杖二百、鞭杖一百、鞭杖五十、鞭杖三十、鞭杖二十、鞭杖一十)。"八等之差"包括免官加杖督一百、免官、夺劳百日加杖督一百以及杖督刑五等(杖督一百、杖督五十、杖督三十、杖督二十、杖督一十)。这两个罚则系统与律典中的十五等之刑正好衔接,处罚力度呈递减态势。与其共同构成一个规模宏大、细微精致的罚则体系。(详见表32)尽管具体等级明显分得更细,但这显然是对西晋罚则模式的继承和发展。(详见前文)

在西晋,鞭杖制度规定于《泰始令》的《鞭杖令》,而南梁《天监令》也有《鞭杖令》,可以推测这个罚则系统也应该规定在南梁《天监令》中。在此罚则体系基础之上,"论加者上就次,当减者下就次"[1],更便于其得到灵活执行。较之西晋罚则系统,可谓更进一步,更可将律令法典紧密联系在一起,对进一步促进法典体系化具有重大意义。

表 32 南梁法典的罚则体系

罚则总称	罚则具称	赎刑		所属法典
		基于身份	基于情节	
死刑	枭首		金二斤/绢十六匹	
	弃市			
耐刑	髡钳五岁刑笞二百	绢六十匹	金一斤十二两/绢十四匹	
	四岁刑	绢四十八匹	金一斤八两/绢十二匹	
	三岁刑	绢三十六匹	金一斤四两/绢十匹	
	二岁刑	绢二十四匹	金一斤/绢八匹	《天监律》
罚金刑		罚金十二两,男子六匹,女子三匹		
		罚金八两,男子四匹,女子二匹		
		罚金四两,男子二匹,女子一匹		
		罚金二两,男子一匹,女子半匹		
		罚金一两,男子二丈,女子一丈		

---

[1] 《隋书·刑法志》。

续表

罚则总称	罚则具称	赎刑		所属法典
		基于身份	基于情节	
九等之差	有一岁刑			《天监令》
	半岁刑			
	百日刑			
	鞭杖二百			
	鞭杖一百			
	鞭杖五十			
	鞭杖三十			
	鞭杖二十			
	鞭杖一十			
八等之差	免官,杖督一百			
	免官			
	夺劳百日,杖督一百			
	杖督一百			
	杖督五十			
	杖督三十			
	杖督二十			
	杖督一十			

说明：此表根据《隋书·刑法志》。

总之，蔡法度在南梁主持构建起以律、令、科三大法典共同构成的法典体系，既是对西晋法典体系的继承，也是对其的发展，在整个中古法典体系的演进过程中占有重要地位。

此后，南陈在沿袭南梁的基础上形成新的法典体系。[1]只不过，南陈的

---

[1]《隋书·刑法志》："陈氏承梁季丧乱，刑典疏阔。及武帝即位，思革其弊……于是稍求得梁时明法吏，令与尚书删定郎范泉参定律令。又敕尚书仆射沈钦、吏部尚书徐陵、兼尚书左丞宗元饶、兼尚书左丞贺朗参知其事，制《律》三十卷，《令》《科》四十卷。采酌前代，条流冗杂，纲目虽多，博而非要。"

律、令、科等法典条流冗杂，博而非要。其中比较主要的改革只在重清议禁锢之科、复父母缘坐之刑、设置官当制度、立测刑罚制度等细枝末节，整体来说较之前代没有大的发展。

在朝鲜半岛，新罗法兴王七年（公元520年）春正月，颁示律令。[1]以当时朝鲜半岛诸国普遍尊奉南朝汉族政权为正统并遣使朝贡的情况推测，[2]其律令法典极有可能是模仿南梁天监律令法典（公元503年）而来。而南梁又大体沿袭于西晋。这又可以看到，西晋法典体系在东北亚持续深远的影响。

（二）对北朝法典的影响

与南朝承袭西晋法典体系少有变化有所不同，北朝广泛吸取从周汉到魏晋历代中原王朝的法律制度，并结合民族文化、治理结构以及社会现实，进行融汇创造。不仅内容丰富多源，而且形式也多有创新。

淝水之战后，前秦政权土崩瓦解。拓跋鲜卑趁此乱局迅速崛起，不仅建立北魏政权，而且逐渐统一中国北方。北魏是中古法典体系在西晋以后继续发展的重要节点。关于北魏法制的渊源来历，学者多有讨论。[3]但主要是采取地域和民族文化流变的视角，而非以法典编纂的内容和形式为标准进行考察。实际上，北魏入主中原后法制建设的基本态势是，全面承接汉魏晋的法统，尤其是以西晋法典体系的基本框架为模板，摸索构建符合新时代需求的

---

[1] 参见《三国史记·法兴王本纪》。

[2]《梁书·东夷传》载："（高句丽）晋安帝义熙中，始奉表通贡职，历宋、齐并授爵位……普通元年，诏安纂袭封爵，持节、督营、平二州诸军事、宁东将军。七年，安卒，子延立，遣使贡献，诏以延袭爵。中大通四年、六年，大同元年、七年，累奉表献方物。太清二年，延卒，诏以其子袭延爵位……（百济）齐永明中，除太都督百济诸军事、镇东大将军、百济王。天监元年，进太号征东将军。寻为高句骊所破，衰弱者累年，迁居南韩地。普通二年，王余隆始复遣使奉表……高祖诏曰：'……可使持节、都督百济诸军事、宁东大将军、百济王。'五年，隆死，诏复以其子明为持节、督百济诸军事、绥东将军、百济王。普通二年，（新罗）王募名秦，始使使随百济奉献方物。"

[3] 关于北魏法律制度的渊源，陈寅恪提倡"三源说"。他说："北魏之初入中原，其议律之臣乃山东士族，颇传汉代之律学，与江左之专守晋律者有所不同，及正始定律，既兼采江左，而其中河西之因子即魏晋文化在凉州之遗留及发展者，特为显著，故元魏之刑律取精用宏，转胜于江左承用之西晋旧律……于是元魏之律遂集中原、河西、江左三大文化因子于一炉而冶之，取精用宏，宜其经由北齐，至于隋唐，成为二千年来东亚刑律之准则也。"（陈寅恪：《隋唐制度渊源略论稿·唐代政治史述论稿》，陈美延编，生活·读书·新知三联书店2009年版，第112、119页）曾代伟师认为，不应忽略拓跋鲜卑传统的民族习惯法。他说："作为北魏政权主体的鲜卑拓跋部族的传统习惯，是北魏律的重要渊源之一。"[曾代伟："北魏律渊源辨"，载陈金全、李鸣、杨玲主编：《中国传统法律文化与现代法治》（《法律史论丛》第七辑），重庆出版社2000年版，第275页]

法典体系。这自然是汉晋法统"用夏变夷"的显著例证。[1]但与此同时，其自身民族法律习俗也移形换影，转化融入到新的法典体系中，成为重要的新鲜血液。

北魏在政权稳定后就开始模仿西晋，编订律令礼法文本，构建法典体系。天兴元年（公元398年）十一月辛亥，道武帝拓跋珪称帝后不久就下诏启动构建国家典章制度的立法活动："尚书吏部郎中邓渊典官制，立爵品，定律吕，协音乐；仪曹郎中董谧撰郊庙、社稷、朝觐、飨宴之仪；三公郎中王德定律令，申科禁；太史令晁崇造浑仪，考天象；吏部尚书崔玄伯总而裁之。"[2]这次法典体系构建活动，既有总裁官，也有任务分工，官制、礼仪、律令、天文一应俱全，对当年晋王司马昭启动的大规模制度创设活动的仿效痕迹十分明显。只不过从最终成果来看，天兴年间的法律文本还显得粗疏简陋，难以称为法典。[3]楼劲认为，所谓《天兴律》只是编辑科条诏令而成的条制集，《天兴令》只是相关诏令集。[4]

神䴥四年（公元431年）十月戊寅，太武帝拓跋焘下诏命司徒崔浩改定律令，重点改革刑罚制度。崔浩曾经撰写《汉律序》，应该与其负责编定神䴥律令的立法活动有关。[5]《汉律序》中引有张斐的律注，但是在讨论汉律时出现，所以还不能据此认定北魏律已经继受西晋律令和律学。相反，尽管崔浩修律中也出现《盗律》之类的篇目，但当时很有可能也像汉代法律一样，只有律令篇章的简单汇编，没有形成体例严谨、条文凝练、内容完备的系统性法典。[6]

太延五年（公元439年），北魏统一中国北方，法典编纂再次提上议事日

---

[1] 参见俞荣根：《儒家法思想通论》，商务印书馆2018年版，第693~694页。

[2]《魏书·太祖纪》。

[3]《魏书·刑罚志》记载"王德定律令"的活动为："既定中原，患前代刑纲峻密，乃命三公郎王德除其法之酷切于民者，约定科令，大崇简易。"据此，则王德所定的《天兴律》及配套科令，法典编纂水平还很有限。《唐六典·尚书刑部》注也说："后魏初，置四部大人，坐庭决辞讼，以言语约束，刻契记事，无刑名之制。至太武帝，始命崔浩定刑名。"

[4] 参见楼劲：《魏晋南北朝隋唐立法与法律体系：敕例、法典与唐法系源流》，中国社会科学出版社2014年版，第88~99页。

[5]《史记索隐·孝文本纪》载崔浩《汉律序》云："文帝除肉刑而宫不易。张斐注云：'以淫乱人族序，故不易之也。'"

[6] 楼劲根据史书中明确出现的《盗律》和其推测出来的《刑名律》认为《神䴥律》是北魏的第一部刑事法典。（楼劲：《魏晋南北朝隋唐立法与法律体系：敕例、法典与唐法系源流》，中国社会科学出版社2014年版，第105~106页）此说稍显牵强。

第五章　西晋法典体系的历史地位

程。当时的背景是，立法简略造成断法不平，只能通过"疑狱皆付中书，依古经义论决"的权宜机制加以应付，[1]刑罚严苛、刑网繁密的问题也十分突出。正平元年（公元451年）六月壬戌，太武帝下诏命太子少傅游雅与中书侍郎胡方回等人修订法律。但他们制定的《正平律》只有三百九十一条，而且大都是重刑条款。[2]这反映出其法典编纂水平和法制文明水平的低下。可能由于同样的原因，他们整理的令篇也基本没有留存下来。[3]可见，当时法典化、体系化的发展趋势离达成目标还有不小的差距。正如史家魏收所说："有司虽增损条章，犹未能阐明刑典。"[4]正平定律开始不久，太武帝病逝。文成帝年幼继位，出于朝政稳妥起见，法制改革只能尽量从简从缓。这可能也是游雅等人定律虎头蛇尾、仓促成文的原因之一。

直到文成帝太安年间，朝政逐渐巩固，社会发展进步，国家治理能力不断提高，才有机会开启新的立法活动。太安四年（公元458年）制定的《太安律》，在原来"三百九十一条，门诛四，大辟一百四十五，刑二百二十一条"的基础上，"增律七十九章，门房之诛十有三，大辟三十五，刑六十二"。[5]刑罚趋缓，法制文明水平显著提高。所以楼劲说："西晋《泰始律》《令》对北魏一代法制的影响，则要到孝文帝改制以来才真正开始明显起来。"[6]

皇兴五年（公元471年）八月丙午，年仅五岁的孝文帝拓跋宏接受父亲的禅让而继承皇位。在他亲政前，先由其父太上皇帝拓跋弘打理朝政，后由其祖母文明太后冯氏临朝执政。文明太后正式开启北魏大规模的法典编纂活动。太和元年（公元477年）九月乙酉，文明太后以孝文帝名义下诏群臣定律令，到太和五年（公元481年）冬完成。[7]《太和律》共有八百三十二章。

〔1〕参见《魏书·刑罚志》。
〔2〕《唐六典·尚书刑部》注："至太武帝，始命崔浩定刑名，于汉、魏以来律，除髡钳五岁、四岁刑，增二岁刑，大辟有轘、腰斩、殊死、弃市四等，凡三百九十条，门房诛四条，大辟一百四十条，五刑二百三十一条，始置枷拘罪人。"这则史料显然是把神䴥年间崔浩改定律令和正平年间游雅、胡方回改定律令这两件事混为一谈了。
〔3〕《唐六典·尚书刑部》注："后魏初，命崔浩定令，后命游雅等成之，史失篇目。"楼劲指出，其失传的理由很可能就是由其"诏令集"的性质所决定的。（楼劲：《魏晋南北朝隋唐立法与法律体系：敕例、法典与唐法系源流》，中国社会科学出版社2014年版，第109页）
〔4〕《魏书·刑罚志》。
〔5〕参见《魏书·刑罚志》。
〔6〕楼劲：《魏晋南北朝隋唐立法与法律体系：敕例、法典与唐法系源流》，中国社会科学出版社2014年版，第88页。
〔7〕参见《魏书·高祖纪上》《魏书·刑罚志》。

· 373 ·

其中，处以门房之诛的律文十六条，大辟之刑二百三十五条，一般刑罚三百七十七条。[1]这项立法成果的背后，既有皇权主导的刑罚轻缓化政策的影响，也有立法团队通过法律编纂技术把这种法律政策落到实处的贡献。至此，北魏法制向魏晋法典体制的靠拢才算迈出坚实的一步。当然，这部律典改进得还不够，还存在诸如刑罚过于酷滥、违反用刑规律等问题，[2]在颁行后还有进一步的改革。这些改革也主要是在文明太后执政期间完成的。这就为后来孝文帝全面推行汉化政策、施行汉晋制度进行了充分的准备。

孝文帝亲政后，先是在太和十五年（公元491年）五月己亥下诏议改新的太和律令，并于次年四月丁亥朔班行天下，紧接着又在当年五月癸未下诏群臣更定律条。[3]在这个反复修改的《太和律》中，作为中古刑罚宽缓的标志和隋唐经典的"五刑"之一的流刑，入律成为正刑。[4]完成这些工作后，孝文帝开始着手迁都洛阳、推行汉化和平叛南征等重大或紧急的政治事务，法典编纂的事业只能暂缓下来，留给他的继任者。[5]

经过孝文帝太和年间的重大改革，北魏王朝的治国理念和法律文化已经发生根本性的转变。这为北魏律典的编纂完善提供了成熟的政治社会基础和清晰的文化方向指南。正始元年（公元504年）十二月己卯，宣武帝下诏群臣议定律令，在前人持续改革的基础上，最终编成北魏律典的定本《正始律》。[6]当时参与其事的有律学博士常景、治书侍御史高僧裕、羽林监王元龟、尚书郎祖莹、员外散骑侍郎李琰之，后来加入的还有太师彭城王元勰、青州刺史刘芳等人。[7]以常景为代表的河西因素和以刘芳为代表的梁陈因素，在北魏正始年间法典编纂活动中作用非常突出，陈寅恪对此早有精彩论述。[8]根据本书前文所述，无论是河西还是梁陈的法制，都是西晋法典和律

---

[1] 参见《魏书·刑罚志》。《唐六典·尚书刑部》注："至孝文时，定律凡八百三十三章，门房之诛十有六，大辟之罪二百三十，五刑三百七十七。"这些数字与《魏书·刑罚志》的记载略有出入。

[2] 参见邓奕琦：《北朝法制研究》，中华书局2005年版，第78页。

[3] 参见《魏书·高祖纪下》。

[4] 参见邓奕琦：《北朝法制研究》，中华书局2005年版，第83页。

[5] 《北齐书·神武纪下》引魏孝武帝言："高祖定鼎河洛，为永永之基，经营制度，至世宗乃毕。"

[6] 参见邓奕琦：《北朝法制研究》，中华书局2005年版，第92~94页。

[7] 参见（北魏）杨衒之撰：《洛阳伽蓝记·永宁寺》。

[8] 参见陈寅恪：《隋唐制度渊源略论稿·唐代政治史述论稿》，陈美延编，生活·读书·新知三联书店2009年版，第40~42、122~124页。

学的重要遗存。

从总体上来看，《正始律》对西晋《泰始律》体例和内容的继承痕迹仍很明显。例如，延续《泰始律》中《刑名律》《法例律》两篇并行的总则模式。《魏书·刑罚志》曾多次记载讨论《法例律》的事件。而在分则方面，《正始律》中也有《盗律》《贼律》《诈伪律》《捕亡律》《系讯律》《断狱律》《杂律》《户律》《擅兴律》《宫卫律》《厩牧律》《违制律》《斗律》等篇目。这些目前已知的总分则篇章，加起来一共十五篇，除个别名称差异外，和《泰始律》中大多数篇目都一致。有的篇名，北魏《正始律》甚至比南梁《天监律》更接近西晋《泰始律》的"原貌"。（详见前文表11）

除律典外，北魏也有令的整理。《魏书·高宗文成帝纪》载诏书中出现的"著之于令"的表述，恰可证明其开放性诏令汇编的性质。[1]《唐六典·尚书刑部》注记载："后魏初命崔浩定令，后命游雅等成之，史失篇目。"这里的"令"也无法断定已经具有法典的形式。后来，刘芳、常景也曾尝试编纂令，但历年无成。[2]尽管曾出现"御史令""职令"等零散的篇目及其条文，[3]但仍没有北魏颁行令典的直接证据。楼劲认为，北魏令典迟迟不能出台，与敕例的活跃密切相关。[4]

以上所说是就法典的形式而言，而从内容和精神上来看，北魏法典的基本精神同样深受西晋法典体系的影响。北魏是胡人创立的政权，胡、汉两种文化在这里激烈碰撞。当时统治者的法律理念中，既有从部落族长权威到国家君主权威一脉相承的强调君主权威和中央集权的倾向，也有中原士族谨守儒家礼教传统与宗法观念的因素。前者以忠道为宗旨，后者以孝道为宗旨。法典成为二者角力的舞台。通过频繁兴起的议定律令活动，北魏法典初步实现了强化君主权威与弘扬孝道伦理的平衡。尽管北魏统治者起初近乎本能地

---

[1] 参见楼劲：《魏晋南北朝隋唐立法与法律体系：敕例、法典与唐法系源流》，中国社会科学出版社2014年版，第142页。

[2]《魏书·常景传》："先是，太常刘芳与景等撰朝令，未及班行。别典仪注，多所草创。未成，芳卒，景纂成其事。及世宗崩，召景赴京，还修仪注。"《魏书·孙绍传》："先帝时，律令并议，律寻施行，令独不出，十余年矣……今律班令止，于事甚滞。若令不班，是无典法，臣下执事，何依而行？"

[3]《魏书·高凉王孤传附元子思传》引《御史令》云："中尉督司百僚；治书侍御史纠察禁内。"又云："中尉出行，车辖前驱，除道一里，王公百辟避路。"又引《职令》云："朝会失时，即加弹纠。"

[4] 参见楼劲：《魏晋南北朝隋唐立法与法律体系：敕例、法典与唐法系源流》，中国社会科学出版社2014年版，第274~283页。

偏好法家学说，[1]但北魏法典中也大量渗透着儒家伦理观念。尤其是从孝文帝开始，儒家经典、礼学著述成为治国理政和设范立制的最大理论依据。《太和律》的基本原则就是"齐之以法，示之以礼"[2]。到宣武帝时，议礼、习礼已经成为朝堂风气。[3]在此过程中逐渐成型的律典自然要在这方面有所反映。北魏《正始律》在《法例律》中规定的存留养亲制度，[4]就是屈法而伸伦理精神制度化的最典型例证。又如，熙平二年（公元517年）七月灵太后的令中也曾提及有关"八议"的律注，[5]说明当时不仅继承了魏晋以来的八议制度，也继承了西晋以来律后附注的立法模式。从《泰始律》到《正始律》，形式、内容和精神的传承背后，隐含着来自《周礼》等礼法经典著作的共同影响。[6]

北魏末年，高欢、宇文泰分别拥立两个魏室政权，出现东、西魏并立的政治局面，不过《正始律》仍在沿用。在此期间，还对另外一种法律形式——格——进行汇编整理。作为法律形式的"格"自西晋时就已经出现。[7]南朝时有赏格（《宋书·萧思话传附萧斌传》《梁书·候景传》《陈书·陈宝应传》）、槥格（《南齐书·豫章文献王传》）。北魏时也有募格、输赏之格

---

[1] 逯耀东："拓跋氏君主对中国文化的兴趣非常广泛，他们既爱儒家又喜黄老，不过他们对法家更有偏好。因为透过法家思想的媒介可以将部落时代首长的绝对权威，过渡到君主专制的中央集权政体来。"（逯耀东：《从平城到洛阳——拓跋魏文化转变的历程》，中华书局2006年版，第8页）

[2] 《魏书·刑罚志》。

[3] 《魏书》的《礼志》中四分之三的篇幅记录的都是宣武帝以后的议礼活动。《魏书·世宗纪》载正始元年（公元504年）十一月戊午诏曰："古之哲王，创业垂统，安民立化，莫不崇建胶序，开训国胄，昭宣《三礼》，崇明四术，使道畅群邦，风流万宇。自皇基徙构，光宅中区，军国务殷，未遑经建。靖言思之，有惭古烈。可敕有司依汉魏旧章，营缮国学。"

[4] 《魏书·刑罚志》："熙平中……《法例律》：'诸犯死罪，若祖父母、父母年七十已上，无成人子孙，旁无期亲者，具状上请。流者鞭笞，留养其亲，终则从流。不在原赦之例。'"从时间推断，这里的《法例律》应该出自《正始律》。而其内容则来自孝文帝时的两份诏书。《魏书·刑罚志》载太和十二年（公元488年）诏："犯死罪，若父母、祖父母年老，更无成人子孙，又无期亲者，仰案后列奏以待报，著之令格。"《魏书·高帝纪下》又记载太和十八年（公元494年）诏："诸北城人，年满七十以上及废疾之徒，校其元犯，以准新律。事当从坐者，听一身还乡，又令一子抚养，终命之后，乃遣归边；自余之处，如此之犯，年八十以上，皆听还。"《法例律》中的律文是对以上诏书的综合总结，时间上晚于太和五年（公元481年）和太和十六年（公元492年）的律典，所以只能是出自《正始律》。

[5] 《魏书·礼志二》："议亲律注云：'非唯当世之属籍，历谓先帝之五世。'"

[6] 参见李书吉：《北朝礼制法系研究》，人民出版社2002年版，第188~200页。

[7] 例如，西晋时刘颂就曾说过："宜立格为限，使主者守文，死生以之。"（《晋书·刑法志》）"八王之乱"时，曾出现以赏功为主要内容的《己亥格》（《晋书·陈頵传》）。楼劲指出："两汉书中'格'多为动词，作名词时多为'皮架'之义，而魏晋以来'格'常作'法'解，这种称谓习惯上的转折，当自此始。"（楼劲：《魏晋南北朝隋唐立法与法律体系：敕例、法典与唐法系源流》，中国社会科学出版社2014年版，第33页）

(《魏书·肃宗孝明帝纪》)、停年格（《魏书·崔亮传》《魏书·尔朱彦伯传附尔朱世隆传》）、考格（《魏书·崔光传》）。总体来看，格是一种单独颁行、事务具体、条目详细、时效性较强、效力级别不很稳定的行政法规。[1]

随着"格"的大量颁行和内容丰富，汇编整理也就成为势所必然。北魏末年的孝庄帝曾对孝文帝以来的各种"格"进行整理删削。[2]"格"的整理成果，以北魏时制定的《麟趾格》最为著名。[3]《麟趾格》在东魏的修改工作主要由高欢、封述、封隆之、邢邵、温子升等人完成，时间跨度从天平年间（公元534~537年）到兴和三年（公元541年）十月。[4]《麟趾格》是"增损旧事"而来，与《天监科》"易"《晋故事》类似，体例根据尚书诸曹部门编排。但与《晋故事》和《天监科》以行政法律规范为主的性质不同，《麟趾格》的出现是在特定时代背景下出现的综合特别法，纯粹以方便实用为宗旨，不区分刑法规范与行政法规范，也不在乎体例匀称。[5]这个

---

[1] 邓奕琦认为《魏书·杨播传附杨椿传》所引用的《正始别格》是刑事法规。（邓奕琦：《北朝法制研究》，中华书局2005年版，第94页）《魏书·杨播传附杨椿传》记载："在州，为廷尉奏椿前为太仆卿日，招引细人，盗种牧田三百四十顷，依律处刑五岁。尚书邢峦据《正始别格》奏椿罪应除名为庶人，注籍盗门，同籍合门不仕。世宗以新律既班，不宜杂用旧制，诏依寺断，听以赎论。"实际上，《正始别格》本身并非刑事法规，只是在确认犯罪和刑罚的基础上对户籍法律性质的标注。这是比较典型的行政法规。

[2] 《魏书·高凉王孤传附元子思传》载孝庄帝下诏："国异政，不可据之古事。付司检高祖旧格，推处得失以闻。"

[3] 《唐六典·尚书刑部》注："后魏以'格'代'科'，于麟趾殿删定，名为《麟趾格》。"可能在北魏时就已经出现《麟趾格》。东魏时修改，又称《麟趾新格》《麟趾新制》。北齐时统称为《麟趾格》。《唐六典》称"后魏以'格'代'科'"，要么记载有误，要么是北魏时存在与《天监科》类似的以"科"为名的行政法规。

[4] 《北齐书·封述传》："天平中，（封述）增损旧事为《麟趾新格》，其名法科条，皆述删定。"《魏书·孝静帝纪》："（兴和三年，公元541年）冬十月癸卯，齐文襄王自晋阳来朝。先是，诏文襄王与群臣于麟趾阁议定新制，甲寅，班于天下。"《洛阳伽蓝记·景明寺》："暨皇居徙邺，民讼殷繁，前格后诏，自相与夺，法吏疑狱，簿领成山。乃敕子才（邢邵）与散骑常侍温子升撰《麟趾新制》十五篇，省府以之决疑，州郡用为治本。"《北齐书·封隆之传》："征为侍中……诏隆之参议麟趾阁，定新制。"

[5] 《魏书·良吏·窦瑗传》提到东魏《麟趾新格》的《三公曹》第六十六条："母杀其父，子不得告，告者死。"可见《麟趾格》法律内容的归类不以行政法、刑事法为分类标准，而是以官署职责所在为标准。三公曹是主管刑狱诉讼的职官，所以在其名下就有刑事决狱的条文。围绕这条规定，窦瑗与三公郎封君义展开法理辩论，并最终促使此条停用。《唐律疏议·斗讼》："诸告祖父母、父母者，绞。即嫡、继、慈母杀其父，及所养者杀其本生，并听告。"二者立法精神可谓一脉相传。另外，《麟趾格》有十五篇，《三公曹》是其中一篇。但北魏尚书有三十六曹，北齐尚书有二十八曹，而《三公曹》，显然并非一曹一篇。参见楼劲：《魏晋南北朝隋唐立法与法律体系：敕例、法典与唐法系源流》，中国社会科学出版社2014年版，第36页。

内容性质和兴起模式,类似于汉末曹操偷梁换柱、架空汉律而广泛发布的"科"。[1]

北齐天保元年（公元550年）八月甲午,齐文宣帝高洋下诏重新议定《麟趾格》并且开始讨论编纂令典,后来又下诏删定律令,损益礼乐。[2]但是文宣帝在位期间,新的律令法典并没有编纂出来。在此期间,北齐仍然沿用《麟趾格》为代表的北魏法律。[3]又在河清元年（公元562年）制定出一部刑事特别法《别条权格》。[4]尽管格的滥用会产生显著的弊端,[5]但确有肆意伸张君权的便利。唐代立法者或许正是受此启发才开始编订具有综合特别法属性的格典,突破律令法典的效力等级。这个综合特别法"格",在中唐以后又牵连出"格后敕"之类肆意增长的反法典因素,打破各法典之间的基本分工格局和整体稳定系统,为中古时期法典体系的瓦解之路打开了大门。那又是后话,在此按下不表。

---

[1] 楼劲指出,《麟趾格》《大统式》都是王朝更替之际的产物,带有急就章和替代品的性质。（楼劲:《魏晋南北朝隋唐立法与法律体系:敕例、法典与唐法系源流》,中国社会科学出版社2014年版,第74页）

[2] 有学者把北齐初年删定《麟趾格》与编纂律令混为一谈。（参见楼劲:"北齐初年立法与《麟趾格》",载《文史》2002年第4期）此说不确。天保元年（公元550年）八月甲午诏书,《北齐书·文宣帝纪》记载了一部分:"魏世议定《麟趾格》,遂为通制,官司施用,犹未尽善,可令群官更加论究。适治之方,先尽要切,引纲理目,必使无遗。"《北史·齐文宣纪》记载了一部分:"魏世议定《麟趾格》,遂为通制,官司施用,犹未尽善。群官可更论讨新令。未成之间,仍以旧格从事。"两条史料合并在一起反映出有关北齐初年立法的四个信息要素:东魏时的《麟趾格》需要修改、命群臣讨论修改《麟趾格》、命群臣同时讨论编纂新令、新令编成之前先用《麟趾格》。《北齐书·崔昂传》载天保元年（公元550年）"诏删定律、令,损益礼乐"应该是指其他诏书。

[3]《唐六典·尚书刑部》注:"北齐初,命造新律未成,文宣犹采魏制。"

[4]《别条权格》又称《权格》。《唐六典·尚书刑部》注称北齐有《横格》,应该就是这里的《权格》。"權"与"横"属于形近的讹误。《隋书·刑法志》记载:"后平秦王高归彦谋反,须有约罪,律无正条,于是遂有《别条权格》,与律并行。"高归彦谋反在河清元年（公元562年）（《北齐书·武成本纪》）,北齐《河清律》颁行在河清三年（公元564年）。可见,《别条权格》出炉时,律典尚未颁行。其所谓"与律并行"可能是指在律典颁行之后,《别条权格》仍然适用。《别条权格》是因高归彦谋反而制定,专门规定宗室谋反案件的特殊处理方式,内容不一定很多。《北齐书·平秦王高归彦传》记载:"上令都督刘桃枝牵入,归彦犹作前语望活。帝命议其罪,皆云不可赦。乃载以露车,衔枚面缚,刘桃枝临之以刃,击鼓随之,并子孙十五人皆弃市。赠仁州刺史。"《别条权格》的内容可以参考这则史料加以理解。

[5]《隋书·刑法志》:"于是遂有《别条权格》,与律并行。大理明法,上下比附,欲出则附依轻议,欲入则附从重法,奸吏因之,舞文出没。至于后主,权幸用事,有不附之者,阴中以法。纲纪紊乱,卒至于亡。"

武成帝河清三年（公元564年）三月辛酉，北齐把律令法典颁行天下。[1]其中既有不少大胆的创新，[2]也有对西晋、北魏的明显继承。《河清律》与《泰始律》有不少篇目一致或相似。《河清令》也大体"采魏、晋故事"[3]，保持西晋以来令典的内容规模。[4]所以楼劲认为，北齐法典体系是"对西晋以来《律》《令》《故事》体系的回归"[5]。

《河清律》十二篇中，有《擅兴律》《违制律》《诈伪律》《杂律》四篇与《泰始律》篇名一致，反映出其对《泰始律》体例的认可与传承。所以林咏荣说："北齐律系以晋律为基础。"[6]在总则的问题上，《河清律》也同样继承了《泰始律》的体例思路和基本内容，只不过把《刑名律》《法例律》合并为《名例律》而已。类似的情况还有，把《盗律》《贼律》合并为《贼盗律》，把《捕律》《断狱律》合并为《捕断律》。这一方面反映出其对《泰始律》内容的继承，另一方面也说明其归类整合能力有了进一步提高。

《河清律》还把《户律》改为《婚户律》，把《卫宫律》改为《禁卫律》，把《厩律》改为《厩牧律》（这应该是继承北魏《正始律》而来），同时又在《正始律》新创的《斗律》基础上改造设计出《斗讼律》。这些篇目内容的扩充和整合，也使律文内容更周延完备，律篇和律文的布局更合理。正是由于具有更高的法典编纂技巧，《河清律》尽管比《泰始律》多三百多条，仍能以"法令明审、科条简要"[7]而获誉于史籍。

《河清令》在体例上一改以往依据事类逻辑设置篇章、编订次序的做法，转

---

[1]《隋书·刑法志》："河清三年，尚书令、赵郡王睿等，奏上《齐律》十二篇：一曰名例，二曰禁卫，三曰婚户，四曰擅兴，五曰违制，六曰诈伪，七曰斗讼，八曰贼盗，九曰捕断，十曰毁损，十一曰厩牧，十二曰杂。其定罪九百四十九条。又上《新令》四十卷，大抵采魏、晋故事。"《北齐书·武成帝纪》："（河清三年，公元564年）三月辛酉，以律令班下，大赦。"

[2] 例如，《河清律》在刑罚方面创立死、流、徒、鞭、杖五刑体制，在罪名方面创立"重罪十条"，也都是对后世影响极为深远的创举。这些技术性的制度革新，同样反映出西晋以来法典编纂能力和法律语言驾驭能力仍在持续提高。

[3]《唐六典·尚书刑部》注。

[4]《河清令》有四十卷（《隋书·刑法志》）和五十卷（《唐六典·尚书刑部》注）两种记载。

[5] 楼劲：《魏晋南北朝隋唐立法与法律体系：敕例、法典与唐法系源流》，中国社会科学出版社2014年版，第75页。

[6] 林咏荣：《中国法制史》，大中国图书公司1976年版，第55页。

[7]《隋书·刑法志》。

而采取以职官系统作为分篇标准的编纂方法,"取尚书二十八曹为其篇名"[1],在令篇设计上彰显官府的主导性,突出中央职官的职权地位。这是改革令典体例的大胆尝试。在其背后,隐含着对北魏以来儒家礼法治国理念过于炽盛情况的反弹,显示出对中央集权与职官行政权威的弘扬。这种偏重君权主义和国家主义的政治风向显然源自胡人政权的一贯传统。[2]但是这种改革过于激进,所以没有被后世令典所直接效法。(详见后文表35)

律令法典之外,北齐还有"不可为定法"的《权令》,其性质作用类似于西晋《泰始令》中的那些"权设之法"。只不过,北齐把这些不稳定的"权设之法"排除在以稳定为特征的律令法典之外,单独设置一部《权令》以便随时修改。这样做就可以最大限度保证律令法典的稳定性和权设法令的灵活性,较之前代又是立法技术上的一大进步。不过相比于稳定的法典体系而言,类似的权设之法应该限制在一定的范围内,不能过分滥用。不过总体来说,北齐的律令法典对西晋法典体系多有继承发扬之处,确实是西晋、南梁之后又一个系统完备的法典体系。

与之相比,颁行于保定三年(公元563年)二月庚子[3]的北周《大律》时间上早于北齐的河清律令,但总体编纂水平与之还有一定差距。尽管如此,其二十五篇、一千五百三十七条的内容却包含着对西晋《泰始律》和南梁《天监律》的综合吸收,而且总体规模仍不出《泰始律》的范围。其对西晋《泰始律》沿袭,有《刑名律》《法例律》《水火律》《卫宫律》《毁亡律》《违制律》《诸侯律》《诈伪律》《请求律》《系讯律》《断狱律》等,达十一篇之多;对《天监律》的吸收却只有《劫盗律》《贼叛律》两篇。[4]

对其原因,林咏荣分析认为:"北周承继西魏同时又并吞北齐,为远绍正

---

[1] 《唐六典·尚书刑部》注。

[2] 参见邓奕琦:"封建法制'国家·家族'本位在北朝的确立",载《贵州师范大学学报(社会科学版)》1995年第4期。

[3] 《大律》的颁行时间,《周书·武帝纪上》记载为保定三年(公元563年)二月庚子,《隋书·刑法志》记载为三月庚子。本书以《周书》记载为准。查《二十史朔闰表》(陈垣:《二十史朔闰表 附西历回历》,中华书局1962年版,第178页)、《中国史历日和中西日对照表》(方诗铭、方小芬编著:《中国史历日和中西历日对照表》,上海辞书出版社1987年版,第379页),保定三年(公元563年)三月没有庚子日。

[4] 林咏荣:"考其篇目,可知北周律,乃就晋律而损益之。"(林咏荣:《中国法制史》,大中国图书公司1976年版,第56页)

统,乃袭取晋代汉魏之故事,受西魏禅而多采晋制,且晋制亦有参酌周官也。"[1]这句话有两点值得重视:首先,北周与西晋都具有"禅让代魏"的共同故事模型,比附西晋是为了增强政权合法性;其次,北周《大律》和西晋《泰始律》有共同的经典依据和制度文本来源——《周礼》,最典型的例子就是《大律》恢复《泰始律》后一直被废的《诸侯律》。但林氏把北周吞并北齐作为原因,是忽视了历史事件的前后顺序和逻辑关系;对《泰始律》编纂水准较高的因素略而不谈,又是忽视了法典编纂技术合理性因素的重要价值。

与北齐《河清律》相比,北周《大律》的体例偏向于扩张而非压缩。这反映出其法典编纂能力的不足。北周立法者想对以往优秀的制度文化成果进行通盘吸收,却又没有融汇整合的能力。甚而廷尉卿赵肃因为编纂法典而"积思累年,遂感心疾而死"[2]。可见北周编纂《大律》不仅根柢不牢,技术不足,而且所托非人。这恐怕就是陈寅恪批评北周立国策略"非驴非马"[3]的要害所在。反观西晋法典体系,在西晋亡后二百七十余年时间内,在中国长期处于南北政权对峙分裂局面中,仍能对后世产生深远影响,足见其历史成就之高。

二、对隋唐法典的影响

开皇元年(公元581年)二月甲子,杨坚接受北周皇帝禅让,正式建立隋朝政权。数年后,隋朝消灭南陈,终于在持续四百年的大分裂后实现中原王朝的国家一统。其后,李唐王朝继承隋朝基业并发扬光大,中华国运又达到新的高度。在法制层面,隋唐广泛吸取前代成果,将之融汇一炉,最终构建出系统、成熟、完备的法典体系。其中,也有很多基本要素与西晋法典体系一脉相承。

(一)隋代对西晋法典的传承与革新

隋朝在继承北齐、北周基础上进一步改革,制定出成就更高的开皇律令

---

[1] 林咏荣:《中国法制史》,大中国图书公司1976年版,第56页。
[2] 《隋书·刑法志》。
[3] 陈寅恪:"所以依托关中之地域,以继述成周为号召,窃取六国阴谋之旧文缘饰塞表鲜卑之胡制,非驴非马,取给一时,虽能辅成宇文氏之霸业,而其创制终为后王所捐弃。"(陈寅恪:《隋唐制度渊源略论稿·唐代政治史述论稿》,陈美延编,生活·读书·新知三联书店2009年版,第20页)

法典，成为对北朝律令法典演进史的阶段性总结之作。[1]其基本体例和大量内容都可以追溯到西晋。

首先，隋《开皇律》是对西晋以来律典编纂传统的传承与发展。

《隋书·刑法志》记载：

> 高祖既受周禅，开皇元年，乃诏尚书左仆射、勃海公高颎，上柱国、沛公郑译，上柱国、清河郡公杨素，大理前少卿、平源县公常明，刑部侍郎、保城县公韩浚，比部侍郎李谔，兼考功侍郎柳雄亮等，更定新律，奏上之。

开皇元年（公元581年）二月，隋文帝受禅称帝后很快就命高颎领衔制定"新律"。当年十月戊子，隋文帝就正式下诏颁行"新律"。[2]这次定律活动效率很高，只用了八个月不到的时间，这主要是由于前代（西晋、北魏、北周、北齐）已经积累丰富的法典编纂经验和法律制度设计，其工作主要是总结性的。除去对五刑、十恶等制度的系统整理外，最大的改革方向是"以轻代重，化死为生"[3]。然而"新律"的刑罚还是很严峻，罪名条目也仍很严密，所以犯罪处罚的数量仍然很大。隋文帝对此并不满意，于是又在开皇三年（公元583年）命苏威、牛弘等人对"新律"进行更定，删减律文一千二百多条。最终形成十二卷、十二篇、五百条的规模。这个定本的《开皇律》，史评"刑网简要，疏而不失"[4]。

《开皇律》的篇目次序是：《名例》《卫禁》《职制》《户婚》《厩库》《擅兴》《贼盗》《斗讼》《诈伪》《杂》《捕亡》《断狱》。这个体例顺承了西晋以来律典体例的发展方向，着重吸收了北齐《河清律》的最新成果。例如，把《名例律》作为律典总则，置于篇首，把律篇数定为十二篇等。改革之处主要是，把《河清律》的《捕断律》拆分为《捕亡律》《断狱律》并置于篇末，把《毁损律》删除。其余保留篇目的名称、次序也有微调，例如，把《禁卫律》改为《卫禁律》，《婚户律》改为《户婚律》并从第三移到第四，《擅兴

---

[1] 传统说法多认为《开皇律》"因北齐而不袭北周"。其中尤以陈寅恪所说影响最大。但倪正茂分析认为，这种说法有失偏颇，准确的说法应该是：《开皇律》兼采周、齐而多采北齐。参见倪正茂：《隋律研究》，法律出版社1987年版，第101~108页。

[2] 参见《隋书·高祖纪上》。

[3] 语出《隋书·刑法志》所载开皇元年（公元581年）十月颁布"新律"诏书。

[4] 《隋书·刑法志》。

律》从第四移到第六,《违制律》改为《制制律》并从第五移到第三,《诈伪律》从第六移到第九,《斗讼律》从第七移到第八,《贼盗律》从第八移到第七,《厩牧律》改为《厩库律》并从第十一移到第五,《杂律》从最后的第十二篇移到第十篇。这些修改和调整反映出隋初立法者的独特思考。律典的总体结构更有层次性,各篇之间的逻辑关系也更顺畅。言之,《开皇律》与《泰始律》《河清律》的整体风格可谓一脉相传。

其次,隋《开皇令》又对西晋《泰始令》多有传承与发展。《开皇令》颁行于开皇二年(公元582年)七月甲午,[1]一共有三十篇:《官品上》《官品下》《诸省台职员》《诸寺职员》《诸卫职员》《东宫职员》《行台诸监职员》《诸州郡县镇戍职员》《命妇品员》《祠》《户》《学》《选举》《封爵俸廪》《考课》《官卫军防》《衣服》《卤簿上》《卤簿下》《仪制》《公式上》《公式下》《田》《赋役》《仓库厩牧》《关市》《假宁》《狱官》《丧葬》《杂》。[2]

按照西汉以来儒学的理论,"令"实际上是教化的代位执行者与替代性法律方案。[3]以令为教、以律为罚的观念,在后代发挥出重要的指导作用。晋初制定律令时,按照"施行制度,以此设教,违令有罪则入律"[4]的原则界定律典与令典的地位。杜预说:"凡令以教喻为宗,律以惩正为本。"[5]令典不仅规定国家制度,而且负有教化功能,成为儒家"教而后诛"[6]理念在律令时代的重要表征。这在《泰始令》中有明显的反映。例如,其以《户令》引领的民事教育规范(即本书所称的《泰始令》第一、二单元)占据令典先锋,而将《官品令》以下的政务制度(第三单元)放在后面。

北齐《河清令》强调君权与国家权威,与西晋以来的令典传统形成强烈

---

[1] 参见《玉海·律令·隋律令格式》。
[2] 参见《唐六典·尚书刑部》注。如果把其中含有上、下的篇目合并来看的话,应该是二十七篇。
[3] 《盐铁论·诏圣》载"文学"言:"春夏生长,圣人象而为令;秋冬杀藏,圣人则而为法。故令者教也,所以导民人;法者刑罚也,所以禁强暴也。"
[4] 《晋书·刑法志》。
[5] 《官位令集解》,转引自[日]堀敏一:"晋泰始律令的制定",程维荣等译,载杨一凡总主编:《中国法制史考证》(丙编第二卷),中国社会科学出版社2003年版,第297页。
[6] 《论语·尧曰》:"不教而杀谓之虐。"《荀子·富国》:"不教而诛,则刑繁而邪不胜;教而不诛,则奸民不惩;诛而不赏,则勤励之民不劝;诛赏而不类,则下疑俗俭而百姓不一。"可参见韩星:"寓治于教——儒家教化与社会治理",载《社会科学战线》2012年第12期;刘华荣:"儒家教化思想研究",兰州大学2014年博士学位论文。

反差。而《开皇令》对晋、齐令典体例的冲突加以调和。其篇章名目更多继承西晋《泰始令》、南梁《天监令》的基本模式，即按照内容事类进行分篇，同时适度吸收《河清令》的编纂理念。具体表现就是：一方面恢复西晋《泰始令》的基本分篇模式；另一方面又将其中官职一类篇章的位置提前，凸显其优先地位。其中最显著的变化就是，作为《泰始令》基本制度根基的《户令》，从第一篇降到第十篇，体现儒家教化思路的《学令》，由第二篇降至第十一篇。与之相反，原本位居第四的《官品令》则一跃而至篇首。紧随其后的又是众多有关职员制度的令篇。（详见表33）

表33 西晋、南梁、北齐、隋令典篇目对照

序号	西晋《泰始令》篇目	南梁《天监令》篇目	北齐《河清令》篇目	隋《开皇令》篇目
1	户	户	吏部	官品上
2	学	学	考功	官品下
3	贡士	贡士赠官	主爵	诸省台职员
4	官品	官品	殿中	诸寺职员
5	吏员	吏员	仪曹	诸卫职员
6	俸廪	服制	三公	东宫职员
7	服制	祠	驾部	行台诸监职员
8	祠	户调	祠部	诸州郡县镇戍职员
9	户调	公田公用仪迎	主客	命妇品员
10	佃	医药疾病	虞曹	祠
11	复除	复除	屯田	户
12	关市	关市	起部	学
13	捕亡	劫贼水火	左中兵	选举
14	狱官	捕亡	右中兵	封爵俸廪
15	鞭杖	狱官	左外兵	考课
16	医药疾病	鞭杖	右外兵	宫卫军防
17	丧葬	丧葬	都兵	衣服
18	杂上	杂上	都官	卤簿上

续表

序号	西晋《泰始令》篇目	南梁《天监令》篇目	北齐《河清令》篇目	隋《开皇令》篇目
19	杂中	杂中	二千石	卤簿下
20	杂下	杂下	比部	仪制
21	门下散骑中书	宫卫	水部	公式上
22	尚书	门下散骑中书	膳部	公式下
23	三台秘书	尚书	度支	田
24	王公侯	三台秘书	仓部	赋役
25	军吏员	王公侯	左户	仓库厩牧
26	选吏	选吏	右户	关市
27	选将	选将	金部	假宁
28	选杂士	选杂士	库部	狱官
29	宫卫	军吏		丧葬
30	赎	军赏		杂
31	军战			
32	军水战			
33—38	军法			
39—40	杂法			

说明：

1.《开皇令》之《官品上》等九篇，直接来源于《泰始令》，甚而保持原篇名不变。

2.《开皇令》之《选举》等六篇，也间接源自《泰始令》。其中，《选举》与《贡士》，《封爵俸廪》与《俸廪》，《宫卫军防》与《宫卫》，《衣服》与《服制》，《田》与《佃》，《赋役》与《户调》、《复除》，都存在密切关联。而《假宁》则源出自《泰始令》的《杂令》。

高明士评价认为："晋令是以民先于政，隋令则以政先于民……透露为政目标已有转变的讯息。"[1]那么晋隋之间的为政目标又是如何转变的呢？韩昇

---

〔1〕 高明士：《律令法与天下法》，上海古籍出版社2013年版，第32页。

提出:"南朝令系晋令一脉相传,按照儒家'衣食足而知荣辱'的理念,先生活、教化、生产,尔后才是有关政府军政制度的规定。北朝令则直接着眼于对社会的管理和控制,譬如北齐令就径取尚书省二十八曹为其篇名。《开皇令》除了篇目及其他若干调整外,其编撰原则完全继承北齐。"[1]

然而据表33可知,若从民、政先后关系来看,晋《泰始令》与梁《天监令》为一派,主张民先于政,体现儒家教化理念。而北齐《河清令》则为另一派,抛却令的教化职能,一味突出其国家行政职能。隋《开皇令》虽然矫正了《河清令》的激进改造,却受其影响而选择政先于民的令典编纂思路,走出了第三条路线。韩昇所得出的《开皇令》完全继承北齐《清河令》的结论仍有待商榷,不过他对晋隋之间令典内容主题变迁的描述却切中肯綮。总之,令典编纂思路与模式紧随时代变迁而不断演绎。晋、梁、齐、隋诸令,究竟孰是孰非?谁为正统?谁更完备?不宜做出非此即彼的简单判断。综合来看,《开皇令》中的篇章设计思路中仍保留着许多源于《泰始令》的基本要素。所以高明士也说:"《开皇令》的源头,宜曰晋令。"[2]这些都可以看到西晋法典体系的深刻影响。

面对与《泰始令》颁行时国家尚未统一类似的局面,隋朝制定令典没有采取权设之法的模式。隋《开皇令》颁行时(开皇二年,公元582年)[3],距离消灭南陈政权(开皇九年,公元589年)尚有七年之久。然而《开皇令》却没有效法《泰始令》设置大量暂时性的军事、田农、酤酒法令。可见,在把握法典稳定性与开放性之间的尺度这一问题上,晋、隋两代也有不同的选择。在其背后,可能有政治、经济、人事等多重因素在共同发挥作用。

律令法典之外,当时还有格、式等法律形式。不过这两种法律形式都缺乏有效的整合与汇编,没有实现法典化。[4]这也是隋朝法典体系化进程的一大遗憾。

再次,从参与修定开皇律令法典的人物来看,西晋法典编纂的影响也十分明显。开皇年间修定律令人物中,发挥重要作用的有苏威、裴政、牛弘、李德林等人。其中,牛弘出自河西,自然深受秉承西晋律学因子的河西律学

---

[1] 韩昇:《隋文帝传》,人民出版社2015年版,第140页。
[2] 高明士:《律令法与天下法》,上海古籍出版社2013年版,第63页。
[3] 参见韩昇:"隋史考证九则",载《厦门大学学报(哲学社会科学版)》1999年第1期。
[4] 参见楼劲:"隋无《格》《式》考——关于隋代立法和法律体系的若干问题",载《历史研究》2013年第3期。

第五章　西晋法典体系的历史地位

影响。裴政是南朝律学北传的典型代表。他在南朝时传承的律学自然渊源于西晋，熟悉的法律制度自然依据西晋的三大法典。裴政在江陵沦陷后进入北朝，得到北周文帝的赏识，受命参与制定北周的官制、朝仪与刑律。其后，他又受命于隋文帝参与制定开皇律令法典，并在其中发挥核心作用。[1]《隋书·裴政传》记载：

（开皇元年）诏与苏威等修定律令。政采魏、晋刑典，下至齐、梁，沿革轻重，取其折衷。同撰著者十有余人，凡疑滞不通，皆取决于政。

他在参与制定开皇律令法典时，多采魏晋律典与南朝齐、梁之制，西晋法典体系的精髓自然会通过他灌输到隋朝律令法典中。裴政继承西晋以来的法典传统，延续了通过法典确定国家治理秩序、规范国家治理模式，对后世的意义极其深远。[2]

隋炀帝即位后，又对开皇律令法典进行修改，于大业三年（公元607年）四月甲申颁行《大业律》《大业令》。他的宏图大业没有变为现实，但当时律典编纂却有明显的西晋南朝化倾向。《大业律》有五百条、十八篇：《名例》《卫宫》《违制》《请求》《户》《婚》《擅兴》《告劾》《贼》《盗》《斗》《捕亡》《仓库》《厩牧》《关市》《杂》《诈伪》《断狱》。[3]其中很多篇目都是对西晋、南梁律典的吸收借鉴。

例如，《请求律》为曹魏"新律"所设，《泰始律》正式颁行生效，《天监律》改为《受赇律》，北周《大律》改为《请求律》，北齐《河清律》和隋《开皇律》没有；又如，《关市律》为《泰始律》《天监律》所有，《大律》拆分为《市廛律》《关津律》，《河清律》《开皇律》都没有；又如，《仓库律》为《泰始律》《天监律》所有，《大律》《河清律》《开皇律》都没有；又如《告劾律》，为曹魏"新律"所设，《泰始律》正式颁行生效，《天监律》沿袭不改，《大律》改为《告言律》。此外《大业律》中，《捕亡律》《断狱

---

[1] 陈寅恪："裴政为南朝将门及刑律世家……一入隋代，乃能与苏威等为新朝创制律令，上采魏晋，下迄齐梁，是乃真能用南朝之文化及己身之学业，以佐成北朝完善制度者。"（陈寅恪：《隋唐制度渊源略论稿·唐代政治史述论稿》，陈美延编，生活·读书·新知三联书店2009年版，第53页）

[2] 王夫之："今之律，其大略皆隋裴政之所定也。政之泽远矣，千余年间，非无暴君酷吏，而不能逞其淫虐，法定故也。"〔（清）王夫之：《读通鉴论》，中华书局2004年版，卷一九《隋文帝三》〕

[3] 此据《唐六典·尚书刑部》注及《隋书·刑法志》。

律》以及《户律》《婚律》的拆分,也与《河清律》《开皇律》大异其趣。

就其内容而言,《大业律》有明显的刑罚减缓趋势,但在执行时又出现许多严刑峻法现象。[1]由于隋炀帝在历史上留有恶名,这两部法典在实际中又没有得到有效贯彻,所以对后世并没有产生多大影响。当然,这并不影响西晋法典体系的要素在后世继续传承。

(二)唐代对西晋法典传统的传承与升华

在中国古代法典演进的过程中,唐代是一个重要的转折时期。唐代前期,持续频繁的立法活动构建出包括律、令、格、式、礼等法律形式在内的成熟法典体系。这是继西晋之后的又一个整齐完备的法典体系。如果把西晋称为中古法典大备的开始(杨鸿烈语),那么唐代就可以称得上是法典大备的完成。前者是后者的基础,后者是前者的升华。但是在唐代后期,肇起于西晋的分部法典传统发生逆转,许多综合法典陆续登上历史舞台,并在此后数百年间开辟出一个新的法典历史周期。

唐初二十年的立法,基本完成了对隋朝开皇律令体例和内容的消化,并在其基础上构建出具有唐朝风格的法典体系框架。武德元年(公元618年)五月壬申,唐高祖命裴寂等修律令。[2]经过六年时间,"新律"在武德七年(公元624年)五月颁行。[3]在此期间,只有一个务在宽简的《五十三条格》作为权宜之法,临时发挥律令的作用。[4]但《武德律》也只是在《开皇律》

---

[1]《隋书·刑法志》记载《大业律》颁行后的情况:"其五刑之内,降从轻典者,二百余条。其枷杖决罚讯囚之制,并轻于旧。是时百姓久厌严刻,喜于刑宽。后帝乃外征四夷,内穷嗜欲,兵革岁动,赋敛滋繁。有司皆临时迫胁,苟求济事,宪章遐弃,贿赂公行,穷人无告,聚为盗贼。帝乃更立严刑,敕天下窃盗已上,罪无轻重,不待闻奏,皆斩。百姓转相群聚,攻剽城邑,诛罚不能禁。帝以盗贼不息,乃益肆淫刑。九年,又诏为盗者籍没其家。自是群贼大起,郡县官人,又各专威福,生杀任情矣。及杨玄感反,帝诛之,罪且九族。其尤重者,行轘裂枭首之刑。或磔而射之。命公卿已下,脔啖其肉。百姓怨嗟,天下大溃。"这说明,《大业律》并没有得到有效施行,其文本的轻缓并不能等同于实际上的轻缓。《旧唐书·刑法志》记载,唐高祖即位后"因开皇律令而损益之,尽削大业所用烦峻之法"。这里所说的"大业所用烦峻之法"应该是特指《大业律》颁行后的各种单行法律或法外之法。贞观年间,魏征和唐太宗讨论隋炀帝时就说他"口诵尧、舜之言而身为桀、纣之行"(《资治通鉴·唐纪八·太宗贞观二年》)。这反映出,法典的实施效果和现实权威深受皇权意志的干扰。法典本就出自皇权,但皇权又常在法典之外另行一套,这是中国古代法典始终难解的困局。

[2] 参见《旧唐书·高祖纪》。

[3] 参见《旧唐书·刑法志》。

[4]《旧唐书·高祖纪》:"(武德元年六月甲戌,公元618年)废隋大业律令,颁新格。"《旧唐书·刑法志》:"及受禅,诏纳言刘文静与当朝通识之士,因开皇律令而损益之,尽削大业所用烦峻之法。又制五十三条格,务在宽简,取便于时。"

基础上加入了一些《五十三条格》的内容。此外，当时还有《武德令》三十一卷、《武德式》十四卷。[1]太宗贞观初年，房玄龄主持大规模的立法活动，一方面进行刑罚体制的轻缓化改革，另一方面同步编纂多部法典。当时参与其中的除唐太宗外，还有长孙无忌、戴胄、萧瑀、陈叔达、王珪、魏征、李百药、颜师古、孔颖达、裴弘献等人。经过反复讨论和实践修正之后，贞观十一年（公元637年）正月庚子，《贞观律》《贞观令》颁行天下，同步行用的还有《贞观格》。十四天后的甲寅日，房玄龄等编修的《贞观礼》也正式完成，交给有关部门行用。这就初步形成唐代法典体系的基本格局。

《贞观律》有五百条，十二卷，分为十二篇：《名例》《卫禁》《职制》《户婚》《厩库》《擅兴》《贼盗》《斗讼》《诈伪》《杂律》《捕亡》《断狱》。这些篇目大体沿袭《开皇律》，成为唐代律典的标准范本。唐高宗永徽四年（公元653年）十月，长孙无忌等人编撰的法律解释《律疏》正式颁行，与唐律组成流传久远的经典法律文本组合。《贞观令》有一千五百九十条，[2]经过多次修改后到开元七年（公元719年）形成定本。[3]唐代令典篇目体例主要沿袭《开皇令》，继续走《泰始令》和《河清令》之外的第三条路。其中不少篇目都可以追溯到《泰始令》。而且，《泰始令》施行制度、以令设教、违令入律等三大立法原则，都被唐令所继承。[4]又如，《开元七年令》的《祠令》《衣服令》《仪制令》《丧葬令》都直接源自当时礼制，既可以礼制充实令典，又可以令典辅助礼制，可谓相得益彰。然而这种模式并不始于隋唐，而是从西晋开始。以上这些都可以反映出《泰始令》对唐代令典的深刻影响。

从唐高宗时期开始，律、令法典基本定型，再没有大的改革，格、式法典开始成为频繁修改的对象。起初，《贞观格》有十八卷，把武德、贞观以来的三千多条敕格删减为七百条，按照尚书省六部下辖的二十四司曹的职守分为二十四篇。永徽初年，长孙无忌领衔对格典体例进行改革，把一部格典分

---

[1] 参见《新唐书·艺文志四》。

[2] 《旧唐书·刑法志》记载一千五百九十条，《新唐书·刑法志》记载一千五百四十六条。一千五百四十六条的数字来源极有可能是《唐六典·尚书刑部》注。但是《唐六典》的这个记载应该是指《开元七年令》。从《贞观令》开始到此有七次删定活动。所以，《贞观令》的条目更有可能是一千五百九十条，即以《旧唐书》记载为准。

[3] 《唐六典·尚书刑部》注载有唐令二十七篇的名目。仁井田陞考证认为这就是《开元七年令》。参见［日］仁井田陞：《唐令拾遗》，栗劲等编译，长春出版社1989年版，第853~854页。

[4] 参见高明士：《律令法与天下法》，上海古籍出版社2013年版，第31页。

为《留司格》和《散颁格》两部分。前者包括尚书省各曹司常规行政规章，又称《行格》或《留本司行格》，有十八卷；后者包括颁行发布到天下州县的政府部门规章，又称《散颁天下格》，有七卷。格的内容来源于制敕文书，由于皇权意志和政府权力的日常运作而获得源源不断的新鲜素材。综合来看，格典的内容不局限于行政法规，也包括许多刑事法规。律令法典内容既然已经定型，这些新生规范文本就只能被定期整理编订到格典中。于是，《永徽留司格后本》《垂拱留司格》《神龙散颁格》《太极格》《开元前格》《开元后格》《格后长行敕》《开元新格》《元和格敕》《元和删定制敕》《大和格后敕》《开成详定格》《大中刑法总要格后敕》《判格》等各种格类法律文本频繁颁行。如此一来，格典的稳定性也就远低于律令法典，甚至可以说蕴含着明显的反法典化因素。

　　无论是从静态内容还是从动态变化来说，唐格与《晋故事》都有几分类似之处。尤其是"编录当时制敕永为法则"和"曹之常务但留本司"的《留司格》，与《晋故事》的"常事品式章程，各还其府"就很接近。但因此就把"常行之事"唐格与"常事之法"《晋故事》简单比附，却不符合客观事实。二者的相似只是局部的、有限的。唐代人说："格以禁违正邪。"〔1〕宋代人说："格者，百官有司之所常行之事也。"〔2〕可见，唐格既包括行政规范，也有刑事规范。这主要是因为，格主要源于制敕对律、令、式的补充规定，内容无所不包，效力后来居上。所以系统编订而成的格典实际上是对律、令、式三部法典的综合补充。因其具有开放性、灵活性等特点，所以能适时对律、令、式法典进行补正，同时又不至于影响三部法典的整体稳定。这是用权宜之法保证律、令、式法典相对稳定的特殊设计，与西晋《泰始令》中的"权设之法"和北齐律令法典之外的《权令》《别条权格》用意相似，都是在法典稳定性与适应性之间寻求平衡的产物。只不过，《晋故事》和北齐《权令》还不会对律令法典形成有力冲击，而北齐《别条权格》和唐格却与此不同。后面二者虽然都有补充法性质，但实施中却有效力优先权，从而形成事实上对律令法典权威的凌越。这是《晋故事》所无法比拟的。

　　相比于唐格而言，《晋故事》的内容性质与唐代的式典更为接近。《贞

〔1〕《唐六典·尚书刑部》。
〔2〕《新唐书·刑法志》。

观式》共有三十四篇。[1]篇目可以分为三大类：第一类是尚书省二十四曹的官司名，第二类是秘书省、太常、司农、光禄、太仆、太府、少府等官署名，第三类是监门、宿卫、计帐等特殊的职守内容。尽管后来唐式内容和卷数有所增加，但篇目体系却基本没有变化。这种单纯源于行政部门规章的法律渊源，基本无法超越律令规范的效力等级，都与《晋故事》颇为相近。

对于式的性质作用，唐朝人说："式以轨物程事。"[2]宋朝人说："式者，其所常守之法也。"[3]这些说法也和《晋故事》"品式章程常事之法"的属性极为相似。浅井虎夫指出："式，则前后或称故事，或称科。"[4]这点出了从《晋故事》到梁科、陈科再到唐式的递变关系。陈顾远曾说："晋之故事乃后代格式之合耳。"[5]实际上，《晋故事》虽然与唐代的格、式都有关联，不过相对而言与唐式的关联显然更为密切。二者的差别主要在行用方式，作为法典的唐《式》通常都是颁行天下，而非只发还官府。

在西晋，《泰始令》与《晋故事》在内容上无法找到主、副清晰的界分标准，只能说二者互为表里。在唐代，《令》《式》之间虽然各有侧重，[6]但要想找到一个通体的区分原则也仍然比较困难。[7]这主要是由于二者之间关系太过密切，当时人对二者的区分都不很在意，常常合称"令式"或"式令"。可见二者实际上是共同构成一个正向的规范系统，与负向的规范系统律

---

[1]《唐六典·尚书刑部》《旧唐书·刑法志》都记载《唐式》有三十三篇。《新唐书·艺文志四》记载《贞观式》三十三卷，有学者认为应该是对"三十三篇"的误记。参见霍存福：《唐式辑佚》，社会科学文献出版社2009年版，第68页。又据学者分析，《唐式》应有三十四篇。参见李玉生："唐代法律形式综论"，载杨一凡主编：《中国古代法律形式研究》，社会科学文献出版社2011年版，第193页。

[2]《唐六典·尚书刑部》。

[3]《新唐书·刑法志》。

[4][日]浅井虎夫：《中国法典编纂沿革史》，陈重民译，李孝猛点校，中国政法大学出版社2007年版，第98页。

[5]陈顾远：《中国法制史概要》，商务印书馆2011年版，第76页。

[6]有学者研究认为，对于同类事务的规范，令的规范相对简练、抽象，式的规范相对详尽、繁密，有许多数字的具体规定，显然更具有直接的操作性。参见李玉生："唐代法律形式综论"，载杨一凡主编：《中国古代法律形式研究》，社会科学文献出版社2011年版，第211页。

[7]参见霍存福："令式分辨与唐令的复原——《唐令拾遗》编译墨余录"，载《当代法学》1990年第3期；"唐式佚文及其复原诸问题"，载杨一凡主编：《中国古代法律形式研究》，社会科学文献出版社2011年版，第242~243页。

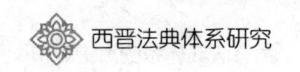

典形成对应关系。[1]

唐代法典体系的分工关系，如《唐六典·尚书刑部》所说："凡律以正刑定罪，令以设范立制，格以禁违正邪，式以轨物程事。"这套周密、协调的法典体系，正是源自西晋法典体系。唐代律典、令典对西晋律令法典的篇目体例继承明显可见，从《晋故事》到唐代格、式法典的流变也有显著例证可寻。历经数百年后，直到唐代前期为止，中古法典体系的演进仍然没有跳出西晋的模式，只不过是根据时代局势而有所损益或创造升华而已。

在这四部法典之外，唐代还有正式颁行的礼典定本《大唐开元礼》，是汉晋以来陆续编订"新礼"事业的自然延续和终极成果。

如本书前文所轮，从汉到晋，曾有三个采用《周礼》五礼体例的"新礼"稿本。西晋之后，礼典编纂的活动也没有停止。南齐时，尚书令王俭、国子祭酒何胤、尚书令徐孝嗣、尚书左丞蔡仲熊、骁骑将军何佟之等人先后受命制定以吉、凶、宾、军、嘉"五礼"为体例的"新礼"，但最后并没有形成定本。[2]这是中古历史上出现的第四个"新礼"。这部"新礼"，从形式上看并未正式颁行，从内容上看仍有过渡性的特点。[3]礼典编纂的事业，到南梁时才终于结出重要的阶段性成果。

天监元年（公元502年），梁武帝下诏启动编纂"以为永准"的礼典。这次编纂工作旷日持久，从天监元年（公元502年）到普通五年（公元524年）历时二十余年，前后三人（何佟之、伏𤧻、徐勉）主持其事。其进度远没有蔡法度主持编纂律、令、科法典那么顺利和快捷。这主要是由于前代并没有留下成熟的文本资料，而且随着时代变迁又出现许多新问题需要解决。南梁的"五礼"定本卷帙浩繁，共有一百二十秩、一千一百七十六卷、八

---

[1]《唐律疏议》中就有"违令式"入罪的例子。例如，《唐律疏议·杂律》律文曰："诸违令者，笞五十；别式减一等。"疏议曰："'令有禁制'，谓《仪制令》'行路，贱避贵，去避来'之类，此是'令有禁制，律无罪名'，违者，得笞五十。'别式减一等'，谓《礼部式》'五品以上服紫，六品以下服朱'之类，违式文而著服色者，笞四十，是名'别式减一等'。物仍没官。"

[2]《南齐书·徐勉传》："伏寻所定五礼，起齐永明三年，太子步兵校尉伏曼容表求制一代礼乐，于时参议置新旧学士十人，止修五礼，谘禀卫将军丹阳尹王俭，学士亦分住郡中，制作历年，犹未克就。及文宪薨殂，遗文散逸，后又以事付国子祭酒何胤，经涉九载，犹复未毕。建武四年，胤还东山，齐明帝敕委尚书令徐孝嗣。旧事本末，随在南第。永元中，孝嗣于此遇祸，又多零落。当时鸠敛所余，权付尚书左丞蔡仲熊、骁骑将军何佟之，共掌其事。时修礼局住在国子学中门外，东昏之代，频有军火，其所散失，又逾太半。"

[3] 参见梁满仓：《魏晋南北朝五礼制度考论》，社会科学文献出版社2009年版，第141~144页。

千一十九条。由于历时很久，内容繁多，又是分批编撰和校定的，所以五部内容繁简不一，嘉礼、宾礼、军礼都只有几百条，而吉礼有一千五百条，凶礼多达五千六百九十三条。这部礼典，明显头轻脚重，体例不均，法典编纂成就有限。徐勉在上奏中把这八千多条礼文与"周礼三千"和"《易经》八卦"相比附，认为可以"悬诸日月，颁之天下"。梁武帝诏书也认为这部礼典"经礼大备，政典载弘""因革允厘，宪章孔备"[1]。但很显然，要把如此鸿篇巨制颁行天下，付诸实行，只能是一厢情愿的美好愿景或者说辞罢了。从秦汉到魏晋的历史经验早已表明，法律的法典化同时也意味着条文的简约化，不能超越古代社会信息传递和文书行政的客观制约。尽管他们确实"裁成大典"[2]，形成了一个时代的礼典定本，但是距离成熟的礼典编纂还有一定距离。

与南朝相比，北朝在礼制实践和礼典编纂方面始终是追赶者。北魏中前期，礼制讨论没有形成系统的成果，其礼制文本的整理工作甚至要由南朝北上的学者主持。最著名的，前有刘芳，后有王肃。他们北上带来的是南朝礼典编纂的最新成果，也促进了南北礼法文化的交流。北魏后期，秘书监常景受命编撰"五礼"。北齐后主时，薛道衡又受命修订"五礼"。北朝礼典编纂至此形成独立的品格。隋初，牛弘、辛彦之受命制定"新礼"，内容兼采南梁和北齐的礼典，仍然采用"五礼"体例。这是中古历史上出现的第五个"新礼"。这部礼典的篇幅控制得比较好，只有一百卷，得以正式颁行天下，"行于当世"[3]。隋朝的礼典"采百王之损益，成一代之典章"[4]，具有总结前代的历史价值。

唐代立法活动规模宏大，礼典编纂与律、令、格、式四部法典同步推进。这是效法西晋围绕礼法构建法典体系和礼律兼修传统的产物。贞观十一年（公元637年）正月甲寅，中书令房玄龄、秘书监魏征等编修的《贞观礼》正

---

[1] 此段的几处引文都出自《南齐书·徐勉传》，出于行文简洁的考虑就不一一标注了。

[2] 《隋书·礼志一》。

[3] 《隋书·牛弘传》："（开皇）三年拜礼部尚书，奉敕修撰'五礼'，勒成百卷，行于当世。"《隋书·儒林传·辛彦之传》："高祖受禅，除太常少卿……岁余，拜礼部尚书，与秘书监牛弘撰'新礼'。"这里的"新礼"和"五礼"应该都是指按照"五礼"体例编纂的礼典。根据两则史料，起初编纂礼典的时候，辛彦之担任礼部尚书，牛弘担任秘书监。礼典编成时，牛弘已经转任礼部尚书，辛彦之应该已经转任随州刺史。

[4] 《隋书·牛弘传》。

式施行。[1]显庆三年（公元658年），太尉长孙无忌又主持编成一百三十卷的《显庆礼》。尽管《显庆礼》也曾做出与令式协调的技术安排，但是整体质量不高，没能真正取代《贞观礼》。开元二十年（公元732年）九月，一百五十卷的《大唐开元礼》正式颁行，蕴含着唐人以当世为傲的时代情结和以礼典取代《礼记》的特殊定位。至此，酝酿于汉、兴起于晋、调整于南北朝的礼典编纂事业，算是完成了一个长周期的发展阶段。

第三节 在古今中西坐标系中的定位

一、中国中古法制文明的蓄水池

评价某一时代现象的历史地位，人们常以"承前启后，继往开来"八个字来概括。这种说法自然符合事物发展变化的趋势，说起来倒也没错。但如果只以此作为对西晋法典体系的盖棺定评，那就显得笼统抽象、难切要害了。按照笔者的浅见，称之为"中古法制文明的蓄水池"似乎更为贴切。其历史内涵可以从以下三个方面加以理解：

第一，对法律文本的汇总整理和加工改造。

西周时期的法律在确定性、严格性、强制性、系统性等方面都存在明显不足。无论是西周王室还是各级诸侯，都没有形成统一适用、明确具体、权威高效的法律体系。春秋战国时期，战乱纷争的外部压力迫使许多诸侯国掀起强化集权、整合资源的政治改革运动。为保证改革措施落到实处、发挥实效，以高度权威性为基本特征的新式法律应运而生。这种新式法律的权威主要落脚于君主权力，表现出空间全体有效、时间恒久稳定、形态合理高效、

---

[1]《旧唐书·太宗纪下》："（贞观十一年正月，公元637年）甲寅，房玄龄等进所修'五礼'。"《资治通鉴·唐纪十》："（贞观十一年三月庚子，公元637年），房玄龄、魏征上所定'新礼'一百三十八篇。丙午，诏行之。"《旧唐书·礼仪志一》："太宗皇帝践祚之初，悉兴文教，乃诏中书令房玄龄、秘书监魏征等礼官学士，修改旧礼，定著《吉礼》六十一篇，《宾礼》四篇，《军礼》二十篇，《嘉礼》四十二篇，《凶礼》六篇，《国恤》五篇，总一百三十八篇，分为一百卷。"《新唐书·礼乐志一》："至太宗时，中书令房玄龄、秘书监魏征，与礼官、学士等因隋之礼……为《吉礼》六十一篇，《宾礼》四篇，《军礼》二十篇，《嘉礼》四十二篇，《凶礼》十一篇，是为《贞观礼》。"综合四则史料，笔者以为：《旧唐书》"前半全用实录、国史旧本"[（清）赵翼：《廿二史札记》卷一六"旧唐书前半全用实录国史旧本"条]，其对时间的记载应该更为准确；关于礼典的名称，可以称为"五礼"或《贞观礼》，"新礼"算不上正式的名称；关于礼典的内容，《旧唐书》中提到的《国恤》应该是《凶礼》中的一个组成部分，《贞观礼》仍由吉、宾、军、嘉、凶五部分组成，所以才被称为"五礼"。

执行坚决有力等具体特征。

战国后期，秦国的"法-律-令"体系是新式法律的佼佼者。秦朝时，这套新式法律全方位接管国家治理工作，广泛渗透到社会生活的许多领域，成为中国历史上第一个适用于全国的统一法律体系。汉朝在秦律令的基础上继续充实丰富，把新式法律推到一个空前繁盛的发展阶段。但是法律文本数量的极度增加，也带来严重的体系性问题。主要表现在法律形式分类的初级低端、法律篇目的杂乱无序、法律内容的多源并存这三个方面。这些数量巨大、体系庞杂的法律文本一直积累、传递到西晋立法者手中。主要包括自汉以来的律、令、科、比、品、章程、仪法等一切制度规范。西晋法典体系的构建活动，就是对这些新式法律进行全面汇总、系统整理、具体加工、体系改造的立法过程。

经过高效、专业的团队协作，西晋法典体系在以下四个层面取得空前的成就：

首先，把原来分散的法律篇章进行整体归类，系统汇总，编成彼此分工、密切配合的律、令、故事三大法典。这三大法典的出炉，使法律文本有了系统归属和职能区分，实现刑事法规与行政法规的有效分化，极大改观了以前各种法律文本零散交错、难于翻检、彼此矛盾、尺度不一的局面。

其次，在具体法典中，篇章设置更加合理，各篇之间的逻辑层次、统属关系清晰明了，反映出立法者对新式法律的治理需求与职能内涵有进一步的认识。而在具体篇章中，条文的归类也更有条理，篇名与其内容更相符合，更能满足法条适用的便利需求。

再次，在具体篇章中，条文的排列次序表现出较为清晰的逻辑层次，条文表述也基本上摆脱了诏令文书的原始样态，成为较为纯粹的抽象规范。

最后，由于对大量删除游辞费句，许多条文被简化整合，法律概念更加抽象凝练，所以法律的条文数和字数都得到极大压缩，实现法典的空前简约。

经过西晋立法者对此前法律文本的汇总整理和加工改造，一个条文简约、体例严整、内容完备的法典体系已经初具规模。杨鸿烈称为"中古时代法典大备的开始"[1]。其后，无论是东晋南朝的"律-令-科"法典体系，还是北朝的"律-令-权令-格"法典体系，又或是隋唐时期的"礼-律-令-格-式"法典体系，都大体遵循西晋法典体系的框架体例与立法模式。西晋开创的分

---

[1] 杨鸿烈：《中国法律发达史》（上册），商务印书馆1930年版，第217页。

部法典传统,是中国法典发展史上的第一个高峰。

第二,对法律学术的充分吸收和综合运用。

面对前代积攒下来的数量巨大的法律文本,西晋立法者的工作之所以能在短时间内取得空前成就,主要是由于充分吸收和综合运用了东周以来有关法典体系构建的理论和经验。

早在春秋战国时期,关于新式法律体系化和法典化的理论构想就已经出现。先秦诸子中,分别出现基于人事推衍天道、依据天道贯穿人事这两种法哲学思路。儒家学派主要从前一种思路出发,借用西周留下来的礼制遗产,发展以仁为本的人伦学说,设计出一套宏大的礼法秩序蓝图。黄老道家则沿着后一种思路展开,把原始道家对"道"的玄虚思辨转化为"天道"的具象载体,一路而下擘画出从天地秩序到人间法度再到操作细则的法律规则系统,创立具有抽象法理意味的刑名之学。这两种法律体系化的理论储备对后世法律的法典化与体系化极为重要。然而在随后的相当长时间内,这两项理论储备成果却没有得到足够重视。《荀子》有关法律体系化的历史先声和《周礼》隐藏在官职模板背后的制度理想没有发挥应有的指导作用,刑名之学到法家手里后也具化为变法改革的工具,黄老学说也只剩下清静无为、约法省刑的旨义,成为休养生息政策的理论依据。

法律体系化乃至法典化的宝贵理论资源没有得到秦汉时人的足够重视。对刑名之学的工具化理解导致秦汉的法律数量出现从繁到简又从简到繁的周期性变化。秦朝法律偏重于繁,追求"皆有法式"。汉初曾经进行短暂的法律删减活动。但后来法律再次呈现爆炸式增长的势头,即使反复删减也摆脱不了繁杂难制的法制困局。直到东汉以后,法律家们才逐渐摸索出新的技术经验和学术概念。他们不仅发明了法律的等级细分工具"科"和裁判规则"比例",而且提出"九章律""律本""正律""旁章""律经""法经""律说"等抽象的法律学术概念。尤其是"法经"和"九章律",原本只是东汉法律史学叙事的产物,后来竟被人们认为是历史真实存在的法典,致使史实淆乱,真伪难辨。

东汉以后的律学变革还受到经学风格转变的影响。原本模仿经学研习方法而兴起的律章句学,由于支离破碎、缺乏系统的弱点逐渐被新兴的名理律学取代。名理律学以贯通的精神,广泛吸收名、道、儒、法学说中有关概念解析、逻辑思辨、本末名实、类别区分等名理元素。伴随着社会主流学术从汉代经学到魏晋玄学的转变，名理律学也进一步得到升华，在魏晋法典编纂的立法活动中发挥出巨大作用。魏晋两代立法团队在法典编纂活动中运用的新概念、新体例、新原则，都蕴含着当时名理律学的最新成果。

从先秦时代的法哲学构思，到秦汉时期的法律整理技术经验和名理律学成果，这些前代播下的学术种子，到西晋终于开花结果，取得空前的立法成就。这就是西晋法典体系对法律学术的积蓄、吸收之功。杜预、刘颂、张斐等著名的律学家对法典体系的解读与注释，也是名理律学的重要成果，后世影响十分深远。

第三，对法律精神的融汇更新和实践发扬。

西晋法典体系之所以能够实现形式上的编纂成就，除了名理律学在逻辑技术层面的贡献之外，也有赖于其内在精神的整合，使整个法典体系有一以贯之的法律精神。这个一贯的精神自然是以渊源自先秦的儒家礼法传统为主干，同时也充分吸收了道家、法家、阴阳家的精神原则，尤其是当时逐渐流行起来的新兴玄学思潮。

早在西周时，一种基于道德政治的伦理基因就开始在中国法律中扎根。在春秋战国时，儒家学派发扬西周的礼法遗产，一方面把符合人性本质的仁学注入到礼中，另一方面把程序化的礼乐仪式改造为实体化的言行规范。到荀子那里，礼法已经成为承载王道政治理念、主导体系化法律秩序、防范新式法律系统性风险的理想选择。但在秦汉时代，在制度理论方面富有先见之明的荀子礼法之学却没有得到足够重视。汇集战国秦汉儒家礼论学说的《仪礼》和《礼记》虽然成为经书，但在实用性方面还存在较为显著的结构性局限，远未上升到国家治理模式和制度框架的高度。

经过秦汉儒家初步改造之后的礼，最多只能被视为新式法律的一个类别，完全没有表现出鲜明的主导性和系统性。尤其是在东汉时期，儒家的所谓礼法治国逐渐走上以名节、孝义为中心的虚伪浮华之路，给国家治理和法制规范带来许多负面影响。这引起了针对礼法之治实践效果的声势浩大的社会批判思潮。紧随其后兴起的名法思潮虽然是对汉代礼法治国理念的历史反动，但确实给后来复兴的礼法之治注入新的活力。曹魏中后期，儒学世家主导的礼法传统逐渐复兴。当时制定的"新律"稿本中，蕴含着丰富的礼法精神。到西晋时，礼法精神正式重回正统地位，成为新出炉的法典体系内在一致性的根基。

西晋法典的礼法精神，并非前代学说或国策的简单回归，而是经过历史浮沉之后的推陈出新。经过大规模的制度建设，礼典与律令法典齐头并进，全面规范社会各领域的法典体系横空出世。礼法精神以主导、引领、渗透的方式落实到制度法典之中，其制度化、操作化程度达致新高，是为周汉以来礼法之治的全新时代。在西晋法典体系中，儒家礼法的规范性、明确性与实效性得到空前加强。与此同时，礼法学说的义理内涵也日益充实。《周礼》和"丧服礼"不仅是当时礼家热议的主题，而且也深度融入到西晋法典体系之中，成为名副其实的法典灵魂。

在中古法史演进过程中，西晋法典体系与唐代前期法典体系可谓双峰并峙。西晋之前的法律遗产以百川灌河的态势统统汇入西晋立法者手中。经过他们匠心运化而构建出来的空前完备的法典体系，当之无愧是"中古时代法典大备的开始"。而在西晋法典体系之后，经过南北朝时期各种新法律文化要素的融汇贯通，到唐代前期又形成一个更加完备的法典体系。以晋唐法典为文本寄托的法律文化，泽播于东亚的周边国家，成为中华法系得以正式形成的基石。[1]此即"中古法制文明蓄水池"的内涵所在。

二、中国法典周期性演进的开端

秦汉时期，律令法制的极速膨胀形成一股巨大的历史惯性，催生出以规模庞大、体系驳杂、积重难返为主要表现的法制困局。为有效应对这个法制困局，经过数百年的理论知识探索和实践经验积累，从公元三世纪正式开启一波长达五百年的法典编纂的历史潮流。这是中国古代的第一轮法典化运动，影响极为深远。西晋法典体系正处在这段历史的潮头。

在汉魏禅代之际，律令法制经过彻底的重新洗牌而形成曹魏"新律"等草案文本。但是这些文本一来没有正式颁行，二来法典化程度其实也较为有限，三来礼典编纂也有明显的缺位。所以要到西晋初期，正式生效的法典体系才在中国历史上第一次出现。曹魏末年，一群礼法名士、刀笔大吏受司马氏之命，仿效《周礼》六典的模式，同步编纂《礼》《律》《令》《故事》四部法典。前面一部由于争议较多而最终没有形成定本，正式颁行。后三部法典经过三年半的编纂顺利出炉，编纂技术和专业水准都达到空前高度。四部

---

[1] 高明士指出，"以晋唐律为蓝本之成文法典"是中华法系的一项重大特征。（高明士：《律令法与天下法》，上海古籍出版社2013年版，第311~314页）

法典同步编纂、三部法典如期颁行的历史功业，由于西晋后期乱世的过早降临而大受减损。此后的东晋、刘宋、南齐虽然大体沿用西晋法典，但毕竟未能造就一统盛世，因而也难得盛名。北朝时期屡次修订礼、律、令，其影响通过北周、北齐延及隋唐，最终形成《礼》《律》《令》《格》《式》五大法典，为盛世再临做出不小贡献，并因而享誉史册，名垂千古。

五大法典之外，玄宗还授意编纂政制大全《唐六典》。《唐六典》不仅是用于点缀盛世，粉饰太平，也是继《周礼》之后对中国法典传统的一次大总结，对法典编纂思路的再探索和法典理论的再提炼，是中古时期法典化运动的收束之作。《唐六典》以整齐的职官制度为正文纲目，以职官及各种法律制度的历史沿革为注文补充，把细密翔实的令、式散入到诸官职责之中，通过概括、浓缩的表述方式统领、容纳其他法典的基本内容。[1]严格意义上说，《唐六典》本身不能称为法典，但它特有的内容涵盖性却在理论层面展现出中国法典的宏大气象和古典主义精神，与前五部法典一起构成盛唐时期逻辑周延、结构完整的法典体系定本。[2]从唐人初衷来看，编纂《开元礼》与《唐六典》是为了取代《礼记》和《周礼》，树立有唐盛世的礼典，进而统领《律》《令》《格》《式》四部法典。从这一点来看，它们仍旧是延续礼法传统和"礼-律（令、格、式……）"法典模式的产物。但二者同时也陷入以古礼为纲调和古今、由形式决定内容、以现实迁就传统的误区，[3]为日后的礼典实用化转型留下了空间。

然而，正当中古法典的编纂成就达到顶峰之时，一股逆流却在潜滋暗长。唐玄宗开元年间，法律修订活动频繁，其中既有法典化的因素，也蕴含着去法典化的因素。修订格时出现的"格后敕"，使直接体现皇权意志的诏敕可以不通过编格程序就能独立发挥法律效力，而且其条文体例也已经与格大不相同。[4]这给晋、唐共同遵用的"礼-律-令-故事（格-式）"法典体系及其编纂模式打开了一个缺口，为"以敕破律"埋下了伏笔。此外，开元二十五

---

[1] 参见刘后滨："《唐六典》的性质与制度描述方式"，载《中国社会科学报》2020年4月13日，第A06版。

[2] 参见胡兴东："周制想象下中国古代法典法体系的再造——基于唐朝'开元六典'的考察"，载《厦门大学学报（哲学社会科学版）》2019年第5期；"'开元六典'的继受传播及对中华法系的影响"，载《中国法学》2020年第3期。

[3] 参见吴丽娱："营造盛世：《大唐开元礼》的撰作缘起"，载《中国史研究》2005年第3期。

[4] 参见戴建国："唐格后敕修纂体例考"，载《江西社会科学》2010年第9期。

年（公元738年）修订四大法典同时又出现了一个"以类相从，便于省览"[1]的《格式律令事类》，成为后世综合性法典的滥觞。[2]

从中唐到五代宋元，是法典编纂的转型期，处在一个解构旧法典体系和酝酿新法典体系的历史过渡期中。中唐以后，政治权力集中的趋势导致立法模式发生重要转变。原本多方参与、程序完备的正式法典的编纂活动日渐减少，程序简便、灵活变通的格后敕的汇编活动日益增多。失去法典理念支撑的法律体系，完整性、稳定性、严肃性呈现明显的退化趋势。[3]随后，又出现以律为纲，分二百一十三门编排，融合令、格、式、敕的综合性法典《大中刑律统类》。前有格后敕的来势汹涌，后有刑律统类的另立门户，盛行于晋唐的分部法典体系逐渐走向瓦解。[4]

宋代宣敕和编敕活动非常频繁。敕令种类之多，规模之大，范围之广，超过了中国以往的任何朝代。[5]起初，编敕只是用来修正和补充继承自唐的律令法典。[6]但后来，编敕内容就不再受原有法典模式的框限，而是陆续出台单行的令、附令敕以及糅合性的敕令式、敕令格式等各类法律文件。[7]规

---

[1]《唐会要·定律令》。

[2]《格式律令事类》最为引人注目的地方有两点：一是以事为纲对各种法律形式进行混编，二是格式顺序排在律令之前，表现出"以格破律"的发展趋势。到后来，敕又后来居上，超越了格，甚至取代了律，这是唐宋之间各种法律形式地位变迁的大事件。参见雷闻："俄藏敦煌Дx.06521残卷考释"，载《敦煌学辑刊》2001年第1期。此外，当时还出现了一些类似的私人著述，例如裴光庭《唐开元格令科要》一卷（《新唐书·艺文志二》）、萧昊《开元礼律格令要诀》一卷（《宋史·艺文志三》）。这可以说是当时法律发展动向在律学领域的反映。

[3]参见侯雯："唐代格后敕的编纂及特点"，载《北京师范大学学报（人文社会科学版）》2002年第1期。

[4]戴建国指出：唐代后期到五代十国处于法典体系变革的前夕，其表现就是律典的转变和编敕的法典化。（参见戴建国：《唐宋变革时期的法律与社会》，上海古籍出版社2010年版，第47~48页）又可参见刘俊文："论唐后期法制的变化"，载《北京大学学报（哲学社会科学版）》1986年第2期。

[5]参见郭东旭：《宋代法律与社会》，人民出版社2008年版，第36页。

[6]例如，《建隆重详定刑统》在体例方面的最大特色也与敕有关，即以敕、令、格、式随律并由敕对律、疏、令、格、式进行补正，而且还同时颁行《编敕》四卷。（《宋史·刑法志一》）又如，天圣修令也是在编敕过程中发现有必要同步修令之后才启动并且最终修成《天圣令》。而在《天圣令》内还包括《附令敕》500余条。[参见孟宪实："论现存《天圣令》非颁行文本"，载《陕西师范大学学报（哲学社会科学版）》2017年第5期]同时，也正是由于编敕活动的冲击，宋代的"刑统"和"令典"都受到一定程度的冷落。二者虽然并未遭到正式废止，但却在"敕令格式""条法事类"等新型法典面前失去了往日的神采和现实的话语。

[7]起初的敕令式、敕令格式合编多是专以某类事项为主的法律文件。如《宗室及外臣葬敕令式》《元丰户部敕令格式》等，数量不少。（《宋史·艺文志三》）

模最大、包罗事项最广的综合性法典《元丰敕令格式》的出炉，标志着宋代法典从法律形式到法典体例的根本性变化。[1]尤其是其分门别类、汇合诸法的体例安排已经与晋唐时期区分刑事与非刑事、不同法典各有分工的体系构造大异其趣。[2]在"敕令格式"类法典中，敕、令、格、式四大板块下面又分别设置不同的门和等，[3]前后检阅不便，容易遗漏脱落。于是在南宋时又出现打破四大板块格局、以事为纲分门别类的新体例法典《条法事类》。这种新体例把宋代的综合性法典编纂成就推向了高峰。

有学者称宋代为"中国古代法典编纂极盛时代"[4]，也有学者称宋代的综合性法典为"法律法典化的最高级形态"[5]。此说值得商榷。一则，当时编敕不仅名目繁多，体系庞杂，而且编敕对于诏敕内容几乎没有提炼加工；二则，除编敕之外，当时还存在大量特别法，[6]表现出立法上多源、多元的复杂结构特征；[7]三则，尽管唐宋之际从分部法典到综合法典的转变有其具体的原因或理由，[8]但毕竟和法典分化与体系化的发展大势和正常规律相悖。

---

[1]《元丰敕令格式》之后又有《元祐敕令格式》《元符敕令格式》《绍兴敕令格式》《乾道敕令格式》《淳熙敕令格式》《庆元敕令格式》《淳祐敕令格式》，时间跨度覆盖宋代前后长达二百年。

[2]《元丰敕令格式》与唐代法典最大的区别有三：一是敕在内容和地位上全面取代律；二是格由原来的综合特别法变成令的细则，式由原来的令的细则变成机关公文程式；三是原本四部独立法典之间的关系转变为一部法典内四大板块之间的关系。

[3] 参见《宋史·刑法志一》。

[4] [日]浅井虎夫：《中国法典编纂沿革史》，陈重民译，李孝猛点校，中国政法大学出版社2007年版，第149页。宋代法律非常多元，各类法律文件繁多。由于对"法典"一词的庸俗化理解和随意滥用，不仅宋代每一个全国性法律规范，而且每一个地方性、事务性法律规范都被许多学者称为法典。如果"法典"能作这样理解，宋代被称为法典极盛时代也就顺理成章了。但恰恰是"法典"一词，不能也不应被随意地与一般法律规范文件等同，因此这个结论也就自然站不住脚了。

[5] 参见吕志兴："论宋代法典体例的演变"，载《贵州社会科学》2009年第8期。

[6] 包括所谓"一司、一路、一州、一县又别有《敕》"（《宋史·刑法志一》），也包括各种断例及编例。关于后者，可以参见戴建国：《宋代法制初探》，黑龙江人民出版社2000年版；郭东旭："论宋代法律中'例'的发展"，载《史学月刊》1991年第3期；[日]川村康："宋代断例考"，载中国政法大学法律史学研究院：《日本学者中国法论著选译》，中国政法大学出版社2012年版；胡兴东："宋元断例新考"，载《思想战线》2018年第1期等论著。

[7] 参见[日]青木敦："地方法的积累及其法典化——以五代至宋的特别法为中心"，赵晶译，载徐世虹主编：《中国古代法律文献研究》（第九辑），社会科学文献出版社2015年版，第280~300页；赵晶："试论宋代法律体系的多元结构——以宋令为例"，载《史林》2017年第4期；戴建国："宋代特别法的形成及其与唐法典谱系的关系"，载《上海师范大学学报（哲学社会科学版）》2020年第2期。

[8] 参见刘佳佳："名实之辨：宋代法典编纂与政务运行"，载《赣南师范学院学报》2016年第4期；杨孟哲："唐宋变革视阈下刑法类典籍编纂的历史嬗变"，载《学术探索》2018年第8期。

由此看来，对宋代的法典编纂确实不宜评价过高。换个角度来说，宋代所陷入的法制困局一如秦汉，然而应对困局的方向却与前人相反。[1]宋代法典不再强调法律形式的区分，按照法律功能分别制定法典，而是寻求单纯依据事类性质分门梳理、最后综合汇编的法律大全模式。这是中国法典历史的一大转关。

与前代中原王朝一样，元代法律体系也有双层结构。所不同的只是将"礼-律（令、格、式……）"模式置换为"大札撒-条格"模式。[2]元代法典就是以"大札撒"这个蒙古民族习惯法为宏观指导，对条格进行系统编纂的产物。法典《大元通制》《至正条格》，把制诏、条格、断例融汇一炉，从形式上继承了宋代成型的综合性法典风格，从内容上吸收涵盖了唐、宋、金等朝的律、令、格、式、敕的具体规范。[3]《元典章》与《唐六典》类似，虽然本身并不具有法典属性，却在体例上启发了明清会典的编纂。

明代初年，朱元璋主持制定《大明律》《大明令》，开启了中国法典新的发展阶段。经过三十年的编纂探索之路，最终定型的《大明律》不仅恢复了晋唐的独立律典传统，而且基于宣传施用的目的、行政管理的经验和技术理性的操作，创立了六部统辖、二十九门分类的三级律典构造，[4]还创新性地采取了图表入律的具象表述方式，极大便利了律典内容在民间的普及和传播。[5]同时，《大明律》六部统罪和《大明令》六部治世的同构现象，还蕴含着对《周礼》政治理想的尊崇与效法。[6]此外，同期颁行的《洪武礼制》

---

〔1〕 读《宋史·刑法志一》所载宋代编敕数量的膨胀和删减历史，与《汉书·刑法志》所载秦汉律令膨胀和删减的历史相似。然而控制法律条文数量，光靠删减只能算作扬汤止沸，唯有寻求体系化和法典化才有可能釜底抽薪。这个法律原理在本书正文中有所展开，也可在中古、近古的历史中得到多项实证。

〔2〕 参见李玉年："元代法律体系之构建——元代法律组成解析"，载《安徽史学》2007年第3期。

〔3〕 参见黄时鉴："《大元通制》考辨"，载《中国社会科学》1987年第2期；胡兴东："元朝令考"，载《内蒙古师范大学学报（哲学社会科学版）》2016年第4期。

〔4〕《大明律》的三级法典构造堪称近古中国立法技术的重要创新成果，是中国法典编纂成就的奥秘之一。这可以用"歧路之义"作一番新解：法典在形式上的第一特征在于完备性，即包容所用同类条款。然而条文的巨量积累也给检阅适用带来了极大难题。这就好比，如果开门就有一百条路，必将不知所从。为了避免这种选择困难，可以把歧路分级，即开门只有三条路，每条路后又是三条路……如此推演下去，则逻辑上更有层次性，而且只要路标指示明确，操作上必然更加便利。只要在上下级路之间建立合理的联系作为指向，就不仅不会出现歧路亡羊的困境，而且能简便实现按图索骥的效果。

〔5〕 参见周东平、李勤通："《大明律》采六部体系编纂模式原因考辨"，载《法律科学》2017年第1期。

〔6〕 参见苏亦工：《明清律典与条例》，中国政法大学出版社2000年版，第106页。

《诸司职掌》与唐代的《式》相对应，《大诰》又与唐《格》和宋"敕"性质相仿。[1]从表面上看，法典形式主义似有卷土重来之势。然而总体来看，明代法典创新、实用的成分却仍占主流。明代中期，《大明会典》和《问刑条例》陆续编纂颁行，对这个"仿古为治"的法典体系形成巨大冲击。《大明会典》以《诸司职掌》为根基，并参以《皇明祖训》《大诰》《大明令》《大明集礼》《洪武礼制》等十二部颁降之书，蒐集明代典章，用以施行操作，时人称为"大经大法"，在某种程度上继承了宋元综合性法典的基本要素。[2]

清代在此基础上，进一步纂修完善《清会典》，同时用灵活的"问刑条例"弥补稳定恒常的律文，又以各种官府"则例"作为行政法规，从而形成"会典－律例－例"法典体系。在这个法典体系中，《清会典》总揽全局，《大清律例》居于核心地位，而以"则例"为代表的律典之外的各种例，则发挥着唐格之类综合法律的作用，刑事、行政规范无所不包。[3]清代法典中，《大清律例》的法典编纂成就最高，既有立法技术的精致严密之外，又兼顾传统政治理想与社会现实，在依附政治正当性的同时又反过来宣示了政治权威的正当性。[4]其中某些例条与晋令、唐宋令、唐宋式、元条格、明令、明例等的条文之间存在明显的承继关系。[5]这一套法典体系一直沿用到清末。沈家本主持修律以后，中国法典编纂又开始走上新部门法典体系的探索之路。

纵观往古，在中国传统文化语境中的法典，具有丰富的政治内涵和悠久的实践历史。若以法典视角来看，中国法律史可以分为六个大的发展阶段：商鞅变法（公元前356~350年）以前，是中国法典的沉淀期，经过漫长的积累和摸索，逐渐形成原初的法典观念和新式的法律形式；商鞅变法以后直到晋初，中国法典进入建构期，礼、律、令等各种新式法律从野蛮疯长到逐渐走向体系化，实现法典化，时间长达六百年；西晋泰始四年（公元268年）

---

[1] 参见张凡："《大明令》与明代的律令体系——明代'令'的作用与法律效力"，载《殷都学刊》2009年第3期。需要说明的是，张氏原文认为《洪武礼制》《诸司职掌》与唐代的《格》《式》相应，这是不明了唐《格》作为综合特别法的特殊性质。实际上，唐《格》与明《大诰》性质更为接近。

[2] 参见梁健："《明会典》的纂修及其'大经大法'地位之演变"，载王果主编：《南开法律评论》（第十一辑），南开大学出版社2016年版，第128~143页。

[3] 参见苏亦工：《明清律典与条例》，中国政法大学出版社2000年版，第41页。

[4] 参见李耀跃："律典对传统统治正当性的依附与证成——以《大清律例》为中心的分析"，载《中南大学学报（社会科学版）》2012年第5期。

[5] 参见霍存福、张靖翊、冯学伟："以《大明令》为枢纽看中国古代律令制体系"，载《法制与社会发展》2011年第5期。

三大法典颁行以后，中国法典从成型走向鼎盛，礼、律、令、格、式等分部法典体系编纂到盛唐前期达到顶峰，时间将近五百年；开元二十五年（公元738年）《格式律令事类》颁行以后，中国法典进入重组期，分部编纂的法典体系逐渐消解，综合性法典大行其道，历时长达六百年；洪武元年（公元1368年）《大明令》颁行以后，中国法典再次进入分部体系化发展期，历时五百余年；1910年《大清现行刑律》颁行至今，中国法典进入艰难的转型摸索期，从效法西方开始，后来又注重兼顾本土国情，逐渐探索出一条具有中国特色的法典之路，虽只有一百多年却已经取得不小的成就。

三、 领先古代世界的法典体系

西晋法典体系的影响不仅限于中国政权的统治范围，而且扩展到东亚广大区域，升级为一种文明类型的法律文本结晶。后世所谓中华法系的构建过程，其实就是以西晋法典体系作为初步成型的基点。如果把视野放大，在中西法典的历史中进行横向比较，西晋法典体系的位置同样十分显赫。

长期被西方法学界引以为傲的罗马共和国时期的《十二表法》，不仅在内容上难以称得上是法典，而且名称上也没有采用"codex"的表述。它既无法典之实，也无法典之名。东罗马帝国时期的《狄奥多西法典》（编于公元435~438年）通常被认为是罗马法史上最早的官方法典。[1]但它仍具有比较浓厚的法律汇编而非法典编纂的色彩，存在诸如结构不够完美、多处重复矛盾、体系逻辑不严密等一系列问题，并没有显示出多么高超的立法技巧。而从其内容上来看，这部法典实体法与程序法杂糅混插，公法与私法错落兼具，宗教法与世俗法各行其道，尚处于较为明显的诸法合体阶段。[2]随后的优士丁尼法典编纂活动，虽然高扬古典主义精神，[3]大量借助古希腊斯多亚哲学成

---

[1] 参见［意］朱塞佩·格罗索：《罗马法史》，黄风译，中国政法大学出版社1994年版，第404页。

[2] 参见徐国栋："优士丁尼之前的法典编纂研究"，载《金陵法律评论》2010年第1期；黄美玲："《狄奥多西法典》：技术要素与政治意义"，载《华东政法大学学报》2017年第6期。这两篇论文不仅介绍了狄奥多西二世组织编纂法典的大体过程和基本方式，而且介绍了《狄奥多西法典》的主题内容与篇幅，可以概括观察该法典的立法水准和内容特点。对《狄奥多西法典》的综合评价，又可参见中南财经政法大学法学院"罗马法高端论坛"第十二讲，意大利学者Lucio De Giovanni所做的学术报告："《狄奥多西法典》中的宗教与国家"，载http://law.zuel.edu.cn/2018/0511/c3603a191367/page.htm，最后访问日期：2018年5月11日。

[3] 参见肖俊："《狄奥多西法典》与罗马晚期的法学困境"，载《华东政法大学学报》2016年第6期。

果而在理论化、原则化、体系化、人道化方面有所进步,[1]但是仍旧没有在法典编纂上实现真正的突破。《优士丁尼法典》（编于公元528～534年）分为十二卷,卷无标题,所收敕令没有进行条文式的整理,公法、私法、实体法、程序法内容互相穿插,"立法者并无强烈地把同一主题的内容集中在一起规定的意识"[2]。至于《优士丁尼法典》之外的《学说汇纂》更是对古罗马历史上三十八位法学家的二百零六种法学作品的分类汇编,规模达到一千四百八十七卷、三百万行之巨。《学说汇纂》中的这些著作虽然也有简单的分组、加工,但很难说是有什么体系性可言。相比来说,《法学阶梯》反倒是数量精简（共计四卷九十八题一百五十一条敕令）、体例清晰（分为人法、物法、诉讼）、内容纯粹（几乎都是私法）的典范。但《法学阶梯》《学说汇纂》与《法典》不同,只是供学生使用的法学教本,并不能被视为正式的法典。而且总体来看,优士丁尼时期的法典编纂,是按法律渊源进行编纂,而不是按法律部门进行编纂;法律规则隐含在一段课文或案例中,需要读者自行提炼概括,而不是以法律规范为单位进行编纂;对于每一主题保持诸说争鸣的姿态,而不是给出明确的准则判断。[3]其法典编纂水平的有限,可想而知。

相比而言,中国古代的法典编纂活动较之西方时间更早,编纂水准也更高。中国古代的法律以礼、律为主,战国、秦汉以后就在不断尝试对这些法律形式进行系统编纂,追求法典化、体系化。最终在魏晋改朝易代之际,分类编纂出台《泰始律》《泰始令》《晋故事》三部法典（编纂于公元264～268年）。同时起步的还有西晋"新礼"（分两步编纂公元264～280年）,可惜由于各种争议和时代动荡而未能形成定本,正式施行。即便如此,前三部法典的颁行时间也比《狄奥多西法典》早一百七十年,比《优士丁尼法典》早二百七十年。另一方面,西晋初年颁行的是分工配合、自成体系的系列法典。这个法典体系,从条文抽象程度、篇章分类标准到法典结构体例、法典分工合作,较之古罗马的综合性法典全面胜出。从内容上看,刑事规范、综合制度规范、专职行政规范的分类编纂、各自成典模式显然更为合理,各法典之间也建立起了一些基本的配合协调关系;从形式来看,法典内部的逻辑结构较为严整,篇章体例较为清晰,条文简要,术语精当,显示出协调匀称、便

---

[1] 参见徐国栋:"优士丁尼《法学阶梯》中的希腊哲学",载《财经法学》2019年第3期。
[2] 徐国栋:"优士丁尼法典编纂研究",载《法治研究》2010年第8期。
[3] 参见徐国栋:"优士丁尼法典编纂研究",载《法治研究》2010年第8期。

于适用的成熟性。同时，西晋在法典之外还有法学解释，用于指导、辅助法典施行。这与优士丁尼《学说汇纂》《法学阶梯》内部观点分歧争鸣、依赖学者提炼总结、主要用于法学教育等特点大有不同。至少从立法施行的实际功用来看，西晋法典显然较之晚出一、二百年的古罗马法典为优。至于说中国古代法典偏重公法，古罗马法典侧重于私法，则只能说是各有千秋，不足以作为议论长短的依据。当然，西晋法典还只是中国古代法典编纂的开篇者，而不是终结者。后来的隋唐法典在其基础上更进一步发达完备，成为闪耀于古代法律世界的中华法系的奠基石。正如梁启超所言："及春秋战国，而集合多数单行法，以编制法典之事业，蚤已萌芽。后汉魏晋之交，法典之资料益富，而编制之体裁亦益讲，有组织之大法典，先于世界万国而见其成立（罗马法典之编成在西历534年，当我梁武帝中大通六年。晋新律之颁布在晋武帝泰始四年，当彼268年）。唐宋明清，承流蹈轨，滋粲然矣。其所以能占四大法系之一，而粲然有声于世界者，盖有由也。"[1]

从唐代中叶直到五代、宋元，中国法典逐渐进入一个沉滞的整合周期。原本成熟、严整的分部法典体系逐渐瓦解，注重逻辑结构设计和区分法律形式的传统被彻底抛弃，诸法合体、简单汇编的综合性法典大行其道，时间长达六百年。与西方对比来看，即便是宋代编纂最为系统的综合性法典《条法事类》，其编纂水平也大体上与古罗马的《狄奥多西法典》《优士丁尼法典》相当，然而时代却已经晚了很多。中国法典从唐到宋的演变过程就如同西方法典从古罗马到近代演变过程的倒放。到明清时代，晋唐之际的法典传统虽然得以部分恢复，虽然新法典在实用基础上的体例创新仍然大有进步，但总体而言，中国法典此时已经陷入僵化的格局框架之中，难于跳出传统窠臼别开生面，难于在进一步推动法典分化的方向上获得自我革新的突破口。也正在此时，西方法典开始后来居上，全面赶超中国法典。

在漫长的中世纪，欧洲大部分地区的法律处于一个多元交织、碰撞激荡的大熔炉状态。教会法、罗马法、日耳曼各族习惯法、国王敕令法、商人法、城市法、法学家注释等各种法律渊源在欧洲大陆长期并存，为近代法典这坛新酒的出窖进行缓慢酝酿。在此期间，罗马法典的内容和精神通过古律抄本的流传、法学家的注释著作、司法实践的自发遵循，点滴渗透到欧洲大陆的广大区域。文艺复兴以后，由于经济社会发展的深刻需求和《国法大全》原

---

[1] 梁启超：《饮冰室合集》（第六册），中华书局1989年版，第5页。

稿的偶然发现，欧洲掀起罗马法复兴运动的高潮。罗马法典传统中蕴含的古典主义、人文主义、理性主义精神不仅迎合了欧洲文明近代转型的发展方向，而且经过启蒙运动的理论扬弃，内化到古典自然法思想的制度设计之中，伴随着民族国家塑造和资本主义社会转型的历史进程，最终催生出大规模的现代法典编纂运动。

十七、十八世纪的法国和中欧、北欧的一些国家，开始按照部门法的体例进行法律汇编。当时出现的《刑法典》《民法典》《诉讼法典》已经具备部门法典的雏形，自然法和罗马法精神逐渐灌注到法典内容之中，法典编纂技术在实践中逐渐走向成熟，为法国六大法典的集体亮相打下坚实基础。[1]十九、二十世纪，以《法国民法典》《德国民法典》为代表的欧洲法典终于积量变为质变，化茧成蝶，成为大陆法系誉满全球的金字招牌。欧陆法典的原则术语、篇章体例、法典体系表现出对近现代社会的高度适用，法典背后的人文主义、理性主义、自由主义等精神，更在极大程度上促进了法典的现实治理效果，推动了法典在非西方世界的普世认同。

以明治初年的日本为例，对当时的知识界来说，"法典不仅仅是一种法律的编排，更是一个纪律国民权利义务、统合国民的近代国家的光辉象征"[2]。于是乎，欧陆法典在技术领域获得高度赞扬之外，又在精神内涵和文化属性方面获得额外加成乃至神圣光环。近代以来，中国法典编纂的理论和实践同样饱含着对西方大陆法系法典传统的由衷尊崇与自觉认同。无论是清末沈家本主持修律对欧陆法典的亦步亦趋，还是民国时期积极效法欧陆构建六法体系，亦或是近四十年来新中国各主要法典对西方法学理论的吸收和借鉴，凡此无不体现出这种尊崇和认同的心境。就连新近颁布的民法典也较大幅度吸收了西方民法典传统的精华元素。但是这种尊崇与认同应该建立在客观、辩证的立场上，不应衍生出主观的崇拜和臆想。西方法典传统近四百年以来的质变升华，并不意味着其法典编纂水准从来都领先世界，胜过东方，也不意味着将来中国法典仍要袭人故智，步人后尘。

---

[1] 参见［美］罗斯柯·庞德："法典编纂的源流考察：以民法典的编纂为主要视角"，汪全胜译，载何勤华主编：《外国法制史研究》（第六卷），法律出版社2003年版；王云霞："近代欧洲的法典编纂运动"，载《华东政法学院学报》2006年第2期；王银宏："在罗马法与自然法之间——作为政治性立法的1811年《奥地利普通民法典》"，载何勤华主编：《外国法制史研究》（第十九卷），法律出版社2016年版。

[2] ［日］髙田晴仁："明治期日本の商法典編纂"，载《企業と法創造》2013年第2号。

2021年1月1日，体现新时代风貌的《中华人民共和国民法典》正式生效施行。其中既有源自法、德民法典的体例启发，也有当代中国社会的时代要素，同时也摆脱不掉中国自古传承下来的法文化基因。当今世界的法典之路并非只有西方一途，中国本土的法典文化与法典传统同样值得今人认真辨析、整理、转化、发扬。

总结说明

一、从博士论文到本书

2015年6月，笔者在导师龙大轩教授指导之下，穷尽当时学力写成的博士学位论文"西晋律令法制体系研究"顺利通过答辩，并侥幸获评当年西南政法大学优秀博士论文和博士研究生科研创新三等奖。一时间，踌躇满志，意气风发，以为学术之路从此顺风顺水，扬帆必达。在经过现实毒打之后方才明白，天下之大，学术浩瀚无涯，人事驳杂难测，自己的火候还差得远。记得答辩时，在听到吕老师"具有一定学术价值"的评价和胡老师"应多注意简牍材料"的建议时，笔者内心竟还不以为意。今日想来，那是何等的愚蠢、浅薄！此后数年，虽然俗务缠身，学术思考却一直未曾停顿。在自认为眼界渐开以后，终于在2020年7月正式动手，对博士论文大删大砍，另辟新说，历时一年而成。这就是本书的来历。

（一）选题视角的修改

本书在博士学位论文基础上修改而成，研究对象从原来的"西晋律令法制体系"换为"西晋法典体系"，考察重点从律令法制的一般问题聚焦于法典编纂问题，论证主题更加突出，古今串联更为紧密。

本书按照新的视角思路重新撰写"引言"，力求拓宽学术视野，摆脱原来的肤浅理解，着重从近现代的主要法典理论、学界对中国法典的认知、中国法典的观念与机理三个方面，逐层递进地讨论有关法典和中国法典的一般问题，尝试在前人基础上进一步探究中国法典独特内涵和运行机制，并以"火山喷发岩浆"进行比喻说明。尤其是牢牢抓住"典"字深入挖掘中国法典的价值理念，并引申到现代中国法典的时代风貌和对新时代中国法典编纂前景的展望。"引言"最后还对本成果的研究视角和讨论范围进行了框定和说明。

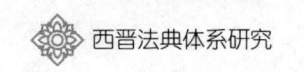

(二) 篇章内容的修改

本书在博士论文框架的基础上进行大幅度调整,不仅基于视角转换而调整了表述方式,还把原来的四章调整为五章。各章之间的逻辑结构更为合理,内容体量比例关系也更为匀称。经过对每章内容的大幅改写之后,本书对相关问题的讨论更为深入、具体,更有逻辑性、体系性,学术探讨的理论旨趣也更为突出。

论证内容的充实在字数上有直观的反映。本书在保留原论文部分文字的情况下,正文总字数增加了九万多(见下表),注释字数从 40 438 字到 139 157 字,也增加了九万多。

篇 章	《西晋律令法制体系研究》	《西晋法典体系研究》
引言	引言,6 218 字	引言,17 460 字
第一章	西晋律令法制体系之历史语境,14 068 字	西晋法典体系的历史前提,52 047 字
第二章	西晋律令法制体系之成就,64 055 字	西晋法典体系的构建活动,34 428 字
第三章	西晋律令法制体系之促成因素,52 304 字	西晋法典体系的构建成就,69 123 字
第四章	西晋律令法制体系之历史意义,32 959 字	西晋法典体系的支撑要素,45 550 字
第五章		西晋法典体系的历史地位,43 529 字
总 计	169 604 字	262 137 字

(三) 观点结论的修改

由于研究视角的转换和理论聚焦的明确,本书突破了博士论文缺乏学术焦点的局限,把不成熟的阶段性思考引向深入,从而形成较为明确和清晰的结论性观点。

例如,根据法典编纂的形式标准,本书明确提出中国在西晋之前不存在严格意义上的法典,中国的法典从西晋开始出现。为了支撑这一核心观点,本书梳理了从周到晋的法律沿革史,依次提出新式法律如何产生与发展、秦汉时期的法制困局、《法经》《九章律》是否为法典、曹魏"新律"是否颁行等具体问题并进行讨论。

又如,在分析西晋法典体系的构建成就时,不仅在学术界有关《泰始律》《泰始令》的讨论基础上补充新的看法,还对《晋故事》的法典化过程及法典特征、各部法典之间的构造机理等学术界较少涉及的问题进行新的探索。

又如，在讨论西晋法典体系的历史地位时，除按照常规的时间线索进行历史梳理外，还从中古、中国、世界三个视角对相关问题进行逐级放大的考察，跳出博士论文单纯断代法史研究的思维模式束缚，在宽广和多元的坐标系中审视和挖掘本课题研究的价值。

（四）论证方式的修改

较之原来的博士论文，本书对考证分析更加追求绵密细致，对理论探讨更加强调疏通知远，对材料支撑更加注意平衡兼收。

例如，对西晋律令法典颁行日期的考证，结合《二十史朔闰表》《中国史历日和中西历日对照表》等书仔细推敲，分析前人考证的得失，比较不同史料措辞的细微差异，从而梳理出从泰始三年（公元267年）年末到泰始四年（公元268年）正月二十日的短暂时段内发生的三个法律事件的时间次序。

又如，对中国法典理念的讨论，以"典"字宗教属性的含义为起点展开。通过对其神圣性、权威性和形式合理性等要素的分析，逐步进入中国法典的传统文化语境。然后又结合中国法典的实践操作，分别沿着律令法典和礼制法典两条进路进行思考，总结出其以"法自君出"和"软性约束"为共同背景的运作机理。

又如，在梳理战国秦汉法律发展史的过程中，除根据传世文献之外还特别增加对出土文献的掌握与运用。本书广泛吸收"睡虎地秦简""岳麓秦简""里耶秦简""张家山汉简""睡虎地汉简""敦煌汉简""青川木牍""黄帝书"等出土文献资料及其相关研究成果中的重要基础性结论。书中列出的"秦汉已知律令篇名条次表"，虽然内容简单，却凝聚着学习和思考过程中的大量心血。

另外，本书还注意对近年新出研究成果的吸收，既包括国内的新著作、新论文，还包括国外尤其是日本学界近年来最新的论著观点。经过修改期间的努力学习和广泛涉猎，本书在参阅相关文献的范围、深度和广度等方面都大大超越原博士论文。原博士论文的参考文献共有220种，文献信息7 787字，而本书的参考文献共有515种，文献信息18 357字。

最后，为求表达通俗易懂，本书改变了原来的语言风格，尽量减少拗口的文言措辞；为求表达清晰明了，本书增加了许多表格，把复杂的信息直观、简洁地表达出来。详见下表：

序号	表格名称	页码
1	已知秦汉律篇名表	48
2	已知秦汉令篇名条次表	51
3	秦代死刑分类表	66
4	秦代身体刑分类表	66
5	秦代劳役刑分类表	67
6	秦代刑罚及种类关系表（冨谷至制）	68
7	秦汉刑罚变革对照表（冨谷至制）	69
8	魏明帝时制定律令的史料记载情况表	108
9	晋初模拟《周礼》六典表	126
10	西晋法典参定人员官职爵位变化表	159
11	《泰始律》与汉、曹魏、南梁、北魏律篇目次序对照表	180
12	《泰始令》三大板块说概览表	192
13	《泰始令》十单元结构简析表	195
14	《泰始令》令文见"诸"字表	199
15	《宋书·百官志下》中《官品令》的条列布局表（周文俊制）	202
16	平吴前后晋武帝讲武大阅活动表	206
17	隋唐书《经籍志》《艺文志》所见晋代"故事"表	219
18	晋代"故事"文献简明分类表	225
19	西晋官品占田、荫人表	240
20	西晋户调式岁输详解表	242
21	西晋课田制度表	243
22	汉晋间法律形式分类法转变表	245
23	西晋刑制史料表	246
24	西晋律典刑罚体系表	253
25	西晋鞭杖刑具表	265
26	《晋故事》与《律》、《令》户调内容对应关系表	268
27	魏晋南北朝律家明达"法理"表	286

续表

序号	表格名称	页码
28	张斐《律序》化用玄言表	313
29	裴秀五等爵封国制度表	324
30	西晋封国领兵制度表	325
31	《周礼》四季军事训练制度表	330
32	南梁法典罚则体系表	369
33	西晋、南梁、北齐、隋令典篇目对照表	384

二、关于本书第一章

原博士论文的第一章"西晋律令法制体系之历史语境"包括两部分：一是"汉代律令法制困局"，介绍法制困局形成的过程、具体表现以及当时破解法制困局的努力；二是"曹魏律令法制之初步整合"，介绍曹魏时整合律令的成就以及整合成果颁行的疑问。整体来说，局限于此来讨论西晋律令法制体系出现的历史语境，还缺乏历史厚度和理论深度。

本书第一章《西晋法典体系的历史前提》，分为三个部分：

首先，把历史眼光拉得更远，从东周时期兴起的"新式法律"开始讲起，分析其时代背景、价值内涵，梳理其在战国秦汉的迅猛发展和系统性缺陷。这就把西晋法典体系置于中国古代法律变革的大框架下，追溯其最初的价值理念、效力特征和技术形态，明确其面临的历史课题，彰显其横空出世的历史意义。

其次，再度回溯历史的源头，重新梳理有关新式法律体系化的理论构想和经验积累过程。从东周时期出现的两种法哲学路径开始讲起，描述两种具有理论先行特征的法制蓝图。紧接着又围绕汉代法律家面对法制困局所进行的实践尝试和理论探索，从中提炼出对后世具有重要启发意义的理论成果。

最后，把视角拉近，聚焦于曹魏时期编纂律令法典的立法活动。在保留原论文基本观点的同时，着重围绕核心史料的史源问题和其他史料的相关佐证，补充论证当时法典编纂文本并未正式颁行的观点。

以上这些内容是西晋法典体系的历史前提，也是其历史意义之所在，综合反映出中国法律史发展的内在历史关联与量变积累后的质变过程。

论证过程中形成以下具有一定学术价值的新观点：

1. 东周时期兴起的新式法律从调整范围、时间效力、表现形态和执行保障四个方面实现突破，其宗旨是尊崇君主权威、提高治理效能、强化中央集权。

2. 作为新式法律的律、令、礼顺应强化集权、高效治理的时代潮流，在战国秦汉时期得到极大发展，但同时又由于逐次颁行、缓慢积累、缺乏总体设计而陷入系统性的困局中。困局表现在三个方面：法律形式分类的不合理、法律篇目散乱交错、具体法制内容多源复杂。

3. 春秋战国时期有"推天道衍人事"和"由人事推天道"这两条法哲学思考路径。前者以儒家、墨家为主，以礼法之学为大宗；后者以黄老道家、阴阳家和法家为主，以刑名之学为代表。战国末年的荀子和《周礼》对这两种思路综合吸收，对后世的法典体系化影响深远。

4. 为了缓解法制困局，汉代多次开展法律删减运动，除去技术考虑之外，还有经学义理和谶纬迷信等多重依据。经过实践摸索和理论总结后，不仅形成法律整理的工具"科"，而且形成"九章律""律本""正律""旁章""律经""法经""律说"等法律概念。通过这些概念，东汉律学家不仅重塑了汉代法史，而且为魏晋的法典编纂提供了理论启迪和现实指导。

5. 曹魏时期刘邵等人虽然对律令法典文本的编纂整合具有开创之功，但是"新律"和三大令集不仅法典体例上还存在不小缺陷。更为关键的是，其稿本极有可能没有正式颁行。这个推测可以在记载相关史实的核心史料和其他史料中得到相关佐证。

三、关于本书第二章和第三章

原博士论文的第二章"西晋律令法制体系之成就"主要分为四个部分：一是"创建过程考析"，考析其创建过程、参与人物、创建模式与原则；二是"《泰始律》考析"，考析其规模和法典化成就；三是"《泰始令》考析"，考析其法典化成就和律令关系；四是"常事之法考析"，考析以《晋故事》为代表的常事之法及其在律令法制体系中的地位。

本书把原来的一章分为两章：第二章"西晋法典体系的构建活动"和第三章"西晋法典体系的构建成就"。因为，"构建活动"与"构建成就"是两个问题，不应混为一谈，所以分为两章专门讨论。这就使原来混乱的逻辑关系变得合理、清晰。

（一）关于"西晋法典体系的构建活动"

"西晋法典体系的构建活动"，首先从总体上概括构建法典体系的思路，从礼法之治的顶层设计和综取前朝的编纂原则两个方面进行高度凝练；然后围绕构建法典体系的人事安排展开讨论，分别从律令法典和礼制法典的两个编纂团队着手进行考证分析，考察其人员安排的初衷、效果等问题；最后对法典体系构建过程中的几个重点问题，包括制定律令法典的过程细节、参定律令人员的官职变迁、从汉到晋的三个"新礼"，逐一进行细微考察。

论证过程中形成以下具有一定学术价值的新观点：

1. 西晋法典体系服从于"礼法之治"的顶层设计，受到《周礼》"六典"的具体启发。《泰始律》《泰始令》《晋故事》这三部法典共同构成一个有机整体。"新礼"尽管没有编纂成功，但为后世礼典开启了思路。

2. 在讨论西晋法典体系的渊源时，应当注意区别分析其内容渊源与形式渊源。其内容渊源来自于秦汉以来的各种法律文本，而与编纂体例相关的形式渊源则受到曹魏律令编纂模式的重要影响。

3. 律令法典和礼典编纂的人事安排有其深意。两个编纂团队成员的政治文化倾向、法律学术流派、律学才能和渊源都很有特色。特殊的时代背景因素也被投射到法典编纂活动及其成果中。

4. 西晋法典编纂的启动时间是曹魏末年的咸熙元年（公元264年）七月，荀顗主持的礼典稿本最早出炉，历时一年左右；贾充主持的律令法典则经过三年半时间，于泰始三年（公元267年）年底完成。泰始四年（公元268年）正月十八日晋武帝下诏封赏参定人员，两天后的正月二十日他又下诏正式颁行律令法典。

5. 参定律令的人，有十一人的官职变迁可考。《晋志·刑法志》和《晋书·贾充传》对其中七人官职的记载与相关史传有出入。最大的问题是，用律令制定完成时的官职代指编纂期间的官职，没有注意到魏晋禅代大背景下参定律令人员的官职变化。

6. 按照《周礼》的"五礼"体系编定礼典的立法活动，最早可以追溯到东汉的曹褒。魏末荀顗又在司马氏支持下主持编成"晋礼"。但这个礼典稿本由于种种原因并未正式颁行。西晋挚虞在其基础上进行大幅修改，但其工作最终也未完成。从汉到晋的三个"新礼"稿本尽管都没有形成礼典定本，却开启了后世礼典编纂的序章。

(二) 关于《西晋法典体系的构建成就》

《西晋法典体系的构建成就》，首先聚焦于《泰始律》，从篇条规模、篇目安排、体例创新三个角度探讨其法典编纂成就；接着聚焦于《泰始令》，从形式上的整体性、诸篇的十大单元、篇章条文的微观系统、战时令篇的置与废四个维度讨论其法典编纂成就；接着聚焦于《晋故事》，通过从"事"到"故事"再到《晋故事》的法典化之路、法典形式的多面性、结合《晋故事·户调式》两条佚文的内容分析，详细讨论《晋故事》的独特法典属性；最后跳出三部法典，从体系化的角度分析三大法典之间以及三者与其他法律形式之间的复杂构造和运行机理。

论证过程中形成以下具有一定学术价值的新观点：

1. "泰始律""泰始令"并非当时就有的说法，本书采用主要是为了强调其法典属性，特指泰始四年（公元268年）一次性颁布生效的那一部律典、那一部令典，具有鲜明的指向效果。

2. 《泰始律》的条文篇卷实现了空前的简约，这主要是由于其篇目设计和体例安排确实展现出许多创新性的内容，使律典具有系统完备、浑然一体的特点。当然，过于追求简约的文风也有其局限，在法律实践中带来许多现实的问题。

3. 《泰始令》除具有形式整体性外，其内部篇章的单元式构造、条文排列的精致秩序、条文的抽象化和整齐化，以及战时令篇的设置与废除，都表现出高超的法典编纂技巧和独到精致的法典构思。

4. 改变原博士论文对"常事之法"的理解，把其外延从泛指律令之外法律形式缩限为单纯指代《晋故事》。《晋故事》的法律含义是从"事"的"文书"义项发展而来，与当时出现的其他各种"故事"存在质的差别。

5. 《晋故事》是对汉魏的行政文书进行筛选整理、集中赋权的产物，是一部特殊的行政法典。其编订方式、形态特征和后世转化都很值得关注。通过《晋故事·户调式》的两则佚文可以管窥其功能属性。

6. 西晋法典体系具有系统周延的特征，各法典之间的分工配合和整体一致程度较高。通过罚则系统贯穿律令、《晋故事》与令的互为表里、法典与辅助性法律的主从关系，可以管窥其动态化的运转机理。

7. "督"是汉晋之间一种重在责问、处罚较轻的罚则形式。当时有"杖督""鞭督"等不同组合方式。《晋书·刑法志》记载的"鞭督"不是"鞭背"的讹误。西晋鞭杖制度主要规定在《泰始令》中,与《泰始律》中的刑罚共同构成轻重衔接的罚则系统,从而增强了各法典之间的整体联系性。

四、关于本书第四章

原博士论文的第三章《西晋律令法制体系之促成因素》,包括两个部分:一是"义理律学之逻辑构建",分别探讨义理律学的演进历程、义理律学在律令法制体系中的体现,还对"张杜律"这个概念进行一些阐释;二是"礼法因素之内容支撑",分别讨论魏晋礼法之治、汉晋之际的礼学与礼制、礼法对律令法制体系的渗透。

本书把原来的第三章改为第四章《西晋法典体系的支撑要素》。虽然仍大体沿用原来的论证框架,但把原来的"义理律学"改为"名理律学"。理由有二:一是,"名理"一词渊源有自,是中国古代学术的重要概念;二是,汉魏晋时期社会主流学术的重大转变都是从名理学开始,当时律学家也确实深受这种学术潮流影响,从逻辑思维方面加强对法律制度的建构与解读,极大增强了律学的理论深度。所以,用"名理律学"更能反映中国古代尤其是魏晋时期的律学以探求法律名理与逻辑体系为宗旨的本原面貌。

论证过程中形成以下具有一定学术价值的新观点:

1. 律学围绕律令展开研究,主要分为三个层次:一是从具体知识层面入手,对法律条文中的重要字句进行注释;二是从逻辑思维层面入手,对法律规范的一般规律和抽象原理进行辨析;三是从价值观念层面入手,对法律制度的立意宗旨和精神理念进行阐发。不同时期的律学各有侧重。魏晋时期最具特色的就是基于第二层次而展开的名理律学。

2. 汉代律章句学受到经学影响,也有家法和师说的区别。东汉陈宠说"律有三家"确是实指。"律学家法"之下又有不同的"律学师说"(简称"律说")。例如,郭弘传习"小杜律"之学就只能称为"小杜律郭氏说",而不能称为"郭律"。史书中所谓的叔孙、郭、马、郑诸儒章句都只属于"师说"而非"家法"。所以有"律郑氏说"的概念。《晋书·刑法志》又称他们为"十余家",是由于东汉中后期经学家法破坏,相关说法不再严格。

3. 名理律学最初积淀于先秦的名学和刑名之学,经过秦汉时期的发育,最终在魏晋时期走向成熟。当时,"法理"一词大量出现,律学家也更多被冠以"明达法理"或"明于法理"等新标签。这反映出以名理思辨为基本方法诠释法律的新潮流。名理律学对法典体系的构建与解读包括：强调以本统末、明辨形式之别、理顺篇章体例。

4. 作为名理律学结晶的张杜律，并非当时正式的称呼，而是后人总结的名号。西晋律典颁行后，杜预律注就同时获得官方认可的法律效力，张斐律注则不仅当时并未被官方采用，而且很有可能较之杜注晚出二十几年。杜预律学主要接受玄学追求简易的主张；张斐律学则受到玄学思辨与玄言表达的更多影响。由于身份职务有别，杜预和张斐的许多具体法律主张也有不小差异。

五、关于本书第五章

原博士论文的第四章"西晋律令法制体系之历史意义"，包括三个部分：一是"在两晋十六国之命运"，讨论西晋律令法制体系在西晋的破坏与废止、在东晋的遵行与改造、十六国的取舍与改造；二是"对南北朝隋唐之影响"，介绍西晋律法制体系对南朝、北朝和隋唐的影响；三是"在中古法史之地位"，提出"中古法制文明蓄水池"的评价。总体来说，对西晋后律令法制沿革流变的梳理与总结比较粗浅，许多问题缺乏充分论证，史料堆砌问题比较突出，对于"中古法制文明蓄水池"定位的内涵阐释也缺乏深度。

本书把原来的第四章改为第五章"西晋法典体系的历史地位"。虽仍然大体沿用原来的论证结构，但在梳理法史时对相关细节的表述更加考究，在评价西晋法典体系历史地位的时候视野也更开阔，也顺带解决了南北朝隋唐法制史的一些具体问题。

论证过程中形成以下具有一定学术价值的新观点：

1. 东晋朝廷名义上仍然沿用西晋法典，但其实是一个由众多门阀政治单元组合而成的松散政权。西晋法典制度的贯彻落实因此成为空谈。这种局面与战国以来兴起的新式法律的宗旨完全背道而驰。

2. 南梁的"科"主要沿用《晋故事》而来。北朝的《麟止格》是以实用为宗旨的综合性法律文本，其不少内容被后来的律令法典吸收。北齐的《权格》继承这种属性，升级为具有最高法律效力的综合特别法，成为唐《格》的前身。

3. 唐代前期的律、令、格、式四部法典，堪称中国古代分部法典体系的典范。但后来兴起的"格后敕"和《格式律令事类》却给后世解构这个法典体系埋下了伏笔。从而开启中国法典从分部法典到综合法典这一周期性演进的开端。

4. 西晋法典体系是"中古法制文明的蓄水池",其内涵包括三个方面:一是对法律文本的汇总整理和加工改造,二是对法律学术的充分吸收和综合运用,三是对法律精神的融汇更新和实践发扬。

5. 与同时代的西方相比,中国古代的法典编纂活动时间更早,水准更高。西晋法典体系在当时具有领先世界的水平。西方法典近四百年来的质变升华并不等于其从来都领先世界,也不意味着将来中国法典仍要袭人故智,步人后尘。

参考文献

一、古籍文献及注释著作

1. （春秋）孔子及弟子撰，杨伯峻译注：《论语译注》，中华书局2009年版。
2. （春秋）左丘明撰，（晋）杜预注，（唐）孔颖达疏：《春秋左传正义》，中华书局1980年版。
3. （战国）孟轲撰，杨伯峻译注：《孟子译注》，中华书局2010年版。
4. 蒋礼鸿撰：《商君书锥指》，中华书局1986年版。
5. （清）王先谦撰，沈啸寰、王星贤点校：《荀子集解》，中华书局2013年版。
6. （清）王先慎撰，钟哲点校：《韩非子集解》，中华书局1998年版。
7. （汉）贾谊撰，阎振益、钟夏校注：《新书校注》，中华书局2000年版。
8. （汉）司马迁撰，（宋）裴骃集解，（唐）司马贞索隐，（唐）张守节正义：《史记》，中华书局2013年版。
9. 何宁撰：《淮南子集释》，中华书局1998年版。
10. 王利器校注：《盐铁论校注》，中华书局1992年版。
11. （汉）班固撰，（唐）颜师古注：《汉书》，中华书局2013年版。
12. （汉）王充：《论衡》，上海人民出版社1974年版。
13. （汉）许慎撰，（清）段玉裁注：《说文解字注》，上海古籍出版社1981年版。
14. （汉）应劭撰，王利器校注：《风俗通义校注》，中华书局2010年版。
15. （东汉）荀悦、（东晋）袁宏撰，张烈点校：《两汉纪》，中华书局2017年版。
16. （魏）王弼撰，楼宇烈校释：《王弼集校释》，中华书局1980年版。
17. 陈伯君校注：《阮籍集校注》，中华书局1987年版。
18. （晋）陈寿撰，（宋）裴松之注：《三国志》，中华书局1971年版。
19. （宋）刘义庆撰，（梁）刘孝标注：《世说新语》，上海古籍出版社1982年版。
20. （宋）范晔，（唐）李贤等注：《后汉书》，中华书局1965年版。
21. （梁）萧统编，（唐）李善注：《文选》，上海古籍出版社2007年版。
22. （梁）沈约撰：《宋书》，中华书局1974年版。

23. （梁）萧子显撰：《南齐书》，中华书局 1972 年版。
24. （清）汤球撰：《十六国春秋辑补》，商务印书馆 1958 年版。
25. （北齐）魏收撰：《魏书》，中华书局 1974 年版。
26. （唐）房玄龄等撰：《晋书》，中华书局 1974 年版。
27. （唐）魏征、令狐德棻撰：《隋书》，中华书局 1973 年版。
28. （唐）魏征等撰，沈锡麟整理：《群书治要》，中华书局 2014 年版。
29. （唐）李延寿撰：《南史》，中华书局 1975 年版。
30. （唐）李延寿撰：《北史》，中华书局 1975 年版。
31. （唐）长孙无忌等撰，刘俊文点校：《唐律疏议》，中华书局 1983 年版。
32. （唐）欧阳询撰，汪绍楹校：《艺文类聚》，上海古籍出版社 1965 年版。
33. （唐）虞世南编撰：《北堂书钞》，中国书店 1989 年版。
34. （唐）李林甫等撰，陈仲夫点校：《唐六典》，中华书局 1992 年版。
35. （唐）徐坚等：《初学记》，中华书局 1962 年版。
36. （唐）杜佑撰，王文锦等点校：《通典》，中华书局 1988 年版。
37. （唐）林宝撰，岑仲勉校记：《元和姓纂》，中华书局 1994 年版。
38. （后晋）刘昫等撰：《旧唐书》，中华书局 1975 年版。
39. （宋）欧阳修、宋祁撰：《新唐书》，中华书局 1975 年版。
40. （宋）李昉等撰：《太平御览》，中华书局 2011 年版。
41. （宋）司马光编著，（元）胡三省音注，"标点资治通鉴小组"校点：《资治通鉴》，中华书局 1956 年版。
42. （宋）朱熹撰：《朱子全书》，上海古籍出版社 2002 年版。
43. （宋）王钦若等编：《宋本册府元龟》，中华书局 1989 年版。
44. （宋）郑樵撰：《通志》，中华书局 1987 年版。
45. （宋）王应麟撰，（清）翁元圻辑注，孙通海点校：《困学纪闻注》，中华书局 2016 年版。
46. （宋）王溥撰：《唐会要》，中华书局 1955 年版。
47. （元）脱脱等撰：《宋史》，中华书局 1985 年版。
48. （元）马端临撰：《文献通考》，中华书局 1986 年版。
49. （明）邱濬：《大学衍义补》，京华出版社 1999 年版。
50. （清）王夫之：《读通鉴论》，中华书局 2004 年版。
51. （清）严可均：《全上古三代秦汉三国六朝文》，商务印书馆 1999 年版。
52. （唐）房玄龄等撰，（清）吴士鉴、刘承干注：《晋书斠注》，中华书局 2008 年版。
53. （清）汤球辑，杨朝明校补：《九家旧晋书辑本》，中州古籍出版社 1991 年版。
54. （清）姚鼐，刘季高标校：《惜抱轩文集》，上海古籍出版社 1992 年版。

55. （清）章学诚：《文史通义》，上海书店 1988 年版。

56. （清）赵翼撰，董文武译注：《廿二史札记》，中华书局 2008 年版。

57. （清）赵翼撰，曹光甫校点：《陔余丛考》，上海古籍出版社 2012 年版。

58. （清）皮锡瑞：《经学历史》，中华书局 2004 年版。

59. （清）崔述撰，顾颉刚编订：《崔东壁遗书》，国家图书馆出版社 2018 年版。

60. （清）王引之撰，魏鹏飞点校：《经义述闻》，中华书局 2021 年版。

61. （清）孙诒让撰，王文锦、陈玉霞点校：《周礼正义》，中华书局 2008 年版。

62. （清）孙希旦撰：《礼记集解》，中华书局 1989 年版。

63. （清）江永撰：《周礼疑义举要》，中华书局 1985 年版。

64. （清）王念孙撰：《读书杂志》，北京市中国书店 1985 年版。

65. （清）章宗源撰：《隋书经籍志考证》，收于二十五史刊行委员会编：《二十五史补编》，中华书局 1995 年版。

66. （宋）李昉等编：《文苑英华》，中华书局 1966 年版。

67. （清）钱大昕撰：《十驾斋养新录》，凤凰出版社 2000 年版。

68. （清）姚振宗撰：《三国艺文志》，收于二十五史刊行委员会编：《二十五史补编》，中华书局 1995 年版。

69. （清）姚振宗撰：《隋书经籍志考证》，收于王承略、刘心明主编：《二十五史艺文经籍志考补萃编》，清华大学出版社 2012 年版。

70. 章诗同注：《荀子简注》，上海人民出版社 1974 年版。

71. 徐元诰撰，王树民、沈长云校：《国语集解》，中华书局 2002 年版。

72. 杨伯峻编著：《春秋左传注》，中华书局 1990 年版。

73. 黄怀信撰：《鹖冠子校注》，中华书局 2014 年版。

74. 何建章注释：《战国策注释》，中华书局 1990 年版。

75. 黎翔凤撰：《管子校注》，中华书局 2004 年版。

76. 陈松长：《汉帛书黄帝书》，上海图画出版社 1999 年版。

77. 楼宇烈主撰：《荀子新注》，中华书局 2018 年版。

78. 楼宇烈校释：《老子道德经注校释》，中华书局 2008 年版。

79. 周振甫：《文心雕龙今译》，中华书局 1986 年版。

80. （晋）陆机撰，张少康集释：《文赋集释》，人民文学出版社 2002 年版。

81. 徐蜀选编：《二十四史订补》，书目文献出版社 1996 年版。

二、近现代著述

1. 梁启超：《饮冰室合集》（第六册），中华书局 1989 年版。

2. 谭嗣同：《谭嗣同全集》，生活·读书·新知三联书店 1954 年版。

3. 严复：《论世变之亟——严复集》，胡伟希选注，辽宁人民出版社1994年版。

4. （清）沈家本撰：《历代刑法考》，中华书局1985年版。

5. 章太炎：《章太炎全集》（三），上海人民出版社1984年版。

6. 章太炎讲演，曹聚仁整理：《国学概论》，中华书局2003年版。

7. 吕思勉：《秦汉史》，上海古籍出版社2005年版。

8. 吕思勉：《吕思勉读史札记》（中），上海古籍出版社2005年版。

9. 吕思勉：《中国制度史》，上海世纪出版集团、上海教育出版社2005年版。

10. 吕思勉：《史学与史籍七种》，上海古籍出版社2009年版。

11. 钱穆：《国史大纲》（上册），商务印书馆1996年版。

12. 钱穆：《先秦诸子系年》，商务印书馆2001年版。

13. 钱穆：《两汉经学今古文平议》，商务印书馆2001年版。

14. 钱穆：《中国学术思想史论丛》（卷三），安徽教育出版社2004年版。

15. 钱穆：《秦汉史》，生活·读书·新知三联书店2005年版。

16. 钱穆：《中国历代政治得失》，生活·读书·新知三联书店2012年版。

17. 刘师培撰，程千帆、曹虹导读：《中国中古文学史讲义》，上海古籍出版社2000年版。

18. 蔡枢衡：《中国刑法史》，中国法制出版社2005年版。

19. 杨联陞：《东汉的豪族》，商务出版社2011年版。

20. 王国维：《观堂集林》，中华书局1959年版。

21. 陈寅恪：《隋唐制度渊源略论稿·唐代政治史述论稿》，陈美延编，生活·读书·新知三联书店2009年版。

22. 陈寅恪：《金明馆丛稿初编》，陈美延编，生活·读书·新知三联书店2001年版。

23. 陈寅恪：《陈寅恪魏晋南北朝史讲演录》，万绳楠整理，黄山书社1987年版。

24. 陈垣：《二十史朔闰表　附西历回历》，中华书局1962年版。

25. 程树德编：《中国法制史》，上海华通书局1931年版。

26. 程树德：《九朝律考》，中华书局2006年版。

27. 鲁迅：《中国小说史略》，上海古籍出版社1998年版。

28. 鲁迅：《而已集》，人民文学出版社2006年版。

29. 郭沫若：《十批判书》，东方出版社1996年版。

30. 汤用彤：《魏晋玄学论稿》，生活·读书·新知三联书店2009年版。

31. 胡适：《胡适文集》（第6册），北京大学出版社1998年版。

32. 胡适撰、耿云志等导读：《中国哲学史大纲》，上海古籍出版社1997年版。

33. 余嘉锡撰：《世说新语笺疏》，中华书局1983年版。

34. 余嘉锡：《目录学发微》，巴蜀书社1991年版。

35. 余嘉锡：《余嘉锡文史论集》，岳麓书社1997年版。

36. 杨鸿烈：《中国法律发达史》（上册），商务印书馆 1930 年版。
37. 杨鸿烈：《中国法律思想史》，商务印书馆 2017 年版。
38. 周一良：《毕竟是书生》，北京十月文艺出版社 1998 年版。
39. 周一良：《魏晋南北朝史札记》，中华书局 2007 年版。
40. 唐长孺：《魏晋南北朝隋唐史三论》，中华书局 2011 年版。
41. 唐长孺：《魏晋南北朝史论丛》，中华书局 2011 年版。
42. 程千帆：《校雠广义》，河北教育出版社 2001 年版。
43. 钱存训：《书于竹帛——中国古代的文字记录》，上海世纪出版集团、上海书店出版社 2006 年版。
44. 贺昌群：《魏晋清谈思想初论》，商务印书馆 1999 年版。
45. 张鹏一编著：《晋令辑存》，徐清廉校补，三秦出版社 1989 年版。
46. 萧公权：《中国政治思想史》，辽宁教育出版社 1998 年版。
47. 冯友兰：《中国哲学史新编》，人民出版社 1998 年版。
48. 徐高阮：《山涛论》，中华书局 2013 年版。
49. 谢振民编著，张知本校订：《中华民国立法史》，中国政法大学出版社 2000 年版。
50. 国立礼乐馆编：《北泉议礼录》，北碚私立北泉图书印行部 1944 年版。
51. 李剑农：《魏晋南北朝隋唐经济史稿》，中华书局 1963 年版。
52. 吕振羽：《简明中国通史》，人民出版社 1955 年版。
53. 张金鉴：《中国法制史概要》，正中书局 1974 年版。
54. 陈顾远：《中国法制史概要》，商务印书馆 2011 年版。
55. 林咏荣：《中国法制史》，大中国图书公司 1976 年版。
56. 瞿同祖：《中国法律与中国社会》，中华书局 2003 年。
57. 祝总斌：《两汉魏晋南北朝宰相制度研究》，北京大学出版社 2017 年版。
58. 祝总斌：《材不材斋文集——祝总斌学术研究论文集》（上编：中国古代史研究），三秦出版社 2006 年版。
59. 金克木：《印度文化论集》，中国社会科学版社 1983 年版。
60. 蒋忠新译：《摩奴法论》，中国社会科学版社 1986 年版。
61. 张晋藩总主编：《中国法制通史》，法律出版社 1999 年版。
62. 胡留元、冯卓慧：《夏商西周法制史》，商务印书馆 2006 年版。
63. 曾宪义主编：《中国法制史》，北京大学出版社、高等教育出版社 2000 年版。
64. 俞荣根：《礼法传统与中华法系》，中国民主法制出版社 2016 年版。
65. 俞荣根：《儒家法思想通论》，商务印书馆 2018 年版。
66. 俞荣根：《道统与法统》，法律出版社 1999 年版。
67. 俞荣根等编著：《中国传统法学述论——基于国学视角》，北京大学出版社 2005 年版。

68. 俞荣根主编：《中华大典·法律典·法律理论分典》，西南师范大学出版社 2011 年版。
69. 邓小南：《祖宗之法：北宋前期政治述略》，生活·读书·新知三联书店 2014 年版。
70. 戴建国：《宋代法制初探》，黑龙江人民出版社 2000 年版。
71. 戴建国：《唐宋变革时期的法律与社会》，上海古籍出版社 2010 年版。
72. 许倬云：《万古江河：中国历史文化的转折与开展》，湖南人民出版社 2017 年版。
73. 逯耀东：《从平城到洛阳——拓跋魏文化转变的历程》，中华书局 2006 年版。
74. 栗劲：《秦律通论》，山东大学出版社 1985 年版。
75. 彭林：《〈周礼〉史话》，国家图书馆出版社 2019 年版。
76. 刘雨、张亚初：《西周金文官制研究》，中华书局 1986 年版。
77. 陈汉平：《西周册命制度研究》，学林出版社 1986 年版。
78. 徐道邻：《中国法制史论集》，志文出版社 1975 年版。
79. 陈梦家：《汉简缀述》，中华书局 1980 年版。
80. 方诗铭、方小芬编著：《中国史历日和中西历日对照表》，上海辞书出版社 1987 年版。
81. 万绳楠：《魏晋南北朝史论稿》，安徽教育出版社 1983 年版。
82. 韩国磐：《中国古代法制史研究》，人民出版社 1993 年版。
83. 谭其骧：《长水集》（上），人民出版社 1987 年版。
84. 邢义田：《治国安邦：法制、行政与军事》，中华书局 2011 年版。
85. 陆心国：《晋书刑法志注释》，群众出版社 1986 年版。
86. 余英时：《士与中国文化》，上海人民出版社 1987 年版。
87. 汤一介：《郭象与魏晋玄学》，北京大学出版社 2009 年版。
88. 田余庆：《东晋门阀政治》，北京大学出版社 2012 年版。
89. 侯外庐等：《中国思想通史》（第三卷），人民出版社 1957 年版。
90. 张岂之主编，刘学智分卷主编：《中国思想学说史·魏晋南北朝卷》，广西师范大学出版社 2008 年版。
91. 高明士：《律令法与天下法》，上海古籍出版社 2013 年版。
92. 刘俊文笺解：《唐律疏议笺解》，中华书局 1996 年版。
93. 张建国：《中国法系的形成与发达》，北京大学出版社 1997 年版。
94. 胡宝国：《汉唐间史学的发展》，商务印书馆 2003 年版。
95. 韩昇：《隋文帝传》，人民出版社 2015 年版。
96. 江山：《历史文化中的法学》，法律出版社 2003 年版。
97. 郑开：《德礼之间：前诸子时期的思想史》，生活·读书·新知三联书店 2009 年版。
98. 王斐弘：《敦煌法论》，法律出版社 2008 年版。
99. 黄源盛：《中国法史导论》，广西师范大学出版社 2014 年版。
100. 龙大轩：《汉代律家与律章句考》，社会科学文献出版社 2009 年版。

101. 丁凌华：《五服制度与传统法律》，商务印书馆 2013 年版。
102. 苏亦工：《明清律典与条例》，中国政法大学出版社 2000 年版。
103. 闫晓君：《秦汉法律研究》，法律出版社 2012 年版。
104. 楼劲：《魏晋南北朝隋唐立法与法律体系：敕例、法典与唐法系源流》，中国社会科学出版社 2014 年版。
105. 李书吉：《北朝礼制法系研究》，人民出版社 2002 年版。
106. 梁满仓：《魏晋南北朝五礼制度考论》，社会科学文献出版社 2009 年版。
107. 邓奕琦：《北朝法制研究》，中华书局 2005 年版。
108. 曹旅宁：《秦律新探》，中国社会科学出版社 2002 年版。
109. 曹旅宁：《秦汉魏晋法制探微》，人民出版社 2013 年版。
110. 王沛：《金文法律资料考释》，上海人民出版社 2012 年版。
111. 王沛：《黄老"法"理论源流考》，上海人民出版社 2009 年版。
112. 王沛：《刑书与道术：大变局下的早期中国法》，法律出版社 2018 年版。
113. 王捷：《包山楚司法简考论》，上海人民出版社 2015 年版。
114. 李笑岩：《先秦黄老之学渊源与发展研究》，上海古籍出版社 2018 年版。
115. 魏琼：《民法的起源——对古代西亚地区民事规范的解读》，商务印书馆 2008 年版。
116. 彭卫民：《礼法与天理：朱熹〈家礼〉思想研究》，巴蜀书社 2018 年版。
117. 郝虹：《魏晋儒学新论：以王肃和"王学"为讨论的中心》，中国社会科学出版社 2011 年版。
118. 韩树峰：《汉魏法律与社会——以简牍、文书为中心的考察》，社会科学文献出版社 2011 年版。
119. 李俊芳：《晋朝法制研究》，人民出版社 2012 年版。
120. 仇鹿鸣：《魏晋之际的政治权力与家族网络》，上海古籍出版社 2015 年版。
121. 李毅婷：《魏晋之际司马氏与礼法之士政治思想研究》，社会科学文献出版社 2015 年版。
122. 张文昌：《制礼以教天下——唐宋礼书与国家社会》，台大出版中心 2012 年版。
123. 周东平主编：《〈晋书·刑法志〉译注》，人民出版社 2017 年版。
124. 杨振红：《出土简牍与秦汉社会》，广西师范大学出版社 2009 年版。
125. 孙笑侠、夏立安主编：《法理学导论》，高等教育出版社 2005 年版。
126. 周旺生编著：《法理学》，人民法院出版社 2002 年版。
127. 刘振东：《中国儒学史·魏晋南北朝卷》，广东教育出版社 1998 年版。
128. 程念祺：《国家力量与中国经济的历史变迁》，新星出版社 2006 年版。
129. 梁健：《曹魏法制综考》，知识产权出版社 2019 年版。
130. 李俊强：《魏晋令初探》，科学出版社 2020 年版。

131. 张田田:《〈大清律例〉律目研究》,法律出版社 2017 年版。
132. 睡虎地秦墓竹简整理小组编:《睡虎地秦墓竹简》,文物出版社 1990 年版。
133. 甘肃省文物考古研究所等编:《居延新简》,文物出版社 1990 年版。
134. 甘肃省文物考古研究所等编:《居延新简》,文物出版社 1994 年版。
135. 中国文物研究所、湖北省文物考古研究所编:《龙岗秦简》,中华书局 2001 年版。
136. 中国简牍集成编辑委员会编:《中国简牍集成》(第十一册),敦煌文艺出版社 2001 年版。
137. 张家山二四七号汉墓竹简整理小组编著:《张家山汉墓竹简(二四七号墓)》(释文修订本),文物出版社 2006 年版。
138. 荆州博物馆编著:《荆州重要考古发现》,文物出版社 2009 年版。
139. 高恒:《秦汉简牍中法制文书辑考》,社会科学文献出版社 2008 年版。
140. 谢桂华、李均明、朱国炤:《居延汉简释文合校》,文物出版社 1987 年版。
141. 李均明、何双全编:《散见简牍合辑》,文物出版社 1990 年版。
142. 周绍良主编:《唐代墓志汇编》,上海古籍出版社 1992 年版。
143. 侯灿、杨代欣编著:《楼兰汉文简纸文书集成》,天地出版社 1999 年版。
144. 魏坚主编:《额济纳汉简》,广西师范大学出版社 2005 年版。
145. 李均明:《秦汉简牍文书分类辑解》,文物出版社 2009 年版。
146. 陈伟主编:《里耶秦简牍校释》(第一卷),武汉大学出版社 2012 年版。
147. 陈松长主编:《岳麓书院藏秦简》(四),上海辞书出版社 2015 年版。
148. 陈松长主编:《岳麓书院藏秦简》(五),上海辞书出版社 2017 年版。
149. [德] 黑格尔:《法哲学原理》,范扬、张企泰译,商务印书馆 2017 年版。
150. [德] 弗里德里希·卡尔·冯·萨维尼:《论立法与法学的当代使命》,许章润译,中国法制出版社 2001 年版。
151. [德] 马克斯·韦伯:《经济与社会》(第二卷)(上册),阎克文译,上海人民出版社 2020 年版。
152. [英] 梅因:《古代法》,沈景一译,商务印书馆 1996 年版。
153. [日] 宫崎市定:《九品官人法研究:科举前史》,韩昇、刘建英译,中华书局 2008 年版。
154. [日] 穗积陈重:《法律进化论》,黄尊三等译,中国政法大学出版社 1997 年版。
155. [日] 穗积陈重:《法典论》,李求轶译,商务印书馆 2014 年版。
156. [日] 浅井虎夫:《中国法典编纂沿革史》,陈重民译,李孝猛点校,中国政法大学出版社 2007 年版。
157. [日] 守屋美都雄:《中国古代的家族与国家》,钱杭、杨晓芬译,上海古籍出版社 2010 年版。

158. ［日］仁井田陞：《唐令拾遗》，栗劲等编译，长春出版社 1989 年版。
159. ［日］内田智雄编：《譯注中國歷代刑法志》，創文社昭和三九年（1964 年）版。
160. ［日］大庭脩：《秦汉法制史研究》，林剑鸣等译，上海人民出版社 1991 年版。
161. ［日］冨谷至：《秦汉刑罚制度研究》，柴生芳、朱恒晔译，广西师范大学出版社 2006 年版。
162. ［日］冨谷至：《文书行政的汉帝国》，刘恒武、孔李波译，江苏人民出版社 2013 年版。
163. ［意］朱塞佩·格罗索：《罗马法史》，黄风译，中国政法大学出版社 1994 年版。
164. ［德］陶安：《秦漢刑罰體系の研究》，創文社 2009 年版。
165. ［美］李峰：《西周的政体：中国早期的官僚制度和国家》，吴敏娜等译，生活·读书·新知三联书店 2010 年版。
166. ［美］罗泰：《宗子维城：从考古材料的角度看公元前 1000 至前 250 年的中国社会》，吴长青等译，上海古籍出版社 2017 年版。
167. 徐燕斌：《礼与王权的合法性建构——以唐以前的史料为中心》，中国社会科学出版社 2011 年版。

三、近现代论文

1. 陈顾远："汉之决事比及其源流"，载《复旦学报》1947 年第 3 期。
2. 杜守素："魏晋清谈及其影响"，载《新中华》1948 年第 11 期。
3. 杨向奎："周礼内容的分析及其制作时代"，载《山东大学学报》1954 年第 4 期。
4. 金家瑞："西晋的占田制"，载《新史学通讯》1955 年第 11 期。
5. 柳春藩："关于西晋田赋制度问题——对王天奖'西晋的土地和赋税制度'一文的意见"，载《史学集刊》1956 年第 2 期。
6. 王天奖："西晋的土地和赋税制度"，载《历史研究》1956 年第 7 期。
7. 张维华："试论曹魏屯田与西晋占田上的某些问题"，载《历史研究》1956 年第 9 期。
8. 张维华："对于初学记宝器部绢第九所引晋故事一文之考释"，载《山东大学学报（人文科学）》1957 年第 1 期。
9. 徐宗元："金文中所见官名考"，载《福建师范学院学报》1957 年第 2 期。
10. 岑仲勉："西晋占田和课田制度之综合说明"，载《中学历史教学》1957 年第 8 期。
11. 赵佩馨："甲骨文中所见的商代五刑——并释（兀刂）、剢二字"，载《考古》1961 年第 2 期。
12. 谷霁光："论汉唐间赋税制度的变化——封建社会前期赋税制度中地、资、丁、户之间的关系研究"，载《江西大学学报》1964 年第 2 期。
13. 胡厚宣："殷代的刞刑"，载《考古》1973 年第 2 期。

14. 高恒："秦律中的'隶臣妾'问题的探讨——兼批四人帮的法家'爱人民'的谬论"，载《文物》1977 年第 7 期。
15. 高志辛："西晋课田考释"，载中国社会科学院历史研究所魏晋南北朝隋唐史研究室编：《魏晋隋唐史论集》（第一辑），中国社会科学出版社 1981 年版。
16. 祝总斌："略论晋律的'宽简'和'周备'"，载《北京大学学报（哲学社会科学版）》1983 年第 2 期。
17. 高敏："关于西晋占田、课田制的几个问题"，载《历史研究》1983 年第 3 期。
18. 张建国："'科'的变迁及其历史作用"，载《北京大学学报（哲学社会科学版）》1987 年第 3 期。
19. 朱绍侯："关于西晋的田制与租调制"，载《江汉论坛》1958 年第 2 期。
20. 顾颉刚："'周公制礼'的传说和《周官》一书的出现"，载裘锡圭主编：《文史》（第六辑），中华书局 1979 年版。
21. 卢建荣："魏晋之际的变法派及其敌对者"，载《食货月刊》1980 年第 7 期。
22. 四川省博物馆、青川县文化馆："青川县出土秦更修田律木牍——四川青川县战国墓发掘简报"，载《文物》1982 年第 1 期。
23. 黄盛璋："青川新出秦田律木牍及其相关问题"，载《文物》1982 年第 9 期。
24. 张警："《七国考》《法经》引文真伪析疑"，载《法学研究》1983 年第 6 期。
25. 高恒："张斐的《律注要略》及其法律思想"，载《中国法学》1984 年第 3 期。
26. 蒲坚："《法经》辨伪"，载《法学研究》1984 年第 4 期。
27. 赵向群："西晋课田法新议"，载《西北师大学报（社会科学版）》1984 年第 4 期。
28. 胡银康："萧何作律九章的质疑"，载《学术月刊》1984 年第 7 期。
29. 万绳楠："论黄白籍、土断及其有关问题"，载《中国魏晋南北朝史学会成立大会暨首届学术讨论会论文集》，四川省社会科学院出版社 1984 年版。
30. 陈炯："《法经》是著作不是法典"，载《现代法学》1985 年第 4 期。
31. 江必新："商鞅'改法为律'质疑"，载《法学杂志》1985 年第 5 期。
32. 郑欣："两晋赋税制度的若干问题"，载《文史哲》1986 年第 1 期。
33. 刘俊文："论唐后期法制的变化"，载《北京大学学报（哲学社会科学版）》1986 年第 2 期。
34. 黄时鉴："《大元通制》考辨"，载《中国社会科学》1987 年第 2 期。
35. 张传汉："《法经》非法典辨"，载《法学研究》1987 年第 3 期。
36. 马小红："'格'的演变及其意义"，载《北京大学学报（哲学社会科学版）》1987 年第 3 期。
37. 李学勤："论卿事寮、太史寮"，载《松辽学刊（社会科学版）》1989 年第 3 期。
38. 曹文柱："西晋前期的党争与武帝的对策"，载《北京师范大学学报（社会科学版）》

1989年第5期。

39. 李力："从几条未引起人们注意的史料辨析《法经》"，载《中国法学》1990年第2期。

40. 霍存福："令式分辨与唐令的复原——《唐令拾遗》编译墨余录"，载《当代法学》1990年第3期。

41. 潘武肃："西晋泰始颁律的历史意义"，载：《香港中文大学中国文化研究所学报》（第二十二期），中文大学出版社1990年版。

42. 郭东旭："论宋代法律中'例'的发展"，载《史学月刊》1991年第3期。

43. 周国林："西晋诸侯四分食一制考略"，载《中国社会经济史研究》1991年第4期。

44. 景蜀慧："西晋名教之治与放达之风"，载中国魏晋南北朝史学会编：《魏晋南北朝史论文集》，齐鲁书社1991年版。

45. 高恒："论中国古代法学与名学的关系"，载《中国法学》1993年第1期。

46. 霍存福："唐故事惯例性论略"，载《吉林大学社会科学学报》1993年第6期。

47. 武威地区博物馆："甘肃武威旱滩坡东汉墓"，载《文物》1993年第10期。

48. 殷啸虎："《法经》考辨"，载《法学》1993年第12期。

49. 李力："夏商周法制研究评析"，载《中国法学》1994年第6期。

50. 张尚谦、张萍："敦煌古代户籍残卷研究"，载《云南教育学院学报》1994年第6期。

51. 李零："说'黄老'"，载陈鼓应主编：《道家文化研究》（第五辑），上海古籍出版社1994年版。

52. 张建国："魏晋律令法典比较研究"，载《中外法学》1995年第1期。

53. 邓奕琦："封建法制'国家·家族'本位在北朝的确立"，载《贵州师范大学学报（社会科学版）》1995年第4期。

54. 田成有："酋邦战争与中国早期国家法律的起源"，载《广东民族学院学报（社会科学版）》1996年第1期。

55. 王晓毅："论曹魏太和'浮华案'"，载《史学月刊》1996年第2期。

56. 阎步克："西晋之'清议'呼吁简析及推论"，载《中国文化》1996年第2期。

57. 张尚谦、张萍："再释西晋的'户调之式'"，载《云南民族学院学报（哲学社会科学版）》1997年第1期。

58. 陶广峰："汉魏晋宫刑存废析"，载《法学研究》1997年第3期。

59. 王晓毅："司马炎与西晋前期玄、儒的升降"，载《史学月刊》1997年第3期。

60. 张建国："叔孙通定《傍章》质疑——兼析张家山汉简所载律篇名"，载《北京大学学报（哲学社会科学版）》1997年第6期。

61. 柳春新："魏明帝的'权法之治'及失误"，载《许昌师专学报》1998年第3期。

62. 何勤华："《法经》新考"，载《法学》1998年第2期。

63. 杨天宇："《仪礼》的来源、编纂及其在汉代的流传"，载《史学月刊》1998 年第 6 期。
64. 李力："夏商法律研究中的若干问题"，载韩延龙主编：《法律史论集》（第一卷），法律出版社 1998 年版。
65. 韩昇："隋史考证九则"，载《厦门大学学报（哲学社会科学版）》1999 年第 1 期。
66. 方北辰："晋代'黄籍'书写材料的变化"，载《文献》1999 年第 2 期。
67. 吴建基："'九品混通'始于何时"，载《云南教育学院学报》1999 年第 4 期。
68. 闫晓君："两汉'故事'论考"，载《中国史研究》2000 年第 1 期。
69. 曾代伟："北魏律渊源辨"，载陈金全、李鸣、杨玲主编：《中国传统法律文化与现代法治》（《法律史论丛》第七辑），重庆出版社 2000 年版。
70. 徐祥民："春秋时期法律形式的特点及其成文化趋势"，载《中国法学》2000 年第 1 期。
71. 张萍："西晋《户调式》校补"，载《云南民族学院学报（哲学社会科学版）》2000 年第 4 期。
72. 郝虹："王肃与魏晋礼法之治"，载《东岳论坛》2001 年第 1 期。
73. 胡阿祥："论土断"，载《南京大学学报（哲学·人文科学·社会学科版）》2001 年第 2 期。
74. 靳青万："论殷周的文祭——兼再释'文献'"，载《文史哲》2001 年第 2 期。
75. 杨昂、马作武："泰始年间士族集团的争斗与晋律的儒家化"，载汪汉卿等主编：《法律史论丛》（第八辑），法律出版社 2001 年版。
76. 侯雯："唐代格后敕的编纂及特点"，载《北京师范大学学报（人文社会科学版）》2002 年第 1 期。
77. 张尚谦："释'输籍定样'"，载《云南民族学院学报（哲学社会科学版）》2002 年第 2 期。
78. 文慧科："关于西晋刑律制订人选的思考"，载《西南民族大学学报》2002 年第 4 期。
79. 张旭华："吴简'户调分为九品收物'的借鉴与创新"，载《许昌师专学报》2002 年第 4 期。
80. 杨师群："春秋时期法制进程考论"，载《华东政法学院学报》2002 年第 5 期。
81. 张学锋："九品相通：再论魏晋时期的户调"，载《江海学刊》2002 年第 5 期。
82. 吕丽："汉魏晋'故事'辩析"，载《法学研究》2002 年第 6 期。
83. 楼劲："北齐初年立法与《麟趾格》"，载《文史》2002 年第 4 期。
84. 白奚："先秦黄老之学源流述要"，载《中州学刊》2003 年第 1 期。
85. 郝虹："王肃反郑是经今古文融合的继续"，载《孔子研究》2003 年第 3 期。
86. 刘笃才："汉科考略"，载《法学研究》2003 年第 4 期。
87. 李玉生："魏晋律令分野的几个问题"，载《法学研究》2003 年第 5 期。

88. 张建国:"关于汉魏晋刑罚的二三考证",载杨一凡总主编:《中国法制史考证》(甲编第三卷),中国社会科学出版社 2003 年版。
89. 徐世虹:"汉代法律载体考述",载杨一凡总主编:《中国法制史考证》(甲编第三卷),中国社会科学出版社 2003 年版。
90. 俞荣根:"罪刑法定与非法定的和合——中华法系的一个特点",载范忠信、陈景良主编:《中西法律传统》(第三卷),中国政法大学出版社 2003 年版。
91. 张尚谦、范丹:"户籍样、田令和'均田制'",载《云南民族大学学报(哲学社会科学版)》2004 年第 1 期。
92. 赵晓耕、史永丽:"中国历史上肉刑的存废之争",载《河南省政法管理干部学院学报》2004 年第 2 期。
93. 吕丽:"故事与汉魏晋的法律——兼谈对于《唐六典》注和《晋书·刑法志》中相关内容的理解",载《当代法学》2004 年第 3 期。
94. 南玉泉:"论秦汉的律与令",载《内蒙古大学学报(人文社会科学版)》2004 年第 3 期。
95. 张尚谦:"何物'均田制'",载《云南师范大学学报(哲学社会科学版)》2004 年第 3 期。
96. 罗家湘:"'典故'探研",载《中州学刊》2005 年第 5 期。
97. 喻中:"从'法外之理'到'法内之理'——当代中国法理学研究的一个新趋势",载《博览群书》2004 年第 7 期。
98. 张尚谦:"故事、品式和西晋赋税的'品式章程'",载《云南民族大学学报(哲学社会科学版)》2005 年第 1 期。
99. 任怀国:"试论王肃的经学贡献",载《管子学刊》2005 年第 1 期。
100. 于振波:"从走马楼吴简看两汉与孙吴的'调'",载《湖南大学学报(社会科学版)》2005 年第 1 期。
101. 吴丽娱:"营造盛世:《大唐开元礼》的撰作缘起",载《中国史研究》2005 年第 3 期。
102. 张尚谦、张萍:"说'九品混通'——附说陶渊明'不为五斗米折腰'",载《云南师范大学学报(哲学社会科学版)》2005 年第 3 期。
103. 黄少英:"魏晋礼法之士的'德行'观",载《东方论坛》2005 年第 3 期。
104. 游自勇:"汉唐时期'乡饮酒'礼制化考论",载《汉学研究》2004 年第 2 期。
105. 查屏球:"纸简替代与汉魏晋初文学新变",载《中国社会科学》2005 年第 5 期。
106. 张俊民:"玉门花海出土《晋律注》",载李学勤、谢桂华主编:《简帛研究 2002~2003》,广西师范大学出版社 2005 年版。
107. 廖宗麟:"李悝撰《法经》质疑补证",载《河池学院学报(哲学社会科学版)》

2006 年第 1 期。

108. 张忠炜："'购赏科条'识小"，载《历史研究》2006 年第 2 期。

109. 王云霞："近代欧洲的法典编纂运动"，载《华东政法学院学报》2006 年第 2 期。

110. 张尚谦："论'品式'：西晋《户调式》、北魏《丘井式》、隋《输籍样（式）》"，载《云南民族大学学报（哲学社会科学版）》2006 年第 4 期。

111. 张学锋："东晋的'度田税米'制与土断的关系"，载范金民主编：《江南社会经济研究·六朝隋唐卷》，中国农业出版社 2006 年版。

112. 李秀芳："魏晋南北朝'故事'考述"，郑州大学 2006 年硕士学位论文。

113. 李俊岭、王成略："马融的学行及其在经学史上的地位"，载《理论学刊》2007 年第 2 期。

114. 俞荣根、龙大轩："东汉'律三家'考析"，载《法学研究》2007 年第 2 期。

115. 王伟："论汉律"，载《历史研究》2007 年第 3 期。

116. 李玉年："元代法律体系之构建——元代法律组成解析"，载《安徽史学》2007 年第 3 期。

117. 孔毅："礼与杜恕《体论》"，载《重庆师范大学学报（哲学社会科学版）》2007 年第 3 期。

118. 吕志兴："梁《律》《令》的修订及其历史地位"，载《西南大学学报（社会科学版）》2007 年第 5 期。

119. 张忠炜："《居延新简》所见'购偿科别'册书复原及相关问题之研究——以《额济纳汉简》'购赏科条'为切入点"，载《文史哲》2007 年第 6 期。

120. 阮啸："《法经》再辨伪"，载《法制与社会》2007 年第 7 期。

121. 曹旅宁："富谷至先生关于玉门花海晋律解说的几处补充"，载简帛网 http://www.bsm.org.cn/？sglj/4949.html。

122. 王健："略论东汉'潜夫议政'传统及其历史影响"，载《青岛大学师范学院学报》2008 年第 3 期。

123. 邱敏："东晋南朝土断'阶段性'特征刍议"，载《南京理工大学学报（社会科学版）》2008 年第 5 期。

124. 熊丽娟："马融与东汉士风变迁"，暨南大学 2008 年硕士学位论文。

125. 徐国栋："边沁的法典编纂思想与实践——以其《民法典原理》为中心"，载《浙江社会科学》2009 年第 1 期。

126. 叶修成："论《尚书·尧典》之生成及其文体功能"，载《华南农业大学学报（社会科学版）》2009 年第 2 期。

127. 张凡："《大明令》与明代的律令体系——明代'令'的作用与法律效力"，载《殷都学刊》2009 年第 3 期。

128. 陈松长：“岳麓书院所藏秦简综述”，载《文物》2009 年第 3 期。
129. 朱红林：“战国时期国家法律的传播——竹简秦汉律与《周礼》比较研究”，载《法制与社会发展》2009 年第 3 期。
130. 吴文娟：“浅论魏晋时期肉刑复议”，载《宜春学院学报》2009 年第 S1 期。
131. 王沛：“古文献与古代法律二题”，载《华东政法大学学报》2009 年第 6 期。
132. 刘蓉：“汉魏名士中的事功派与浮华派”，载《东岳论丛》2009 年第 7 期。
133. 陈梦竹、薛嵩：“《法经》论考”，载《法制与社会》2009 年第 22 期。
134. 徐世虹：“说'正律'与'旁章'”，载孙家洲、刘后滨主编：《汉唐盛世的历史解读——汉唐盛世学术研讨会论文集》，中国人民大学出版社 2009 年版。
135. 于省吾：“释工典”，载于省吾：《双剑誃殷契骈枝 双剑誃殷契骈枝续编 双剑誃殷契骈枝三编》，中华书局 2009 年版。
136. 徐国栋：“优士丁尼之前的法典编纂研究”，载《金陵法律评论》2010 年第 1 期。
137. 阚玉香：“北泉议礼及其成果——《中华民国礼制》”，载《南华大学学报（社会科学版）》2010 年第 1 期。
138. 张俊民：“玉门花海出土《晋律注》概述”，载《考古与文物》2010 年第 4 期。
139. 朱红林：“《周礼》官计文书与战国时期的行政考核——竹简秦汉律与《周礼》比较研究（十七）”，载《吉林师范大学学报（人文社会科学版）》2010 年第 4 期。
140. 朱红林：“战国时期官营畜牧业立法研究——竹简秦汉律与《周礼》比较研究（六）”，载《古代文明》2010 年第 4 期。
141. 张忠炜：“汉代律章句学探源”，载《史学月刊》2010 年第 4 期。
142. 曹旅宁、张俊民：“玉门花海所出《晋律注》初步研究”，载《法学研究》2010 年第 4 期。
143. 张俊民、曹旅宁：“毕家滩《晋律注》相关问题研究”，载《考古与文物》2010 年第 6 期。
144. 徐国栋：“优士丁尼法典编纂研究”，载《法治研究》2010 年第 8 期。
145. 戴建国：“唐格后敕修纂体例考”，载《江西社会科学》2010 年第 9 期。
146. 郝虹：“王肃经学的历史命运”，载葛志毅主编：《中国古代社会与思想文化研究论集》（第四辑），黑龙江人民出版社 2010 年版。
147. 许歆歆：“魏明帝时期（226~239）的政治改革：以律令和君臣关系为主”，"台湾大学" 2010 年硕士学位论文。
148. 张尚谦：“'品式'和西晋《户调式》研究”，载《云南民族大学学报（哲学社会科学版）》2011 年第 1 期。
149. 郝虹：“从'阳儒阴法'到'礼法之治'的中间环节：汉末社会批判思潮”，载《山东大学学报（哲学社会科学版）》2011 年第 1 期。

150. 朱红林："里耶秦简 8-455 号木方研究——竹简秦汉律与《周礼》比较研究（七）"，载《井冈山大学学报（社会科学版）》2011 年第 1 期。

151. 朱红林："战国时期有关婚姻关系法律的研究——竹简秦汉律与《周礼》比较研究（四）"，载《吉林师范大学学报（人文社会科学版）》2011 年第 2 期。

152. 刘权坤："对商鞅'改法为律'的历史文化分析"，载《江苏警官学院学报》2011 年第 3 期。

153. 蒋鸿青："论马融《古文论语训说》的学术价值"，载《阅江学刊》2011 年第 4 期。

154. 张忠炜："秦汉律令关系试探"，载《文史哲》2011 年第 6 期。

155. 霍存福、张靖翊、冯学伟："以《大明令》为枢纽看中国古代律令制体系"，载《法制与社会发展》2011 年第 5 期。

156. 俞荣根："论法律体系的形成与完善"，载《法治研究》2011 年第 6 期。

157. 宁全红："'商鞅改法为律说'献疑"，载《南京大学法律评论》2011 年第 2 期。

158. 楼劲："魏晋时期的干支诏书及其编纂问题"，载中国魏晋南北朝史学会、山西大学历史文化学院编：《中国魏晋南北朝史学会第十届年会暨国际学术研讨会论文集》，北岳文艺出版社 2011 年版。

159. 武树臣："甲骨文所见法律形式及其起源"，载杨一凡主编：《中国古代法律形式研究》，社会科学文献出版社 2011 年版。

160. 张伯元："汉'九章'质疑补"，载杨一凡主编：《中国古代法律形式研究》，社会科学文献出版社 2011 年版。

161. 霍存福："唐式佚文及其复原诸问题"，载杨一凡主编：《中国古代法律形式研究》，社会科学文献出版社 2011 年版。

162. 李玉生："唐代法律形式综论"，载杨一凡主编：《中国古代法律形式研究》，社会科学文献出版社 2011 年版。

163. 王沛："《尔雅·释诂》与上古法律形式——结合金文资料的研究"，载杨一凡主编：《中国古代法律形式研究》，社会科学文献出版社 2011 年版。

164. 邢义田："从'如故事'和'便宜从事'看汉代行政中的经常与权变"，载邢义田：《治国安邦：法制、行政与军事》，中华书局 2011 年版。

165. 秦涛："汉末三国名法之治源流考论"，西南政法大学 2011 年硕士学位论文。

166. 杨国誉："'田产争讼爰书'所展示的汉晋经济研究新视角——甘肃临泽县新出西晋简册释读与初探"，载《中国经济史研究》2012 年第 1 期。

167. 郝虹："三重视角下的王肃反郑：学术史、思想史和知识史"，载《史学月刊》2012 年第 4 期。

168. 陈融："美国十九世纪前半期法典编纂运动述评"，载《历史教学问题》2012 年第 5 期。

169. 李耀跃：“律典对传统统治正当性的依附与证成——以《大清律例》为中心的分析"，载《中南大学学报（社会科学版）》2012年第5期。

170. 韩星：“寓治于教——儒家教化与社会治理"，载《社会科学战线》2012年第12期。

171. 唐启翠：“神话历史与玉的叙事——《周礼》成书新证"，上海交通大学2012年博士后出站报告。

172. 李平：“'法'义新论"，载《现代法学》2013年第2期。

173. 楼劲：“北魏天兴'律令'的性质和形态"，载《文史哲》2013年第2期。

174. 楼劲：“隋无《格》《式》考——关于隋代立法和法律体系的若干问题"，载《历史研究》2013年第3期。

175. 陈寒非：“'律'义探源"，载《现代法学》2013年第3期。

176. 黄悦波：“试析《汉穆拉比法典》的文本性质"，载《北京警察学院学报》2013年第5期。

177. 高鸿钧：“古代印度法的主要内容与特征——以《摩奴法论》为视角"，载《法律科学（西北政法大学学报）》2013年第5期。

178. 王伟：“辩汉律"，载《史学月刊》2013年第6期。

179. 朱腾：“原则化与规则化——《春秋公羊传》与《春秋谷梁传》所见周礼之实质化的两种路径"，载《法制与社会发展》2013年第6期。

180. 杨国誉、汤惠生：“从《临泽晋简》再看西晋'占田课田制'研究中的几个问题"，载《史学月刊》2013年第11期。

181. 刘华荣：“儒家教化思想研究"，兰州大学2014年博士学位论文。

182. 孙少华：“史书'故事'的文体衍化与秦汉子书的叙事传统"，载《中南民族大学学报（人文社会科学版）》2014年第2期。

183. 梁健：“魏晋'本无''肉刑'二题论争的微观阅读——从夏侯玄的著述说起"，载《惠州学院学报》2014年第2期。

184. 何勤华：“《法经》：中国成文法典的滥觞"，载《检察风云》2014年第8期。

185. 顾凌云、金少华：“廷行事的功能及其流变"，载《河北法学》2014年第8期。

186. 祝晓香、李海峰：“《汉穆拉比法典》是真正的法典吗？"，载《大众考古》2014年第9期。

187. 赵晶：“中国法制史教科书编写臆说——评石冈浩等著《史料所见中国法史》"，载徐世虹主编：《中国古代法律文献研究》（第七辑），社会科学文献出版社2013年版。

188. 刘传宾：“简书的合编与分卷——以上博、郭店等出土简册为中心"，载吉林大学古籍研究所编：《吉林大学古籍研究所建所30周年纪念论文集》，上海古籍出版社2014年版。

189. 姚周霞：“晋'故事'考"，厦门大学2014年硕士学位论文。

190. 梁治平："'礼法'探原"，载《清华法学》2015 年第 1 期。
191. 陈景良："礼法传统与中国现代法治"，载《孔学堂》2015 年第 4 期。
192. 于洪涛："论敦煌悬泉汉简中的'厩令'——兼谈汉代'诏'、'令'、'律'的转化"，载《华东政法大学学报》2015 年第 4 期。
193. 朱彦民："由甲骨文看'史'字本义及其早期流变"，载《殷都学刊》2015 年第 4 期。
194. 王浩："故、旧典、故府与'曰若稽古'——兼论周穆王时代的文献编纂整理活动"，载《西北师大学报（社会科学版）》2015 年第 5 期。
195. 何有祖："里耶秦简'（牢）司寇守囚'及相关问题研究"，载简帛网 http://www.bsm.org.cn/?qinjian/6467.html。
196. 顾涛："两晋礼制因革系年（264~420）"，载上海交通大学经学文献研究中心编：《经学文献研究集刊》（第十四辑），上海书店出版社 2015 年版。
197. 刘佳佳："名实之辨：宋代法典编纂与政务运行"，载《赣南师范学院学报》2016 年第 4 期。
198. 胡兴东："元朝令考"，载《内蒙古师范大学学报（哲学社会科学版）》2016 年第 4 期。
199. [美] 李峰："中国古代国家形态的变迁和成文法律形成的社会基础"，载《华东政法大学学报》2016 年第 4 期。
200. 肖俊："《狄奥多西法典》与罗马晚期的法学困境"，载《华东政法大学学报》2016 年第 6 期。
201. 韩树峰："汉晋时期的黄簿与黄籍"，载《史学月刊》2016 年第 9 期。
202. 王银宏："在罗马法与自然法之间——作为政治性立法的 1811 年《奥地利普通民法典》"，载何勤华主编：《外国法制史研究》（第十九卷），法律出版社 2016 年版。
203. 徐昌盛："从'制度创新'到'意先仪范'：论西晋《新礼》的制订与修订"，载北京大学《儒藏》编纂与研究中心编：《儒家典籍与思想研究》（第八辑），北京大学出版社 2016 年版。
204. 梁健："《明会典》的纂修及其'大经大法'地位之演变"，载王果主编：《南开法律评论》（第十一辑），南开大学出版社 2017 年版。
205. 周海峰："秦律令研究——以《岳麓书院藏秦简》（四）为重点"，湖南大学 2016 年博士学位论文。
206. 汤斯惟："国立礼乐馆述略"，载《中央音乐学院学报》2017 年第 1 期。
207. 周东平、李勤通："《大明律》采六部体系编纂模式原因考辨"，载《法律科学》2017 年第 1 期。
208. 田志光："宋初'异论相搅'祖宗法考论——以宰相赵普权力变迁为中心"，载《宋史研究论丛》2017 年第 1 期。

209. 张金龙：" '魏官品'、'晋官品'献疑"，载《文史哲》2017 年第 4 期。
210. 赵晶："试论宋代法律体系的多元结构——以宋令为例"，载《史林》2017 年第 4 期。
211. 孟宪实："论现存《天圣令》非颁行文本"，载《陕西师范大学学报（哲学社会科学版）》2017 年第 5 期。
212. 陈松长："岳麓秦简中的令文格式初论"，载《上海师范大学学报（哲学社会科学版）》2017 年第 6 期。
213. 黄美玲："《狄奥多西法典》：技术要素与政治意义"，载《华东政法大学学报》2017 年第 6 期。
214. 瞿灵敏："从解法典化到再法典化：范式转换及其中国启示"，载《社会科学动态》2017 年第 12 期。
215. 李俊强："晋令制订考"，载杨一凡、朱腾主编：《历代令考》，社会科学文献出版社 2017 年版。
216. 周文臻："论明代的祖宗之法"，厦门大学 2017 年硕士学位论文。
217. 胡兴东："宋元断例新考"，载《思想战线》2018 年第 1 期。
218. 俞荣根、秦涛："律令体制抑或礼法体制？——重新认识中国古代法"，载《法律科学（西北政法大学学报）》2018 年第 2 期。
219. 孙致文："议礼、制礼与践礼的当代意义——以 1943 年 '北泉议礼' 为中心的讨论"，载 https://www.sohu.com/a/221116189_523132，最后访问日期：2018 年 2 月 5 日。
220. 何俊毅："梅因论法典编纂"，载《中国社会科学报》2018 年 3 月 28 日，第 5 版。
221. 俞荣根、秦涛："中国古代法：律令体制抑或礼法体制？"，载《社会科学文摘》2018 年第 4 期。
222. 常沁飞："宋代 '祖宗之法' 形成原由探析——以士大夫阶层为中心"，载《西安航空学院学报》2018 年第 4 期。
223. 雷颐："慈禧手中的 '祖宗之法' "，载《文史天地》2018 年第 4 期。
224. 杨孟哲："唐宋变革视阈下刑法类典籍编纂的历史嬗变"，载《学术探索》2018 年第 8 期。
225. 彭卫民："中国传统礼法关系的一个新解释——以朱熹 '天理民彝' 思想为中心的考察"，载《福建师范大学学报（哲学社会科学版）》2019 年第 1 期。
226. 王沛："刑鼎、宗族法令与成文法公布——以两周铭文为基础的研究"，载《中国社会科学》2019 年第 3 期。
227. 徐国栋："优士丁尼《法学阶梯》中的希腊哲学"，载《财经法学》2019 年第 3 期。
228. 林丛："两汉经律融合视域下 '比' 的法律意义"，载《湖南大学学报（社会科学版）》2019 年第 4 期。
229. 黄海："由 '笞' 至 '笞刑' ——东周秦汉时期 '笞刑' 的产生与流变"，载《社会科学》2019 年第 4 期。

230. 胡兴东："周制想象下中国古代法典法体系的再造——基于唐朝'开元六典'的考察"，载《厦门大学学报（哲学社会科学版）》2019 年第 5 期。

231. 孙正军："汉代九卿制度的形成"，载《历史研究》2019 年第 5 期。

232. 他维宏："法祖宗、裨治体：宋代圣政编纂与经筵讲读"，载《历史教学问题》2019 年第 6 期。

233. 丁海斌、李晶晶："中国古代'黄籍'一词源流考"，载《北京档案》2019 年第 12 期。

234. 翁明鹏："秦简牍和张家山汉简中'灋''法'分流现象试说"，载《励耘语言学刊》2019 年第 2 期。

235. 黎明钊："长沙五一广场出土东汉简牍中的辞曹"，载周东平、朱腾主编：《法律史译评》（第七卷），中西书局 2019 年版。

236. 周文俊："中古制度文献的名与实——以《晋官品令》《晋令》《晋官品》为对象的文本考察"，载复旦大学历史学系、《中国中古史研究》编委会编：《中国中古史研究》（第七卷），中西书局 2019 年版。

237. 袁也："《法经》伪史始末考"，载华东师范大学法律史研究中心编：《法律史研究》（第六辑），法律出版社 2019 年版。

238. 谢振华："楼兰简纸文书西晋纪年中断始末"，载《中国边疆史地研究》2020 年第 1 期。

239. 戴建国："宋代特别法的形成及其与唐法典谱系的关系"，载《上海师范大学学报（哲学社会科学版）》2020 年第 2 期。

240. 刘后滨："《唐六典》的性质与制度描述方式"，载《中国社会科学报》2020 年 4 月 13 日，第 A06 版。

241. 胡兴东："'开元六典'的继受传播及对中华法系的影响"，载《中国法学》2020 年第 3 期。

242. 俞荣根："走出'律令体制'——重新认识中华法系"，载《兰州大学学报（社会科学版）》2020 年 4 期。

243. 韩树峰："从简到纸：东晋户籍制度的变革"，载《中国人民大学学报》2020 年第 5 期。

244. 张忠炜、张春龙："汉律体系新论——以益阳兔子山遗址所出汉律律名木牍为中心"，载《历史研究》2020 年第 6 期。

245. 陈伟："秦汉简牍所见的律典体系"，载《中国社会科学》2021 年第 1 期。

246. ［日］宫崎市定："晋武帝户调式研究"，夏日新译，载刘俊文主编：《日本学者研究中国史论著选译》（第四卷），中华书局 1992 年版。

247. ［日］滋贺秀三："关于曹魏新律十八篇篇目"，程维荣等译，载杨一凡总主编：《中国法制史考证》（丙编第二卷），中国社会科学出版社2003年版。

248. ［日］堀敏一："晋泰始律令的制定"，程维荣等译，载杨一凡总主编：《中国法制史考证》（丙编第二卷），中国社会科学出版社2003年版。

249. ［日］中田薰："论中国律令法系的发达——兼论汉唐间的律学"（备注：因出版需要，论文题目有所变动），何勤华译，载何勤华编：《律学考》，商务印书馆2004年版。

250. ［日］冨谷至："论出土法律资料对《汉书》《晋书》《魏书》'刑法志'研究的几点启示——《译注中国历代刑法志·解说》"，薛夷风译，周东平校，载韩延龙主编：《法律史论集》（第六卷），法律出版社2006年版。

251. ［日］竹内康浩："商周时期法制史研究的若干问题"，张爱萍译，载［日］佐竹靖彦主编：《殷周秦汉史学的基本问题》，中华书局2008年版。

252. ［日］川村康："宋代断例考"，载中国政法大学法律史学研究院编：《日本学者中国法论著选译》，中国政法大学出版社2012年版。

253. ［日］冨谷至："通往晋泰始律令之路（Ⅰ）：秦汉的律与令"，朱腾译，徐世虹校译，载中国政法大学法律史学研究院编：《日本学者中国法论著选译》（上册），中国政法大学出版社2012年版。

254. ［日］冨谷至："通往晋泰始律令之路（Ⅱ）：魏晋的律与令"，朱腾译，徐世虹校译，载中国政法大学法律史学研究院编：《日本学者中国法论著选译》（上册），中国政法大学出版社2012年版。

255. ［日］冨谷至："笞杖的变迁——从汉的督笞至唐的笞杖刑"，朱腾译，载周东平、朱腾主编：《法律史译评》（第一卷），北京大学出版社2013年版。

256. ［日］高田晴仁："明治期日本の商法典編纂"，载《企業と法創造》2013年第2号。

257. ［日］广濑薰雄："秦汉时代律令辨"，载徐世虹主编：《中国古代法律文献研究》（第七辑），社会科学文献出版社2013年版。

258. ［日］宫宅潔："广濑薰雄著《秦汉律令研究》"，顾其莎译，载徐世虹主编：《中国古代法律文献研究》（第七辑），社会科学文献出版社2013年版。

259. ［日］青木敦："地方法的积聚及其法典化——以五代至宋的特别法为中心"，赵晶译，载徐世虹主编：《中国古代法律文献研究》（第九辑），社会科学文献出版社2015年版。

260. ［日］渡边信一郎："东汉古典国制的建立——汉家故事和汉礼"，张娜译，载周东平、朱腾主编：《法律史译评》（第五卷），中西书局2017年版。

261. ［日］广濑薰雄："秦令考"，朱腾译，载杨一凡、朱腾主编：《历代令考》，社会科学文献出版社2017年版。

262. ［德］陶安："法典編纂史再考：漢篇·再び文献史料を中心に据えて"，载《東京大

学東洋文化研究所紀要》第 140 册,東京 2000 年。
263. ［德］陶安:"漢魏律目考",载《法律史研究》,第 52 期東京 2002 年。
264. ［韩］金秉骏:"东汉时期法律家的活动及其性质",李瑾华译,载周东平、朱腾主编:《法律史译评》(第七卷),中西书局 2019 年版。
265. ［美］罗斯柯·庞德:"法典编纂的源流考察:以民法典的编纂为主要视角",汪全胜译,载何勤华主编:《外国法制史研究》(第六卷),法律出版社 2003 年版。
266. ［秘鲁］玛丽亚·路易莎·穆里约:"大陆法系法典编纂的演变:迈向解法典化与法典的重构",许中缘、周林刚译,孙雅婷校,载许章润主编:《清华法学》(第 8 辑),清华大学出版社 2006 年版。
267. ［法］特隆歇等:"法国民法典开篇:法典起草委员会在国会就民法典草案的演讲",殷喆、袁菁译,载何勤华主编:《20 世纪外国民商法的变革》,法律出版社 2004 年版。

书尾赘语

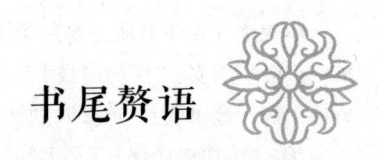

西南政法大学是我的母校。那里有我的老师、同学和许多故事。

2001年，我独闯西南，学习法学。起初是迷茫的，后来才逐渐坚定、从容起来。

2015年，博士学位论文的完成，标志着我西政生涯的结束和勇闯天涯的开始。

本书是在博论基础上修改完成的。如果把那篇论文比作一个青涩的苹果，那么这次修改就是换了一个角度，补了一点阳光，算是催生出一个半熟的苹果。它有几分营养不好说，多嚼几口或许还是会有点甜味儿的。

二十年时光匆匆而过，所有往事都已成为过眼云烟，这半熟的苹果就当是个纪念吧。

邓长春

2021年6月14日于洛阳